WILLY BRANDT
Berliner Ausgabe

WILLY BRANDT
Berliner Ausgabe
Herausgegeben von
HELGA GREBING, GREGOR SCHÖLLGEN
und HEINRICH AUGUST WINKLER
Im Auftrag der
Bundeskanzler-Willy-Brandt-Stiftung

BAND 1:
Hitler ist nicht Deutschland.
Jugend in Lübeck – Exil in Norwegen 1928 – 1940
BAND 2:
Zwei Vaterländer.
Deutsch-Norweger im schwedischen Exil –
Rückkehr nach Deutschland 1940 – 1947
BAND 3:
Berlin bleibt frei.
Politik in und für Berlin 1947 – 1966
BAND 4:
Auf dem Weg nach vorn.
Willy Brandt und die SPD 1947 – 1972
BAND 5:
Die Partei der Freiheit.
Willy Brandt und die SPD 1972 – 1992
BAND 6:
Ein Volk der guten Nachbarn.
Außen- und Deutschlandpolitik 1966 – 1974
BAND 7:
Mehr Demokratie wagen.
Innen- und Gesellschaftspolitik 1966 – 1974
BAND 8:
Über Europa hinaus.
Dritte Welt und Sozialistische Internationale
BAND 9:
Die Entspannung unzerstörbar machen.
Internationale Beziehungen und deutsche Frage 1974 – 1982
BAND 10:
Gemeinsame Sicherheit.
Internationale Beziehungen und deutsche Frage 1982 – 1992

WILLY BRANDT
Berliner Ausgabe
BAND 5
Die Partei der Freiheit
Willy Brandt und die SPD
1972 – 1992

Bearbeitet von
KARSTEN RUDOLPH

Verlag J.H.W. Dietz Nachf. GmbH

Die Bundeskanzler-Willy-Brandt-Stiftung bedankt sich für die großzügige finanzielle Unterstützung der gesamten Berliner Ausgabe bei:
Frau Ursula Katz, Northbrook, Illinois
Alfried Krupp von Bohlen und Halbach-Stiftung, Essen
Otto Wolff von Amerongen-Stiftung, Köln
Stiftungsfonds Deutsche Bank im Stifterverband für die Deutsche Wissenschaft e. V., Essen
Stiftung Deutsche Klassenlotterie Berlin
Deutsche Druck- und Verlagsgesellschaft mbH, Hamburg
Bankgesellschaft Berlin AG
Herlitz AG, Berlin
Metro AG, Köln
Schering AG, Berlin

Bibliografische Information Der Deutschen Bibliothek
Die Deutsche Bibliothek verzeichnet diese Publikation
in der Deutschen Nationalbibliografie;
dataillierte bibliografische Daten sind im Internet über
http://dnb.ddb.de abrufbar.

ISBN 3-8012-0305-0

© Copyright der deutschsprachigen Ausgabe
Verlag J.H.W. Dietz Nachfolger GmbH, Bonn
© Copyright für alle übrigen Sprachen
Bundeskanzler-Willy-Brandt-Stiftung, Berlin
Lektorat: Dr. Heiner Lindner
Umschlag und Layout-Konzept:
Groothuis & Consorten, Hamburg
Satz: Medienhaus Froitzheim AG, Bonn, Berlin
Druck und Verarbeitung: Ebner & Spiegel, Ulm
Printed in Germany 2002

Inhalt

Willy Brandt – Stationen seines Lebens 7

Vorwort der Herausgeber 11

KARSTEN RUDOLPH
Einleitung
„Die Partei der Freiheit"
Willy Brandt und die SPD 1972–1992 15

Verzeichnis der Dokumente 73

Dokumente 85

Anmerkungen 501

Anhang
Mitgliederentwicklung der SPD und
Übersicht über Wahlergebnisse 552
Quellen- und Literaturverzeichnis 561
Abkürzungsverzeichnis 579
Editionsgrundsätze 585
Personenregister 590
Sachregister 617
Bildnachweis 629
Angaben zum Bearbeiter und zu den Herausgebern 632

Willy Brandt – Stationen seines Lebens

1913	Am 18. Dezember in Lübeck als Herbert Ernst Karl Frahm geboren
1929	Mitglied der Sozialistischen Arbeiterjugend (SAJ) in Lübeck
1930	Eintritt in die SPD
1931	Wechsel zur Sozialistischen Arbeiterpartei Deutschlands (SAP); Vorsitzender ihres Jugendverbandes in der Hansestadt
1932	Abitur am Lübecker Reform-Gymnasium „Johanneum"
1933–1940	Exil in Norwegen; unter dem Namen Willy Brandt Widerstand gegen das NS-Regime; Mitglied der Exil-Leitung des SAP-Jugendverbandes und des Internationalen Büros revolutionärer Jugendorganisationen; seit 1939 Koordinator für Inlandsarbeit der SAP; zum „Federführenden" der SAP während des Krieges ernannt; umfangreiche journalistische und publizistische Tätigkeit
1936	Illegaler Aufenthalt in Berlin
1937	Beauftragter der SAP im Spanischen Bürgerkrieg
1938	Ausbürgerung durch die Nationalsozialisten
1939	Sekretär der norwegischen Volkshilfe
1940	Flucht ins Exil nach Schweden; norwegische Staatsbürgerschaft; umfangreiche publizistische Tätigkeit für den norwegischen Widerstand
1942–1945	Sekretär der „Kleinen Internationale" in Stockholm
1944	Eintritt in die Landesgruppe deutscher Sozialdemokraten in Schweden; Verbindungen zur Widerstandsgruppe des 20. Juli
1945	Nach Kriegsende Rückkehr nach Oslo

1945–1946	Berichterstatter für skandinavische Zeitungen aus Deutschland, u. a. über das Internationale Kriegsverbrechertribunal in Nürnberg
1947	Presseattaché an der norwegischen Militärmission in Berlin
1948	Vertreter des SPD-Parteivorstandes in Berlin; Wiedereinbürgerung
1949–1957, 1961	Vertreter Berlins im Deutschen Bundestag
1950–1969	Mitglied des Berliner Abgeordnetenhauses
1954–1958	Stellvertretender Landesvorsitzender der Berliner SPD
1955–1957	Präsident des Berliner Abgeordnetenhauses
1957–1966	Regierender Bürgermeister von Berlin
1957–1958	Vorsitzender des Bundesrats
1958–1963	Präsident des Deutschen Städtetages
1958–1964	Vorsitzender des Berliner Landesverbandes der SPD
1958–1992	Mitglied des Parteivorstandes der SPD
1960, 1964, 1969	Nominierung zum Kanzlerkandidaten der SPD
1962–1964	Stellvertretender Vorsitzender der SPD
1964–1987	Vorsitzender der SPD
1966–1969	Bundesminister des Auswärtigen und Vizekanzler in der Großen Koalition aus CDU/CSU und SPD
1966–1976	Vizepräsident der Sozialistischen Internationale
1969–1992	Mitglied des Deutschen Bundestages
1969	Wahl zum Bundeskanzler und Beginn der sozial-liberalen Ära
1970	Erste deutsch-deutsche Gipfeltreffen in Erfurt und Kassel; Unterzeichnung des Moskauer und des Warschauer Vertrages; Wahl zum „Mann des Jahres" durch „Time" (USA) und „L'Express" (Frankreich)
1971	Verleihung des Friedensnobelpreises; Ehrenbürger von Berlin

1972	Erfolgloses Misstrauensvotum der CDU/CSU gegen den Bundeskanzler; Sieg der SPD bei den vorgezogenen Wahlen zum Deutschen Bundestag; Wiederwahl zum Bundeskanzler; Ehrenbürger von Lübeck
1973	Inkrafttreten des Grundlagenvertrages; Beitritt beider deutscher Staaten zu den Vereinten Nationen; Unterzeichnung des Prager Vertrages
1974	Rücktritt vom Amt des Bundeskanzlers
1976–1992	Präsident der Sozialistischen Internationale
1977–1983	Vorsitzender der Nord-Süd-Kommission
1979–1983	Mitglied des Europäischen Parlaments
1983, 1987	Alterspräsident des Deutschen Bundestages
1985	Auszeichnung mit dem Albert-Einstein-Friedenspreis
1987–1992	Ehrenvorsitzender der SPD
1990	Ehrenvorsitzender der SPD in der DDR; Alterspräsident des ersten gesamtdeutschen Bundestages
1991	Auf Antrag Brandts und anderer Entscheidung des Deutschen Bundestages für Berlin als Sitz von Regierung und Parlament
1992	Am 8. Oktober in Unkel bei Bonn verstorben

Vorwort der Herausgeber

Willy Brandt zählt zu den großen Persönlichkeiten und bedeutenden Staatsmännern des 20. Jahrhunderts. Sein Name ist untrennbar verbunden mit der Sicherung des Friedens, der Verteidigung der Freiheit und dem unablässigen Bemühen um mehr soziale Gerechtigkeit. Seine Entwicklung vom jungen Linkssozialisten, den seine politische Überzeugung und der Kampf gegen die nationalsozialistische Diktatur in die Emigration führte, zum Regierenden Bürgermeister von Berlin, Vorsitzenden der SPD und später der Sozialistischen Internationale sowie zum Außenminister und Bundeskanzler der Bundesrepublik Deutschland ist eine der bemerkenswertesten Politikerkarrieren des 20. Jahrhunderts.

Die durch den Deutschen Bundestag 1994 ins Leben gerufene Bundeskanzler-Willy-Brandt-Stiftung, in deren Auftrag die Herausgeber die Berliner Ausgabe vorlegen, will mit dieser Edition die Bedeutung Willy Brandts für die Geschichte des 20. Jahrhunderts dokumentieren und einer breiten historisch-politisch interessierten Öffentlichkeit zugänglich machen. An diesem Zweck orientiert sich die auf zehn Bände angelegte Auswahl wichtiger Reden, Artikel und Briefe Willy Brandts.

Die Berliner Ausgabe wird jene innenpolitischen Weichenstellungen beleuchten, die wesentlich von Willy Brandt herbeigeführt wurden. Sie wird zugleich deutlich machen, dass sein vorrangiges politisches Interesse nicht erst seit seinen Berliner Tagen im Bereich der Deutschland- und Außenpolitik lag. Das Augenmerk der Dokumentation gilt weiter dem Parteiführer, der die SPD in ihrer Binnenstruktur modernisierte und einem neuen Denken öffnete, ihr neue Wählerschichten erschloss und später Ansehen und Gewicht der Sozialistischen Internationale, nicht zuletzt in den Ländern der „Dritten Welt", beträchtlich erhöhte. Immer wieder wird offenkundig, dass es bei Willy Brandt beides gibt: bemerkenswerte Konstanten seines Denkens und Handelns und zugleich ein hohes Maß an Flexibilität gegenüber konkreten zeitbedingten Anforderungen sowie die Fähigkeit zur Korrektur der eigenen Politik angesichts neuer Herausforderungen.

Willy Brandt beherrschte die unterschiedlichen Formen und Instrumente der politischen Meinungs- und Willensbildung gleichermaßen souverän. Große Reden auf Parteitagen, auf Marktplätzen, in Versammlungslokalen und Festhallen stehen neben Ansprachen vor einem intellektuellen Publikum und Zeitschriftenaufsätzen; kurze Briefe neben umfassenden grundsätzlichen Äußerungen, Radio- und Fernsehkommentare neben großen Büchern; konzentrierte und gezielte Diskussionsbemerkungen neben knappen, seinerzeit manchmal kaum wahrgenommenen Einmischungen in politische Entscheidungsprozesse. All das werden die Bände widerspiegeln.

Wie nur wenige deutsche Politiker im 20. Jahrhundert hat Willy Brandt nach dem Zusammenbruch der nationalsozialistischen Herrschaft das Weltgeschehen nicht nur beeinflusst, sondern entscheidend mitgestaltet. Er fühlte sich verpflichtet, sich der Last der deutschen Vergangenheit persönlich zu stellen, was ihm neben Anerkennung auch viel Anfeindung eintrug. Bis in die siebziger Jahre musste er sich politischer Diffamierung erwehren, die ihm als Emigranten und Widerstandskämpfer gegen den Nationalsozialismus galten. Auch dies werden die Bände belegen.

Maßgebliche Fundstellen für die Berliner Ausgabe sind der umfangreiche Nachlass im Willy-Brandt-Archiv im Archiv der sozialen Demokratie der Friedrich-Ebert-Stiftung sowie Parallelüberlieferungen im Archiv der sozialen Demokratie – wie SPD-Parteivorstandsakten, Deposita und Nachlässe anderer Politiker. Hinzu kommen zahlreiche einschlägige Bestände von Archiven, Bibliotheken und Stiftungen, wie diejenigen des Bundesarchivs, und natürlich Publikationen Willy Brandts. Jedem der zehn Bände ist eine umfangreiche Einleitung vorangestellt, in der die Texte in den historischen Zusammenhang eingeordnet und kritisch gewürdigt werden. Jeder Band hat einen Umfang von etwa 500 Druckseiten einschließlich eines Personen- und Sachregisters.

Die Berliner Ausgabe will ein facettenreiches Bild vom Leben und Werk Willy Brandts vermitteln. Die Herausgeber hoffen, dass es auf diese Weise gelingt, die Erinnerung an den bedeutenden Politiker und Staatsmann lebendig zu halten. Sie sind davon überzeugt, dass sein Denken und Wirken tiefe Spuren hinterlassen haben und auch unter den veränderten Bedingungen des 21. Jahrhunderts die politische Entwicklung beeinflussen.

Für die unverzichtbare und kollegiale Zusammenarbeit wissen sich die Herausgeber dem Leiter des Historischen Forschungszentrums der Friedrich-Ebert-Stiftung, Herrn Prof. Dr. Dieter Dowe, und dem Vorsitzenden des Vorstandes der Bundeskanzler-Willy-Brandt-Stiftung, Herrn Dr. Gerhard Groß, zu besonderem Dank verpflichtet.

Prof. Dr. Helga Grebing
Prof. Dr. Gregor Schöllgen
Prof. Dr. Heinrich August Winkler

KARSTEN RUDOLPH

Einleitung

„Die Partei der Freiheit"
Willy Brandt und die SPD 1972–1992

Willy Brandt und die Partei der Freiheit

Willy Brandt war von 1964 bis 1987 Vorsitzender der Sozialdemokratischen Partei Deutschlands, anschließend – bis zu seinem Tod 1992 – ihr Ehrenvorsitzender. In diesen achtundzwanzig Jahren lenkte er stärker als jeder andere die Geschicke der SPD. Und er war einer der maßgebenden Staatsmänner der Bundesrepublik Deutschland.[1] Während Adenauer als *die* Symbolfigur der Nachkriegszeit gilt, so gehört Brandt in die erste Reihe derjenigen Politiker, welche die Bonner Republik von den sechziger Jahren bis zur Wiederherstellung der deutschen Einheit im Jahr 1990 formten.

Die historische Forschung hat für den Zeitraum deutscher Geschichte nach Bildung der sozial-liberalen Koalition im Jahr 1969 inzwischen zwar einige Überblicksdarstellungen, Längsschnittstudien und große Essays hervorgebracht, doch geht die intensive und systematische Forschungstätigkeit bisher kaum über die sechziger Jahre hinaus.[2] Weitgehendes Einverständnis besteht darin, dass in den sechziger Jahren die Nachkriegszeit endete. Der gesellschaftliche Wandel hatte Formen und Inhalte angenommen, die uns noch heute – sei es als Errungenschaften oder Probleme – begegnen: Der demografische Aufbau der Gesellschaft zeigte eine immer stärker werdende Alterskomponente, die Bundesrepublik wurde zu einem Einwanderungsland; der sozio-ökonomische Strukturwandel von der Industrie- zur Dienstleistungsgesellschaft beschleunigte sich; der materielle Wohlstand wuchs und schuf für breite Schichten der Bevölkerung ein bis dahin unbekanntes Maß an Konsum- und massenkulturellen Freizeitmöglichkeiten, die Geschlechterbeziehungen veränderten sich und die politische Kultur war tiefgreifenden Veränderungen unterworfen. Die sechziger Jahre gelten als eine formative Phase der Geschichte der Bundesrepublik, die im Übergang zu den siebziger Jahren in eine „Umgründung der Republik" mündete.[3] Diese Umgründung wird vor allem mit dem 1967 einsetzenden Protest der Außerparlamentarischen Opposition gegen die Große Koalition und der Politik der sozial-liberalen Koalition unter Willy Brandt seit 1969 erklärt. Es war die politische Leistung der sozial-liberalen Koalition, die Westintegration der Republik durch eine neue Ostpolitik zu ergänzen und sich die gewachsenen Ansprüche der Bürgerinnen und Bürger auf mehr Mitwirkung und Mitbestimmung zu eigen zu machen.[4] „Wirtschaftssteuerung", „Reform" und „Demokratisierung" waren die Schlüsselworte dieser Zeit. Insbesondere die SPD in der Regierungsverantwortung, aber auch die sozial-liberale Koalition insgesamt, die sich diese Begriffe auf die Fahnen geschrieben hatten, waren „Ausdruck und Motor des gesellschaftlichen Bemühens um ‚Modernisierung'".[5]

„Wirtschaftssteuerung", „Reform" und „Demokratisierung" verloren im Verlauf der siebziger Jahre jedoch zunehmend an Überzeugungskraft, als sich auch ihre negativen Seiten und Folgen zeigten. Die Wirtschaftskrise enttäuschte die Hoffnung auf ein planbares Wirtschaftswachstum und stetige Wohlstandsmehrung. Ein Fortschrittsverständnis, welches nicht ein Mehr an Lebensqualität bewirkte, wurde zunehmend in Frage gestellt.[6] Die Modernisierung wurde nicht mehr nur als Befreiung von verkrusteten Gesellschaftsstrukturen, sondern auch als Bedrohung empfunden. Die SPD stellte sich dieser Auseinandersetzung und bot ein Forum der gesellschaftlichen Diskussion über die Ziele des Wachstums, die Krise der Arbeitsgesellschaft, die Bedrohung der Umwelt durch eine massenindustrielle Produktionsweise, die Gefahren der Kernenergie und die Auswirkungen eines durchgreifenden Wertewandels.

In den achtziger Jahren gerieten staatliches Handeln und Parteiendemokratie in der Presse und Teilen der Gesellschaft verstärkt in die Kritik. Darunter litt auch das Ansehen der Bonner Republik, deren Stabilität im internationalen und im Vergleich zur Republik von Weimar als ungewöhnlich gelten musste. Die SPD der Bonner Republik entwickelte sich unter diesen vielfältigen, hier nur grob skizzierten Wandlungsprozessen von der traditionellen Industriearbeiterpartei zur linken Volkspartei weiter.[7] Hierzu trug insbesondere die „überschäumende Eintrittswelle"[8] am Ende der sechziger und zu Beginn der siebziger Jahre bei. Sie war Ausdruck des Wunsches nach mehr Demokratie und Mitbestimmung und der nachdrücklichen Unterstützung der Friedenspolitik Willy Brandts in weiten Kreisen der Bevölkerung. Die SPD verzeichnete allein 1969 über 90 000 und 1972 fast 160 000 Neueintritte. Diese Eintrittswelle wurde vor allem von Bürgerinnen und Bürgern unter 30 Jahren getragen. Zwischen 1969 und 1976 hoben über 400 000 Neumitglieder im Alter zwischen 16 und 30 Jahren die Mitgliederzahl der Partei über die Ein-Millionen-Grenze an. Der Anteil von Arbeitern unter den neuen Parteimitgliedern, der 1959 noch bei 54,9 Prozent gelegen hatte, sank bis 1972 auf 27,6 Prozent; die Beamten und Angestellten steigerten im selben Zeitraum ihren Anteil von 19,9 auf 34 Prozent. Schüler und Studierende, 1959 überhaupt noch nicht gesondert erfasst, stellten 1972 15,9 Prozent der Neumitglieder.[9]

Damals streifte die SPD ihren Charakter als schichtenspezifische Integrationspartei ab,[10] was für den ungewöhnlich klaren Sieg der SPD bei der Bundestagswahl am 19. November 1972 eine entscheidende Rolle spielte. Auch wenn die SPD in dieser Wahl Stimmen aus den Mittelschichten an die FDP abgeben musste, so trugen die überproportionalen Gewinne bei Jungwählern, (katholischen) Arbeitern und Frauen zum besten Erst- und Zweitstimmenergebnis in ihrer Geschichte bei (48,9 bzw. 45,8 Prozent bei einer Rekordwahlbeteiligung von 91 Prozent der Stimmberechtigten).[11]

Die SPD war auf diesen „Umformungsprozeß" (Willy Brandt),[12] der den Aufstieg von Angestellten und Beamten zur größten Berufsgruppe in der Gesellschaft und die strukturelle Entwicklung der Bundesrepublik zu einer Dienstleistungsgesellschaft in kürzester Zeit nachvollzog, ja sogar übertraf, nicht vorbereitet.[13] Deshalb waren erhebliche Integrationsanstrengungen der Parteiführung erforderlich. Begleitet war dieser Prozess von einer scharfen politischen Frontstellung zwischen der sozial-liberalen Regierung und dem kon-

Warten auf das Wahlergebnis: Am Abend des 19. November 1972 versammelt sich die Führungsspitze der SPD in der „Baracke" um einen Fernseher (v.l.n.r.: Alfred Nau, Annemarie Renger, Heinz Kühn, Egon Franke, Willy Brandt, Georg Leber, Herbert Wehner, Helmut Schmidt, Karl Wienand und Holger Börner).

servativen politischen Lager, das die neue Ostpolitik und die innenpolitischen Reformen entschieden bekämpfte. Hinzu kam, dass die Union den Machtwechsel von 1969 zunächst als politischen Betriebsunfall betrachtet hatte.

Auf die SPD wirkten sich die Polarisierung der bundesdeutschen Politik und die Aufnahme vieler politisch engagierter junger Menschen in einer Reideologisierung aus, die zu einer deutlichen parteiinternen Flügelbildung führte. Das Wiederaufkommen stärkerer ideologischer Positionen hatte seinen Ausgangspunkt in der wachsenden, auch innerparteilichen Kritik an der Bildung einer Koalition mit der CDU/CSU 1966 gefunden, welche von den Delegierten des Nürnberger Parteitags 1968 mit einer nur knappen Mehrheit nachträglich gebilligt worden war. Seitdem war es weitgehend mit der innerparteilichen Ruhe vorbei: In der SPD wurde leidenschaftlich über die Themen der Zeit gestritten, so dass von der oftmals beschworenen Geschlossenheit nicht mehr per se ausgegangen werden konnte.[14] Das änderte nichts daran, dass die SPD niemals zuvor den sozialen Wandel und die politische Kultur so nachhaltig beeinflusste wie in der Amtszeit ihres Vorsitzenden Willy Brandt. Auch in den Jahren der Opposition nach 1982 nahm die Partei Einfluss auf die politische Entwicklung der Bundesrepublik Deutschland. Dies ist auch daran erkennbar, dass die Regierung aus CDU/CSU und FDP, die im Oktober 1982 die sozial-liberale Koalition ablöste, die wesentlichen Errungenschaften der sozialdemokratischen Reformen und das Konzept sozialdemokratischer Außenpolitik aufrecht erhielt, und zwar bis in die neunziger Jahre. Die konservativ-liberale Regierung machte weder den Ausbau des Sozialstaates oder wesentliche gesellschaftspolitische Reformen seit 1969 rückgängig noch gab sie die neue Ost- und Entspannungspolitik preis. Allerdings büßte die Bundesrepublik ihre Rolle als internationaler Schrittmacher ein und wurde über einige Jahre von der Sowjetunion als Gesprächs- und Verhandlungspartner zurückgesetzt.[15]

Bei allen gesellschaftlichen Wandlungen und innerparteilichen Veränderungen, welche die SPD zwischen 1972 und 1992 prägten, war und blieb sie für Willy Brandt die „Partei der Freiheit".[16] Sie unterschied sich in ihrem Selbstverständnis – so ihr Vorsitzender – ebenso grundlegend von den Kaderparteien kommunistischen Typs wie von konservativen Sammlungsbewegungen. Sie habe gekämpft, wo die „Masse der Bürgerlichen" nur erschrocken zugeschaut habe und beziehe ihre Handlungsfähigkeit aus dieser geschichtlichen Tradition, ihrem Charakter als demokratische Massenpartei, ihrer Fähigkeit zur Organisation und ihren immer wieder neu zu überprüfenden sozialdemokratischen Zielen.[17]

Diese Bewertung Willy Brandts fand auch Eingang in sein politisches Vermächtnis als Parteivorsitzender – in der „Abschiedsrede" auf dem außerordentlichen Bonner Parteitag im Juni 1987: „Wenn ich sagen soll, was mir neben dem Frieden wichtiger sei als alles andere, dann lautet meine Antwort ohne Wenn und Aber: Freiheit. Die Freiheit für viele, nicht für die wenigen. Freiheit des Gewissens und der Meinung. Auch Freiheit von Not und von Furcht."[18] Den Menschen „eine eigenständige Lebensführung in sozialer Verantwortung" zu ermöglichen, dies sollte der Kernauftrag der SPD auch für die Zukunft sein.[19]

„Auf der Zinne der Partei"

Charisma in der modernen Politik

Brandt erzielte politische Wirkung weniger durch plakative Bekenntnisse, sondern viel mehr durch Grundsatzreden und historische Vorträge.[20] Er konnte sozialdemokratischen Gestaltungswillen in einprägsame Formeln kleiden,[21] in leisen Zwischentönen vermitteln und durch den eigenen, nicht unkomplizierten Lebensweg unterstreichen. Brandt hatte nicht nur etwas zu sagen, er wusste auch, wie es zu sagen war. Scharfe Agitation – wie Schumacher sie noch betrieben hatte – oder reine Parteirhetorik im Stile Ollenhauers waren ihm fremd.[22] Er verstand es immer wieder, in Versammlungen die Menschen direkt anzusprechen, in Parteitags- und Bundestagsreden sozialdemokratischer Politik Tiefe und Richtung zu geben. Er verstand es, die Anhänger mitzureißen, und wusste die richtige Mischung aus Reflexion und motivierender Rede herzustellen. Sein „volkspädagogisches Sensorium" (Helga Grebing) half ihm, den Deutschen auch unangenehme Wahrheiten (so über die nationalsozialistische Vergangenheit) dosiert zu verabreichen. Er war ein begabter Aufklärer, kein Lehrmeister.

Willy Brandt verfügte für viele über eine einzigartige moralische und politische Autorität.[23] Er trug maßgeblich dazu bei, die SPD regierungsfähig zu machen, und erreichte es, der erste sozialdemokratische Kanzler der Bundesrepublik Deutschland zu werden. Ihm gelang, wie es Richard von Weizsäcker formuliert hat, in der eigenen Person die Spannung zwischen Macht und Moral aufzuheben.[24]

Willy Brandt pflegte Freundschaften, ließ private Nähe jedoch nur selten zu.[25] Er vermied Kumpanei und wandte sich gegen die Staralluren derjenigen, die sich über die Partei erheben wollten. Er

Willy Brandt auf dem Pfalztreffen der SPD am 1. Juli 1978 auf der Limburg in Bad Dürkheim.

verachtete Liebedienerei ebenso, wie er Besserwisserei, Prahlen, forsches Auftreten und hohles Pathos verabscheute. Parteifreunde, die sich durch solche Eigenschaften hervortaten, strafte er gewöhnlich nicht durch Worte, sondern durch demonstrative Nichtbeachtung. Er war – so drückte es Peter Glotz aus – „ein Herr; leise, diszipliniert und scheu mit Freundschaften".[26] In diesen Eigenschaften und in dem besonderen Taktgefühl Willy Brandts lag das Geheimnis seiner Aura, seiner außeralltäglichen Ausstrahlung, seines Charismas[27] begründet.

Führungsstil und Politikverständnis

Der Parteivorsitzende Willy Brandt führte die Partei argumentativ, nicht autoritär. Er stützte sich primär auf die Kraft des Arguments, nicht auf die Macht des Parteiapparats. Und wichtig waren ihm seine eigenen politischen Erfahrungen. Ihm war klar, dass vermeintliche Gewissheiten nicht von Dauer sind. Deswegen war er bemüht, die Partei für neue Einsichten offen zu halten. Brandt wollte keine festgefügte, ihm treu ergebene Anhängerschaft hinter sich sammeln, er warb stattdessen für seine Überzeugungen. Er bot keine politischen Patentlösungen, vielmehr regte er zu gemeinsamen Anstrengungen an, um – wenn auch nur vorläufige – Lösungswege zur Realisierung der sozialdemokratischen Ideale zu finden. Dass er es nie verlernt hatte zu zweifeln, dass er mit der Zeit Distanz zum politischen Alltagsgeschäft gewann, hat er nicht verborgen.

Der gelernte Journalist, den nicht zuletzt das Amt des Regierenden Bürgermeisters von Berlin und des bundesdeutschen Außenministers geformt hatte, formulierte selbst im scharfen innerparteilichen Streit diplomatisch. Brandt war ein Vorsitzender des Ausgleichs, der dennoch in inhaltlichen Fragen deutlich Stellung beziehen konnte, ohne jedoch für das bessere Argument verschlossen zu sein.

Insbesondere in der Zeit der Doppelbelastung durch Parteivorsitz und Kanzleramt gab es Phasen, in denen er zu depressiven Stimmungen neigte und Entscheidungen auswich. Bei weitem überwogen aber seine Lebenszugewandtheit, seine Vitalität, die auch durch einen ernsten Herzanfall in den sechziger Jahren und einen Herzinfarkt 1978[28] nicht gebrochen wurde, und seine Fähigkeit zur Selbstironie. Hinzu kamen sein Mut sowie die ungebrochene Leidenschaft, unter veränderten politischen und persönlichen Umständen einen Neuanfang zu wagen.[29]

Den engsten Mitarbeitern gewährte Brandt große Handlungsspielräume, wenn er ihnen politische Aufgaben anvertraute. Aber wenn es hieß „ohne mich", dann wussten sie, dass er die eingeschlagene Richtung für falsch hielt und dies zu respektieren war. In wichtigen politischen Situationen – so etwa vor Parteitagen – scheute sich der Vorsitzende auch nicht, in die Partei „hineinzutelefonieren",[30] um Unterstützung für seine „Linie" zu organisieren. Auch nahm er auf Personalentscheidungen in den Gliederungen der Partei direkten Einfluss, wenn sie für die Bundespolitik und den

Zusammenhalt der Gesamtpartei von Bedeutung waren.[31] „Mahnschreiben" erhielten diejenigen, die sich einem klärenden Gespräch unter vier Augen entzogen. Brandt pflegte einen Stil der Verständigung. Er, der andere nicht verletzen wollte, war leicht verletzlich. Im Streit fiel es ihm schwer, auf andere direkt zuzugehen. Dann wollte er „angesprochen werden". Entscheidungen stellte Brandt zurück, bis die Zeit dafür reif war. Der *Zeit*-Journalist Gunter Hofmann beschrieb diesen Stil im Kontrast zur Vorgehensweise Helmut Schmidts zugespitzt: „Im Prinzip betrachtete es Brandt als Erfolg, wenn am Ende einer Diskussion nicht entschieden werden musste. Bei Schmidt galt es als Erfolg, wenn entschieden wurde."[32] Im politischen Alltagsgeschäft kannte Brandt sich aus, weit mehr jedenfalls, als ihm seine Kritiker unterstellten und seine Bewunderer wahrnahmen. Und er kannte die Höhen und Tiefen moderner Politik.

Politik in modernen Zeiten ist nicht zuletzt Politik unter den Bedingungen einer scharfen Konkurrenz zwischen der eigenen persönlichen Darstellung und dem von den meinungsbildenden Zeitungen, Nachrichtenmagazinen, den elektronischen Massenmedien und der Boulevardpresse verbreiteten Bild. Willy Brandt war der erste bundesdeutsche Politiker, der die volle Wucht publizistischer Meinungsbildung zu spüren bekam. Als „deutscher Kennedy" von der Springer-Presse in der ersten Wahlkampagne 1961 hochgelobt, schrieb man ihn kaum vier Jahre später schon wieder ab. Nach dem großen Wahlsieg im Jahr 1972 galt er für die linksliberale Presse erneut als politischer Hoffnungsträger, wenige Monate später ließ man ihn fallen. Willy Brandt wusste dem Wechselbad veröffentlichter Meinungen und öffentlicher Stimmungen zu begegnen, auch wenn es ihm mitunter schwer fiel; er beherrschte die Klaviatur der öffentlichen Meinungsbildung, ohne sich den Medien auszuliefern oder ins Populistische abzugleiten. Deshalb galt er manchen gar als „Meister des Medienzeitalters".[33]

Bis in die achtziger Jahre hinein blieb Brandt ein Ziel publizistischer Kampagnen von rechts, die auch ins Private hineinreichten. Erst der Wandel der politischen Kultur in der Bundesrepublik Deutschland, insbesondere des allgemeinen historischen Bewusstseins über die nationalsozialistische Vergangenheit, aber auch die breite Zustimmung zu einer aktiven Verständigungspolitik gegenüber dem Osten nahmen den Attacken gegen den Politiker und Emigranten nahezu jede Unterstützung der Öffentlichkeit.

Kritik am Brandt'schen Führungsstil

Unumstritten war Brandts Führungsstil nie.[34] Aus der Partei und von manchem Weggefährten wurden ihm bisweilen Amtsmüdigkeit und Kraftlosigkeit, Entscheidungsschwäche und immer wieder zu große Nachsicht gegenüber „Disziplinlosigkeiten" in der Partei vorgehalten. Von manchem „rauheren Genossen" wurde Brandts Führungsstil sogar für „lasche Schlappheit" gehalten.[35] Im Juli 1972 warf Helmut Schmidt dem Parteivorsitzenden vor, er lasse zu, dass aus der SPD eine linkssozialistische Partei, eine – wie er es nannte – „Nenni-Partei" werde.[36]

Brandts Zurückhaltung wurde aber nicht selten mit mangelnder Standfestigkeit in der Sache verwechselt. Dabei war es für ihn ein Gebot politischer Klugheit, sich als Parteivorsitzender in politischen Streitfragen nicht von vornherein festzulegen. Nur so konnte er seinen Handlungsspielraum wahren und als Moderator widerstreitender Interessen und Ansichten auftreten.

Es lässt sich darüber streiten, ob die Partei in manchen Situationen bei einer härter auftretenden politischen Führung erfolgreicher gewesen wäre. Anders als in den frühen fünfziger Jahren unter der Führung Kurt Schumachers ließ sich die SPD der siebziger und achtziger Jahre jedoch nicht mehr von einer einzigen Person autoritär führen.[37] Willy Brandt machte deshalb klar, dass die sozialdemokratische Volkspartei keine „Art verlängerter preußischer militärischer Formation" bilde und es in einer „Millionen-Partei" immer auch „Gruppierungen verschiedener Art, Strömungen, auch Richtungen" geben werde[38], die zusammengeführt werden müssen. Denn – so Brandt in einem Schreiben an Schmidt im Jahr 1976 – „Stromlinienförmigkeit als innerparteiliches Idyll ist ja wohl ohnehin nicht erstrebenswert."[39]

Dennoch wusste auch Brandt anderen Grenzen zu setzen: im Jahr 1977 dem Juso-Bundesvorsitzenden Benneter, der die Mitgliedschaft in der SPD vom taktischen politischen Kalkül abhängig zu machen glaubte, und dem Vorsitzenden der Fritz-Erler-Gesellschaft Döbertin, der u. a. daran beteiligt gewesen war, fragwürdige interne Analysen über die Entwicklung der Partei als Wahlkampfmunition an die CSU weiterzureichen. Beide – Benneter und Döbertin – wurden aus der Partei ausgeschlossen.[40] Im Fall Benneter war für den Ausschluss nicht eine kritische Haltung gegenüber Parteitagsbeschlüssen ausschlaggebend, sondern der von ihm verbreitete Eindruck, man könne die Mitgliedschaft in der SPD zugunsten anderer Präferenzen jederzeit zur Disposition stellen.

Ein solches Vorgehen gegen parteischädigende Kritiker in den eigenen Reihen stellte für Brandt jedoch nur das letzte Mittel dar. Wer von ihm verlangte, Kritiker von Parteibeschlüssen oder des Regierungskurses mit organisationspolitischen Maßnahmen kaltzustellen, stieß deshalb auf Unwillen und Unverständnis. Als der Bezirk Niederrhein einen der schärfsten Kritiker der Sicherheitspolitik der Regierung Schmidt/Genscher, den Bundestagsabgeordneten Karl-Heinz Hansen, 1981 aus der Partei ausschloss, empfand Brandt diese administrative Lösung als einen schweren politischen Fehler.[41]

Denn der Vorsitzende betrachtete es als ein besonderes Vermächtnis August Bebels, die Partei zusammenzuhalten, ihre Einheit wie den eigenen Augapfel zu hüten.[42] Angesichts der historischen Erfahrung mit jener Aufspaltung der deutschen Arbeiterbewegung in mehrere Parteien, die einer der Gründe für ihre Schwäche in der Weimarer Republik gewesen war, und mit dem während des Zweiten Weltkrieges erwogenen, aber 1946 endgültig gescheiterten Projekt einer Einheitspartei, d. h. der Wiederherstellung der Einheit der Arbeiterbewegung in einer demokratisch verfassten Partei von Sozialisten und Kommunisten,[43] wollte Brandt es nicht zu einem massiven Abbröckeln der Anhängerschaft oder gar zu organisatorischen Abspaltungen kommen lassen. Hinzu kam die persönliche Erfahrung – die seiner Meinung nach überzogene Ausgrenzungspolitik der Weimarer SPD-Parteiführung gegenüber innerparteilichen Kritikern –, dass es auch ein Fehler sein kann, der innerparteilichen Opposition Vorwände für die Gründung einer eigenen Partei zu liefern. Brandt wusste, dass sich Geschlossenheit nicht erzwingen ließ. In der Partei der Freiheit hatte ein freier Meinungsaustausch politischen Entscheidungen vorauszugehen. Erst nach der Diskussion sollten Beschlüsse gefasst werden, die dann allerdings nach außen gemeinsam vertreten werden sollten. Daher war für ihn eine wichtige Orientierungslinie: „Niemand kann eine Überzeugung aufgezwungen werden, aber für die Haltung der Partei nach außen muss gelten, was die Mehrheit beschlossen hat."[44]

Brandts Führungsstil und später die Regelung der Nachfolge im Amt des Parteivorsitzenden lösten manche scharf geäußerte Kritik in der Partei aus. Weithin überwog jedoch die Einschätzung, dass Brandt für eine lebendige sozialdemokratische Partei in einer Gesellschaft, die immer weniger aus festgefügten sozialen Milieus und politischen Lagern bestand, als integrierende Leitfigur unersetzlich sei.

Die Bundesgeschäftsführer

Auch Brandts Personalentscheidungen lösten bisweilen Kritik aus, sogar wenn sie den Bundesgeschäftsführer betreffen, der zum Vorsitzenden einer Partei in einem besonderen Vertrauensverhältnis steht und deswegen nur auf dessen Vorschlag hin vom Parteivorstand bestellt wird.

Die Bundesgeschäftsführer Holger Börner, Egon Bahr und Peter Glotz hatten – wie ihre Vorgänger und Nachfolger – die Aufgabe, die Parteizentrale, das Erich-Ollenhauer-Haus, zu leiten, das operative Geschäft zu besorgen, zur Kooperation von Bundesregierung – solange die SPD an ihr beteiligt war –, Bundestagsfraktion und Bundespartei beizutragen, die Schlagkraft der Parteiorganisation zu erhöhen und die Bundestagswahlkämpfe zu leiten. Der Reform der Parteiarbeit, bei der der jeweilige Bundesgeschäftsführer die Federführung besaß, wurde nach dem Schock des Rücktritts Brandts vom Amt des Bundeskanzlers 1974 wieder Priorität eingeräumt. Die Veränderungen in der Parteiarbeit fanden zunächst im Kapitel „Vertrauensarbeit" des 1975 verabschiedeten „Orientierungsrahmens '85" eine ausführliche Beschreibung mit vielen Anweisungen für eine zeitgemäße Parteiarbeit.[45] Eine Fortsetzung bildete das so genannte Koschnick-Börner-Papier zum Ausgang der Bundestagswahl von 1976.[46] Hinzu kamen danach die Bemühungen von Bundesgeschäftsführer Egon Bahr – der eigentlich als Außenpolitiker und nicht als Organisationsfachmann galt – zur Effektivierung der Arbeit der Parteizentrale und zur Verbesserung der Kommunikation mit besonderen Zielgruppen. Darauf folgten die energischen Initiativen von Peter Glotz, den Brandt gegen den Widerstand Helmut Schmidts dem Parteivorstand zur Wahl als Bundesgeschäftsführer vorgeschlagen hatte, eine Öffnung und größere politische Mobilität der SPD herbeizuführen. Dies fand die volle Unterstützung Brandts, wurde jedoch in der Partei als „Glotzismus" geziehen.

Die Bundesgeschäftsführer besaßen jederzeit direkten Zugang zum Parteivorsitzenden und stimmten sich eng mit ihm ab. Es kennzeichnet Brandts Führungsstil, dass er den Bundesgeschäftsführer niemals als sein Sprachrohr, als „Bürovorsteher" oder „Privatsekretär" behandelte. Er übertrug ihnen vertrauliche Aufgaben und erteilte ihnen Aufträge, bei denen der Parteivorsitzende nicht direkt oder (noch) nicht in Erscheinung treten musste oder konnte. Als sich der nordrhein-westfälische Landesverband nicht im Stande sah, den amtsmüden und politisch schwer angeschlagenen Ministerpräsidenten Kühn abzulösen, sorgte der Bundesgeschäftsführer Bahr im Auftrag von Brandt und in Abstimmung mit Schmidt und Wehner für den Rückzug Kühns von seinem Amt als Ministerpräsident.[47] Im Übrigen ging Brandt davon aus, dass „man" wusste, mit welchen Angelegenheiten der Parteivorsitzende zu befassen war und wann „man" ihn wofür in Anspruch nehmen durfte.

Die Troika

In der so genannten Troika, die seit 1966 bestand, wurden 1974 die politischen Betätigungsfelder zwischen Bundeskanzler Helmut Schmidt, dem Vorsitzenden der Bundestagsfraktion, Herbert Wehner, und dem Parteivorsitzenden neu abgesteckt. So wie Brandt seinen beiden Kombattanten nicht ohne Not in Regierungs- und Fraktionsangelegenheiten hineinredete, erwartete er, dass diese seinen Führungsanspruch in der Partei respektierten.[48] Der Parteivorsitzende besaß ein feines Gespür dafür, wie viel man sich gegenseitig zumuten konnte. Um Meinungsverschiedenheiten der Troika nicht in den Gremien der SPD auszutragen, was nahezu unweigerlich in die Öffentlichkeit gedrungen wäre, suchte er vor den Sitzungen des Parteipräsidiums[49] oder des Parteivorstandes die Abstimmung mit Schmidt und Wehner.[50] Fehlte in der Troika das Einvernehmen oder herrschte gar Sprachlosigkeit, dann war die „zweite Reihe" – der Bundesgeschäftsführer, der Chef des Bundeskanzleramts und der erste Fraktionsgeschäftsführer – gefragt.[51]

Nach den Präsidiumssitzungen lud Brandt zudem eine kleine informelle Gruppe in sein Arbeitszimmer ein, um sich in gelöster Atmosphäre über aktuelle politische Fragen auszusprechen. Zu ihr gehörten jeweils in der Zeit ihrer Funktion die stellvertretenden Parteivorsitzenden Hans Koschnick und Johannes Rau, langjährige Vertraute wie Egon Bahr und der jeweilige Bundesgeschäftsführer. Andere Präsidiumsmitglieder lud Brandt durch Kopfnicken von Fall zu Fall hinzu.[52]

Die Troika war manchen Belastungsproben ausgesetzt, fand aber immer wieder zur sachlichen Zusammenarbeit zurück. Insbesondere nach dem Wahlerfolg von 1976 suchten Brandt und Schmidt eine enge Abstimmung.[53] Aus dem Tritt geriet die Troika erst in Zusammenhang mit dem dramatischen Vertrauensverlust, der durch interne Zerwürfnisse mit Wehner Anfang der achtziger Jahre entstand. Durch diese Ereignisse fand die Arbeit in der Troika im Dezember 1981 ihr faktisches Ende.[54]

Bei allen politischen Spannungen, die in der Troika nicht ausblieben, wirkte es konfliktdämpfend, dass keiner nach den Ämtern des anderen strebte. Weder Schmidt noch Wehner mochten nach dem Parteivorsitz greifen; Brandt konnte weder in das Amt des Bundeskanzlers zurückkehren noch besaß er die Absicht, den Vorsitz in der Bundestagsfraktion zu übernehmen. In der Troika war Schmidt der energische und ungeduldige Antreiber und der nüchtern-pragmatische Politmanager, Wehner der Machtpolitiker, der wusste, dass Organisationsfragen auch politische Fragen waren, und Brandt der „moderne" Parteiführer, der ein besonders ausgeprägtes Gespür für Veränderungen und das damit verbundene zeitgemäße Politikverständnis besaß.

Auch wenn es zwischen Brandt und Schmidt immer wieder zu Differenzen kam, so galt doch: „Wir haben einander den Respekt nie versagt, auch dann nicht, wenn wir wirklich verschiedener Meinung waren".[55] Im Unterschied zu Brandt und Schmidt, die sich aussöhnten, ließen sich die Divergenzen zwischen Brandt und Wehner nicht bereinigen.[56]

„Über den Tag hinaus"

Zwischen 1972 und 1992 stellte sich Willy Brandt drei großen Herausforderungen. In den siebziger Jahren sah er die geschichtliche Aufgabe seiner Partei darin, die reformorientierte Arbeiterbewegung und das linksliberale Bürgertum in der sozial-liberalen Koalition „über Tag und Taktik hinaus"[57] zusammenzuführen. Da eine solche Kooperation als dauerhaftes politisches Zusammenwirken zur Festigung der Demokratie und Erweiterung der Freiheit bisher in der deutschen Geschichte nicht zustande gekommen war, sah er in der Koalition keine Zweckehe, sondern ein historisches Bündnis als politische Form einer „Neuen Mitte" in Deutschland.[58]

Aus dieser grundsätzlichen Überzeugung erklärt sich nicht zuletzt sein Rückzug vom Amt des Bundeskanzlers 1974. Brandts Rücktritt dürfte nicht nur als persönlicher Schritt zu begreifen sein, aus den „Fahrlässigkeiten im Zusammenhang mit der Agentenaffäre"[59] Konsequenzen zu ziehen. Ihn bewegte offenbar auch die Sorge um den Fortbestand der sozial-liberalen Koalition. Dafür spricht, dass sich Brandt auch nach seinem Rücktritt als Bundeskanzler trotz der Enttäuschung, die ihm das Verhalten von Genscher im Zusammenhang mit der Guillaume-Affäre bereitet hatte,[60] intensiv weiter um die Stabilität der sozial-liberalen Allianz bemühte. Dies geschah zum Beispiel durch einen regelmäßigen Meinungsaustausch mit dem FDP-Vorsitzenden Genscher[61] und einen von Fall zu Fall von Klaus Harpprecht und Graf Lambsdorff einberufenen „FDP-SPD-Kreis".[62]

Die Hoffnungen Brandts, gemeinsam mit den Freien Demokraten ein dauerhaftes historisches Bündnis zu formen, wurden jedoch spätestens nach der Bundestagswahl 1976 in Frage gestellt, als die FDP in den Bundesländern erkennen ließ, dass auch eine Koalitionsbildung mit der CDU prinzipiell möglich sei. Die FDP erwies sich mit ihrer unternehmerfreundlichen Politik nach der Bundestagswahl von 1972 immer mehr als Bremserin für wirtschaftsdemokratische und sozialpolitische Reformen. Mit einer betont wirtschaftsliberalen FDP waren die meisten der wirtschafts- und sozialpolitischen Forderungen der SPD nicht mehr durchzusetzen.

Brandts Loyalität gegenüber Bundeskanzler Helmut Schmidt ergab sich schon aus dem Wunsch, die sozial-liberale Koalition, solange es irgend ging, aufrechtzuerhalten. Er stützte den Kanzler und die Koalition, gerade auch deshalb, weil sie neben ihrer Bedeutung als Bezugspunkt der „Neuen Mitte" Garanten für sein Lebenswerk – die Neue Ostpolitik – war.[63] Als seit 1981 kaum mehr zu überbrückende Gegensätze in der Koalition entstanden, ging Brandt sogar bis an die Grenze der Selbstverleugnung, um die Regierung nicht an der eigenen Fraktion oder an der eigenen Partei scheitern zu lassen.[64] Dies erklärt auch die Antwort Brandts auf einen Brief von Schmidt. Dieser hatte darin die Auffassung vertreten, er hätte seine Kanzlerschaft und somit die Koalition mit der FDP verlängern können, wenn er 1974 das Amt des Parteivorsitzenden mit übernommen hätte. Daraufhin entgegnete ihm Brandt, Schmidt müsse in Wirklichkeit selber wissen, dass dieser ohne ihn „kaum länger, sondern wohl eher kürzer und vielleicht mit weniger Erfolg im Amt geblieben"[65] wäre.

Nach dem Koalitionswechsel der FDP und der Verdrängung der SPD aus der Regierung im Oktober 1982 sah Brandt die nächste große Aufgabe darin, die SPD als politische Kraft zu erneuern, sie gegenüber den neuen sozialen Bewegungen dialogfähig zu machen und ihr neue Ziele zu setzen. Brandt fürchtete, die Partei könne hinter Godesberg zurückfallen, wenn sie sich auf die vermeintlich sichere Rolle der sozialen Interessenvertreterin der großindustriellen Arbeiterschaft begrenzte. Die neuen sozialen Bewegungen – die neue Frauen- und Friedensbewegung, die Dritte-Welt- und Umweltbewegung, die Alternativ- und Bürgerinitiativbewegung –, welche die „alte" Bewegung der gewerkschaftlichen und politischen Arbeiterbewegung herausforderten, hielt Brandt nur dann für gefährlich, wenn man sie sich zum Gegner machte. In einem wachsenden kulturkritischen und zukunftspessimistischen Umfeld müsse man ihren Forderungen „anders zu arbeiten und anders zu leben" Rechnung tragen. Ihm ging es damit um eine zweite große Integrationsleistung der SPD, nachdem es der sozial-liberalen Koalition gelungen war, den „Studentenprotest von 1968" partiell aufzunehmen und weite Teile der außerparlamentarischen Opposition in das politische System der Bundesrepublik zu integrieren.[66] Er hielt die Studentenbewegung zuerst für „Werbung und Warnung", später für „Protest und ... das leidenschaftliche Aufbegehren einer Generation gegen die erkennbare Gefahr, unser Staat könnte im spießerhaften Mief ersticken und durch seine Unbeweglichkeit seine Zukunft und unser aller Zukunft verspielen".[67] In den achtziger Jahren fürchtete er, dass sich der Protest der neuen sozialen Bewegungen direkt gegen eine immobil werdende sozialdemokratische Partei richten könnte, wenn sie die Fähigkeit verlöre, „soziale Erneuerung" zu vertreten und zu organisieren oder ihren Anspruch aufgebe, als „aktiver Teil einer umfassenden Bewegung gesellschaftlicher Emanzipation" zu wirken.[68] Nur mit diesen neuen außerparlamentarischen Bewegungen, aber nicht gegen sie, ließen sich Ziele festlegen, durch die neue Mehrheiten für eine zweite Phase sozialdemokratischer Reformen zu gewinnen wären.

In der argumentativen Auseinandersetzung, nicht in der organisatorischen Abgrenzung, lagen für den Parteivorsitzenden die Chancen für die Erneuerung der Sozialdemokratie als politische Bewegung und die Option auf eine neue „Mehrheit diesseits der CDU".[69] So formulierte es Brandt nach dem ermutigenden Ausgang der hessischen Landtagswahl im September 1982 in einer Wahlsendung des Deutschen Fernsehens. Im Ergebnis war dieser Wahlausgang eine maßgebliche Voraussetzung für die erste rot-grüne Koalition.[70] Dabei erkannte Brandt klar das strategische Problem, dass die SPD ohne einen Koalitionspartner kaum Chancen besaß, wieder an die Regierung zu kommen. Da die Grünen seinerzeit wegen ihres ungeklärten Verhältnisses zum staatlichen Gewaltmonopol und zur NATO bis auf weiteres als bundespolitischer Koalitionspartner ausfielen[71] – auf Länderebene förderte Brandt das rot-grüne Experiment unter dem hessischen Ministerpräsidenten Börner –, blieb der SPD auch keine andere Wahl, als sich als „Integrationspartei"[72] zu verstehen und auszuweisen: als eine Partei, die fortschrittliche Strömungen in der bundesdeutschen Gesellschaft aufnimmt und gegenüber allen anderen demokratischen Parteien koalitionsfähig ist. Um die bundespolitische Isolation der SPD zu durchbrechen, hielt Brandt auch Koalitionen mit der CDU auf Länderebene für ein Gebot der Vernunft. Eine Farbenlehre, nach der in den Ländern nur die gleichen Koalitionen wie in Bonn einzugehen seien, hätte nach seiner Meinung die Demokratie in einem föderativen Staat beschädigt und die Erinnerung an die gegen die Arbeiterbewegung gerichtete Bürgerblockpolitik liberaler und konservativer Parteien in der untergegangenen Weimarer Republik geweckt.[73]

Die SPD öffnete sich schrittweise gegenüber der „neuen sozialen Mitte" der Gesellschaft, der auf Emanzipation und Gleichstellung ausgerichteten Frauenbewegung und den engagierten jungen Menschen und Wissenschaftlern mit ihrer Kritik an einem eindimensionalen Fortschrittsverständnis.[74] Sie bemühte sich aber auch intensiv um die Angehörigen der „technischen Intelligenz", die für die Gestaltung der betrieblichen Arbeitsabläufe eine immer größere Rolle spielten und sich durch die Tarifpolitik der Gewerkschaften nicht hinreichend vertreten fühlten.

Willy Brandt hielt die Grundidee des Godesberger Programms von 1959, die SPD als linke Volkspartei zu profilieren und für die Demokratisierung der deutschen Gesellschaft einzustehen, zwar nach wie vor für aktuell, aber er konnte sich im weiteren Verlauf der Einsicht nicht verschließen, dass das Grundsatzprogramm in wesentlichen Aussagen von der Zeit überholt worden war.[75] Unter den

Bedingungen der voranschreitenden Umweltzerstörung, des sich verschärfenden Nord-Süd-Konfliktes und des sich in den neuen sozialen Bewegungen zusätzlich äußernden Unbehagens über ein vor allem auf technische Großlösungen setzendes Fortschrittsverständnis, konzentrierte er sich darauf, die programmatischen Grundlagen für eine neue Politik des qualitativen Wachstums und der Vereinbarkeit von Industriearbeit und Umweltschutz zu schaffen. Brandt übernahm die Leitung der vom Essener Parteitag 1984 eingesetzten Programmkommission, die 1986 ihren Entwurf für ein neues Grundsatzprogramm der SPD ablieferte. Die intensive Arbeit in der Programmkommission mündete im „Irseer Entwurf".[76] Er war einerseits ein Dokument der politischen Integration widerstrebender innerparteilicher Flügel und damit der Zusammenführung gegensätzlicher Ansichten und Grundüberzeugungen und andererseits ein Konzept grundsätzlicher Positionen zu neu aufgeworfenen oder neuen politischen Fragen. Die Stichworte lauteten: Integration Europas, Gleichstellung der Geschlechter, Zukunft der Arbeit, ökologisches Wirtschaften, qualitatives Wirtschaftswachstum, politische Gestaltung der Technik und Demokratie als Lebensform.

Eine überraschende dritte große Herausforderung ergab sich für Brandt aus der unerwarteten „Zeitenwende" infolge des Zusammenbruchs der kommunistischen Regime in Ost-Mitteleuropa. Angesichts des sich seit dem Spätherbst 1989 abzeichnenden Zusammenschlusses der beiden deutschen Staaten richtete Brandt seine ganze Kraft darauf, die SPD zu *der* Partei der deutschen Einheit zu machen. Während Oskar Lafontaine, der SPD-Kanzlerkandidat für die ersten gesamtdeutschen Bundestagswahlen, die nationale Frage der politischen Rechten überließ, galt für Brandt die Wiederherstellung der deutschen Einheit als „natürlicher Ausdruck" des deutschen Selbstbestimmungsrechtes in europäischer Verantwortung.[77] In einer starken linken Volkspartei sah er den besten Garanten dafür, dass „wieder zusammenwächst, was zusammengehört"[78]. Noch am Tag nach der Maueröffnung, dem 10. November 1989, nach der Kundgebung vor dem Rathaus Schöneberg, fuhr Brandt zusammen mit dem damaligen SPD-Vorsitzenden Hans-Jochen Vogel nach Ost-Berlin, um sich dort mit Vertretern der im Oktober 1989 neu gegründeten sozialdemokratischen Partei der DDR zu beraten.[79] Das Manifest des Vereinigungsparteitags von Bundes-SPD und DDR-SPD am 27. September 1990 in Berlin stammte ganz überwiegend aus der Feder Brandts.[80] Willy Brandt empfand den Zusammenbruch des kommunistischen Systems auch als Befreiung von dem Zwang, die Idee des demokratischen Sozialismus angesichts der missbräuchlichen Verwendung des Sozialismus-Begriffs durch die Kommunisten immer wieder rechtfertigen zu müssen.[81] Die zentralen Anliegen des demokratischen Sozialismus – soziale Gerechtigkeit, Demokratisierung der Gesellschaft, eine Wirtschaftsordnung im Dienste des Allgemeinwohls, Rechtsstaatlichkeit und Freiheit – bezeichnete er in einem programmatischen Aufsatz als „grundlegende Koordinaten" für das 21. Jahrhundert.[82] Insoweit war Brandt in allen Phasen seines Lebens ein demokratischer Sozialist.

In der Regierungsverantwortung 1972 – 1982

Der Kampf um die Parteiführung und das Kanzleramt 1972 – 1974

Aus den vorgezogenen Wahlen zum 7. Deutschen Bundestag am 19. November 1972 ging die SPD mit 45,8 Prozent der Zweitstimmen als stärkste politische Partei und Willy Brandt als ihr strahlender Sieger hervor.[83] Die SPD bildete zum ersten Mal die größte Fraktion im bundesdeutschen Parlament.[84] Sie stellte mit Gustav Heinemann den Bundespräsidenten, mit Willy Brandt den Bundeskanzler und mit Annemarie Renger die Bundestagspräsidentin. Die in diesem Ausmaß unerwartete Bestätigung der Ost- und Reformpolitik der sozial-liberalen Koalition löste insbesondere bei den Sozialdemokraten eine Euphorie aus, von der Brandt fürchtete, sie könne infolge überhöhter Erwartungen nur zu Enttäuschungen führen.[85] Deshalb riet er der SPD-Bundestagsfraktion aus Anlass ihrer konstituierenden Sitzung am 29. November 1972, an der er wegen Krankheit nicht teilnehmen konnte, in einem handschriftlichen Schreiben eindringlich, „dass wir als Partei und als einzelne behutsam umgehen mit dem hohen Mass an Vertrauen, das uns am vorletzten Sonntag[86] entgegengebracht wurde. Wer den Bundeskanzler zum ‚Bleiben' anempfohlen hat, wird heute auch seinen Rat gelten lassen müssen: Unser Konto nicht überziehen; weder programmatisch noch personell, sondern in der Sache zielstrebig weiterarbeiten und den wesentlichen Teil dessen verankern, was uns der Dortmunder Parteitag aufgetragen hat."[87]

Die hochfliegenden Reformerwartungen großer Teile der Partei standen zudem in Kontrast zu den sich rapide verschlechternden Handlungsbedingungen des zweiten Kabinetts Brandt/Scheel. Es waren vor allem äußere, nicht unmittelbar durch die Regierung zu verantwortende Faktoren, die den Schwung der Regierungspolitik merklich abbremsten: Der inflationäre Druck baute sich weiter auf, während die Konjunktur ins Stocken geriet. Ende Mai 1973 begann der große Bummelstreik der Fluglotsen. Im August und September dieses Jahres rollte eine spontane Streikwelle in der Metallindustrie über das Land, mit der in den Betrieben Lohn- und Gehaltsnachschläge wegen der wachsenden Teuerung gefordert wurden. Die durch die drastische Einschränkung der Rohölförderung seitens der arabischen Förderländer im November 1973 explodierenden Preise für Benzin und Heizöl lösten einen Schock in der deutschen Bevölkerung aus. Die Ölpreiskrise verstärkte den konjunkturellen Abschwung und trug zu einem von Inflation begleiteten wirtschaftlichen Stillstand bei, der den Beginn einer bis heute anhaltenden strukturellen Massenarbeitslosigkeit und Überschuldung der öffentlichen Hände einleitete.[88] Da auch Programme der Regierung zur Inflationsbekämpfung keine kurzfristige Wirkung zeigten, drängten die Gewerkschaften auf hohe Lohnabschlüsse. Im Februar 1974 trat der öffentliche Dienst in den Streik. Die ÖTV setzte einen Abschluss mit einer elfprozentigen Tariferhöhung durch. Allgemeiner Eindruck war, dass der sozialdemokratische Gewerkschaftsvorsitzende Kluncker sich gegen den sozialdemokratischen Bundeskanzler Brandt durchgesetzt hatte.[89]

Die Regierungspolitik litt auch darunter, dass das Bundesverfassungsgericht gesetzlich bereits realisierte Reformpläne revidierte. Was mit dem Urteil gegen die von der Koalition in den Ländern angestrebte Drittel-Parität in den Hochschulgremien im Mai 1973 begann, setzte sich später in Urteilen zur Fristenlösung bei der Schwangerschaftsunterbrechung (1975) oder zur Kriegsdienstverweigerung (1978) fort.[90] Und hinzu kam noch: Die Union verfügte seit 1972 über eine Mehrheit im Bundesrat und konnte mit ihr wesentliche Reformvorhaben der Koalition verändern. Die Opposition regierte insoweit seit 1972 mit. Schließlich riefen die terroristischen Aktivitäten der RAF eine Atmosphäre der Verunsicherung hervor, welche die Frage der inneren Sicherheit zu einem die Innenpolitik immer stärker beherrschenden und belastenden Thema machte.[91]

Aber es waren nicht nur diese äußeren Faktoren, die – ungeachtet verbliebener innerparteilicher Erwartungen an weitere Reformen – zu einer deutlichen Abkühlung des Reformklimas führten. Die Bildung der zweiten Regierung der sozial-liberalen Koalition stand von vornherein unter einem ungünstigen Stern:[92] Nach der ersten Sitzung der Verhandlungsdelegationen der SPD und FDP[93] musste sich Willy Brandt einer Stimmbandoperation unterziehen und konnte die schwierigen Koalitionsgespräche nur vom Krankenbett aus durch schriftliche Vermerke begleiten. Bei den Verhandlungen kam es aus der Sicht Brandts zu Eigenmächtigkeiten der beiden sozialdemokratischen Verhandlungsführer Helmut Schmidt und Herbert Wehner. Schmidt verfolgte das Interesse, die Position seines eigenen Finanzministeriums wesentlich zu stärken. Wehner „vergaß" einen von Brandt handschriftlich geschriebenen Vermerk über Struktur und personelle Besetzung der künftigen Bundesregierung.[94]

In der neuen Regierung stellten die Freien Demokraten außer dem Außen-, Innen- und Landwirtschaftsminister nun auch den Wirtschaftsminister und erhielten damit ein weiteres großes Ressort, das ihnen Brandt eigentlich nicht hatte geben wollen.[95] Zusätzlich zu den bisherigen Kabinettsmitgliedern stellte die FDP neben dem Wirtschaftsminister mit Werner Maihofer einen weiteren Minister (ohne Geschäftsbereich) und mit Rüdiger von Wechmar den Regierungssprecher. Im Ergebnis verschoben sich die Gewichte in der Regierung zugunsten der FDP, die aus den Koalitionsverhandlungen als Siegerin hervorging, und im weiteren Verlauf zugunsten Genschers und Schmidts, die als vermutliche Nachfolger der Architekten der Koalition, Brandt und Scheel, in den Vordergrund rückten.

Mit Innenminister Hans-Dietrich Genscher wurde ein Politiker zum „starken Mann" der FDP, der seit 1971 als Bremser sozial-liberaler Reformpolitik galt. Zusammen mit Wirtschaftsminister Hans Friderichs profilierte er die FDP als wirtschaftsliberales Korrektiv der Koalition. Hatten FDP und SPD das Betriebsverfassungsgesetz im ersten Kabinett Brandt/Scheel noch geschlossen getragen, so wuchsen nach der Bundestagswahl die Widerstände der FDP gegen die Mitbestimmung in Großunternehmen, die Beteiligung der Arbeitnehmer am Produktivvermögen, die Reform des Bodenrechtes und die Reform der beruflichen Bildung. Dass die SPD nicht alle Reformversprechen erfüllen konnte, brachte wiederum die Gewerkschaften gegen die Regierung auf. Ihr Protest richtete sich in erster Linie an die Adresse der SPD. Der Vorsitzende der Freien Demokraten, Außenminister Scheel, sprach bereits im Juni 1973 vom abnehmenden Vorrat an Gemeinsamkeiten in der Koalition. Die politische Tendenzwende der Freien Demokraten wurde unverkennbar, als an Stelle des FDP-Generalsekretärs Karl-Hermann Flach, der im August 1973 starb, Martin Bangemann Generalsekretär wurde. Flach war die treibende Kraft bei der linksliberalen Ausrichtung der Partei gewesen, die sich in den programmatischen Freiburger Thesen von 1971 niedergeschlagen hatte, und betrachtete die Koalition ebenso wie Brandt als ein historisches Bündnis.[96]

Brandt fiel die undankbare Aufgabe zu, die durch diese Entwicklungen entstandene Unruhe in der Fraktion und der Partei zu dämpfen. Die Position Brandts wurde weiter dadurch geschwächt, dass er auf Drängen Schmidts den Chef des Bundeskanzleramtes, Bundesminister Horst Ehmke, ablöste und an seine Stelle den speziell für dieses Amt nicht vorbereiteten West-Berliner Bundessenator Horst Grabert als Staatssekretär berief.[97] Mit Ehmke verließ auch die Staatssekretärin Katharina Focke das Bundeskanzleramt, die als Ministerin in die neue Regierung wechselte. Conrad Ahlers verlor sein Amt als Regierungssprecher. Der langjährige Vertraute Egon Bahr wurde zwar zum Minister für besondere Aufgaben im Kanzleramt berufen, war jedoch nach den komplizierten Vertragsverhandlungen mit den osteuropäischen Staaten, die er nun als Bundesminister nicht weiterführen konnte, sichtlich erschöpft. Damit zerfiel ein Team, das sich – bei allen Unterschieden in Persönlichkeit und manchen politischen Fragen – gut ergänzt und erfolgreich zusammengearbeitet hatte.

In dieser Situation strebten nun auch noch die politischen Flügel der SPD weiter auseinander. Die Bundestagswahl von 1972 hatte die Linke in der Bundestagsfraktion gestärkt, die sich alsbald auf der 16. Etage des Bundeshauses zusammenfand und anschließend den „Leverkusener Kreis" aus der Taufe hob mit dem Ziel, bei den Personalentscheidungen, die in der Fraktion beraten und getroffen wurden, nicht leer auszugehen. Die in der so genannten Kanalarbeiter-Riege seit 1957 organisierten rechten Bundestagsabgeordneten waren nicht in der Lage, den Linken in der innerparteilichen Auseinandersetzung rhetorisch, intellektuell und organisatorisch Paroli zu bieten. Daher sammelten Helmut Schmidt und Hans-Jochen Vogel den rechten Flügel der Partei in dem von Vogel geführten „Godesberger Kreis".[98] Die Flügelbildung nahm die Züge einer Fraktionierung der Parteigremien an, als sich am 10. Dezember 1972 die Parteirechte zur Vorbereitung einer Parteiratssitzung zu einer so genannten Freundeskreissitzung im Kessenicher Hof in Bonn traf.[99] Das unerwartete Donnerwetter des Parteivorsitzenden in der Sitzung des Parteirats beeindruckte zwar alle Beteiligten, machte die fortgeschrittene Fraktionsbildung jedoch nicht mehr rückgängig.[100] Dafür, dass die Verfestigung der Fraktionierung nicht in eine die Partei zerstörende Polarisierung mündete, sorgten bald sachliche und personelle Absprachen zwischen den Gruppierungen. Insoweit trug die Flügelbildung eher zur Konsolidierung einer im politischen und personellen Umbruch befindlichen Partei bei. Ein unorganisierter, mühseliger Verständigungsprozess mit vielfältigen Absplitterungen hätte der SPD wohl größeren Schaden zugefügt.

Den Parteivorsitzenden mochte eine solche Entwicklung auf den ersten Blick schwächen, auf den zweiten Blick rückte es ihn in eine Schiedsrichterrolle und erleichterte ihm die Führung, wenn sich

Brücken bauen und eine Besinnung auf die Gemeinsamkeiten herstellen ließen. Er griff allerdings dann ein, wenn sich formelle Fraktionsbildungen unter den Gliederungen der Partei anbahnten.[101] Angesichts der gleichwohl bestehenden Gefahr, dass die innerparteilichen Flügelkämpfe die Konturen für eine einheitliche sozialdemokratische Politik verwischen könnten, versuchte Willy Brandt, Zeit für ein neues, einheitlich getragenes sozialdemokratisches Konzept zu gewinnen. Dies gelang schließlich mit der Arbeit an einem „Langzeitprogramm", dessen von einer Kommission unter Leitung von Helmut Schmidt erarbeiteter Entwurf dem Hannoveraner Parteitag 1973 vorgestellt wurde. Der vielfältigen Kritik an diesem Entwurf trug eine zweite Kommission unter Leitung von Peter von Oertzen, Horst Ehmke und Herbert Ehrenberg Rechnung und legte einen komplett neuen Entwurf vor, der dann als „Orientierungsrahmen '85" vom Mannheimer Parteitag 1975 einhellig verabschiedet wurde.[102] Das veränderte ökonomische und politische Umfeld holte den Orientierungsrahmen jedoch sogleich ein.[103]

Es waren jedoch weniger die innerparteilichen Flügelkämpfe, als vielmehr die schwerwiegenden Konflikte mit dem Fraktionsvorsitzenden Wehner, die Brandt zermürbten. Wehner reiste im Mai 1973 in die DDR, um der Deutschland- und Ostpolitik neuen Schwung zu verleihen.[104] Bereits damals machten Gerüchte die Runde, nach denen Wehner in Ost-Berlin bei informellen Zusammenkünften mit der dortigen Staats- und Parteiführung anders sprach, als er in Bonn berichtete; aber erst die Reise Wehners an der Spitze einer Delegation des Deutschen Bundestags in die Sowjetunion vom 24. September bis zum 2. Oktober 1973 brachte das Fass zum Überlaufen. Während der deutsche Bundeskanzler in den USA aus Anlass einer Rede vor den Vereinten Nationen weilte, kritisierte der Vorsitzende der großen Regierungsfraktion in Moskau den Stillstand in der Ostpolitik und äußerte sich abfällig über Brandt: Es wurde kolportiert, dass Wehner vor Journalisten über Brandt gesagt habe, der „Herr bade gern lau", und beklagt habe, der Regierung fehle ein Kopf.[105] Brandt brach seinen USA-Aufenthalt unverzüglich ab und kehrte nach Bonn zurück. Wehner bemühte sich, die Vorwürfe in detaillierten schriftlichen Ausführungen über die Delegationsreise in die UdSSR, die er Brandt am 7. Oktober übersandte, und in weiteren Briefen zu entkräften.[106] Brandt zwang Wehner nicht zurückzutreten, obwohl er außer sich vor Zorn über die infamen Äußerungen war – zumal sie in Moskau fielen. Von seiner Umgebung erhielt er unterschiedliche Ratschläge. Grabert wollte nach Kiew fliegen, Wehner zurückholen und ihn auf dem Flughafen Köln/Bonn vor der versammelten Presse zum Rücktritt zwingen. Eine Maschine der Bundesluftwaffe stand für ihn zum Abflug nach Kiew bereit. Ehmke bot sich an, Wehner am Flughafen der Bundeshauptstadt Bonn die Nachricht zu überbringen, dass der Parteivorsitzende seine Demission wünsche. Doch Bahr riet, nichts zu überstürzen, was die SPD in eine gefährliche Zerreißprobe bringen könnte.[107] Brandt hielt schließlich still, zumal er sich keineswegs sicher sein konnte, ob die Führungsgremien der Partei ihn rückhaltlos unterstützen würden.

In einer für viele Beteiligte gespenstisch anmutenden Fraktionssitzung wurden die offensichtlichen Gegensätze nur mühsam überbrückt.[108] In der anschließenden Sitzung des Parteivorstandes am 5. Oktober 1973 kam es für Brandt indes noch schlimmer: Wehner erhielt für seine Kritik an der Ostpolitik der Regierung die Unterstützung des Vorstandes. In einer von Bruno Friedrich, dem SPD-Sprecher im Auswärtigen Ausschuss des Deutschen Bundestages, herbeigeführten Kampfabstimmung wurden die ostpolitischen Initiativen Wehners mit 12 gegen 11 Stimmen gebilligt. Dabei hatte es Brandt ausdrücklich abgelehnt, die operative Außenpolitik der Bundesregierung über Vorstandsbeschlüsse der SPD festlegen zu lassen, worin ihn Hans Apel, Hans-Jürgen Wischnewski und Helmut Schmidt unterstützten. Auch Holger Börner und Alfred Nau stellten sich auf die Seite des Vorsitzenden, während Horst Ehmke und Wolfgang Roth sowie der Wehner-Vertraute Konrad Porzner ein ostpolitisches Signal des Vorstandes wünschten. Brandt war über die Abstimmung, die Heinz Kühn, der die Sitzung leitete, zugelassen hatte, äußerst verstimmt. In der gemeinsamen Sitzung von Parteirat, Parteivorstand und Kontrollkommission am 13. Oktober 1973 spielte

Wehner dann den gesamten Vorgang herunter und beteuerte, er habe weder „Geheimgespräche" in Moskau geführt noch habe er jemals die ihm vom Nachrichtenmagazin *Der Spiegel* zugeschriebenen Worte, „was der Regierung fehlt, ist ein Kopf" gebraucht.[109] Brandt erkannte, dass er den Zeitpunkt, um Wehner zum Verzicht auf das Amt des Fraktionsvorsitzenden zu zwingen, verpasst hatte. Er beließ es bei einem Schreiben an den Fraktionsvorsitzenden, in dem er ihm ein klärendes Gespräch darüber anbot, ob der „persönliche Bruch" noch in Ordnung gebracht werden könne oder ob man den Konflikt in der Partei ausfechten solle.[110] In der folgenden Aussprache bat Wehner den Parteivorsitzenden und Bundeskanzler dann, es noch einmal mit ihm zu versuchen.[111]

Später – nach dem Rücktritt als Kanzler – bedauerte Brandt sein Zurückweichen: „Ein Fehler, dass ich dies durchgehen ließ."[112] In Wehners außenpolitischen Vorstößen sah er ein weiteres Glied in der Kette von Illoyalitäten: Sie reichten von der Ignorierung des Vermerks über die Regierungsbildung im Dezember 1972 über kritische Äußerungen zur Regierungserklärung im Januar 1973, den im März des gleichen Jahres geäußerten Vorwurf, Brandt wolle ihn als Fraktionsvorsitzenden „loswerden" und Helmut Schmidt an seine Stelle setzen, bis zum überraschenden Verzicht Wehners auf das Amt des stellvertretenden Parteivorsitzenden auf dem Hannoveraner Parteitag im April 1973.

Tatsächlich fürchtete Wehner, er könne zum Opfer der personellen Veränderungen werden, die mit dem im Sommer 1974 bevorstehenden Wechsel Scheels ins Bundespräsidentenamt zu erwarten waren, zumal sie durch den von Helmut Schmidt geäußerten Wunsch, wieder die Fraktion zu übernehmen, und eine angekündigte Kabinettsumbildung gefördert wurden.[113] Die Überlegung Brandts, Schmidt zum Außenminister zu berufen, scheiterte indes an der FDP, die darauf bestand, das Außenressort zu behalten.[114] Die große Kabinettsumbildung blieb somit aus.

Die Zerwürfnisse in der SPD-Spitze wuchsen sich über den Jahreswechsel 1973/1974 zu einer Führungskrise aus, die die Autorität des Bundeskanzlers weiter in Mitleidenschaft zog. Brandt registrierte dies ebenso wie die massive Kritik der linksliberalen Presse, ohne zunächst eine Lösung anbieten zu können.[115] Auch die Koalition steckte fest. Brandts Appell an die Regierungsmitglieder, als Kabinett geschlossen aufzutreten und sich stärker gegenseitig bei der Bewältigung des Arbeitsprogramms für 1974 zu unterstützen, verhallte.[116] Es gelang ihm nicht, die Regierung durch Koalitionsgespräche über die zentralen Reformvorhaben zu festigen und ihr durch Gespräche mit den Gewerkschaftsführern über das weitere Vorgehen in der Mitbestimmungsfrage eine stabilere Unterstützung zu verschaffen.

Der Kampf um die Parteiführung kulminierte im März 1974. Der linke und der rechte Parteiflügel kritisierten gleichermaßen einen nach ihrer Meinung orientierungslosen Parteivorsitzenden. Am 6. März unterstellte der stellvertretende SPD-Vorsitzende, Bundesfinanzminister Helmut Schmidt, Brandt öffentlich Führungsschwächen und forderte eine Kabinettsumbildung. Zwei Tage später äußerte sich Klaus von Dohnanyi in einem Interview, das kurz vor einer klärenden Sitzung des Parteivorstandes publik wurde, zur Haltung des Kanzlers. Seine Bemerkungen wurden allgemein als Kritik an Brandt verstanden.[117] Auslöser für diese Initiativen gegenüber der Öffentlichkeit waren nicht zuletzt die zehn Prozentpunkte, welche die sieggewohnte Hamburger SPD bei der wenige Tage zuvor abgehaltenen Bürgerschaftswahl verloren hatte.[118]

In der SPD-Führung breitete sich eine Atmosphäre des Misstrauens, in der Partei wachsende Nervosität aus. Außerdem rechnete man für die bevorstehende niedersächsische Landtagswahl im Juni 1974 mit einem ebenfalls schlechten Ergebnis. Brandt, der bislang als Wahllokomotive gegolten hatte, wurde nun für schlechte Ergebnisse bei Landtagswahlen verantwortlich gemacht.

Helmut Schmidt setzte die Kritik am Bundeskanzler und Parteivorsitzenden fort: In der Sitzung des Parteivorstandes am 8. März 1974 hielt er Brandt vor, er zögere die Kabinettsumbildung hinaus, unternehme nichts gegen das „Bild der dauernden inneren Auseinandersetzung", welches die Partei abgebe, so dass die SPD die Mitte der Wählerschaft bereits verloren habe.[119] Die Umgebung von Brandt wertete die öffentliche Kritik von Regierungsmitgliedern am Bundeskanzler und Parteivorsitzenden als einen „Aufruf zum Putsch".[120] In dieser Konstellation hing vieles von Herbert Wehner ab. In der Öffentlichkeit wurde der Streit in der SPD-Führung auch als Fortsetzung des Konflikts zwischen Brandt und Wehner interpretiert.[121] Doch beide hatten ihren Konflikt beigelegt und dokumentierten dies, indem sie vier Tage nach der turbulenten Tagung des Parteivorstandes in der Sitzung der Bundestagsfraktion zum ersten Mal seit Monaten wieder nebeneinander Platz nahmen.[122]

Brandt mied die offene Auseinandersetzung mit seinen Kritikern. Stattdessen brachte er sie dazu, eine von ihm entworfene Zehn-Punkte-Erklärung des Parteivorstandes vom 2. April 1974 zur Motivation und Neuorientierung der Partei mitzutragen, in der die SPD zu neuer Geschlossenheit und zur Auseinandersetzung mit der CDU/CSU aufgerufen wurde. In der „Präambel" wurde der Führungsanspruch des Parteivorsitzenden unmissverständlich dargelegt. Er, der Vorsitzende, wendete sich – „gestützt auf den Wählerauftrag vom November 1972 und das Mandat des Hannoverschen Parteitages vom April 1973, in Übereinstimmung mit den stellvertretenden Vorsitzenden Helmut Schmidt und Heinz Kühn und dem Vorsitzenden der SPD-Bundestagsfraktion, Herbert Wehner, und gestützt auf eine einmütige Meinungsbildung im Parteivorstand" – an „alle Mitglieder und Freunde der Sozialdemokratischen Partei Deutschlands".[123] Damit bewies Brandt nicht nur Durchhaltevermögen, sondern gewann auch die politische Initiative zurück. Eine Serie öffentlicher Auftritte sollte dies verdeutlichen.[124] Die Verabschiedung der Fristenlösung des § 218 StGB durch den Deutschen Bundestag im April desselben Jahres unterstrich – auch wenn sie später vom Bundesverfassungsgericht in wesentlichen Punkten nicht bestätigt wurde – die wiedergewonnene Handlungsfähigkeit der Koalition. Nun kam es auf die in der Zehn-Punkte-Erklärung des Parteivorstandes bereits angedeutete Kabinettsumbildung an, über die in Fraktion und Partei weiterhin spekuliert wurde.[125] Brandt hatte die Vorbereitungen zu einem Revirement nahezu abgeschlossen. Es kam jedoch infolge der politischen Turbulenzen, welche die Verhaftung des Spions Guillaume im Kanzleramt am 24. April 1974 auslöste, nicht mehr zustande. Das Kanzleramt und Brandt hatten die seit längerem beobachtete mutmaßliche Agententätigkeit Guillaumes sowohl hinsichtlich der politischen als auch der strafprozessualen Konsequenzen unterschätzt und den Rat von Innenminister Genscher, Guillaume nicht umzusetzen, um ihn so in Sicherheit zu wiegen, unkritisch befolgt. Als in den Protokollen der Bundesanwaltschaft über die Vernehmungen der Personenschützer Brandts dem Bundeskanzler Affären mit Frauen nachgesagt wurden, wurde aus dem Fall Guillaume unter der Hand eine Sex-and-crime-story.[126]

Am 1. Mai 1974 erreichte den Bundeskanzler ein Vermerk des Präsidenten des Bundeskriminalamtes, Horst Herold, zu den neuesten Erkenntnissen der Bundesanwaltschaft nach Vernehmung der Polizeibeamten, die Brandt begleitet hatten. Am 4. Mai 1974 sprach Wehner, der vom Präsidenten des Bundesamtes für Verfassungsschutz Nollau über die Vernehmungen der Sicherheitsbeamten des Kanzlers informiert worden war,[127] Brandt auf die Vernehmungsergebnisse an und machte ihn auf den Ernst der Lage aufmerksam.[128] Die Protokolle waren nun nicht mehr aus der Welt zu schaffen. Noch in der Nacht vom 5. auf den 6. Mai 1974 fielen in der Tagungsstätte der Friedrich-Ebert-Stiftung in Bad Münstereifel die Würfel. Nach Abwägung der politischen Konsequenzen erklärte Brandt gegenüber Wehner, Schmidt, Nau, Börner und Ravens, dass er vom Amt des Bundeskanzlers zurücktreten werde und Helmut Schmidt ihm nachfolgen solle. Dieser Absicht widersprach Schmidt zwar heftig, doch Brandt ließ sich nicht mehr umstimmen, zumal Wehner dem Kanzler eine aktive Unterstützung in dieser Situation versagte. Am folgenden Abend formulierte Brandt sein Rücktrittsschreiben und einen persönlichen Begleitbrief an den Bundespräsidenten.[129] Den Gremien der Partei und der Fraktion, die zu Sondersitzungen in den folgenden Tagen einberufen wurden, blieb nur, die Ergebnisse des Treffens in Bad Münstereifel hinzunehmen. Sie nominierten Helmut Schmidt zum Nachfolger Brandts als Bundeskanzler, dieser blieb jedoch als Parteivorsitzender im Amt.[130]

Die sozial-liberale Koalition 1974 – 1982

In einem Brief an alle Mitglieder der SPD vom 13. Mai 1974 verdeutlichte Brandt, dass er sich nunmehr mit ganzer Kraft der Parteiarbeit und der Vorbereitung der nächsten Bundestagswahl im Jahr 1976 widmen wolle.[131] Brandt und dessen Stellvertreter Schmidt und Kühn hatten dies in den vorangehenden Monaten wegen der Belastung durch die Regierungsgeschäfte vernachlässigt.

Eine 1973 eingesetzte Arbeitsgruppe unter dem Vorsitz des fränkischen Bezirksvorsitzenden Bruno Friedrich hatte dem Parteivorstand Anfang 1974 in einer Analyse der innerparteilichen Situation eine lange Mängelliste vorgelegt.[132] Auf dieser Grundlage war danach eine „Planungsgruppe" unter Bundesgeschäftsführer Börner eingesetzt worden.[133] Sie legte für die Partei den Entwurf eines Konzepts vor, das einen Appell zur Geschlossenheit enthielt und die wichtigsten Ziele sozialdemokratischer Politik näher darstellte. Dieses „Motivationspapier" wurde – nach Brandts inhaltlichen und redaktionellen Veränderungen – als „Recklinghäuser Erklärung" auf einer Konferenz am 17. Februar 1975 verabschiedet.[134] Am 14. November 1975 nahm dann der SPD-Parteitag in Mannheim den „Ökonomisch-politischen Orientierungsrahmen für die Jahre 1975 – 1985" an. Der Orientierungsrahmen konkretisierte die sozialdemokratischen Zielvorstellungen für den angegebenen Zeitraum, analysierte die ökonomischen, gesellschaftlichen und politischen Entwicklungen und entwarf eine langfristige Durchsetzungsstrategie. Beide Programme trugen dazu bei, die Reihen der SPD rechtzeitig vor den Wahlen wieder zu schließen.[135]

Gleichwohl hatte sich das Bild einer zerstrittenen Partei in der Öffentlichkeit festgesetzt. Die öffentliche Meinung ließ dabei zu Unrecht auch unberücksichtigt, dass parteiinterne Streitereien in München oder Berlin „von oben" genauso schwer zu lösen waren wie der wachsende Widerstand der Jungsozialisten gegen die Regierungspolitik. Von der überwiegenden Mehrheit der Medien erhielt die SPD auch 1976 schlechte Noten. Ein Redakteur des Südwestfunks sprach in einem Interview mit Willy Brandt gar von einer „Zersetzung" der

Partei.[136] Und immer wieder wurde die Ursache darin gesucht, dass Helmut Schmidt neben dem Kanzleramt nicht zugleich das Amt des Parteivorsitzenden übernommen hatte. Diese Einschätzung übersah die begrenzten Möglichkeiten Schmidts, aus dem Kanzleramt heraus auf die Partei einzuwirken. So hatte Schmidt in einem persönlichen Schreiben aus dem Urlaub Willy Brandt am 7. Januar 1975 anvertraut, dass er aus dem Kanzleramt versucht habe, das Beste zu erreichen („to make the best of it"), was er bisher aber nur gegenüber dem Ausland geschafft habe, während dies „Richtung Inland und insbesondere Richtung Partei nur sehr begrenzt" gelungen sei.[137] Mit anderen Worten: Der Bundeskanzler war auf die Rückendeckung des Parteivorsitzenden nicht nur angewiesen, er erbat sie geradezu für die Arbeitsteilung. Das Verhältnis zwischen Brandt und Schmidt hatte sich nach dem Kanzlerwechsel spürbar verbessert. Eine intensive und vertrauensvolle Zusammenarbeit kennzeichnete ihre Beziehung bis zum Ende der siebziger Jahre.[138]

Allmählich fasste auch die SPD wieder Tritt. Die Partei war in der Auseinandersetzung mit dem politischen Gegner wieder stärker präsent, was kaum gelungen wäre, wenn der Parteivorsitzende auch noch mit dem Amt des Bundeskanzlers belastet gewesen wäre, und behauptete sich bei der Bundestagswahl am 3. Oktober 1976. Dies war im hohen Maße das Verdienst von Willy Brandt, Helmut Schmidt und Herbert Wehner. Die Troika funktionierte wieder – trotz mancher Reibungen.[139]

Schließlich hatte die Wahlkampagne der CSU „Freiheit oder Sozialismus" (der CDU-Ableger lautete „Freiheit statt Sozialismus")[140] sowie die allenthalben spürbare neo-konservative Tendenzwende die Sozialdemokratie zusammengeschweißt. Die Zerwürfnisse in der Union, die ihren Höhepunkt in der vorübergehenden Aufkündigung der Fraktionsgemeinschaft zwischen der CDU und der CSU fanden, sorgten für weitere Entlastung. Brandt verwahrte sich immer wieder dagegen, die Partei schlechter zu machen als sie sei. Nach der knapp gewonnenen Bundestagswahl des Jahres 1976 gab er dem stellvertretenden Vorsitzenden und Bundeskanzler Schmidt den dringenden Rat: „Wenn die Partei bereit ist, während der vier vor uns liegenden

Jahre die Regierung durch Dick und Dünn zu stützen und zu verteidigen, dann hat sie dafür ein Vorschusslob verdient, abgesehen davon, dass ihr die Notwendigkeit der offenen innerparteilichen Meinungsbildung bestätigt werden muss."[141]

Brandt suchte – auch mit Rücksicht auf die spezifischen Aufgabenbereiche des Bundeskanzlers – Betätigung außerhalb der engeren Felder der Regierungspolitik. 1976 wurde er zum Präsidenten der Sozialistischen Internationale gewählt, ein Jahr später übernahm er den Vorsitz der Unabhängigen Kommission für Entwicklungsfragen, der so genannten Nord-Süd-Kommission. 1979 zog er in das erste direkt gewählte Europäische Parlament ein. Damit wurde die Ernsthaftigkeit der SPD, an der europäischen Integration an vorderer Stelle mitzuwirken und ihr eine breite Legitimation in der Bevölkerung zu verschaffen, unterstrichen. Willy Brandt hielt die internationale Friedens-, Umwelt- und Entwicklungspolitik für eine entscheidende Herausforderung moderner Realpolitik. Ihr galt es sich zu stellen, auch wenn in der Partei bisweilen geklagt wurde, Brandt sei zu viel in der Welt unterwegs und zu wenig in der Innenpolitik präsent. Die „Formkrisen" der SPD schienen den Vorsitzenden jetzt eher zu stärken, als dass sie ihn schwächten, da nur ihm die Fähigkeit zugesprochen wurde, die Partei zu integrieren und auf gemeinsame Ziele hin zu orientieren. Nicht nur der Jungsozialist Gerhard Schröder hielt Brandt an der Spitze der Partei für „unentbehrlich".[142]

Bei der Bundestagswahl am 5. Oktober 1980 konnte die sozial-liberale Koalition ihre Mehrheit sogar noch ausbauen, was vor allem im guten Abschneiden der FDP begründet lag. Die zu Jahresbeginn in Karlsruhe gegründete Partei Die Grünen, die parlamentarischer Anwalt der Protestbewegungen gegen die atomare Aufrüstung und industrielle Umweltzerstörung sein wollte, blieb noch unter der Fünf-Prozent-Hürde und verpasste den Einzug in den Deutschen Bundestag. Die erfolgreiche „Anti-Strauß-Kampagne" gegen den Kanzlerkandidaten der Union, den bayerischen Ministerpräsidenten Franz Josef Strauß, konnte nur vorübergehend verdecken, dass sich in beiden Regierungsparteien gefährlicher Konfliktstoff angesammelt hatte. Eine kleine Gruppe von Abgeordneten der SPD, die durch linksliberale „Abweichler" aus der FDP verstärkt wurde, hatte bereits in der letzten Legislaturperiode gegen die Einschränkung der bürgerlichen Grundrechte durch die gegen den Terrorismus gerichtete Gesetzgebung protestiert. Der Unmut richtete sich gegen den Radikalenerlass, die Verschärfung des Strafrechts und die Erweiterung der Ermittlungskompetenzen der Strafverfolgungsbehörden, den Ausbau des Verfassungsschutzes, des Bundesgrenzschutzes sowie des Bundeskriminalamtes seit 1976 und gegen das Kontaktsperregesetz von 1977, das die Verbindungen zwischen den inhaftierten Terroristen und ihren Strafverteidigern eingeschränkt hatte. 16 Abgeordnete der SPD und 5 Abgeordnete der FDP versagten dem als Allparteieninitiative eingebrachten Kontaktsperregesetz im Bundestag ihre Zustimmung und brachten die Koalition in eine schwierige Lage.[143] Bei dem im Februar 1978 nur mit knapper Mehrheit durch den Bundestag verabschiedeten zweiten Anti-Terror-Gesetz begehrten wiederum einige SPD- und FDP-Abgeordnete auf, so dass Willy Brandt anschließend sogar drohte, sich von denen zu trennen, welche die Fraktionsdisziplin missachteten.[144]

Linksliberale Kreise in der Gesellschaft reagierten auf die durch den Radikalenerlass verursachten „Berufsverbote", die Anti-Terror-Gesetzgebung sowie die Spionage- und Abhöraffären, die zum Rücktritt der Minister Leber und Maihofer geführt hatten, mit der Bildung von Komitees zur Verteidigung der bürgerlichen Freiheit. Sie wurden von zahlreichen Intellektuellen und Künstlern unterstützt.[145] Hinzu trat die wachsende Kritik an der friedlichen Nutzung der Kernenergie sowie am NATO-Doppelbeschluss, der als Widerspruch zur Friedens- und Entspannungspolitik der Anfangsjahre der Koalition empfunden wurde. Die außerparlamentarischen Mobilisierungserfolge der Friedensbewegung wirkten in immer stärkerem Maße auf das Meinungsbild in SPD und FDP ein. Weite Teile der Parteiorganisationen hielten den Beschluss für eine reine Aufrüstungsmaßnahme, erst recht, nachdem mit Ronald Reagan 1980 ein Politiker amerikanischer Präsident geworden war, der eine militärische Überlegenheit der Vereinigten Staaten gegenüber der Sowjetunion anstrebte. Bei der SPD fanden die Kritiker in Erhard Eppler und Oskar Lafontaine ihre Wortführer.

Dass die SPD schon bald nach der Wahl im Oktober 1980 in eine erneute Krise rutschte, lag aber auch daran, dass sich die Wirtschaftsdaten rapide verschlechterten und die Arbeitslosenzahl 1981 weit über die Millionen-Grenze sprang. Angesichts der Verschuldung des Bundes war an neue Konjunkturprogramme nach dem Auslaufen des Zukunftsinvestitionsprogramms 1981 nicht zu denken. Solche Programme stießen zudem auf den erbitterten Widerstand der FDP. Die wegen der Steuermindereinnahmen notwendige Haushaltskonsolidierung führte zu ersten Schnitten in das soziale Netz, die von den Gewerkschaften scharf kritisiert wurden.

In vielen Briefen aus den Ortsvereinen und Unterbezirken an das Ollenhauer-Haus wurde die schlechte Stimmung in der Partei beklagt.[146] Es ging nicht mehr allein um den Bestand der sozial-liberalen Koalition, sondern auch um die politische Selbstbehauptung der SPD.

Helmut Schmidt begegnete der Kritik an der Regierungspolitik mit wenig Verständnis. Herbert Wehner suchte „unbotmäßige" Abgeordnete mit Einschüchterungsversuchen und Disziplinarmaßnahmen „einzufangen". Da sich die Fraktion aber längst nicht mehr mit Befehlen von oben steuern ließ, verstärkte er hierdurch noch die Tendenz zur Absplitterung. Sein Unvermögen, die Fraktion zusammenzuhalten, überspielte er mit dunklen Andeutungen, welche die Gefahr einer Spaltung der Partei an die Wand malten.[147] Brandt sah darin Äußerungen, die seine Bestrebungen, die Partei zusammenzuhalten, wesentlich erschwerten, und eine Kritik an seinem Führungsstil. Zudem war er keineswegs bereit, als Sündenbock in der schwierigen Lage, in der sich seine Partei befand, herzuhalten. In einer von ihm entworfenen Fünf-Punkte-Erklärung[148] zur Unterstützung der Regierung Schmidt, die der Parteivorstand nach einer dramatischen Nachtsitzung am 12. Februar 1981 verabschiedete[149], suchte er die Wogen zu glätten und die Partei abermals für einen neuen Aufbruch zu sammeln. Dementsprechend enthielt diese Erklärung ein eigenes Kapitel über die an sozialdemokratisches Verhalten – gerade auch in Führungsverantwortung – zu stellenden Anforderungen. Nicht nur die Überschrift der Erklärung erinnerte an die Zehn-Punkte-Erklärung vom April 1974, auch ein neu aufflammender Konflikt zwischen Brandt und Wehner schien direkt in die Krise der Jahre 1973/74 zurückzuführen. Denn bereits wenige Tage nach der Verabschiedung der Fünf-Punkte-Erklärung bekräftigte der Fraktionsvorsitzende, dass er – im Unterschied zum Parteivorsitzenden – die Gefahr einer Parteispaltung als „noch nicht beseitigt" ansehe.[150] Brandt richtete daraufhin ein Schreiben an Wehner, in dem er ihm vorwarf, die Spaltungsdiskussion in der Öffentlichkeit neu angeheizt, aber in den Parteigremien zu diesem Problem geschwiegen zu haben. Wehner reagierte ähnlich wie 1973: Er versicherte Brandt seine ungeschmälerte Loyalität, erklärte bereit zu sein, „gestraft und gerügt" zu werden; er bedauerte die Missdeutung seiner Äußerungen und versprach, „an ihrer Verminderung beizutragen".[151] Brandt gewann die Kraftprobe. In der Öffentlichkeit wurde nun über einen Rücktritt Wehners spekuliert, dem aufgrund krankheitsbedingter Umstände immer weniger zugetraut wurde, die Bundestagsfraktion mit der erforderlichen Umsicht zu führen. Auch in der Parteiführung wurde über eine Ablösung Wehners nachgedacht. Sie war Gegenstand einer Aussprache, die Anfang April 1982 zwischen Brandt und seinen beiden Stellvertretern, Schmidt und Wischnewski, unter Hinzuziehung des Bundesgeschäftsführers Glotz stattfand.[152] Letztlich wagte es jedoch niemand, dieses „Denkmal sozialdemokratischer Nachkriegspolitik" vom Sockel zu stoßen.

Brandt war von den Spannungen in der Parteiführung zermürbt. Für die Sitzung des Parteivorstandes am 21. Februar 1981, in der die offen zu Tage getretenen Differenzen angesprochen werden sollten, bereitete er seinen Rücktritt vom Amt des Parteivorsitzenden für den Fall vor, dass er im Mittelpunkt der Kritik stehen sollte und ihm der Parteivorstand die nötige Unterstützung versagen würde. Er hatte zwei Rücktrittsschreiben in der Tasche.[153]

Es zeigte sich aber, dass Brandt, wenn er mit dem Rücken zur Wand stand, kämpfen konnte. Brandt deutete in der Sitzung seinen Rücktritt an, wenn der innerparteiliche Interview-Krieg über die

Schwierigkeiten der Partei nicht aufhöre.[154] Der Vorsitzende fand den Rückhalt, den er suchte: Der Parteivorstand, die nach Bonn gerufenen Landes- und Bezirksvorsitzenden und der Parteirat bekräftigten die Fünf-Punkte-Erklärung vom 12. Februar 1981. Das Signal dafür, die Zügel erneut fest in die Hand zu nehmen, setzte Brandt mit einer Grundsatzrede am 4. April 1981 gegen die Parteienkritik von rechts und links,[155] ein weiteres Signal auf einer „Organisationspolitischen Tagung der SPD" in Bad Godesberg Anfang Oktober mit dem Bemühen, die wachsende Unruhe zu dämpfen und die Partei aufs Neue hinter die Regierungspolitik zu bringen.[156] Das dritte Signal bestand in der Unterstützung Erhard Epplers, der von der Friedensbewegung gebeten worden war, am 10. Oktober 1981 auf einer großen Kundgebung im Bonner Hofgarten zu sprechen. Anders als Helmut Schmidt dachte Brandt nicht daran, Eppler am Auftritt zu hindern.[157] Offene Sympathie für die Ziele der Friedensbewegung ließ der Parteivorsitzende in einer grundsätzlichen Rede anlässlich des hundertjährigen Bestehens des Dietz-Verlages Anfang November 1981 erkennen.[158]

Für die heftigste vom rechten Flügel der Partei getragene Gegenbewegung sorgte aber die Gedenkrede für Willi Eichler über sozialdemokratische Identität am 21. Oktober 1981, in der sich der Parteivorsitzende dagegen verwahrte, die SPD auf ihre industrieproletarischen Wurzeln zu verkürzen. Energisch wies er auch zurück, für die Charakterisierung des Wesens der SPD eine Scheinalternative zwischen Arbeiterpartei und Volkspartei aufzustellen.[159] Zum intellektuellen Wortführer der „Traditionalisten", die in dem Protest der Friedens- und Umweltbewegung vor allem ein Randgruppenproblem sahen, von dem sich die SPD abgrenzen müsse, machte sich Brandts alter Freund Richard Löwenthal.[160] Die frühere Bundestagspräsidentin und Vorsitzende der Kurt-Schumacher-Gesellschaft, Annemarie Renger, bat Löwenthal daraufhin, seinen Standpunkt in Thesen zusammenzufassen. Diese Thesen sandte Renger an rund 50 Sozialdemokraten mit der Bitte um Unterschrift. Zu den Unterzeichnern gehörte neben einigen prominenten Gewerkschaftsvertretern auch Herbert Wehner.[161]

Brandt parierte den Angriff nicht nur, sondern setzte seinen Führungsanspruch zielstrebig durch. Zunächst stellte er die Aktion als einen Versuch dar, die Parteiführung zu spalten und den Bundeskanzler zu schwächen. Er kritisierte, dass das im Interesse des industriellen Wachstums gerügte Eingehen auf ökologische Forderungen zugleich auch eine Rüge der Politik Helmut Schmidts darstelle, die ökologische Notwendigkeiten berücksichtige. Sodann verwies er in dieser Frage auf den Schulterschluss mit dem DGB bei einer Veranstaltung an der Universität Mannheim zum Thema „Einheitsgewerkschaft und Parteipolitik".[162] Schließlich diskreditierte er das Anliegen der Kritiker, indem er in einer Sitzung der Bundestagsfraktion Löwenthal ironisch als „Metallarbeiter" und Renger als „Textilarbeiterin" titulierte. Entgegen seiner Gewohnheit ließ Brandt seine Gegenattacke schon vor der Sitzung des Parteivorstandes in einer Pressemitteilung veröffentlichen.[163] Im Parteivorstand brach die Auflehnung dann vollkommen in sich zusammen. Wehner hatte bereits vorher erklärt, er habe nicht gewusst, dass die Unterschriftensammlung öffentlich werde – obwohl ja gerade dies beabsichtigt war. Vor den Mitgliedern des Parteivorstandes beteuerte der Fraktionsvorsitzende in der Sitzung am 7. Dezember 1981, dass er weder mit dem Vorsitzenden der SPD noch mit dem Bundeskanzler konkurriere. Als seine Pflicht erachte er es, beide zu unterstützen, aber nicht, sie gegeneinander auszuspielen.[164] Wenige Tage nach der Vorstandssitzung legte Wehner die Schriftleitung der *Neuen Gesellschaft* nieder; sie hatte die Kontroverse zwischen Brandt und Löwenthal dokumentiert. Die Troika – ohnehin bereits seit einiger Zeit aus dem Tritt geraten – existierte nach dieser Entscheidung faktisch nicht mehr.

Zwischen Brandt und Schmidt schienen die Aufgaben klar verteilt. Brandt wollte der Partei neue Ziele vermitteln, um den tristen Koalitionsalltag zu überspielen, aber auch um ihr Profil gegenüber den Grünen und den von ihnen besetzten Themen zu geben. Helmut Schmidt bemühte sich verstärkt um die Regierungsarbeit und versuchte, seine angeschlagene Autorität als Regierungschef wiederherzustellen. Dabei konnte er mit der Unterstützung des Parteivorsitzenden rechnen, auch wenn dies Brandt vor allem wegen grundsätzlicher Meinungsverschiedenheiten in sicherheitspolitischen Fragen zunehmend schwer fiel.

Der SPD-Parteitag in München im April 1982, auf dem Wehner aus gesundheitlichen Gründen zum ersten Mal seit vielen Jahren nicht mehr die Antragskommission leitete,[165] demonstrierte allerdings nicht mehr als eine zerbrechliche Geschlossenheit. Brandts Redeentwurf enthielt zum NATO-Beschluss die Passage, niemand habe „unser Ja zur Stationierung [neuer Atomraketen] auf deutschem Boden in der Tasche", und: „Ich sage ausdrücklich auch dies: Niemand hat mein Ja". Schmidt, dem Brandt den Redeentwurf hatte zukommen lassen, vermerkte am Rand dieser Redepassage handschriftlich, er bäte „hierzu um Vortrag bei Dir".[166] Brandt strich die beiden Sätze aus dem Rechenschaftsbericht, den er dem Parteitag vortrug.[167] Gleichwohl formulierte er in einem kurzen Beitrag zum Schluss der Debatte über Sicherheitspolitik: „Es gibt wirklich keinen Automatismus, der sich aus dem Brüsseler Beschluss ergibt. Insofern hat niemand unser Ja zu etwas in der Tasche, was so noch gar nicht existiert, sondern was sich aus den Verhandlungen herausbilden muss."[168]

Der Münchner Parteitag markierte mit seinen wirtschaftspolitischen Beschlüssen den Selbstbehauptungswillen der SPD und den letzten Versuch, der sozial-liberalen Koalition neuen Rückenwind zu verschaffen, wie auch die Kabinettsumbildung Schmidts am 28. April 1982 zeigte, auf die Brandt seit geraumer Zeit gedrängt hatte.[169] Das Ende der Koalition war jedoch nicht mehr aufzuhalten. In der FDP hatte sich der wirtschaftsliberale Flügel durchgesetzt, in den Ländern und Kommunen mehrten sich „schwarz-gelbe" Koalitionen, und Genscher suchte nach der besten Gelegenheit für einen Absprung, indem er den Koalitionspartner in unnachgiebiger Form mit Forderungen konfrontierte, denen die Sozialdemokratie nur um den Preis der Selbstaufgabe hätte Rechnung tragen können.[170] Die durch diese Entwicklungen hervorgerufene Lähmung der SPD bei einer gleichzeitig anlaufenden Protestaktion der Gewerkschaften gegen die „Sparoperationen" der Regierung im Bundeshaushalt[171] sowie die weiter anwachsende, von vielen SPD-Mitgliedern mitgetragene außerparlamentarische Bewegung gegen den NATO-Doppelbeschluss ließen die Befürchtung aufkommen, dass das Kabinett Schmidt an der sozialdemokratischen Partei scheitern könnte. Dies hätte der FDP-Führung die Chance geboten, der eigenen Partei einen Koalitionswechsel als unvermeidlich, als geradezu aufgezwungen zu vermitteln. Denn auch in den Reihen der FDP gab es immer noch zahlreiche Befürworter der sozial-liberalen Koalition. Es nicht so weit kommen zu lassen, darin war sich die sozialdemokratische Führung einig. Die Gegensätze in der Koalition aber vermehrten sich noch, als die SPD ein von der FDP gefordertes Amnestiegesetz in der „Flick-Spendenaffäre" ablehnte.[172] Dass die dauernde Spannung dieser Wochen an Brandt nicht spurlos vorbeiging, belegen zwei Sätze eines Briefes an einen alten Freund aus der SAP und dem schwedischen Exil, Stefan Szende. Ihm schrieb er im Juni 1982, dass sich nach seinem Urlaub das „nervenzerreibende Gezerre um Koalition und Kurs der Partei" fortsetzen werde, und vertraute ihm an: „Manchmal denke ich, dass ich den richtigen Zeitpunkt des Ausscheidens versäumt habe."[173]

Wegen des offensichtlichen Bemühens der FDP, die Koalition zu verlassen, war Schmidt schon im Sommer 1982 daran gelegen, die Verantwortung der FDP für das zu erwartende Scheitern der Koalition herauszustellen. Das Präsidium der SPD verständigte sich am 30. August 1982 darauf, die FDP vor die Wahl zu stellen. In diesem Zusammenhang erbat Schmidt am 1. September von Bundeswirtschaftsminister Otto Graf Lambsdorff eine Zusammenstellung der FDP-Kritik an der Wirtschafts- und Sozialpolitik der Regierung. Mit dem „Konzept für eine Politik zur Überwindung der Wachstumsschwäche und zur Bekämpfung der Arbeitslosigkeit"[174] vom 9. September 1982, in dem weitere tiefe Einschnitte in das soziale Netz gefordert wurden, reichte Lambsdorff dann die Vorstellungen seiner Partei ein.

Die Verantwortung der FDP für das Scheitern der sozial-liberalen Koalition der Öffentlichkeit auch klar zu vermitteln, gelang schließlich Schmidt durch eine politische Meisterleistung. In seiner Regierungserklärung zur „Lage der Nation" am 9. September 1982 forderte er – sich an Oppositionsführer Kohl wendend, jedoch zugleich mit Blick auf die FDP –, den Antrag auf ein konstruktives Misstrauensvotum zu stellen. Schmidt forderte Lambsdorff in der Kabinettssitzung am 15. September auf, zu erklären, ob das Papier vom 9. September gleichsam das „Scheidungspapier" für die Koalition sei. Lambsdorff wich der Antwort aus. Daraufhin räumte Schmidt den FDP-Ministern noch eine Frist von zwei Tagen ein, um Klarheit zu schaffen. Nachdem die Frist ungenutzt verstrichen war, erklärten die FDP-Minister – ihrer von Schmidt beabsichtigten Entlassung zuvorkommend – am 17. September ihren Rücktritt. Schmidt regierte nunmehr mit einer sozialdemokratischen Minderheitsregierung weiter.

In der SPD wurde dieser Befreiungsschlag mit Erleichterung aufgenommen, weil längst nicht mehr nur um die Regierungsfähigkeit, sondern auch um die „Oppositionsfähigkeit" der SPD gefürchtet wurde, wenn das Gezerre in der Koalition weiter anhielte.[175] Am 1. Oktober 1982 stürzte die neue Allianz von CDU/CSU und FDP Bundeskanzler Helmut Schmidt durch ein konstruktives Misstrauensvotum und wählte Helmut Kohl zum Nachfolger. Die sozial-liberale Koalition war nach 13 Jahren beendet, die SPD verlor nach 16 Jahren die Regierungsmacht. In der Folge dieser Ereignisse traten im November 1982 Teile des linksliberalen Flügels der FDP zur SPD über.

In der Opposition 1982–1987

Neue Zuversicht

Es war der Parteivorsitzende Willy Brandt, der auf einer eilig einberufenen Sonderkonferenz in Kiel Mitte November 1982 den dort versammelten Funktionären neue Zuversicht gab und der Partei politische Perspektiven aufzeigte.[176] Weder stürzte die SPD nach der Beendigung der Koalition in ein tiefes Loch noch erging sie sich in gegenseitigen Schuldzuweisungen. Ebenso wenig verfiel sie in einen Zustand der Lähmung. Stattdessen ging ein Ruck durch die Partei. Der SPD-Vorsitzende verwahrte sich entschieden gegen die insbesondere von der FDP-Führung vertretene, parteiintern weitgehend von Schmidt geteilte Interpretation, die Partei – und an ihrer Spitze Brandt – hätten den sozialdemokratischen Kanzler im Stich gelassen.[177] Auch wenn Brandt Schmidt hart in der Sache widersprach, so bemühte er sich doch zugleich, das belastete Verhältnis zu Schmidt und Wehner zu bereinigen.[178]

Wegen der unterschiedlichen Auffassungen innerhalb der SPD zur Einbeziehung der neuen sozialen Bewegungen blieb Brandt – auch nachdem sich Schmidt und Wehner zurückgezogen hatten[179] – als Führungspersönlichkeit der Partei so umstritten wie die von ihm verfochtene Öffnung der SPD. Diese wurde von Vertretern des rechten Flügels der Partei nach der Niederlage der SPD bei der Bundestagswahl 1983 wieder verstärkt bekämpft. Brandt konnte sich allerdings auf eine nicht organisierte, integrativ wirkende Strömung in der Partei stützen, die von Hans-Jochen Vogel und Johannes Rau repräsentiert wurde. Vogel ordnete nach der verlorenen Bundestagswahl vom 6. März 1983, zu der er als SPD-Kanzlerkandidat angetreten war, die Arbeit der Bundestagsfraktion unter seinem Vorsitz neu. Gleichzeitig wurden im Erich-Ollenhauer-Haus die innerparteilichen Voraussetzungen für eine neue Regierungsfähigkeit der SPD geschaffen, indem man die Zielgruppenarbeit neu ausrichtete und der Partei ein Profil als Moderatorin politischer Grundsatzentscheidungen gab.[180] In rascher Reihenfolge vollzogen sich dann die in der Regierungszeit aufgeschobenen politischen Kurskorrekturen: Die Stationierung neuer amerikanischer Mittelstreckenwaffen auf deutschem Boden wurde auf einem Sonderparteitag 1983 nahezu einstimmig abgelehnt und die Diskrepanz zwischen industriellem Wachstum und ökologischer Umorientierung durch ein Programm für „Arbeit und Umwelt" überwunden. Mit seiner Rede vor 300 000 Anhängern der Friedensbewegung im Bonner Hofgarten am 22. Oktober 1983[181] machte Willy Brandt der Friedensbewegung ein Angebot zur Zusammenarbeit. Er erklärte, dass die deutsche Sozialdemokratie und die außerparlamentarischen Bewegungen für Abrüstung, Umweltschutz und Frauenrechte zusammenstünden und eine Reihe politischer Ziele teilten. Angesichts der großen Erfolge bei der saarländischen und der nordrhein-westfälischen Landtagswahl im Frühjahr 1985 schien der Tag einer erneuten Regierungsübernahme näherzurücken.

Das Vertrauen in die Zukunft stützte sich auch auf die Erneuerungsbemühungen des Bundesgeschäftsführers Glotz, die trotz mancher Kritik aus der Partei von Brandt stets unterstützt wurden. Glotz machte aus der Parteizentrale einen Ort des politischen Dialogs und wagte es, sogar Vertreter der CDU zu Disputen mit sozialdemokratischen Politikern einzuladen. Eine neu eingerichtete Parteischule sollte die Parteisekretäre u. a. mit modernen Formen der politischen Arbeit und Kommunikation vertraut machen. Mit der Durchführung von Ingenieurskongressen wurde gezielt die „technische Intelligenz" angesprochen. Überhaupt sollten „kleine Netze" (Peter Glotz) zwischen Partei und Gesellschaft spezifische Zielgruppen wieder stärker an die SPD heranführen. Der Parteivorstand gründete eine Historische Kommission, deren Sachverstand für die Partei in politischen Fragen mit geschichtlicher Dimension fruchtbar gemacht werden sollte. Glotz unterstützte die Gründung eines Kulturforums, um bessere Voraussetzungen für einen Dialog zwischen Kultur und Sozialdemokratie zu schaffen. In einem vom Parteivorstand verabschiedeten Forschungsprojekt „Planungsdaten für die Mehrheitsfähigkeit der SPD"[182] sollte eine Strategie entworfen werden, welche die SPD so stark machen sollte, dass gegen sie nicht länger regiert werden könnte. Im Hinblick auf diese Entwicklungen schien es immer mehr möglich, die SPD wieder in die Regierungsverantwortung zu bringen.

Den Parteivorsitz wollte Brandt in jüngere Hände legen. Der stellvertretende Parteivorsitzende und nordrhein-westfälische Ministerpräsident Rau sollte nach den Bundestagswahlen im Januar 1987 eine sozialdemokratische Bundesregierung führen, der saarländische Ministerpräsident Lafontaine nach dem Willen Brandts den Parteivorsitz übernehmen.

Die Kanzlerkandidatur war auf Rau zugelaufen, weil er in der nordrhein-westfälischen Landtagswahl am 12. Mai 1985 mit seiner Landespartei mehr als 52 Prozent der Wählerstimmen erobern

Im „Kehraus": Fest der nordrhein-westfälischen Landesvertretung in Bonn. Willy Brandt und Johannes Rau am 3. Juli 1980.

konnte und als eine Integrationsfigur galt. Noch im Laufe des Sommers wurde in Bonn eine Wahlkampfleitung gebildet.[183] Sie verfolgte eine „Etappenstrategie",[184] nach der die SPD – ausgehend von den Erfolgen bei den Landtagswahlen in Nordrhein-Westfalen und im Saarland –[185] über Siege oder wenigstens Stimmengewinne bei den der Bundestagswahl vorgelagerten weiteren Landtagswahlen in Niedersachsen, Bayern und Hamburg schließlich die Bonner Regierungsverantwortung übernehmen sollte. Als Johannes Rau am 15. Dezember 1985 vom Parteivorstand zum Kanzlerkandidaten gekürt wurde, lagen laut Meinungsumfragen CDU/CSU und SPD gleich auf, FDP und Die Grünen erreichten Werte um jeweils 6 Prozent.[186]

Die Etappenstrategie war freilich äußerst riskant: Schon spürbare Stimmeneinbußen auch nur bei einer einzigen Landtagswahl entzogen dem Konzept die Grundlage. Im Hochgefühl guter Umfragewerte verdrängte die Parteiführung ein weiteres Problem: Sie erlag dem Trugbild, dass die beiden kleineren Parteien den Sprung über die Fünf-Prozent-Hürde verfehlen würden und die SPD selbst stärker als die CDU/CSU werden könnte. Deshalb gab sie die Parole von der „eigenen Mehrheit" aus. Hinzu kam, dass sich die FDP auf die Fortsetzung der Koalition mit der Union festgelegt hatte und Die Grünen in der Außen- und Sicherheitspolitik als noch nicht regierungsfähig galten. Die SPD stand somit ohne Koalitionspartner da.

Ein weiteres generelles Problem lag in der ungelösten Frage des innerparteilichen Generationswechsels. Rau und Vogel galten als Personen des Übergangs, welche die Partei und Fraktion nur so lange führen sollten, bis geeignete Führungskräfte aus der nachdrängenden jüngeren Generation von Ministerpräsidenten, Fraktions- und Landesvorsitzenden das Zepter übernehmen könnten. Zu ihnen zählten Lafontaine im Saarland, Engholm in Schleswig-Holstein, Schröder in Niedersachsen und Scharping in Rheinland-Pfalz. Willy Brandt verleugnete seine Sympathie für diese „Enkel" nicht. Die in den höheren Parteigremien amtierende Generation – jünger als Brandt und älter als die „Enkel" – fühlte sich deshalb zurückgesetzt. Im publizistischen „Sommerloch" 1986 widmete sich die bundesdeutsche Presse ausführlich den von Brandt favorisierten Politikern, deren Exponenten der Schriftsteller Günter Grass schon im Dezember 1985 in Hamburg um sich versammelt hatte und die seitdem den Kontakt untereinander aufrechterhielten.[187]

Im Juni 1986 behauptete sich in Niedersachsen die konservativ-liberale Koalition zwar mit nur einem Mandat Vorsprung vor Rot-Grün, doch die psychologischen Wirkungen des knapp verfehlten Erfolges wogen schwer. Im Juli rutschten die Umfragewerte ab. Hierdurch wurde die Debatte um künftige Koalitionen, welche die Parteiführung gerade vermeiden wollte, in der Öffentlichkeit und in der Partei nachhaltig angeheizt.[188] Als die Infratest-Umfragen die Union bei 45 Prozent, die SPD nur noch bei 41 Prozent, die FDP bei sechs und Die Grünen bei acht Prozent sahen, fügte der Bundesgeschäftsführer Glotz einem für Brandt bestimmten internen Zahlenwerk die bezeichnende handschriftliche Notiz bei: „Ich dämpfe die Nervosität, aber sie ist da."[189]

In dieser Situation meinte Brandt, die Partei auf eine mögliche Niederlage bereits vorbereiten zu müssen, indem er das hochgesteckte Wahlziel einer absoluten SPD-Mehrheit nach unten korrigierte. Dies geschah in einem Interview, das er im Juli 1986 in seinem südfranzösischen Urlaubsdomizil dem Redakteur der Wochenzeitung *Die Zeit*, Gunter Hofmann, gab. Darin wurde der Parteivorsitzende mit den Worten zitiert, dass auch 43 Prozent „ein schönes Ergebnis" wären.[190] Der Kanzlerkandidat Rau war hierüber in hohem Maße irritiert. Brandt bemühte sich zwar, Rau zu beruhigen.[191] Es blieb jedoch der Eindruck, Brandt verhalte sich gegenüber Rau illoyal und traue dem Kandidaten keinen Erfolg zu. Diese Einschätzung wurde auch von jenen Parteikreisen geteilt, welche die Schuld für die näher rückende Niederlage auf den Vorsitzenden abwälzen wollten. Im Vorfeld des Nürnberger Parteitags im August 1986 hatte Brandt bereits durchblicken lassen, zum letzten Mal als Vorsitzender kandidieren zu wollen.[192] Am Vortag des Parteitages bot er Rau dann in einem Vier-Augen-Gespräch den Vorsitz an – nicht zuletzt, um den Gesichtsverlust, den dieser auch durch Brandt hatte erleiden müssen, wett zu machen.[193] Doch Rau lehnte ab.

Die Partei besaß nun einen angeschlagenen Vorsitzenden und einen entmutigten Kanzlerkandidaten. An der Seite Raus standen Funktionäre, die über die Nachfolge Brandts, etwaige Koalitionen in der künftigen Regierung und die auf dem Parteitag offen gelassenen Bedingungen für einen Ausstieg aus der Atomenergie debattierten. Wie auch immer die Auswirkungen des Brandt'schen Interviews auf die Bundestagswahl zu beurteilen sein mögen: Entscheidend für den Misserfolg bei der Bundestagswahl waren die ihr vorangehenden unzureichenden Ergebnisse der SPD bei den Wahlen in den Bundesländern und damit die „Etappenstrategie". Darüber hinaus spielte das negative Erscheinungsbild der SPD in der Öffentlichkeit eine Rolle. Die Landtagswahl in Bayern im Oktober 1986 fiel für die SPD geradezu verheerend aus. Nach der darauf folgenden ebenfalls klaren Wahlniederlage bei den Hamburger Bürgerschaftswahlen am 9. November 1986 war für Brandt und Glotz nur noch die Verhinderung der absoluten Mehrheit der Union bei der bevorstehenden Bundestagswahl vorstellbar. Darüber zerbrach die Wahlkampfleitung.[194] Im Dezember 1986 sprach sich Gerhard Schröder, inzwischen Oppositionsführer der SPD im niedersächsischen Landtag, für Oskar Lafontaine als nächsten Kanzlerkandidaten der SPD aus. Hierdurch wurde die Wahlkampagne weiter belastet, da dies bestätigte, dass der Glaube an einen Wahlerfolg zumindest von Teilen der SPD bereits aufgegeben worden war. Brandt geriet immer stärker unter Druck und erklärte im selben Monat definitiv, dass er als Parteivorsitzender nicht wieder kandidieren werde. Bei dieser Sachlage war nicht überraschend, dass sich die Regierungskoalition bei der Wahl am 25. Januar 1987 behauptete und die SPD auf 37 Prozent der Stimmen abrutschte.

Rücktritt und Nachfolge

Die lange Amtszeit Brandts führte dazu, dass in der Partei immer wieder nach einem „Kronprinzen" Ausschau gehalten wurde. In den siebziger Jahren galt der stellvertretende SPD-Vorsitzende, der Bremer Bürgermeister Hans Koschnick, als „natürlicher" Nachfolger

Brandts.¹⁹⁵ Nach dem Verzicht Koschnicks auf die Weiterführung des Parteiamtes traten Hans-Jochen Vogel und Johannes Rau stärker hervor. Unmittelbar nach der verlorenen Bundestagswahl 1987 musste die Frage, wer Brandt als Parteivorsitzendem 1988 nachfolgen sollte, entschieden werden. Johannes Rau schloss öffentlich die Übernahme des Vorsitzes auf jeden Fall aus. In einem Gespräch zwischen Brandt, Vogel, Rau und Lafontaine am 13. Februar 1987, bei dem ein vorzeitiges Ausscheiden von Brandt jedoch nicht zur Debatte stand, wurde keine endgültige Lösung gefunden.¹⁹⁶ Als Brandt in der Gesprächsrunde Oskar Lafontaine, der sich zu seinen Absichten anscheinend nicht eindeutig erklärt hatte, als Kandidaten nannte, reagierte Hans-Jochen Vogel mit der Bemerkung, er könne sich Lafontaine als Kanzlerkandidaten für die nächste Bundestagswahl vorstellen. Diese Einlassung Vogels führte schließlich dazu, dass in Aussicht genommen wurde, Vogel zum Vorsitzenden und Lafontaine zu dessen Stellvertreter zu wählen. Zur Nachfolgefrage erklärte Vogel allerdings, dass er nur dann kandidieren werde, wenn Brandt und Rau ihn dazu aufforderten und Lafontaine dies unterstütze.¹⁹⁷ Damit blieb die Option auf den Parteivorsitz für Lafontaine erhalten, zumal die Gesprächspartner sich zugleich darauf einigten, erst im Herbst 1987 einen Nachfolger für Brandt zu nominieren, der dann auf dem ordentlichen Parteitag 1988 gewählt werden sollte.

Die Führungskrise schwelte weiter. Nur wenig später wurde die Autorität des Parteivorsitzenden erneut beschädigt. Oskar Lafontaine setzte ohne vorherige Absprache mit Brandt im Parteivorstand am 23. Februar 1987 geradezu handstreichartig die Wahl von Hans-Ulrich Klose zum neuen Schatzmeister der SPD durch. Brandt hatte andere Präferenzen gehabt. Für ihn wären der Bundestagsabgeordnete Hans-Gottfried Bernrath oder der Europaabgeordnete Klaus Wettig eher in Betracht gekommen.

Der Mitte März 1987 einsetzende Streit um die von Brandt vorgeschlagene Berufung einer parteilosen Politikwissenschaftlerin zur neuen Sprecherin der SPD war dann der unmittelbare Anlass zum vorzeitigen Rückzug des Parteivorsitzenden am 23. März.¹⁹⁸ Willy

Brandt empfand die heftige Kritik in Teilen der Fraktion und des Parteivorstandes an seinem Personalvorschlag als provinziell. Er war nicht mehr bereit, den Widerstand im hauptamtlichen Apparat und die Dauerkritik der Parteirechten am Kurs der Partei, die in den Worten von Hans Apel „BMW – Brandt muss weg" gipfelten[199], weiter hinzunehmen. Hinzu kamen eine missverständliche Erklärung Vogels über einen „Wechsel in Würde"[200] und die anhaltende Verärgerung in der nordrhein-westfälischen SPD über die angebliche Illoyalität Brandts gegenüber dem vormaligen Kanzlerkandidaten und NRW-Ministerpräsidenten Rau bei der Bundestagswahlkampagne 1986.

In der Nachfolgefrage erfüllte sich Brandts Wunsch nicht. Inmitten der Querelen um die Parteisprecherin hatte er drei Tage vor seinem Rücktritt an einem Treffen der „Enkel" im schleswig-holsteinischen Norderstedt teilgenommen,[201] bei dem Lafontaine von den meisten der Anwesenden zur Übernahme des Parteivorsitzes gedrängt worden war. Auch Hans-Jochen Vogel machte in diesen Tagen deutlich, dass er für den Vorsitz nicht kandidieren werde, falls Lafontaine antrete.[202] Lafontaine lehnte dies aber ab und bekräftigte seine Haltung in der Parteivorstandssitzung am 23. März, wobei er auf die Vereinbarung vom 13. Februar verwies.[203] Ihm schien die Zeit noch nicht reif, seine Akzeptanz unter den führenden Mitgliedern der Partei nicht ausreichend.[204] Brandt war über die Absage Lafontaines sehr enttäuscht, weil er dem „Chef der Enkel" das größte politische Talent bei der Führung der Partei in das neue Jahrtausend zusprach und weil er selbst ein Beispiel dafür war, auch in einer schwierigen innerparteilichen Situation die Herausforderung des Amtes zu übernehmen. Das Ausmaß der beiderseitigen Verstimmung[205] – der eine betrachtete die Ablehnung als Verweigerung, der andere das Drängen als Zumutung –, erklärte sich auch aus dem eine Zeit lang engen persönlichen Verhältnis zwischen Brandt und Lafontaine, das vorübergehend Züge eines familiären Umgangs angenommen hatte.

Auf einem Sonderparteitag in Bonn am 14. Juni 1987 wurde Hans-Jochen Vogel zum Nachfolger Willy Brandts gewählt. In seiner

„Abschiedsrede" blickte Brandt in eindrucksvoller Weise auf sein politisches Leben zurück; er rechnete aber auch mit seinen innerparteilichen Kritikern scharf ab.[206] Den ihm vom Parteitag angetragenen „Ehrenvorsitz" nahm er an.

Der Ehrenvorsitzende und die Deutsche Einheit 1987–1992

Mit der Politik von Glasnost und Perestroika des sowjetischen Staats- und Parteichefs Gorbatschow stellte sich für Willy Brandt schon bald eine neue große politische Herausforderung. Er gehörte zu den wenigen, die die fundamentalen Veränderungen in Osteuropa aufmerksam wahrnahmen, und rechnete frühzeitig damit, dass sich der Ost-West-Konflikt seinem Ende nähern könnte.[207] Am 9. November 1989 fiel – auch für Brandt überraschend – die Berliner Mauer. Er reiste schon am nächsten Tag nach Berlin und sprach dort an der Seite von Bundeskanzler Kohl, Außenminister Genscher und des Regierenden Bürgermeisters von Berlin, Walter Momper, vor dem Schöneberger Rathaus zu Zehntausenden von Menschen. Die Ansprache von Willy Brandt fand große Beachtung, vor allem seine eindringlichen Worte für das „Zusammenrücken" der Deutschen und das „unverhoffte und tränenvolle Zusammenfinden" der Menschen und Familien. Willy Brandt wurde zu einem Symbol der Zusammengehörigkeit der beiden Teile Deutschlands in einem vereinten Europa. Auf zahlreichen, von Hunderttausenden besuchten Kundgebungen in der DDR erlebten die Bürgerinnen und Bürger einen gelösten Willy Brandt, der ihnen Mut und Zuversicht zusprach.

Die SPD dagegen tat sich mit der näher rückenden deutschen Einheit schwer.[208] Ihr Kanzlerkandidat für die erste gesamtdeutsche Bundestagswahl 1990, Oskar Lafontaine, betonte nicht die sich abzeichnende nationale Einheit, sondern problematisierte die ökonomischen und sozialen Verwerfungen, die der Regierungskurs einer raschen Realisierung der Vereinigung nach sich ziehen müsse. Deshalb standen auf dem Berliner Parteitag vom 18. bis zum 20. Dezember 1989 die Reden des Kanzlerkandidaten und des Ehrenvorsitzenden unverbunden nebeneinander. Plädierte der eine für eine

In der „Elefantenrunde": Die Parteivorsitzenden Brandt und Kohl nach den Wahlen in Berlin und im Saarland im Bonner ARD-Studio am 10. März 1985.

international orientierte Politik der SPD und warnte vor Deutschtümelei, sprach der andere vom Selbstbestimmungsrecht der deutschen Nation und der Chance der Einheit.[209] Die Delegierten applaudierten gleichwohl beiden Reden. Willy Brandt sah die Vereinigung Deutschlands stets im Rahmen eines vereinten Europas. Und er erhoffte sich durch den Zusammenbruch der kommunistischen Regime eine Renaissance des demokratischen Sozialismus in Mittel- und Osteuropa, was er in zahlreichen Äußerungen und in einem grundlegenden Aufsatz in der SPD-nahen Theoriezeitschrift *Die Neue Gesellschaft* verdeutlichte.[210]

Brandt wurde auf dem Parteitag der Sozialdemokratischen Partei der DDR (SDP) im Februar 1990 in Leipzig zur Identifikationsfigur dieser Partei, die sich in SPD umbenannte und Willy Brandt – ebenso wie drei Jahre zuvor die westdeutsche Schwesterpartei – den Ehrenvorsitz übertrug. Die Hoffnung auf einen Wiederaufstieg der SPD in den ostdeutschen Bundesländern – die auch Brandt zunächst hegte – verflog mit der Volkskammerwahl am 18. März 1990. Die konservative „Allianz für Deutschland" aus CDU, DSU und Demokratischem Aufbruch verfehlte nur knapp die absolute Mehrheit. Die SPD erhielt lediglich 22 Prozent der Stimmen. Sie beteiligte sich jedoch an der letzten DDR-Regierung im Rahmen einer Großen Koalition.

Die Meinungsverschiedenheiten zwischen Brandt und Lafontaine belasteten die gesamte Kampagne der SPD für die erste gesamtdeutsche Bundestagswahl im Dezember 1990.[211] Sie spitzten sich in der Haltung zur Wirtschafts-, Währungs- und Sozialunion zu.[212] Obwohl Vogel als Parteivorsitzender Brandt gebeten hatte, in der Bundestagsdebatte zum Einigungsvertrag zwischen der Bundesrepublik Deutschland und der DDR als Vertreter der SPD zu reden, setzte Lafontaine seinen Führungsanspruch als Kanzlerkandidat durch. Er sprach anstelle des Ehrenvorsitzenden. Das Bild der Zerrissenheit, das die SPD in der Frage der Vereinigung abgab, konnte auch dadurch nicht verwischt werden, dass z. T. vergleichbare Meinungsverschiedenheiten innerhalb der westdeutschen Bevölkerung bestanden.

Im Mittelpunkt der Eröffnungsveranstaltung des sozialdemokratischen Vereinigungsparteitages am 27. September 1990 in Berlin standen Brandt, Vogel und der Vorsitzende der DDR-SPD, Thierse.[213] Erst der nächste Tag des Parteitags blieb dem Kanzlerkandidaten Lafontaine vorbehalten. Schon einige Tage zuvor hatte sich Brandt bei Helmut Schmidt über die unsensible Haltung der Partei in der Frage der deutschen Einigung beklagt: „Ich wünschte, der Sachverstand wäre im Prozeß der Einheit stärker zum Zuge gekommen (und unserem eigenen Verein wäre eine positivere Grundhaltung zu vermitteln gewesen)."[214]

Angesichts dieser Situation rechnete die SPD für den Ausgang der Bundestagswahl mit dem Schlimmsten. Am 2. Dezember 1990 verblieben ihr nur 33,5 Prozent der Stimmen. In der Parteivorstandssitzung einen Tag nach der Wahl warnte Brandt vor wohlfeilen Ausreden und riet zu einer „ernsten Selbstprüfung". Seine Kritik an der Partei – und nicht zuletzt an ihrem Kanzlerkandidaten – war nicht zu überhören. Brandt bemängelte, dass sich die SPD „ihr Erstgeburtsrecht in Sachen nationale Einheit" habe abkaufen lassen und „Warnung und Hoffnung" nicht mehr in einem ausgewogenen Verhältnis zueinander gestanden hätten. Außerdem kritisierte er den vollständigen Zuschnitt des Wahlkampfes auf den Kanzlerkandidaten und den Verzicht auf die Präsentation einer Regierungsmannschaft.[215]

Es waren nicht zuletzt die scharfen Einlassungen des Ehrenvorsitzenden, die Lafontaine veranlassten, den ihm von Vogel angetragenen Parteivorsitz erneut auszuschlagen und einzugestehen, dass gegen Brandt niemand in der SPD Parteivorsitzender werden könne.[216] Nachfolger Vogels im Parteivorsitz wurde schließlich der schleswig-holsteinische Ministerpräsident Björn Engholm.

Willy Brandt widmete sich in den letzten Monaten seines Lebens vor allem dem deutschen Einigungsprozess. In der Hauptstadtfrage setzte er sich entschieden für Berlin ein. Am 15. November 1991 hielt er anlässlich des 100. Geburtstages des sozialdemokratischen Widerstandskämpfers Julius Leber in Berlin seine letzte große politisch-historische Rede,[217] in der er seine Überlegungen zum Erbe des deutschen Widerstandes zusammenfasste. Er sah dieses Erbe insbesondere in der entschlossenen Verteidigung des demokratischen Rechtsstaates und in der kompromisslosen Ablehnung von Rassenhass und Intoleranz.

Am 11. März 1992 notierte Brandt seine Gedanken für die Perspektiven der SPD bis zur Bundestagwahl 1994. Sie waren bestimmt von seiner Zuversicht über einen möglichst baldigen Regierungswechsel und behandelten Themen von der Außenpolitik bis hin zur Parteientwicklung in den neuen Bundesländern. Einen Tag später trat er zum letzten Mal vor den Deutschen Bundestag, als das Parlament über die Aufarbeitung der Folgen der SED-Diktatur in Deutschland debattierte. Er hoffte zu diesem Zeitpunkt, seine bösartige Krebserkrankung überwunden zu haben. Brandt nutzte die Rede zu einem

Rückblick auf die Deutschland- und Ostpolitik und wandte sich gegen Behauptungen, die Entspannungspolitik habe die Lebensdauer der kommunistischen Regime unnötig verlängert. Er plädierte für einen differenzierten Umgang mit der DDR-Vergangenheit: „Wir sollten uns miteinander hüten, den Stab über Landsleute zu brechen, die in die Maschen des Unrechtsregimes verstrickt wurden [...]."[218]

Bilanz

Die Amtszeit Brandts als Vorsitzender der SPD war durch politische und gesellschaftliche Veränderungen und dadurch hervorgerufene innerparteiliche Zerreißproben gekennzeichnet. Jedoch gestaltete die SPD niemals in ihrer langen Geschichte zuvor – dank einer Politik, die von weiten Teilen der Gesellschaft als ihren Wünschen und Bedürfnissen entsprechend angesehen wurde und dank der charismatischen Persönlichkeit Willy Brandts – den sozialen Wandel so nachhaltig, beeinflusste sie die politische Kultur Deutschlands so stark und bestimmte die öffentliche Diskussion so entscheidend wie in der Amtszeit dieses Vorsitzenden. Dies gilt besonders für die Zeit der sozialdemokratischen Regierungsverantwortung von 1969 bis 1982. Als Bundeskanzler und Parteivorsitzender führte Brandt die SPD in der Bundestagswahl 1972 zum größten Triumph ihrer Geschichte. Die Ära des Bundeskanzlers Brandt von 1969 bis 1974 war die Zeit großer innenpolitischer Reformen und entscheidender außenpolitischer Weichenstellungen. Aber auch nach seinem Rücktritt als Kanzler setzte sich Brandt nach Kräften dafür ein, die reformorientierte Regierungs- und Gestaltungsfähigkeit der deutschen Sozialdemokratie zu erhalten und zu erneuern.

Willy Brandt nahm den gesellschaftlichen Wandel auf und förderte zugleich den Wandel der SPD, wie gerade auch die Zeit der Opposition nach 1982 verdeutlicht. Es fällt nicht leicht, eine eindeutige Bilanz des Wirkens Brandts als Vorsitzender der SPD für den Zeitraum von 1982 bis 1987 zu ziehen. Die schwachen Bundestagswahlergebnisse kontrastieren mit Wahlerfolgen in den Ländern. Ein Vergleich mit den Wähleranteilen anderer westeuropäischer sozialdemokratischer Parteien bei nationalen Parlamentswahlen jener Zeit belegt jedoch, dass sich die SPD ihnen gegenüber noch recht gut behaupten konnte.[219] Die Zahl der SPD-Mitglieder verringerte sich zwischen 1981 und 1988 um rund 100 000, doch relativiert sich dieser Verlust vor dem Hintergrund einer in den achtziger Jahren feststellbaren allgemeinen Entpolitisierung und Schwächung der Parteien. Eine Spaltung der Partei – wie sie etwa Wehner 1981 prognostiziert hatte – blieb aus. Die Grünen konnten sich als weitere Kraft auf der politischen Linken etablieren.

Fragt man danach, ob die SPD ohne Brandt in diesen Jahren erfolgreicher hätte agieren können, dann fällt die Antwort eindeutiger aus. Ohne ihn wäre der Prozess der Erneuerung noch schwieriger geworden. Und ohne Brandt wäre der Integrationsprozess und die Einbeziehung der neuen sozialen Bewegungen in die SPD sowie die Annäherung der Flügel innerhalb der Partei in der Zeit bis 1987 schwerlich gelungen.

So wie die Partei „über das Auf und Ab des noch so wichtigen tagespolitischen Geschehens hinaus" lebte,[220] so hatte der Parteivorsitzende mehr als zwanzig Jahre lang Stimmungstiefs und Krisen, wechselnde politische Konstellationen und Einschnitte in die personellen Führungsstrukturen gemeistert. Brandt ließ sich dabei nicht allein durch Pflichtgefühle leiten. Auf die Frage einer Journalistin, wie er sich zwischen „Pflicht und Passion" entscheiden würde, wenn er es denn müsste, antwortete er 1986, dass er zwar Kants kategorischen Imperativ für sich lange Zeit als „Tu deine verdammte Pflicht und Schuldigkeit!" übersetzt, aber schließlich eingesehen habe, dass Politik nicht ohne *Compassion* – „Mit-Leidenschaft" – möglich sei: „Die Politik, die mich bewegt, ist jedenfalls nicht möglich, ohne dass man sich durch die Nöte und die Sehnsüchte der vielen bewegen lässt, die man gar nicht alle kennen kann."[221]

Willy Brandt knüpfte der Sozialdemokratie in den Jahren seines Partei- und Ehrenvorsitzes mehr als jeder andere Sozialdemokrat den „roten Faden". Dabei dachte und handelte er in dem Bewusstsein geschichtlicher Kategorien, verlieh sozialdemokratischer Politik historische Würde und bildete in seiner Person die Brücke zwischen der alten Arbeiterbewegung, der sozialdemokratischen Volkspartei und den neuen sozialen Bewegungen.[222] Er hatte großen Anteil daran, die SPD in der Mitte der Gesellschaft zu verankern. Er verschaffte ihr eine internationale Reputation, wie die SPD sie seit Ausbruch des Ersten Weltkrieges nicht mehr gehabt hatte, und er bot ihr politische Perspektiven, die – wie er selbst schrieb – „über den Tag hinaus"[223] reichten.

Am 8. Oktober 1992 starb Willy Brandt, der neben August Bebel bedeutendste SPD-Vorsitzende und der Bundeskanzler, der nach Adenauer die Bonner Republik am nachhaltigsten prägte, in seinem Haus in Unkel bei Bonn.

Zur Dokumentenauswahl

Die ausgewählten Dokumente beleuchten vorwiegend die historische Dimension des politischen Wirkens des Vorsitzenden und Ehrenvorsitzenden der SPD. Insbesondere wurden Dokumente aufgenommen, die programmatischen Charakter haben, politische Weichenstellungen markieren, innerparteiliche Krisensituationen und Schlüsselereignisse nachzeichnen. Zudem wurden Dokumente aufgenommen, die das historisch-politische Selbstverständnis Willy Brandts und dessen Amtsführung erhellen. Der Band enthält darüber hinaus eine Auswahl des bislang unveröffentlichten Briefwechsels zwischen Willy Brandt und Herbert Wehner. Außerdem werden zum ersten Mal die bedeutenden Briefe Brandts an Helmut Schmidt der Öffentlichkeit zugänglich gemacht – ergänzt um ein Schreiben des Bundeskanzlers, Schmidt, an seinen Vorgänger und Parteivorsitzenden, Brandt, aus dem Jahre 1975. Für die Abdruckgenehmigung habe ich Bundeskanzler a. D. Helmut Schmidt herzlich zu danken.

Danksagung

Mein erster Dank gilt der verantwortlichen Herausgeberin dieses Bandes, Frau Prof. Dr. Helga Grebing, die die editorischen Arbeiten umsichtig und anregend begleitet hat, sodann den beiden anderen

Herausgebern der Edition, Prof. Dr. Gregor Schöllgen und Prof. Dr. Heinrich August Winkler, für die kritische Durchsicht des Manuskripts. Dank schulde ich außerdem meiner Kollegin Daniela Münkel und den anderen Kollegen, die als Bearbeiter für die Berliner Ausgabe tätig waren oder es noch sind. Viel Unterstützung erfuhr ich vom Vorsitzenden des Vorstandes der Bundeskanzler-Willy-Brandt-Stiftung, Präsident a. D. Dr. Gerhard Groß, und den Mitarbeitern der Stiftung, namentlich von Dr. Wolfram Hoppenstedt, Dr. Bernd Rother, Dr. Wolfgang Schmidt, Dr. Carsten Tessmer und – last but not least – Sylvia Wilbrecht.

Frau Greta Wehner danke ich für die Erlaubnis, den Nachlass Herbert Wehners im Archiv der sozialen Demokratie der Friedrich-Ebert-Stiftung einzusehen, und für die Genehmigung des Abdrucks ausgewählter Dokumente. Bundesminister a. D. Prof. Egon Bahr, Bundesminister a. D. Prof. Dr. Horst Ehmke, Bundesminister a. D. Dr. Erhard Eppler, Bundesminister a. D. Dr. Hans-Jochen Vogel und Bundeskanzler a. D. Helmut Schmidt danke ich für ihre Genehmigung, ihre Deposita benutzen zu dürfen.

Die ertragreiche Arbeit im Archiv der sozialen Demokratie der Friedrich-Ebert-Stiftung wäre ohne die Hilfe des Leiters des Willy-Brandt-Archives, Harry Scholz, undenkbar gewesen. Ihm, seinen Mitarbeiterinnen und Mitarbeitern möchte ich ebenso danken wie Barbara Richter, Dr. Christoph Stamm, Herbert Niesen, Gisela Krause, Horst-Peter Schulz, Wolfgang Stärcke und Gertrud Lenz, M. A.

Für Gespräche, Unterstützung und Anregungen danke ich Bundesminister a. D. Prof. Egon Bahr, Ministerpräsident a. D. Holger Börner, Prof. Dr. Peter Brandt, Bundesminister a. D. Prof. Dr. Horst Ehmke, Ministerpräsident a. D. Björn Engholm, Senator a. D. Prof. Dr. Peter Glotz, Staatssekretär a. D. Horst Grabert, Staatsminister a. D. Hermann Heinemann, Staatssekretär Dr. Karl-Heinz Klär, Bürgermeister a. D. Hans Koschnick, Bundesminister a. D. Oskar Lafontaine, Dr. Heinrich Potthoff, Bundespräsident Dr. h. c. Johannes Rau, Bundeskanzler a. D. Helmut Schmidt, Dr. Brigitte Seebacher-Brandt, Bundesminister a. D. Dr. Hans-Jochen Vogel, Greta Wehner und Klaus Wettig. Das Lektorat besorgte in bewährt umsichtiger Weise Dr. Heiner Lindner.

Ursula Bitzegeio M. A., Dr. Rainer Fattmann, Astrid Stroh, Miriam Karau-Deyneko, Sonja Profittlich, Marita Raue sowie Andrea Rehling erwiesen sich für die Schlussarbeiten als unentbehrlich. Das Personenregister erstellte Ursula Bitzegeio, das Sachregister Jens Scholten M. A., die Tabellen Christian Anders.

Für viel Geduld danke ich Alexandra Albrecht-Baba und Sarah-Joëlle.

Verzeichnis der Dokumente

86	Nr. 1	23. November 1972	Protokoll der 1. Sitzung der Verhandlungsdelegationen der SPD und der FDP zur Fortsetzung der sozial-liberalen Koalition
93	Nr. 2	28. November 1972	Hs. Schreiben des Vorsitzenden der SPD und Bundeskanzlers, Brandt, an den Chef des Bundeskanzleramtes, Bundesminister Ehmke
95	Nr. 3	8. Dezember 1972	Gemeinsame Verlautbarung von SPD und FDP über den Abschluss der Sachverhandlungen zur Fortsetzung der sozial-liberalen Koalition
96	Nr. 4	15. Dezember 1972	Schreiben der Vorsitzenden der Arbeitsgemeinschaft sozialdemokratischer Frauen des Dillkreises, Benz, an den Vorsitzenden der SPD und Bundeskanzler, Brandt
98	Nr. 5	4. März 1973	Vermerk des Vorsitzenden der SPD und Bundeskanzlers, Brandt, zum „Orientierungsrahmen '85"
101	Nr. 6	15. April 1973	Hs. Schreiben des Vorsitzenden der SPD und Bundeskanzlers, Brandt, an die SPD-Politikerin Strobel
102	Nr. 7	12. September 1973	Schreiben des Vorsitzenden der SPD und Bundeskanzlers, Brandt, an den Historiker und Publizisten Mann
103	Nr. 8	15. September 1973	Aus der Rede des Vorsitzenden der SPD und Bundeskanzlers, Brandt, anlässlich des 100. Geburtstages des früheren SPD-Vorsitzenden, Wels, in der Friedrich-Ebert-Stiftung in Bonn

113	Nr. 9	23. Oktober 1973	Schreiben des Vorsitzenden der SPD und Bundeskanzlers, Brandt, an den Vorsitzenden der SPD-Bundestagsfraktion, Wehner
116	Nr. 10	27. Februar 1974	Entwurf eines Vermerks des Bundesministers Ehmke für den Vorsitzenden der SPD und Bundeskanzler, Brandt
120	Nr. 11	25. März 1974	Aus dem Schreiben des Vorsitzenden der SPD und Bundeskanzlers, Brandt, an das Mitglied der Sozialdemokratischen Wählerinitiative Jädicke
128	Nr. 12	26. März 1974	Entwurf eines Redekonzepts des Vorsitzenden der SPD und Bundeskanzlers, Brandt, für die Sitzung des SPD-Parteivorstandes am 1. April 1974
132	Nr. 13	6. Mai 1974	Hs. Schreiben des Vorsitzenden der SPD und Bundeskanzlers, Brandt, an den Bundespräsidenten, Heinemann
133	Nr. 14	7. Mai 1974	Kommuniqué über die Sitzung des SPD-Präsidiums in Bonn
135	Nr. 15	7. Mai 1974	Ausführungen des Vorsitzenden der SPD und Bundeskanzlers, Brandt, in der Sitzung der Bundestagsfraktion der SPD
139	Nr. 16	13. Mai 1974	Schreiben des Vorsitzenden der SPD, Brandt, an die Mitglieder der SPD
141	Nr. 17	16. Mai 1974	Hs. Schreiben des Vorsitzenden der SPD, Brandt, an den Bundeskanzler, Schmidt

142	Nr. 18	15. September 1974	Aus den Ausführungen des Vorsitzenden der SPD, Brandt, auf einer Arbeitskonferenz mit den Vorsitzenden der Ortsvereine der SPD-Bezirke Rheinhessen und Rheinland-Hessen-Nassau in Simmern im Hunsrück
147	Nr. 19	9. Dezember 1974	Schreiben des Vorsitzenden der SPD, Brandt, an den Bundeskanzler, Schmidt
148	Nr. 20	7. Januar 1975	Hs. Schreiben des Bundeskanzlers, Schmidt, an den Vorsitzenden der SPD, Brandt
151	Nr. 21	17. Februar 1975	Aus der Erklärung von Parteivorstand, Parteirat und Kontrollkommission der SPD zur Bundeskonferenz in Recklinghausen
158	Nr. 22	13. März 1975	Aus der Rede des Vorsitzenden der SPD, Brandt, in der Aussprache über die Regierungserklärung von Bundeskanzler Schmidt zur Inneren Sicherheit im Deutschen Bundestag
169	Nr. 23	24. März 1975	Aus der Rede des Vorsitzenden der SPD, Brandt, vor der Vanderbilt-University in Nashville/Tennessee
174	Nr. 24	9. Mai 1975	Aus der Rede des Vorsitzenden der SPD, Brandt, auf der sozialen Fachtagung der Arbeiterwohlfahrt in Siegen
178	Nr. 25	10. August 1975	Hs. Schreiben des Vorsitzenden der SPD, Brandt, an den Vorsitzenden des SPD-Landesverbandes Nordrhein-Westfalen, Figgen
178	Nr. 26	21. September 1975	Aus dem hs. Schreiben des Vorsitzenden der SPD, Brandt, an den Bundeskanzler, Schmidt

179	Nr. 27	29. September 1975	Notiz über die Planung der Bundestagswahlkampfreisen für den Vorsitzenden der SPD, Brandt
181	Nr. 28	3. Oktober 1975	Hs. Schreiben des Vorsitzenden der SPD, Brandt, an den Bundeskanzler, Schmidt
182	Nr. 29	17. Oktober 1975	Hs. Schreiben des Vorsitzenden der SPD, Brandt, an den Bundeskanzler, Schmidt
182	Nr. 30	25. November 1975	Aus den Stichworten des Vorsitzenden der SPD, Brandt, für die Sitzung der SPD-Fraktion im Deutschen Bundestag
188	Nr. 31	25. November 1975	Aus den Ausführungen des Vorsitzenden der SPD, Brandt, vor der SPD-Fraktion im Deutschen Bundestag
190	Nr. 32	18. Februar 1976	Hs. Schreiben des Vorsitzenden der SPD, Brandt, an den Vorsitzenden des SPD-Bezirks Pfalz, Oberbürgermeister Ludwig
190	Nr. 33	7. März 1976	Aus der Rede des Vorsitzenden der SPD, Brandt, auf einer Tagung der Evangelischen Akademie Tutzing
200	Nr. 34	7. April 1976	Hs. Schreiben des Vorsitzenden der SPD, Brandt, an den Bundeskanzler, Schmidt
201	Nr. 35	13. Juni 1976	Schreiben des Vorsitzenden der SPD, Brandt, an den Bundeskanzler, Schmidt
209	Nr. 36	6. Juli 1976	Hs. Schreiben des Vorsitzenden der SPD, Brandt, an den Vorsitzenden der SPD-Bundestagsfraktion, Wehner
210	Nr. 37	18. August 1976	Interview des Vorsitzenden der SPD, Brandt, für die *Deutsche Zeitung*

220	Nr. 38	25. August 1976	Aufruf des Vorsitzenden der SPD, Brandt, und des Bundeskanzlers, Schmidt, an die Wählerinnen und Wähler
225	Nr. 39	30. September 1976	Hs. Schreiben des Vorsitzenden der SPD, Brandt, an den hessischen Ministerpräsidenten, Osswald
226	Nr. 40	10. Oktober 1976	Hs. Schreiben des Vorsitzenden der SPD, Brandt, an den Bundeskanzler, Schmidt
229	Nr. 41	15. November 1976	Hs. Schreiben des Vorsitzenden der SPD, Brandt, an den Bundeskanzler, Schmidt
231	Nr. 42	21. Dezember 1976	Hs. Schreiben des Vorsitzenden der SPD, Brandt, an den Vorsitzenden der SPD-Bundestagsfraktion, Wehner
232	Nr. 43	23. Dezember 1976	Hs. Schreiben des Vorsitzenden der SPD, Brandt, an den Parlamentarischen Staatssekretär im Bundeskanzleramt, Wischnewski
233	Nr. 44	30. Dezember 1976	Hs. Schreiben des Vorsitzenden der SPD-Bundestagsfraktion, Wehner, an den Vorsitzenden der SPD, Brandt
234	Nr. 45	28. Februar 1977	Schreiben des Vorsitzenden der SPD, Brandt, an den Bundeskanzler, Schmidt
238	Nr. 46	15. April 1977	Aus der Rede des Vorsitzenden der SPD, Brandt, auf dem Außerordentlichen Landesparteitag der Hamburger SPD
256	Nr. 47	27. April 1977	Erklärung des Vorsitzenden der SPD, Brandt, zur Durchführung eines Parteiordnungsverfahrens ge-

			gen den Vorsitzenden der Jungsozialisten, Benneter
257	Nr. 48	4. Mai 1977	Aus der Rede des Vorsitzenden der SPD, Brandt, anlässlich des 30. Jahrestages der Eröffnung des Karl-Marx-Hauses in Trier
265	Nr. 49	14. Mai 1977	Aus dem hs. Schreiben des Vorsitzenden der SPD, Brandt, an den Bundeskanzler, Schmidt
267	Nr. 50	24. Juni 1977	Schreiben des Vorsitzenden der SPD, Brandt, an den Vorsitzenden der SPD-Bundestagsfraktion, Wehner
269	Nr. 51	12. Juli 1977	Hs. Schreiben des Vorsitzenden der SPD, Brandt, an den Bundeskanzler, Schmidt
271	Nr. 52	13. Oktober 1977	Aus einem Artikel des Vorsitzenden der SPD, Brandt, im *Vorwärts*
277	Nr. 53	19. Oktober 1977	Aus der Rede des Vorsitzenden der SPD, Brandt, auf einer Veranstaltung des 11. Ordentlichen Gewerkschaftstages der IG Druck und Papier in Augsburg
284	Nr. 54	4. Januar 1978	Schreiben des stellvertretenden Vorsitzenden der SPD und Bremer Bürgermeisters, Koschnick, an den Vorsitzenden der SPD, Brandt
285	Nr. 55	17. Januar 1978	Fernschreiben des Vorsitzenden der SPD, Brandt, an die Vorsitzenden der Bezirke und Landesverbände der SPD
286	Nr. 56	17. Februar 1978	Schreiben des Vorsitzenden der SPD, Brandt, an den Bundeskanzler, Schmidt

293	Nr. 57	24. Mai 1978	Rede des Vorsitzenden der SPD, Brandt, auf einer AsF-Veranstaltung in Hamburg
302	Nr. 58	11. Juni 1978	Aus einem Artikel des Vorsitzenden der SPD, Brandt, anlässlich des 100. Jahrestages des „Sozialistengesetzes"
306	Nr. 59	17. Dezember 1978	Hs. Schreiben des Vorsitzenden der SPD-Bundestagsfraktion, Wehner, an den Vorsitzenden der SPD, Brandt
307	Nr. 60	21. Dezember 1978	Hs. Schreiben des Vorsitzenden der SPD, Brandt, an den Vorsitzenden der SPD-Bundestagsfraktion, Wehner
308	Nr. 61	22. Dezember 1978	Hs. Schreiben des Vorsitzenden der SPD, Brandt, an den Bundeskanzler, Schmidt
309	Nr. 62	30. März 1979	Hs. Schreiben des Vorsitzenden der SPD, Brandt, an den stellvertretenden Vorsitzenden der SPD und Bremer Bürgermeister, Koschnick
311	Nr. 63	22. März 1980	Hs. Schreiben des Vorsitzenden der SPD, Brandt, an den baden-württembergischen SPD-Landesvorsitzenden, Eppler
311	Nr. 64	September 1980	Jungwählerbrief des Vorsitzenden der SPD, Brandt
314	Nr. 65	10. Oktober 1980	Hs. Schreiben des Vorsitzenden der SPD, Brandt, an den Vorsitzenden der SPD-Bundestagsfraktion, Wehner
315	Nr. 66	18. Oktober 1980	Hs. Schreiben des Vorsitzenden der SPD-Bundestagsfraktion, Wehner, an den Vorsitzenden der SPD, Brandt

316	Nr. 67	26. Oktober 1980	Hs. Schreiben des Vorsitzenden der SPD, Brandt, an den Vorsitzenden der SPD-Bundestagsfraktion, Wehner
317	Nr. 68	12. Dezember 1980	Schreiben des Vorsitzenden der SPD, Brandt, an Oberbürgermeister Lafontaine
317	Nr. 69	11. Februar 1981	Hs. Entwurf eines Redekonzepts des Vorsitzenden der SPD, Brandt, für die Sitzung des Parteivorstandes am 11. Februar 1981
322	Nr. 70	11. Februar 1981	Erklärung des Vorstandes der SPD zur Lage der Partei
330	Nr. 71	18. Februar 1981	Schreiben des Vorsitzenden der SPD, Brandt, an den Vorsitzenden der SPD-Bundestagsfraktion, Wehner
331	Nr. 72	19. Februar 1981	Hs. Schreiben des Vorsitzenden der SPD-Bundestagsfraktion, Wehner, an den Vorsitzenden der SPD, Brandt
333	Nr. 73	21. Februar 1981	Entwurf der zurückgehaltenen Rücktrittserklärung des Vorsitzenden der SPD, Brandt, für die Parteivorstandssitzung
334	Nr. 74	21. Februar 1981	Entwurf der zurückgehaltenen Rücktrittserklärung des Vorsitzenden der SPD, Brandt, für die Sitzung der Landes- und Bezirksvorsitzenden
336	Nr. 75	4. April 1981	Aus der Rede des Vorsitzenden der SPD, Brandt, im Reinickendorfer Rathaus in Berlin anlässlich des 35. Jahrestages der Urabstimmung der Sozialdemokraten in den Berliner Westsektoren

349	Nr. 76	15. April 1981	Kolumne des Vorsitzenden der SPD, Brandt, in der *Hamburger Morgenpost*
350	Nr. 77	21. September 1981	Schreiben des Vorsitzenden der SPD, Brandt, an den Bundeskanzler, Schmidt
353	Nr. 78	29. September 1981	Erklärung des Vorsitzenden der SPD, Brandt, zu der am 10. Oktober 1981 in Bonn geplanten Demonstration der Friedensbewegung
354	Nr. 79	21. Oktober 1981	Aus der Rede des Vorsitzenden der SPD, Brandt, auf dem Symposion des SPD-Parteivorstandes anlässlich des 10. Todestages Willi Eichlers im Erich-Ollenhauer-Haus in Bonn
363	Nr. 80	3. November 1981	Aus der Rede des Vorsitzenden der SPD, Brandt, auf der Festveranstaltung anlässlich des 100-jährigen Bestehens des Verlages J.H.W. Dietz Nachf. in Bonn
372	Nr. 81	27. November 1981	Aus der Rede des Vorsitzenden der SPD, Brandt, auf der Veranstaltung „Einheitsgewerkschaften und Parteipolitik" in der Universität Mannheim
376	Nr. 82	30. März 1982	Schreiben des Vorsitzenden der SPD, Brandt, an den Bundeskanzler, Schmidt
378	Nr. 83	6. April 1982	Sprechzettel des Bundesgeschäftsführers der SPD, Glotz, für den Vorsitzenden der SPD, Brandt, für ein Gespräch mit den stellvertretenden Vorsitzenden der SPD, Schmidt und Wischnewski

383	Nr. 84	16. April 1982	Hs. Schreiben des Vorsitzenden der SPD, Brandt, an den Vorsitzenden der SPD-Bundestagsfraktion, Wehner
383	Nr. 85	28. April 1982	Hs. Schreiben des Vorsitzenden der SPD, Brandt, an den Vorsitzenden der SPD-Fraktion im Berliner Abgeordnetenhaus, Vogel
384	Nr. 86	19. August 1982	Schreiben des Bundesgeschäftsführers der SPD, Glotz, an den Vorsitzenden der SPD, Brandt
386	Nr. 87	29. August 1982	Aus der Rezension der deutschen Ausgabe des Buches von Carl E. Schorske „Die große Spaltung" durch den Vorsitzenden der SPD, Brandt
389	Nr. 88	11. Oktober 1982	Schreiben des Vorsitzenden der SPD, Brandt, an den stellvertretenden Vorsitzenden der SPD Schmidt
391	Nr. 89	2. November 1982	Schreiben des Vorsitzenden der SPD, Brandt, an den stellvertretenden Vorsitzenden der SPD Schmidt
393	Nr. 90	18. November 1982	Aus der Zusammenfassung der Diskussion auf der Bundeskonferenz der SPD in Kiel durch den Vorsitzenden der SPD, Brandt
405	Nr. 91	18. Januar 1983	Aus dem hs. Schreiben des Vorsitzenden der SPD, Brandt, an den Vorsitzenden der SPD-Bundestagsfraktion, Wehner
406	Nr. 92	22. Oktober 1983	Rede des Vorsitzenden der SPD, Brandt, auf der Kundgebung der Friedensbewegung in Bonn
410	Nr. 93	18. Dezember 1983	Hs. Schreiben des Vorsitzenden der SPD, Brandt, an den stellvertretenden Vorsitzenden der SPD Schmidt

411	Nr. 94	12. November 1984	Rede des Vorsitzenden der SPD, Brandt, anlässlich des 25. Jahrestages der Verabschiedung des Godesberger Programms im Erich-Ollenhauer-Haus in Bonn
420	Nr. 95	21. Juni 1985	Schreiben des Schriftstellers Grass an den Vorsitzenden der SPD, Brandt
421	Nr. 96	23. April 1986	Schreiben des Vorsitzenden der SPD, Brandt, an den SPD-Bundestagsabgeordneten Schmidt
423	Nr. 97	30. Juni 1986	Erklärung des Vorsitzenden der SPD, Brandt, zum „Irseer Entwurf" eines neuen SPD-Grundsatzprogramms
427	Nr. 98	1. August 1986	Hs. Entwurf eines Schreibens des Vorsitzenden der SPD, Brandt, an den stellvertretenden Vorsitzenden und Kanzlerkandidaten der SPD, Rau
428	Nr. 99	[Herbst] 1986	Aus dem Gespräch des Vorsitzenden der SPD, Brandt, über Politik, Macht, die SPD und die Politische Kultur der Bundesrepublik Deutschland
435	Nr. 100	12. März 1987	Aus der Rede des Vorsitzenden der SPD, Brandt, auf dem Forum „Erben deutscher Geschichte – Bundesrepublik und DDR" im Erich-Ollenhauer-Haus in Bonn
446	Nr. 101	23. März 1987	Rücktrittserklärung des Vorsitzenden der SPD, Brandt, vor dem SPD-Parteivorstand
452	Nr. 102	28. Januar 1988	Aus der Rede des Ehrenvorsitzenden der SPD, Brandt, anlässlich des 75. Todestages Bebels in Berlin

456	Nr. 103	2. Oktober 1989	Schreiben des Ehrenvorsitzenden der SPD, Brandt, an den stellvertretenden SPD-Vorsitzenden und Ministerpräsidenten, Rau
457	Nr. 104	15. Januar 1990	Aus einem Aufsatz des Präsidenten der Sozialistischen Internationale und Ehrenvorsitzenden der SPD, Brandt
462	Nr. 105	18. Mai 1990	Hs. Schreiben des Ehrenvorsitzenden der SPD, Brandt, an den Kanzlerkandidaten der SPD und Ministerpräsidenten, Lafontaine
465	Nr. 106	2. Juli 1990	Aus dem Interview des Ehrenvorsitzenden der SPD, Brandt, für die *Frankfurter Rundschau*
467	Nr. 107	27. September 1990	Manifest zur Wiederherstellung der Einheit der Sozialdemokratischen Partei Deutschlands
472	Nr. 108	3. Dezember 1990	Statement des Ehrenvorsitzenden der SPD, Brandt, zum Ausgang der Bundestagswahl in der Sitzung des SPD-Parteivorstandes
475	Nr. 109	13. September 1991	Rede des Ehrenvorsitzenden der SPD, Brandt, anlässlich des 125-jährigen Bestehens der Nürnberger SPD
488	Nr. 110	15. November 1991	Aus der Rede des Ehrenvorsitzenden der SPD, Brandt, anlässlich des 100. Geburtstages von Julius Leber in Berlin

Dokumente

Nr. 1
**Protokoll der 1. Sitzung der Verhandlungsdelegationen der SPD und der FDP zur Fortsetzung der sozial-liberalen Koalition
23. November 1972**[1]

AdsD, Dep. Ehmke, HE AA 000291.

Der Bundeskanzler eröffnete die Sitzung und schlug vor, den Vorsitz von Sitzung zu Sitzung zu wechseln. Er kündigte an, er werde in der nächsten Woche nur bedingt zur Verfügung stehen.[2] Die Sitzungen sollten jedoch fortgesetzt werden.

Bei den Koalitionsgesprächen ginge es nicht darum, ob die SPD und die FDP wieder eine Regierung bilden sollten, sondern darum, das bisherige Bündnis mit der beiderseitigen Bereitschaft zu Kompromissen fortzuführen. Notwendiges dürfe nicht ausgeklammert, und im Bundestag dürfe nicht mit wechselnden Mehrheiten gearbeitet werden.

Es sollen keine ausführliche Koalitionsvereinbarung, sondern Bausteine der Regierungserklärung ausgearbeitet werden.

Er beabsichtige, die Regierungserklärung erst nach Weihnachten, am 18. oder 19. Januar [1973], abzugeben.[3] Hierüber solle man eine einheitliche Haltung aller drei Fraktionen herbeiführen. Bei der Vereidigung des Kabinetts am 15. Dezember [1972] werde er lediglich sagen, was in den kommenden Wochen anstehe. Da er und BM Scheel am 22. und 23. Januar [1973] in Paris seien,[4] werde die Debatte über die Regierungserklärung dann voraussichtlich am 24., 25. und 26. Januar [1973] stattfinden.

Was den Inhalt der Regierungserklärung angehe, so wünsche er sie sich stromlinienförmiger als 1969. Es solle nicht jedes Gesetz aufgeführt werden.

Der Haushalt 1972 solle noch vor Weihnachten erledigt, der Haushalt 1973 im Februar 1973 eingebracht werden. Die Sammelvorlage mit den liegengebliebenen Gesetzen solle sehr früh erneut vorgelegt werden.

Der Bundeskanzler schlug vor, daß in den Koalitionsverhandlungen zunächst über den Inhalt der Politik gesprochen werde, danach in einer zweiten Runde über Strukturfragen der künftigen Regierung und schließlich über Personalien, die er selbst zunächst mit BM Scheel besprechen werde.

Zum Inhalt der Politik stellte der Bundeskanzler folgendes fest:

1. In der Außen-, Europa- und Deutschlandpolitik bestehe wohl Einigkeit.

2. Das gleiche gelte für das Thema der inneren Sicherheit.

3. In der Rechtspolitik müsse man über
   a) die Reform des § 218 [StGB]
   b) Presserecht und Medienpolitik
sprechen.

4. Über Fragen der Wirtschaft, Währung, Finanzen und des Haushalts müßten noch Gespräche stattfinden. Dabei gehe es im einzelnen wohl um die Fragenkomplexe
   a) Stabilitätspakt[5]
   b) Steuern als
      aa) Konjunkturfaktor
      bb) Haushaltsfaktor
   c) Wettbewerbspolitik
   d) EG-Agrarpolitik
   e) Energiepolitik
   f) Probleme der ausländischen Arbeitnehmer
   g) Sozialgesetzgebung
      aa) Mitbestimmung
      bb) Sparförderung und Vermögenspolitik

5. Bildungspolitik: Hier wolle er von sich aus einen Schwerpunkt auf die Berufsbildung legen.

6. Fragen der Infrastruktur
   a) Bodenrecht
   b) Bahn und Post

BM Scheel dankte dem Bundeskanzler. Er stimmte ihm zu, daß es sich nicht um Vertragsverhandlungen handele, sondern darum,

Die Wahlsieger vor den Mikrofonen: Der Vorsitzende der SPD, Willy Brandt, und der Vorsitzende der FDP, Walter Scheel, verkünden am Abend des 19. November 1972 die Fortsetzung der sozial-liberalen Koalition (rechts im Bild: Egon Bahr).

die Regierungserklärung von 1969, die sehr gut gewesen sei, fortzuentwickeln.

Mit der Reihenfolge der Themen erklärte er sich einverstanden. Folgende Fragen sollten jedoch vorab geklärt werden:
1. <u>Parlamentsarbeit</u>:
    a) keine Arbeit mit wechselnden Mehrheiten
    b) Terminkoordinierung, auch mit dem Europäischen Parlament
    c) Wahl und Besetzung der Ausschüsse
2. <u>Parlamentarische Staatssekretäre</u>:
    a) Rechtsstellung
    b) Zahl und Zuordnung zu einem Minister

c) Bezeichnung (etwa „Staatsminister?")

3. Kabinett:

Soll aus optischen Gründen ein kleines oder großes Kabinett gebildet werden?

Im übrigen schlage er vor, daß man heute mit Fragen der Verfassungs- und Innenpolitik beginne.

Herr Mischnick bat noch darum, daß man aus dem zu erörternden Fragenkatalog die Verteidigungspolitik nicht ausklammern solle, und BM Ertl legte Wert darauf, daß neben der EG-Agrarpolitik auch generelle agrar- und agrarsoziale Fragen behandelt würden.

1. Parlamentsarbeit

a) Es bestand Übereinstimmung, daß grundsätzlich eine Einigung zwischen den Koalitionspartnern versucht und nicht mit wechselnden Mehrheiten im Bundestag gearbeitet werden solle.

b) Hinsichtlich des Pairing[6] soll die bisherige Praxis fortgesetzt werden. Die Termine mit dem Europäischen Parlament sollen koordiniert werden. Ferner soll der Gedanke wieder aufgegriffen werden, den europäischen Abgeordneten Stellvertreter beizugeben, damit mindestens ein- oder zweimal im Jahr eine Sitzung des Europäischen Parlaments mit der ersten Garnitur der Parlamentarier stattfinden kann.

c) Die Zahl der Ausschüsse kann erst festgelegt werden, wenn die Struktur des Kabinetts feststeht. Grundsätzlich soll an der Praxis festgehalten werden, daß für jedes Ressort ein Ausschuß besteht. Die Ausschüsse sollen nicht zu groß sein, allerdings soll die FDP insbesondere in den wichtigen Ausschüssen, wie dem Haushalts- und dem Finanzausschuß drei Sitze haben. Es wurde dann die Frage eines zweiten Rechtsausschusses erörtert. BM Genscher wandte ein, zwei Rechtsausschüsse würden die parlamentarische Arbeit belasten. Schon jetzt überschreite der Rechtsausschuß seine Kompetenzen, indem er sich nicht auf die Prüfung der Rechtsförmlichkeit beschränke, sondern auch das materielle Recht in seine Prüfung einbeziehe. Nach kurzer Diskussion einigte man sich darauf, daß es sinnvoll erscheinen könnte, einen Rechtsausschuß mit Zuständigkeit für die verfassungs- und rechtspolitischen Gesetzesvorlagen und einen weiteren Rechtsausschuß für die rechtsförmliche Prüfung der übrigen Gesetze zu haben.

Diese Frage sowie die Frage der Anzahl der Ausschüsse sollen durch die Fraktionsvorsitzenden weiterbehandelt werden.

2. Parlamentarische Staatssekretäre

Es bestand Übereinstimmung, daß es nicht möglich sein werde, die PStS auf einige größere Ressorts zu beschränken. Es dürfe nicht Ressorts erster und Ressorts zweiter Klasse geben. Im übrigen würde es auch Schwierigkeiten bei der Vertretung der Minister (in größeren Ressorts PStS, in kleineren StS) geben.

Es wurde jedoch nicht ausgeschlossen, daß in einigen Häusern mehrere PStS berufen werden könnten.

Der Bundeskanzler deutete an, daß er das „unicolore" Prinzip nicht für zwingend halte (PStS mit gleicher Parteizugehörigkeit wie Minister). BM Scheel stimmte dem zu.

Der Bundeskanzler stellte als Ergebnis der Besprechung fest:

a) Jeder Minister solle einen PStS erhalten. In Einzelfällen könne ein weiterer für besondere Aufgaben ernannt werden.

b) Der PStS sollte der politische Stellvertreter des Ministers sein.

c) Dem PStS dürfe keine Abteilung des Ministeriums unterstellt werden.

d) Der PStS müsse sich für seinen Minister um den Kontakt mit dem Parlament kümmern.

3. Größe des Kabinetts

Der Bundeskanzler erklärte, aufgrund seiner Überlegung werde die Zahl der Ministerien wohl in etwa wie die 1969 bleiben. Er habe nichts dagegen, wenn es ein oder zwei Ressorts mehr würden, wenn die Sache es erfordere. Die Ressortreduzierung habe im Endergebnis nichts gebracht. BM Schmidt wies darauf hin, daß Bundesminister mit kleinen Ressorts gefährlich und teuer seien. Dagegen könne man sich ressortlose Bundesminister eher leisten.

Diese Fragen sollen zunächst zwischen dem Bundeskanzler und BM Scheel und dann bei den Strukturfragen erörtert werden.

Verteidigungspolitik

Herr Mischnick bat für die FDP darum, daß die Frage der weiteren Herabsetzung [der Dauer] des Wehrdienstes zusammen mit den Wehrstrukturfragen behandelt werden müßte. Außerdem sollten für den Zivildienst mehr Plätze geschaffen werden. Die FDP halte das bisherige Prüfungsverfahren für Wehrdienstverweigerer nicht für sehr sinnvoll.[7] BM Leber verwies auf das Gutachten der Wehrstrukturkommission, das in den nächsten Tagen übergeben und über das die Bundesregierung Mitte nächsten Jahres einen Bericht abgeben werde. Er warne davor, eine Kausalität zwischen Strukturfragen und der Frage des Zivildienstes herzustellen. Man solle letzteres pragmatisch prüfen. Man war sich allgemein einig, daß das im letzten Bundestag gescheiterte Zivildienstgesetz sehr schnell in der ursprünglichen Fassung wieder eingebracht werden müsse.

Hinsichtlich der Bundeswehrschulen ergab sich nach der Diskussion schließlich Einigkeit, daß eine Entwicklung wünschenswert ist, in der die Bundeswehrhochschule in einer integrierten Gesamthochschule aufgehen müsse.

Fragen der staatlichen Ordnung

BM Genscher berichtete über die Enquete-Kommission sowie über die Ergebnisse der Neugliederungskommission. Letztere seien ihm am Freitag vor der [Bundestags-]Wahl [am 19. November 1972] übergeben worden. Er werde sie aber erst im Januar offiziell der Öffentlichkeit bekanntgeben. Eine

Neugliederung des Bundesgebietes sei nicht in einem Schritt, sondern nur in mehreren möglich. Seiner Ansicht nach sollte zunächst das Projekt eines Süd-West-Staates, das weniger umstritten sei, durchgeführt werden. In der nächsten Legislaturperiode könne dann das Problem eines Nord- bzw. Nord-West-Staates angepackt werden. Die FDP sehe in der Neugliederung des Bundesgebietes jedenfalls einen wichtigen Beitrag zur Stärkung des Föderalismus.

Das Gutachten der Kommission zur Dienstrechtsreform wird nach Mitteilung von BM Genscher bis Sommer 1973 vorliegen. Er stellte mit Befriedigung fest, daß hinsichtlich des Streikrechts für Beamte keine prinzipiellen Differenzen zwischen den Koalitionsparteien mehr bestünden.

Presse- und Medienpolitik

BM Genscher meldete Zweifel an, ob es sinnvoll sei, die Fragen des Presserechts mit den wettbewerbsrechtlichen Fragen zu verquicken. Man müsse eine Form finden, um die Medienpolitik in den Griff zu bekommen. Gegenüber dem Hinweis von BM Schmidt, Großverlage müßten aber dem allgemeinen Wettbewerbsrecht, insbesondere der Fusionskontrolle, unterliegen, entgegnete BM Genscher, die Anforderungen an die Presseunternehmen müßten sogar noch strenger sein.

Es schloß sich dann eine längere Diskussion über den Springer-Konzern und das ZDF an.[8] BM Schmidt regte an, daß die Koalition eine kleine Kommission bilden solle, wie man die damit zusammenhängenden Probleme lösen könne.

Der Bundeskanzler regte an, daß die zukünftige Bundesregierung eine Initiative zur Regelung des Zusammenhangs zwischen der Tätigkeit im öffentlichen Dienst und im Dienst einer Partei ergreifen solle. BM Genscher sagte zu, dies sehr schnell zu tun und die für die Fraktionstätigkeit gefundene Regelung auf die Tätigkeiten bei einer Partei auszudehnen.

Auf Vorschlag von Frau Funcke soll der Status von Fraktionsvorsitzenden bei den Strukturfragen diskutiert werden.

Nach dem Abendessen gab BM Schmidt einen Bericht über die wirtschaftliche Lage, die Preisentwicklung und Fragen der Haushalts-, Steuer-, Verkehrs- und Energiepolitik. Die Teilnehmer des Koalitionskreises nahmen diesen Bericht ohne Diskussion entgegen.

Es wurde verabredet, die Koalitionsgespräche am Dienstag, den 28. 11. [1972], 12.00 Uhr im [Kanzler-]Bungalow weiterzuführen und zunächst die Fragen der Innenpolitik zu Ende zu behandeln. Danach sollten Wirtschafts- und Finanzfragen erörtert werden.

Die übernächste Sitzung soll am Donnerstag, den 30. ‹Januar›[9] [1972] um 10.00 Uhr beginnen.
Die Sitzung endete gegen 21.30 Uhr.
‹Wilke›[10]

Nr. 2
Hs. Schreiben des Vorsitzenden der SPD und Bundeskanzlers, Brandt, an den Chef des Bundeskanzleramtes, Bundesminister Ehmke
28. November 1972

AdsD, Dep. Ehmke, HE AA 000290.

Lieber Horst,
anbei Scheels Brief von gestern abend + meine Antwort darauf.[1] H[erbert] W[ehner]/H[elmut] S[chmidt] hierüber noch vor dem Koal[itions]gespräch unterrichten oder ihnen einen Vermerk in die Sitzung geben. Ich will heute nachmittag einen Brief für die morgige Fraktionssitzung schreiben und möchte von Dir oder Wilke – je nach

Verlauf des Koal[itions]gesprächs – wissen, ob es etwas ganz Aktuelles zu bedenken gilt.[2]

Im Laufe des Tages werde ich ausführlich zu Personalfragen[3] schreiben. Zunächst:

1) Egon Fr[anke] hatte ich für [die] 2. Hälfte der Woche einen Termin versprochen. Sprich bitte mit ihm + bestelle Grüsse. Wenn er mag, kann er mir schreiben. Keine Festlegungen oder In-Aussichtstellungen, auch nicht betr[effend] Ostberlin![4]

2) Was Du „mit Freude" feststellst,[5] erfüllt mich mit Trauer. In Wirklichkeit ist dies doch die alte Leier: Brandt ist so lange gut, wie er das tut und sagt, was man selbst für richtig hält.

3) Die Ankündigung, welche Frau H[erbert] W[ehner] ins Kabinett haben möchte, ist besonders menschenfreundlich.[6]

4) Die angepeilte Dreierlösung für das BKA[7] soll nicht dazu führen, dass M[8] oder E[9] schon Zusagen gemacht werden. Über den Status von Egon [Bahr] werde ich nach weiterem Überlegen selbst entscheiden.

5) Über die Fragen der PStS, die im Einzelfall auch Staatsminister o. ä. heißen können, habe ich in der vergang[enen] Woche x-mal gesprochen: mit Scheel, mit Genscher, im Koal[itions]kreis. Ich komme darauf zurück und bitte, nicht an dem vorbei zu operieren, was ich abgesprochen habe.

Besten Gruß
W[illy]

Nr. 3
Gemeinsame Verlautbarung von SPD und FDP über den
Abschluss der Sachverhandlungen zur Fortsetzung der sozial-
liberalen Koalition
8. Dezember 1972

SPD Pressemitteilungen und Informationen, Nr. 620/72 vom 8. Dezember 1972.

Die Verhandlungen von SPD und FDP zu den politischen Fragen der Regierungsneubildung wurden heute erfolgreich abgeschlossen. Die Kommissionen hatten sich auch am 23. und 28. November sowie am 5. und 6. Dezember 1972 unter Leitung der Parteivorsitzenden Bundeskanzler Willy Brandt und Vizekanzler Walter Scheel getroffen, dabei alle anstehenden Fragen erörtert und eine Verständigung herbeigeführt.[1]

Das Regierungsbündnis von Sozialdemokraten und Freien Demokraten wird die Aussen-, Europa- und Sicherheitspolitik, die Deutschland- und Berlin-Politik, die Verteidigungspolitik sowie die Politik für die innere Sicherheit zielstrebig fortsetzen. In der Wirtschafts- und Finanzpolitik – ebenso wie in der Agrar- und der Verkehrspolitik – wurde über die Grundsätze der fortzuführenden Politik volles Einverständnis erzielt. Die stabilitätspolitischen Bemühungen sollen in enger Zusammenarbeit mit der Bundesbank, in Abstimmung mit den europäischen Partnern, auf der Grundlage des 15-Punkte-Stabilitätsprogramms weitergeführt werden. Die Koalitionspartner wollen den Ausbau der sozialen Sicherheit und des Bildungswesens, die Rechtsreformen, die Reformen im öffentlichen Dienst und den Schutz der Umwelt mit allen geeigneten Mitteln fortführen.

Steuerreform und vermögenspolitische Massnahmen gehören zu den dringlichen Aufgaben der bevorstehenden Legislaturperiode. Besondere Aufmerksamkeit wollen die Koalitionspartner in den kommenden vier Jahren der Berufsbildung, dem Bodenrecht, der

Förderung des Wettbewerbs und dem Ausbau der Mitbestimmung zuwenden.

Dieses Ergebnis entspricht den Erfordernissen aus dem überzeugenden Wahlsieg des sozialliberalen Regierungsbündnisses vom 19. November [1972], der die Notwendigkeit der Fortsetzung dieser erfolgreichen Regierungsarbeit eindrucksvoll bestätigte.

Nr. 4
Schreiben der Vorsitzenden der Arbeitsgemeinschaft sozialdemokratischer Frauen des Dillkreises, Benz, an den Vorsitzenden der SPD und Bundeskanzler, Brandt
15. Dezember 1972

AdsD, WBA, A 11.6, 18.

Lieber, verehrter Genosse Willy Brandt,
zu Deinem Geburtstag, –
zu Deiner Wiederwahl als Bundeskanzler – und
zu Deinem Wahlergebnis vom 19. November [1972][1]
gratulieren wir Dir von ganzem Herzen.

Wir sind eine kleine, aber schlagkräftige Gruppe sozialdemokratischer Frauen hier im Dillkreis – auch „Hessisch-Sibirien" genannt –, und brachten es nicht fertig, im Bundestagswahlkampf 1972, den wir als schicksalhaft für unser Volk ansahen, die Hände in den Schoß zu legen.

In der Anlage überreichen wir Dir als Fotomontage einige der Zeitungsanzeigen, mit denen wir in den Kampf eingriffen. Wie Du siehst, sind die ersten noch recht klein und bescheiden; das hatte zwei Gründe: Erstens werden gerade Kleinstanzeigen in unserem ländlichen Raum sorgfältig gelesen, und zweitens hatten wir kein Geld.

Empfang des Parteivorstandes für Schriftsteller, die sich in den Wahlkämpfen zur SPD bekannt hatten, im Sommer 1974 (v.l.n.r.: Heinrich Böll, Herbert Wehner, Thaddäus Troll, Günter Grass, Willy Brandt).

Als dann aber das Wählervolk aufmerksam wurde, wurde es auch die SPD-Wahlkampfleitung und stellte uns 500 Mark zur Verfügung. Da wurden wir schon kesser.

Der Erfolg blieb nicht aus:

Unser Freund Helmut Kater, der 1969 noch seine Mehrheit aus dem Kreis Wetzlar beziehen mußte, wurde diesmal mit über 50 % aller Stimmen überlegener Sieger, und Christian Lenzer (CDU) zog sich zurück, um seine Wunden zu lecken.

Kater wurde von uns geküßt; dieses schwere Schicksal bleibt Dir erspart. Nimm statt dessen unsere herzlichen Grüße entgegen!
‹Hannelore Benz›[2]

97 Benz an Brandt, 15. Dez. 1972

Nr. 5
Vermerk des Vorsitzenden der SPD und Bundeskanzlers, Brandt, zum „Orientierungsrahmen '85"
4. März 1973

AdsD, WBA, A 11.4, 197.

W[illy]B[randt]
Vermerk betr. Orientierungsrahmen[1]

1.) Es ist Unsinn, wenn Gegner oder Ignoranten den Eindruck erwecken wollen, als Folge innerparteilicher Kritik werde es auf dem Parteitag in Hannover[2] nicht zur Verabschiedung des sogenannten Langzeitprogramms (Orientierungsrahmen '85) kommen.

Eine solche Verabschiedung war nie beabsichtigt.

Schon Ende Januar 1972 (!) hat die von Helmut Schmidt geleitete Kommission – im Rahmen einer Aussprache mit Herbert Wehner und mir – in Münstereifel festgestellt, daß nicht eine Verabschiedung, sondern ein Zwischenbeschluß anzustreben sei.

Im Juni 1972 (2. 6.) hat der Parteivorstand zum Entwurf des Orientierungsrahmens erklärt, auf dem nächsten ordentlichen Parteitag sei eine „erste Beratung" durchzuführen. In meinem Geleitwort [zum Entwurf des Orientierungsrahmens] vom 3. 6. 1972 ist von „einer Art erster Lesung" die Rede.[3]

2.) Der PV ging in seinem Beschluß vom Juni 1972 davon aus, „daß der Entwurf jedenfalls alle zwei Jahre der Korrektur sowie der Fortschreibung bedarf".[4]

In meinem Geleitwort vom 3. 6. 1972 wurde gleichfalls die Notwendigkeit betont, „ständig fortzuschreiben". Ich nannte den Entwurf „eine Orientierungslinie für eine demokratische Meinungs- und Willensbildung unter den interessierten Bürgern unseres Staates und vor allem unter den Mitgliedern unserer Partei".[5]

Der Parteirat stellt in seiner Entschließung vom 24. 6. 1972 fest: „Der Orientierungsrahmen muß den Entwicklungen jeweils angepaßt, und er muß fortgeschrieben werden... Dafür sollte der nächste ordentliche Parteitag eine neue Kommission einsetzen, die aus je einem Vertreter der Bezirke bzw. Landesverbände und vom Parteivorstand zu benennenden Mitgliedern besteht."[6]

3.) Im Beschluß des Saarbrücker Parteitags (Mai 1970) war von einer „Verabschiedung" durch den nächsten ordentlichen Parteitag gesprochen worden. Dies hing offensichtlich damit zusammen, daß im Beschluß teils von einem „Aktionsprogramm", teils von einem „langfristigen gesellschaftspolitischen Programm" die Rede war.[7]

4.) Der Saarbrücker Parteitag ist ohne jeden Zweifel davon ausgegangen, daß die erwünschte Konkretisierung und Quantifizierung „auf der Grundlage des Godesberger Grundsatzprogramms" erfolge.[8]

5.) In meiner Saarbrücker Parteitagsrede habe ich die Vorausplanung als „permanenten Lernprozeß" bezeichnet.

Ich habe weiter gemeint, es sei wichtig, daß wir unseren Mitbürgern und uns selbst klarmachten, was unsere Reformvorstellungen kosten (über Sozialprodukt nicht mehrfach verfügen).[9]

Anders als es manche Kritiker heute wissen oder glauben wollen, stand am Beginn unserer Langzeit-Überlegungen durchaus nicht die Vorstellung, daß es allein darauf ankomme, die „quantitativen" Faktoren in den Griff zu bekommen. So sagte ich in der Saarbrücker Rede, notwendig sei eine Gesamtschau der künftigen Aufgaben – „und neben der Qualifizierung unserer Zielvorstellungen die jeweilige Quantifizierung". In der gleichen Rede sprach ich von einem „gesellschaftspolitischen Gesamtkonzept, das unsere Vorstellungen qualifiziert und die Durchführung quantifiziert".[10]

6.) In meiner Saarbrücker Rede hatte ich gesagt: „Nach ausgiebiger Diskussion werden wir das gesellschaftspolitische Konzept in politische Gesamtrichtlinien umgießen können. Hieraus würde sich für den ordentlichen Parteitag 1972 zugleich die Grundlage des dann zu skizzierenden nächsten Regierungsprogramms ergeben.[11]

Dieser Zusammenhang mit der praktischen Politik – auf den es im Zusammenhang mit dem Parteitag 1975 zu achten gilt – ist weithin in Vergessenheit geraten.

7.) Der Beschluß von Saarbrücken litt u. a. darunter, daß er teils von einem „langfristigen gesellschaftspolitischen Programm", teils von einem „Aktionsprogramm" sprach.[12]

Die Klarheit wurde auch nicht dadurch gefördert, daß man davon ausging, ein solches Programm würde vom nächsten ordentlichen Parteitag „verabschiedet" werden. Dann, d. h. unter dieser Voraussetzung, sollte für die „ständige Überarbeitung" eine „ständige Kommission" gebildet werden, „deren Mitglieder ab 1972 auf dem Parteitag zu wählen sind".[13]

Wenn man die prozeduralen Hinweise mit denen des Parteiratsbeschlusses vom 24. 6. 1972 vergleicht, ergeben sich folgende Konsequenzen:

Der Parteirat hat die in Saarbrücken beschlossene „ständige Überarbeitung" als „Fortschreibung" in dem Sinne interpretiert, daß dem nicht eine auf die Ziffern bezogene „Verabschiedung" vorausgehen kann. Stattdessen wird über die weitere Behandlung zu beschließen sein.[14]

Statt einer auf dem Parteitag zu wählenden „ständigen Kommission" hatte der Parteirat für die (Überarbeitung und) Fortschreibung eine neue Kommission vorgeschlagen, „die aus je einem Vertreter der Bezirke bzw. Landesverbände und vom PV zu benennenden Mitgliedern besteht".[15] Dies ist zweifellos das der Sache nach zweckmäßige Verfahren.

8.) Die Debatte über den Entwurf des Orientierungsrahmens sollte weniger defensiv geführt werden. (Bedeutende Leistung auf bisher nicht erprobtem Gebiet, rasch gewecktes Verständnis für die Notwendigkeit, den „öffentlichen Korridor" zu verbreitern etc.)

Zu erinnern ist daran, daß beabsichtigt war, interessierte Kreise auch außerhalb der Partei in diese Meinungsbildung einzubeziehen. Es wird zu prüfen sein, inwieweit dies bei der Arbeit am nächsten Entwurf geschehen kann.

Nr. 6
Hs. Schreiben des Vorsitzenden der SPD und Bundeskanzlers, Brandt, an die SPD-Politikerin Strobel
15. April 1973

AdsD, WBA, A 8, 19.

Liebe Käte,
es ist ein schwacher Trost, dass der Parteitag nicht nur Dir gegenüber undankbar gewesen ist.[1] Ich vermute allerdings, dies könnte Dich besonders hart treffen in einer Situation, in der Du um Deinen Mann bangst.

Lass mich Dir nur sagen, wie leid es mir tut, dass Du nach dem Ergebnis der Wahlen nicht mehr zum Parteivorstand gehören wirst. Ein rauher Wind weht durch die Partei – dabei ist es in Hannover politisch besser gegangen als viele erwartet hatten.

Vor allem lag mir daran, diese Zeilen auf den Weg zu bringen, bevor Rut [Brandt] und ich morgen früh nach Belgrad fliegen, weil ich Dich bitten wollte, Deinem Mann meine guten Wünsche zu übermitteln und ihm zu sagen, dass ich mit meinen guten und dankbaren Gedanken bei ihm bin.
Mit herzlichen Grüßen, auch von meiner Frau,
Dein
Willy Brandt

Nr. 7
Schreiben des Vorsitzenden der SPD und Bundeskanzlers, Brandt, an den Historiker und Publizisten Mann
12. September 1973

AdsD, WBA, A 8, 43.

Lieber Professor Mann,
lassen Sie mich zunächst sehr herzlich für Ihre Anregungen[1] für die Rede bei den Vereinten Nationen und für die inzwischen aufgeschobene Visite in Prag danken.

Dank aber auch für Ihr Telegramm, das ich des Französischen wegen ein wenig langsamer, aber darum besonders genau las.[2] Die Mahnung nehme ich ernst. Die Gefahren, von denen Sie reden, sehe ich wohl. Ich glaube freilich nicht, daß sie sich nur durch autoritär verfügte organisatorische Maßnahmen bannen lassen. Man muß die Geister scheiden – und sich scheiden lassen. Das geschieht, wie Sie wohl beobachtet haben, in zunehmendem Maße dort, wo klare Sachentscheidungen getroffen werden – siehe die wilden Streiks.[3] Es scheint mir noch immer wirksamer zu sein, den Prozeß der Klärung in der Sache voranzutreiben, statt einer Gruppe den Parteiprozeß zu machen. Damit würde man viele junge Leute ausschließen, die wir nicht entbehren wollen, wenn sie durch Verantwortung klüger und menschlicher geworden sind.

Ich spanne hier nicht den Bogen der Toleranz zu weit; manche Erfahrung zeigt mir, daß eine wachsame Geduld das beste Instrument ist, mit Krisen dieser Art fertig zu werden. Am langen Atem hat es mir eigentlich nie gefehlt, und ich wußte fast immer, wann ich zu kämpfen hatte. Kurzatmige Erregung, die dann in Resignation zurückfällt, bringt uns nicht weiter.

Aus der Mitteilung Ihrer Sorge spricht auch großes Vertrauen. Dafür bin ich dankbar. Ich freue mich auf die Fortsetzung unserer Unterhaltung.[4]
Herzliche Grüße von Ihrem
〈Br[andt]〉[5]

Nr. 8
Aus der Rede des Vorsitzenden der SPD und Bundeskanzlers, Brandt, anlässlich des 100. Geburtstages des früheren SPD-Vorsitzenden, Wels, in der Friedrich-Ebert-Stiftung in Bonn 15. September 1973

Willy Brandt: Die Partei der Freiheit. Reden über Friedrich Engels, Karl Marx, August Bebel und Otto Wels, Bonn-Bad Godesberg 1974, S. 3 – 20.[1]

[...][2]

IV.

Die SPD ist eine Partei der Freiheit und der parlamentarischen, repräsentativen Demokratie. Daran hat sie unbeirrt festgehalten, während manche Gruppen und Flügel rechts von der Mitte einer politischen Tradition entstammen, in der Prinzip und Realität der Volksvertretung verachtet wurden. Unsere Bindung an die parlamentarische Demokratie hält uns jedoch nicht davon ab, Mängel der demokratischen Institutionen offen zu diskutieren. Die Anstrengungen, solche erkennbaren Mängel zu beheben, ergeben sich gerade aus unserer Treue zur parlamentarischen Demokratie.

Ich will hier noch einmal deutlich sagen: Das sogenannte imperative Mandat ist für die SPD kein brauchbares Instrument zur weiteren Demokratisierung unseres Staates. Die wohlverstandene Autorität des demokratischen Staates drückt sich auch in der Unabhängigkeit seiner Mandatsträger aus. Würde diese Unabhängigkeit – zu der das Gespräch mit den Wählern ebenso wenig in Widerspruch steht wie die Konsultation der Partei –, würde diese Unabhängigkeit ausgehöhlt, gäbe man unentbehrliche Freiheiten preis und ein Stück Glaubwürdigkeit dazu. Diese Überzeugung wird uns nicht hindern, nach Formen zu suchen, mit deren Hilfe die parlamentarische Demokratie nach Möglichkeit durchsichtiger und wirksamer gemacht werden kann.

Die Demokratie lebt vom Wettbewerb der Meinungen. Doch wir müssen lernen, in der Spannung zwischen den Polen die Mitte zu halten. Manche Entwicklungen in unserem Land deuten auf einen Zustand hin, der bestimmt wird von sterilen Dogmen einerseits und einem wiederbelebten Konservativismus andererseits. Ich will hier nicht untersuchen, ob diese Sorte von Konservativismus mit eben diesem Begriff korrekt bezeichnet ist oder ob es sich nicht in Wahrheit um ein Surrogat, eine Pseudohaltung, um schlichte Problemflucht in die Reaktion handelt. Sehr verkürzt gesagt: Auf diese Art konservativ zu sein, könnte schick werden – wie es heute an den Universitäten schick ist, auf bestimmte Art „links" zu sein. Modische Anfälligkeiten muß man nicht nur wahrnehmen, man muß sie auch ernst nehmen.

In Staat und Gesellschaft wachsen Probleme, die nicht mit einem Allheilmittel kuriert werden können. Nicht jeder Konflikt ist das, was man eine „Klassenfrage" nannte oder nennt. Aber diese Einsicht verdrängt doch nicht die andere Einsicht, daß wir gewiß in diesem Land eine auch durch Klassengrenzen geprägte Gesellschaft haben: eine Gesellschaft allerdings, deren innere Abhängigkeiten und Gesetzmäßigkeiten längst nicht mehr buchstabengetreu nach einem wissenschaftlichen Schema aus dem vorigen Jahrhundert zu definieren sind.

Dies ist mir wichtig. Ich wiederhole es: Nicht alles und jedes ist auf die sogenannte Klassenfrage zu reduzieren, zumal, wenn das Klassenbewußtsein fehlt. Und dennoch sind wir bis zu einem gewissen Grade eine Klassengesellschaft; jedoch ist es nicht mehr – ich entschuldige mich für die Formulierung – die „klassische" Klassengesellschaft. Das hört sich kompliziert an. Aber einfacher ist es nicht in der Politik, und einfacher wird es sich die Sozialdemokratie nicht machen. Wir werden uns nicht dem Primitivismus ergeben, der die linken und rechten Extreme noch stets politisch zusammengeführt hat. Wir treiben immerhin schon lange Sozial- und Gesellschaftspolitik, um Klassengegensätze und -unterschiede abzubauen.

Die Sozialdemokratie wird nicht aus dem Lager der vernunftbetonten Politik in das heiler politischer Glaubenswelten überwechseln, auch wenn dort die Probleme scheinbar gegenstandslos sind und, gibt es sie dennoch, nach Schablonen gelöst werden können. Nein: Wir müssen lernen, innerhalb und außerhalb der Partei, heute mehr denn je, daß Unterscheidungsvermögen statt Grobschlächtigkeit, Sachanalyse statt Wunderdoktorei die Forderung an Wähler und Gewählte sind. Wir werden daran gemessen, was wir gegenüber konkreten Problemen an Lösungen vorschlagen und durchzusetzen vermögen. Wir werden uns dabei nicht scheuen, Fehler einzugestehen und Fehler zu nennen. Dies ist ein Kriterium aufrichtiger Parteiarbeit, wie sie bei uns weiterhin zu Hause sein soll, und überdies schneiden wir dabei, verglichen mit dem rechten Flügel der deutschen Politik, in jedem Fall nicht schlecht ab.

Es ist vor allem die SPD gewesen, die in den zwanzig Jahren, in denen unser Staat und unsere Gesellschaft in so viele Sackgassen geführt wurden, vor den schrecklichen Vereinfachungen, vor der Politik-Abstinenz, vor der Vergötzung des Konsums gewarnt hat. Wir wollen uns nicht darüber täuschen, daß zwanzig Jahre lang die Schwarz-Weiß-Malerei das politische Grundmuster war, daß sich Gesellschaftspolitik während zweier Jahrzehnte nahezu in der Vorstellung erschöpfte, es genüge, daß jeder ein Stück vom schier unerschöpflichen Kuchen bekomme, wenn auch unterschiedlich große Stücke. Die Unionsparteien machen heute – sofern sie dazugelernt haben – verzweifelte Anstrengungen, diese Auffassung von Politik, die keine war, zu überwinden. Im Interesse unserer Demokratie kann ich nur hoffen, daß die richtigen Leute in der Union dabei Erfolg haben. Zur Zeit jedoch ist diese Hoffnung schwach.

Gewiß, auch wir haben unsere Irrtümer begangen, unsere Mängel gehabt – wir werden weiterhin nicht von ihnen verschont werden. Auch wir haben nicht immer differenziert genug gedacht. So fürchte ich, daß manche von uns aus guten, noblen Gründen – gebrannte Kinder, die wir sind – innerlich noch zögern, dem Staat zu geben, was des Staates ist.

Ich scheue die hämischen Bemerkungen nicht, die da und dort an diesen Satz geknüpft werden mögen. Den Gefälligkeitsstaat, den die keineswegs so soziale, aber anmaßend so genannte Wirtschaftspolitik früherer Regierungen unserer Demokratie unterschob, meine ich nicht, wenn ich davon spreche, daß wir manchmal nicht deutlich genug gesehen haben, welche neuen Aufgaben sich einem freiheitlichen, nicht vom Obrigkeitsdenken geprägten Staat stellen – in einer Zeit der wachsenden Ratlosigkeit und Hilflosigkeit vieler Menschen. Ich sagte, daß es gute, noble Gründe gewesen sind, die viele der heute Vierzig- bis Sechzigjährigen in eine kühle Scheu vor dem Staatswesen getrieben haben.

Nur wenn man diese Gründe auch heute noch, beinahe ein halbes Lebensalter nach dem Ende des totalitären Staates, zu dem sich Deutschland unter Hitler entwickelt hatte, ganz gewissenhaft prüft und ernst nimmt, hat man die Maßstäbe, die erforderlich sind, um eine wohlverstandene Autorität gegen die erpresserische Anarchie einzelner Gruppen zu setzen. Die deutschen Sozialdemokraten werden sich vor dieser Aufgabe nicht drücken. Die Abgrenzung, die so oft heuchlerisch von uns verlangt wird, werden wir aber auch auf diesem Gebiet vornehmen: Der Staat, für den wir stehen, wird nicht das Instrument einiger weniger Mächtiger und Privilegierter sein, auch nicht der Spielball von Interessengruppen, sondern die gemeinsame Einrichtung der Bürger.

Übrigens: Die Hinwendung zum Staat, das Bekenntnis zum Staat, das richtige Verständnis dafür, wie ein Staat beschaffen sein muß, der nicht die Beute der Bevorrechtigten ist – diese Fragestellungen sind keineswegs neu für die sozialdemokratische Arbeiterbewegung. Kurt Schumacher hat in seiner Dissertation 1920 unter Bezug auf Ferdinand Lassalle geschrieben: „Der Staat ist die Einheit der Individuen in einem sittlichen Ganzen, eine Einheit, welche die Kräfte aller einzelnen, welche in dieser Vereinigung eingeschlossen sind, millionenfach vermehrt ‹...› Der Zweck des Staates ist also nicht der, dem einzelnen nur die persönliche Freiheit und das Eigentum zu schützen ‹...› der Zweck des Staates ist vielmehr gerade der, durch diese Vereinigung die einzelnen in den Stand zu setzen ‹...› eine Summe von Bildung, Macht und Freiheit zu erlangen, die ihnen als einzelnen schlechthin unerreichlich wäre."[3]

Herbert Wehner, der es als eine politische Kernaufgabe begriffen hat, die Arbeiter mit dem Staat zu versöhnen, hat in einer Betrachtung dieser Dissertation Schumachers als ein zentrales Zitat des ersten Nachkriegs-Vorsitzenden der SPD herausgefunden: „Wir können uns nicht in Spintisiererei einer klassenlosen Gesellschaft, eines erträumbaren Effekts dessen begeben, von dem wir nicht wissen, wann und in welchem Umfang sich diese Dinge realisieren lassen ‹...› Die Demokratie ist der Staat, und der Staat, der in Europa leben kann, das ist die Demokratie, und jede andere Form lehnen wir ab."[4]

Mit anderen Worten: Die SPD hat kein Nachholbedürfnis an Staatsverständnis.

Als Partei der Demokratie und der Freiheit werden wir die Augen nicht davor verschließen, daß es in der Bundesrepublik Deutschland über zwei Jahrzehnte hin einen Wildwuchs von Interessen gegeben hat, den wir roden müssen. In manchen Bereichen wurde diese Bundesrepublik zu einem Verbändestaat, verfilzten sich Bürokratie und privilegierte Gruppen – Entwicklungen, die wir mit unserer Reformpolitik aufhalten und schließlich umkehren werden.

Zwanzig Jahre lang hat man die Einsicht zu vernebeln versucht, daß die Zeit des schrankenlosen Egoismus endgültig vorüber ist – ein Luxus, den wir uns nicht mehr leisten können. Zwar haben unsere innenpolitischen Gegner den Rechten des Individuums keine wirkliche Geltung, keine sichere Achtung verschafft. Zwar haben sie von der Notwendigkeit, eine Gleichheit der Chancen wenigstens anzustreben, über viele Jahre hin nicht einmal gesprochen, geschweige denn, etwas dafür getan. Aber das Gaukelspiel mit der Illusion, das neunzehnte Jahrhundert restaurieren zu können, haben sie im Parlament und in Wahlkämpfen, in der Steuerpolitik und beim Bodenrecht ‹en suite›[5] gespielt. Manchmal haben wir Sozialdemokraten gegen diese Arroganz nicht viel mehr aufzubieten gehabt – auch dies räume ich ein – als jenes unverdrossene praktische Wirken – jenen Pragmatismus, wenn man so will –, mit dem wir wenigstens versucht haben, in den Gemeinden, in den Ländern und, soweit es in unserer Kraft stand, auch im Bund die Grundlagen für eine moderne Gesellschaft zu schaffen.

Auch der Pragmatismus übrigens ist in den letzten Jahren oft zu undifferenziert gesehen worden. Helmut Schmidt hat auf dem hannoverschen Parteitag unter Berufung auf Immanuel Kant gesagt: „Pragmatisches Handeln ist Handeln zu sittlichen Zwecken."[6] Der geistige Rang also, den auch pragmatisches Handeln für sich beanspruchen kann, ist nicht immer recht gesehen worden. Vielleicht wird es rückblickend einmal als ein ernstes Versäumnis der sogenannten pragmatischen Generation gesehen werden, daß sie über ihrer praktischen Arbeit nach dem Kriege vergessen hat, diesen Rang deutlich zu machen. So konnte es geschehen, daß Pragmatismus mit Opportunismus verwechselt oder gar zur höheren politischen Tugend stilisiert wurde.

Die SPD wird sich jedenfalls mit einem flachen, wertfreien Pragmatismus nicht zufriedengeben. Wir haben die geistige Rebellion der jungen Leute in den Jahren nach 1967 nicht verteufelt, und wir werden auch künftig niemanden verketzern. Doch vielleicht sagten wir den jungen Kritikern nicht entschieden genug, daß ein sozialdemokratischer Pragmatiker eine feste geistige Basis hat: nämlich die Solidarität mit den Abhängigen und Schwachen. Mir imponieren solche jungen Leute nicht, die aus unserer Aufgeschlossenheit für ihre Aktivität, ihr Engagement sehr bald den arroganten und elitären Schluß gezogen haben, nun müßten sie den Älteren in der Sozialdemokratischen Partei erst einmal beibringen, was theoretisches Rüstzeug ist. Diese Partei hatte in ihrer Geschichte immer die geistige und politische Kraft, geduldig und ungeduldig zugleich weitreichende Reformen auf dem Wege der Überzeugung, des Gewinnens von Mehrheiten, des Zuschneidens auf das, ich wiederhole es, auf das dem Menschen angemessene Maß durchzusetzen.

In der Phase des Wiederaufbaus wurde die Werteskala, die Rangordnung unserer Ziele, gelegentlich von der Notwendigkeit überdeckt, von der Hand in den Mund leben zu müssen. Daß dies seit einer Reihe von Jahren nicht mehr so ist, verdanken wir auch den jungen Mitgliedern der SPD. Wir werden uns von keiner angeblich so wohlmeinenden Besorgnis der Gegner darin irremachen lassen, auch auf Marx zurückgehende Analysen zur Durchdringung gesellschaftlicher Probleme zu nutzen, wo sie hilfreich sind – ebensowenig lassen wir uns von irgend jemandem vorschreiben, nach welchem Muster in der SPD gedacht werden soll. Wir wollen und werden eine breite, weite, offene Partei sein und bleiben, die für alle jene attraktiv ist, für die Demokratie eine gesellschaftliche Notwendigkeit und Sozialismus konsequente Demokratie bedeutet.

Sozialdemokratische Politik erschöpft sich nicht im Tagesgeschäft, sie orientiert sich an festen unverrückbaren Werten: Freiheit, Gerechtigkeit, Solidarität. Sozialdemokratische Politik ist an die Wirklichkeit gebunden und läßt es bei allem Respekt für Utopien nicht zu, daß die Menschen in ein Prokrustesbett[7] gezwängt und dort auf das jeweilige Utopiemaß gestreckt oder verkürzt werden.

Mit diesem Versuch einer doppelten Klärung knüpfe ich an meine Rede an, die ich vor vierzehn Tagen in der Evangelischen Akademie Bad Segeberg gehalten habe. Dort sagte ich: „Wer den Versuch, die Grundwerte Freiheit, Gerechtigkeit und Solidarität in der Politik zu verwirklichen, als verwerfliche Ideologie abwertet, muß sich gefallen lassen, nach seinen eigenen Wertvorstellungen gefragt zu werden."[8] Nur beides: die deutliche Unterscheidung zwischen der festen Bindung an Grundwerte und einem „geschlossenen" System der Welt- und Lebensbetrachtung sowie die Einsicht in die Gefahren einer Re-ideologisierung, erst dieses beides zusammen, Mut zum Differenzieren und Mut, Gefahren zu sehen, ergibt den wahren politischen Befund.

Ich wünsche unserer Demokratie, unserer verbesserungsbedürftigen und zugleich verteidigungswerten Demokratie, daß die Demokraten in unserem Land, unabhängig von ihrer Parteifarbe, die Probleme von Staat und Gesellschaft als Fragen an uns alle erkennen und sie nicht bloß als eine billige Möglichkeit ansehen, Stimmungen zum jeweils nur eigenen Nutzen zu erzeugen. Die wichtigste Aufgabe der vor uns liegenden Jahrzehnte ist es, die Rechte und den Freiheitsraum des Individuums mit den immer drängender werdenden Bedürfnissen der Gemeinschaft in eine gute Übereinstimmung zu bringen. Vor dieser Aufgabe entflieht, wer ihr von den Positionen einer alles regelnden Ideologie, einer Ersatzreligion, aus begegnet.

Aber ebenso verlockend mag für viele die Flucht in eine konservative Ordnungswelt sein, in der die Menschen ihre Mündigkeit eintauschen gegen den – nur vorübergehend angenehmen – Trugschluß, die Technokraten und Machtverwalter würden schon alles richtig machen. Die Sehnsucht, nicht selbst vernünftig sein zu müssen, wird wachsen in dem Maße, in dem die Menschen meinen, die Bedingungen und Abhängigkeiten der Gesellschaft, in der sie leben, nicht mehr überschauen zu können.

Unser Staatswesen wird künftig immer öfter vor der Zerreißprobe zwischen den Bedürfnissen der Allgemeinheit und den rücksichtslosen Ansprüchen von Schlüsselgruppen stehen. Der Staat, den wir Sozialdemokraten wollen, kann diese neuen „Klassenkämpfe" nicht mit Gewalt unterbinden. Der Staat, den wir haben, muß statt dessen neue Formen der Selbstbehauptung im Interesse des Gemeinwesens finden, damit er nicht ohnmächtig wird gegenüber dem Diktat von Monopolfunktionären. Daß dies gelegentlich zu Entscheidungen führt, die nicht jedermanns Beifall finden, haben wir erst kürzlich wieder erlebt.[9] Aber für uns als Träger staatlicher Verantwortung – wie für sozialdemokratische Vertrauensleute überhaupt – bedarf es auch des Mutes zur gelegentlichen Unpopularität.

V.

Die SPD bleibt die Partei der Reformen – mit diesem Begriff sind sowohl der Inhalt unserer Politik als auch ihre Methoden umgrenzt. Der Preis, den Menschen für gewaltsame Veränderungen zahlen müssen, ist uns Sozialdemokraten zu ungewiß und ganz sicher zu hoch.

Es mag wohl sein, daß die Vokabel Reform an Glanz verloren hat. Das ändert nichts an der Entschlossenheit der SPD, die Reformen nach den gegebenen Möglichkeiten Schritt für Schritt zu vollziehen. Reformmüdigkeit besagt allenfalls etwas über die Naivität, mit der manche meinten, die Veränderung einer Gesellschaft sei im Handumdrehen möglich. Von der Position der Vernunft aus werden wir weiter arbeiten; gegen Dogmatiker und auch gegen jene, die sich nach Entmündigung sehnen. Es wird schwerer werden für uns statt leichter; wir werden vielleicht die freundliche Zustimmung von Menschen verlieren, die den Weg unserer Reformpolitik für einen anregenden Spaziergang hielten – auch dies wird unsere Politik nicht ändern.

Einige in diesem Land halten es derzeit für nützlich, das Wort „Freiheit" lamentierend im Munde zu führen. Von ihrer „Bedrohung" wird gesprochen und von ihrem „Schutz". Ich will hier deutlich machen: Wenn wer weiß, was Freiheit heißt und was es bedeutet, sie durchzusetzen und zu erhalten, dann sind es Sozialdemokraten.

Freiheit für Arbeitnehmer heißt: mehr Mitbestimmung und menschlichere Arbeitsbedingungen.

Freiheit für Abhängige heißt: neue Wege der Vermögensbildung.

Freiheit der Bürger in den Großstädten und Ballungsgebieten heißt: ein neues Bodenrecht.

Freiheit für die Jugend heißt: verstärkte Chancen in der Bildung und Ausbildung.

Ich spreche hier nicht vom Jahre 2000. Die Freiheiten, von denen ich hier geredet habe, sind das konkrete Arbeitsprogramm der Bundesregierung aus SPD und F.D.P. Noch in diesem Jahr wird es so konkretisiert sein, daß jeder weiß: In diesem Land wird mehr Freiheit sein.

VI.

In unserer Partei selbst sehe ich Anzeichen dafür, daß durch das praktische Vorantreiben von Reformen manche Diskussion sachbezogener wird. Der Parteitag von Hannover hat gezeigt, daß die SPD in der Lage ist, die großen Fragen der Gegenwart offen und notfalls auch kontrovers in ihren Reihen auszudiskutieren, und daß sie dennoch geschlossen die große Partei der linken Mitte bleibt. Parteitagsbeschlüsse sind für uns verbindliche Richtlinien unserer Arbeit. Sie können nicht dadurch außer Kraft gesetzt werden, daß diese oder jene Gruppe sie nachträglich in ihrem Sinne uminterpretiert.

Genauso wenig beeindrucken mich solche Genossen, die ihre durch Wahl erfolgte Hervorhebung in der Partei dann und wann mit

Müdigkeit und Resignation honorieren. Die Sozialdemokratie lebt nicht zuletzt von ihrer internen Debatte; niemand bei uns kann und darf sich den Diskussionen, die wir brauchen wie die Luft zum Atmen, entziehen. Eines kann uns dabei nur helfen: die Einsicht nämlich, daß der Inhalt mancher Diskussionen nicht wichtiger ist als der Anstand, mit dem sie geführt werden. Zu begreifen, warum der eine Genosse so, der andere anders denkt – jeder verschieden nach seiner Herkunft, seiner geistigen Wurzel, seinem Temperament: dies zu begreifen schafft Solidarität.

Es ist dies, wie ich gesagt habe, kein historischer Vortrag geworden. Ich gab Hinweise auf den Standort der Sozialdemokratie in dieser Zeit. Der Anlaß meiner Rede hat es mir so vorgeschrieben: der hundertste Geburtstag des Sozialdemokraten Otto Wels, der zäh, tapfer und mit seinem scharfen Sinn für Solidarität mitgeholfen hat, das Leben der abhängigen Menschen erträglicher zu machen, die sie bedrückenden Abhängigkeiten zu vermindern. Ich zitiere mit Respekt aus seiner tapferen Rede vom 23. März 1933: „Wir Sozialdemokraten haben in schwerster Zeit Mitverantwortung getragen und sind dafür mit Steinen beworfen worden. Unsere Leistungen ‹...› werden vor der Geschichte bestehen."[10]

Kein Ermächtigungsgesetz, so sagte Otto Wels, gebe die Macht, Ideen zu vernichten, die unzerstörbar sind. Und ich sage hier in seinem Sinne: Wir wollen uns in einer weniger Opfer fordernden Zeit um so mehr bemühen, den Grundwerten der Freiheit, der Gerechtigkeit und der Solidarität gerecht zu werden.

Nr. 9
Schreiben des Vorsitzenden der SPD und Bundeskanzlers, Brandt, an den Vorsitzenden der SPD-Bundestagsfraktion, Wehner
23. Oktober 1973

AdsD, WBA, A 8, 75.

Lieber Herbert,
Deine Briefe vom 7., 9., 11. und 16. [Oktober 1973][1] waren deshalb unbeantwortet geblieben, weil ich es für nicht gut möglich hielt, zur Routine zurückzukehren. Dies erscheint mir auch jetzt nicht möglich.

Aus meiner Sicht handelt es sich darum, ob der Konflikt ausgetragen werden muss, ob er sich noch beilegen lässt oder ob er wegen übergeordneter Interessen neutralisiert werden kann.

Zunächst möchte ich klarstellen: Unterschiedliche Meinungen zu Einzelfragen der Aussenpolitik können den Konflikt, wie er sich ergeben hat, nicht rechtfertigen. Einige der aufgeworfenen Fragen hatten wir – vor und nach der Sommerpause – besprochen, und es war auch gemeinsam überlegt worden, wie möglichen Fehlentwicklungen begegnet werden könnte.

Aus den Berichten über Deine Beanstandungen zur Sache war zu entnehmen, dass es hier und da voneinander abweichende Einschätzungen gibt – nur zum Teil in Bezug auf die Fakten, zum anderen Teil in Bezug auf die Möglichkeiten und Notwendigkeiten der gegenwärtigen Regierung: sachlich und personell. (Hiermit hatte sich auch das Präsidium während der Sommerpause befasst.)

Mich befremdete mehr das Drum und Dran (Ort und Art, Belastung der Regierungsarbeit, Verhärtungen innerhalb der Koalition). Dabei brauchten wir uns allerdings nicht mehr lange aufzuhalten: In diesen Wochen hat sich wieder gezeigt, wie oft morgen nicht mehr so wichtig ist, was gestern besonders wichtig erschien.

Die Troika beim Fototermin: Herbert Wehner, Willy Brandt, Helmut Schmidt am 17. März 1973.

Was mit ziemlich viel, auch schriller Begleitmusik versehen war, reduziert sich – soweit es um diesen Teil geht – für mich auf

a) das erwähnte Drum und Dran, an dem nichts mehr zu ändern ist,

b) Fragen bzw. Unzulänglichkeiten der Information und der Meinungsbildung: in den Parteigremien, innerhalb der Koalition, nicht zuletzt zwischen Fraktion und Regierung,

c) die Feststellung, dass es Bereiche gibt, für die die Regierung verantwortlich ist und die sie – „richtig oder falsch" – zu handhaben hat.

Komplizierter erscheint mir das, was Deine Einstellung mir gegenüber angeht. Dabei geht es einerseits um das tatsächliche Verhältnis zwischen Fraktionsvorsitzendem und Parteivorsitzendem/Bundeskanzler. Andererseits geht es um das, was Du aus Deiner Deutung anderen mitzuteilen für zweckmässig oder notwendig gehalten hast. Dabei bleibt mir schwer erklärlich, welche besondere oder akute Veranlassung es während der Russlandreise oder danach gegeben hat, eine Reihe von Gesprächspartnern an einer extrem negativen Deskription Deiner Einstellung zu mir teilhaben zu lassen.

Ich erspare uns Hinweise auf Details und nehme natürlich aus, was richtiggestellt wurde oder als offensichtlicher Unsinn zu erkennen ist. Es ist ein für uns beide und für andere unübersehbares Faktum, dass nicht unwichtige Zeitungsleute den Eindruck gewonnen und anderen vermittelt haben, zwischen uns habe sich ein nicht mehr zu heilender Bruch ergeben.

Mehrdeutige Erklärungen haben einen solchen Eindruck nicht korrigieren können. Ich konnte selbst wenig damit anfangen, dass Du in Deinem Brief vom 7. [Oktober 1973] schriebst, Du bätest mich um „Verzeihung für manche Bitterkeit, die Du in Zusammenhang mit dem Vorgang erlebt hast" – ebenso wie ich es als die Klärung nicht fördernd empfunden habe, wenn es in Deinem Bericht über die SU-Reise vom 6. 10. [1973] hiess, Du bedauertest, „manches an Ursachen, Hintergründen und Art der Austragung dieser Auseinandersetzungen". Wir brauchen mehr Klarheit. Meines Erachtens müsste geklärt werden,

– ob das, was als persönlicher Bruch erscheint, zwischen uns noch in Ordnung gebracht werden kann – und sei es nur in der Form, dass unbeschadet eines persönlichen Gegensatzes sachliche Kooperation praktiziert wird
– oder ob der Konflikt noch deutlicher gemacht und mit den für die Partei ernsten Konsequenzen ausgetragen werden muss.
Zu einem persönlichen Gespräch hierüber bin ich gern bereit.
Mit den besten Grüßen
Dein ‹Br[andt]›²

Nr. 10
Entwurf eines Vermerks des Bundesministers Ehmke für den Vorsitzenden der SPD und Bundeskanzler, Brandt
27. Februar 1974

AdsD, Dep. Ehmke, HE AA 000215.

‹Vermerk für Willy Brandt
Du hast mich gebeten, thesenartig die Gedanken zu Papier zu bringen, die ich Dir am 24. 2. [1974] vorgetragen habe. Deine Überlegung war, darüber einmal in sehr kleinem Kreis einen Nachmittag und Abend in Münstereifel¹ zu diskutieren.
Hier die Thesen:›²

1. Die SPD darf sich keineswegs in die Unvermeidlichkeit einer Wahlniederlage 1976³ hineinresignieren. Die Wahl kann gewonnen werden, sogar die Landtagswahlen [19]74/75 können noch beeinflußt werden.
2. Eine Voraussetzung dazu ist, daß das Gerede und Geraune über Rücktrittsabsichten des Bundeskanzlers aufhört.⁴ Ohne Willy Brandt sind die Wahlchancen der SPD sehr viel geringer.
3. Ebenso wichtig ist, daß die SPD für die zunehmend schwieriger werdende Lage eine Linie findet, die sie sowohl im Wettbewerb

mit der CDU wie mit der FDP offensiv vertreten kann, und daß sie sie offensiv vertritt.

4. Die innenpolitische Großwetterlage ist von zwei Dingen bestimmt:

Von einem Veränderungsdruck in unserer Gesellschaft, besonders in der jungen Generation und von einer zunehmenden „rechten" Reaktion auf diesen Druck. Es wird nicht etwa einfach eine „linke" Welle von einer „rechten" Welle abgelöst, sondern es nimmt die Polarisierungstendenz zu.

5. Wichtige Quellen der „rechten" Welle sind neben den Schwierigkeiten der Ostpolitik und den eigenen Fehlern und Unsicherheiten der Koalitionsregierung seit der letzten Wahl besonders die folgenden:

Die „Explosion des Erwartungshorizonts" der Bürger und Wähler, demgegenüber jeder Erfolg der Koalition gering erscheint, und das bei verschlechterter wirtschaftspolitischer Lage; die Tatsache, daß Gesetz und Sicherheit nicht überall gewahrt werden, vor allem nicht an den Universitäten; die Verunsicherung vieler Bürger und Wähler durch extreme Tendenzen und Töne, wobei ein besonders sensibler Bereich der Schulbereich in SPD-regierten Ländern ist.

6. Die CDU/CSU versucht – nicht ohne Erfolg – jeden einzelnen dieser Faktoren aufzubauschen, um dann aus allen Faktoren ein sozialistisches Untergangsbild zusammenzumalen. Die FDP stellt sich – mit Erfolg – als eigentliche Reformpartei hin, die zugleich sozialistische Experimente in der Koalition verhindert und extreme Tendenzen außerhalb der Koalition energisch bekämpft.

7. Bei Teilen der SPD nimmt die Neigung zu, auf diese Entwicklung „konservativ" zu reagieren, d. h. in gewissem Maße dem „rechten" Trend nach- und insoweit die Position der linken Mitte aufzugeben.

Eine solche Linie würde m. E. die sichere Niederlage der SPD bedeuten. Denn:

8. Die SPD hat wenig Chancen, die CDU/CSU an Konservativismus zu übertreffen. Das können die Unionsparteien besser. Die SPD

kann auch nicht die FDP rechts überholen, ohne das Wählerreservoir der Koalition zu verkleinern. Die SPD muß vielmehr an der Position der linken Mitte festhalten und von dort aus den Rechtstrend der CSU/CDU unter Strauß, Carstens, Dregger, Biedenkopf und Co. angreifen, der in der CDU umso eher zur Auseinandersetzung mit den Sozialausschüssen und der Jungen Union führen wird, je weniger sich die SPD dem konservativen bis reaktionären Gegentrend anpaßt.

9. Eine Anpassung an diesen Trend würde auch die Probleme der Handlungseinheit der SPD vervielfachen und das Verhältnis zu den Gewerkschaften zusätzlich erschweren.

10. Eine solche Linie der SPD würde insgesamt also nach rechts kaum etwas gewinnen, nach links aber der DKP viele junge Leute in die Arme treiben. Der Bürger wird kein Vertrauen haben zu einer Partei, die wegen der eingetretenen Schwierigkeiten selbst nicht mehr an das glauben würde, was sie 1969 mit gutem Grund als Regierungspartei in Angriff genommen hat.

11. Das Durchhalten der Position der linken Mitte hat u. a. folgendes zur Voraussetzung:

    Die klare Anwendung des Gesetzes überall wo Sozialdemokraten Verantwortung tragen.

    Eine massive Anstrengung der SPD-Bildungsminister, sowohl Fehlentwicklungen als auch Mißinterpretationen ihrer Reformanstrengungen auszuräumen.

    Die theoretische Fundierung des demokratischen Sozialismus – etwa im Rahmen der OR 85[5]-Diskussion – unter Zurückweisung damit unvereinbarer Tendenzen und Sentenzen (siehe PV-Beschluß[6]).

12. Eine weitere Voraussetzung ist – innerhalb der Partei, in den Gewerkschaften und in der allgemeinen Öffentlichkeitsarbeit von SPD und Regierung – eine massive Anstrengung, gegenüber der „Explosion des Erwartungshorizonts" Verständnis dafür zu wecken, daß die in Angriff genommenen Reformen, die Steigerung der Lebensqualität für die breiten Schichten in unserem Lande kein Spaziergang ist, daß sie vielmehr – wie jeder soziale

Fortschritt – nach dem politischen Durchbruch von 1969 jetzt Hartnäckigkeit und Ausdauer erfordern.

13. Dem Festhalten an der Notwendigkeit, die von der CDU verschlampten Probleme aufzuarbeiten, muß der SPD-Linie aber ein neues Element hinzugefügt werden, auch gegenüber der FDP. Ein Element, das die konservative Welle von anderer Seite abfängt als von der einer Anpassung.

    Wir müssen – anknüpfend an die Währungs- und Energiekrise – ungeschminkt klarmachen, welchen Herausforderungen sich unser Land gegenübersieht. Wir müssen den Aktionsvorteil der Regierung nutzend – die Fragen der Währungs-, der Energie-, der Rohstoff- sowie der Industrie- und Innovationspolitik zu einem Programm des demokratischen Selbstbewußtseins zusammenfassen, [um] mit einer beispiellosen Herausforderung gemeinschaftlich fertigzuwerden (siehe dazu auch den Vortrag von Fritz Scharpf vor der Friedrich-Ebert-Stiftung[7]).

    Ein solches Programm könnte, da es zugleich um die Wettbewerbsfähigkeit der deutschen Wirtschaft wie um die Sicherheit unserer Arbeitsplätze geht, ein neues Bindeglied sowohl zu den Gewerkschaften als auch zur Wirtschaft sein.

    Eine Reihe von wirtschaftspolitischen Problemen ist m. E. nach beiden Richtungen überhaupt nur lösbar, wenn man sie unter dem Vorzeichen der gemeinsamen Herausforderung behandelt.

14. Operativer Ansatzpunkt für dieses neue Element kann in der Regierung das BMF, in der Koalition die SPD-Fraktion sein.

15. Das neue Element der Herausforderung unserer gesamten Kräfte kann aber nur Ergänzung, nicht Ersatz für unser 1969 begonnenes Reformprogramm sein. Beide Programmteile ergänzen einander: Das Betonen des Herausgefordertseins macht klar, daß es grundlegendere Probleme gibt als innerstaatliche Verteilungsprobleme. Andererseits ist die Demokratisierung der Gesellschaft im Sinne einer breiteren Teilhabe an den materiellen Gütern und den Entscheidungen dieser Gesellschaft Legitimationsvoraussetzung dafür, überhaupt mit der Herausforderung (andere sprechen von Krise) fertigzuwerden.

16. Den Menschen in unserem Lande ist m. E. klarzumachen, daß die Reaktion der CSU/CDU auf unsere Reformpolitik samt ihrer Fehler und Schwierigkeiten nicht eines der Probleme dieses Landes und seiner Menschen lösen kann.

    Man kann dies allerdings nur in einer offensiven Weise klarmachen.

17. Der Zeitpunkt der durch die Bundespräsidentenwahl[8] notwendig werdenden Kabinettsumbildung im Mai [1974] kann ein geeigneter Zeitpunkt für die „Verkündung" der neuen Linie sein. Dabei gehe ich davon aus, daß, solange nicht im Einzelfall überwiegende Gründe dagegensprechen, zu diesem Zeitpunkt alle personellen Änderungen vorgenommen werden, die überhaupt ins Auge gefaßt worden sind.

Nr. 11
Aus dem Schreiben des Vorsitzenden der SPD und Bundeskanzlers, Brandt, an das Mitglied der Sozialdemokratischen Wählerinitiative Jädicke
25. März 1974

AdsD, WBA, A 8, 40.

Liebe Frau Jädicke,
bitte verzeihen Sie, daß die Antwort auf Ihren Brief[1] lange auf sich warten ließ. Ich könnte es mir leicht machen und auf die Fülle von Terminen und Verpflichtungen hinweisen, die mir so wenig Zeit lassen, um die Meinungen von Freunden anzuhören und darauf einzugehen. Aber der Hinweis auf die Arbeitsüberlastung, der auch meine Mitarbeiter ausgesetzt sind, träfe nicht den Kern der gegenwärtigen Schwierigkeiten.

In Ihrem Schreiben ist viel von Unsicherheit die Rede. Wer wollte leugnen, daß es schwieriger geworden ist, sich in der politischen Landschaft zurechtzufinden! Wir stehen Fragen gegenüber, die weder schnell noch stets eindeutig zu beantworten sind, schon gar nicht gegenüber Freunden, deren Einsatz im letzten Wahlkampf wir so viel verdanken und deren Fragen zwar von kritischer Solidarität, aber auch von unverkennbarer Sorge bestimmt sind.

Der Abend in der Fraktion mit Heinrich Böll, Günter Grass, Thaddäus Troll war ein guter Anfang für eine neue Runde unseres Gesprächs. Der Abend hat wohl auch die Schwierigkeiten einer Verständigung zwischen denen gezeigt, die unmittelbar in der politischen Arbeit und Auseinandersetzung stehen, und denen, die sie anregend, kritisch und engagiert begleiten. Dieter Lattmann hat dazu in der Diskussion einiges gesagt.

Der Verlauf der Aussprache zwischen Wählerinitiative und SPD-Fraktion hat erneut gezeigt, daß es sich für uns miteinander lohnt, Erfahrungen und Einschätzungen auszutauschen und daß sich auf diese Weise immer wieder Hindernisse überwinden lassen, die der Verständigung im Wege zu stehen scheinen. Wir sollten das Gespräch nicht abreißen lassen. Ich würde es begrüßen, wenn wir es bald in einem von Ihnen vorgeschlagenen Kreis fortsetzen könnten.

Die objektiven Schwierigkeiten, vor denen unser Staat und unsere Gesellschaft stehen, werden gegenwärtig potenziert durch Reaktionen, die sie im Bewußtsein unserer Bürger ausgelöst haben. Spätestens seit Beginn des Winters ist der Begriff der Krise in aller Munde. Seit nicht mehr nur wenige Eingeweihte über „Energiekrise" und „Wachstumskrise" nachdenken, hat sich in weite Teile der Bevölkerung Unsicherheit und oft auch unartikulierte Lebensangst eingeschlichen. Ein modischer Kulturpessimismus macht sich breit und droht, die Position einer auf Fortschritt und Reformen zielenden Partei eher zu verschlechtern als zu verbessern.

Auch Freunde in den Wählerinitiativen und Mitglieder der SPD scheinen gegen die resignierende Grundstimmung nicht gefeit zu sein. Sie glauben, einer weitverbreiteten Unlust und Unsicherheit der Wähler Ausdruck geben zu müssen. Aber sie begünstigen damit leider ein Klima, in dem die Bereitschaft wächst, reaktionäre Patentlösungen zu akzeptieren und sich einer „Politik der Stärke" (nach innen) auszuliefern.

Nun ist es gewiß so, daß wir uns einen schwachen Staat nicht leisten können. Aber die Neigung, nach dem „starken Mann" zu rufen, ist nicht ungefährlich. Im übrigen ist die Bundesregierung nicht untätig gewesen. Sie hat gehandelt – wirksamer, als in den meisten vergleichbaren westlichen Ländern gehandelt wurde. Die Bundesregierung hat – im Gegensatz zu früheren – eine drohende Verknappung der Energiequellen vorausgesehen. Sie hat unmittelbar nach den [19]72er-Wahlen das Energieprogramm ausgearbeitet und dieses bereits im Spätsommer des vergangenen Jahres vorgelegt. Man kann sie schwerlich dafür verantwortlich machen, daß die Entwicklung durch den Nahost-Krieg überrollt worden ist.

Auch hilft es fast gar nichts, Schuldige zu suchen; zumindest wird es dadurch nicht leichter, mit der noch anstehenden Energie- und Ressourcenverknappung fertig zu werden. Es fällt zwar schwer – aber wir müssen von realen Gegebenheiten in der Welt ausgehen. Und diese Welt besteht z. B. aus Supermächten, Rohstoffkartellen, multinationalen Unternehmen und einer starken Einflechtung der deutschen Volkswirtschaft in den Welthandel. Wir sind ein abhängiges Land, wie fast jedes andere auf seine Weise. Und für uns gilt, wie für andere: Die Zahl der auf uns einwirkenden Faktoren, die wir nicht oder kaum beeinflussen können, wird auch in Zukunft noch zunehmen. Dagegen lautstark anzurennen bringt vielleicht seelische Entlastung, aber in der Sache hilft es wenig, eher im Gegenteil.

Wir werden die mit den Begriffen „Energie- und Rohstoffkrise" nur unzulänglich bezeichneten Probleme nur in den Griff bekommen, wenn sich manche unserer Wirtschafts- und Konsumgewohnheiten ändern. Es müßten sich einige Grundeinstellungen verschieben. Ansatzpunkte für ein verändertes Bewußtsein und für die Bereitschaft, neue Anstrengungen zu unternehmen, waren im vorigen Spätherbst durchaus vorhanden. Die Bundesregierung hat damals große Zustimmung gefunden, als sie in einem Eilverfahren, das in der Geschichte des deutschen Parlamentarismus einzigartig ist, das Energiesicherungsgesetz durchgebracht hat.[2]

Kaum konnten (und mußten) die Sparmaßnahmen aufgrund dieses Gesetzes wegen der verbesserten Versorgungslage wieder aufgehoben werden, war fast alles vergessen. Ein groteskes Beispiel hierfür liefert die Debatte über die Geschwindigkeitsbegrenzung[3], in der Argumenten der Vernunft die ideologisch verbrämte, jedoch in Wahrheit zynische Parole entgegengehalten wurde: „Freie Fahrt für Freie Bürger". Ich kann dem, was unsere Freunde Böll, Grass, Troll hierzu gesagt haben, nur zustimmen.

Dieses Beispiel zeigt aber auch, in welcher Zwangssituation sich die Bundesregierung befindet, wenn sie vernünftige Regelungen treffen will. Nach der Verfassung war es der Regierung nicht möglich, ihre Vorstellungen von einer Geschwindigkeitsbeschränkung gegen den Bundesrat durchzusetzen. Die Bundesregierung schlug unter Abwägung aller Gesichtspunkte (auch der Arbeitsplatzsicherheit in den Autofabriken) eine relativ hoch angesetzte Geschwindigkeitsbeschränkung vor.[4] Für die CDU/CSU-Mehrheit im Bundesrat war dann offensichtlich weniger entscheidend, was sachlich vertretbar war. Politische Taktik ging vor – konkret ging es um die Desavouierung des Bundesverkehrsministers, der nominiert worden war, im Frühjahr 1975 gegen Herrn Stoltenberg in Schleswig-Holstein anzutreten.

Die Bundesregierung mußte auf die von der Bundesratsmehrheit vorgeschlagene unverbindliche Richtgeschwindigkeit eingehen. Hätten wir dies nicht getan, so hätte nach der zwingenden Aufhebung der Verordnung (aufgrund des Energiesicherungsgesetzes) wieder ohne Abstriche „Freie Fahrt bis in den Tod" gegolten. Das war nicht zu verantworten.

Ich habe dieses Beispiel ausführlich beschrieben, weil es die Konstellation, in der wir arbeiten, ganz gut beschreibt. Das Beispiel zeigt noch mehr: Etwa ab Mitte Januar [1974] hatten viele, vermutlich die meisten unserer Mitbürger vergessen, daß es so etwas wie eine Erdölknappheit gegeben hatte, daß sie als Ölpreiskrise weiterwirkt und daß sie sich zu einer sehr viel weitergehenden Rohstoffknappheit ausweiten kann. Diese Vergeßlichkeit ist ein Zeichen für die Flucht in die vermeintliche Sicherheit, eine Verdrängung des Bedrohtseins. Das ist gar nichts ganz Neues. Aber wir müssen sehen, daß dieser psychologisch verständliche Vorgang einen demokratischen Staat, der vor der Notwendigkeit steht, auf krisenhafte, meist von außen kommende Bedrohungen schnell zu antworten, stark belastet. Innenpolitisch wird es immer schwieriger vorzusorgen.

Was ist zu tun? Wir müssen zweierlei tun: Einmal die Probleme offen ansprechen, zum anderen unseren Mitbürgern durch Hoffnung auf die Lösung von Problemen die Sicherheit geben, die sie brauchen, um in ihrem ohnehin manchmal schwierigen Alltag zurecht zu kommen. Auf diese neue Ausgewogenheit kommt es an, und ich verhehle nicht, daß es hier noch an ausreichenden und genügend wirksamen Argumenten fehlt. Die Rezepte der Konservativen helfen uns nicht weiter. Mit dem von ihnen angerührten Brei schlagen wir uns heute herum; bei Umweltschutz, Bodenrecht, Verzerrungen des marktwirtschaftlichen Prinzips und vielem mehr.

Zugegeben: Unsere Öffentlichkeitsarbeit hat nicht ausgereicht, um Einsicht und Bereitschaft zum veränderten Verhalten in der Bevölkerung zu wecken. Ich bezweifle auch, ob die Regierung und SPD dies allein schaffen. Wir brauchen die Hilfe all derer, denen daran gelegen ist, daß unser Land nicht in die Stagnation und restauratives Verkümmern absinkt. In den sozialdemokratischen Wählerinitiativen finden sich viele „Multiplikatoren", die helfen könnten, durch sachliche Informationen unseren Bürgern die Schwierigkeiten der objektiven Lage bewußt zu machen und sie auf notwendige Lösungen vorzubereiten. So kann aus Verdrängung neues Bewußtsein und daraus Bereitschaft zur Innovation werden.

Ihre kritischen Einwände gegen unsere „Selbstdarstellung" habe ich aufmerksam gelesen. Es muß wohl so sein, daß wir uns der Techniken der Meinungsbildung nicht effektiv genug bedient haben. Sonst wäre es kaum möglich, daß die Leistungen dieser Regierung so wenig beachtet werden. Ein besonders frappanter Gegensatz von Wirklichkeit und Darstellung zeigte sich in dem publizistischen Echo, das der Leistungsbericht 1973 der Bundesregierung gefunden hat. Wir haben im ersten Jahr unserer Tätigkeit einen beachtlichen Teil unseres Regierungsprogramms bereits erfüllt. Doch die veröffentlichte Meinung hat davon kaum Notiz genommen – schlimmer noch, selbst Freunde werfen uns Selbstgenügsamkeit und Schlafmützigkeit vor.

Wir sind in hohem Maße auf diejenigen angewiesen, deren Beruf es ist, die Öffentlichkeit zu unterrichten. Mir scheint, die natürliche Distanz zwischen Presse und Regierung ist in den letzten Monaten gewachsen. Zum Teil, weil viele aufgeschlossene Journalisten meinen, diese Regierung sei im Besitz einer sicheren Mehrheit und brauche vorerst kaum noch Unterstützung. Zum Teil auch, weil eine Politik innerer Reformen notwendigerweise auf den Widerstand einer einflußreichen Minderheit stoßen muß, die Widerstand – nicht zuletzt publizistischen Widerstand – gegen das mobilisiert, was sie als Abbau von Vorrechten sieht oder befürchtet.

Dazu kommt (was einige aus Ihrem Kreis häufiger erfahren als ich), daß die andere Seite vielerorts eine sehr effiziente Personalpolitik in den „Medien" betreibt. Nachdem von den Unionsparteien und den ihnen nahestehenden Verbänden jahrelang von „linken Meinungsmachern" in den Medien gesprochen worden ist, haben vermutlich viele diesen Mythos für Realität gehalten. Ich meine mit diesem Hinweis nicht, daß wir eine ähnlich robuste Personalpolitik wie die Unionsparteien betreiben sollten. Aber etwas mehr Entschlossenheit würde an dem einen und anderen Ort gewiß nicht schaden.

Ich will etwas vergröbern: Die Gruppe der Unzufriedenen unter den Sympathisanten oder ehemaligen Sympathisanten der SPD läßt sich in zwei Lager aufteilen:
– in solche, denen es zu langsam geht und
– in solche, denen die SPD zu radikal ist.

Dazwischen bewegen sich z. Zt. leider nicht sehr viele. Auch die Freunde von der Wählerinitiative verteilen sich wohl auf beide Gruppen. Dies muß insgesamt Unzufriedenheit auslösen und verbreiten. Die SPD kann es beiden Strömungen auf keinen Fall zu gleicher Zeit recht machen, zumindest nicht in der Phase, in der sie unverdrossen daran arbeitet, ihr Regierungsprogramm durchzusetzen.

Insgesamt gibt es wohl eine Tendenz zur Beharrung. Ich gebe zu, es ist unsinnig, ständig neue Programme vorzulegen und damit scheinbar zu dokumentieren, wie fortschrittlich man ist. Aber der Rückzug in die Programmlosigkeit, die bloße Anpassung an konservative Tendenzen wäre für unser Volk auf längere Sicht verhängnisvoll. Denn die Probleme wachsen. Und sie wachsen unabhängig von dem angeblich konservativen Trend in unserem Land. Sie fordern im besten Sinne des Wortes sozial-demokratische Lösungen.

Wir müssen, und damit komme ich noch einmal auf einen Gedanken von zuvor zurück, unseren Mitbürgern zugleich Sicherheit, vor allem wirtschaftliche Sicherheit, geben und die schrittweise Veränderung der Gesellschaft vorantreiben. Die Sicherheit muß weithin in der verantwortlich gestalteten Veränderung liegen. Andernfalls, und das müssen wir unseren Mitbürgern klarmachen, wartet auf sie viel Schlimmeres. In anderen Ländern wird uns dies vorgeführt.

Nicht zu unrecht verstehen ausländische Zeitungen nicht, warum man sich hierzulande so große Sorgen macht. Dort wird anerkannt, daß diese Bundesregierung die Energieprobleme zumindest kurzfristig gemeistert hat. Daß die Arbeitsplätze bei uns unvergleichlich sicher sind. Daß wir bei der Stabilität trotz allem an der Spitze liegen. Und im Ausland sieht man auch, daß unsere politische Ordnung funktioniert. Daß hier Reformen möglich sind und verwirklicht werden. Daß die Bundesrepublik einer der stabilsten Staaten ist.

Wir müssen den Mitbürgern klarmachen, daß diese relativen Erfolge mit hoher Wahrscheinlichkeit zerstört werden, wenn dieses Land von den Kräften des Beharrens, der Unbeweglichkeit und des satten Opportunismus übernommen würde.

Wir müssen Vertrauen in die Vernunft unserer Bürger setzen. Ich traue einer Mehrheit unseres Volkes diese Vernunft zu. Mit großer Sorge sehe ich allerdings, wie sehr die Unionsparteien durch Schwarzmalerei und kalkulierte Appelle an tiefsitzende Ängste und auf eine Emotionalisierung der politischen Auseinandersetzung bauen. Dies wird häufig übersehen und die Gefahr für Staat und Gesellschaft unterschätzt – gerade auch von engagierten und freiheitlich gesinnten Bürgern. Man hat noch nicht überall durchschaut, daß die Unionsparteien durch die Übernahme sozialdemokratischen Vokabulars oder durch modische konservative Pseudo-Theorien ihre tatsächlich reaktionäre Ordnungspolitik nur geschickt tarnen. Wir sollten die neukonservativen Ideologen nicht unterschätzen. (Ich könnte mir vorstellen, daß zu diesem Fragenkomplex Analysen aus Ihrem Kreis sehr hilfreich sein würden.)

Nirgends steht geschrieben, daß wir ein gewisses Stimmungstief, wie es sich in den Wahlergebnissen von Hamburg[5] und danach ausdrückte, nicht in absehbarer Zeit wieder wenden können. Erinnern wir uns: Auch im September 1972 konnte sich die CDU/CSU auf ein Wählerpotential von rd. 51 % berufen. Zwei Monate danach hatten wir gemeinsam den Erfolg erkämpft.

Ich möchte noch eine Bemerkung zur Koalition anfügen. Sie ist in einem besseren Zustand, als nach außen sichtbar wird. Das Bild wird stark durch einige Unbedachtsamkeiten und Egoismen beeinträchtigt. Aber ich vermute, auch dies wird sich ändern, vorausgesetzt, die Hauptbeteiligten denken und handeln rational. Denn die lokalen bzw. regionalen Ergebnisse von Zwischenwahlen sollten allen signalisiert haben, was für manche von uns schon längst klar war: Für jeden Partner der sozial-liberalen Koalition zahlt sich in erster Linie aus, was gemeinsam zustande gebracht wird.

Wenn Polemik und Mißtrauen um sich griffen, würde dies das Ansehen und das Wählerpotential beider Partner vermindern. Dies spricht durchaus nicht gegen eine eigene Profilierung der Koalitionsparteien, wo das programmatisch sinnvoll und nicht zentral gegen den Partner gerichtet ist. Freibeuterisches Gegeneinander jedoch müßte der gemeinsamen Sache und den Interessen jedes einzelnen schaden. Ich halte also nichts davon, auf die FDP abzuladen, was die Sozialdemokraten – bei offener Darlegung der Zusammenhänge – selbst in Ordnung zu bringen haben.

Nun ist mir in Ihrem Brief auch vorgeschlagen worden, „häufiger in eigener Person" herauszutreten. Dies trifft sich mit eigenen Überlegungen. In Zukunft werde ich öfter und – wenn es sein muß – deutlich genug sagen, wie ich die Lage sehe und was meiner Meinung nach zu tun ist. Allerdings gilt für mich weiterhin, daß glaubwürdige Autorität nicht autoritär sein darf. Es ist schwieriger, durch geduldige Überredung zu überzeugen, aber am Ende ist es wirkungsvoller.

Man vermutet bei mir gelegentlich eine Neigung zur Resignation. Davon kann keine Rede sein. Vielleicht versteht man, daß ich nicht frei von Enttäuschungen bin. Aber ich kenne meine Pflicht. Wir gehen also unseren Weg. Es ist gut, daß die Freunde in der Wählerinitiative bereit sind, uns weiterhin „kritisch zu begleiten".

Liebe Frau Jädicke, die in Ihrem Brief zitierten konkreten Fragen hätten alle eine ausführliche Antwort verdient. Sie werden verstehen, daß dies im Rahmen eines Briefes kaum möglich ist. Mir kam es hier darauf an, unser Gespräch weiterzuführen mit einigen Bemerkungen über die Lage, wie ich sie sehe, und über Probleme, bei deren Bewältigung gerade die Mitglieder der Wählerinitiative helfen könnten. Wir sollten den Meinungsaustausch lebendiger werden lassen, als er im vergangenen Jahr sein konnte.

Haben Sie Dank für alle Ihre Hilfe und grüßen Sie bitte alle Freunde!
Ihr
‹Willy Brandt›[6]

Nr. 12
Entwurf eines Redekonzepts des Vorsitzenden der SPD und Bundeskanzlers, Brandt, für die Sitzung des SPD-Parteivorstandes am 1. April 1974[1]
26. März 1974

AdsD, Dep. Ehmke, HE AA 000215.

1) Bitte an Mitglieder und Freunde der Sozialdemokratischen Partei: durch ärgerliche Rückschläge dieser Wochen nicht kopfscheu machen lassen, sondern durch intensive Anstrengungen neue Erfolge vorbereiten.

Wir dürfen nicht resignieren, sondern müssen uns die erschwerten Bedingungen unserer politischen Arbeit bewußt machen und sie den Mitbürgern erklären, um so die Bedingungen zum Besseren zu wenden.

Keines der schwieriger gewordenen Probleme verstecken; vor Kampagnen der Vernebelung und Verängstigung nicht zurückweichen; mit demokratischem Selbstbewußtsein um verstärktes Vertrauen werben!

2) Hemmungslose Propaganda will unsere Regierung für Entwicklungen verantwortlich machen, deren Ursachen jetzt überwiegend im Ausland liegen. Bürgern wird suggeriert, es gehe ihnen schlecht und sie hätten von der Zukunft nichts Gutes zu erwarten.

Demgegenüber verstärkt darlegen: Bundesrepublik braucht keinen Vergleich zu scheuen. Sie ist stabiler als viele andere Staaten. Bundesregierung unternimmt alle Anstrengungen, um in europäischen und internationalen Gremien gegen die uns ungünstig beeinflussenden Faktoren (Energie und Rohstoffe, allgemeiner Preisauftrieb, Währungsprobleme) anzugehen.

3) Wirtschaftspolitische Argumentation läßt sich nicht durch Hinweise auf Reformpolitik ersetzen. Aber leicht nachzuweisen, daß innenpolitische Vorhaben der sozialliberalen Koalition – allen Hindernissen zum Trotz – zügig verwirklicht werden.

Friedens-, Europa- und Bündnispolitik hat sich ohnehin als richtig erwiesen – (und zwar so richtig, daß es auch nach Einbussen keine vernünftige Alternative gibt).

Es gilt, sich vom Kurs der wirtschaftlich-sozialen Stabilität und Erneuerung nicht abbringen zu lassen: Sicherheit wächst aus Reformen!

Öffentlichkeitsarbeit wird – in einer medienpolitisch schwierigen Landschaft – noch mehr als bisher die Aufgabe zufallen, Tatsachen, Leistungen und Planungen objektiv darzustellen. Aber ganz gewiß müssen auch politische Inhalte und personelle Dispositionen immer wieder auf ihre Tragfähigkeit überprüft werden.

4) Nicht durchgehen lassen, daß Unionsparteien an Antworten auf alle wichtigen Fragen vorbeireden! Oder daß ihre Repräsen-

Der Parteivorsitzende und „sein" Bundesgeschäftsführer: Willy Brandt und Holger Börner in der Sitzung der SPD-Bundestagsfraktion am 13. März 1974.

tanten – nicht nur in der Außenpolitik – zu einunddemselben Problem Gegensätzliches sagen!

5) Unsere SPD ist eine lebendige Partei und wird es bleiben. Innerparteiliche Diskussion darf jedoch politische Handlungsfähigkeit nicht beeinträchtigen.

Theoretische Fundierung ist wichtig, aber Partei kann nicht der Selbstbefriedigung dienen. Selbstfabrizierte Verunsicherungen hat sie nicht zu begünstigen, sondern abzuwehren.

6) Einige der aktuellen Aufgaben:
– Wahlergebnisse kritisch auswerten und für bevorstehende Auseinandersetzungen Lehren daraus ableiten,
– Arbeit in Gemeinden/Ländern/Bund straffen, auch auf personelle Schwächen abklopfen,

- Bedeutung der Frauenarbeit erkennen,
- verhindern, daß Gruppenbildungen auf Kosten der Geschlossenheit der Partei gehen,
- Arbeitsgemeinschaften unterstützen, aber diejenigen zurechtweisen, die daraus „Partei in der Partei" machen wollen.

Es wäre gut, wenn in den Bezirken vor und nach der Sommerpause Versammlungen aller Ortsvereine stattfänden, um dort auf Aktivierung der Mitgliedschaft hinzuwirken. (Zusammenhang mit den Konferenzen, auf denen der Parteivorsitzende im Juni/Juli und September mit den Ortsvereins-Vorsitzenden in den verschiedenen Regionen zusammentreffen wird.)

7) SPD bleibt Volkspartei im Sinne des Godesberger Programms. Dazu gehört, daß Partei offen bleibt nicht nur für Arbeitnehmer, sondern auch für Selbständige. Und daß sie sich nicht aus der „Mitte" verdrängen läßt (vgl. Dortmund 1972, Hannover 1973),[2] ohne die man in der Demokratie dauerhaft nicht regieren kann.

(Zu warnen ist allerdings vor einer Interpretation der Mitte als kleinstem Nenner der Furcht vor Veränderung.)

8) Koalition:
a) Respekt, Loyalität
b) gemeinsame Leistung wird zählen

9) Wir sind – im Sinne des GG und unseres eigenen Programms – für den demokratischen Rechts- und Sozialstaat. Das heißt:
a) zielstrebiger Ausbau der Demokratie,
b) aber auch: klare Anwendung des Gesetzes überall, wo Sozialdemokraten Verantwortung tragen.

Wo diese Grundlagen verlassen werden, dürfen Gliederungen der Partei nicht scheuen, sich von einzelnen Mitgliedern zu trennen (vgl. PV-Beschluß 8. Februar [1974]).[3]

(Keine Aktionseinheit mit Kommunisten – „Gespräche" bedürfen Zustimmung der Führungsorgane).

10) Fast eine Million Mitglieder – dies koordiniert eine gewaltige Armee der friedlichen Veränderung.[4]

Vertrauen darauf, daß

– gelegentliche Mitgliederverluste mehr als kompensiert werden, so daß bald die volle Million registriert werden kann, und

– alle Sozialdemokraten verstehen, daß jetzt viel von ihnen abhängt.

Nr. 13
Hs. Schreiben des Vorsitzenden der SPD und Bundeskanzlers, Brandt, an den Bundespräsidenten, Heinemann
6. Mai 1974

AdsD, WBA, B 25, 172.

Sehr verehrter Herr Bundespräsident,
lieber Gustav Heinemann!
Es ist mir nicht leicht gefallen, den Brief zu schreiben, den Horst Grabert überbringt.[1]

Aber es blieb für mich nach reiflicher Überlegung keine andere Wahl. Alles ist mit Schmidt/Wehner/Kühn/Börner sowie mit Scheel und seinen Freunden genau durchberaten. Ich bleibe in der Politik, aber die jetzige Last muss ich loswerden.

Sei mir bitte nicht böse, versuche mich zu verstehen und übertrage Scheel die Wahrnehmung der Geschäfte, damit Schmidt dann zum Kanzler gewählt werden kann.
Herzliche Grüße
Dein
Willy Brandt

Nr. 14
**Kommuniqué über die Sitzung des SPD-Präsidiums in Bonn
7. Mai 1974**[1]

SPD Pressemitteilungen und Informationen, Nr. 208/74 vom 7. Mai 1974.

Das Präsidium der Sozialdemokratischen Partei Deutschlands hat in seiner heutigen Sitzung unter Leitung des Stellvertretenden Parteivorsitzenden, Ministerpräsident Heinz K Ü H N, die folgende Erklärung verabschiedet:

I.

Das Präsidium der SPD nimmt mit tiefer Betroffenheit die Entscheidung des Vorsitzenden der Sozialdemokratischen Partei Deutschlands zur Kenntnis, sein Amt als Bundeskanzler der Bundesrepublik Deutschland zur Verfügung zu stellen. Die Hochachtung vor der überragenden Leistung Willy Brandts gebietet es, seine Entscheidung mit Respekt hinzunehmen. Willy Brandt hat mit diesem Schritt für sich selbst unnachsichtig einen rigorosen Maßstab angelegt. Er gibt damit das Beispiel eines integren Demokraten, dem das Wohl des Staates absolute Pflicht ist.

II.

Die Bürger dieses Landes haben Sozialdemokraten und Freie Demokraten am 19. November 1972 mit klarer Mehrheit verpflichtet, ihre Politik der Verständigung und des Friedens und der inneren Reformen fortzuführen. Der Wählerauftrag bleibt bindend. Das Bündnis von Sozialdemokraten und Freien Demokraten ist im Wort.

III.

Willy Brandt ist Vorsitzender der ältesten und mitgliederstärksten demokratischen Partei Deutschlands. In dieser Aufgabenstellung gestaltet er die deutsche Politik maßgeblich. Die Sozialdemokraten in Deutschland und in Europa können auf seine Erfahrung und seinen Rat nicht verzichten.

IV.

Es ist zu erwarten, dass die Hetzkampagne, gegen die sich Willy Brandt seit Beginn seines politischen Lebensweges durchzusetzen hatte,[2] auf übelste Weise fortgesetzt wird. Manche in diesem Land haben sich immer noch nicht damit abgefunden, dass in unserer demokratischen Ordnung die Macht im Staat alle vier Jahre durch freie und geheime Wahlen von freien Bürgern vergeben wird. Diese Kräfte verlassen auch jetzt in bedenkenloser Weise den Rahmen einer fairen politischen Auseinandersetzung.

V.

Willy Brandt hat wie kein anderer zur Sicherung des Friedens in der Welt und zur Verbesserung der Beziehungen der Völker untereinander beigetragen. Sein Ansehen in der Welt prägt entscheidend das Bild der Bundesrepublik Deutschland nach aussen. Unter seiner Führung hat sich die Bundesrepublik zu einem der sozial und wirtschaftlich stabilsten Länder entwickelt. Willy Brandt ist uns Vorbild für Pflichterfüllung, Toleranz und Solidarität. Die Sozialdemokratische Partei steht geschlossen hinter ihrem Vorsitzenden.

VI.

Willy Brandt hat dem Präsidium der SPD seinen Stellvertreter im Parteivorsitz, Bundesfinanzminister Helmut Schmidt, als seinen Nachfolger im Amt des Bundeskanzlers vorgeschlagen. Das Präsidium macht sich diesen Vorschlag einstimmig zu eigen und wird ihn dem Parteivorstand und der Bundestagsfraktion vorlegen. Der Koalitionspartner ist von diesem Vorschlag unterrichtet.

Nr. 15
Ausführungen des Vorsitzenden der SPD und Bundeskanzlers, Brandt, in der Sitzung der Bundestagsfraktion der SPD
7. Mai 1974[1]

Informationen der Sozialdemokratischen Fraktion im Deutschen Bundestag, Nr. 470 vom 7. Mai 1974, S. 5 – 7.

Liebe Freunde und Genossen,
ich komme eben vom Bundespräsidenten, und zwar anders ausgestattet, als ich gedacht hatte. Ich dachte, ich käme hierher und hätte die [Entlassungs-]Urkunde schon bei mir. Die Fraktion muß sich damit abfinden, daß ich noch Bundeskanzler bin, und zwar bis 14.00 Uhr. Ich muß also noch einmal hin und die Urkunde holen, sonst hat man [mir] ja manchmal nachgesagt, ich sei zu langsam und nehme mir zuviel Zeit[;] in diesem Fall, dachte ich, es ginge rascher. Nämlich dann, wenn man [den] Brief geschrieben hat, sei man schon nicht mehr das, was man vorher war. Das ist nun anders.

Aber Scherz beiseite. Ich habe gestern abend – das hat aber ein Großteil der Presse noch mitbekommen, jedenfalls haben's die Nachrichten zutreffend gebracht – dem Bundespräsidenten geschrieben, daß ich die politische Verantwortung für Fahrlässigkeiten im Zusammenhang mit der Agentenaffäre Guillaume übernehme und meinen Rücktritt vom Amt des Bundeskanzlers erkläre.[2] Damit es hier keine Mißverständnisse gibt, habe ich in dem entsprechenden Brief an Walter Scheel, der die Kabinettssitzung heute morgen in meiner Vertretung geleitet hat, ergänzt durch die Klammerbemerkung, wo steht, ich übernehme die politische – in Klammern – natürlich auch – Doppelpunkt – die persönliche – Klammer zu – Verantwortung, damit es da keine Mißverständnisse gibt. Ich habe dann – wie es sich in einem solchen Zusammenhang gehört – darum gebeten, diesen Rücktritt unmittelbar wirksam werden zu lassen und mich nicht mit der Wahrnehmung der Geschäfte zu beauftragen – wie es möglich wäre nach der Verfassung –, sondern den Stellvertreter des Bundeskanzlers, Bundesminister Scheel, mit dieser Wahrnehmung zu beauftragen und entsprechend die anderen auch, bis ein Nachfolger gewählt ist.

Ich habe dem Bundespräsidenten begleitend geschrieben gehabt gestern abend, daß es mir nicht leicht gefallen sei, diesen Brief zu schreiben, aber daß für mich nach reiflicher Überlegung keine andere Wahl geblieben sei.[3] Ich habe den Entschluß reiflich bedacht. Ich wäre auch nicht ehrlich, wenn ich nicht sage, daß er mir nicht leicht gefallen ist. Ich habe allein und mit anderen, mit einigen anderen, überlegt, – ich bitte diejenigen um Verzeihung, die ich eigentlich hätte fragen müssen und nicht mehr habe fragen können, und einige, die ich zumindest anders hätte unterrichten sollen, das gilt im Grunde für die ganze Fraktion, aber es gibt bestimmte Automatismen dann, die das schwierig machen. Und ich bitte, meinen Schritt als eine Entscheidung zu respektieren, die mir niemand abnehmen konnte. Ich sag das ausdrücklich, weil in diesem meinem Schritt keine Kritik liegt an Kabinettskollegen oder Mitarbeitern, – oder vielleicht darf ich sagen Kabinettskollegen oder anderen Mitarbeitern, von denen übrigens einige, die auch genannt worden sind, in diesen Zusammenhängen von sich aus gesagt hatten, sie würden – wenn ich dies für richtig hielte – ihr Amt zur Verfügung stellen;[4] das war aber teils von der Sache nicht gerechtfertigt, teils hatte es meine Frage nicht beantwortet. Das, was jedenfalls rückschauend – vorher konnte ich das ja nicht wissen – da bleibt, das kann ich nur alleine.

Darüber bleibt etwas bei, und zwar für mich das Entscheidende, unabhängig von dem, was jeder sonst, der was damit zu tun gehabt hat, in Ordnung zu bringen hat und mit sich in Ordnung gebracht hat sicherlich.

Ich bitte zugleich – mit der Bitte um Respekt vor der Entscheidung – bitte ich zugleich davon auszugehen, und davon ist ja auch schon die Rede gewesen in dem, was Herbert Wehner einleitend gesagt hat, daß mein politisches Engagement morgen nicht anders motiviert sein wird und kann als gestern. Ich bin nicht mehr Bundeskanzler, wie gesagt ab 14.00 Uhr, ich bleibe Vorsitzender unserer Partei.

Ich habe die Verantwortung des Regierungschefs gern getragen, aber, ich habe auch stets den Druck gespürt, der von einem solchen Amt ausgeht. Und jetzt hatte ich mich in diesen letzten Tagen der Lage zu stellen, in die ich durch Verrat eines vermeintlich loyalen Mitarbeiters geraten war. Mein Rücktritt geschieht aus der Erfahrung des Amtes, aus meinem Verständnis von Respekt vor ungeschriebenen Regeln der Demokratie und um meine persönliche und politische Integrität nicht zerstören zu lassen. In dieser Reihenfolge.

Wir haben, wenn ich das bei dieser Gelegenheit sagen darf, seit 1969, ja vielleicht darf man sogar sagen, wenn man die Periode unserer Regierungsverantwortung, die sich ja in drei Etappen entwickelt hat, seit 1966, nicht wenig zustandegebracht. Wir haben, wie ich inständig hoffe, einer Epoche des Friedens den Weg geebnet. (Beifall) Und wir müssen jetzt eine große Anstrengung machen, damit die Europäische Gemeinschaft ihre schwere Prüfung bestehen kann. Sie steht vor einer ganz schweren Prüfung. Wir haben dieser Bundesrepublik eine im internationalen Vergleich hervorragende ökonomische Stellung sichern können. Aber die Zeiten weltwirtschaftlicher Bedrängnis sind lange nicht vorbei. Und was sich daraus ergibt, wird die beschäftigen, die hier in Fraktion und Regierung Verantwortung tragen in den Jahren, die vor uns liegen. Wir haben eine Menge in Gang gesetzt, um den demokratischen und sozialen Bundesstaat auszubauen, aber es bleibt viel zu tun. Damit getan werden kann, was getan werden muß, braucht diese Bundesrepublik das Bündnis der Sozialdemokraten mit den Freien Demokraten, dies sozial-liberale Bündnis muß sich neu bewähren in diesen Tagen und Wochen, und diese Bundesrepublik braucht eine starke, geschlossene Sozialdemokratische Partei, und sie braucht einen Sozialdemokratischen Bundeskanzler.

Walter Scheel muß zum Bundespräsidenten gewählt werden, und ich werde in die Fraktion der Bundesversammlung kommen, um dies selbst zu begründen.[5] (Beifall)

Helmut Schmidt sollte die Aufgabe des Bundeskanzlers übernehmen. Das Präsidium hat sich diesen meinen Vorschlag zu eigen gemacht.[6] (Beifall)

Der neue Bundeskanzler kann meiner Hilfe sicher sein und wird sich meines Rats bedienen können, wo er meint, ihn gebrauchen zu können. Ich habe bei so einer Zwischenbilanz für vieles zu danken, auch den einen oder anderen um Nachsicht zu bitten, aber zu danken habe ich vor allem für sehr viel Vertrauen, das mich begleitet hat in diesen Jahren der Regierungsmitwirkung und Regierungsführung. Ich will das kurz machen hier heute, auf das eine oder andere wird man in Rede und Schrift ohnehin noch einmal zurückzukommen haben.

Wir müssen uns jetzt miteinander vornehmen, die Stellung der Partei – und hierauf will ich mich stark konzentrieren –, die Stellung der Partei wieder und weiter zu festigen und ihren Kurs klar abzustecken. (Beifall)

Der Wahlkampf in Niedersachsen muß jetzt noch wichtiger genommen werden. Es gibt in den nächsten vier Wochen nichts wichtigeres, abgesehen von den beiden Wahlen, auf die ich hingewiesen habe. Ich brauche etwas Ruhe und Abstand dann, aber niemand soll glauben, daß ich die Sache im Stich lassen oder auch nur vernachlässigen könnte, für die ich nun auch schon ein Leben lang gewirkt habe, vielleicht sogar mit einigem Erfolg.

Jetzt ist nicht die Zeit zu jammern, sondern jetzt ist die Zeit, (Beifall) daß für die gute Sache unseres Volkes hart gearbeitet und mutig gekämpft wird. Schönen Dank! (Beifall)

Nr. 16
Schreiben des Vorsitzenden der SPD, Brandt, an die Mitglieder der SPD
13. Mai 1974

SPD Pressemitteilungen und Informationen, Nr. 232/74 vom 13. Mai 1974.

Während der vergangenen Tage habe ich von den Gliederungen unserer Partei und von vielen einzelnen Mitgliedern und Freunden so zahlreiche Beweise der Verbundenheit und Ermutigung bekommen, dass ich mich dafür herzlich bedanken möchte.

Dank sagen möchte ich auch für den solidarischen Zusammenhalt, durch den die Partei Helmut Schmidt zu meinem Nachfolger im Kanzleramt bestimmt hat. Es kommt darauf an, dass wir ihn tatkräftig unterstützen und ihm den Rücken von unnötigen Belastungen freihalten.

Wir müssen wissen und es offensiv vertreten: Das Bündnis aus Sozialdemokraten und Freien Demokraten wird entschlossen fortgesetzt. Die sozial-liberale Koalition ist bei den Wählern mit ihrer Politik der Verständigung, des sozialen Ausgleichs und der Reformen im Wort.

Die neue Mannschaft mit Schmidt und Genscher an der Spitze wird also die Arbeit der von mir geführten Regierung fortsetzen. Niemand darf es sich gestatten, hier dem gemeinsamen Gegner Angriffsflächen zu bieten.

Bei verschiedenen Gelegenheiten habe ich bereits erklärt, warum es mir geboten schien, vom Amt des Bundeskanzlers zurückzutreten.[1] Es gibt keinen vernünftigen Grund, darauf in diesem Augenblick noch einmal im einzelnen einzugehen.

Was die von der rechten Presse und anderen interessierten Kreisen angelegte Kampagne anbelangt, so kann man schon heute feststellen: Der Wust an Unterstellungen, Verdächtigungen und ehrabschneiderischen Gerüchten wird voll auf deren Urheber und Verbreiter zurückschlagen.

Das gilt zumal für die Behauptung, ich sei aus dem Amt gedrängt worden. Kein Wort ist daran wahr.

Wahr ist hingegen: Hier sind Kräfte am Werk, die mich moralisch vernichten und damit meine Politik und unsere ganze Partei treffen wollen. Dies wird jedoch nicht gelingen!

Ich bin kein Säulenheiliger und habe nie behauptet, frei von menschlichen Schwächen zu sein. Aber ich werde mich durch die verwerflichen Methoden nicht unterkriegen lassen, mit denen gewisse Gegner mich – jetzt wie früher – fertigmachen möchten.

Und ich bin sicher: Auf meiner Seite steht, über die eigene Partei hinaus, das anständige Deutschland.

Meine Arbeitskraft kann ich jetzt stärker als bisher meinem Amt als Parteivorsitzender widmen. Ich werde hier an die 10-Punkte-Erklärung anknüpfen, die ich Anfang April [1974] in Übereinstimmung mit den stellvertretenden Parteivorsitzenden und dem Vorsitzenden der Bundestagsfraktion formuliert habe und die sich auf die einmütige grundsätzliche Zustimmung des Parteivorstandes stützen konnte.[2] Sofern dieser Text nicht bekannt sein sollte, kann ihn jeder bei unserer Parteizentrale anfordern.

Zeitweilige Schwierigkeiten unserer Partei sind kein Anlass, die Köpfe hängen zu lassen. Diese Partei hat schon grössere Probleme gemeistert. Ich rufe alle Freunde und Genossen auf: Helft mit, unserer Parteiarbeit einen neuen Schwung zu geben! In der Partei mitarbeiten, das muss heissen: In der Partei _mit_einander, nicht _gegen_einander zu arbeiten.

In dieser Partei gibt es immer Raum für Diskussion, und dazu sagen wir Ja. Aber es gibt Ausfransungen, zu denen wir Nein sagen müssen!

Wir sind – im Sinne des Godesberger Programms – eine Volkspartei und brauchen die Mitte, die über die Mehrheit entscheidet. Die Fronten müssen klar sein: Nicht nur gegenüber den Rechtsparteien, sondern auch gegenüber den Kommunisten und Ultralinken unterschiedlicher Prägung.

Die Partei muss ihre volle Schlagkraft zurückgewinnen. Dabei geht es einmal um die konkrete Verbesserung unserer Organisation, und ich bitte auf allen Ebenen zu prüfen, was schon auf kurze Sicht geschehen kann.

Dann müssen wir der Tatsache Rechnung tragen, dass die politische Auseinandersetzung heute weitgehend über die Medien ausgetragen wird. Das erfordert Konsequenzen für den Stil und die Form der innerparteilichen Auseinandersetzung. Denn sonst werden wir zum beliebig ausbeutbaren Opfer unserer politischen Gegner und ihrer Verbündeten in den grossen Konzernen.

Wir müssen schliesslich die theoretische Diskussion in unseren Reihen so führen, dass sie nicht zum bloßen Spiel für Eingeweihte und zum Ausbeutungsobjekt für Böswillige wird. Der Bezug zur praktischen Politik muss stets sichtbar bleiben, er muss für den Interessierten nachvollziehbar sein.

Wenn wir in diesen drei großen Bereichen rasch genug zu praktikablen Fortschritten kommen, so können wir den Wahlauseinandersetzungen der nächsten Jahre mit Zuversicht entgegensehen. Alle Kundigen wissen: Die Rechte bietet keine sachliche Alternative.

Die Wahl in Niedersachsen[3] ist die nächste große Bewährungsprobe.

Unsere Partei wird bestehen und gewinnen durch ihre Leistung, ihre grundsätzliche Orientierung und ihre Solidarität.

Nr. 17
Hs. Schreiben des Vorsitzenden der SPD, Brandt, an den Bundeskanzler, Schmidt
16. Mai 1974[1]

Archiv Helmut Schmidt, Innenpolitik, Bd. 7: 1974 A–Z.

Lieber Helmut,
meine guten Wünsche, die ich hier schriftlich wiederhole, begleiten Dich ohne Wenn und Aber. Ich werde mich auf die Parteiarbeit konzentrieren, gehe allerdings davon aus, dass ich über wichtige Inhalte

der Regierungsarbeit unterrichtet werde – sei es direkt, sei es im Rahmen des Präsidiums.

Wir werden uns am 27. [Mai 1974] in Hannover[2] sehen, und ich möchte hier nur einige Personalia erwähnen:

1) Was Egon Bahr in der Fraktion machen kann, soll und will, muss sich erst noch zeigen. Ich brauche ihn jedenfalls partiell auch für die internationalen Beziehungen der Partei.

[...]

4) Günter Gaus sollte mit dem Kanzleramt verbunden bleiben. Sonst muss er mit dem AA oder mit dem Franke-Ministerium verbunden werden, wogegen es im einen wie im anderen Fall ernste Bedenken gibt.

[...]

Herzliche Grüße
Dein Willy Brandt

Nr. 18
Aus den Ausführungen des Vorsitzenden der SPD, Brandt, auf einer Arbeitskonferenz mit den Vorsitzenden der Ortsvereine der SPD-Bezirke Rheinhessen und Rheinland-Hessen-Nassau in Simmern im Hunsrück
15. September 1974[1]

SPD Pressemitteilungen und Informationen, Nr. 403/74 vom 15. September 1974.

Es gibt immer wieder Leute, die ein Interesse daran haben, unser politisches Ziel zu verdunkeln und von der Sozialdemokratischen Partei ein total verzeichnetes Bild zu vermitteln. Gleichzeitig gibt es die verständliche Sorge vieler Freunde im Land, ihr Engagement könnte durch „Affären"[2] – oder was dazu aufgeblasen wird – entwertet werden.

Ich möchte dazu vier Feststellungen treffen:
1. Weder unseren Gegnern noch einer sensationslüsternen – und auf erbitterte Konkurrenz bedachten – Publizistik wird es gelingen, den solidarischen Zusammenhalt der deutschen Sozialdemokratie zu zerstören. Alle Sozialdemokraten – mit ihren führenden Vertrauensleuten an der Spitze – stehen in der Pflicht zur sachlichen und kameradschaftlichen Zusammenarbeit.
2. Die Mitglieder und Freunde der SPD haben sich in grosser Einheitlichkeit zusammengefunden, um die Arbeit der Bundesregierung zu unterstützen, die sozialdemokratische Politik zu vertreten und die bevorstehenden Landtagswahlkämpfe erfolgreich zu bestehen. Wir werden uns nicht verwirren lassen.
3. Wo etwas in Ordnung zu bringen ist, sorgen wir – wie in der Vergangenheit – selbst dafür, dass es in Ordnung gebracht wird. Als Spielball gegnerischer Machenschaften werden wir uns nicht benutzen lassen.
4. Wer einen Keil in das sozial-liberale Bündnis treiben will, schlägt bei uns daneben. Wir stehen zur erfolgreichen und vertrauensvollen Zusammenarbeit mit den Freien Demokraten. Und ich meine, diese Zusammenarbeit sollte über 1976 hinaus fortgesetzt werden, weil viele der gemeinsam zu lösenden Aufgaben über 1976 hinausreichen.

Zu gewissen Gegenständen der aktuellen Polemik möchte ich ein paar ergänzende Bemerkungen machen:

Zum Fall Guillaume

Unser dringendes Interesse geht dahin, dass durch die parlamentarische Untersuchung und das gerichtliche Verfahren volle Aufklärung erzielt wird. Dabei geht es letztlich darum, dass wir aus den Geschehnissen Lehren ziehen. Und dass Maßnahmen ergriffen werden können, die unseren Staat sicherer machen. Weil dies ein gemeinsames Interesse aller demokratischen Kräfte sein müsste, ist zu bedauern, dass der Untersuchungsausschuss des Bundestages durch manipulierte Nachrichtenvermittlung in Misskredit gebracht wird.

Mit neuem Schwung für die Partei: Willy Brandt tritt ans Rednerpult der SPD-Gebietskonferenz am 15. Juni 1974 in Borken.

Ich war und bin bereit, dem Ausschuss zu jedem ihm genehmen Zeitpunkt Rede und Antwort zu stehen. Dabei wird sich dann auch ergeben, dass es ein hoffnungsloses Unterfangen ist, den damaligen Bundeskanzler und den damaligen Innenminister[3] gegeneinander ausspielen zu wollen.

Ich habe aus den seinerzeitigen Unzulänglichkeiten die Konsequenz des Rücktritts vom Amt des Bundeskanzlers gezogen. Diejenigen irren, die so tun, als müssten oder könnten sie mich noch einmal zum Rücktritt veranlassen!

Und ich füge hinzu: Es ist der Sache abträglich, aus Agenten-Affären dieser Art parteipolitisches Kapital schlagen zu wollen.

Hier will ich etwas einschieben und etwas klarstellen
zu meiner innenpolitischen Zwischenbilanz

Es ist der Eindruck erweckt worden, ich hätte mit meinen Memoiren begonnen. Davon kann keine Rede sein. Auch nicht davon, dass ich mich wegen meines Rücktritts habe „rechtfertigen" wollen.

Alle, die an einer innenpolitischen Zwischenbilanz wirklich interessiert sind und nicht nur an allerlei Theaterdonner, den andere gern hätten, möchte ich dazu einladen, das von mir demnächst vorgelegte Buch genauer anzuschauen.[4] Ich versuche darin – über den Tag hinaus – die innenpolitischen Probleme dieser Jahre abzuhandeln. Und dies entbehrt jeder sensationellen Begleitmusik.

Was die „Spiegel"-Story vom vergangenen Montag an Zitaten aus einem kleineren Kapitel meines Buches veröffentlichte,[5] veranlasst mich, diese Zitate ausdrücklich zu bestätigen. Mit dem übrigen habe ich nichts zu tun, und wir alle müssen uns gegen Versuche wehren, die uns gegeneinander ausspielen wollen.

Zu den Erörterungen um Karl Wienand

Es ist bekannt, dass Karl Wienand – worum er selbst ersucht hatte – das Amt des Geschäftsführers unserer Bundestagsfraktion nicht mehr innehat. Es dürfte auch bekannt sein, dass er ein besonders tüchtiger Geschäftsführer war und dass wir an seiner harten gesundheitlichen Belastung nicht kaltschnäuzig vorbeigehen können.

Ich bin Karl Wienand dankbar, dass er mit seinem Schritt die Partei aus den gegen ihn erhobenen Vorwürfen heraushält.[6] Im übrigen wird in unserem Land nicht durch Pressekampagnen, sondern allein durch ordentliche Gerichtsverfahren darüber entschieden, ob einer schuldig ist oder nicht.

Über Interessen und Integrität unserer Partei wird nicht privat, sondern gemeinsam verfügt. Dazu bedarf es keiner heuchlerischen Ermahnung, auch keines Hinweises auf missverstandene Solidarität.

Ungerechtfertigte Angriffe, die in diesem Zusammenhang auf den Fraktionsvorsitzenden Herbert Wehner gerichtet werden, sind eindeutig zurückzuweisen.

Zur Führung der SPD

Wir haben es mit einer Stimmungsmache zu tun, die darauf angesetzt ist, vom Verhältnis zwischen führenden Sozialdemokraten ein negatives Bild zu zeichnen. Und dies wider besseres Wissen. Ich bin sicher, dass unsere Freunde – die ja über einschlägige Erfahrungen verfügen – sich nicht durcheinanderbringen lassen.

Richtig ist: Wir – in der sogenannten Spitze – sind auch nur Menschen, und von Fehlern – von Temperamentsunterschieden abgesehen – sind wir gewiss nicht frei. Aber die ganze Partei und alle unsere Freunde sollen wissen:

Wenn ich von der eisernen Pflicht spreche, in der wir alle stehen, so gilt dies ganz besonders für den Vorstand und das Präsidium, und wiederum in besonderem Maße für den Parteivorsitzenden, seine beiden Stellvertreter – von denen der eine der Bundeskanzler ist –, den Fraktionsvorsitzenden, den Bundesgeschäftsführer.

Wir alle sind uns dieser Pflicht bewusst, und wir werden uns durch den politischen Gegner nicht auseinanderdividieren lassen.

Nr. 19
Schreiben des Vorsitzenden der SPD, Brandt, an den Bundeskanzler, Schmidt
9. Dezember 1974[1]

Archiv Helmut Schmidt, Innenpolitik, Bd. 7: 1974 A–Z.

Lieber Helmut,
im Parteivorstand habe ich unsere Anerkennung und unseren Dank für das zum Ausdruck gebracht, was Du bei den jüngsten Auslandsreisen hinter Dich gebracht hast. Ich habe auch Verständnis dafür, daß Du heute nicht mehr in den Vorstand kommen konntest. Was ich aber für die Zukunft anregen möchte, ist ein telefonischer Kontakt im Falle Deiner Verhinderung. Du wirst Verständnis dafür haben, daß dies aus der Sicht des Parteivorsitzenden keine unbillige Erwartung ist.

Ich hoffe, wir kommen noch vor Weihnachten dazu, ein Wort über den Arbeitsplan [19]75/76 zu sprechen, mit dem [der] Parteivorstand Ende Januar [1975] befaßt werden soll. Wichtig ist, wen Du zu diesem Zweck in die Planungsgruppe des PV delegierst.
Mit freundlichen Grüßen
‹Dein W[illy]›[2]

Nr. 20
Hs. Schreiben des Bundeskanzlers, Schmidt, an den Vorsitzenden der SPD, Brandt
7. Januar 1975[1]

AdsD, WBA, A 9, 12.

Lieber Willy,
zuvörderst meine besten Wünsche zum Neuen Jahr und sodann herzlichen Dank für Deinen Brief zu meinem Geburtstag. Mit Deiner Mahnung, die eigenen Kräfte haushälterisch zu nutzen, hast Du gewiß recht gehabt; Beweis: ich habe seit dem Tage vor Weihnachten bis vorgestern im wesentlichen geschlafen, um ein unangenehmes physisches Tief zu überwinden. Daher auch meine späte Antwort, für deren Verzögerung ich Deine Nachsicht erbitte.

Die Ruhe hat mir Zeit zum Nachdenken gegeben. Darf ich meine Denkergebnisse Dir mitteilen? Hier sind sie:

1) Du hast zwei Durchbrüche erzielt, die ohne Dich so nicht möglich gewesen wären. Zum einen die Partei in die Regierung gebracht und ihre Regierungsfähigkeit dem deutschen Wähler klar gemacht und ihm vor Augen geführt zu haben, daß es alles auch anders geht und z.T. besser als vordem.
2) Zum anderen die Eliminierung/Limitierung unserer Risiken in Berlin und vis-à-vis den östlichen Nachbarn, die doch zugleich entscheidende Behinderungen unserer westlichen und Europa-Politik gewesen waren. Ich habe dies in einem diese Woche erschienenen Spiegel-Interview auch öffentlich noch einmal klargemacht.
3) Verzeih' mir, daß ich den Kanzler-Wechsel im Mai [1974] – dessen Beweggründe in Deiner Brust ich allerdings inzwischen ganz verstanden zu haben glaube – als eine Gefährdung des Erreichten nach wie vor ansehe. Inzwischen habe ich versucht, to make the best of it. Dies ist bisher in Richtung Ausland gelungen, Richtung Inland und insbesondere Richtung Partei nur sehr begrenzt. Unsere Sache steht vielmehr auf Messers Schneide – mit der poten-

tiellen Gefahr einer Desorientierung der zweiten deutschen Demokratie (insoweit hat m. E. Heinz Kühn de facto recht).
4) Dazu trägt vornehmlich die ökonomische Lage bei, die international gesehen objektiv sehr gut ist, gleichwohl national und besonders von unseren Arbeitnehmern nicht so empfunden werden kann – natürlich nicht. Sie ist übrigens (dies <u>nur</u> zur internen Redlichkeit) <u>nicht ausschließlich</u> der internationalen ökonomischen, insbesondere der Öl- und Währungsentwicklung wegen gedrückt, sondern z. T. eben auch wegen unserer Stabilitätspolitik des Jahres 1973 und wegen unserer festen Weigerung, die proportionslosen Nominal-Lohnsteigerungen des Jahres 1974 durch die Bundesbank finanzieren zu lassen. Einige Spitzen-Gewerkschafter haben das verstanden und sind innerlich bereit, für 1975 daraus richtige Konsequenzen zu ziehen. Viele andere aber nicht (und H[einz] O[skar] Vetter nur verbal, nicht in seiner politischen Wirkung). Hier liegt eine entscheidende Gefahr für 1975 – ebenso wie in dem naiven Mißverständnis einiger öffentlich redender Genossen, die gegenwärtige Zurückstellung einiger wirtschaftlich bedeutsamer Reform-Vorhaben sei im Wesen des gegenwärtigen Bundeskanzlers begründet (statt in finanzökonomischer Bedrängnis!). Falls unsere Kollegen und Genossen auch 1975 versuchen, das Sozialprodukt zu überfordern, geht unsere Sache ökonomisch (und dann politisch!) schief.
5) Eine der wichtigsten Aufgaben der Führung scheint mir deshalb in 1975 zu sein, unserer Partei und ihren Exponenten auf allen Ebenen ökonomisches Augenmaß zu vermitteln. Wegen seines völligen Verzichtes auf Quantifizierung ist dabei der Entwurf eines ök[onomischen] Orientierungsrahmens[2] im ungewollten Ergebnis eher schädlich als nützlich.
6) Die Partei hat ihr Tief vom letzten Winter nicht wirklich überwunden: wir haben lediglich den Abwärtstrend gestoppt, nicht jedoch eine Umkehr der Tendenz erzielt. <u>Haupt</u>grund in meinen Augen: nach wie vor die zersplitterte, z. T. flagellantistische[3] Selbstdarstellung auf vielen Ebenen, deren Abflauen ich nur erhoffe (hier liegt die <u>zweite</u> Hauptaufgabe für 1975 – besonders im Vorfeld des Parteitages), nicht aber schon (wie Du) voraussehe. Wie fünf Jahre

lang Du als Kanzler ein wesentlich höheres Ansehen hattest als die Partei, so geht es z. Zt. mit mir auch. Daraus resultiert erneut die Notwendigkeit, das hohe Maß an öffentlichem Vertrauen in den Kanzler zu nutzen für die Partei (ich muß Dir nicht versichern, daß ich dies nicht aus persönlichen Motiven fordere).

Die Partei muß sowohl „Kontinuität" als auch „Konzentration auf das wesentliche" ernst nehmen. Sie darf ihre eigene Gesetzgebungs- und Regierungstätigkeit (und die damit befaßten Personen) nicht – auch nicht stillschweigend oder implicite – desavouieren lassen. Dies gilt auch gegenüber Herbert Wehner, der – was immer Du über ihn denkst und was immer der eine oder andere sonst über ihn redet – bisher immer noch die Fraktion mit Erfolg so steuert, daß sie dem Ganzen dient (und m. E. von allen zentralen Gremien der Partei immer noch die zugleich loyalste und nützlichste Stütze unserer Arbeit ist). Ich wünsche der Gesamtpartei soviel Augenmaß, wie es die Bundestagsfraktion hat – bei allen gelegentlichen Ausrutschern und sogar auch Ausbrüchen. Sie weiß auch, daß es mit der Reform-Arbeit weitergehen wird und nährt (wenn man von Lohmar, Rosenthal und anderen Einzelgängern absieht) daran auch keinen Zweifel.

7) FDP: Mein Verhältnis zu Genscher ist gut geworden, auch zuverlässig. G[enscher] und Mischnick sind die besten Stützen. Friderichs, Lambsdorff und Bangemann sind Konkurrenten, die die Sache schwierig machen. Die Existenzangst vieler Freidemokraten kommt hinzu. Wir werden in der Öffentlichkeit, zwischen den Fraktionen und im Kabinett viel Fingerspitzengefühl benötigen – was nicht <u>aus</u>schließt, sondern <u>ein</u>schließt, gelegentlich sehr deutlich werden zu müssen. <u>Nach</u> NRW[4] müssen wir im kleinen Kreis die Lage der FDP betrachten und uns über unser richtiges Verhalten klar werden.

8) CDU/CSU: Wir müssen Strauß angreifen, aber nicht blindlings, sondern überlegt und gekonnt. Er hat als einziger wirkliche Energie (er wird 1975 wahrscheinlich in seiner öffentlichen Wirksamkeit den Weiß-Wurst-Äquator deutlich sichtbar überschreiten), die anderen CDU/CSU-Führer profitieren bloß passiv von unserer

gegenwärtigen Schwäche. Wenn mir in der Presse Respekt gegenüber Straußens Energie diagnostiziert wird, so trifft das also die Wahrheit – wenn mir heimliche Sympathie für ihn (oder für Große Koalition) nachgesagt würde, so ist das blühender Unsinn. Falls doch Kohl oder Stoltenberg Kandidat werden sollte, werden wir davon auszugehen haben, daß Str[auß] der eigentliche Obermohr ist – jedenfalls bis zur Bundestagswahl.

9) Meine Schlußfolgerungen zur internationalen Lage muß ich Dir nicht schreiben – nicht nur, weil Du mehr davon verstehst als ich, sondern auch, weil wir wahrscheinlich bis ins Detail übereinstimmen. Die Mittel-Ost-Gefahr ist für uns am größten.

Lieber Willy,
entschuldige die Länge der Epistel. Ich meinte, Du habest Anspruch darauf. Hab' Dank fürs Lesen. Und sei gewiß, daß ich Deine Meinung voll teile, wonach wir beide mit gegenseitiger Ergänzung unserer Arbeit der Partei am besten dienen können. Mit herzlichen Grüßen
Dein H[elmut][5]

Nr. 21
Aus der Erklärung von Parteivorstand, Parteirat und Kontrollkommission der SPD zur Bundeskonferenz in Recklinghausen 17. Februar 1975[1]

Politik. Aktuelle Informationen der Sozialdemokratischen Partei Deutschlands, Nr. 5, Februar 1975.

Recklinghäuser Erklärung

I. Im Auftrag unserer Mitbürger geschlossen handeln

1. Die Bundesrepublik Deutschland ist wirtschaftlich, sozial und politisch stabiler als fast alle anderen Staaten der Welt. Aber auch wir sind harten Belastungen von außen ausgesetzt. Im Innern ist die

CDU/CSU zu der von ihr so oft beschworenen Solidarität der Demokraten unfähig. Die Opposition verbreitet Unsicherheit. Sie schürt Mißtrauen in die Leistungskraft des Staates.

In dieser Zeit gewinnt das Gespräch mit den Bürgern eine besondere Bedeutung. Alle Mitglieder und Freunde der Sozialdemokratischen Partei Deutschlands sind aufgerufen, sich diesem Gespräch verstärkt zu widmen. Dabei gilt es, verwirrende Demagogie zu entlarven und über die wirkliche Lage aufzuklären.

2. Der Dialog mit den gesellschaftlichen Gruppen ist für uns Sozialdemokraten jetzt besonders wichtig. Wir führen ihn unabhängig davon, ob man uns aufgeschlossen oder mit Reserve begegnet.

3. Der Kampf um das Vertrauen der Wähler muß geschlossen und offensiv geführt werden. Dazu bedarf es einer leistungsfähigen Organisation. Sie muß – entsprechend den Beschlüssen des Parteivorstandes – auf manchen Gebieten verbessert werden.

4. Unsere Partei braucht die innerparteiliche Diskussion. Aber sie duldet keine Zweifel an ihren Grundsätzen. Politischen Gegnern darf es nicht leicht gemacht werden, unsere offene Meinungsbildung für ihre Zwecke auszunutzen.

[...][2]

III. Mit der Union ist kein Staat zu machen

14. In diesen Zeiten umwälzender Veränderungen setzen die maßgebenden Kräfte der Opposition auf das Spiel mit der Angst. Es sind Kräfte, die die Zukunft unseres Volkes in der Vergangenheit suchen. Sie haben die Flucht zurück, in ein programmatisches Niemandsland angetreten. Vielfach argumentieren sie aus dem Hinterhalt.

Zur Lösung der Schwierigkeiten, die im Interesse unseres Volkes bewältigt werden müssen, hat die Opposition keinen vernünftigen Vorschlag anzubieten.

15. Die CDU/CSU steht mit leeren Händen da, wenn es darauf ankommt, konkret zu entscheiden:

Die neue Parteizentrale in Bonn symbolisiert die Veränderung der SPD: Am 1. Oktober 1975 wird auf dem Erich-Ollenhauer-Haus ein orangefarbener, des Nachts angestrahlter Kubus installiert, um dem CDU-Hochhaus mit seiner roten Leuchtschrift Paroli zu bieten.

- Sie ist unfähig, sich auf konkrete gesellschaftspolitische Fragestellungen und Antworten zu einigen.
- Ihre Außenpolitik hat keine Linie.
- Der weltwirtschaftlichen Herausforderung steht sie ratlos gegenüber.
- Sie bietet keine personelle Alternative zu Bundeskanzler Helmut Schmidt und seiner Regierung. Sie ist bisher nicht einmal imstande, einen Kanzlerkandidaten zu benennen.

Dennoch versucht sie, den Anschein zu erwecken, als könne sie die Probleme mit Rezepten lösen, die veraltet sind. Das ist gefährlich, denn es nährt Illusionen, die nur enttäuscht werden können. Solche Enttäuschung kann für unsere Demokratie insgesamt gefährlich werden.

16. Wie immer in ihrer Geschichte ist auch jetzt die SPD Zielscheibe für Extremisten aller Schattierungen: Für die einen, weil sie auf Krisen hoffen, an denen sie politisch profitieren wollen; für andere, um lautstark ihre Bedeutungslosigkeit zu überspielen. In dieser Situation liegt die Verantwortung für den Bestand und den Ausbau unserer Demokratie in ganz besonderem Maße bei den Sozialdemokraten und ihrem freidemokratischen Bündnispartner.
17. Die CDU/CSU hat bei den Wahlen im vergangenen Jahr trotzdem Stimmen geholt.[3] Ihre Aggressivität hat bei vielen den Eindruck von Bestimmtheit erweckt. Hinzu kommt: die SPD trat zuweilen nicht geschlossen genug auf. Sie deckte nicht überzeugend genug auf, mit welcher Doppelzüngigkeit die Opposition versucht, ihre geistige und politische Substanzlosigkeit zu übertünchen.
18. Trotz aller Anstrengungen ihrer Manager und Geldgeber kann die CDU/CSU nicht darüber hinwegtäuschen, daß sie in ihrem gegenwärtigen Zustand nicht regierungsfähig ist. Die Rivalität der Gruppen, die heute die Opposition kennzeichnet, würde, müßte sie Verantwortung übernehmen, die Staatsgeschäfte blockieren. Der soziale Frieden, der Bestand der sozialen Sicherheit und unser Ansehen in der Welt wären gefährdet. Das muß verhütet werden. Wir müssen unsere Mitbürger wissen lassen: mit CDU und CSU ist kein Staat zu machen.

IV. Klare Orientierung schafft Vertrauen

19. „Wer morgen sicher leben will, muß heute für Reformen kämpfen."[4] Dieser Satz gilt. Die Bereitschaft zum Ausbau des demokratischen und sozialen Bundesstaates bleibt lebensnotwendig. Dies ist die Voraussetzung für ein humanes Leben, dies sichert den Bestand der freiheitlichen Verfassung. Die Sozialdemokraten haben für soziale Verbesserungen gekämpft und sie durchgesetzt. Das zahlt sich jetzt für alle aus. Die Bürger in der Bundesrepublik Deutschland leben heute sicherer als ihre Nachbarn.
20. Es kommt darauf an, das Erreichte zu bewahren. Aber auf Dauer reicht es nicht aus, lediglich das Bestehende zu sichern. Richtiges

Handeln erfordert eine vorausschauende Orientierung der Politik. Sozialdemokraten haben schon vor dem weltwirtschaftlichen Umbruch die Überbewertung des bloßen quantitativen Wachstums als falsch erkannt. Sie füllten den Begriff „Lebensqualität" mit konkreten Inhalten für die Menschen in unserem Land und gewannen 1972 die Zustimmung der Wähler für eine nach vorn gerichtete Politik.

21. Jetzt liegt der Entwurf unseres Orientierungsrahmens für die Jahre bis 1985 vor. Die Mitglieder der SPD werden ihn gründlich beraten, wenn sie die anstehenden Wahlentscheidungen hinter sich haben. Alle aufgeschlossenen Mitbürger sind zur Mitarbeit eingeladen. Die SPD wird auf ihrem Parteitag Anfang November 1975 in Mannheim Beschlüsse fassen, die heute überzeugen und morgen bestehen.

22. Das Godesberger Programm ist die Grundlage auch des Orientierungsrahmens '85. Wir messen unsere langfristigen gesellschaftspolitischen Vorstellungen an den Grundwerten des demokratischen Sozialismus: Freiheit – Gerechtigkeit – Solidarität. Als Ergebnis der innerparteilichen Diskussion streben wir an: Zusätzliche Klarheit über unsere Ziele; über Prioritäten ihrer Verwirklichung bei knappen Mitteln und begrenzter Zeit; über die Instrumente und Methoden der Durchsetzung.

V. Leistung schafft Vertrauen

23. Sozialdemokratische Politik bedeutet, den Auftrag des Grundgesetzes ernst zu nehmen und ständig für alle Bürger an seiner Erfüllung zu arbeiten. Für die Kontinuität dieser Arbeit stehen wichtige Erfolge und Vorhaben:
- Die sozialdemokratisch geführte Bundesregierung unter Willy Brandt hat mit dem Betriebsverfassungsgesetz die Rechte der Arbeitnehmer in den Betrieben gestärkt. Die sozialdemokratisch geführte Bundesregierung unter Helmut Schmidt wird die Mitbestimmung ausbauen.
- Wir haben das Mietrecht sozialer gestaltet.
- Ein neues Bodenrecht wird hinzukommen.

- Für viele der jungen Menschen haben wir durch unsere Bildungspolitik mehr Chancengleichheit ermöglicht. Die Neuordnung der beruflichen Bildung wird ein weiterer Schritt in diese Richtung sein.
- In der letzten Wahlperiode haben wir die flexible Altersgrenze eingeführt und die Sozialversicherung auch für Selbständige geöffnet. In dieser Legislaturperiode wurden für Millionen Arbeitnehmer die Betriebsrenten unverfallbar gemacht.
- Durch die Neugestaltung des 624-Mark-Gesetzes kommen inzwischen 17 Millionen Arbeitnehmer in den Genuß dieser Form der Vermögensbildung. Durch die Steuerreform und das neue Kindergeld erhalten 20 Millionen Bürger erhebliche Einkommensverbesserungen.

24. Sozialdemokratische Politik wird die Zukunft sichern. Die weltweite Verknappung und Verteuerung von Rohstoffen und Energie zwingen uns, durch neue Anstrengungen und Verfahren unsere Abhängigkeit von Fremdquellen zu vermindern. Wir werden die Kohle intensiver nutzen und ihren Absatz langfristig sichern. Wir entwickeln Modelle zur Einsparung von Energie, ohne deshalb auf Wirtschaftswachstum zu verzichten.

25. Die Zeit des planlosen Raubbaus ist vorbei. Umweltschutz wird immer wichtiger. Wir schaffen menschlichere Lebensbedingungen durch Forschung und zukunftsorientierte Technologien. Modernisierung der Wirtschaft, Humanisierung des Arbeitslebens, vernunftbestimmte Gesundheitspolitik und bürgerfreundliche Gemeinden sind Kernpunkte unseres Programms.

VI. Den Grundwerten verpflichtet

26. Gerade jetzt kommt es darauf an, für die SPD zu arbeiten. Unter sozialdemokratischer Führung ist unser Land in sicherer Hand. Wir brauchen die Auseinandersetzung mit den politischen Gegnern nicht zu scheuen. CDU und CSU setzen auf Unsicherheit und Angst, die sie demagogisch selbst schüren. Wir Sozialdemokraten setzen Leistungen dagegen.

27. Die innere Sicherheit, Recht und Ordnung, sind in unserem Land gewährleistet. Sozialdemokraten wissen demokratische Freiheiten und Bürgerrechte gegen Terror und andere Kriminalität – auch gegen reaktionäre Herausforderungen – zu verteidigen.

28. Wir haben den Frieden in Europa sicherer gemacht. Trotz mancher Schwierigkeiten werden wir die Entspannungspolitik fortführen. Denn zu dieser Außenpolitik gibt es keine Alternative. Die Bundeswehr und aktive Friedenspolitik ergänzen sich gegenseitig und sorgen gleichermaßen für unsere Sicherheit nach außen.

29. Die Sozialdemokratische Partei hat in ihrer über hundertjährigen Geschichte nie politische Macht um ihrer selbst Willen erstrebt. Sie hat sich auch nie als Repräsentant von Interessengruppen verstanden:

– Wir sind auf Freiheit verpflichtet und haben deshalb immer die Demokratie gegen Reaktionäre verteidigt.
– Wir sind auf Gerechtigkeit verpflichtet und haben deshalb immer Politik zum Nutzen der breiten Schichten unseres Volkes gemacht.
– Wir sind auf Solidarität verpflichtet und haben deshalb den Schwachen und Benachteiligten geholfen.

30. Wir sind der Zukunft unserer Mitbürger verpflichtet. Wo wir in der Verantwortung stehen, erfüllen wir die Aufgaben des Tages mit Augenmaß. Wir haben im Blick, was langfristig bedacht und getan werden muß, um den sozialen Frieden in unserem Lande auch morgen zu sichern.

Nr. 22
Aus der Rede des Vorsitzenden der SPD, Brandt, in der Aussprache über die Regierungserklärung von Bundeskanzler Schmidt zur Inneren Sicherheit im Deutschen Bundestag 13. März 1975

Stenogr. Berichte 7. Deutscher Bundestag, 155. Sitzung, Bd. 92, S. 10760 – 10768.

Herr Präsident [von Hassel]! Meine Damen und Herren! Namens meiner politischen Freunde möchte ich vorweg dem Bundeskanzler ausdrücklich danken für die Regierungserklärung, die er heute vormittag hier abgegeben hat. (Beifall bei der SPD und der FDP) Unser Dank richtet sich gleichermaßen an die Adresse des Herrn Bundesinnenministers, Professor Maihofer, wie auch an den früheren Bundesinnenminister, den jetzigen Stellvertreter des Bundeskanzlers. (Beifall bei der SPD und der FDP)

Ich selbst – das mag den einen oder anderen überraschen – stelle bewußt das Wort **„Ohnmacht"** an die Spitze dessen, was ich hier heute zu sagen habe. (Lachen bei der CDU/CSU)

Wir debattieren heute über alles Mögliche, und ich unterschätze nicht die Bedeutung irgendeiner der Fragen, die hier aufgeworfen werden. Aber dabei begleitet uns doch, wenn wir ehrlich sind, die Vermutung, daß bald ein neuer Terroranschlag hinzukommen könnte. Wir reden über alles Mögliche, und das muß wohl so sein. (Erneutes Lachen bei der CDU/CSU – Reddemann [CDU/CSU]: Was heißt „über alles Mögliche?" – Zuruf von der CDU/CSU: Neue Weisheiten!)

Aber wer von uns hielte das Rezept bereit, mit dem die Unsicherheit zu verscheuchen wäre?

Kein Tag vergeht, an dem uns nicht beim Zeitunglesen, am Schreibtisch oder vor dem Fernsehschirm Meldungen über Gewalttätigkeiten aus aller Welt begegnen. Wir fragen uns, unsere Mitbürger fragen sich, und sie fragen uns: Könnte uns, jedenfalls in der

Bundesrepublik Deutschland, die **Ausbreitung des Terrorismus** nicht erspart bleiben? – Wir sind auch auf diesem Gebiet – ohne daß wir uns zuviel darauf einbilden sollten – besser dran als die meisten anderen Staaten. (Widerspruch bei der CDU/CSU)

Aber es besteht kein Zweifel: Die Ereignisse und die Auseinandersetzungen der letzten beiden Wochen seit der Entführung in Berlin[1] haben alle Bürger mit Sorge erfüllt – alle, denen die Zukunft unserer freiheitlichen und rechtsstaatlichen Ordnung am Herzen liegt.

Es gibt hier zwei Ursachen, die sich wechselseitig bedingen. Einmal hat eine Handvoll verbrecherischer Terroristen uns alle ohne Unterschied und über alle Parteigrenzen hinweg zu der bestürzenden Erkenntnis gezwungen, daß unser Staat und seine auf der freien Übereinkunft der Bürger beruhende Autorität dann bis in die Ohnmacht getrieben werden können, wenn es darum geht, **Menschenleben zu retten**. Und da macht es keinen prinzipiellen Unterschied, ob es sich um e i n Menschenleben handelt oder um mehrere.

Meine Freunde und ich, wir zusammen – denke ich – mit allen anderen, sind froh darüber, daß Peter Lorenz gerettet werden konnte. Wir stehen zu den Entscheidungen, die dazu notwendig waren. Ich sage dies auch deshalb, weil mir der Rat, um den ich zusammen mit anderen gebeten wurde, schwergefallen ist, und weil ich es auch jetzt ablehne, von einer automatischen Folgewirkung dessen auszugehen, was am 3. März [1975] im konkreten Fall entschieden werden mußte.

Die Feinde unserer freiheitlich-demokratischen Grundordnung hatten allerdings nach jener Entscheidung insofern auch keinen Grund zum Triumph, weil gerade in seiner Ohnmacht – ich wiederhole dieses Wort – unser **demokratischer Rechtsstaat** doch auch seine **Humanität** und seine **Würde** bewiesen hat. (Beifall bei der SPD und der FDP)

Das unterscheidet ihn von den meisten Staatssystemen der Vergangenheit und Gegenwart zu seinem und unser aller Vorteil.

Ich sprach, meine Damen und Herren, von der Ohnmacht als der einen Ursache unserer Sorge. Ihr stand gegenüber, was ich die Verlockung nach allzu einfachen Antworten auf ein sehr schwieriges

Problem nenne. Dieser Verlockung sind manche in unserem Lande doch allzu leicht erlegen. Und darauf richtet sich die zweite Sorge. Ich nenne den Ruf nach der Todesstrafe, der zu erwarten war, obwohl von den grundsätzlichen Erwägungen abgesehen, die den Bestimmungen unserer Verfassung zugrunde liegen, niemand guten Gewissens behaupten kann, zwischen Todesstrafe und Sicherheit der Bürger gebe es einen positiven Zusammenhang. (Stücklen [CDU/CSU]: Das Gegenteil ist auch nicht bewiesen!)

In einer Hamburger Tageszeitung, die mindestens Weltgeltung beansprucht, (Heiterkeit bei der SPD – Zurufe von der CDU/CSU) hat deren Chefredakteur diesem Staat – und das sind wir alle – eine kaufmännische Mentalität vorgeworfen, weil ein Leben gerettet werden sollte und gerettet worden ist. (Hört! Hört! Bei der SPD)

Meine Damen und Herren, man mag die konkrete Entscheidung, zu der die Länderchefs und der Bundeskanzler gekommen sind, drehen und wenden wie man will: Die Humanität und die Würde unseres Gemeinwesens dürfen nicht in den Dreck gezogen werden. (Beifall bei der SPD und der FDP)

Leider ließen sich weitere Beispiele einer solchen Gesinnung leicht anführen.

Mit meinen politischen Freunden und vielen engagierten Bürgern im Lande habe ich die eindeutige Distanzierung vermißt, die die Parteifreunde des von mir geschätzten Mannes sind, um dessen Leben mit „kaufmännischer Mentalität" gerungen wurde, wie man sie dem Bundeskanzler und den vier unmittelbar zuständigen Länderchefs hat nachsagen wollen. (Wehner [SPD]: Hört! Hört!)

Nein, so geht es nicht, meine Damen und Herren. (Beifall bei der SPD und bei Abgeordneten der FDP)

Ich erkläre hier und bestätige das, was ich am Wochenende vor einer großen Zahl von Betriebsräten in Dortmund gesagt habe:[2] Die Sozialdemokratische Partei Deutschlands allein und im sozial-liberalen Regierungsbündnis setzt besonnene Entschlossenheit und Augenmaß gegen Maschinenpistolen und Bomben ebenso wie gegen die Demagogie, mit der manche Leute die Gefühle in unserem Lande aufzuheizen versuchten. (Beifall bei der SPD und der FDP)

Durch beides, Terrorismus wie Demagogie, wird unser Gemeinwesen gefährdet.

Die Terroristen hoffen darauf oder rechnen sogar damit, daß das Gefühl der Ohnmacht, von dem ich sprach, in der Abkehr von den freiheitlichen und rechtsstaatlichen Grundsätzen enden könnte, die den Kern unserer demokratischen Ordnung ausmachen. Sie wollen, daß die von ihnen angewandte Gewalt undifferenzierte und emotional gesteuerte Gegengewalt produziert. Sie selbst glauben offensichtlich, sich dieser Gegengewalt entziehen zu können. Das ist absurd. Aber sie spekulieren darauf, daß die von ihnen so genannte Gegengewalt sich gegen alle jene richtet, die in unserem Lande an mehr als einer Stelle als „geistige Wegbereiter des Terrorismus" denunziert werden. Sie rechnen damit, daß es in einer Atmosphäre des Mißtrauens und der Diffamierung zu unheilbaren Auseinandersetzungen zwischen den demokratischen Parteien kommt und daß dabei vor allem jene geschwächt werden, die sie zu recht als ihre gefährlichsten Feinde betrachten, nämlich die deutschen Sozialdemokraten. (Beifall bei der SPD – Lachen und Zurufe von der CDU/CSU)

– Meine Damen und Herren, mich überrascht Ihre Unruhe nicht. (Reddemann [CDU/CDU]: Gegen diese falsche Selbsteinschätzung ist kein Kraut gewachsen!)

Sie mögen von der SPD halten, was Sie wollen: (Zuruf von der CDU/CSU: So ist es! – Reddemann [CDU/CSU]: Dürfen wir das noch?) sie war und ist auch aus meiner Sicht, aus unserer Sicht nicht frei von Fehlern. (Zuruf von der CDU/CSU: Holzen!)

Aber eines kann uns niemand nehmen: Wir sind angetreten gegen Unterdrückung, für Freiheit. Dabei ist es geblieben, dabei wird es immer bleiben. (Anhaltender lebhafter Beifall bei der SPD und Beifall bei Abgeordneten der FDP)

Niemals in unserer 112-jährigen Geschichte haben wir unserem Volk einen Rat gegeben oder einen Weg gewiesen, der in Krieg oder Knechtschaft oder Terror hätte führen können. (Erneuter lebhafter Beifall bei der SPD und Beifall bei der FDP)

Lassen Sie mich, meine Damen und Herren, an diesem 13. März 1975 an eine bittere Stunde des deutschen Parlamentarismus erinnern. Es war eine Stunde im alten deutschen Reichstag, in der die erste deutsche Demokratie bereits zwischen den Extremen der Weimarer Republik zerrieben worden war. Es war der 23. **März 1933**, auf den Monat genau vor 42 Jahren. Da stand ein anderer Vorsitzender der deutschen Sozialdemokraten, **Otto Wels**, und sagte im Berliner Reichstag in der Sprache seiner Zeit:

„Wir haben gleiches Recht für alle und ein soziales Arbeitsrecht geschaffen. Wir haben geholfen, ein Deutschland zu schaffen, in dem nicht nur Fürsten und Baronen, sondern auch Männern aus der Arbeiterklasse der Weg zur Führung des Staates offensteht. ‹...›[3] Wir stehen zu den Grundsätzen des Rechtsstaates, der Gleichberechtigung des sozialen Rechts. Wir deutschen Sozialdemokraten bekennen uns in dieser Stunde feierlich zu den Grundsätzen der Menschlichkeit und der Gerechtigkeit, der Freiheit und des Sozialismus."

Soweit Otto Wels im März 1933. (Beifall bei der SPD – Stücklen [CDU/CSU]: Das waren damals noch aufrechte Sozialdemokraten!)

Hitler, der sein Ermächtigungsgesetz durchpeitschen wollte, brüllte zurück:

„Ich bin der Überzeugung, daß wir dem deutschen Volk den Geist einimpfen werden, der es auch bei seiner heutigen Wehrlosigkeit, Herr Abgeordneter, nicht ehrlos lassen wird."[4]

Zitat Schluß. (Zuruf von der CDU/CSU: Wo war denn Wehner damals?)

Was daraus wurde, ist bekannt. Es steckt den älteren unter uns tief in den Knochen. Da macht es, meine verehrten Zwischenrufer, überhaupt keinen Unterschied, (Zurufe von Abgeordneten der CDU/CSU zur SPD und Gegenrufe) ob sie Christdemokraten, Freie Demokraten oder Sozialdemokraten sind. (Unruhe bei der CDU/CSU – Glocke des Präsidenten)

Ich habe auch nicht daran erinnert, um Parallelen zu ziehen, die ganz abwegig wären. Ich erinnere daran, um eine Frage zu stellen und zwei Feststellungen zu treffen. Die Frage, die ich hier stellen möchte, lautet: Welcher Geist soll heute unserem Volk eingeimpft werden, wenn, wie es an mehr als einer Stelle heißt, zum „Kampf gegen die lasche Liberalität", gegen die „Politik der Libertinage", gegen das larmoyante Gewährenlassen geblasen und die angeblich bewußt herbeigeführte Wehrlosigkeit unseres Staatswesens bejammert wird? Welcher Geist ist es, der einen bekannten und sonst durchaus populären Fernsehfahnder[5] empfehlen läßt, Untergrundgruppen „mit dem Ausnahmerecht des Krieges" zu bekämpfen. Ich habe zitiert. Vom standrechtlichen Erschießen war ja auch schon die Rede. Ich verstehe ja, daß die Wut mit manchem durchgeht. Jeder muß sich ja beherrschen, damit dies nicht auf einem solchen Hintergrund mit ihm geschieht. Aber ich warne doch eindringlich davor, den Teufel mit Belzebub austreiben zu wollen. (Beifall bei der SPD und der FDP – Dr. Mertes [Gerolstein] [CDU/CSU]: Wer tut das denn?)

Unser Volk hat damit schon mehrfach böse Erfahrungen machen müssen. Wir haben alle die Pflicht, es davor zu bewahren, und niemand sage, das sei Verharmlosung. Ich meine, das Gegenteil sei richtig. Das war die erste Feststellung.

Niemand – und da greife ich den Satz auf, den ich vor fünf Minuten sprach – braucht den deutschen Sozialdemokraten Belehrungen darüber zu erteilen, was die **Freiheit der Demokratie** bedeutet und daß sie kraftvoll zu verteidigen ist. (Beifall bei der SPD und der FDP)

Mit Nachdruck füge ich aber hinzu: Niemand sollte auch weiterhin versuchen, wie es in diesen Tagen wiederholt geschehen ist, uns subkutan – ob man nun, Herr Minister Merk, Wunschlandschaften einführt oder nicht – in die Nähe von Terroristen rücken zu wollen. Das lassen wir uns nicht gefallen! (Lebhafter Beifall bei der SPD und Beifall bei der FDP)

Wir deutschen **Sozialdemokraten** haben in der Geschichte der letzten 100 Jahre mehr als einmal bewiesen und mehr als einmal erfahren müssen, was es heißt, für den **demokratischen Rechtsstaat** einzustehen. Die Sozialdemokraten sind zu Tausenden und Abertausenden deswegen vertrieben, verfolgt, eingekerkert, umgebracht worden. In dieser Tradition stehen wir. Mit vielen aus den anderen demokratischen Lagern unseres Landes stehen wir gemeinsam in dieser Tradition. Deshalb sind wir dafür, mit ganzer Entschlossenheit die Härte unserer freiheitlichen Ordnung einzusetzen, um ein Wegrutschen unserer Bundesrepublik in ein autoritäres System – gleich welcher Herkunft – zu verhindern. (Lebhafter Beifall bei der SPD und der FDP)

Die freiheitliche Substanz unserer demokratischen Ordnung lassen wir von niemandem antasten.

Ich habe eine zweite Feststellung angekündigt. Gerade die Sozialdemokratie war und ist der Hauptfeind von Extremisten. Warum? Weil wir die Gesellschaft über die ganzen Generationen hinweg, um die es sich jetzt schon handelt, mit besonderem Nachdruck und in ungebrochener Kontinuität, friedlich und mit vernünftigen Schritten gerechter gestalten wollen. (Reddemann [CDU/CSU]: Ihre Selbstgerechtigkeit ist grenzenlos!) Weder Terroristen noch ihre demagogischen Gegenspieler sollen insoweit glauben, daß sie uns für dumm verkaufen können. (Beifall bei der SPD und der FDP – Dr. Marx [CDU/CSU]: „Insoweit"!)

Wir bleiben bei unserem entschiedenen Widerstand gegen alle Extreme, auch wenn andere meinen, sie könnten Kapital daraus schlagen oder mit taktischen Finessen Vorteile daraus ziehen.

[...][6]

Es ist üblich geworden, von den **Terroristen** als von **„Linken"** zu reden. (Reddemann [CDU/CSU]: Sind das etwa Rechte oder gar welche von der Mitte?)

Dies ist ein Sprachgebrauch, der nur zu gedankenlos – auch von mir selbst, deshalb kritisiere ich nicht nur andere, auch mich selbst – übernommen worden ist. (Reddemann [CDU/CSU]: Selbstkritik! – Dr. Carstens [Fehmarn] [CDU/CSU]: Nollau!)

Sicher steckt aber in einigen Fällen auch Absicht dahinter: Deshalb zwei Bemerkungen.

Erstens: Wer den Terroristen im Sinne des eigentlichen politischen Spektrums unseres Landes – politischen, sage ich – das Prädikat „links" zuerkennt, tut ihnen eine Ehre an, die ihnen nicht zusteht. (Beifall bei der SPD und der FDP – Reddemann [CDU/CSU]: Das ist politische Gesäßgeographie!)

Er bezieht sie in ein Schema ein – darüber läßt sich natürlich auch sonst streiten –, das dem parlamentarischen Raum entnommen ist. Ich sage mit Nachdruck: die Terroristen sind alles andere als „Linke" im Sinne des politischen und parlamentarischen Parteienspektrums. Sie haben damit nichts zu tun. (Beifall bei der SPD und der FDP)

Sie sind vielmehr Leute, die der Reaktion in die Hände arbeiten. (Lebhafter Beifall bei der SPD und der FDP)

Zweitens: Wer sie dennoch im doppeldeutigen Sinne als „Linke" bezeichnet, verunglimpft bewußt oder unbewußt die parlamentarische Linke, (Reddemann [CDU/CSU]: Also haben Sie sich selbst verunglimpft!) um diese wiederum bewußt oder unbewußt – bei Ihnen, Herr Reddemann, wohl eher das erste, bei anderen das zweite –, (Beifall bei der SPD) in die Nähe der Terroristen zu rücken.

Im Namen der parlamentarischen Linken – und dies ist die Rolle der Sozialdemokratie auch dort, wo sie in das Lager der neuen Mitte hineingewachsen ist – (Lachen und Zurufe von der CDU/CSU) weise ich diese Versuche entschieden zurück. (Beifall bei der SPD und bei Abgeordneten der FDP – Möller [Lübeck] [CDU/CSU]: Nostalgie! Nostalgie!)

Terroristische Gewalttäter, die den Sozialdemokraten Günter von Drenkmann ermordet haben[7] und die unseren Kollegen Peter Lorenz entführt haben, (Stücklen [CDU/CSU]: Von der CDU!) haben mit den Interessen der breiten arbeitenden Schichten unseres Volkes, die durch die linke Seite in diesem Hause gewahrt werden, (Widerspruch bei der CDU/CSU) ganz gewiß nichts gemein. (Lebhafter Beifall bei der SPD und der FDP – Reddemann [CDU/CSU]: Diesen Alleinvertretungsanspruch für die Arbeiterschaft haben bisher nur Sozialisten erhoben! – Weitere Zurufe von der CDU/CSU)

Im Gegenteil, sie sind unsere erbitterten Feinde. (Erneuter Beifall bei der SPD und bei der FDP – Zurufe von der CDU/CSU)

[...][8]

Diesen Staat, mit dem wir uns identifizieren und an dem alle Anteil haben sollen, werden wir mit Leidenschaft und Härte gegen alle verteidigen, die ihn angreifen, geschweige denn zerstören wollen, gegen alle, die seine Substanz als die eines freiheitlichen demokratischen Rechtsstaats antasten wollen. (Zuruf des Abg. Jäger [Wangen] [CDU/CSU])

Ich finde, es wäre nützlich, nicht nur zu sagen, wie schon geschehen ist, daß der Terrorismus ein internationales Phänomen ist, sondern auch zu fragen: Kann etwas geschehen, und wenn ja, was kann durch **internationale Vereinbarungen gegen Terrorismus** geschehen? Mich überzeugt nicht das vielfach vorgebrachte Gegenargument, bei den Vereinten Nationen sei nichts zu machen. Man muß es eben mit denen zusammen machen, die bereit und fähig sind, konkrete internationale Maßnahmen zur Bekämpfung des Terrorismus zu ergreifen. Ich möchte die Bundesregierung ermuntern, trotz mancher Rückschläge auf diesem Gebiet voranzugehen.

Wir sagen ja zu der geistigen Auseinandersetzung, von der hier die Rede war. Verehrte Kollegen, wenn Sie den gemeinsamen Entschließungsantrag der Freien Demokraten und der Sozialdemokraten sehen, so schauen Sie sich insbesondere die Ziffern 6, 7, 8 und 9 an. Dort ist in einiger Prägnanz gesagt, was wir uns in diesem Zusammenhang konkret unter geistiger Auseinandersetzung vorstellen.[9]

Wir sind empört über terroristische Exzesse. Ich bin es ganz gewiß. Aber ergibt sich nun nicht doch auch noch die Frage: Was ist eigentlich mit den Kindern geschehen, aus denen Terroristen wurden? Sie sind doch nicht als solche vom Himmel gefallen. (van Delden [CDU/CSU]: Die sind in deutsche Schulen gegangen! – Heiterkeit bei der CDU/CSU – Zurufe von der SPD)

Vermutlich wird man mir sagen, es gebe dringlichere Fragen. Aber zu diesen dringlicheren Fragen gehört dann auch das, was mir **junge Menschen** für den heutigen Tag mit auf den Weg gegeben haben, und zwar solche jungen Menschen, die von Extremismus nichts wissen wollen und für die Terrorismus ein Greuel ist. Sie fragen doch über den heutigen Anlaß hinaus: Wann trat euer großer Krisenstab, oder was man so nennt, denn schon einmal zusammen, weil sich unsere Zivilisation Jahr für Jahr Zehntausende von Verkehrstoten leistet? Wann habt ihr schon einmal drei Tage und drei Nächte, wenn es so lange war, getagt, weil in unserer Gesellschaft

Tausende von Kindern mißhandelt oder sogar getötet werden? Wann eigentlich stellen sich die Politiker aller Parteien bedrückt vor die Kameras (Zuruf von der CDU/CSU) und rufen nach Solidarität, weil Millionen Menschen in der Welt um uns verhungern, dahinsiechen? Wann kümmert sich jemand um das Millionenheer der Kinder in der Welt, die wenig älter werden als fünf oder sechs Jahre? Wann werden auch da Krisenstäbe zusammentreten? (Beifall bei der SPD und Abgeordneten der FDP)

So fragen viele junge Menschen.

Ich gestehe offen: ich weiß keine Antwort. Sie läßt sich auch nicht aus dem Ärmel schütteln. (Dr. Mertes [CDU/CSU]: Das ist diabolisch! – Weitere Zurufe von der CDU/CSU) Ich weiß aber auch, daß Parolen vom gehärteten Staat hier nicht weiterhelfen. (Zurufe von der CDU/CSU)

Über sie wird nicht einmal gelacht, sie werden mitleidlos beiseitegelegt, damit die für die junge Generation brennenden Fragen Platz haben.

Der **Studentenprotest von 1968** ist ja auch nicht von ungefähr und nicht wie ein Naturereignis über uns gekommen. (Reddemann [CDU/CSU]: Als Sie Regierender Bürgermeister waren!)

Er war zunächst Werbung und Warnung, später Protest und zum bitteren Ende das leidenschaftliche Aufbegehren einer Generation gegen die erkennbare Gefahr, unser Staat könnte im spießerhaften Mief ersticken (Beifall bei der SPD) und durch seine Unbeweglichkeit seine Zukunft und unser aller Zukunft verspielen. (Zurufe von der CDU/CSU)

Kein anderer als Peter Lorenz hat das dieser Tage mit dem Hinweis darauf zum Ausdruck gebracht, seine eigene Partei, die Unionsparteien, hätten sehr wohl auch heute noch Anlaß, darüber nachzudenken, warum ihnen jemals eine ganze Generation junger Menschen den Rücken kehrte. (Zurufe von der CDU/CSU)

Was die Herkunft der aktiven Kräfte jener Jahre angeht, so ist für sie ja schon die treffende Formel geprägt worden, es hätten die Söhne der reichen Leute, die Söhne der Arbeiterklasse dazu mißbraucht, Rache an ihren Vätern zu nehmen, Rache wohl eben dafür, daß diese

Väter sich ihrer Karriere und der Jagd nach dem Geld hingegeben und dabei menschliches Glück zerstört und Geborgenheit verweigert haben. (Beifall bei der SPD und der FDP – Unruhe bei der CDU/CSU)

Was ist aus dem Studentenprotest geworden? Ein erheblicher Teil der damals Aufbegehrenden ist zu meiner Partei gestoßen. Ich habe es stets für kurzsichtig und für staatspolitisch bedenklich gehalten, daß die Führung der CDU/CSU bis heute nicht darauf verzichtet hat, aus diesem Umstand parteipolitischen Profit ziehen zu wollen. Mancher hat sich mit Wollust darauf gestürzt, daß dieser **Integrationsprozeß**, (Zurufe von der CDU/CSU: Was soll denn das alles? – Aufhören! – Dr. Marx [CDU/CSU]: Ihre Zeit ist vorbei!) der Prozeß der Heranführung junger kritischer Menschen an den demokratischen und sozialen Rechtsstaat in der SPD nicht gerade geräuschlos vonstatten geht. Ich frage ganz einfach zurück: (Anhaltende Unruhe bei der CDU/CSU – Seiters [CDU/CSU]: Frau Präsidentin! – Gegenruf von der SPD: Diese Lümmel!) kann ein solcher Prozeß wesentlich anders vor sich gehen? Ich wage zu behaupten, daß das kritische Nachfragen der Jungen in der Union auch noch geräuschvoll wird; (Beifall bei der SPD und der FDP – Erneute Zurufe von der CDU/CSU: Aufhören!) es ist schon deutlich vernehmbar.

Wenn der Sozialdemokratie dieser schwierige Prozeß der Integration weithin gelungen ist, so deshalb, weil wir die damals protestierende Jugend durch unsere Politik zu überzeugen vermochten, daß unser Staat nicht immobil, nicht auf Spießbürgerlichkeit, nicht auf die Durchsetzung der Interessen der Mächtigen hin programmiert ist, sondern daß er reformfähig ist, daß er für die soziale rechtsstaatliche Demokratie offen sein kann und offen sein muß. (Lebhafter Beifall bei der SPD und der FDP – Fortgesetzte Zurufe von der CDU/CSU: Frau Präsidentin! – Aufhören!)

Das zur Integration!

Andere sind ins Apolitische abgewandert. (Dr. Jenninger [CDU/CSU]: Sie haben Ihre Zeit überschritten! Das ist unfair! – Weitere lebhafte Zurufe von der CDU/CSU: Aufhören!)

Wieder andere sind im nichtpolitischen, verwerflichen, zerstörerischen Terrorismus gelandet. Jetzt nehmen Sie bitte noch einmal zur Kenntnis: (Erneute Zurufe von der CDU/CSU: Aufhören! -Sie vergeuden die Zeit dieses Hauses! – Frau Präsidentin!)

Die Auseinandersetzung damit, die erleichtern Sie nicht, (Dr. Jenninger [CDU/CSU]: Sie rauben hier die Zeit, und die Präsidentin versagt! Das ist ja ungeheuerlich!) sondern die erschweren Sie dann, meine sehr verehrten Damen und Herren, (Dr. Marx [CDU/CSU]: Abtreten!) wenn Sie hier genau das durcheinanderbringen, was nicht durcheinandergebracht werden darf. **Innere Sicherheit** ist und muß bedeuten: **innerer Frieden.** Der ist in Gefahr, (Zurufe von der CDU/CSU: Heuchelei! – Weitere Zurufe) wo Terroristen und Demagogen objektiv Hand in Hand arbeiten. (Lebhafter Beifall bei der SPD und der FDP)

Vizepräsidentin Frau Funcke: Herr Kollege Brandt, Ihre Redezeit ist abgelaufen!

Brandt (SPD): Ihnen gilt unser Kampf, und ich bitte die Bürger im Lande, (Anhaltende Zurufe von der CDU/CSU: Aufhören!) uns dabei nachhaltig zu unterstützen, (Seiters [CDU/CSU]: Heuchelei!) für die freiheitliche demokratische Rechtsordnung unserer Bundesrepublik Deutschland. (Anhaltender starker Beifall bei der SPD und der FDP)

Nr. 23
Aus der Rede des Vorsitzenden der SPD, Brandt, vor der Vanderbilt-University in Nashville/Tennessee
24. März 1975[1]

AdsD, WBA, A 3, 623.[2]

Es macht mir großes Vergnügen, endlich ein Versprechen einzulösen, das ich mir selbst vor vielen Jahren gegeben habe: wieder einmal den amerikanischen Süden zu besuchen.

Als ich in meiner Familie erwähnte, Nashville sei die erste Station meiner amerikanischen Reise, mußte ich meinen Söhnen versprechen, wenigstens eine Schallplatte von hier mitzubringen. Denn natürlich ist man bei uns gut darüber informiert, daß Nashville die Welthauptstadt der country-music ist. Ich wünschte im übrigen, eine so starke Tradition der Volksmusik möchte auch in meinem Land wieder lebendiger werden.

Schon in diesen wenigen Stunden seit meiner Ankunft habe ich etwas davon gespürt und bestätigt gefunden, wie tief die Veränderungen sind, die gerade der Süden der Vereinigten Staaten erlebt, erlitten und sogleich so produktiv genutzt hat. Die Herausforderungen an die Demokratie, über die ich heute sprechen möchte, werden deshalb – so vermute ich – in dieser Region besonders deutlich empfunden.

Mein Thema heute abend lautet: Demokratie in der Krise – Demokratie im Fortschritt. (Democracy in Crisis – Progress in Democracy).[3]

Hierbei darf ich unterstellen, daß ich vor Zeitgenossen spreche, die mit mir davon ausgehen, daß von allen Modellen des Regierens die Demokratie das kleinste Übel ist. Weil die Demokratie – in durchaus unterschiedlichen Formen ihrer Ausprägung – dem Menschen die Chance gibt, als Individuum und in der Gesellschaft einen Raum der Freiheit zu durchleben.

Aber da gilt es gleich hinzuzufügen: Demokratie im westlichen Sinne ist auf einen kleinen Teil der Menschheit beschränkt. Und selbst wenn wir den Rahmen etwas weiter ziehen, erhebt sich die Frage: Wie kann die Demokratie in unserer Zeit bestehen, wie kann sie sich behaupten, wenn allerorten wirtschaftliche und soziale Probleme größten Ausmaßes den inneren Zustand von Staaten erschüttern, während weltpolitische und weltwirtschaftliche Entwicklungen Gefahren aufzeigen, die zu zerstörerischen Konsequenzen zu führen drohen!

Auch auf andere Weise ist vieles von dem in Frage gestellt, was wir Demokratie zu nennen gelernt haben. Die Kompliziertheit der gesellschaftlichen Probleme, die Ohnmacht gegenüber komplexen internationalen Zusammenhängen, die Manipulierbarkeit der öffentlichen Meinung, die zunehmende Unkontrollierbarkeit gesetzgeberischer und bürokratischer Tätigkeiten – dies und manches andere konfrontiert uns mit einer Herausforderung, die durchaus nicht akademischer, sondern sehr konkreter Natur ist.

Ich spreche von diesen Dingen voller Sorge, denn für mich geht es hier um vitale Fragen in des Wortes eigentlicher Bedeutung, um ein nicht nur physisches, sondern auch geistiges Überleben.

Aber ich spreche von diesen Dingen ohne Furcht. Und um dies gleich hinzuzufügen: Zustand und nahe Zukunftschancen der Demokratie mögen noch so beklemmend oder sogar furchterregend sein, an den Werten des hier in Frage stehenden mitmenschlichen Umgangs vermag dies nichts zu ändern. Allerdings wird mancher noch lernen müssen, sich von Illusionen freizumachen, wenn er nicht in der Verzweiflung enden will.

[...][4]

Sechstens: Wir dürfen unser Vertrauen zur Demokratie nicht verlieren, und wir brauchen es auch nicht. Der freie demokratische Geist befindet sich nicht auf dem Rückzug, sondern er schreitet voran.

Ich weiß sehr wohl, daß in den vergangenen Jahren die Zahl der nicht demokratisch regierten Staaten zugenommen hat. Das liegt nicht zuletzt auch daran, daß die demokratischen Staaten Europas, die so lange weite Teile der Welt beherrschten, nicht fähig waren, in ihren ehemaligen Kolonien den Boden für die Bedingungen einer den jeweiligen Bedingungen entsprechenden Demokratie zu bereiten.

Mir ist wohl bewußt, daß die etablierten Demokratien in ihrer inneren Entwicklung gefährdet sind. Auch Amerika hat in dieser Hinsicht seine Erfahrungen gemacht. Aber es gibt doch in der westlichen Welt, neben sorgenvollen Entwicklungen, auch immer wieder hoffnungsvolle neue Ansätze.

Unser Begriff von Demokratie setzt wohl – bei aller Relativität der beiden Begriffe, die ich jetzt nenne – die politische Einsicht und die wirtschaftliche Entwicklung unserer Völker voraus. Unsere Art von Demokratie könnte in manchen anderen Teilen der Welt chaotische Zustände schaffen. Überdies gibt es alte Kulturen, die den Einzelnen und seine Würde nicht als Mittelpunkt aller Werte betrachten. Es gibt Völker, in denen man zur individuellen Freiheit nur verdammt wird – nämlich durch den Ausschluß aus der Gemeinschaft.

Unser Modell der Demokratie kann gewiß nicht exportiert werden. Das gilt für Europa wie für Amerika. Kein Staat darf dem anderen sein System aufzwingen wollen.

Das ändert nichts an meiner tiefen Überzeugung, daß für uns Demokratie die beste Staats- und Lebensform ist. Ich meine auch, die westliche Demokratie werde historisch um so stärker sein, je mehr sie sich von dem Verdacht freihält, sich anderen aufnötigen zu wollen. Die Stärke unserer Demokratie ist ihre Fähigkeit, andere Wege zu tolerieren.

[...]5

Achtens: Die neuen Dimensionen der Demokratie müssen klarer werden. Unsere Völker haben hart gearbeitet. Sie haben ihre Bereitschaft bewiesen, Opfer für den Wohlstand ihrer Kinder und Enkel zu bringen – für die Gesellschaft, deren Errungenschaften wir genießen. Aber wir müssen noch besser lernen, den Überfluß für die wenigen in soziale Gerechtigkeit für die vielen zu verwandeln.

Es müssen auch wieder Opfer gebracht werden. Und ich sage voraus: unsere Menschen werden bereit sein, Härten zu ertragen, wenn die politisch Verantwortlichen den Mut finden, sie mit der wirklichen Lage und den eigentlichen Problemen zu konfrontieren. Zu den Todsünden demokratischer Führung gehört es, die Urteilskraft der Menschen zu unterschätzen.

Ich wiederhole, daß unsere Form der Demokratie kein Exportartikel ist. Aber ich verberge auch – wie Sie alle verstanden haben werden – meine Überzeugung nicht, daß die Demokratie die Staatsform ist, die am besten der uns gestellten Aufgaben Herr werden kann. Demokratie erwies sich als die flexibelste und vitalste Form der menschlichen Organisation, um mit den Chancen und Schwierigkeiten unserer Zivilisation fertig zu werden. Wir nähern uns vielleicht einer endgültigen Prüfung der demokratischen Lebensform; aber ich bin überzeugt: wir werden diese Prüfung bestehen können.

Ich sage darum: wir brauchen, im Sinne von Eigenverantwortung und Mitverantwortung, mehr Demokratie – nicht weniger. Wir brauchen mehr Bürgerrechte – nicht weniger. Wir brauchen mehr Mitbestimmung – nicht weniger. Wir brauchen mehr soziale Gerechtigkeit – nicht weniger. Wir brauchen mehr selbstzuverantwortende Freiheit und nicht eine Einschränkung der Freiheit, die der erste Schritt zu ihrer Abschaffung sein kann.

Eine Weltdemokratie mag nur ein Traum bleiben. Aber der Fortschritt der sozialen Demokratie kann uns mit einem realistischen Instrumentarium versehen, um die Alpträume zu bannen, die unsere Zukunft bedrohen. Eine Strategie der kleinen Schritte hat sich beim Abbau der Spannungen und bei der aktiven Friedenssicherung in Europa als wirksam erwiesen. Die gleiche unermüdliche Geduld kann auch zur Begründung einer wirklichen Europäischen Union führen. Die Zusammenarbeit zwischen Ost und West muß über die Entspannung hinaus eine Kooperation sein, die auf allgemein anerkannten gemeinsamen Interessen basiert.

Der Friede, den wir suchen, ist nicht einfach die Verbannung des Krieges. Es muß ein Friede sein, der in den gegenseitigen Abhängigkeiten wurzelt. Der sich aus den gemeinsamen Interessen nährt. Ein Friede, der uns hilft, die Lasten gemeinsam zu tragen, die wir jetzt schon teilen. Ein Friede, an den die Hoffnung auf ein würdiges Überleben gebunden ist.

Um dieses Friedens willen stehen wir gegen die Gewalt und arbeiten für Verhandlungen. Darum stehen wir gegen revolutionären Kräfteverschleiß und arbeiten für die friedlichen Reformen, die das Ziel sozialer Demokratie sind.

Lassen Sie uns hoffen, daß künftige Historiker, wenn sie auf das letzte Viertel des zwanzigsten Jahrhunderts zurückblicken, die Epoche nach dem Kalten Krieg als eine Epoche des Friedens in Aktion beschreiben können. Für mich ist der Imperativ unserer Zeit: Integration statt Konfrontation und Aktion für den Frieden.

Nr. 24
Aus der Rede des Vorsitzenden der SPD, Brandt, auf der sozialen Fachtagung der Arbeiterwohlfahrt in Siegen
9. Mai 1975[1]

Theorie und Praxis der sozialen Arbeit 26 (1975) 7, S. 242 – 248.[2]

Sozialarbeit und Reformpolitik

[...][3]

II.

Sozialarbeit hat in Teilen unserer Gesellschaft immer noch etwas Anrüchiges. Wer sich der Sozialarbeit verschreibt, hat wenig Prestige. Unsere Gesellschaft ist weithin von Leitbildern und Handlungsmaximen geprägt, die der Sozialarbeit kaum öffentliche Achtung vermitteln und ihr Selbstbewußtsein auch nicht gerade beflügeln. Und daran hat sich, seien wir ehrlich, in den zurückliegenden Jahren nicht viel geändert.

‹Vor wenigen Wochen strahlte das Fernsehen ein Dokumentarspiel aus dem Jahre 1928 aus, an dessen Text ich mich aus meiner frühen Jugend erinnere und das nicht wenige von Ihnen gesehen haben dürften. Sein Titel: „Revolte im Erziehungshaus".[4] Es ging dabei um eine Gruppe jugendlicher Fürsorgezöglinge, die im Namen von Rechtsnormen und Ordnungsprinzipien auf das Übelste tyrannisiert und letztlich zerbrochen wurden. Zwischen den Jungen und denen, die die „Ordnung" repräsentierten, stand ein junger Sozialarbeiter, dem alles, was er für seine Zöglinge mit dem Ziel der Resozialisierung erreichen wollte, durch Bigotterie, Scheinheiligkeit und brutale Eigensucht aus der Hand geschlagen wurde. Das war erschütternd genug. Noch erschütternder aber war, daß nach der Sendung von einem Fachmann der Jugendfürsorge erklärt wurde, seit 1928 habe sich in diesem Bereich eigentlich wenig zum Guten verändert.

Ob das nun überbetont war oder nicht,›[5] unbestreitbar bleibt doch wohl, daß eine Gesellschaft, die den im Grundsatz richtigen

Leistungsgedanken unangemessen überhöht oder gar vergötzt, zwangsläufig dazu neigt, diejenigen nicht anzuerkennen und ernstzunehmen, die – aus welchen Gründen auch immer – nichts oder wenig „leisten". Und das sind Menschen am Rande der Gesellschaft: Obdachlose, vagabundierende Jugendliche, Alkoholiker und Rauschgiftsüchtige, aber auch die geistig und körperlich Behinderten und nicht zuletzt diejenigen, die alt und gebrechlich sind. Sie fallen aus dem vielfältig versponnenen Netz von Anerkennung, Prestige und Bestätigungen unbarmherzig heraus.

Wir brauchen ja nur die Werbung unter die Lupe zu nehmen, dann sehen wir: Der „normale" Mensch ist der junge, gesunde, schöne und leistungsfähige Mensch, der sozial und ökonomisch aufsteigt, der Erfolg hat. Und die Menschen, die das alles nicht sind – es sind ja Millionen –, werden nur zu gerne aus dem öffentlichen Bewußtsein verbannt. Ja, manche möchten sie sogar aus der Öffentlichkeit selbst verbannen. Da gab es doch etwa jenen Frankfurter Behinderten, der mit seinem Rollstuhl aus einer Gaststätte gewiesen wurde, „weil das unsere Gäste irritiert".

Die Sozialarbeit ist mit der Tatsache konfrontiert, daß die „Kranken, Mühseligen und Beladenen" vielfach nicht als integrierter Bestandteil der Gesellschaft verstanden, sondern geradezu in die Rolle ihrer Antithese gedrängt werden. Und dazu gehört dann, daß man sie vielfach aus der Normalität verdrängt ‹: Nervenheilanstalten werden weit außerhalb der Städte gebaut, Obdachlosensiedlungen liegen nicht selten in der Nähe von Müllkippen, Altenheime stehen vielfach in keinem lebendigen Bezug zum Leben der übrigen Bürger. Ich sage dies ohne Anklage, weil ich mich aus meiner Zeit als Bürgermeister deutlich daran erinnere, wie Politiker, Verbände der Sozialarbeit und sonstige Fachleute gemeinsam der Auffassung waren, diese Distanzierung sei vernünftig und helfe in vielen Fällen den betroffenen Menschen und Gruppen. Zum Beispiel galt es über Jahre als erstrebenswert, alte Menschen in abseits gelegenen Grünzonen anzusiedeln, weil man meinte, dieses entspreche ihren Vorstellungen und Wünschen.

Heute wird klarer erkannt: wir können den Mitgliedern von Randgruppen und den Schwachen in unserer Gesellschaft besser helfen, wenn wir sie in das Leben der Mitbürger einbeziehen und sie möglichst stark zu integrieren versuchen.>[6]

Fürsorge allein wird ihr Ziel im übrigen nicht erreichen, wenn sie nicht durch bewußtseinsmäßigen Wandel und gesellschaftliche Anstrengungen ergänzt wird. Das böse Wort von der Sozialarbeit, nämlich: in ihr institutionalisiere sich „das schlechte Gewissen der Leistungsgesellschaft", wird nur verschwinden, wenn man begreift, daß die Sozialarbeit dazu da ist, das erreichbare Maß an sozialer Gerechtigkeit für die Zukurzgekommenen durchzusetzen. Das heißt: neben der Fürsorge für den einzelnen Menschen hat die Sozialarbeit insgesamt einen gesellschaftspolitischen Auftrag; sonst kuriert sie nur an Symptomen. Schlußfolgerung: Sozialarbeit – richtig begriffen – ist praktische Reformarbeit, häufig im Vorfeld der Politik, vernünftigerweise aber auch in deren Begleitung. [...][7]

VI.

Wenn ich eben mit der Möglichkeit einer negativen Ausdeutung definierte, die Sozialarbeit wende sich jenen Aufgaben zu, die nicht durch die Systeme der sozialen Sicherung abgedeckt sind, dann appelliere ich jetzt an Sie und an viele andere:

Betrachten Sie die Ihnen gestellten Aufgaben nicht als eine von Lückenbüßern, sondern erkennen Sie die Chance und den Auftrag, der darin liegt!

In Bethel habe ich vor Jahren daran erinnert, daß man aus der Kirchengeschichte den Satz kennt: „Die Armen sind der Reichtum der Kirchen."[8] Damit sollte gewiß nicht die Armut glorifiziert oder gar als notwendige ständige „Einrichtung" verherrlicht werden. Im Gegenteil hat diese Aussage bedeuten sollen, daß die Armen zur verantwortlichen Wahrnehmung von sozialen Aufgaben durch die Kirchen drängen und so die eigentliche Qualität des Christentums herausfordern und auf die Probe stellen.

Auf unsere Gesellschaft bezogen heißt das: Die Randgruppen und die Zukurzgekommenen dürfen von der Sozialarbeit nicht nur „verwaltet" werden. Die Sozialarbeit muß vielmehr die Sache der

Randgruppen mit gesellschaftspolitischem Einfallsreichtum als bohrende Frage an die Gesellschaft formulieren und immer aufs neue aktualisieren.

Sie kann diese Aufgabe nicht leisten, wenn sie in Routine erstickt. Oder: wenn sie sich aus einem gewissen Besitzstandsdenken an Bereichen festklammern wollte, die vom Gemeinwesen oder den öffentlichen Händen mit Vorteil für alle wahrgenommen werden können. Ich unterstreiche: An Aufgaben wird es den freien Trägern nicht fehlen, und der Staat darf gar nicht ohne sie auskommen wollen.

Verbände, wie im besonderen die Arbeiterwohlfahrt, sind, wenn sie es wollen, beweglicher als der staatliche Apparat. Sie gründen sich auf ein anderes Engagement als das des Steuerzahlers und dessen, der seine Steuern verwaltet. Sie könnten und sollten darum mit Energie und Zielstrebigkeit nach Pionieraufgaben suchen, die von der Gesellschaft vielleicht erst in 20 oder 30 Jahren wahrgenommen werden. Das heißt: Sie dürfen sich nicht negativ abgrenzen, weil sie tun, „was der Staat übrig läßt"; sie sollten positiv aufgreifen und anpacken, was Staat und Gemeinden noch nicht zu leisten vermögen. Der Staat wäre dann allerdings auch gut beraten – dies ist die andere Seite der Medaille – sich kleinlicher Eingriffe und oft kleinkarierter Vorschriften zu enthalten. Nur dann kann Sozialarbeit das sein, was sie seit ihren Anfängen hat sein wollen oder sein sollen: gesellschaftlicher Motor für längst überfällige Reformen.

Ich weiß, daß Reden wie diese die Welt nicht verändern. Sie verändern auch nicht die Alltagsplackerei der Sozialarbeit. Vielleicht aber können sie Zusammenhänge aufzeigen, die die Alltagsplackerei etwas durchsichtiger machen. Vielleicht machen sie wieder etwas mehr Mut, der verlorengehen kann, wenn man in der Mühle der täglichen Arbeit steckt. Um diesen Mut möchte ich Sie bitten, weil Sie es sind, die – über den unmittelbaren Dienst am Nächsten hinaus – Tag für Tag das vorbereiten helfen, was den schrittweisen, konkreten, reformerischen Ausbau des demokratischen und sozialen Bundesstaates unwiderrufliche Wirklichkeit werden läßt.

Nr. 25
Hs. Schreiben des Vorsitzenden der SPD, Brandt, an den Vorsitzenden des SPD-Landesverbandes Nordrhein-Westfalen, Figgen
10. August 1975[1]

AdsD, WBA, A 11.5, 21.

Lieber Werner,
ich möchte Dich nicht im Urlaub stören, aber ich habe eine Bitte für die Zeit unmittelbar danach: Neben manchem anderen, das es zu bedenken gilt, müssen wir dafür sorgen, dass die Partei im nächsten Jahr mit einer etwas grösseren Zahl von Kandidatinnen aufwarten kann. Es ist wichtig, dass aus NRW nicht weniger, sondern wenn irgend möglich ein paar mehr Frauen in den Bundestag kommen. Vielleicht findest Du Gelegenheit, dies mit den Bezirksvorsitzenden zu besprechen?
Mit herzlichen Grüßen,
Dein
Willy Brandt

Nr. 26
Aus dem hs. Schreiben des Vorsitzenden der SPD, Brandt, an den Bundeskanzler, Schmidt
21. September 1975[1]

Archiv Helmut Schmidt, Innenpolitik, Bd. 8: 1975 A–Z.

Lieber Helmut,
[...]
Für dringend erwünscht halte ich es, dass die Debatte über die Formen öffentlicher Verantwortung für das Wirtschaftsgeschehen

entdramatisiert wird. Wir können nicht gebrauchen, dass in Mannheim unausgegorenes Zeug beschlossen wird. Wir müssen aber auch FDP-Kollegen – und andere – darauf aufmerksam machen, dass in Mannheim² nicht das Godesberger Programm abgeschafft werden wird.
Mit freundlichen Grüßen
Dein W[illy]

Nr. 27
Notiz über die Planung der Bundestagswahlkampfreisen für den Vorsitzenden der SPD, Brandt¹
29. September 1975

AdsD, WBA, A 18, 32.

Betreff: Grundsätze für die Planung der B[undes]T[ags]-Wahlkampfreisen von Willy Brandt

Ich habe Ihre Wünsche und Anregungen in den folgenden Punkten zusammengefaßt:
1. Angepeilt werden sollen für die „Endphase" drei Tage in der Woche. Bis auf allenfalls einen Tag will W[illy]B[randt] morgens in Bonn sein. In der Vorwahlkampfzeit: Einzelveranstaltungen gem[äß] besonderem Plan.
2. Der Einsatz soll schwergewichtig in NRW erfolgen. Im übrigen sollen soviel Wahlkreise wie möglich berührt werden (dabei berücksichtigen, welche Wahlkreise seit Mai 1974 besucht wurden).
3. Bei der Auswahl der Wahlkreise berücksichtigen:
    ‹– die Wahlergebnisse von 1972 („Kipp-Wahlkreise"; wahlsoziologische Ergebnisse durch Abteilung Öffentlichkeitsarbeit);›²

- „Diaspora"-Gebiete (dabei beachten, daß Kundgebungen „groß" genug sind);
- das Verbreitungsgebiet von Zeitungen (Vorschläge durch Presse-Abteilung).
4. Beim örtlichen Einsatz soll jeweils nur ein Termin gemacht werden; z. B.: Kundgebung oder Zeitungsbesuch in einem Wahlkreis, Abendessen mit Parteifreunden in einem anderen.
5. Ob es im Hinblick auf bestimmte Zielgruppen (Frauen, Alte) Sonderveranstaltungen geben sollte, muß unter Berücksichtigung des Einsatzes von H[elmut]S[chmidt] geklärt werden (Vorschläge durch Abteilung Öffentlichkeitsarbeit).
6. Redaktionsbesuche eher restriktiv behandeln; Voraussetzungen: Zusage über (ausführliche) Berichterstattung; genügend große Auflagenhöhe.
Begleitende Presse bei Fahrten im Sonderzug berücksichtigen.
Es sollte zumindest in jedem Land einmal die „Landespressekonferenz" besucht werden.
7. Besichtigungen, Besuche von Einrichtungen etc. sind nicht in das Programm aufzunehmen.
8. Reisen sollten in Abstimmung mit H[elmut]S[chmidt]-Einsatz im Sonderzug, im 200-km-Bereich mit Wagen, im Ausnahmefall mit Hubschrauber erfolgen.

Bis Anfang Oktober sollte ein grober Einsatzplan vorliegen, auf dessen Basis dann die Einzelgespräche mit den Bezirken geführt werden können.

‹M[ichael]Bertram›[3]

Nr. 28
Hs. Schreiben des Vorsitzenden der SPD, Brandt, an den Bundeskanzler, Schmidt
3. Oktober 1975[1]

Archiv Helmut Schmidt, Innenpolitik, Bd. 8: 1975 A–Z.

Lieber Helmut,
ich hoffe, Du hast einen erfolgreichen USA-Besuch hinter Dir, wenn Dich diese Zeilen erreichen. Am Koalitionsgespräch werde ich nicht teilnehmen können, weil ich – nach einer Stippvisite beim schwedischen Parteitag[2] – Montag einen Vortrag in London zu halten habe.[3]

Es ist schade, dass die Terminkollision zwischen Deiner Reise und der Einweihung des neuen Parteihauses[4] nicht vermieden werden konnte. Das Haus wird allgemein gut beurteilt. Ich will mich wie bisher bemühen, dass von dort aus die Partei zusammengehalten und für vernünftige Aufgaben gewonnen werden kann.

Du hattest mir vor einigen Tagen Deine Hamburger Rede[5] schicken lassen. Nachdem ich sie aufmerksam gelesen habe, ist mir noch mehr schleierhaft, woher die Leute ihre Argumente nehmen, die uns im Gegensatz zueinander sehen. Es kommt wohl weiterhin darauf an, dass wir beide auf solche Büchsenspanner aufpassen, die so tun, als sprächen sie im Namen des einen oder anderen. Am Donnerstag voriger Woche hatte ich ein nützliches Gespräch mit Bölling, über das er Dir berichtet haben wird. Gleichzeitig sind, gewiss ohne Dein Zutun, gewisse Hintergrundgespräche geführt worden, durch die der Presse erneut falsche Stichworte gegeben wurden und die überwunden geglaubten Spekulationen über Kanzler und Parteivorsitzenden wieder aufgelebt sind. Das kann zu nichts gutem führen.

Mit Sorge habe ich auch gesehen, wie sich in der Fraktion völlig berechtigte sachliche Positionen mit einer Neigung zur Selbstgerechtigkeit und sogar Hysterie mischen. Das kann nur, wenn man es nicht noch auffängt, zu ärgerlichen Reaktionen auf dem Parteitag[6] und umgekehrten Einseitigkeiten bei der Aufstellung einiger Landeslisten führen. Es wäre gut, wenn wir beide, jeder auf seine Art, solchen gefährlichen Fehlentwicklungen entgegenwirken würden.

Du brauchst keine Sorge zu haben, dass die Partei Dir nicht all die Unterstützung gibt, die Du brauchst. Es ist praktisch unmöglich, die Partei im einzelnen in das einzubeziehen, was Sache der Regierung ist. Mehr als loyales Mittragen kann man nicht erwarten. Ich kenne keine Situation aus der Vergangenheit, in der die Partei sich im gleichen Masse wie heute auch mit unpopulär erscheinenden Massnahmen identifizierte. Daran soll es, wo immer ich dies beeinflussen kann, auch weiterhin nicht fehlen.

Nur, vom Verständnis für die schweren Sorgen dieser Monate kann die Partei allein nicht leben. Sie muss, auch wenn nicht immer Richtiges dabei herauskommt, immer auch über den Tag hinaus denken. Und sie muss gerade in schwierigen Zeiten deutlich zu machen verstehen, aus welchen Grundwerten sie schöpft. Dass dabei vieles durcheinandergeraten war, weiss ich so gut wie viele andere. Dass die innerparteiliche Demokratie weit über Gebühr strapaziert wurde, lässt sich auch nicht bezweifeln. Ich will nicht zuletzt dazu in Mannheim einige deutliche Worte sagen.

Es ist mein Eindruck, dass die Diskussion über den Orientierungsrahmen in erträglicher Weise zum Abschluss gebracht werden kann.[7] Auch bei den Anträgen werden wenig Fallgruben übrig bleiben, und wenn die deutlich gemacht werden, wird die Mehrheit der Delegierten sich nicht hineinvotieren. Wir müssen unser Gespräch über die Referate in den nächsten vierzehn Tagen führen und dann wohl auch noch einmal gesondert mit [Peter von] Oertzen[8] zusammensitzen. Vielleicht müssen wir schon eine Absprache treffen, wenn wir uns am Dienstag vor dem Präsidium treffen?

Mit herzlichen Grüssen
Dein Willy

Nr. 29
Hs. Schreiben des Vorsitzenden der SPD, Brandt, an den Bundeskanzler, Schmidt
17. Oktober 1975

Archiv Helmut Schmidt, Innenpolitik, Bd. 8: 1975 A–Z.

Lieber Helmut,
der gestrige Dreher-Artikel in der „Süddeutschen"[1] scheint mir zu bestätigen, dass übereifrige Mitarbeiter Unheil anrichten können.

Mich stört – nicht nur aus Stilgründen – die Hereinnahme meines letzten persönlichen Briefes an Dich in diese Art von Journalisten-Fütterung.

Dies ist keine Beschwerde. Ich bitte auch um nichts. Aber die Zusammenarbeit wird auf diese Weise nicht gefördert.
Mit herzlichen Grüssen
Dein W[illy]

Nr. 30
Aus den Stichworten des Vorsitzenden der SPD, Brandt, für die Sitzung der SPD-Fraktion im Deutschen Bundestag
25. November 1975[1]

AdsD, WBA, A 9, 10.

‹Fraktion 25. 11. 75›[2]

Mannheim[3] hat:
ein Signal für 1976 gesetzt
durch
o Geschlossenheit
o ‹ausgewogene Vorstandswahl›[4]

- sachliche Diskussion
- selbstbewußte Auseinandersetzung mit dem politischen Gegner.

Die Partei hat ‹gezeigt, dass H[elmut]S[chmidt] + Reg[ierung] vertrauensvoll getragen werden, zumal Wi[rtschafts]po[litik] u[nd] Au[-ßen]po[litik]. Sie›[5] [hat] der Fraktion den Rücken für die weitere parlamentarische Arbeit gestärkt; dafür gesorgt, daß die Gesetzgebungsvorhaben vorangebracht werden können:
- Mitbestimmung
- ‹Beschäftigung im öffentlichen Dienst›[6]
- berufliche Bildung
- ‹Bodenrecht›[7]
- Sachliche Diskussion über § StGB 130 a[8]
 (Befürwortung von Gewalt): nichts verbaut, sondern Raum für Prüfung der Notwendigkeiten und der Risiken gelassen.

‹Unterstützung der Regierung in der
- Wirtschaftspolitik
- Außenpolitik›[9]
- Breite Mehrheit für OR '85[10]
 d. h.:
- die mittel- und langfristige Politik der SPD steht auf einer soliden Grundlage
- Ko[mmunal]po[litisches] Grundsatzprogramm›[11]
- ‹geistig politische Führung der SPD dokumentiert›[12]

‹2 Vorhaben, bei denen wir im besond[eren] Masse auf Hilfe der Fraktion angewiesen. Tagungen
a) Gesundheitspolitik
b) Familienpolitik›[13]

Stichwort: Liberalität / Freiheit
Stichwort: Recht auf Arbeit

‹Starkes Echo
In Partei umsetzen, vor W[ahl]K[ampf] Konstit[uierung] AKO[14]
Geschlossenheit fördern!›[15]

‹(Martin Süskind)[16]

Stichworte W[illy] B[randt]
Fraktionssitzung ›[17]

Sicherheitsrisiko

Der Mannheimer Parteitag hat den Parteivorsitzenden mit einer guten Mehrheit im Amt bestätigt.
Das ist ein
  eindeutiger Führungsauftrag
in Kenntnis dessen, was ich gesagt habe,
im Rechenschaftsbericht, ausgeführt
im Schlusswort.

Die Teile, aus denen die Opposition eine Wortkampagne gestartet hat, liegen der Fraktion vor. ‹allen Abg[eordneten], auch Union›[18]. Davon ist nichts zurückzunehmen, im Gegenteil: die jüngste Entwicklung, im internen Kampf um die Führung der Union unterstreicht die Argumentation.

1) Appell an die CDU, den Kurs des CSU-Vorsitzenden Strauß zu verlassen und aus dem Risiko ‹– das sich durch Krisengerede im Innern + Isolierung nach aussen ergibt –›[19] eine Alternative für unser Land zu machen, ist nicht zur Kenntnis genommen worden,
  denn, was offenbar von vielen noch nicht erkannt worden ist:
  Kohl ist in der „Führungsmannschaft" der Union der, der geführt wird,
  von Strauß, Stücklen, Tandler, Dregger, Carstens

‹Und wer steht zu ihm?
– Katzer, der Mann ohne Macht
– Stoltenberg und Barzel, die Rivalen
– Biedenkopf, der Gescheiterte›[20]

2) Das Wort „Sicherheitsrisiko" wird in einer bewußt und willkürlich eingeengten Form gebraucht, so, als sei es im Sinne des englischen „security risk" auf eine Person, einen unsicheren Kantonisten gemünzt.

Willy Brandt auf dem SPD-Parteitag in Mannheim, 11. bis 15. November 1975.

Von dieser Deutung lassen sich auch einige ‹Kleinmütige und Überängstliche beeindrucken›[21].

Ich spreche von der Politik, von der Taktik und der Strategie der CSU-geführten Opposition.

Nachlesen![22]

Auch nachlesen, daß die Opposition in ihrem gegenwärtigen Zustand
- nicht regierungsfähig ist
- zunehmend einem deutsch-nationalen Klüngel das Wort überläßt.

Dagegen hat sie sich nicht gewehrt.

‹vgl. Recklinghausen›[23]

Nachlesen und nicht ins Bockshorn jagen lassen![24]

‹Für Vors[itzenden] eintreten, auch wenn man meinte, er hätte sich noch stärker gegen Missdeutungen absichern sollen›[25]

Vor allem: sich erinnern, was Strauß als Oppositionsstrategie ausgegeben hat, vor ziemlich genau einem Jahr.[26]

Viele kennen das Wort von der „allgemeinen Konfrontierung".

Aber: hat die Fraktion vergessen, was auf sie gemünzt war?

„Dann möchte ich wissen, wieviele Sympathisanten der Baader-Meinhof-Verbrecher in der SPD- und FDP-Fraktion in Bonn drinsitzen. Es ist ein ganzer Haufen" (Strauss im November 1974 in Sonthofen)

‹andere Zitate
nicht Rechtfertigung,
sondern:
mit welchem Mass wird gemessen?›[27]

3) <u>Union ist getroffen</u>
von der Eindeutigkeit der Kritik.

Als <u>Ablenkungsmanöver</u>
soll eine persönliche Diffamierungskampagne herhalten

Wir kennen das Muster:

Man setzt sich nicht mit dem Sachvorwurf auseinander; man attackiert die Person.

‹man tut es mit Hilfe von Legenden zur Spionageaffäre, mit denen ich mich nicht auseinandersetzen kann oder will›[28]
Darauf nicht hereinfallen,
also:
4) nicht kleinmütig abwiegeln, sondern den Zustand der Strauß-gegängelten Union schonungslos aufdecken
besonders im Wahlkreis
das:
- stärkt die Partei
- gibt dem Bundeskanzler Flankenschutz in einem schweren Wahlkampf
- zwingt die Union, zur Sache zu diskutieren

Der politischen Auseinandersetzung kann die Opposition nicht ausweichen ‹Es gehört nicht zur Regel der parl[amentarischen] Demokratie, daß man den Bundespräsidenten anruft, wenn man politisch angegriffen wird.›[29]
[...][30]

Nr. 31
Aus den Ausführungen des Vorsitzenden der SPD, Brandt, vor der SPD-Fraktion im Deutschen Bundestag
25. November 1975

Informationen der Sozialdemokratischen Fraktion im Deutschen Bundestag, Nr. 978 vom 25. November 1975.

Wir können ohne Übertreibung sagen, der Parteitag in Mannheim[1] hat sich herausgehoben durch das Maß an Geschlossenheit, das die Partei zustande gebracht hat. Mannheim hat aufgezeigt, daß wir uns nicht jagen lassen, sondern daß wir aus sind auf eine selbstbewußte Auseinandersetzung mit dem politischen Gegner. Der Parteitag hat gezeigt, daß Helmut Schmidt und die Bundesregierung, aber auch die

Koalition, vertrauensvoll getragen werden, zumal was die Wirtschafts- und Außenpolitik angeht. Der Parteitag hat auch der Bundestagsfraktion sehr viel Vertrauen entgegengebracht und ihr den Rücken gestärkt für die weiteren politischen Aufgaben.

Mannheim wird übrigens in der Reihe der Parteitage auch deswegen erwähnt werden, weil zum erstenmal in der langen Parteigeschichte der SPD ein kommunalpolitisches Grundsatzprogramm[2] verabschiedet wurde.

Mir liegt daran, daß jeder Kollege im Deutschen Bundestag den ungeschminkten Text dessen erhält, was ich in meiner Rede gesagt habe.[3] Hier ist in den letzten Tagen am Thema vorbeigeredet worden. Von dem, was ich gesagt habe, habe ich nichts zurückzunehmen. Und das, was sich seit Mannheim abgespielt hat, bestärkt mich in der Sorge, die eben in dieser Rede zum Ausdruck gekommen ist. Die CDU/CSU ist getroffen von der Eindeutigkeit der Kritik. Sie setzt sich nicht mit einem Sachvorwurf auseinander, sondern attackiert die Person. Die Union wehrt sich gegen das Wort „Sicherheitsrisiko", das von ihr in einer bewußt und willkürlich eingeengten Form gebraucht wird, sie wehrt sich aber kaum noch dagegen, beispielsweise als „regierungsunfähig" bezeichnet zu werden. Ich spreche von der Politik, von der Taktik und der Strategie der CSU-geführten Opposition, die nun einen Verein gebildet hat, den sie „Führungsmannschaft" nennen, und der dazu da ist, daß Kohl geführt wird. Auf die Ablenkungsmanöver der CDU/CSU werden wir nicht hereinfallen. Wir kennen dieses Muster.

[...]

Nr. 32
Hs. Schreiben des Vorsitzenden der SPD, Brandt, an den Vorsitzenden des SPD-Bezirks Pfalz, Oberbürgermeister Ludwig
18. Februar 1976

AdsD, WBA, A 11.5, 22.

Lieber Werner,
ich will mich nicht in Euren Nominierungsvorgang einmischen, aber es wäre mir schwer verständlich, wenn Ihr nicht eine Lösung fändet, Klaus von Dohnanyi auf einen angemessenen, jedenfalls sicheren Platz zu bringen.[1] Die Kontinuität mit 1972 darf nicht ganz verloren gehen. Ausserdem wäre es wirklich bedauerlich, wenn wir auf Klaus' Sachkunde verzichten müssten.
Mit herzlichen Grüssen
Dein
Willy Brandt

Nr. 33
Aus der Rede des Vorsitzenden der SPD, Brandt, auf einer Tagung der Evangelischen Akademie Tutzing
7. März 1976

SPD Pressemitteilungen und Informationen, Nr. 119/76 vom 9. März 1976.[1]

I.

Diese Tagung steht unter dem Thema „Freiheit und Sozialismus"; es ist demnach nötig, dass ich eine Vorbemerkung mache: Zu viele Formen der Unfreiheit breiten sich aus unter dem Banner der Freiheit – und zu viele Taten der Inhumanität führen bedenkenlos den Namen Sozialismus, als dass ich darauf verzichten könnte, dies jedenfalls anzumerken. Wir stehen in einem Jahr harter innenpolitischer Auseinandersetzungen, die – ich wünsche es nicht, aber ich befürchte es – eine Schärfe und eine Form der grundsätzlichen Gegnerschaft erwarten lassen, die manchen hier und viele draussen erschrecken könnten. „Grundsätzlich" im redlichen Wortsinn ist dabei etwas anderes als das, was bei manchen „Grundsatzauseinandersetzung" heisst und in Wahrheit nur eine demagogische Ebene zu bestimmten Themen sucht, weil Grundsätze fehlen oder nicht deutlich werden sollen.

Eines der Themen wird jenes Begriffspaar sein, wozu hier in den letzten beiden Tagen referiert worden ist. Die Diskussion draussen wird aber nicht geführt werden wie in diesem Kreis, in dem – durchaus zwar kontrovers – die Nachdenklichkeit [...] nicht für Schwäche gehalten und die differenzierte Argumentation nicht mit Prinzipienlosigkeit verwechselt wird. Es wird kein anspruchsvolles Streitgespräch sein, sondern eine unerfreuliche Auseinandersetzung, und wenn wir nicht alle – von welcher parteipolitischen Warte auch immer – wenn wir nicht alle aufpassen, wird das Wort Freiheit bald ebenso wenig unbefangen ausgesprochen werden können wie das Wort Sozialismus während langer Jahrzehnte. (Damit meine ich natürlich nicht die Hitlerzeit, in der manchem der pervertierte Wortteil „Sozialismus" leichter über die Lippen kam, als er sich hinterher erinnern konnte.)

Ich habe im Futurum gesprochen und muß mich also berichtigen. Während wir diskutieren, ist anderswo dem Bürger ja schon das Zerrbild vorgehalten worden wie das Abbild des Beelzebub: Die Alternative Freiheit oder Sozialismus, diese Gespenster-Formel – dieses „entweder/oder", zwischen dem die richtige Wahl zu treffen sei.[2] Und genau diese anspruchslose Gesichtsverengung meine ich, wenn ich mir Sorge um die Redlichkeit und die Auswirkung des vor uns liegenden Streits der parteipolitischen Heerhaufen mache.

Wer uns eine notwendige, unausweichliche Alternative „Freiheit oder Sozialismus" diktieren will, argumentiert in Wahrheit nicht nur gegen die Erfahrung unserer Geschichte, sondern gegen die demokratische Freiheit selbst. Da macht es dann keinen grossen Unterschied, ob man das Publikum mit einer feinsinnigen philosophischen Argumentation oder durch eine barbarische Demagogie unter das Joch dieser Pseudo-Entscheidung zu zwingen versucht.

Warum sollte die „Freiheit" plötzlich von denen gepachtet sein, die sich historisch eher im Lager der überkommenen Autorität, des obrigkeitshörigen Ordnungsstaates befanden? Wenn sich die deutsche Sozialdemokratie der Weimarer Zeit etwas vorzuwerfen hat, dann eher dies: dass sie den Kampf gegen die reaktionären Freiheitsfeinde nicht konsequent genug, sondern mit allzu bürgerlichen Samthandschuhen ausfocht – und sie hat, mit unserem Volk, bitter genug dafür gebüßt. Auch das ist eine Wahrheit.

Dieses Thema eignet sich nicht zur Simplifizierung, und es taugt nicht zum wahltaktischen Knüppel – weder bei uns zuhause noch unter Europäern. Es taugt aber zu einem sachlichen Abwägen, und dazu ist hier ein gutes Forum und eine geeignete Gelegenheit.

Freiheit durch die Idee des demokratischen Sozialismus: Als Sozialdemokrat bekenne ich mich dazu. Und ich will versuchen, Ihnen diese meine Überzeugung zu begründen,
- aus den Grundwerten der sozialdemokratischen Bewegung,
- aus ihrer historischen Tradition und
- aus ihrer politischen, vor allem also ihrer europäischen Dimension.

II.

Von Walter Rathenau, dem von Nationalisten 1922 ermordeten Reichsaussenminister, ist ein Wort überliefert, das hierher gehört. Er hatte notiert:

„An sich ist jeder Kampf gegen Schlagworte aussichtslos, denn sie bilden in verdichteter Form den Ausdruck überstandener Denkprozesse. Sie sind gleichsam unlösbar gewordene Destillationsrückstände, die zwar allmählich bis zur Vergessenheit austrocknen, jedoch durch neue Denkformen sich nicht angreifen lassen."[3]

Eine ernsthafte und halbwegs anspruchsvolle Diskussion kann nur führen, wer bereit ist, Schlagworte beiseite zu lassen und sich von überstandenen Denkprozessen zu lösen.

Das heisst, zunächst zur Kenntnis zu nehmen:

Die Sozialdemokratische Partei hat in ihrer nun 113-jährigen Geschichte niemals ihren sozialistischen Ursprung verleugnet, sondern sich mit Leidenschaft zu ihm bekannt – in der gleichen Leidenschaft, mit der sie in ungebrochener Tradition für die Demokratie kämpfte.

Denn beide, Sozialismus und Demokratie, haben uns seit der Mitte des vorigen Jahrhunderts nicht als Gegensätze begleitet und beschäftigt; sie hatten und haben zu tun mit Ziel und Weg einer freiheitlichen Gesellschaftsordnung; in meinem Verständnis bedingen sie einander.

Im Godesberger Programm der SPD heißt es: Die Sozialisten erstreben eine Gesellschaft, in der jeder Mensch seine Persönlichkeit in Freiheit entfalten und als dienendes Glied der Gemeinschaft verantwortlich am politischen, wirtschaftlichen und kulturellen Leben der Menschheit mitwirken kann.

Dieses war und ist die Leitidee sozialdemokratischer Politik, die auch so ausgedrückt werden kann: Selbstbestimmung und Mitbestimmung in einer ausgeglichenen, solidarischen Gesellschaft mündiger Bürger. Sozialismus wird in diesem Verständnis zu verwirklichter Demokratie – verwirklicht über den politisch-parlamentarischen Bereich hinaus.

Ich möchte einen Moment zum Begrifflichen zurückkehren. Die Sozialistische Internationale formulierte in ihrer Frankfurter Erklärung von 1951, es gebe keinen Sozialismus ohne Freiheit, und der Sozialismus könne nur durch die Demokratie verwirklicht werden.[4] Hier wollte man verdeutlichen, was durch die Perversion des Begriffs Sozialismus verlorengegangen war – durch jene, die sich Nationalsozialisten nannten und unter diesem Namen die ungeheuersten Verbrechen begingen; pervertiert zum anderen durch jene kommunistischen Machtsysteme, die den Begriff des Sozialismus seines freiheitlich-demokratischen Kerns beraubten.

In der wiedererstandenen deutschen Demokratie galt es für Männer wie Kurt Schumacher und Ernst Reuter und für diejenigen, die ihnen folgten, diesen Kern ganz deutlich zu machen.

Es ist <u>nicht</u> ein freiheitsfeindlicher Staatssozialismus, <u>sondern</u> es ist der demokratische Sozialismus, der uns antreibt, und dazwischen liegen Welten von Willkür und Gewalt, Jahrzehnte von Kampf und Verzweiflung. Aber in dieser Unterscheidung leuchtet auch die Hoffnung von Generationen, lebt die Leidenschaft vieler, die Leib und Leben für sozialistische Ideale eingesetzt und geopfert haben.

Diejenigen, die die Zeit des Terrors – so oder so gefärbt – erlebt oder erfahren haben, werden besser als die Nachgeborenen begreifen, was Kurt Schumacher in die Worte kleidete: „Es gibt wohl die Tatsache, dass man kämpft für soziale Vorteile – zu sterben bereit ist man nur für die grosse <u>Idee der Freiheit</u>."[5] Dies ist ein grosses Wort. Und wer für die Freiheit plädiert, der soll sich nicht in Kampagnen und Legenden verirren. Der Sozialismus, der demokratische Sozialismus versteht sich als der Weg der Freiheit; seine Verfechter haben einen Anspruch darauf, dass diese ihre Grundeinstellung ernstgenommen wird.

Lassen Sie mich dazu noch eine Fußnote anbringen: Uns, die Sozialdemokratische Partei, belastet, wie ich schon sagte, der Missbrauch der unter dem Namen Sozialismus betrieben wird: auch und gerade durch die Verantwortlichen in der DDR. Dies hat es uns in Wahlauseinandersetzungen schon in zurückliegenden Jahren schwer gemacht. Wir haben uns dadurch nicht beirren lassen. Aber mir liegt daran zu verhindern, dass zur Diffamierung, die das Wort, die Idee Sozialismus erfahren musste, nun auch noch die Diskriminierung des Freiheitsbegriffs träte. Mir gefiele deshalb, wenn wir vom freiheitlichen Sozialismus reden könnten, weil darin noch stärker zum Ausdruck käme, was wir Sozialdemokraten meinen. Nur: Auch hier liegen historische Fall-Stricke, denn ursprünglich waren es bekanntlich die Anarchisten, die sich libertäre Sozialisten nannten und die darin ihre Gegnerschaft zum Staat schlechthin deutlich zu machen suchten. Dies Beispiel soll nur zeigen, in welche Ecke man gestellt werden kann von Leuten, die nicht bereit sind, Begriffe und Definitionen für unser politisches Wollen nach dem von uns behaupteten und verteidigten Inhalt zu beurteilen. Gerade deshalb ist meinen Freunden und mir aufgegeben, nicht zurückzuweichen, sondern vorwärts zu argumentieren, die politischen Ziele mit Inhalt zu füllen und den Menschen derart in ihrem persönlichen Erleben erfahrbar zu machen, was demokratischer Sozialismus will und was soziale Demokratie bedeutet.

III.

Es sind Stationen der Freiheit, die diesen Weg zur sozialen Demokratie markieren. Stationen, die weit zurückliegen, und Stationen, die jedermann in den vergangenen Jahren miterlebt hat. Und weil Anlass dazu besteht, füge ich hinzu: Dieser Weg ist natürlich nicht zu Ende; es ist nicht so, wie uns konservative Ideologen glauben machen möchten, dass der Sozialismus anachronistisch geworden sei; dass seine Aufgabe allein eine soziale gewesen sei, die er mit der Befreiung der Arbeiter aus Unterdrückung und unmittelbarer Abhängigkeit nun erfüllt, er sich selbst also überlebt habe.

In unserem Orientierungsrahmen '85 sagen wir: Es sei der Irrtum des Konservatismus, zwischen Reichen und Armen, Mächtigen und Machtlosen, Wissenden und Unmündigen könne es wirkliche Solidarität geben, und man könne die rechtlich-politische Freiheit für alle bewahren, wenn man die ökonomische, soziale und kulturelle Freiheit einer Minderheit vorbehalte. Ich füge hier hinzu: Es ist der Irrtum einer weitverbreiteten Gattung von Konservativen, wenn sie glauben, Sozialismus sei eine Neid- und Arme-Leute-Ideologie für jene, denen es nicht gelingt, ein Leben in ausreichenden materiellen Verhältnissen zu führen.

Wir Sozialdemokraten sehen das mit dem ganzen Anspruch unserer freiheitlich-sozialen Tradition anders. Für uns war Sozialismus schon immer die Lebensordnung, in der die Entfaltung der Person sich mit sozialer Verpflichtung verbunden sah. Denn nur aus der Gemeinschaftlichkeit kann auch echte Freiheit für die vielen Einzelnen erwachsen.

[...]

V.

Ich habe die Grundwerte des demokratischen Sozialismus, aus denen die SPD handelt, genannt: Freiheit, Gerechtigkeit, Solidarität. Werte, die vor einiger Zeit von der CDU übernommen wurden, wenngleich in durchaus eigener Definition. Das soll von mir hier nicht vertieft werden.

Wohl aber will ich noch etwas zum Gedanken der Gleichheit sagen, denn er spielt ja eine bedeutende Rolle in der gesellschaftspolitischen Auseinandersetzung zwischen dem, was Konservatismus genannt wird, und dem demokratischen Sozialismus. Die demagogische Versuchung gerade bei diesem Begriff ist gross. Und fast sicherer Applaus ist jederzeit abrufbar, wenn unsere Forderung nach mehr Gleichheit als Gleichmacherei und graue „Ödigkeit" des Alltags denunziert werden kann. Polemische Verzerrungen sind bekannt. [...]

Es ist kein Zufall, dass die Gleichheit von der SPD nicht als Grundwert des demokratischen Sozialismus förmlich aufgezählt wird. Schwierigkeiten der Definition haben uns davon Abstand nehmen lassen. Aber gewiss ist gesellschaftliche Gleichheit insoweit gerechtfertigt und notwendig, als sie zur Verwirklichung von Freiheit, Gerechtigkeit und Solidarität im Leben der Menschen beiträgt. Die Grundidee des demokratischen Sozialismus ist die freie Entfaltung der Persönlichkeit. Ungeachtet seiner sozialen Bindungen und Verpflichtungen steht das Individuum und nicht das Kollektiv im Mittelpunkt der Gesellschaft. Das Problem der Verwirklichung von Gleichheit besteht also darin, für jeden Menschen in gleicher Weise die gesellschaftlichen Bindungen für seine freie, individuelle Entwicklung zu schaffen. Dies ist mehr als blosse Chancengleichheit im Sinne gleichgezogener Startlöcher, ab denen dann wiederum das Ellbogenprinzip gelten soll.

Ich will dies verdeutlichen, indem ich darlege, was Gleichheit nicht bedeuten kann. Die Forderung kann unseres Erachtens nicht zum Ziel haben, die natürliche Ungleichheit der Menschen einzuebnen. Sie richtet sich vielmehr gegen die Ungleichheit der gesellschaftlichen Lebensbedingungen, die über den „Start" hinaus ja fortbestehen, gegen die krassen Unterschiede des Einkommens und des

Besitzes, der Macht und der sozialen Geltung; und zwar nur in dem Masse, in dem diese Unterschiede das Recht eines jeden Menschen auf freie Entfaltung behindern. Und hier füge ich hinzu, weil dies den Kern der Missdeutung berührt: Gesellschaftliche Gleichheit zielt in unserem Verständnis nicht auf Gleichförmigkeit, sondern auf Gleichrangigkeit der Menschen.

Ich will es noch einmal in anderen Worten sagen, in Worten, die ich auch an anderer Stelle gebraucht habe: Gerechtigkeit und Freiheit verlangen mehr als die Gleichheit der Startchancen, mehr auch als die Gleichheit vor dem Recht, nämlich die Gleichheit im Anrecht auf ein Leben in Qualität. Damit ist die dialektische Grundspannung der beiden Menschheitsideen von Freiheit und Gleichheit nicht aufgehoben, vermutlich ist sie nie völlig lösbar. Womöglich braucht ein Leben der Qualität gerade diese Spannung, und daher rührt auch wohl die Energie der Gerechtigkeit. Auch an sie – als absoluten Wert – sind nur Annäherungen möglich. Aber wer auf die tägliche geduldige, auch kämpferische Annäherung – und davon handelt Solidarität – verzichtet, hat vor der Ungerechtigkeit schon kapituliert. So ist die Freiheitsliebe, in der wir uns von niemandem übertreffen lassen, an dem Willen zu wachsender Gerechtigkeit zu messen.

Die Gleichheitsidee des Liberalismus und des Konservatismus erscheint uns Sozialdemokraten nicht ausreichend. Auch wir erheben Forderungen nach der Gleichheit der Startchancen; aber zugleich kritisieren wir ihre Begrenztheit und ergänzen diese Idee durch die Forderung nach Gleichheit der Lebenschancen. Wir sind sogar der Auffassung, dass eine Beschränkung auf die Startchancen-Gleichheit bereits verhindert, dass auch nur gleiche Startchancen geschaffen werden können. Im Bildungsbereich sehen wir dies deutlich: Die fortbestehende gesellschaftliche Ungleichheit schlägt in die reformierten Schulen zurück und zerstört dort, erschwert jedenfalls die Ansätze zu sozialer Integration und zur gleichwertigen Förderung aller Kinder und Jugendlichen. Möglichst gleiche Lebenschancen sind also nicht einfach die Folge, sondern sie sind auch eine Voraussetzung gleicher Startchancen.

[...]

VI.

An den Anfang dessen, was ich nun noch zu sagen habe, stelle ich ein Zitat. Es lautet: „Die Lösung der Freiheitsfrage ist dadurch erschwert, dass es ein dreifaches Verhältnis zur Freiheit gibt. Sie hat echte Feinde – mit denen kann man fertig werden. Sie hat echte Freunde – und zu denen möchten wir alle uns zählen dürfen. Aber dazwischen hat sie falsche Freunde, und die stiften Verwirrung, weil sie bewusst oder unbewusst die Liebe zur Freiheit mit dem Interesse an ihr, mit ihrem Interesse verwechseln und ausrufen, die Demokratie sei in Gefahr, sobald man der Freiheit rät, sich selbst in eine heilsame soziale Zucht zu nehmen – da es doch gerade umgekehrt sich so verhält, dass die Demokratie nur zu retten ist durch eine reif und weise gewordene, dem Stadium unsozialer Libertinage entwachsene Freiheit."[6]

Diese Worte stammen von einem Geist durchaus konservativer, durchaus nicht politisierter Herkunft, von Thomas Mann, aufgeschrieben im Jahre 1939, kurz vor Kriegsausbruch.

„... dass die Demokratie nur zu retten ist durch eine dem Stadium unsozialer Libertinage entwachsene Freiheit", wiederhole ich und sage dazu: Die haben unrecht, die aus dem Spannungsverhältnis zwischen egalitärer Demokratie und individueller Freiheit einen unversöhnlichen Gegensatz machen und daraus den Schluss ziehen, mehr Demokratie müsse notgedrungen zu einer Einschränkung der Freiheit führen. Die Freiheit des Einzelnen können wir nicht losgelöst von seiner Zuordnung in der Gesellschaft beurteilen. Die Freiheit erfährt der einzelne in der Gesellschaft; ihre Sicherung bedarf also gesellschaftlicher Voraussetzungen; erst Demokratie in vielen Bereichen der Gesellschaft macht mithin den Raum frei, in dem Freiheit praktiziert werden kann.

Sie kennen das Wort aus dem Jahre 1969, die Forderung: Wir müssen mehr Demokratie wagen![7] Sie ist von vielen verstanden, von vielen aber auch missverstanden, zum Teil missbraucht und verballhornt worden. Gleichwohl: Es ist unbestreitbar so, dass wir den Raum der Demokratie erweitert haben. Erweitert zum Nutzen der

Freiheit vieler Einzelner. Ich hätte auch fordern können: Mehr Freiheit wagen! Und zwar mehr Freiheit durch Demokratie in allen relevanten gesellschaftlichen Bereichen. Denn wenn wir die Freiheit in der Demokratie gewählt haben, dann dürfen wir nicht zulassen, dass, unter welchem liberalistischen Vorwand auch immer, die Demokratie gegen die Freiheit ausgespielt wird.

Und schliesslich: Der Mut zur Freiheit des Geistes. Das Grundgesetz stattet die zweite deutsche Demokratie aus als wehrhafte Demokratie. Sie hat sich vorgenommen, gegen ihre Feinde zu bestehen. Das ist eine Lehre aus Weimar. Aber wir müssen wachsam sein, damit diese freiheitliche Demokratie auch gegen Kleinmut und Torheit, gegen falsche Freunde bestehen kann. Gegen jene, die – vielleicht guten Glaubens – im Namen der Freiheit die Freiheit auf Ration setzen.

Vielleicht haben wir bei allen grossen Freiheitsworten der fünfziger und sechziger Jahre versäumt, die allzu schwachen Traditionen deutscher Liberalität zu stärken. Sie sind etwas anderes als die Gewohnheiten eines ökonomischen Liberalismus. Liberalität meint Freiheitlichkeit als Lebensform. Misstrauen gegen autoritäre Ansprüche, von woher sie auch kommen mögen. Diese Freiheitlichkeit meint Selbstbehauptung des Bürgers im Alltag. Sie will den Kampf für das freie Wort. Sie fordert den freien Geist. Den unabhängigen Bürgersinn. Sie schützt den Aussenseiter. Sie verteidigt die Minoritäten und ihre Rechte. Sie ist die Anwältin der Nonkonformität.

Die Liberalität ist mit der Geschichte des demokratischen Sozialismus in Deutschland eng verwachsen. Es hätte keine deutsche Freiheit ohne die Arbeiterbewegung gegeben, die unmittelbar aus dem Kampf des liberalen Bürgertums um seine Freiheit und Rechte herauswuchs.

Treue zur Verfassung fordert uns eine kritische Haltung zur Verfassungswirklichkeit ab. Treue zur Verfassung gibt uns den Auftrag, auf alle Fälle aber das Recht, die Verfassungswirklichkeit aus dem Geist des Grundgesetzes aktiv zu gestalten.

Uns ist – sogar durch die Verfassung – nicht nur die Duldung, uns ist die Pflicht zur Reform aufgegeben. Uns ist auferlegt, den

Rechtsstaat auszubauen, den Sozialstaat durchzusetzen, mehr Demokratie in Staat und Gesellschaft zu verwirklichen. Ich sagte dies auf dem Hannoverschen Parteitag der SPD im April 1973.[8] Heute füge ich hinzu: Uns ist aufgegeben, den Freiheitsraum zu nutzen, für viel Freiheit des Geistes und für viel Freiheit in der Zucht sozialer Verantwortung, wenn wir – frei nach Thomas Mann – die Demokratie nicht nur bewahren, sondern sie stärken wollen.

Nr. 34
Hs. Schreiben des Vorsitzenden der SPD, Brandt, an den Bundeskanzler, Schmidt
7. April 1976[1]

Archiv Helmut Schmidt, Innenpolitik, Bd. 9: 1976 A–Z.

Lieber Helmut,
ich habe den Entwurf der Plattform[2] durchgesehen und zunächst nur einige Fragezeichen angebracht.

Zunächst meine ich, dies werde eine Broschüre, also viel zu lang. Wenn Du die Plattform mit einer relativ umfassenden Leistungsbilanz verbinden willst, könnte man daran denken, einen manifestartigen Teil voranzustellen, in dem die Linien für die nächsten Jahre etwas deutlicher gezogen werden.

Offene Frage: Ob es nicht richtig ist, den Anti-Sozialismus-Quatsch auch bei dieser Gelegenheit aufzuspießen?

Die Erwähnung meiner angeblichen aussenpolitischen Meriten erfolgt etwas zu oft. Stattdessen würde ich es begrüssen, wenn auch für die Gesamtpolitik die Kontinuität mit den vorangegangenen Jahren registriert würde.

Mit herzlichen Grüßen
Dein W[illy]

Nr. 35
Schreiben des Vorsitzenden der SPD, Brandt, an den Bundeskanzler, Schmidt
13. Juni 1976[1]

AdsD, WBA, A 9, 12.

Lieber Helmut,
ich weiß nicht, ob wir vor Dortmund[2] noch Gelegenheit zu einem längeren Gespräch haben werden. Deshalb möchte ich Dir auf diesem Wege einige Überlegungen nahebringen. Ich habe dabei auch die Sorge im Ohr, von der Du zuletzt am Mittwoch früh im Flugzeug sprachst: wie Du Dich auf dem Parteitag zu neuerlichen Disziplinlosigkeiten und Abwegigkeiten äußern solltest. (Solingen[3] könnte heute als zusätzliche Illustration dienen.) Meiner Meinung nach spricht alles für eine gelassene Reaktion.

<u>Erstens</u> zweifele ich nicht daran, daß wir den 3. Oktober [1976][4] gut bestehen können. Das ist zunehmend auch das Empfinden der Freunde in den Bezirken, obwohl die Ergebnisse der Befragungen noch nicht so gut sind, wie sie sein sollten (– im Falle Bremen, wie mir Hans Koschnick sagte, mit einer deutlichen Verbesserung gegenüber den Wahlen zur Bürgerschaft[5]). Allerdings ist es nicht sicher, ob es nicht im Laufe des Sommers noch einmal Schwankungen gibt, auf die ruhig und sicher zu reagieren dann von wahlentscheidender Bedeutung sein kann. Es lohnt, sich daran zu erinnern, daß wir 1972 im Sommer mit großer Wahrscheinlichkeit nicht gewonnen hätten.[6] Diesmal müssen wir u. a. auf folgende Unsicherheitsfaktoren gefaßt sein: Wie wird man auf die italienischen (und die schwedischen) Wahlen reagieren?[7] Das heißt natürlich auch, wie wir selbst reagieren werden. Werden wir noch mit ernsten Terroranschlägen oder Entführungen zu rechnen haben? 1972[8] hatten wir dieses Feld stimmungsmäßig neutralisieren können; diesmal scheinen die Voraussetzungen ungünstiger zu sein. Und vor allem: wird es nach der Sommerpause in gewissen Großbetrieben zu mehr oder weniger

spontanen Aktionen in Sachen „Nachschlag" kommen (mit der Begründung, die Realeinkommen würden nicht gehalten werden)? Wie rasch und nachhaltig würde sich dann die Autorität der Gewerkschaftsführungen durchsetzen?[9]

Hinzu kommen Unberechenbarkeiten im Verhalten einzelner Teile der Partei. Die Münchner Überbrückung hat die Schlagzeilen entlastet.[10] Aber es gibt in der einen wie in der anderen Ecke immer noch und immer wieder Spinner und Verbiesterte und Egozentriker, die sich durch die gegnerische Propaganda in Anspruch nehmen lassen. Sollten sich zwischenzeitlich gar noch etwas ungünstigere Befragungsergebnisse einstellen, müßte man befürchten, daß eine Alibi-Suche wieder auflebte, wie sie zuletzt Anfang des Jahres in einigen Zirkeln zu verzeichnen war.

Zweitens geht es also darum, wie wir die Partei einschätzen und wie wir auf sie einwirken, damit sie – weitere Entwicklungen außen vor gelassen – uns zu einem guten Ergebnis am 3. Oktober [1976] verhilft. Die Partei ist, im ganzen gesehen, besser als ihr Ruf. Sie hat gezeigt, daß sie auch weniger populäre Entscheidungen zu tragen bereit war und fähig ist. Auch zu solchen Fragen der laufenden Politik, die mehr als eine Antwort möglich machten, haben sich die Träger unmittelbarer Parteiverantwortung ganz überwiegend zurückgehalten, nachdem durch die Regierung (oder durch Regierung und Fraktion) entschieden worden war. Auf einer Reihe regionaler Treffen und bei anderen Gelegenheiten habe ich mich in den letzten Wochen davon überzeugen können, daß es vielerorts an Arbeitseifer nicht fehlt und daß auch guter Kampfgeist zu verzeichnen ist. Die herausfordernde Kampagne der Gegenseite hat dazu wesentlich beigetragen.[11] Vor allem gibt es keinen Zweifel daran, daß der Bundeskanzler von so gut wie der ganzen Partei loyal und engagiert getragen wird.

Auf der anderen Seite wäre es sicher nicht richtig, davon auszugehen, daß die Partei schon durch all ihre Schwierigkeiten hindurch ist. Stromlinienförmigkeit als innerparteiliches Idyll ist ja wohl ohnehin nicht erstrebenswert. Aber auch wenn man realistischer ansetzt, wird festzustellen sein, daß der Umformungsprozeß, dem die Partei seit einer Reihe von Jahren ausgesetzt ist, noch nicht als abgeschlossen betrachtet werden kann. Vorgänge in mehreren Bezirken zeigen, daß wir es auch in den nächsten Jahren mit mancherlei Schwierigkeiten zu tun haben werden. Einiges wird jetzt nur überspielt. Das von mir unterstellte Wahlergebnis wird sich allerdings mildernd bis vorteilhaft auf die weitere Entwicklung auswirken können.

Die hier und da immer wieder vertretene Auffassung, in diesem Land laufe alles gut, nur die Partei sei in einem miserablen Zustand, wird der Wirklichkeit nicht genügend gerecht und geht außerdem an den Erfordernissen des Wahlkampfes vorbei. Auch der Hinweis darauf, daß die Zustimmung zum Bundeskanzler wesentlich stärker ist als zur Partei, hilft da nicht weiter. Das war bei Adenauer so. Das war in gewisser Hinsicht auch bei mir so; ich hätte mich sogar fragen können, weshalb ich in der einen Eigenschaft mehr Zustimmung fände als in der anderen. Die Partei – das ist eine bestätigende Erfahrung – kann kaum die Popularität des Bundeskanzlers erreichen. Der Bundeskanzler muß in Kauf nehmen, daß – vor Wahlen – durch bewußte Identifizierung mit der Partei die Zustimmung derer nachläßt, die uns ohnehin nicht wählen.

Ich habe es für gut gehalten, daß Du, nicht zuletzt in der Haushaltsdebatte, um die Identifizierung stark bemüht gewesen bist und unfreundliche Reaktionen aus den ohnehin nicht freundlichen Ecken in Kauf genommen hast. Daß es dabei Grenzen gibt, liegt in der Natur der Sache, besser: ergibt sich aus der Aufgabe.

Mein Rat: Du solltest der Partei manchmal noch stärker den Eindruck vermitteln, daß Du um sie wirbst und Dich mit dem identifizierst, was sie in ihrer großen Mehrheit darstellt. (Psychologisch wichtig bei der Verwendung von Richtungsbezeichnungen: Diejenigen, die uns 1972 im Stich gelassen haben oder die jetzt wieder in diesem oder jenem Stadtrat zur anderen Fraktion übergetreten sind, hatten sich nun einmal nicht als „Linke" eingeprägt.) Dem Gegner müssen wir auf die Finger klopfen, wenn er die Partei aus seinen (taktisch einleuchtenden) Gründen auseinanderdividieren will.

Da ist nun <u>drittens</u> wichtig, daß sich unsere Zusammenarbeit weiter bewährt und daß wir uns nicht gegeneinander ausspielen lassen. Für den Gegner ist dies eine der Schienen, auf denen er fahren möchte. Es ist nicht sicher, daß alle Teile der Partei darauf sicher genug reagieren. Es wird auch immer wieder Einflüsterungen geben, vor denen man gerade dann auf der Hut sein muß, wenn sie von übereifrigen Leuten kommen.

Du hast gewiß verstanden, weshalb ich Wert darauf legte, daß die „Plattform" – der Entwurf des Regierungsprogramms für die nächsten vier Jahre – ganz mit Deinem Namen verbunden blieb. Mit Faulheit hatte dies jedenfalls nichts zu tun. Dagegen spricht auch der Terminkalender, den ich für den Wahlkampf akzeptiert habe.

Für Dortmund sehe ich kein eigentliches Problem. In die Diskussion über die Plattform werde ich nur eingreifen, wenn sich ein bisher nicht erkennbarer Anlaß ergeben sollte. Mein Part wird es sein, der Partei zu sagen, auf welche Weise wir den Wahlkampf mit und für Helmut Schmidt zu führen haben (und wohl auch aus meiner Sicht deutlich zu machen, wie sich das Arbeitsprogramm für die nächsten vier Jahre einzuordnen hat in die weiterreichende, zumal ideenmäßige Orientierung unserer Politik).

Du kannst davon ausgehen, daß ich mit meinen Mitteln und Möglichkeiten aus dem Wahlkampf herausholen werde, was herauszuholen ist. Dies gilt – wie Holger [Börner] Dir mit mehr Einzelkenntnis bestätigen kann – auch für das Parteihaus, in dem es bei unterschiedlichen Befähigungen viel waches Engagement und guten Willen gibt (und dessen Öffentlichkeitsarbeit etwa einen Vergleich mit wesentlich besser ausgestatteten Institutionen nicht zu scheuen braucht).

Meine bewußte Zurückhaltung auf den meisten Gebieten, die die eigentliche Regierungsarbeit betreffen, war notwendig, obwohl sie gelegentlich falsch interpretiert worden ist. Die Art, in der ich meine integrierende Aufgabe in der Partei verstehe und wahrnehme, kann nicht jedermanns Zustimmung finden. Meine Beteiligung an der Arbeit der Fraktion (deren Beitrag zum Erscheinungsbild auch eine Würdigung verdient gehabt hätte) hat sich stärker reduziert, als es notwendig gewesen wäre. Das muß nicht immer so bleiben. Jedenfalls wird es sich immer wieder als notwendig erweisen, die Parteiführung als das ins Spiel zu bringen, wofür sie gewählt ist.

Ich will hieran gleich einige Bemerkungen knüpfen, die mit meinen internationalen Aktivitäten zusammenhängen. Da hat es einige Krittelei gegeben, als ob ich einen großen Teil meiner Zeit im Ausland verbrächte (was einfach Quatsch ist). Du weißt, daß ich durch meine Verbindungen und mein Ansehen etwas einbringen kann, was unserer Partei hilft und was unserem Land zugute kommen kann. Was die Regierung damit macht, ist nicht meine Sache. Was im Interesse der Partei liegt, kann ich beurteilen. Es läßt die Notwendigkeiten der deutschen Außenpolitik, so gut ich sie verstehe, ohnehin nie außer Betracht.

Als ich Anfang des Jahres meine Kandidatur für die Direktwahl zum Europäischen Parlament anmeldete, habe ich gemeint, damit die Seriosität dessen unterstreichen zu können, was die Regierungschefs beschlossen hatten.[12] Es würde mich wundern, wenn ich mich in dieser Angelegenheit, vor allem in bezug auf den angekündigten Zeitpunkt, selbst beim Wort zu nehmen hätte. Etwas komplizierter ist die Sache mit der Sozialistischen Internationale. Ich habe wiederholt betont, daß ich mich dort nicht als Kandidat für den Vorsitz betrachte. Wenn es zum Kongreß Ende Juli [1976] in Genf gekommen wäre, hätte die Gefahr bestanden, daß ich gleichwohl von einer Mehrzahl anderer Delegationen bedrängt worden wäre. Das war einer der Gründe, weshalb ich mich für die Verschiebung des Kongresses bis nach unseren Wahlen eingesetzt habe. Für mich käme in jedem Fall nur eine zusätzliche Verantwortung in Betracht, die sich auf den Parteivorsitz abstützen könnte; alles andere wäre unseriös.[13]

Viertens komme ich zu dem, was in diesen wichtigen Wochen und Monaten geschehen könnte, um das „Erscheinungsbild" der Partei noch verbessern zu helfen. Davon, daß Disziplinlosigkeiten und Abwegigkeiten von Teilen der Partei nach Möglichkeit unterbunden, jedenfalls eingegrenzt werden müssen, (also auch nicht zum Vorteil des Gegners „transportiert" werden dürfen), war schon die Rede. Im übrigen geht es mir vor allem um folgende Punkte:

a) Die Leistungsbilanz ist überzeugend. Die Skizzierung der Aufgaben für die nächsten vier Jahre ist aus guten Gründen vorsichtig geraten. (Wir waren uns einig, daß es zweckmäßig sein wird, einen manifestartigen Text zu Beginn des eigentlichen Wahlkampfes nachzuschieben.[14]) Umso mehr bedarf es im Wahlkampf einer Ergänzung im teils prinzipiell-geistigen, teils emotionalen Bereich. Hierher gehört, was wir, nicht nur in der Abwehr einer teuflischen Parole, zum Thema Freiheit und demokratischer Sozialismus zu sagen haben.[15] Hierher gehört auch das Thema der Liberalität. Wahlen wollen in den Köpfen und in den Herzen vieler einzelner gewonnen werden.

b) Für die Stammwähler, aber auch für einen großen Teil der Jungen hat es erhebliches Gewicht, daß wir uns auf den Gebieten Vollbeschäftigung (vor allem Vermeidung umfassender Jugendarbeitslosigkeit) und Modernisierung der Volkswirtschaft (einschließlich sinnvoller Weiterentwicklung des Instrumentariums) nicht durch zu starkes Eingehen auf liberalistische Ladenhüter um einen Teil unserer Glaubwürdigkeit bringen.

c) Nachdem wir uns wieder abgewöhnt haben, Reformansätze und Reformbereitschaft unnötig herabzustufen, sehe ich die Chance und die Notwendigkeit, über manche der vor uns liegenden Aufgaben viel offener zu reden, als das bisher üblich war: soziales Netz nicht als Hängematte mißverstehen; bürokratischen Wucherungen energisch entgegentreten; nicht einfach nur mehr Geld ausgeben wollen, sondern mit vorhandenen Mitteln vernünftiger umgehen usw. Auf der anderen Seite: die Alten nicht zu Opfern von Angstmachern werden lassen, ihr Selbstbewußtsein stärken etc.

d) Auf dem Feld der Außenpolitik habe ich (gerade auch nach dem großartig verlaufenen Gierek-Besuch[16]) weniger Sorgen als noch vor einigen Monaten. Zeitweilig konnte man den Eindruck gewinnen, als sollte unserer Öffentlichkeit eine deutliche Absatzbewegung von früheren Positionen vorgeführt werden. Meine Sorge, daß die staatliche Außenpolitik über beträchtliche Strecken zu einer Funktion innenpolitischer Interessen (des Koalitionspartners) werden könnte, ist allerdings noch nicht behoben. Im Wahlkampf wird viel davon abhängen, daß die von Dir von Anfang an betonte Kontinuität deutlich gemacht wird, ob es der Opposition paßt oder nicht. Die Europa-Politik bleibt aus Gründen, die im wesentlichen nicht bei uns liegen, ein schwacher Punkt, und die fällige Bestandsaufnahme wird nicht mehr vor dem 3. Oktober [1976] möglich sein. Im Verhältnis zur Dritten Welt werden wir uns etwas mehr bewegen müssen. Inzwischen müssen die interessierten jungen Leute (nicht nur aus kirchlichen Bereichen) den Eindruck vermittelt bekommen, daß sie nicht an uns vorbeireden und daß wir gegenüber neuen Notwendigkeiten mehr als hinhaltenden Widerstand zu bieten haben.

e) Die eindeutigen Aussagen der FDP haben zur innenpolitischen Stabilisierung beigetragen und können dem Koalitionslager insgesamt zugute kommen. Der Partner will keine Überhöhungen der Koalition zum Bündnis. Das war ja auch von unserer Seite stark relativiert worden.[17] Um so wichtiger ist es, daß – von der herausgehobenen Stellung des Kanzlers abgesehen – das Kabinett nicht zu einseitig durch seine frei-demokratischen Mitglieder in Erscheinung tritt. Ich meine damit nicht allein die Optik. (Die Möglichkeit, daß sich nach den Wahlen bei der Union etwas ändern könnte, lasse ich hier außer Betracht.)

f) Hiermit hängt zusammen, worüber wir schon einige Male sprachen, daß die Selbstdarstellung eines Teils unserer Minister in der Öffentlichkeit einiges zu wünschen übrig läßt. Zusätzlich müssen wir den Eindruck widerlegen, als fehle es uns an kompetenten Kräften aus der nachwachsenden Politiker-Generation.

Fünftens wollte ich anregen, daß wir auf unsere Kollegen und Mitarbeiter noch einmal und gerade für die jetzt vor uns liegenden Monate in dem Sinne einwirken, daß sie möglichst keine Munition für die andere Seite transportieren. Auch bei Journalisten-Briefings sollten nicht falsche Stichworte verbreitet und verstärkt werden. Alibi-Suche (die aufgrund der besseren [Umfrage-]Ziffern gegenwärtig eine geringere Rolle spielt) darf nicht unwidersprochen bleiben, wo immer man ihr begegnet. Genossen, die generelle Kritik üben, ohne sich hinreichend um ihre lokale oder regionale Verantwortung zu kümmern, müssen auf diesen Widerspruch hingewiesen werden.

Dies werden wir nach dem 3. Oktober [1976] im Auge behalten müssen.

Zu Erscheinungen der „Filzokratie", die nichts mit „links" oder „rechts" zu tun haben, hast Du mehrfach Deinem Unbehagen Ausdruck gegeben. Ich habe einige Vorstellungen dazu, wie wir auf ein verändertes Verhalten hinwirken könnten. Aber es hätte keinen Sinn, sich damit jetzt im einzelnen zu befassen. Das muß wie manches andere bis zum nächsten Jahr liegenbleiben.

Im übrigen kann ich wohl davon ausgehen, daß wir unmittelbar nach dem 3. Oktober [1976] über solche personellen Dispositionen sprechen, die das Dreieck Regierung – Fraktion – Partei berühren.

Weitere Diskussionen über den Standort und die Orientierung der Partei werden uns nicht erspart bleiben. Die Zahl derer, die im Sinne von Godesberg in der falschen Partei sind, ist nicht groß. (Ob sie sich vorteilhaft vermindert, wenn es, wie ich nun doch vermute, zur Bildung einer kleinen linkssozialistischen Partei kommt,[18] wird man sehen.) Wichtiger als das meiste, was mit dem grobrastigen Richtungsschema zusammenhängt, wird unsere Fähigkeit sein, uns der vielen neuen Fragen gut genug anzunehmen. Wir werden also viel geistige Regsamkeit brauchen und müssen verstärkt darauf achten, daß sie sich ohne zu viel Kräfteverschleiß entfalten kann.

Dieser Brief ist lang geworden. Ich schicke ihn trotzdem so, wie er beim Schreiben geworden ist. Auf das eine und andere können wir ja nach Dortmund zurückkommen.

Mit guten Wünschen und herzlichen Grüßen.

〈Dein Willy〉[19]

Nr. 36
Hs. Schreiben des Vorsitzenden der SPD, Brandt, an den Vorsitzenden der SPD-Bundestagsfraktion, Wehner
6. Juli 1976[1]

AdsD, WBA, A 11.3, 38.

Lieber Herbert,
die Mitglieder des Parteivorstandes hätten Dir zu Deinem 70. Geburtstag gern persönlich gratuliert. Das ist nun nicht möglich und bis zur nächsten PV-Sitzung werden Wochen ins Land gehen.

Wenn ich also auf diesem Wege unsere guten Wünsche übermittle, so ist in sie eingeschlossen der Dank für ein lebenslanges Bemühen um die Befreiung von Menschen und Völkern aus Not und Unterdrückung.

Während dreier arbeitsreicher Nachkriegsjahrzehnte hast Du den Weg unserer Partei entscheidend mit bestimmt, hast fünfzehn Jahre lang prägend als stellvertretender Parteivorsitzender gewirkt und bist nun seit Mannheim[2] das dienstälteste Vorstandsmitglied. Die Partei hat vielfachen Grund, Anerkennung und Dank zu sagen.

Mögen Dir Gesundheit und Schaffenskraft in vielen kommenden Jahren erhalten bleiben, damit Du weiterhin an dem wirken kannst, was Du der Menschen wegen als Deine Pflicht empfindest.
Mit respektvollen und herzlichen Grüßen
Dein
Willy Brandt

Nr. 37
Interview des Vorsitzenden der SPD, Brandt, für die *Deutsche Zeitung*
18. August 1976

SPD Mitteilung für die Presse, Nr. 421/76 vom 18. August 1976.

Frage: Herr Parteivorsitzender, die SPD geht in einer denkbar schlechten Verfassung in die Wahlen. Wie erklären Sie sich das?
Antwort: Ich kann dem nicht zustimmen. Ich weiss, dass es solche Meinungen gibt, aber was ich selbst draussen feststelle, ist eine Partei in einer Phase starker Aktivität. Es gibt hier und da immer mal schwache Punkte. Das ist in einer grossen Partei gar nicht anders möglich.
Frage: Es hat Auseinandersetzungen in der Partei gegeben, das Frühjahr über beispielsweise in München, später in Berlin, dann auf dem Juso-Kongress und anderwärts. Auf der anderen Seite hat sich die Fritz-Erler-Gesellschaft gebildet.[1] Finden Sie nicht, dass das eine schlechte Disposition für eine Partei im Wahljahr ist?
Antwort: Nein. Die Partei hat in ihrer Geschichte immer ein Ringen der Meinungen gehabt, das gehört zu einer Partei dieses Typs dazu. Sie hat es aber zugleich immer wieder verstanden, sich in der Aktion, im praktisch-politischen Handeln zusammenzufinden. Diejenigen, die sich interessieren für das, manchmal auch ergötzen an dem, was sie Flügelkämpfe nennen, übersehen, dass etwa der letzte Ordentliche Parteitag der SPD in Mannheim im November vergangenen Jahres[2] für die achtziger Jahre einen Orientierungsrahmen so gut wie einstimmig verabschiedet hat. Das nenne ich Zusammenfinden, nicht nur aus opportunistischen Gründen, sondern aufgrund einer gründlichen Debatte. Ebenso ist auf einem Ausserordentlichen Parteitag Mitte Juni in Dortmund[3] mit allgemeiner Zustimmung ein Wahlprogramm beschlossen worden. Wir sagen dazu Regierungsprogramm, genau genommen müsste man sagen, den Entwurf eines Regierungsprogramms für die nächsten vier Jahre.

Frage: Die SPD hat bisher den Wahlkampf aus der Defensive führen müssen. Sie hat es bisher nicht vermocht, ein eigenes Thema offensiv anzuschlagen.
Antwort: Ist das wirklich so? Die SPD hat, um mit dem wichtigsten anzufangen, gesagt, wie es zu einer Regierungspartei gehört, die selbstbewusst ist in einer schwierigen Zeit: Ist es wahr oder ist es nicht wahr, dass unser Land durch eine schwierige weltwirtschaftliche Phase besser hindurchgekommen ist als die meisten vergleichbaren Länder? Und welchen Sinn ergibt es dann, eine erfolgreiche Regierung und einen erfolgreichen Bundeskanzler – beide gehören zusammen – nicht zu bestätigen? Das kann man defensiv nennen, ich nenne es selbstbewusst bestätigend.
Frage: Dann will ich ein Beispiel nennen, wie die SPD in die Defensive geraten ist. Die Sozialdemokraten plakatieren mit dem Slogan „Modell Deutschland", die CDU offeriert ihren Spruch „Freiheit statt Sozialismus", und es zeigt sich, dass über das „Modell Deutschland" niemand spricht, dass aber „Freiheit statt Sozialismus" zum Thema des Wahlkampfes geworden ist.
Antwort: Ist es das? In Wirklichkeit, denke ich, ist es zum Thema des Wahlkampfes nur für die Parteigänger beider Seiten geworden. Viele Parteigänger der Union, in Bayern oder in den Südstaaten noch ein bisschen mehr als anderswo, haben sich gefreut über diese aus ihrer Sicht offensive Parole. Und die Sozialdemokraten haben sich nicht nur pflichtgemäss empört. Also die Parteigänger auf beiden Seiten haben etwas davon gehabt. Meinen Beobachtungen nach hat die Parole auf die breiten Wählerschichten, um die es in Wirklichkeit geht, bisher, obwohl sie nun schon Monate lang auf dem Markt ist, keinen nennenswerten Einfluss ausgeübt, und es würde mich wundern, wenn sich das noch wesentlich ändern sollte. Mir tut es, um dabei einen Augenblick zu bleiben, leid, dass ein wichtiges Thema, nämlich das der Spannung zwischen Freiheit und Gemeinschaft, auf diese Weise der sachlichen Diskussion entzogen wird. Oder um noch ein bisschen weiter zu gehen: Diejenigen, die die Parole gebracht haben, werden sich fragen lassen müssen, was man von ihren Europa-Beteuerungen halten soll. Man kann doch nicht zu gleicher Zeit sa-

gen, man sei dafür, dass die Einigung Europas rascher vorankommt und dann der Meinung sein, dass eine Partnerschaft mit denjenigen unmöglich ist, die auf dem Boden des demokratischen Sozialismus stehen. Die haben ja, gestützt auf das Vertrauen der Menschen, Regierungsverantwortung in der grösseren Zahl der Länder, mit denen wir es in unserem Europa, über die Europäische Gemeinschaft hinaus, zu tun haben.

Keiner, denke ich, weiss ganz genau, wie man das Gleichgewicht findet zwischen der Freiheit des Individuums und dem, was die Gemeinschaft fordert. Die Konfrontationsparole macht diese Diskussion zur Zeit nun aber ganz unmöglich.

[...]

Frage: Herr Brandt, zum Thema Defensive: Man sieht in diesem Jahr nicht die eifrigen Truppen, wie sie in den letzten beiden Bundestagswahlen für sie unterwegs gewesen sind. Wenn ich sage für Sie, dann muss man das ganz betont auf Ihre Person beziehen. Die Wählerinitiative der Künstler, Schriftsteller und zu diesem Kreis gehörigen Intellektuellen für die SPD scheint nicht in Gang kommen zu wollen. Womit erklären Sie das?

Antwort: Nun bin ich zunächst schon früher der Meinung gewesen, dass man keine institutionalisierte Wählerinitiativen haben soll. Wählerinitiativen sind nur dann gerechtfertigt, wenn sie sich jeweils neu bilden; denn sonst müsste man ja den Betreffenden sagen, wenn ihr euch permanent als Wählerinitiative betätigt, warum tut ihr das nicht als Mitglieder der Partei. Wer also aus seinen guten, respektablen Gründen nicht zu einer Partei gehört und sich vor Wahlen, ob das nun Landtagswahlen oder Bundestagswahlen sind, engagieren will, der sollte völlig frei sein, das eine Mal so zu handeln und das andere Mal nicht oder einmal ein bisschen stärker und das andere Mal ein bisschen schwächer. Davon abgesehen, glaube ich, dass wieder eine ganze Reihe von Initiativen mit Schriftstellern, Künstlern und anderen im Gang sind. Die Frau des Bundeskanzlers hat soeben einen Bus der sozialdemokratischen Wählerinitiative auf den Namen „Vorwärts" getauft. Das scheint also wieder ganz gut in Gang zu kommen.

Frage: Aber der grosse bundesweite Schwung scheint doch dahin zu sein. Hängt das damit zusammen, dass die SPD insgesamt das Vertrauen in ihre Durchschlagkraft zu verlieren beginnt?
Antwort: Nein, das sehe ich nicht.
Frage: Darf ich ein paar Belege bringen? Herr Koschnick hat im Frühjahr recht resignierend gemeint, dass die Koalition aus SPD und FDP möglicherweise keine tragfähige Mehrheit mehr haben könnte. Herr Ahlers hat ähnliches angedeutet, Herr Steffen hat gemeint, die SPD sollte doch, wenn es geht, möglichst rasch in die Opposition gehen. Das sind nur Beispiele.
Antwort: Da muss ich doch gleich eine kleine Korrektur anbringen. Ich habe die Steffen-Äusserung, die Sie jetzt miteinbezogen haben, zunächst auch so verstanden, weil ich zunächst nur Nachrichten gelesen habe. Dann habe ich den Artikel gelesen, und da stand das so nicht drin. Ich habe Herrn Steffen gleichwohl einen kritischen Brief dazu geschrieben.
Frage: Das ist eine Frage der Interpretation.
Antwort: Lassen wir dieses Detail einmal beiseite. Die eigentliche Frage war, ob die Konstellation SPD/FDP über weniger Anziehungskraft verfügt als vor vier Jahren oder vor sieben Jahren. Wenn wir die Zeit vor sieben Jahren nehmen, dann wage ich, ähnlich wie es der Bundeskanzler dieser Tage getan hat, eine Wette einzugehen darauf, dass die sozial-liberale Koalition besser abschneiden wird als bei der Wahl 1969. Die eigentliche Frage der nächsten Wochen wird sein, wo sich das Ergebnis im Verhältnis zu dem von 1972 einpendeln wird.
Frage: Wo ist eigentlich der Sozialismus der SPD hingeraten? Hans Erler, der Sohn von Fritz Erler, meint zwar, er sei im Orientierungsrahmen vorhanden, und eine kritische Analyse wird im Orientierungsrahmen in der Tat sozialistische Elemente, auch marxistische Elemente entdecken. In den Wahlkampfaussagen der SPD aber spielt der Sozialismus keine Rolle. Ist er nicht mehr virulent in der Partei oder wird er nur zurückgehalten, um den Wähler nicht zu erschrecken?
Antwort: Also, das dürfen Sie mir nicht zumuten, mich in Ihrer Zeitung mit Hans Erler auseinanderzusetzen. Das läge auch unter dem

Niveau Ihres Blattes, denke ich. Aber zur Sache selbst. Die SPD versteckt nichts, was mit ihrer Geschichte zu tun hat, sie versteckt nichts, was mit dem Godesberger Programm zu tun hat, aber sie kann ja nicht im Wahlkampf eine vieltausendfache Volkshochschule sein wollen. Ein Wahlkampf sollte zwar auch immer, trotz aller Dominanz der Schlagworte, zur Aufklärung der Menschen beitragen können, aber man soll sich dabei nicht übernehmen. Und wie wollen Sie in einem Wahlkampf für viele Menschen verständlich die Dimension dessen, was man Sozialismus nennt, auseinandersetzen? Es gibt höchst unterschiedliche Parteien, die sich dieses Namens bedienen, auch wenn sie – wie etwa die Nationalsozialisten – so gut wie nichts mit dem zu tun haben, was sich für mich aus der Geschichte sozialistischen Denkens ergibt. Es gibt bekanntlich auch eine Geschichte des christlichen Sozialismus. Es gibt die sozialdemokratischen Bewegungen. Natürlich gibt es auch den von uns abgelehnten Staatssozialismus bolschewistischer Prägung.

Frage: Es gibt innerhalb der SPD sicher nicht die Nationalsozialisten, es gibt vielleicht Anflüge von christlichen Sozialisten, aber es gibt ganz gewiss Leute, die sich selbst als Stamokap-Sozialisten[4] bezeichnen.

Antwort: Tun sie das? Mir sind diese häufig zitierten Stamokaps noch nicht begegnet in der SPD, aber ich höre, es soll sie hier und da geben.

Frage: Journalisten haben offensichtlich mehr Glück, diese Leute zu treffen. Denen offenbaren sie sich von Zeit zu Zeit, zum Beispiel im Juso-Vorstand. Es gibt aber noch ein Phänomen in der Partei, das von der Opposition kräftig aufgegriffen und angegriffen wird: Die Tatsache, dass Sozialdemokraten oder doch von der SPD anerkannte Gruppen an den Hochschulen beispielsweise regelmässig Koalitionen mit Kommunisten eingehen. Man hört von seiten des SPD-Vorsitzenden dagegen kein Verdikt!

Antwort: Also ich habe da etwas gelesen, bevor ich meinen Kurzurlaub gemacht habe, das unter dem Stichwort Volksfront lief. An unseren Universitäten würde Volksfront praktiziert. Dann habe ich mich gefragt, wo ich eigentlich lebe. Man könnte doch allenfalls von

Studentenfront sprechen. Wieso ist eigentlich der studentische Bereich mit dem Volk gleichzusetzen? Ich habe im Laufe meines Lebens erlebt, wie wenig repräsentativ, bei aller Bedeutung, die die hohen Schulen haben, der Meinungsbildungsprozess in der Studentenschaft ist, für die Gesellschaft insgesamt und häufig auch für die am studentischen Meinungsbildungsprozess selbst Beteiligten.

Frage: Diese Gruppen – einschliesslich der Jusos – sagen von sich selbst, dass sie die wahren Interessen des Volkes vertreten. Sie betrachten sich keineswegs nur als Studentenpolitiker.

Antwort: Das ist nicht verboten nach unserer Verfassung. Die SPD wird sich im übrigen nicht aufschwätzen lassen, dass die Absprachen in dieser oder jener studentischen Vertretung das eigentliche Problem seien. Der Bundestag ist immer noch ein bißchen mehr als der AStA einer Universität.

Frage: Wäre es nicht dennoch richtig, dass die SPD ihren Mitgliedern aufträgt, auch auf dieser Ebene eine Zusammenarbeit mit den Kommunisten zu unterlassen?

Antwort: Ich bin gegen jede Bündnispolitik mit den Kommunisten. Aber ich bin beispielsweise nicht dafür, aus einem Betriebsrat auszuziehen, weil dort auch ein Kommunist hineingewählt worden ist. Zurück zu den Hochschulen: Die Juso-Gruppen haben dort zu Lasten der K[ommunistischen]-Gruppen ganz schön an Boden gewonnen. Im übrigen wird die CDU-Studentenschaft doch angehalten, den Slogan „Freiheit oder Sozialismus" ernstzunehmen. Wir sind danach doch Feinde der Freiheit.

Frage: Ist es nicht vielmehr so, dass der RCDS, wenn er mit den Jusos koalieren würde, dieses Argument, es handele sich um Feinde der Freiheit, nicht mehr gebrauchen könnte?

Antwort: Ich habe im Laufe meiner Jahre, vor allem der Berliner Jahre, verschiedenste Formen von Zusammengehen an Hochschulen erlebt. Ich bin da nicht unerfahren, auch nicht dogmatisch. Aber ich sage noch einmal, ich halte es für ein bißchen weit hergeholt, die Diskussion um Gruppenbildungen oder sektiererischen Konstellationen an den hohen Schulen zum Maßstab der politischen Realitäten in der Bundesrepublik Deutschland zu machen. Ich bin

auch nicht der Partner von Hochschulgruppen, sondern ich bin der Partner der anderen politischen Parteien.
Frage: Aber Sie sind der Partner der Jungsozialisten?
Antwort: Die Jungsozialisten sind eine Arbeitsgemeinschaft in der SPD.
Frage: Also sind Sie ihr Vorsitzender?
Antwort: Ja, ich bin als Parteivorsitzender auch dazu da, mit den Arbeitsgemeinschaften dafür zu sorgen, dass die Beschlüsse der Parteitage eingehalten werden.
Frage: Eine Distanzierung oder ein Rat im Interesse der Glaubwürdigkeit der Partei auch an die Adresse der Jungsozialisten, solche Koalitionen mit Kommunisten zu unterlassen, ist von Ihnen nicht zu erwarten?
Antwort: Ich habe jetzt Wahlkampf für den Bundestag und nicht an Universitäten zu führen. Der Gegensatz zwischen Sozialdemokraten und Kommunisten ist jedem geläufig, der sich nicht zum Gefangenen von Schlagworten machen lässt.
Frage: Herr Brandt, es gab eine geraume Zeit doch den starken Eindruck, dass die Führung der Sozialdemokraten in sich uneins sei. Es wurde davon gesprochen, dass Ihr Verhältnis zum Bundeskanzler nicht immer reibungslos sei. Der Bundeskanzler selbst hat sich insbesondere im Zusammenhang mit den Münchener Vorgängen kritisch über die Parteiführung geäussert. Hat sich das alles geglättet?
Antwort: Sie haben ein einziges Beispiel genannt, nämlich Schwierigkeiten in München. Darüber sind wir zum grössten Teil hinweg, man hat sich dort zusammengerauft. Was den Bundeskanzler und den Parteivorsitzenden betrifft, weiss ich nicht, was es an Problemen geben sollte. Jeder weiss, der Bundeskanzler und der Bremer Bürgermeister sind die beiden stellvertretenden Parteivorsitzenden. Wir sind im laufenden Kontakt miteinander, aber unsere Aufgaben sind nicht voll identisch. Das liegt in der Natur der Sache.
Frage: Der Generalsekretär der CDU [Kurt Biedenkopf] hat der sozialdemokratischen Parteiführung vorgehalten, sie sei überaltert. Die Mehrzahl derjenigen, die der Parteiführung angehörten, sei über sechzig Jahre alt. Sehen Sie da Probleme?

Antwort: Nein, die sehe ich gar nicht. Kein Mensch kann bestreiten, dass ich über sechzig bin. Aber mir ist nicht bekannt, dass von den beiden Stellvertretern Herr Koschnick die fünfzig schon erreicht hätte. Und wenn ich die Führung insgesamt nehme, ob man hier Börner oder Apel oder Vogel oder Ehmke oder Eppler oder Matthöfer erwähnt – und jetzt könnte ich noch zehn Mann nennen –, überall stossen Sie auf die Namen solcher, die zwischen vierzig und fünfzig sind. Das, was man so die Spitze nennt, ist ein Problem für sich. Diejenigen, die es nicht gut meinen mit der SPD, müssten eigentlich froh sein, wenn der Brandt wirklich so miserabel wäre, wie sie ihn machen. Diese Sorge, ob sie den Brandt behalten will, sollte man der SPD selbst überlassen.

Frage: Herr Brandt, die biologische Frage kann man an die Seite schieben. Aber macht sich nicht doch eine gewisse Ideenmüdigkeit in der Partei bemerkbar? Ist es nicht so, dass die SPD jetzt die Wahlkämpfe von 1969 und 1972 wiederholt, dass sie die gleichen Elemente wieder zusammenbaut, die ihr damals Erfolg gebracht haben? Elemente, die den heutigen Fragestellungen der Bevölkerung nicht mehr entsprechen?

Antwort: Nein, dieses würde ich so nicht gelten lassen. Ich erinnere jetzt noch einmal an eines der wichtigsten Ergebnisse des letzten SPD-Parteitages[5], an das, was wir den Orientierungsrahmen genannt haben, da haben die Kritiker eher ein Zuviel an Ideen feststellen wollen. Das kann ich zwar nicht gelten lassen. Aber ich habe doch sehen müssen, dass es gar nicht so leicht ist, von dem, was man sich für den Übergang zum Jahre 2000 vorstellt, jetzt bei all den Unsicherheiten und Unwägbarkeiten der internationalen Politik und Ökonomie einen ansehnlichen Teil in ein Programm für die nächsten vier Jahre einzuarbeiten. Ideenmüdigkeit kann ich nicht feststellen. Nehmen wir doch einmal drei oder vier wichtige Gebiete. Ich gebe zu, sie sind nur sehr vorsichtig angetippt, und ich sage dabei noch einmal, der Wahlkampf kann leider nicht auch zugleich eine grosse Volkshochschule sein. Aber jeder, der genau hinsieht, weiss doch erstens, wie sehr wir der Meinung sind, dass wir ein stärkeres Tempo der Modernisierung unserer Volkswirtschaft brauchen. Das heisst, wenn wir unter den Ländern mit dem höchsten Lebensstandard auf der Welt bleiben wollen, dann müssen wir mehr und mehr zu dem übergehen, was die Amerikaner sophisticated production nennen, das heisst, mehr und mehr zu solchen Produktionen übergehen, in denen manuelle Arbeit nicht die entscheidende Rolle spielt, weil wir uns sonst nicht auf dem Weltmarkt behaupten können. Das wirft Fragen auf über das Zusammenwirken von staatlicher und nichtstaatlicher Forschung und Wirtschaftspolitik. Oder wenn Sie das weite Feld der sozialen Sicherung nehmen, wo wir nicht einfach sagen, man müsse nur immer mehr Geld ausgeben, sondern wo wir sagen, es wird in einer nächsten Phase sehr stark darauf ankommen, mit dem vorhandenen Geld vernünftig umzugehen und auch heisse Eisen anzufassen, wie sie Walter Arendt vor Monaten deutlich genannt hat. Oder nehmen Sie das wichtige Gebiet unserer Umwelt, das als Thema sehr verhalten diskutiert wird. Oder die Beziehungen zur Dritten Welt.

Frage: Dies alles sind nicht Themen, um die Wähler von den Stühlen zu reissen. Es sind im Grunde genommen Themen, die die vergangene Aufgabenstellung der Regierung fortarbeiten, aber keine Wegweiser für künftige Jahre.

Antwort: Dies sind alles Themen, die sogar über die vier Jahre hinaus eine grosse Rolle spielen. Für die Wähler aber reicht es vollständig, wenn die Mehrheit der Meinung Ausdruck gibt, dass es nicht sinnvoll ist, einen erfolgreichen Kanzler abzuwählen.

Frage: Das ist ein sehr konservatives Wahlkampfkonzept.

Antwort: Ich muss das gelten lassen. Konservativismus ist ja nichts Schlechtes, wenn damit gemeint ist, dass bewahrt werden soll, was sich bewährt hat.

Frage: Herr Brandt, in der SPD gibt es offensichtlich eine Stagnation der Mitgliederbewegung. Die Mitgliederzahl steigt angeblich nicht. Spricht nicht auch das dafür, dass der ursprüngliche Elan der Partei vorlorengegangen ist?[6]

Antwort: Herr Börner und Herr Dröscher haben sich gerade vor wenigen Tagen zu den tendenziösen Meldungen über Mitgliederstagnation geäussert. Manche sprechen sogar von Mitgliederrückgang, aber das trifft nicht zu. Es ist heutzutage vielleicht schwerer, Mitglieder zu werben, weil die SPD ein gestaffeltes Beitragssystem hat. Das bedeutet, dass der Einzelne einen Beitrag im Verhältnis zu seinem Einkommen zahlen muss.

Frage: Bei den anderen Parteien gibt es entsprechende Tabellen.

Antwort: Nein, nur als Empfehlungen. Bei uns sind es Parteitagsbeschlüsse. Wir waren in den letzten zwei Jahren im übrigen vor die Frage gestellt, ob wir, wenn wir ganz nahe an der Million sind, dies melden sollten. Ich kann ja ruhig einmal enthüllen, dass ich immer geraten habe, dies nicht zu tun. Wenn die Million erst einmal bekannt gemacht ist, und sie wird dann durch irgendwelche Zufälligkeiten im nächsten Vierteljahr einmal ein wenig unterschritten, was dann? Wenn die Bundestagswahl so ausgeht, wie ich vermute, dann behalte ich mir allerdings vor, diese Hemmungen gegenüber dem Nennen der Million fallenzulassen. Es ist keine Kunst für uns, die Anstrengung einer kleinen zusätzlichen Mitgliederwerbung zu machen, um die Millionengrenze zu überschreiten.

Frage: Herr Brandt, Sie glauben also insgesamt, die SPD sei in einer Verfassung, die für einen Wahlsieg genügt?

Antwort: Es gibt nichts auf der Welt, was nicht besser sein könnte. Natürlich könnte ich mir meine SPD in manchen Dingen noch wirksamer vorstellen. Aber sie ist in einer Verfassung, um das Ringen um das Vertrauen der Wähler gut bestehen und, was noch viel wichtiger ist, danach auch vernünftige Regierungspolitik machen zu können.

Nr. 38
Aufruf des Vorsitzenden der SPD, Brandt, und des Bundeskanzlers, Schmidt, an die Wählerinnen und Wähler
25. August 1976

SPD Mitteilung für die Presse, Nr. 444/76 vom 25. August 1976.

Der SPD-Vorstand ist unter Leitung des Parteivorsitzenden Willy BRANDT in Bonn zusammengetreten. Nach Beratung in diesem Gremium richten Bundeskanzler Helmut SCHMIDT und der Vorsitzende der Sozialdemokratischen Partei Deutschlands, Willy BRANDT, den folgenden Aufruf an die Wählerinnen und Wähler in der Bundesrepublik Deutschland:

I. Sozialdemokraten haben einen neuen Weg gebahnt. Es ist der dritte Weg zwischen kapitalistischer Ellbogenherrschaft einerseits und kommunistischer Diktatur andererseits.

Die Bürger entscheiden darüber, ob wir weiterarbeiten an diesem Modell, weiter erfolgreiche Verständigungspolitik und beharrliche Reformpolitik treiben. Die Bürger entscheiden darüber, ob unsere ausserordentliche wirtschaftliche Leistungsfähigkeit, das dichte soziale Netz und der beispielhafte soziale Friede erhalten bleiben.

Oder ob unser Land zur gescheiterten Politik von vorgestern zurückkehrt. Denn das ist die Gefahr am 3. Oktober 1976.[1]

II. Die CDU/CSU hat keine konkreten Alternativen. Kohl und Strauss weichen aus. Deshalb führen sie den Wahlkampf mit der vergiftenden Parole „Freiheit oder/statt Sozialismus". Diese Parole ist Anstiftung zum geistigen Bürgerkrieg.[2]

Schon heute werden die Führer der Opposition der Geister nicht mehr Herr, die sie selbst gerufen haben. Die radikale Rechte fühlt sich bestätigt, die Saat geht auf. Selbst Anhänger der Unionsparteien sind über den Rechtsruck in der Führung der CDU/CSU tief besorgt. Was die CDU/CSU wirklich tun und lassen will, das kann bis heute kein Wähler erkennen.

Wir fordern die CDU/CSU erneut auf, ihre Spalterformel und ihre unehrliche Kampagne auf allen Ebenen endlich durch konkrete und verbindliche Alternativen zu ersetzen.

Gerade jetzt, wo die Führer der Unionsparteien mit den Angstmacher-Parolen der fünfziger Jahre und sogar der Zeit nach dem ersten Weltkrieg um die Rückgewinnung ihrer Macht kämpfen, ist die Stunde des nachdenklichen und mündigen Bürgers gekommen.

III. Wofür Sozialdemokraten stehen, das kann jeder an unseren Leistungen der letzten sieben Jahre erkennen. Wir haben es in unserem Regierungsprogramm gesagt. Im Grundsätzlichen und im Einzelnen.

1. <u>Wir Sozialdemokraten stehen für den Vorrang der Vollbeschäftigung</u>

   Wir sind gegen jene, die meinen, ein „gewisses Maß an Arbeitslosigkeit" sei der wirtschaftlichen Stabilität förderlich. Sichere und qualifizierte Arbeitsplätze für Männer und Frauen, für Angestellte, Arbeiter und Selbständige und eine leistungsfähige, stabile, weltweit konkurrenzfähige Volkswirtschaft sind die entscheidenden Grundlagen für unsere Zukunft.

2. <u>Wir Sozialdemokraten stehen für den Fortschritt, für die Sicherung des sozialen Netzes</u>

   Sozialdemokraten sind das soziale Gewissen der Nation. Wir haben aus innerer Überzeugung das soziale Netz dichter geknüpft.

   Weshalb wir entscheidenden Wert auf den Sozialstaat legen, den das Grundgesetz verlangt:
   - der Sozialstaat schafft Sicherheit und „soziales" Vermögen für alle
   - soziale Sicherung garantiert persönliche Freiheit für Millionen, Freiheit von Not und Freiheit von Furcht
   - das Netz der sozialen Sicherungen begründet den beispielhaften inneren Frieden in unserem Land.

   Wir lassen keinen Abbau sozialer Leistungen zu. Die Renten bleiben gesichert.

Willy Brandt auf der Kundgebung in der Essener Grugahalle im Bundestagswahlkampf 1976

3. Wir Sozialdemokraten stehen für die Politik stetiger Reformen
   Noch vieles ist zu tun. Wer morgen sicher leben will, muss heute für Reformen kämpfen. Zum Beispiel in der beruflichen Bildung und im Umweltschutz. Zum Beispiel bei Abbau des Numerus Clausus und des Leistungsdrucks in den Schulen. Zum Beispiel im Gesundheitswesen zur Senkung der Kostenbelastung.
4. Wir Sozialdemokraten stehen für Selbstverwirklichung und tatsächliche Gleichstellung der Frau
   Gegen erbitterten Widerstand haben Sozialdemokraten dafür gekämpft, dass die Situation der Frau verbessert wurde. Zum Beispiel beim Ehe- und Familienrecht, zum Beispiel beim Paragraphen 218 [StGB].[3] Auch in Zukunft können Frauen auf uns zählen.

5. Wir Sozialdemokraten stehen für die Politik der aktiven Friedenssicherung;
durch Bündnis und Europäische Gemeinschaft im Westen, durch Verträge mit dem Osten
Zur Politik der Verständigung und des Ausgleichs gibt es keine Alternative. Die Schritt für Schritt erkämpften Verbesserungen für die Menschen in beiden Teilen Deutschlands dürfen nicht leichtfertig oder zynisch aufs Spiel gesetzt werden. Scharfmacher auf der anderen oder auf dieser Seite von Stacheldraht und Mauer dürfen nicht das Gesetz des Handelns bestimmen.
Die CDU/CSU würde riskieren, unser Land in die Konfrontation und damit in eine ausweglose Isolierung zu treiben.
6. Wir stehen für Sicherheit und Freiheit
Seit über hundert Jahren haben Sozialdemokraten unter persönlichen Opfern mehr Freiheit für die vielen erstritten: 8-Stunden-Tag, Streikrecht, Frauenwahlrecht, flexible Altersgrenze. 1933 hat die SPD im Reichstag gegen Hitlers Ermächtigungsgesetz gestimmt, anders als die politischen Vorläufer der Unionsparteien. Nach 1945 haben sich die Sozialdemokraten im Ringen um die Freiheit Berlins und um die Grundlagen unserer neuen Demokratie von niemandem übertreffen lassen.
Die Opposition will mit ihrer Spalterformel „Freiheit oder/statt Sozialismus" die Grundwerte der SPD in die Nähe zur Unfreiheit rücken. Diese Fälschung ist ihr Stil. Bei allen Wahlen seit 1949 hat die CDU/CSU bisher behauptet, unserem Land drohe die Unfreiheit. Wir haben das Gegenteil wahrgemacht: Die Freiheitsräume der einzelnen sind durch die Sozialdemokraten ausgeweitet worden. Von Freiheit für alle Bürger verstehen wir mehr!

IV. Wir Sozialdemokraten sind stolz auf unser Land und auf unsere Leistung. Sie wird auf der ganzen Welt anerkannt.

Wir haben auch das Unbequeme nie verschwiegen, auch nicht vor Wahlen. Zum Beispiel innerhalb der Europäischen

Gemeinschaft oder bei der Mehrwertsteuer. Wir haben inmitten einer Weltwirtschaftskrise für den Aufschwung gekämpft. Entgegen allem Chaos-Geschwätz durch die CSU und aller Schwarzmalerei durch die CDU haben wir den Aufschwung herbeigeführt.

Wir appellieren an alle, sich auch jetzt keine Angst einreden zu lassen, sondern sich in eigener Verantwortung zu entscheiden. Unser Volk hat allen Grund, selbstbewusst und optimistisch in die Zukunft zu sehen.

Wir appellieren an jene vielen Mitbürger, vor allem an die vielen Frauen und an die vielen jungen Leute, die uns 1972 den Auftrag gegeben haben, ein Stück mehr Gerechtigkeit und mehr Chancengleichheit für sie durchzusetzen. Auch wenn Sie noch schnellere Fortschritte erwartet haben – bitte prüfen sie nüchtern und gerecht, was geleistet worden ist. Prüfen Sie, welche Partei und welche Regierung Ihren Sorgen und Fragen auch in den nächsten vier Jahren gerecht werden wird. Falls Sie diesmal der Wahl fernbleiben, so belohnen Sie nachträglich diejenigen, welche Reformarbeit zu Ihrem Nachteil blockiert und behindert haben.

1972 haben fast zwei Millionen mehr Mitbürger als zuvor gewählt. Die Wahlbeteiligung war höher als je zuvor. Die meisten haben SPD gewählt.[4] Es war nicht umsonst. Nie ist soviel für die soziale Sicherung der Arbeiter, Angestellten und Rentner geschehen wie seit 1969. Nie ist so viel für Behinderte geschehen, wie in den vergangenen vier Jahren; nie ist so viel für alleinstehende Mütter geschehen, wie in den vergangenen vier Jahren; nie ist so viel für die soziale Sicherung der Landwirte und der Selbständigen geschehen.

Wir bitten Sie alle, uns auch für die nächsten vier Jahre politischen Rückhalt zu geben. Wir bitten um Ihre Erststimme und um Ihre Zweitstimme. Wer nicht zur Wahl geht, der hilft damit jenen Politikern, von denen Sie nichts zu erwarten haben.

Angesichts einer weltweit schwierigen Lage darf man nicht mitten im Strom den Steuermann wechseln. Die Opposition hat weder den Mann noch das Konzept, die Aufgabe zu meistern. Deshalb darf sich keine Wählerin und kein Wähler der Entscheidung am 3. Oktober 1976 entziehen.

Bewährte Politik wählen, Sozialdemokraten wählen. Auf jede einzelne Stimme kommt es an.[5]

Nr. 39
Hs. Schreiben des Vorsitzenden der SPD, Brandt, an den hessischen Ministerpräsidenten, Osswald
30. September 1976

AdsD, WBA, A 11.5, 22.

Lieber Albert,
es ist schade, dass wir seit der grossen Frankfurter Kundgebung[1] nicht mehr miteinander haben sprechen können. Ich kann mir denken, dass Dich manches von dem, was nun seit geraumer Zeit im Gange ist, mit Bitterkeit erfüllt.[2] Gerade deshalb sollst Du wissen, dass ich mit guten Gedanken bei Dir bin. Wenn ich noch mit einem persönlichen Rat zur Verfügung stehen könnte, würde ich mich dem natürlich nicht entziehen. Allerdings bin ich bis Sonntag noch voll eingespannt. Montag/Dienstag haben wir Parteivorstand und Parteirat. Aber ich bin natürlich auch zwischendurch erreichbar.
Mit allen guten Wünschen und in kameradschaftlicher Verbundenheit,
Dein
Willy Brandt

Nr. 40
Hs. Schreiben des Vorsitzenden der SPD, Brandt, an den Bundeskanzler, Schmidt
10. Oktober 1976

AdsD, WBA, A 9, 12.

Lieber Helmut,
ich hoffe, Du kommst in dieser und der nächsten Woche ein bisschen zum Ausruhen. Mein Domizil – mit Büchern und vielen Zetteln – bis zum 24. [Oktober 1976] ist Münstereifel.[1] Dort bin ich immer erreichbar. Heute nur zu wenigen Punkten.

1.) Es wäre nicht schlecht, wenn Du auf dem Berliner Landesparteitag ein insgesamt freundliches Wort an und über die Partei fändest. Einmal ist es wirklich so, dass die Genossen einen – auch verglichen mit 1972 – geschlossenen Wahlkampf geführt haben. Zum anderen ist es eine beliebte und verständliche Taktik des Gegners und der ihn begleitenden Presse, uns immer wieder den Stempel der Zerrissenheit aufzudrücken. So schön, wie Strauss und Kremp uns haben möchten, werden wir natürlich nie aussehen. Ich habe es deshalb auch nicht für besonders weise gehalten, dass Hans-Jochen Vogel nach der Sitzung seines Landesvorstandes zunächst mal wieder das Thema der Abgrenzungen nach vorn gerückt hat. Das ist auch eine Frage, aber nicht eine Hauptfrage, vor der die bayerischen Sozialdemokraten stehen. Über Bayern hinaus: Wenn die Partei bereit ist, während der vier vor uns liegenden Jahre die Regierung durch Dick und Dünn zu stützen und zu verteidigen, dann hat sie dafür ein Vorschusslob verdient, abgesehen davon, dass ihr die Notwendigkeit der offenen innerparteilichen Meidungsbildung bestätigt werden muss.

2.) Wir haben nicht mehr miteinander sprechen können, seit ich Mittwochabend zur Sitzung der beiden geschäftsführenden Vorstände in Hannover war und ich mich Freitagmittag auf der Rückfahrt von der Trauerfeier für Horst Schmidt mit Oskar Lafontaine, dem Saarbrücker O[ber]B[ürgermeister], getroffen habe.

Über Niedersachsen wird Dir vermutlich Karl Ravens berichtet haben oder noch berichten. Es scheint eine Chance zu bestehen, die FDP davon abzuhalten, jetzt in die Albrecht-Regierung zu gehen.[2] Wenn sich das bis nach der Jahreswende hinziehen lässt, werden sich die FDP-Leute fragen, ob es dann ein gutes Jahr vor den Wahlen überhaupt noch einen Sinn ergibt.

Im Saarland ist eine Lösung, an der wir beteiligt sind, nicht gegen Lafontaine zu machen – es sei denn, wir erklärten, das Vaterland sei in Gefahr. Auch dort scheint die FDP sehr zu zögern, zumal ihr bei einer Koalition mit der CDU erneuter Streit ins Haus steht. Lafontaine meint, es könne ein Zeitpunkt kommen, zu dem auch der CDU nichts anderes übrig bleibt, als Neuwahlen zuzustimmen.

Ich meine, Du solltest einmal mit Röder sprechen, aber das hat Zeit, bis Du wieder in Bonn bist. Vorher sollten wir wohl das Präsidium in die Problematik beider Länder einbeziehen.

3.) Wischnewski hat Dir eine Aufzeichnung über Personalia, die das AA betreffen, gegeben. Ich gehe davon aus, dass Du hierüber mit Genscher reden wirst.

Wenn es schon nicht zu vermeiden ist, dass van Well Staatssekretär wird (neben Hermes, der der CDU nicht nur nominell angehört), müssen wir sehr darum bitten, dass Hoppe als Personalchef verlängert wird. Negwer, jetzt U[nter]A[bteilungs]-Leiter, ist ein möglicher Nachfolger.

Der Vorschlag, Karl-Hans Kern zum Leiter der Kulturabteilung zu machen, kommt von Hoppe. Ich meine, dies ist nicht unvernünftig.

Zu erwägen wäre auch, ob man Karl Kaiser als Leiter des Planungsstabes gewinnen kann. Ich halte ihn für befähigt, in der nächsten Runde Staatssekretär zu werden. (Alternative: ihn jetzt bewusst in seinem Institut zu lassen und in vier Jahren in den Bundestag zu bringen, wo wir auf diesem Gebiet schwächer sind, als es eigentlich zu verantworten ist.)

Besonders wichtig ist es, dass der Aussenminister bei der Besetzung wichtiger Botschaften weiterhin das Einvernehmen mit dem Bundeskanzler herstellt.

4.) Ende November ist nun in Genf der mehrfach hinausgeschobene Kongress der Soz[ialistischen] Internationale. Du solltest prüfen, ob Du einen Tag dorthin kommen willst. Es würde die Sache aufwerten. Allerdings weiss ich nicht recht, ob ich Dir dies – vierzehn Tage vor der Neuwahl und Abgabe der Regierungserklärung[3] – empfehlen soll. Einen Sinn ergäbe es, dort etwas zur Weltwirtschaft zu sagen. Aber Du würdest Dich über das, was einige andere sagen, vielleicht mehr ärgern, als es sich lohnt. Lass Dir die Sache bitte durch den Kopf gehen und gib mir dann Bescheid. (Ein Resolutionsentwurf, der recht unbefriedigend ist, wird von Ehrenberg und Bahr überarbeitet.)

Der Vorsitz scheint in Genf auf mich zuzukommen, wie es Dir ja auch Kreisky angedeutet hatte.[4] Ich erkläre weiterhin, man möge sich nach einem anderen geeigneten Kandidaten umsehen. Wilson wird von denen, auf die es ankommt, nicht für ein solcher gehalten. Wenn mir dies nicht erspart bleibt, muss ich von Anfang an aufpassen, dass uns nicht über Gebühr angelastet wird, was sich aus der Lage anderer Parteien in anderen Ländern ergibt.

Mit herzlichen Grüßen
Dein Willy

P.S.: Ich sehe und höre, dass über den Bundesgeschäftsführer viel geredet und wohl auch gekungelt wird. Trotzdem möchte ich bei dem bleiben, worauf wir uns am Abend des 3. Oktober [1976] verständigt hatten; d. h. interimistische Regelung und dann Entscheidung im Zusammenhang mit den anderen Personalia.[5] Ich bedaure ein bisschen, dass einige derer, die jetzt vorberaten, nicht auf den Vorschlag des Parteivorsitzenden warten. Dabei ist klar, dass es keine Lösung geben kann, die nicht Deine Zustimmung findet.
W[illy]

Nr. 41
**Hs. Schreiben des Vorsitzenden der SPD, Brandt, an den
Bundeskanzler, Schmidt**
15. November 1976[1]

Archiv Helmut Schmidt, Innenpolitik, Bd. 9: 1976 A–Z.

Lieber Helmut,
wegen der deutschland- und aussenpolitischen Themen, um die ich mich bei den Koalitionsgesprächen kümmern soll: Gilt hierfür auch, dass Ausarbeitungen der Ministerien zugrundegelegt werden? Für mich wäre dies eine Erleichterung. Wenn meine Voraussetzung zutrifft, würde ich mir also gern anschauen, was das AA + das BMB aufgeschrieben haben.

Im Zusammenhang mit dem Bundesgeschäftsführer ergibt sich noch eine Konsequenz, über die wir Freitagabend nicht gesprochen haben: Holger [Börner] scheidet auf eigenen Wunsch aus dem Präsidium aus. Egon Bahr kann, da noch nicht PV-Mitglied, dem Präsidium nur beratend angehören (was ja keinen praktischen Unterschied bedeutet). Es bedarf also einer Hinzuwahl. Wilhelm Dröscher meint, man solle Ehmke hierbei nicht übergehen (zumal dies auch die Zustimmung von Oertzens fände, der nach dem Mannheimer Parteitag knapp gegen [Hans-]Jochen Vogel unterlegen war). Ich möchte mich nicht erneut engagieren, sondern Dröschers Sondierungen abwarten.

Wegen der erweiterten (öffentlichen) Tagung des Parteirates Ende Januar [1977]: Irgendwer, ich weiss nicht mehr, ob es E[gon] B[ahr] war, hat mir den Eindruck vermittelt, Du befürchtetest, dort solle schon wieder ein Programm gemacht werden. Dem ist nicht so! Was ich zu Papier bringe, sind Anregungen zur Vertrauensarbeit der SPD, aber nicht mit dem Ziel, daraus eine Beschlussvorlage zu machen. Koschnick soll bei gleicher Gelegenheit über die Organisation, Ben Wisch [Hans-Jürgen Wischnewski] über die internationale Arbeit sprechen. – Was Deinen Part angeht (am besten nicht Donnerstag nachmittag, sondern Freitagfrüh und damit für die Wochenendpresse), so musst Du Dir das Thema bald überlegen. Mir schiene es lohnend, dass Du, nachdem dann das Regierungsprogramm als allgemein bekannt unterstellt werden kann, etwas zur gemeinsamen Verantwortung der Sozialdemokraten in Bund, Ländern und Gemeinden sagen würdest. Der Fraktionsvorsitzende [Herbert Wehner] müsste wohl anschliessend auch zu Wort kommen.

Noch eine Personal-Bemerkung: Conny Ahlers gehört zu denen, die nicht vom Liegenlassen besser werden. Er hat sich kontinuierlich für verteidigungspolitische Fragen interessiert, und die Fraktion wäre gut beraten, wenn sie ihn mit aktivierte.
Mit herzlichen Grüßen
Dein W[illy]

PS

1) Klaus Schütz akzeptiert voll die Bu[ndes]prä[sidenten]-Formel betr. Nationalstiftung.[2] Er bittet nur dringend darum, die Sache nicht weiter zirkulieren zu lassen, sondern dafür zu sorgen, dass rasch mit einem kompetenten Vertreter der CDU-Kultusminister gesprochen wird.

2) Mit Egon Franke habe ich so gesprochen, wie es Freitagabend in Aussicht genommen war – natürlich, ohne die ihn betreffenden Personalia zu berühren.

3) Hermann Schmidt-Würgendorf[3] war bei mir und erwähnte den Besuch bei Dir. Bei ihm wird es, falls es bei einer Neubesetzung bleibt, sehr auf die honorige Form ankommen.
⟨Br[andt]⟩

Nr. 42
Hs. Schreiben des Vorsitzenden der SPD, Brandt, an den Vorsitzenden der SPD-Bundestagsfraktion, Wehner
21. Dezember 1976[1]

AdsD, WBA, A 11.3, 38.

Lieber Herbert,
Du hast mich in sehr freundlicher Weise zu meinem Geburtstag beglückwünscht und beschenkt.[2] Ich möchte mich dafür bedanken.

Sodann möchte ich, zugleich in Ruts Namen, Dir und den Deinen einen mehr als konventionellen Gruss zum Fest entbieten und damit alle guten Wünsche zum neuen Jahr verbinden.

Was immer gewesen ist[3] und zwischen uns gekommen sein mag: Uns bleibt gar nichts anderes übrig, als an einem Strang zu ziehen, wo es sich darum handelt, unsere Partei so in Form zu halten oder zu bringen, dass sie Unheil abwenden kann.

Ich weiss es sehr zu schätzen, dass Du Dich in der Fraktion für eine ‹monikolore›[4] Zusammensetzung des Vorstandes engagiert hast. Dazu ist es ja dann auch gekommen. Mein Interesse richtete sich nie nur auf die eine Person, obwohl ich es für richtig hielte, wenn Ehmke nun im Januar [1977] mit einer spezifischen Verantwortung betraut würde.[5]

Mindestens ebenso wichtig ist es, dass die Zusammenarbeit zwischen Parteihaus und Fraktion verstärkt und verbessert wird. Egon Bahr wird darüber mit Konrad Porzner sprechen, und ich bitte um Deine förderliche Unterstützung.
Mit nochmaligen guten Wünschen,
Dein
Willy Brandt

PS: Ich hatte Heinz Rapp erwähnt. Versuche ihn doch, bitte, einzubauen, sei es bei internationaler Währung, sei es bei Weltwirtschaft.[6]

Nr. 43
Hs. Schreiben des Vorsitzenden der SPD, Brandt, an den
Parlamentarischen Staatssekretär im Bundeskanzleramt,
Wischnewski
23. Dezember 1976

AdsD, WBA, A 11.3, 38.

Lieber Hans-Jürgen,
Du wirst diese Zeilen erst nach dem wohlverdienten Weihnachtsurlaub vorfinden; das ist auch ganz in Ordnung. Worauf mich Horst Ehmke heute noch hinwies, ist Folgendes:
Während bisher die Aufgaben in der Fraktion in gewisser Hinsicht zwischen dem Vorsitzenden des Arbeitskreises[1] und dem Obmann (Sprecher) der Arbeitsgruppe aufgeteilt waren, hat H[orst] E[hmke] den Eindruck, dass eine neue Aufteilung vor sich geht, die an ihm vorbeigeht.
Ich kann das nicht beurteilen. Ich meine nur – und das muss auch H[elmut] S[chmidt] wissen: wenn die Rednerliste der Fraktion (zur Aussenpolitik) Bruno Fr[iedrich] und Kurt M[attick] vorsieht und Horst E[hmke] dabei erneut aussen vor bleibt, kann es einen Eklat geben. Jedenfalls möchte ich vorsorglich darauf hingewiesen haben, dass sich hier Fehlentscheidungen anbahnen könnten.[2]
Mit herzlichen Grüßen
Dein
W[illy]

Nr. 44
**Hs. Schreiben des Vorsitzenden der SPD-Bundestagsfraktion,
Wehner, an den Vorsitzenden der SPD, Brandt
30. Dezember 1976**[1]

AdsD, WBA, A 11.3, 38.

Lieber Willy! Für Deinen Brief vom 21. 12. [1976][2] danke ich Dir sehr herzlich. Am gleichen Tage traf per Boten der wunderschöne ‹Julstjärna›[3] ein, den Rut [Brandt] geschickt hat. Lotte [Wehner] hat daran ihre besondere Freude; ich danke Euch.

Dein Brief hat mir Mut gemacht. Das Jahr 1977 wird uns auf besondere Weise und recht vielseitig fordern. Ich hoffe, daß wir uns den Anforderungen gewachsen zeigen. Der Start der Bundestagsfraktion, der im Januar vervollständigt werden muß, wird schließlich besser sein als zu befürchten war.

Mit H[einz] Rapp hatte ich gesprochen, und wahrscheinlich gibt es eine Lösung, die ihm Auslauf gewährleistet. Bei einigen anderen denke ich ähnlich. Obwohl das Stichwahlergebnis [Karl] Liedtke/ [Horst] Ehmke sich in einem oder anderen Fall wiederholen könnte.[4]

Die taktischen Kniffe der FDP werden uns mehr zu schaffen machen als gut ist. Manche Notwendigkeiten sowohl im Bund als auch in Ländern werden von uns noch eingehend bedacht werden müssen. Niedersachsen und Hamburg bedürfen besonderer Aufmerksamkeit.

In der Bundestagsfraktion können wir, wenn die personellen Entscheidungen getroffen sein werden, manches tun, was sowohl ausgleichend als auch anregend wirken wird. Der „kleine Parteitag"[5] kann dazu manche Anregung geben, aber wir dürfen es nicht allein auf ihn ankommen lassen.

Nun möchte ich Dich bitten, einen Vorschlag zu überlegen; er betrifft „Die Neue Gesellschaft". Ich habe seiner Zeit – mit Deiner Billigung – die „Chefredaktion" übernommen, um Leos[6] redaktionelle Aufbauarbeit sich weiter entwickeln zu lassen. Jetzt erscheint es mir an der Zeit, daß Du als Herausgeber einiges neu ordnest.

Meines Erachtens kann der Herausgeberkreis verändert und muß der Redaktionsbeirat erneuert werden. Die Aufgabe des Chefredakteurs kann nunmehr einem anderen übertragen werden. Wenn Du's für richtig hältst, könnte sie Horst Ehmke angetragen werden. Mit den beiden verbliebenen Redakteuren würde er – denke ich – klar kommen. Bitte, überlege dieses Revirement.

Damit möchte ich's für heute genug sein lassen.

Noch einmal: Meine guten Wünsche und das, was in meinen Kräften steht, möchten Dich durch das neue und wohl schwierige Jahr begleiten und Dir helfen.

Mit herzlichen Grüßen – auch von Lotte [Wehner] und Greta [Burmester] – an Dich und die Deinen verbleibe ich
Dein
Herbert.

Nr. 45
Schreiben des Vorsitzenden der SPD, Brandt, an den Bundeskanzler, Schmidt
28. Februar 1977[1]

AdsD, Dep. Bahr, 412A.

Lieber Helmut,
bei einer Gesamtbeurteilung unserer Lage, wie Du sie in Deinem Neujahrs-Papier[2] vorgenommen hast, ergibt sich auch für mich das besondere Gewicht der ökonomischen Fragen. Dabei wird vor allem Sorge machen, wie es gelingt, die Arbeitslosigkeit deutlich zu reduzieren. Solange es unausgenutzte Kapazitäten in beträchtlichem Umfang gibt und die weltwirtschaftlichen Erwartungen mäßig sind, ist es schwer, die Bereitschaft zu neuen Investitionen zu sehen, es sei

denn zu solchen, die zusätzliche Rationalisierung mit negativen Auswirkungen auf den Arbeitsmarkt bringen. Ohne eine fühlbare Entlastung auf dem Arbeitsmarkt in den Jahren 1978 und folgende wird die Partei gegenüber ihren Wählern, aber auch durch die dann in ihr selbst stattfindenden härteren Auseinandersetzungen über zusätzliche Maßnahmen in eine schwierige Position kommen.

Was die Stellung der Bundesrepublik angeht, sehe ich auf der einen Seite ebenfalls unsere wirtschaftliche Stärke und daraus resultierende Verantwortung, nicht zuletzt für einen Kurs möglichst ausgeprägter Solidität. Auf der anderen Seite sprichst Du selbst von „Handikaps der deutschen Politik". Diese und der Zwang zu einem relativ engen Kontakt mit den Vereinigten Staaten und dem Erhalt des europäischen Verbundes setzen unserem Gewicht deutliche Grenzen. Wir dürfen es psychologisch und politisch nicht überschätzen. Das gilt es auch bei Äußerungen zu bedenken, die nicht so ernst gemeint oder durchaus berechtigt sind, die aber schaden können, wenn sie dem Objekt der Kritik zur Kenntnis kommen.

In diesem Zusammenhang möchte ich H[erbert] W[ehner]s Anmerkung über „Friedenssicherung durch eigene Beiträge" unterstreichen. Hier hat die Bundesrepublik eine Art Schlüsselposition, wie sich beim Vier-Mächte-Abkommen [über Berlin] – sowohl was Inhalte als auch Methodik angeht – gezeigt hat;[3] das heißt: Es geht meines Erachtens nicht allein darum, „unsere Entspannungspolitik bilateral gegenüber der Sowjetunion essentiell voranzutreiben", sondern es geht, vor allem bei MBFR, darum, mit den USA und der Sowjetunion, das heißt, unter den drei in diesem Zusammenhang wesentlichen Faktoren einen Konsens zu erreichen. Dafür könnten wir eine entscheidende Rolle spielen. Allerdings darf man bezweifeln, ob die Methoden unserer Diplomatie dazu reichen.

Im übrigen sehe ich bis in die letzten Tage, wie wichtig gegenüber Ost-Europa bzw. den Regierungen der W[arschauer]P[akt]-Staaten unser Verhältnis zur Sowjetunion ist, zumal der Spielraum der DDR ziemlich konstant zu wachsen scheint.

Was die Zukunft der Entspannungspolitik angeht, kann man wohl davon ausgehen, daß ihre Gefährdung, soweit sie durch eine falsch angelegte und verstandene Kampagne zugunsten der Menschenrechte erfolgt, eingedämmt werden kann. Im Windschatten der amerikanisch-sowjetischen Bemühungen wird auch bei uns wieder deutlicher werden, daß die Gegner der Entspannungspolitik sich auch mit Amerika anlegen müssen. Das wird nicht nur Bedeutung für die CDU haben, sondern auch für unseren Koalitionspartner, vielleicht sogar unter dem Gesichtspunkt, daß Rückfälle in überholte Formen und juristische Fallstricke unserer auswärtigen Politik reduziert werden können.[4]

Zur FDP: Auch heute noch gilt die Ostpolitik als Markenzeichen der Koalition. Es sieht so aus, als ob die Kräfte in der CDU stark genug sind, die diese Partei insgesamt daran hindern, eine realistische Haltung zu den ostpolitischen Fragen zu gewinnen. Es muß deutlich werden, daß FDP und SPD auf diesem Feld ihre Tradition progressiv weiterentwickeln. Auch wenn damit allein sicher noch kein „Bündnis" zur FDP zu erreichen ist, besteht zur Polemik gegen einen solchen Versuch kein Anlaß.

Im Gegenteil: Die Mehrheit der FDP-Anhänger ist für die Zusammenarbeit mit uns. Je mehr wir darauf bestehen, daß dies eine konventionelle Koalition sei (und auf eine gewisse „Überhöhung" verzichten), umso mehr erleichtern wir politisch-psychologisch ein Umsteigen. Es mag sein, daß der Zug insoweit schon abgefahren ist; ich wollte doch noch mal deutlich machen, daß ich mich seinerzeit nicht von Schwärmereien habe leiten lassen.

Zur CDU: Sie hat es schwer, aus der Total-Opposition herauszukommen. Das vermindert ihre Glaubwürdigkeit und Regierungsfähigkeit. Trotzdem sollten wir aus staatspolitischen Gründen noch zielstrebiger als bisher daran arbeiten, daß der Union das Verharren in der Total-Opposition erschwert wird. Dazu gehören die Fähigkeit zum Differenzieren, die Bereitschaft zum Gespräch (mit solchen Personen und Gruppen, die dafür in Betracht kommen) und auch das Angebot partiellen Zusammenwirkens, wie jetzt bei der Energiepolitik. Von anderem abgesehen: Es darf auch nicht so werden, daß die FDP die Funktion des Gesprächspartners nach beiden Seiten übernimmt.

Im übrigen bin ich sehr dafür, dem Gedanken nachzugehen, den Du im Zusammenhang mit einem neuen Weltwirtschaftsgipfel formuliert hast, nämlich die „Schaffung einer für einen allgemeinen Beschäftigungsanstieg ausreichenden internationalen Nachfrage, vor allem nach Investitionsgütern, zur gemeinsamen Aufgabe der weltwirtschaftsführenden Regierungen" zu machen.[5] Dies ist ein Hebel, der viel bewirken kann:

1. Die Weiterentwicklung dieses Gedankens ist geeignet, die kaum operablen Vorschläge, die es heute im Nord-Süd-Dialog gibt, konstruktiv zu ergänzen bzw. zu ersetzen.
2. Mittelfristig gibt es kaum einen anderen Ansatz, um über die Ausnutzung bestehender Kapazitäten zu neuen Investitionen und damit zum Abbau der Arbeitslosigkeit zu kommen – Ergänzung durch nationale, zumal strukturpolitische Maßnahmen vorbehalten.
3. Die Menschen erwarten nicht nur, daß die Regierung über die Kompetenz verfügt, zu regeln, was der Staat regeln muß, sondern sie wollen, über alle Ziffern hinweg, auch das Bewußtsein eines zukunftsbezogenen Sinnes erhalten.

Alle drei Punkte könnten durch diesen Ansatz gefördert werden, ohne daß wir die Ökonomie gewissermaßen zur neuen Parteiideologie werden lassen.

Schließlich noch ein Wort zu dem verschiedentlich für Mitte der Legislaturperiode in Aussicht gestellten Revirement: Meine Erfahrung, auch aus anderen Ländern, spricht dafür, hierzu möglichst wenig anzukündigen. Für den Verteidigungsminister gilt im besonderen, daß seine Stellung geschwächt ist, sobald man über seine Ablösung spricht. (Dies unabhängig davon, daß G[eorg] L[eber] jetzt in Fraktion und Partei eine starke Stellung hat.)[6]

Du siehst, auch ich habe meine Bemerkungen unsystematisch gemacht und hatte außerdem den Vorteil, manches nicht wiederholen zu müssen, was Herbert schon geschrieben hat.

Mit herzlichem Gruß
⟨Dein W[illy]⟩[7]

Nr. 46
**Aus der Rede des Vorsitzenden der SPD, Brandt, auf dem Außerordentlichen Landesparteitag der Hamburger SPD
15. April 1977**

AdsD, WBA, A 11.5, 24.

I.

Die sozial-liberale Koalition zeigt sich in den letzten Monaten nicht in bester Form. Der neuen Bundesregierung sind ihre ersten hundert Tage sicher länger vorgekommen; gut, daß sie hinter uns liegen. Unsere Partei, die sich vor der Verantwortung nicht drücken darf, muß Anzeichen von Schwäche und mangelndem Selbstvertrauen überwinden. Ich bin dafür, nicht um die Schwierigkeiten herumzureden, sondern den Problemen nachzugehen und Wege nach vorn deutlich zu machen. Beginnen wir mit der eigenen Partei.

Das Ergebnis der hessischen Kommunalwahlen[1] war nicht dazu angetan, Stürme von Begeisterung auszulösen. Es gibt keine Veranlassung, eine Schlappe zu verniedlichen. Aber es besteht durchaus Veranlassung, darauf hinzuweisen, daß sich seit dem vorigen Sommer eine wesentliche Veränderung im Verhältnis zwischen Bürgern und Parteien <u>nicht</u> ergeben hat. Das heißt: die hessischen Landtagswahlen im nächsten Jahr sind zu gewinnen.[2] Das heißt: die nächstjährigen Wahlen sind insgesamt nicht negativ vorentschieden.

Natürlich haben die Hessen in einer <u>bundes</u>politisch nicht sehr günstigen Stimmungslage wählen müssen. Einige der Beteiligten haben dabei allzu leicht übersehen, daß es am Platz gewesen wäre, auch gewissen <u>landes</u>politischen und großstädtischen Ursachen nachzuspüren. Es ist so bequem und auch nicht neu, Misserfolge „nach oben" abzugeben. Auch in Hamburg kennt man den Satz: Der Sieg hat viele Väter, die Niederlage ist ein Waisenkind.

Wir schreiben Mitte April [1977]; Ende Januar [1977] hatten wir in Godesberg eine Tagung des erweiterten Parteirats. Die Öffentlichkeit konnte sich davon überzeugen, daß wir in der Lage waren, uns eines neuen Arbeitsabschnitts mit einem soliden Vorrat an gemeinsamen Überzeugungen anzunehmen. Vor allem waren wir uns darüber im klaren, daß unsere Vertrauensarbeit wichtiger genommen und mit neuen Impulsen ausgestattet werden müsse.

Ich habe von einem neuen Start nicht soviel gemerkt, wie ich es gewünscht hätte. Stattdessen ist leider festzustellen, daß nicht alle unsere Freunde und Anhänger immun sind, wenn ihnen interessierte Leute eine „Krise der SPD" aufreden wollen. Mich betrübt, wie leicht oft gegnerische Parolen bei uns Eingang finden und daß manche unserer Freunde sich ohne Not in die Verteidigung drängen lassen. Ich wünsche mir in unseren Reihen mehr Selbstvertrauen und mehr Selbstbewußtsein.

Man darf dem Gegner nicht die Stichworte liefern, man darf sich durch ihn auch nicht ins Bockshorn jagen lassen. Im übrigen und bei aller Bereitschaft zur Selbstkritik: Diese unsere SPD kann und wird natürlich nie so werden, wie sie Strauß und die Rechtspresse gern haben möchten. Rückschläge, die wir hinzunehmen haben, müssen wir <u>gemeinsam</u> auffangen und überwinden durch ernste, harte Arbeit jedes einzelnen an seinem Platz der Verantwortung. Dazu ist erforderlich, daß die Arbeit der Bundesregierung auch über schwierige Wegstrecken hinweg mitgetragen und positiv beeinflußt wird. Und am Regierungsbündnis mit den Freien Demokraten dürfen wir nicht rütteln lassen. Es gibt dazu keine vernünftige Alternative. Flucht in die Opposition wäre weder vernünftig, noch eine Alternative.

Flucht aus der Verantwortung des Tages ist ohnehin nicht erlaubt. Und doch dürfen wir das Denken in Kategorien, die über den Tag hinausführen, nicht zu kurz kommen lassen. Mit Wunschdenken ist in der Politik nichts gewonnen, aber sozialdemokratische Politik muß selbstverständlich zukunftsorientiert bleiben; sie darf nicht zu einer Ideologie des Pragmatismus gerinnen.

Die Schwierigkeiten, mit denen es die Politik zu tun hat, werden nicht geringer werden. Es wird einer starken Überzeugungskraft bedürfen, wenn wir den Bürgern mit Erfolg erläutern wollen, daß sie zunehmend mit immer wieder neuen Problemen werden leben müssen. Keine politische Führung kann den Menschen ein insgesamt konfliktfreies Leben sichern, denn es wird ein konfliktfreies Leben nicht geben. Dies ist nicht die Aussage eines Pessimisten, denn der bin ich nicht. Woran mir liegt, ist eine realistische Orientierung und damit eine solche, die Hysterikern wenig Spielraum läßt. Wir leben nicht in einer kurzfristigen Ausnahmesituation – weder, wenn wir an die weltwirtschaftlichen Probleme denken, noch wenn wir uns andere Wandlungsprozesse vergegenwärtigen.

Wir leben nicht in einer ganz besonderen Phase, die später wieder zurück pendeln könnte in die Normallage einer vermeintlich „guten alten Zeit". Es läßt sich voraussagen, daß die Menschheit für alle jetzt überblickbare Zeit mit wachsenden neuen Problemen konfrontiert sein wird. Das realistische Ziel kann nur lauten: die gefährliche Lücke bei uns in Deutschland möglichst klein zu halten. Eine nach vorn gerichtete und verantwortungsbewußte Politik wird stärker als früher abhängen von den Einsichten der Menschen und ihrer Bereitschaft, in immer neuen Situationen der Herausforderung zu leben. Für uns heißt dies: die Arbeit des Tages nicht zu vernachlässigen und uns gleichzeitig mit den weiterreichenden Problemen auseinanderzusetzen, sie auf den Prüfstand der öffentlichen Diskussion zu bringen – selbst dann, wenn allgemein überzeugende Lösungen, von Patentrezepten ganz zu schweigen, auf sich warten lassen. Problembewußtsein ist nicht alles, aber es ist mehr als nichts und es ist gewiß das Salz jeder ehrlichen, nach vorn gerichteten Politik.

Wenn wir fragen, warum uns ein Stück Glaubwürdigkeit verloren gegangen sein könnte, dürfen wir dieses Feld der Vorausschau nicht übersehen: Unser Volk braucht die moralische Überzeugung, die in und aus der sozialdemokratischen Bewegung lebt. Es braucht die grundsätzliche Orientierung, um die sich unsere Partei immer wieder bemüht. Es braucht die Fähigkeit zum objektiven Vergleich und die Bereitschaft zum furchtlosen Blick in eine problembeladene Zukunft.

Aber dazu gehört eben zunächst die unablässige Bewährung im Alltag. Dazu gehört die nie nachlassende Vertrauensarbeit. Dazu gehört die ständige Nähe zu den Bürgern: Sozialdemokraten müssen so sprechen, daß sie verstanden werden; eine Volkspartei darf die Sprache des Volkes nicht verlernen. Sozialdemokraten sind übrigens auch nicht dazu da, mit verkniffenen Gesichtern und ohne Sinn für Fröhlichkeit durch die Lande zu ziehen.

Dem Humor und auch der Toleranz sind Grenzen gesetzt. Was wir zu den Vorgängen beim Bundeskongreß der Jungsozialisten gesagt haben und was Egon Bahr dazu in die Wege geleitet hat, sollte nicht mißverstanden werden, als ob wir uns einen lammfrommen Nachwuchs wünschten. Ich wünsche mir eine lebendige Partei, mit einer kritischen jungen Generation. Aber was wir natürlich nicht brauchen können, ist die Vorstellung von einer Partei in der Partei. Außerdem habe ich die Großsprecherei satt, die so tut, als spreche man für 400 000 junge Sozialdemokraten, während wohl nicht mehr als ein Fünftel davon an Juso-Arbeitsgemeinschaften beteiligt ist.

Die Politik der SPD im Verhältnis zu Kommunisten oder kommunistisch gesteuerten Komitees ist seit langem entschieden. Wer hier seinen eigenen Weg gehen und unsere eindeutigen Beschlüsse mißachten will, der hat als Staatsbürger das Recht dazu. Aber er muß das dann außerhalb der Sozialdemokratischen Partei tun.

Wir steuern in dieser Frage keinen neuen Kurs. Es gibt für uns keine neue Bündnisfrage, auch wenn ich verstehen kann, daß manche uns gerne in eine solche Diskussion hineindrängen wollen. Wir übersehen nicht die politischen Faktoren und Veränderungen, mit denen wir es in europäischen Nachbarstaaten zu tun haben.[3] Aber auch in einem direkt gewählten Europäischen Parlament wird es für uns keine andere Fraktionsgemeinschaft als die mit den demokratisch-sozialistischen Bruderparteien geben. Und keiner unserer Gliederungen, auch keiner Arbeitsgemeinschaft, ist es erlaubt, hier Sondervorstellungen geben zu wollen.

Zurück zur Bonner Koalition: Wer anders soll denn die Bundesrepublik eigentlich in dieser Zeit regieren? Leider hat man es vor einigen Jahren für richtig gehalten, gegen eine „Überhöhung" dieses Regierungsbündnisses zu polemisieren und es als eine Koalition wie andere auch einzustufen. Ich hätte gewünscht und meine das als Kritik auch an die eigene Adresse, daß an den verbindenden geistigen

Grundlagen ernsthafter gearbeitet worden wäre. Richtig ist gewiß geblieben, daß Sozialdemokraten und Freie Demokraten in der Innen- und Außenpolitik soviel gemeinsam haben, daß daraus weiterhin vernünftige Regierungspolitik entwickelt werden kann. Das Gemeinsame sollte stark genug sein, sachliche Meinungsunterschiede in einzelnen Fragen, auch auf einigen wichtigen Gebieten zu ertragen und auszutragen.

Beide Partner müssen wissen und sollten nicht daran herumdeuteln lassen: dieses Bündnis lebt nicht nur vom desolaten Zustand der Union. Es lebt <u>auch</u> aus dem Regierungsprogramm vom Herbst 1969, das seitdem fortgeschrieben wurde; und es nimmt seine Perspektive <u>auch</u> aus der Überzeugung, daß seine politische Kraft nötig bleibt, damit wir uns wirtschaftlich im Vergleich zu unseren Nachbarn mindestens so gut wie bisher behaupten können, damit der soziale Friede weiter verankert wird, damit wir reformbereit bleiben und damit – nicht zuletzt – eine aktive deutsche Friedenspolitik entschieden betrieben werden kann.

Die Unionsparteien bieten diese Perspektive nicht. Die Konstellation Kohl/Strauß hat weder das Zeug, noch das Recht, an uns vorbei sich als Anwalt der Gerechtigkeit aufzuspielen. Da helfen keine wohlfeilen Parolen, da fehlt es an der Legitimation. Und weiter gilt: diese Opposition hat noch weniger das Zeug und überhaupt kein Recht, sich an der Koalition vorbei zum außenpolitischen Wegweiser aufschwingen zu wollen. Da muß sie sich vorher läutern und für Ordnung im eigenen Laden sorgen. Sie muß den Mut haben, sich zu waschen, auch wenn ihr dabei der Pelz kräftig naßgemacht wird.

Natürlich soll nicht bestritten werden: Wir haben – neben objektiven Schwierigkeiten – subjektive Schwächen zu überwinden. Die Behandlung des Rententhemas hat uns geschadet;[4] darauf, daß die Energiepolitik zu einem feuergefährlichen innenpolitischen Thema werden könnte, waren die meisten nicht vorbereitet;[5] das Drum und Dran der Abhör-Affären[6] war nicht dazu angetan, Vertrauen zu stabilisieren.

Mit diesen und anderen Themen wird man fertig werden. Besonders bedrückend war allerdings, was sich uns in der Osterwoche aus Anlaß der Karlsruher Morde[7] dargeboten hat: Durch unser Volk ging eine Grundwelle der Empörung. Wir alle haben, wie eh und je, den Terror verurteilt und stehen hinter denen, deren zuweilen schwere Aufgabe es ist, diesen demokratischen Staat und seine Bürger zu schützen. Terror schafft, wie wir wissen, eine Atmosphäre, in der neben berechtigtem Zorn auch andere Gefühle gedeihen. – Der Generalbundesanwalt und sein Fahrer waren noch kaum aufgebahrt, das dritte Opfer, der Justizbeamte, rang noch mit dem Tod, da begannen rechte Flügelmänner der Union bereits mit zügellosen, nicht gerechtfertigten Angriffen auf die Bundesregierung. Dies war nicht nur stillos, dies bleibt skandalös. Wir dürfen dazu nicht schweigen, denn auch auf solche Weise kann man einem Staat schweren Schaden zufügen. Das Wort von der Solidarität der Demokraten ist nichts wert, wenn daraus im kritischen Augenblick eine Phrase wird.

II.

Die SPD hat die Fähigkeit nicht verloren, in Zusammenhängen zu denken. Neben den Notwendigkeiten des Tages dürfen wir uns den Blick auch nicht verstellen lassen. Ich will versuchen, an drei Beispielen deutlich zu machen, wie eng unsere Probleme hier im Land verzahnt sind mit den Problemen der Völker um uns herum. Es handelt sich um Themen, die zugleich Bekenntnis sind; Bekenntnisse und Prinzipien sozialdemokratischer Politik. Sie beschreiben unseren immer noch wichtigsten Auftrag: den Frieden zu bewahren und ihn sicherer zu machen. Ich spreche über Entspannung und Menschenrechte; über Europa und den Interessenausgleich zwischen Nord und Süd; und ich spreche mit besonderem Nachdruck über Arbeitslosigkeit, die damit verbundene wirtschaftliche Unvernunft und den Verlust an menschlicher Würde, draußen in der Welt und in unserem eigenen Land.

Zum ersten dieser drei wichtigen Themen: Wo es um menschliche Erleichterung ging und weiter geht, wo die Entspannungspolitik unbeirrt fortzusetzen war und ist – da haben wir nicht auf die Stichworte anderer gewartet. Niemand wird es wegleugnen können:

Der Neubeginn in Bonn vor knapp acht Jahren markiert den Beginn einer neuen deutschen Politik; der aktiven Arbeit und Mitarbeit am Ausgleich von Interessen, am Abbau von Spannungen, an der Sicherung des Friedens. Dies war und dies bleibt eine Politik, die den Menschen dient, vielen einzelnen von ihnen. Viele einzelne in unserem Volk haben das erfahren. Sie wissen es und sie wissen es zu würdigen.

Wir haben diese Politik gegen den Widerstand der Oppositionsparteien durchsetzen müssen. Wir haben uns nicht abkoppeln lassen, sondern wir haben mit angeschoben. Wir werden weiter mit anschieben, gemeinsam mit unseren europäischen und amerikanischen Verbündeten. Wenn es geht, auch gemeinsam mit den Unionsparteien im eigenen Land. Wenn es nicht geht, dann ohne sie. Und wenn es sein muß, gegen deren rechte Flügelmänner. Davon wird man uns nicht abbringen. Mich hat gewundert, daß es kürzlich eine Auseinandersetzung darüber zu geben schien, ob die Bundesregierungen auch vor 1969 oder vor 1966 sich um Friedenspolitik bemüht hätten. Das ist doch nicht die Frage; niemand kann doch ernsthaft bezweifeln, daß Adenauer und Erhard und Kiesinger Frieden und nicht Krieg gewollt haben. Die Frage bezieht sich auf die Scheuklappen derer, die sie nicht zu <u>aktiven</u> deutschen Beiträgen zur Politik der Entspannung vordringen ließen. Deshalb ist es wichtig, was Herr Genscher kürzlich in einem Interview so zusammenfaßte: „Zur Politik der Entspannung gibt es keine vertretbare Alternative. Die 1969 begonnene Politik zielstrebig fortzusetzen, ist die gemeinsame Verantwortung der Regierungsparteien SPD und FDP".

Ich kann dies nur unterschreiben und unterstreichen; die so verstandene Kontinuität ist auch wegen unserer Glaubwürdigkeit von entscheidender Bedeutung.

Die Politik der Entspannung und das Eintreten für die Menschenrechte gehören zusammen, sie stehen nicht im Gegensatz zueinander. Dabei brauchen wir uns nicht einmal notwendigerweise auf den amerikanischen Präsidenten Jimmy Carter zu berufen, den ich nach meiner Begegnung höher einschätze als vorher. Wir wissen aus eigener Einsicht und Erfahrung: Wer die Entspannung gefährdet, der gefährdet auch menschliche Erleichterungen. Wenn es nicht gelingt, eine Politik der Entspannung fortzuführen, dann brauchen wir uns über mehr Menschenrechte zunächst keine Gedanken zu machen.

Es ist zehn Jahre her, daß wir im Atlantischen Bündnis die Politik entwickelt und beschrieben haben, die militärische Wachsamkeit und den Abbau von Spannungen sinnvoll zusammenfügt.[8] Wir haben da nicht irgendeinen Wunschkatalog erfunden. Sondern wir haben gesagt, der Sinn von Entspannung bedeutet: Wir können nicht warten, daß ein Wunder geschieht und die tiefen Gegensätze zwischen den unterschiedlichen politischen Ordnungen verschwinden. Wir können nicht darauf warten, wie die Welt in irgendeiner fernen Zukunft aussehen mag. Uns muß es _jetzt_ darum gehen, den Versuch zu machen, auch zwischen grundverschiedenen Mächten und Blöcken, Staaten und Gesellschaften Konflikte so einzugrenzen und Bereiche der Zusammenarbeit so zu erschließen, daß dies der Sicherung des Friedens zugute kommt und in der Erwartung, daß sich dies auch auf das Leben einzelner, vieler einzelner Menschen erleichternd auswirken kann.

Wenn wir eine relativ lange Zeitspanne, von 1945 bis etwa 1970, nehmen und damit den Abschnitt seitdem vergleichen, dann können wir sagen: Die Erfahrungen seit 1970 sprechen nicht _gegen_ den Versuch, sondern sie sprechen _für_ den Versuch, den wir gemacht haben. Wir haben ihn in loyalem Zusammenwirken mit unseren Verbündeten gemacht. Wir hätten ihn nicht ohne Partner auf der anderen Seite machen können. Meine sorgenvolle Frage bleibt, ob dem Problem Partnerschaft in diesem doppelten Sinn hinreichend, das heißt: mit Zielstrebigkeit und genügendem gedanklichen Aufwand, nachgegangen werden konnte.

Wir müßten Narren sein, wenn wir glaubten, in einem gespaltenen Europa, in einer zerklüfteten Welt reichten Parolen aus, damit von heute auf morgen alles besser wird! Davon hätten die Menschen nichts, die bei uns oder anderswo auf uns hören und auf uns warten. Wir würden Ihnen besonders wenig dann helfen, wenn sie den Eindruck bekämen, wir zögen mit einer Fahne durch die

Lande, auf der „Menschenrechte" steht und ließen es zu, daß kaputtgeredet wird, was gewissermaßen auf einer Ebene darunter im Ringen um humanitäre Erleichterungen mühsam auf den Weg gebracht worden ist. Neulich habe ich im Bundestag gesagt: Ich bitte die Mehrheit des Hohen Hauses, sich an dem Kaputtreden nicht zu beteiligen. Ich sage heute zu Euch, und sagt es bitte weiter: Wir bitten die vielen in unserem Volk, die um der einzelnen Menschen und ihrer Rechte willen die Entspannung wünschen, sich an dem Kaputtreden nicht zu beteiligen!

Es ist eine schlimme Illusion oder ein elender Betrug, wenn man uns nahebringen will, über den Ruf nach Menschenrechten kämen wir zur Wiedervereinigung. Es war eine Unverfrorenheit, wenn mir der Berliner Mitarbeiter eines angeblich weltorientierten Organs kürzlich unterstellte, ich hätte Kollegen in der Sozialistischen Internationale veranlaßt, auf Zeichen der Solidarität mit Bürgerrechtlern zu verzichten. Ungefähr das Gegenteil entspricht der Wahrheit. Dies gilt auch für angebliche Äusserungen, die mir ein verantwortlicher Sprecher der CDU/CSU-Bundestagsfraktion dieser Tage in den Mund gelegt hat.

Denen, die in Osteuropa aus ihrer Verantwortung und Einsicht um die Ausgestaltung von Bürgerrechten ringen, sagen wir: Wir haben großen Respekt vor den Bemühungen, wie sie sich etwa in der Charta '77[9] niedergeschlagen haben; sie können sicher sein, daß wir sie verstanden haben und daß wir sie nicht vergessen. Unser Mitgefühl ist bei denen, die ihrer Überzeugung wegen bedrängt und verfolgt werden. Es ist in nicht geringerem Maße bei jedem Ausgebürgerten. Manche in unserem Volk können ermessen, was es bedeutet, vom eigenen Land auch durch Entzug der Staatsbürgerschaft und des Passes getrennt zu werden.

Trotzdem muß nicht alles und jedes unseren Beifall finden, was unter dem Begriff „Dissidenten" gesagt und geschrieben wird. Wenn etwa jemand kommt und sagt, er interessiere sich heute nicht für das Schicksal einzelner Menschen, sondern nur für die Zerschlagung eines Regimes, dann können wir ihm nicht folgen; eine Leitlinie deutscher Politik kann sich hieraus jedenfalls nicht ergeben. Ich sage es noch einmal: Wenn der Friede nicht erhalten bleibt, dann brauchen wir über Menschenrechte nicht mehr zu reden.

Die Politik der Entspannung und der aktiven Friedenssicherung hat trotz manch gegenteiligen Geredes einen starken Rückhalt in unserem Volk. Wir müssen diese Kraft wieder wecken, wenn wir von Deutschland aus jetzt erneut dabei mithelfen wollen, daß friedensbedrohende Entwicklungen auf dem Gebiet der militärischen Rüstungen verhindert werden.

Wir müssen und wir wollen dabei helfen, soweit es in unserer Macht steht. Selbstverständlich hängt viel davon ab, ob die Weltmächte in den nächsten Monaten zu einem neuen Abkommen über die Begrenzung strategischer Zerstörungsmittel gelangen. Ich gehe davon aus, daß sie sich zusammenraufen werden. Dann wird sich zeigen, ob bei den Wiener Verhandlungen über die Reduzierung von Truppen und Rüstungen in Mitteleuropa erste Ergebnisse erzielt werden können. Der Bundeskanzler hat dazu deutsche Vorschläge angekündigt. Sie werden wohl abgewogen sein, sich natürlich im Rahmen unserer Bündnispolitik bewegen und dem Versuch dienlich sein können, einen neuen Impuls in diese Verhandlungen hineinzutragen.

Gerade auf diesem Gebiet brauchen wir keine Belehrungen der Unionsparteien. Sie haben sich dazu in den letzten Jahren nicht qualifiziert. Wir gehen mit unseren Verbündeten davon aus, daß Kontrolle und Abbau von Rüstungen im Interesse aller Völker und Regierungen der Welt liegen müsste. Niemand kann den Wunsch haben, einer unkontrollierbaren Entwicklung zum Opfer zu fallen oder auch von den eigenen Rüstungskosten aufgefressen zu werden.

Aktive Friedenspolitik – das sind unermüdliche Anstrengungen an allen Fronten, wo Spannung herrscht: bei den strategischen Atomwaffen, in der sonstigen nuklearen und konventionellen Rüstung, bei den Truppenstärken. Aber auch in den weiten Bereichen dessen, was mit der europäischen Konferenz in Helsinki im Sommer 1975 eingeleitet worden ist und demnächst in Belgrad gesichtet und bewertet werden soll.[10] (Morgen und übermorgen wird hierüber auf einer Konferenz sozialdemokratischer Parteiführer in Amsterdam beraten werden).[11]

Im übrigen darf nie zu kurz kommen, was die Bundesrepublik Deutschland, ohne sich zu übernehmen, selbst tun kann, um ihre zweiseitigen Beziehungen zu anderen Staaten pfleglich und konstruktiv weiterzuentwickeln.

[...]¹²

IV.

Ein drittes Bekenntnis lautet, und wir müssen daraus die erforderlichen Folgerungen ziehen: Wir Sozialdemokraten werden uns nicht an den Gedanken gewöhnen, wir hätten mit Dauerarbeitslosigkeit zu leben. Dies wäre gegen die ökonomische Vernunft, und es wäre gegen die menschliche Würde.

Der Kampf gegen Arbeitslosigkeit hat die Arbeiterbewegung von ihren Anfängen an beschäftigt, und das Ringen um Vollbeschäftigung wurde zu einem wichtigen Anliegen des Lagers der sozialen Demokratie. Auch wenn viel erreicht worden ist, auch wenn wir es durchgesetzt haben, daß materielle Not aufgefangen wird durch das, was wir unser soziales Netz nennen – für mich bleibt gültig: Arbeit ist nicht nur ein Grundwert, Arbeit ist – jenseits aller Bekundungen in Verfassungsartikeln oder Programmpunkten – eine Quelle der Selbstverwirklichung des Menschen und damit ein Recht, das zu gewährleisten eine moralische Verpflichtung bedeutet.

Wir wollen nicht vergessen, daß die Bundesrepublik gut abschneidet im europäischen und internationalen Vergleich, daß unsere Regierung an der Doppelfront von Stabilität und Beschäftigung relativ erfolgreich gewesen ist. Niemand wird auch übersehen dürfen, wieviel weiterhin von den Bemühungen abhängt, zu einem abgestimmten Verhalten der weltwirtschaftlich führenden Staaten zu gelangen; dem sogenannten Gipfel Anfang Mai [1977] in London kommt deshalb grosse Bedeutung zu.¹³

Ohne etwas zu bagatellisieren, sollten wir im übrigen für mehr Aufklärung darüber sorgen, daß die globalen statistischen Angaben über die Höhe der Arbeitslosigkeit das Bild der Wirklichkeit bei uns nicht hinreichend wiedergeben. Auf der einen Seite gibt es eine „stille

Reserve" von Nichtregistrierten. Auf der anderen Seite kann man davon ausgehen, daß etwa die Hälfte der Registrierten innerhalb weniger Monate einen neuen Arbeitsplatz findet. Aber auch, wenn man die notwendigen Abstriche macht, bleibt mehr als nur ein Unbehagen. Wenn wir an den entlassenen älteren Angestellten denken, der morgens wie üblich aus dem Haus geht und seine Familie im Glauben läßt, daß er zur Arbeit fährt; oder wenn wir an den Arbeitslosen denken, der zu stolz ist, Sozialhilfe zu beantragen, weil er nicht als Bittsteller erscheinen will – dann wird vielleicht doch deutlicher, was ich meine, wenn ich sage: beschäftigt sein, einer ordentlichen Arbeit nachgehen können, das hat durchweg auch mit dem Stolz und der Würde des Menschen zu tun.

Deshalb gilt für uns als Orientierung: Vollbeschäftigung als Gebot der wirtschaftlichen Vernunft und als Gebot der Menschenwürde. Deshalb ist die Vorstellung von einem Dauersockel an Arbeitslosigkeit für uns nicht akzeptabel. Wenn es im übrigen stimmt, daß ein Arbeitsloser der Allgemeinheit beträchtliche Kosten aufbürdet, dann leuchtet nicht ein, warum man diese Mittel nicht besser einzusetzen, das heißt zu einem Instrument von Arbeitsbeschaffung zu machen in der Lage ist.

Ich möchte die Aufmerksamkeit auf eine Konferenz lenken, die vor vierzehn Tagen in Oslo stattgefunden hat und an der führende Sozialdemokraten und Gewerkschaftler aus 18 europäischen Ländern teilnahmen.[14] Helmut Schmidt und Heinz-Oskar Vetter haben dort gesprochen. Jene Konferenz hat nach Beratungen über Möglichkeiten und Methoden aktiver Vollbeschäftigungspolitik ihre Schlußresolution einstimmig angenommen. Es wurde festgestellt, daß ökonomisches Wachstum und Inflationsbekämpfung nicht unvereinbar sind. An die OECD wurde die Forderung gerichtet, einen Plan auszuarbeiten, mit dessen Hilfe bis 1980 die Vollbeschäftigung in den Industriestaaten erlangt und zugleich die wirtschaftliche Entwicklung in den Ländern der Dritten Welt gefördert werden kann.[15]

Manches ist in der Presse verquer kommentiert worden. Ich stelle fest: Wir sind uns mit unseren Freunden in Europa einig: Vollbeschäftigung wieder zu erreichen, ist vorrangiges Ziel auch der deutschen Wirtschaftspolitik.

Unterbeschäftigung bedeutet Verschwendung von Ressourcen. Es bedeutet, die Chance zu mehr Lebensqualität zu verschenken. Und deshalb sind wir uns auch darüber einig, daß die notwendige Aufwärtsentwicklung bei den Arbeitsplätzen auf keinen Fall behindert werden darf, auch nicht durch übersteigerte preisdämpfende Maßnahmen. Unterbeschäftigung ist für uns kein Mittel der Inflationsbekämpfung. Umgekehrt wollen wir auch keine Politik, die Expansion auf Kosten eines wiederbeschleunigten Preisauftriebs forciert. Es gilt daher den Weg fortzusetzen, der mit verschiedenen Massnahmen der Bundesregierung beschritten worden ist und zu dem nun vor allem auch das Programm für Zukunftsinvestitionen gehört: den Weg einer aktiven anti-inflatorischen Beschäftigungspolitik, an dem mit uns auch unsere europäischen Nachbarn interessiert sind.

Die Sozialdemokratie wird daran gemessen werden, inwieweit sie sich immer wieder aufs Neue als fähig erweist, über die Lösung der akuten Probleme hinauszugelangen; ob es gelingt, den sachlichen Überblick über das insgesamt Notwendige zu erlangen; ob es möglich sein wird, die weiteren Schritte auf dem Weg zur demokratischen Beeinflussung von Tempo und Richtung des wirtschaftlichen Prozesses darzustellen und durchzusetzen. Ich meine, wir können von drei gesicherten Erkenntnissen ausgehen:

1. Die Politik zugunsten von Gemeinschaftsaufgaben, die dem privaten Konsum nicht mehr ausschließliche Priorität zumaß, war insgesamt erfolgreich.[16] Das wird auch von den konservativen Kräften – obwohl gegen sie durchgesetzt – nicht mehr bestritten. Wir haben heute mehr Freiheit und Chancengleichheit, also mehr Gerechtigkeit, für den größten Teil der Bürger als vor zwanzig oder auch vor zehn Jahren. Diese Politik müssen wir trotz, zum Teil auch wegen der augenblicklichen Einengungen fortsetzen.

2. Wir haben uns von dem Grundsatz leiten lassen, daß konjunkturpolitische und sozialstaatliche Maßnahmen kombiniert eingesetzt werden müssen. Auch von hier führt meiner Meinung nach

kein Weg mehr zurück zur Urwaldfreiheit eines schrankenlosen Kapitalismus früherer Zeiten. Die Einsicht wächst, daß es nicht ausreicht, nur den <u>Umfang</u> der gesamtwirtschaftlichen Entwicklung zu steuern; es geht außerdem um die <u>Richtung</u> von Produktionsvorgängen, die systematische Beantwortung der Fragen also, wie wir weniger Energie verschwenden, Rohstoffe möglichst nicht vergeuden, die Umwelt und die Landschaft nicht unnötig belasten. Dazu gehört: wir müssen auch dafür sorgen, daß die Vorhaben der öffentlichen Hand so gesetzt und von den Verwaltungen so umgesetzt werden, daß sich die Unternehmen darauf einstellen können.

3. Es wird inzwischen weithin – wie ich hoffe: endgültig – anerkannt, daß das Prinzip der demokratischen Entscheidung und Kontrolle über den politischen Bereich hinaus wirksam sein muß. Im Bereich der Großunternehmen ist das Prinzip – nach jahrzehntelangem Ringen – verankert worden, wenn auch noch Unebenheiten bleiben und neue Erfahrungen zu gegebener Zeit ihren Niederschlag finden müssen. Die Auseinandersetzungen über den angemessenen Ausbau von Mitbestimmungsrechten der Bürger in anderen gesellschaftlichen Bereichen dauert an; teilweise haben wir sie überhaupt erst noch vor uns.

Es bleibt die Frage, ob wir zu dem, was inzwischen weitgehend allgemein akzeptiert wird, das hinzuzufügen in der Lage sind, was eine unserer programmatischen Grundforderungen voranbringt: die demokratische Verantwortung für den gesamtwirtschaftlichen Prozess. Es schadet nicht, daß die Grundforderung nicht mehr nur von Wortführern des demokratischen Sozialismus vertreten wird – sie ist ja auch kein Dogma, sondern sie zeichnet sich in mancher Hinsicht bereits als eine Frage des Überlebens ab. Aber richtig bleibt: Jeder Fortschritt, der auf diesem Gebiet bisher erreicht worden ist, mußte gegen die sich immer wieder neu formierenden rückwärtsgewandten Kräfte erkämpft werden. Eine Illusion wäre es, anzunehmen, wir könnten unsere Probleme in diesen Bereichen im nationalen Alleingang lösen. Sie sind – und hier schliesst sich der Kreis – nicht lösbar ohne eine sehr enge internationale Zusammenarbeit. Eine Zusammenarbeit innerhalb Europas, aber auch mit der übrigen Welt. Auch der Teil der Welt, in dem kommunistisch regiert wird, sollte sich darauf hinweisen lassen, daß er sich über kurz oder lang zu mehr weltwirtschaftlicher Mitverantwortung wird entschliessen müssen.

Ich kann nicht zusammenfassen, bevor ich noch einiges zur Energiedebatte gesagt habe. Wir stehen vor einer wichtigen Fachkonferenz unserer Partei in Köln. In den nächsten Tagen wird, leider mit einiger Verspätung, ein ausführlicher Diskussionsleitfaden zur Verfügung stehen, den Hans Matthöfer im Auftrage des Parteivorstandes ausgearbeitet hat, Ende des Jahres wird der Parteitag Stellung nehmen, und inzwischen wird die Regierung gleichwohl über das zu entscheiden haben, worüber jetzt zu entscheiden ist.[17]

Mein dringender Appell geht dahin, diese Debatte ohne Selbstgerechtigkeit und ohne Anspruch auf wissenschaftliche oder gar weltanschauliche Ausschliesslichkeit zu führen. Man wird nicht leugnen können, daß wir uns mit zum Teil neuen Erkenntnissen – und mit den Entscheidungen anderer – auseinanderzusetzen haben. Man wird meines Erachtens auch nicht bestreiten können, daß wir auch bei mancher möglichen Umstellung in Zukunft nicht weniger, sondern mehr Energie nötig haben werden. Die einmütige Stellungnahme des DGB-Vorstandes, daß auf einen gewissen Anteil an Kernenergie nicht wird verzichtet werden könne, hat ihr Gewicht. Wenn, wie es die Regierung selbst angekündigt hat, neue Genehmigungen nicht erteilt werden sollen, bis die Entsorgungsfrage befriedigend geklärt ist, bekommt der Bau von Kohlekraftwerken und bekommen andere Alternativen übrigens umso größere Bedeutung. Außerdem darf der Begriff Moratorium meiner Meinung nach nicht mißverstanden werden, als ob wir uns leisten könnten, mit dem Forschen oder gar mit dem Nachdenken aufzuhören.

Lasst mich in aller Deutlichkeit und bei vollem Respekt vor allen ernsten Erwägungen sagen: Als verantwortliche Partei haben wir praktisch-politische Entscheidungen zu fällen. Urteile, die für die Ewigkeit gelten, mute ich uns nicht zu. Ich vermute, daß wir uns nach der sorgfältigen, offenen Diskussion der nächsten Monate auf dem Parteitag mehrheitlich in der Nähe dessen bewegen werden, was auch die deutschen Gewerkschaften an ausgewogener Stellungnahme für angemessen halten.

V.

Dies ist eine Zeit der besonderen Bewährung für unsere Partei. Wir stehen in der Pflicht der Verantwortung. Wir müssen Vertrauen zurückgewinnen, wo es verlorengegangen ist. Und wir müssen neues Vertrauen hinzugewinnen, und zwar gerade dort, wo auf neue Fragen neue Antworten zu finden sind.

In etwas mehr als einem halben Jahr werden wir hier in Hamburg zu unserem nächsten Bundesparteitag zusammenkommen. Das heißt: Dann wird Rechenschaft abzulegen sein, zumal über die Politik seit der Bundestagswahl vom [3.] Oktober des vergangenen Jahres. Die Zeit gilt es zu nutzen. Ich will vier Aufgabenfelder zusammenfassen, auf denen wir uns im besonderen zu bewähren haben und die mit Sicherheit auf dem Bundesparteitag eine wichtige Rolle spielen werden.

Erstens müssen wir – im engen Zusammenwirken mit unseren europäischen Partnern und den anderen Industriestaaten – dafür sorgen, daß die breiten Schichten unseres Volkes wirtschaftlich und sozial gesichert bleiben. Dem Zusammenhang zwischen Beschäftigungs- und Bildungspolitik gebührt dabei nicht geringere Aufmerksamkeit als dem, was zur Konsolidierung der Sozialversicherung geboten ist. Unsere vordringliche Sorge bleibt die Arbeitslosigkeit: Hier ist das Feld, wo sozialdemokratische Politik im besonderen Maße auf dem Prüfstand des Vertrauens steht.

Zweitens wollen wir – ich habe eben einige Sätze dazu gesagt – am Beispiel der Energiedebatte zeigen, daß unsere Partei fähig ist, auch mit sehr schwierigen Fragen der Zukunftssicherung fertigzuwerden. Ich will dann gleich noch hinzufügen: Dies muß eine Debatte der Argumente bleiben und darf nicht zu einer Auseinandersetzung mit Schlagwerkzeugen werden. Ob es um Kernkraftwerke geht oder um anderes, was in der Politik umstritten ist: weder ein anderes noch unser Volk kann solche Probleme lösen durch die Anwendung von Gewalt; wir Sozialdemokraten bleiben ihr unerbittlicher Gegner.

Drittens dürfen wir uns nicht abbringen lassen, beharrlich am Abbau von Spannungen zu arbeiten und vor allem auch an der Weiterentwicklung der Europäischen Gemeinschaft zu wirken. Ich wünschte mir, dies wäre möglich gemeinsam mit den besonnenen Kräften in den Unionsparteien. Aber ich fürchte, dort haben die anderen Kräfte weiterhin das Sagen: die nicht die Gemeinsamkeit suchen, sondern die diffamierenden Parolen der Spaltung; die damit nicht europäisch handeln, sondern in frevelhafter Weise anti-europäisch.

Wir wollen viertens dafür einstehen, daß die Rechtsstaatlichkeit und die Liberalität bei uns nicht einen Augenblick vernachlässigt werden. Es bleibt notwendig, und wir bleiben dazu entschlossen, den demokratischen Staat mit allen rechtlichen Mitteln zu verteidigen – mit dem jeweils gebotenen Nachdruck. Gerade deshalb war und bleibt es andererseits in Ordnung, beim Schutz der Grundrechte strenge Maßstäbe anzulegen. Man braucht die Dinge nicht zu dramatisieren, aber in Grundfragen der Bürgerfreiheit darf es keinen Opportunismus und auch keine Laxheit geben.

Ich habe Anfang des Jahres mit bewußter Zuspitzung von der Gefahr einer Staatsverdrossenheit gesprochen. Haben diejenigen recht, die von einer Krise der Institutionen und der Werte reden? Trifft die Beobachtung zu, daß viele Bürger Sonderinteressen wichtiger nehmen als die Belange und das Wohl der Gesellschaft, zu der sie gehören?

Wir haben gesagt, die Demokratie darf nicht nur als Staatsform, sie muß als Lebensform verstanden werden. Wir haben weiter gesagt: Mitbestimmung, Mitwirkung, Mitverantwortung müssen zu einem selbstverständlichen Teil demokratischen Bürgerverhaltens werden. Diese Aufforderung gilt. An ihr ist nichts zurückzunehmen. Wir müssen wohl darauf achten, daß manche Bürger das nicht ernster nehmen als einige derer, die herausgehobene Verantwortung tragen.

Es ist unsere Aufgabe, Sorgen und Bedürfnisse der Bürger, auch von Bürgerinitiativen aufzunehmen. Es ist unsere Pflicht, den gutwilligen, besorgten und engagierten Bürgern ein grundsätzliches Forum zu eröffnen, das über Teilinteressen hinausreicht und auf dem solche Fragen behandelt werden können, die alle angehen und die wir nur gemeinsam mit anderen – zumal denen, die über den notwendigen Sachverstand verfügen – lösen können. Entscheiden müssen die von den Bürgern Gewählten: die Parlamente in den Gemeinden, in den Ländern, im Bund.

Die deutsche Sozialdemokratie wird sich dieser Aufgabe nicht entziehen. Wir sind als Volkspartei nicht nur einem Teil unseres Volkes verpflichtet. Wir stehen im Sinne unseres Godesberger Programms in der Pflicht, dem Ganzen zu dienen und auf das Ganze einzuwirken, daß die Grundwerte Freiheit, Gerechtigkeit und Solidarität die politische Wirklichkeit für die Gesamtheit unseres Volkes zunehmend bestimmen.

Dazu gehört, daß die Partei selbst in Ordnung ist, daß sie im Inneren lebendig und nach aussen geschlossen bleibt, daß sie mitten in ihrer vielfachen praktisch-politischen Arbeit die Kraft zur Regeneration, zur Erneuerung aufbringt. Auch dazu wird auf dem Bundesparteitag einiges zu sagen sein. Wem dies, mit mir, wichtig ist, der sollte bitte nicht in erster Linie warten, was er „von oben" gesagt bekommt.

Wer mit mir meint, daß wir endlich mehr Frauen in die vordere Linie der politischen Verantwortung bitten müssen, der fange zu Hause an. Wer mit der sozialdemokratischen Jugendarbeit unzufrieden ist, der kümmere sich auch selbst darum, im eigenen Kreisverband und Bezirk. Wer die Partei wieder stärker öffnen will – nicht nur zu den Arbeitnehmern, auch zu den Selbständigen, auch zu den Intellektuellen – der warte nicht erst auf Vorschläge aus Bonn. Die können wir dann hoffentlich auch noch besser als bisher beisteuern. Aber kein Parteivorstand kann das ersetzen, was an Opferbereitschaft und Gestaltungswillen von über einer Million organisierter Sozialdemokraten in der Bundesrepublik angelegt ist und was durch viele gutgesinnte Freunde, die wir auch pflegen und ermuntern müssen, noch verstärkt werden kann.

Ich danke allen Aktiven. Ich bitte die anderen um mehr Mitarbeit. Gemeinsam werden wir es zuwege bringen, daß diese traditionsreiche SPD sich in ihrem Dienst an den Menschen und an unserem demokratischen Staat erneut und immer wieder bewährt.

Nr. 47
Erklärung des Vorsitzenden der SPD, Brandt, zur Durchführung eines Parteiordnungsverfahrens gegen den Vorsitzenden der Jungsozialisten, Benneter
27. April 1977

SPD Mitteilung für die Presse, Nr. 190/77 vom 27. April 1977.

Die SPD ist keine Maulkorbpartei. Sie ist nach ihrem Verständnis eine Partei, die die freimütige und offene Diskussion im Inneren braucht. Aber niemand darf diese Freiheit zum Schaden der Partei missbrauchen.

Wenn der Parteivorstand beschlossen hat, Sofortmassnahmen gegen Klaus-Uwe Benneter einzuleiten, so deshalb, weil es unsere Pflicht ist, Schaden von der Partei insgesamt, aber auch von der Arbeitsgemeinschaft [der Jungsozialisten] selbst abzuwenden.[1]

Es ist mit sozialdemokratischer Grundauffassung unvereinbar, wenn die Mitgliedschaft in der Partei nur von taktischen Gesichtspunkten abhängig gemacht wird. Jeder muss sich klar darüber sein, dass die SPD keine „Verfügungsmasse" ist, die nach dem Belieben einzelner Mitglieder benützt werden kann.

Schaden entsteht auch, wenn ein Mitglied der SPD für eine Arbeitsgemeinschaft in einer so wichtigen Frage wie der Abgrenzung von Kommunisten erklärt, dass er sich an bindende Beschlüsse der Partei nicht zu halten gedenkt.

Der Parteivorstand kann auch nicht zulassen, dass die Vorstellung erweckt wird, der Vorsitzende der Arbeitsgemeinschaft vertrete in dieser Frage die Auffassung der Jungsozialisten insgesamt. Es kann kein Zweifel daran bestehen, dass die weit überwiegende

Mehrzahl aller jungen Sozialdemokraten in und mit der Partei für mehr Freiheit, Gerechtigkeit und Solidarität kämpfen wollen. Wer den Eindruck hervorruft, dies sei anders, zwingt die Partei zum Handeln. Uns macht dies keinen Spass. Aber auf die provozierte Frage der Selbstachtung ist dies die unausweichliche Antwort der Partei. Dabei macht es keinen Unterschied, ob einer Vorstandsmitglied oder einfaches Mitglied der Partei ist.

Nr. 48
Aus der Rede des Vorsitzenden der SPD, Brandt, anlässlich des 30. Jahrestages der Eröffnung des Karl-Marx-Hauses in Trier 4. Mai 1977

Geschichte als Auftrag. Willy Brandts Reden zur Geschichte der Arbeiterbewegung, hrsg. von Iring Fetscher, Berlin-Bonn 1981, S. 42 – 48.

Karl Marx – Freiheit und Sozialismus
[...][1]

V.

Es wäre weder für die geschichtliche Betrachtung, noch für die eigene politische Orientierung von Nutzen, wenn man versuchen wollte, das zwiespältige Erbe gewaltsam in eins zu fügen. Es kommt vielmehr darauf an, daß diese Widersprüche in einem großen Lebenswerk kritisch dargelegt und begriffen werden. Und es ist zu entscheiden, welche ihrer Elemente fortgelten, welche kritisch überwunden werden müssen und welche bereits überwunden sind.

Ich sagte: von Marx rühren wichtige Impulse, die der demokratische Sozialismus aufgenommen hat. Wir haben aber – gerade in der Auseinandersetzung mit jenen, die an die besonders problematischen und fragwürdigen Seiten seines Werkes angeknüpft haben – die Aufgabe, seine theoretische Hinterlassenschaft vorurteilsfrei zu sichten. Dabei stellt sich heraus, daß sich in dieser Hinterlassenschaft auch Ansätze befanden, an die Lenin anknüpfen konnte. Aber es ist widersinnig, aus Marx einen vorgezogenen Leninisten machen zu wollen.

Man wird Marx am besten gerecht, wenn man ihn im Positiven wie im Negativen vom Podest der Unberührbarkeit holt. Sein Name wird den Heiligenschein verlieren, aber auch aus der Zone der allgemeinen Diffamierung herausgerückt werden müssen, damit rational über die historische Leistung gesprochen und gestritten werden kann. Und das ist die beste Ehrung des Andenkens eines Mannes, dessen wissenschaftliches Hauptprinzip die schonungslose Kritik gewesen ist.

Für mich steht fest, daß der historische Marx ebenso wie sein Freund Engels jener Verzerrung der Marxschen Lehre, die schließlich von Stalin als „Marxismus-Leninismus" dogmatisiert und die zur Rechtfertigung der Parteidiktatur in der Sowjetunion und anderen sich sozialistisch nennenden Ländern genutzt wurde und wird, den entschiedenen geistigen und politischen Kampf angesagt hätte. Rosa Luxemburg hat dies noch aktenkundig machen können. Der Weg der Vorkriegslinken zum Bolschewismus war – und dies gilt nicht nur für Deutschland – ein folgenschweres historisches Mißverständnis.

In der Tat: Das politische Konzept von der Rolle der Arbeiterklasse und ihrer Bewegung als Träger des gesellschaftlichen Fortschritts, ja selbst der geschichts-philosophische Glaube an die diesseitige Erlösung des Proletariats waren eine Fortentwicklung der europäischen Tradition der Freiheitskämpfe immer neuer sozialer Schichten in einer sich dynamisch verändernden Gesellschaft – einer Tradition demokratischer Massenbewegungen. Lenin dagegen hat die Marxschen Analysen des Kapitalismus und seiner Widersprüche in ein Aktionskonzept eingebaut, das auf dem ganz anders gearteten Hintergrund der russischen Geschichte aus den Traditionen der revolutionären Konspiration entwickelt wurde. In diesem Konzept wurde das Gelingen des Geschichtsprozesses von der vorgegebenen wissenschaftlichen Einsicht einer Vorhutpartei abhängig gemacht, deren „führende Rolle" durch eine zentralistische Organisation von jeder wirksamen Kontrolle durch die arbeitenden Massen selbst abgeschirmt wurde. Die diesseitige Erlösungsmission ging von der Arbeiterklasse auf die verselbständigte, zentralistische Partei und letzten Endes auf deren Führer über.

Es war nur logisch, daß die Herrschaft einer so gearteten Partei binnen weniger Jahre dazu führte, daß im Namen einer angeblichen „Diktatur des Proletariats" eine „Parteidiktatur *über* das Proletariat" (Rosa Luxemburg)[2] errichtet wurde – die erste totale Parteidiktatur der modernen Geschichte. Stalin hat die Parteidiktatur wirksam genutzt, um die Sowjetunion zu einer im Machtapparat höchst leistungsfähigen, wenn auch auf wichtigen anderen Gebieten noch immer rückständigen Weltmacht zu formen – um den Preis schrecklicher Menschenopfer. Zugleich hat die Stalinsche Kodifizierung und Dogmatisierung dessen, was Lenin auf seine Art – mehr als eigenwillig, mehr als einseitig, wie ich meine – als Marxsche Lehre dargestellt hatte, als „Marxismus-Leninismus" eine griffige Ideologie der totalen Macht geschaffen. Dieser Bindestrich-Marxismus hat seither auch herhalten müssen, um die Ausdehnung der Macht und der Diktatur auf andere Länder und Völker zu rechtfertigen.

Hier kann es sich nicht darum handeln, diese geschichtlich bedeutsame und zugleich tragische Entwicklung im einzelnen nachzuzeichnen. Wohl aber sollte ein Wort über die Rückwirkungen der kommunistischen Diktatur auf die demokratische Arbeiterbewegung des Westens gesagt werden: Seit der Gründung der Kommunistischen Internationale im Jahre 1919 haben sich die Kommunisten unter Berufung auf Lenin überall um die Spaltung der demokratisch-sozialistischen Parteien bemüht. Doch ist es gewiß kein Zufall, daß in den sechzig Jahren seitdem in einem Industrieland mit freiheitlichen Traditionen *keine* kommunistische Partei aus eigener Kraft zur Macht gekommen ist.

In der Periode zwischen den Weltkriegen hat die kommunistische Spaltungspolitik die sozialistische Arbeiterbewegung des Westens nur schwächen können; hier in Deutschland, wo die Kommunisten am stärksten waren, hat ihr blinder Kampf gegen die Sozialdemokratie – deren Schwächen und Irrtümer auf einem anderen Blatt stehen – mit dem Siege nicht der kommunistischen, sondern der nationalsozialistischen Diktatur geendet. Nach dieser Erfahrung sind die Kommunisten im Nachkriegsdeutschland außerhalb der sowjetischen Machtsphäre niemals über eine Sektenrolle hinausgekommen.

Aber es scheint mir noch bedeutsamer, daß dort, wo sich in der Nachkriegszeit kommunistische Massenparteien in entwickelten demokratischen Ländern behaupteten – in Frankreich, in Italien, in Japan – diese Parteien früher oder später, in einem oft langen und mühsamen Prozeß begonnen haben, sich ihrer demokratischen Umwelt anzupassen und sich vom Dogma der Parteidiktatur wie von einer sklavischen Orientierung am sowjetischen Vorbild freizuschwimmen.

Ich will hier nicht meine Deutung dessen geben, was mit einem wenig aufhellenden Schlagwort Euro-Kommunismus genannt wird; es würde sich ohnehin um eine sehr vorsichtige Deutung handeln. Aber uninteressant ist es gewiß nicht, was in den letzten Jahren aus den Reihen der italienischen oder auch der spanischen KP zu vernehmen war. Aus der Sicht und Verantwortung der deutschen Sozialdemokratie sehe ich keine Basis für Bündnisse. Es wäre gut, wenn die europäische Demokratie Zuzug erhielte, aber der Weg weg vom Konzept der Diktatur (des Proletariats) ist weit.

Hier müssen zwei Dinge auseinandergehalten werden, die nicht in einen Topf gehören: *Eine* Sache sind die prinzipiellen Gegensätze, die uns vom Kommunismus trennen; dazu habe ich auch heute meine Meinung gesagt (und ich hätte sie gegenüber denen, die zu meinen scheinen, Trier gehöre eigentlich zur DDR, noch deutlicher machen können). Eine *andere* Sache ist die Erkenntnis, daß die Unterschiedlichkeiten der politischen Ordnungen und gesellschaftlichen Systeme das Bemühen um den Abbau von Spannungen nicht behindern darf. Im Gegenteil, die Verantwortung für das Überleben und für kommende Generationen gebietet, daß an der Friedenssicherung beharrlich gearbeitet wird – wie wir es mit unserer Vertragspolitik versucht haben – und daß im Zusammenhang damit immer wieder neue Anstrengungen unternommen werden, Gebiete eines gemeinsamen Interesses zu erschließen. Dies ist der Weg, auf dem auch für menschliche Erleichterungen einiges erreicht werden kann. Die Welt wäre zum Untergang verurteilt, wenn sie ideologische Meinungsunterschiede durchgängig und radikal zur obersten Maxime der Auseinandersetzung und des Kampfes machen wollte.

Was Westeuropa angeht: Die deutschen Sozialdemokraten maßen sich nicht an, Entscheidungen anstelle der befreundeten Parteien in anderen Ländern zu treffen. Aber mit ihnen sind wir uns beispielsweise einig, daß es im direkt gewählten Europäischen Parlament ohne Vermengung oder Verwischung für uns nur eine Fraktion der demokratisch-sozialistischen, also sozialdemokratischen Abgeordneten geben kann. Es muß auch klar sein, daß es in unserem Europa keinen Monopolanspruch geben darf, sondern daß unter dem gemeinsamen Dach Platz sein muß für alle relevanten, gewachsenen Kräfte der europäischen Demokratie.

Im übrigen, um auch dies nicht auszuklammern: Die deutsche Sozialdemokratie ist so offen, wie es das Godesberger Programm beschreibt, sie kann auch eine wohltätige Einrichtung sein, nicht aber ein politisches Obdachlosenasyl. Es gibt Positionen, die zu vertreten man als Bürger dieser Republik durchaus das Recht hat, die aber nicht in den Rahmen unserer Grundwerte und Grundforderungen hineinpassen. Dem Vorsitzenden einer Arbeitsgemeinschaft kann – etwa in sogenannten Bündnisfragen – weder zugemutet noch eingeräumt werden, anstelle der Partei zu entscheiden. Insofern hat die Kontroverse, die in der vorigen Woche zur Einleitung eines Ordnungsverfahrens führte, eine durchaus grundsätzliche Bedeutung.

VI.

Mit dem, was abschließend zu sagen ist, knüpfe ich an den Gedanken des zwiespältigen Erbes an. Wie mit dem Erbe umgegangen wird, wie man es nutzt, scheint mir die wichtige Frage zu sein. Ich will sie, auf unser Thema bezogen, in ein Bild fassen: Da sind die einen, die den Vordenker zum Heiligen erklären und die Um-Wendung, die Revolution seines Denkens im Mausoleum verwalten. Und es gibt die anderen, die die Tür benutzen, die durch die kritische Analyse eines historischen Vorläufers aufgetan wurde – nicht, indem sie in ihr eine heilige Pforte sehen, sondern indem sie durch sie eintreten im Wissen, daß es keine letzten Wahrheiten gibt, sondern der Sozialismus als eine ständige, sich an Grundwerten orientierende Aufgabe zu verstehen ist.

Karl Marx, seine Analysen und sein geschichtlicher Denkansatz sind ungeeignet für Mausoleen und Altäre. Und wenn es eine Verbindung zwischen Marx und der Sozialdemokratie gibt und beständig geben wird, dann die, daß es ihm wie uns um einen Sozialismus geht, der Freiheit voraussetzt und Freiheit bewirkt. Freiheit ist für Marx das große Thema, und darin erweist er sich nun selbst als ein Erbe: als Erbe der bürgerlichen Revolution des ausgehenden 18. und 19. Jahrhunderts.

Daß diese geschichtlichen Ereignisse von Marx und seinem Denken willkürlich getrennt worden sind, hat nicht nur zu Mißverständnissen und Fehldeutungen geführt. Viele Abwege, auf denen die Ziele des Sozialismus von Schrecken und Gewalt überdeckt wurden, kommen daher, daß die Verbindungen zwischen Marx und seinen historischen Grundlagen nicht erkannt, verzerrt dargestellt oder absichtlich geleugnet und verfälscht worden sind.

Ihn und sein Erbe gegen die Tradition der bürgerlichen Revolutionen auszuspielen, heißt lebendiges, weiterwirkendes Denken in ein Prokrustes-Bett[3] zu zwingen. Ich will das etwas deutlicher machen:

Das Verhältnis von Marx zum Erbe etwa der Französischen Revolution von 1789 ist als bloßes Fortschreiten zu einer neuen Stufe der Freiheitsgeschichte nicht hinreichend charakterisiert. Für den Hegel-Schüler ist wohl der Begriff des „Aufhebens" zutreffender. Sein Konzept der Freiheit war in der Tat umfassender und konsequenter. Aber es bedeutete nicht die Ablösung oder Zerstörung jener, heute häufig als „bürgerlich" eher denunzierten denn gekennzeichneten Freiheitsrechte, die der Motor der Revolution des Dritten Standes in Frankreich und danach in Europa waren.

Dort hatte sich der Dritte Stand, das ökonomisch erstarkende, politisch noch entmündigte Bürgertum gegen die feudalen Vorrechte des absolutistischen Staates erhoben. Aber in Frankreich, und mit veränderten Akzenten auch 1848 in Deutschland, wurde schnell deutlich, wie der Elan erlahmt, sobald die Grenzen dessen erreicht sind, was die Führungsschicht einer bis dahin revolutionären Bewegung als ihr Interesse bestimmt. Als der erwachende Vierte Stand sich zu Worte meldete und Freiheit, Gleichheit und Brüderlichkeit auch auf Kosten der eben errungenen Privilegien des Dritten Standes forderte, da war der Weg in Repression und Restauration schnell eingeschlagen. Die alten Herrschaftsformen hatten sich zwar verjüngt, für die unteren Schichten blieben sie jedoch die gleichen.

Und doch blieben sie auch *nicht* die gleichen. Die Revolution hatte Ideen in die Welt gesetzt, über die die Geschichte nicht wieder zur Tagesordnung zurückkehren konnte. Die neue angestrebte Herrschaft bezog ihre Legitimation nicht mehr aus einer göttlich sanktionierten Ordnungsidee, sondern aus dem Kampf für die Freiheitsrechte. In dieser Tradition, an die ich einleitend erinnerte, stand Marx, und dieses Erbe nahm er auf. Der Marx der Pariser Manuskripte kennzeichnet die Richtung der Freiheitsgeschichte als die Überwindung von Entfremdung.[4] Die Generationen nach ihm haben die Erfahrung machen können, daß zwar Freiheit viel mit ökonomischen Abhängigkeiten zu tun hat, daß aber die Veränderung von Eigentumsverhältnissen allein nicht die Entfremdung beseitigt. Und wir haben auch gelernt, daß die Beseitigung des Erbes der bürgerlichen Revolutionen – des Verfassungsstaates und seiner Rechtsordnung – das Reich der Freiheit nicht mit sich bringt, das in den Pariser Manuskripten so begeistert und doch auch so naiv gepriesen wurde.

Im Gegenteil: aus der stalinistischen Praxis der eigens hierfür zurechtgemachten marxistischen Theorie stammt die Erfahrung, daß die revolutionäre Veränderung der gesellschaftlichen und ökonomischen Verhältnisse Entfremdung nicht automatisch beseitigt, sondern daß sie neue Formen der Entfremdung, der Unfreiheit schaffen kann. Und es ist die Erfahrung aus diesem Experiment, daß die Zerstörung des Erbes der bürgerlichen Revolution nicht in mehr, sondern in weniger Freiheit mündet. Und wenn wir heute Versuche einer Revision gegenüber der bolschewistischen Abkehr von den

Marxschen Absichten erleben, dann wird dabei auch der Kontakt zum bürgerlich-liberalen Erbe wieder deutlich.

Hier wird ein Traditionsstrang freigelegt, der lange verschüttet war. Ich meine – wie ich es vor vier Jahren in einer Regierungserklärung sagte – den Citoyen, nicht den Bourgeois, also jenes Bürgertum, das bereit ist, sein Ringen um Freiheitsrechte nicht an den engen Grenzen der eigenen Standesinteressen einzustellen. Ich gehe den nächsten Schritt und sage: der Citoyen aus dieser bürgerlichen Tradition wird sich – heute wie damals – dazu verstehen, den Geltungsbereich seiner Freiheitsforderungen zu erweitern. Er wird daran mitarbeiten, daß Freiheit in möglichst vielen Bereichen der Gesellschaft und im Leben jedes einzelnen zunehmend verwirklicht werden kann. Und er wird nichts Überraschendes daran finden, wenn man festhält: Hier befindet er sich in Übereinstimmung mit, jedenfalls nicht im Gegensatz zu den Zielen des demokratischen Sozialismus.

1968 habe ich hier in Trier gesagt, wir stellten uns der Forderung, nicht nur zu interpretieren, sondern zu verändern: „Das heißt heute vor allem anderen, Demokratie als einen permanenten Prozeß zu verstehen. Für uns ist die Freiheit der Demokratie nichts Statisches und kein abstraktes Gut. Sie ist Freiheit zur Veränderung der Gesellschaft, aber einer solchen Weiterentwicklung und Veränderung, die durch die freie Zustimmung der Menschen getragen und bestätigt wird."[5]

Zustimmung, Mitwirkung, Bestätigung wofür? – Wir haben es längst noch nicht erreicht, daß Demokratie als praktische Form der Freiheit in allen relevanten Bereichen unserer Gesellschaft herrscht. Es kann uns nicht verborgen bleiben, daß – trotz der geschichtlichen Erfolge der Arbeiterbewegung und der Sozialdemokratie – der arbeitende Mensch noch immer alte und immer wieder auch neue Formen der Entfremdung, der Unfreiheit zu überwinden hat. Die Ausweitung des Themas auf den europäischen Bereich und den der weltweiten Verantwortung bietet sich an; sie mahnt uns zur Vorsicht, wenn es sich um den Wert eigener Modelle handelt, läßt aber klar werden, was zumal in den Nord-Süd-Zusammenhängen von uns erwartet wird.

Die Herausforderung ist groß. Sie verlangt alle Anstrengungen von allen politischen Kräften, die darum ringen, Freiheit, Gerechtigkeit und Solidarität zunehmend Wirklichkeit werden zu lassen. Was immer wir erreichen werden: als Erben sozialistischen Denkens *und* der bürgerlichen Revolutionen werden demokratische Sozialisten nicht den Fehler machen, das Erreichte für endgültig zu halten. Die Vorstellung einer endgültigen Gesellschaftsform ist ein ebenso schöner wie leerer und sie ist ein gefährlicher Traum.

Wir werden also immer wieder überprüfen, ob die erreichte Freiheit Hand in Hand geht mit Gerechtigkeit in all den Bereichen, in denen jeder einzelne frei sein kann. Und ob jene Brüderlichkeit, jene Solidarität herrscht, die Freiheit möglich macht. Wir sind durch die Türe getreten, die auch der Denker Marx geöffnet hat. Für uns bleibt Freiheit, was sie für ihn war: der kritische Maßstab, an dem sich jede Ordnung zu rechtfertigen hat.

Der demokratische Sozialismus wird damit nicht zur Utopie, Sozialismus nicht zu einer Leerformel – auch nicht zu einer solchen des Godesberger Programms. Sozialismus bedeutet für uns vielmehr einen Entwurf auf Freiheit hin, der offen bleibt, in Bewegung und damit menschlich.

Nr. 49
Aus dem hs. Schreiben des Vorsitzenden der SPD, Brandt, an den Bundeskanzler, Schmidt
14. Mai 1977[1]

Archiv Helmut Schmidt, Innenpolitik, Bd. 10: 1977–1978 A–N.

Lieber Helmut,

Egon [Bahr] wird diesen Brief mitnehmen, da wir uns vor den Berliner Sitzungen leider nicht mehr sehen werden.

Zunächst möchte ich Dich zu den Ergebnissen von London beglückwünschen. Daraus müsste sich noch einiges machen lassen.[2]

In Berlin werden wir es mit einer PV-Sitzung zu tun haben, zu der Günter Jansen[3] geladen ist. Ausserdem wird die Juso-Angelegenheit[4] etwas Zeit kosten. Im Parteirat am Dienstag möchte ich sie von der allgemeinen politischen Berichterstattung trennen. Es kommt darauf an, dass im PV am Montag und im PR am Dienstag nicht nur von unseren Interna, sondern auch von eigentlicher Politik die Rede ist. Es ist also wichtig, dass Du an beiden Tagen etwas vorzutragen hast, was die Freunde und die Öffentlichkeit interessiert, ohne dass es zuviel Zeit in Anspruch zu nehmen braucht.

Wir hatten eine PV-Klausur nach der Sommerpause in Aussicht genommen. Viel besser wäre es jedoch – dieser Meinung ist auch H[erbert] W[ehner] –, wenn wir eine solche Veranstaltung noch vor der Sommerpause zustande brächten. Die Büros scheinen der Meinung zu sein, dass sich dies mit unseren beiderseitigen Terminplänen vereinbaren liesse. Ich halte es für wichtig, dass wir uns hierauf in Berlin verständigen.

Für den Parteitag wird es von entscheidender Bedeutung sein, dass wir gleich nach der Sommerpause einen PV-Antrag zur Wirtschafts- und Energiepolitik auf den Weg bringen. Hier können wir uns keinen Zufällen aussetzen. Dies wird aber auch nicht der Fall sein, wenn sich der PV (oder dessen Mehrheit) auf einen Leitantrag verständigt.

Genscher hat angeregt, dass wir – zusätzlich zu dem, worüber Ihr im Kabinett gesprochen habt – von Partei zu Partei darüber sprechen, wie wir die Koalition inhaltlich beleben. Er hat angeregt, dass ich dazu einlade, und das will ich gerne tun, wenn es der Sache dient. Ich meine, dass eine Viererbesetzung auf unserer Seite zweckmässig ist, d.h. neben uns beiden H[erbert] W[ehner] und E[gon] B[ahr].

[...][5]

Noch ein offenes Wort: Es ist nicht hilfreich, wenn Du – wie ich von skandinavischen Freunden höre – auch bei ausländischen Gesprächspartnern den Eindruck aufkommen läßt, Du erwägest, nicht mehr lange weiterzumachen. Ich verstehe, wie schwer die Aufgabe

ist, aber sie wird noch schwerer, wenn sich Gerüchte selbständig machen. Bei gleicher Gelegenheit: Ich kann nichts dafür, wenn mich der eine oder andere Quatschkopf für etwas in Anspruch nimmt, was gegen den Bundeskanzler gerichtet sein könnte. Mein Problem ist ein anderes: Von mehr Seiten, als mir lieb ist, wird erwartet, dass sich der Parteivorsitzende auch zur Innenpolitik äussert, und zwar so, dass Parteipositionen deutlich gemacht werden, die sich von denen der Koalitionsregierung unterscheiden. Ich kann mir davon nichts versprechen, sondern muss befürchten, dass sich daraus nur weitere Schwierigkeiten ergeben würden. Aber darüber zu sprechen, könnte sich lohnen.
Mit herzlichen Grüßen
Dein W[illy]

Nr. 50
Schreiben des Vorsitzenden der SPD, Brandt, an den Vorsitzenden der SPD-Bundestagsfraktion, Wehner
24. Juni 1977

AdsD, WBA, A 9, 34.

Lieber Herbert,
die Bundestagswoche ist insgesamt wie erwartet und gewünscht verlaufen: Der Bundeskanzler hat die mögliche und nötige Unterstützung erhalten. Die Fraktion hat die Chance, zu voller Geschlossenheit zurückzufinden; wann und wo immer es möglich ist, werde ich daran weiterhin mitwirken.[1]

Zu den Auswirkungen Deines Auftretens in Saarbrücken habe ich mich Montagabend im Präsidium geäußert. Ich will meine Äußerungen nicht im einzelnen wiederholen, klammere mich auch nicht an Einzelformulierungen, zweifle aber nicht, daß ich verstanden worden bin.[2]

In Bezug auf Deine Ausführungen vor der AfA-Bundeskonferenz scheinen sich für mich folgende Klarstellungen ergeben zu haben:
a) Wegen einer möglicherweise unzureichenden Unterrichtung des DGB-Vorsitzenden war ich aus Gründen, die ich im Präsidium dargelegt habe, nicht der richtige Adressat.
b) Bei der Bewertung meines „Respekts" auch vor den Fraktions-Einzelgängern war nicht berücksichtigt worden, daß ich – wie die Bandabschrift ausweist – gesagt habe – wie auch am Vortag auf dem Bezirksparteitag in Friedberg –, daß ich den betreffenden Genossen „in der Fraktion" meinen Respekt nicht versagt habe. Das war eine Tatsachenfeststellung, über deren Formulierung man natürlich unterschiedlicher Meinung sein kann. Im übrigen habe ich im Schlußwort – wie ebenfalls die Bandabschrift zeigt – noch einmal deutlich gemacht, daß mein „eigentlicher Respekt ‹...› der sozialdemokratischen Bundestagsfraktion und ihrer Führung gelte ‹...›".[3]
c) Nach meinem Schlußwort bzw. in der Mittagspause hat die Antragskommission ihre Empfehlung zur Annahme eines Initiativantrages zurückgezogen und stattdessen Ablehnung empfohlen.
d) Deine kritischen Bemerkungen über die Arbeit der Partei bzw. der Parteizentrale sind zwischen Dir und Egon Bahr besprochen worden, ohne daß dabei – wenn ich es recht verstanden habe – schon klargemacht wurde, was die Partei mit ihren begrenzten Instrumenten anders als die Abgeordneten und die Regierung vermitteln kann. Ich begrüße es jedoch, daß Egon [Bahr] vorgeschlagen hat, durch die Geschäftsführungen von Partei und Fraktion zu prüfen, wie das Zusammenwirken auf dem Gebiet der Information und Öffentlichkeitsarbeit verbessert werden kann.

Bei meiner Reaktion vom Montag habe ich nicht von dem absehen können, was unabhängig von oder zusätzlich zu Deiner Saarbrücker Rede auf den Markt gekommen war.

Auf die Deutung, die Du der Präsidiumssitzung am Dienstagabend vor dem Plenum des Bundestages gegeben hast[4], möchte ich jetzt nicht eingehen. Ich kann jedoch nicht nur darum bitten, son-

dern muß darauf bestehen, daß uns Vorgänge erspart bleiben, die der Partei womöglich schwersten Schaden zufügen würden.
Mit freundlichen Grüßen
‹Br[andt]›⁵

P.S.: Ich erlaube mir, Ablichtungen zu schicken an H[elmut] S[chmidt], H[ans] Ko[schnick], W[ilhelm] D[röscher], E[gon] B[ahr]

Nr. 51
Hs. Schreiben des Vorsitzenden der SPD, Brandt, an den Bundeskanzler, Schmidt
12. Juli 1977[1]

Archiv Helmut Schmidt, Innenpolitik, Bd. 10: 1977–1978 A–N.

Lieber Helmut,
wenn Du aus Amerika zurückkommst, werde ich – wie allsommerlich – in Norwegen sein. Deshalb auf diesem Wege alle guten Wünsche für die kommenden Wochen, die auch Dir hoffentlich einige Erholung bringen werden. Ich habe geplant, bis [zum] 16. August [1977] in unserem Sommerhaus zu sein. Dort bin ich telefonisch zu erreichen. Auch weiss die Botschaft, wie sie mir etwas zustellen kann.

Viele sind mit mir der Meinung, dass das erste Halbjahr für Regierung und Koalition gut zuende gegangen ist. Dies – zusammen mit der Lage innerhalb der Union – sollte die Chance bieten, im zweiten Halbjahr Punkte zu gewinnen. Dies erfordert allerdings viel Geschick und Geduld bei der Behandlung der wirtschafts- und energiepolitischen Fragen. Dass diese auch bei den Freien Demokraten zu erheblichen Diskussionen geführt haben, muss zu denken geben. Auch würde ich nicht unterschätzen, dass ein Teil der Bürgerinitiativen bzw. Umweltschützer in Richtung auf eine eigene Partei marschiert.

Noch ernster ist natürlich, ob das Vertrauen zwischen Regierung und Gewerkschaften ungetrübt bleibt.

Am vergangenen Wochenende war ich erst auf dem Parteitag Hessen-Nord, dann auf stark besuchten Sommertreffen in Südbayern und Oberfranken, zwischendurch bei Zebisch in der Oberpfalz. Die Partei draussen ist im ganzen in keiner schlechten Verfassung. Die Genossen wollen auch wieder kämpfen, wenn wir ihnen sagen, wo es langgehen soll. Ihr Selbstvertrauen ist angeschlagen, aber nicht ernsthaft beschädigt. Sie wollen von Bonn aus – und da meine ich alle „Ebenen" – stärker positiv motiviert werden. Mit den Funktions- und Mandatsträgern sind die Dinge vielerorts nicht in Ordnung. Ich wusste gar nicht, wie recht ich am 4. Oktober [1976] mit meiner scherzhaften Bemerkung im PV hatte, dass bei uns im Grunde eine Kulturrevolution fällig sei.

Die Bereinigung gegenüber KP-Anfälligen wird nur gut gehen, wenn sie genügend differenziert durchgeführt wird. Egon [Bahr] ist hierum bemüht. Neben Hamburg (und Marburg)[2] hängt viel davon ab, ob im Oktober ein vernünftiger Juso-Vorsitzender gewählt wird.[3] Ich habe den Hamburger Bürgerschaftsabgeordneten, die sich an mich gewandt hatten, einen ernsten Brief geschrieben. Hoffentlich ziehen sich die Ordnungsverfahren nicht so in die Länge, dass dies das Thema bis zum Parteitag[4] bleibt.

H[ans-]J[ürgen] W[ischnewski] und Gerhard Jahn haben mit mir über das Nollau-Buch[5] gesprochen. Man hatte mir vor ca. drei Wochen Einblick in das gegeben, was mich betrifft. Ich habe entschieden, mich nicht zu äussern, nachdem mir mein rechtskundiger Mitarbeiter gesagt hat, dass rechtliche Schritte meinerseits nicht zu empfehlen seien. Dies ändert nichts daran, dass ich dies für einen skandalösen Vorgang halte. (Wenn sich durch die öffentliche Erörterung erneut der Eindruck von Spannungen zwischen Wehner und mir ergibt, kann ich daran nichts ändern; ich suche keinen Streit, werde aber in gravierenden Zusammenhängen auch nichts mehr einstecken.)

Über Polen wird Dir Ben Wisch [Hans-Jürgen Wischnewski] berichtet haben. Ich hätte wohl nur noch die sehr herzlichen Grüße

Giereks an Dich nachzutragen. Ich bin nicht sicher, wie gross seine Schwierigkeiten sind. Jedenfalls hat sich mir mancherlei Unsicherheit mitgeteilt.

Vor einigen Tagen habe ich seit längerer Zeit wieder einmal mit Günter Gaus gesprochen. Er trug mir eine Reihe von Erwägungen vor, die mich beeindruckten, wenn ich sie auch – wegen unzureichenden Kontakts mit der Materie – nicht gut genug beurteilen kann. Deshalb habe ich Gaus geraten, Dir einen nicht-dienstlichen Brief zu schreiben und es Dir zu überlassen, ob Du mir davon Kenntnis geben oder mit mir darüber reden willst. Ich habe den Eindruck, dass es gut sein könnte, auch selbst einmal wieder G[ünter] G[aus] anzuhören.

Mit herzlichen Grüßen, auch an Loki [Schmidt]
Dein Willy

Nr. 52
Aus einem Artikel des Vorsitzenden der SPD, Brandt, im *Vorwärts* 13. Oktober 1977

Vorwärts, Nr. 41 vom 13. Oktober 1977, S. 16 f.

Was soll das Gerede vom Parteitagsstaat?
[. . .]¹

II.
Partei ist für Sozialdemokraten eine in der Gesellschaft wurzelnde Willens- und Aktionsgemeinschaft

Die deutschen Sozialdemokraten haben die demokratische Ordnung unserer Bundesrepublik wesentlich mitgeschaffen und verteidigen sie mit letzter Entschlossenheit. Aber die deutsche Sozialdemokratie ist älter als das Grundgesetz. Sie hat sich im vorigen Jahrhundert als die erste Programmpartei der deutschen Parteiengeschichte entwickelt. Dabei wollte Ferdinand Lassalle vor allem einen straff organisierten Kampfverband. Ihm kam es darauf an, seine Ziele und jene der durch ihn organisierten Arbeiter durchzusetzen – sei es durch Öffentlichkeitsarbeit, wie wir heute sagen würden, sei es durch geschicktes und gewagtes Taktieren. Die Verwirklichung der Ziele in einer feindlichen politischen Umwelt stand im Vordergrund, weniger eine bestimmte demokratische Methode der Umsetzung.

Die „Eisenacher"[2] dachten weniger zweckorientiert. Ihren Hintergrund bildete die liberaldemokratische Tradition, und im Prozeß der Verselbständigung kam der Einfluß von Karl Marx maßgeblich hinzu. Es waren jedoch weniger, als man oft gemeint hat, programmatische Differenzen, die die Eisenacher unter Bebel und Liebknecht von den Lassalleanern trennten; mehr trennte sie ihre unterschiedliche Einstellung zum demokratischen Aufbau der Partei und auch dazu, wohin das obrigkeitliche Deutschland bewegt werden könnte.

Der Zusammenschluß in Gotha 1875 machte eine Partei notwendig, die neben dem Kampf um staatsbürgerliche Gleichstellung und soziale Befreiung die Demokratie innerhalb der Arbeiterbewegung verwirklichte – schon um zu einem vernünftigen Zusammenleben zwischen den beiden Hauptrichtungen zu kommen, die miteinander zu einer großen Freiheitsbewegung in unserer Geschichte wurden. Die neue Partei zeigte sich ablehnender gegenüber dem damaligen Staat, als es zuvor die Lassalleaner gewesen waren. Aber sie wies weiterhin gewisse autoritäre Züge im Innern auf, denen die Treue und überwiegend disziplinierte Gefolgschaft der Mitglieder gegenüber der Parteiführung entsprach. (Im übrigen hat dies dazu beigetragen, daß die Jahre der Bedrängnis unter dem Sozialistengesetz von 1878 bis 1890 erfolgreicher überstanden wurden, als es die Gegner gerne gesehen hätten.)[3]

Die Spannung zwischen Theorie und Praxis

Das Erfurter Programm 1891 präsentierte die SPD als eine prinzipienbewußte Partei, die eine grundlegende Veränderung der Gesellschaft und ihrer Lebensbedingungen erst von der sozialen Revolution erwartete; eine Partei, die in ihrer Theorie schrittweise Verbesserungen skeptisch beurteilte, weil sie das Überleben des Kapitalismus allenfalls künstlich verlängern würden.

In der täglichen Praxis setzten sich jedoch andere Verhaltensregeln durch – nämlich die einer Reformpartei der Arbeiterschaft, die schrittweise Verbesserungen mit den Nahzielen „demokratische Freiheit und soziale Sicherheit" durchzusetzen versuchte. Zwischen der Theorie der Partei und ihrer politischen Praxis wuchs so ein Spannungsverhältnis heran, das über mehrere Jahrzehnte nicht bereinigt wurde und auch während der Weimarer Republik noch eine wesentliche, nicht förderliche Rolle spielte.

Der Konflikt um Theorie und Praxis, zwischen radikalen öffentlichen Bekundungen und einem wirklichkeitsbezogenen politischen Handeln, zwischen demokratischer Republik als Ziel und/oder als Mittel, zwischen Kautskyschem Maximalismus und Bernsteinschem Revisionismus (oder zwischen Bebel und Vollmar),[4] zwischen der Tendenz zu Kadern mit straff gegliederter Rangordnung und einer sehr in die Breite gehenden Mitgliederpartei – diese die SPD seit ihren Anfängen begleitende Spannung konnte erst durch die leidvolle Geschichte unserer Partei Stück um Stück ausgeglichen werden. Voraussetzung dafür war die Annäherung eines gleichsam absoluten Theorieanspruchs an das reformerische Bewußtsein von Mitgliedern und Wählern, das sich gegen jede einseitige programmatische Überhöhung durchsetzte. Dazu mußte nicht zuletzt das Verständnis von Demokratie geklärt werden. Der vorläufige Endpunkt dieser langen Entwicklung bildete Godesberg 1959.[5]

Bündelt man die hier nur angedeuteten Erfahrungen, so stand für die SPD doch schon lange vor dem Grundgesetz fest: „Partei" ist im sozialdemokratischen Verständnis von Beginn an mehr als eine Organisation im engen Sinne, die sich ausschließlich in ihren Mitgliedern, Funktionären und Mandatsträgern darstellt; „Partei" war für unsere Wegbereiter und ist zumal für uns heute eine breite, in der Gesellschaft wurzelnde und in den politischen Institutionen wirkende Willens- und Aktionsgemeinschaft, die über den engeren Bereich der eigenen Organisation hinauszuwirken hat. Parteientheoretisch könnte man es als ihre Aufgabe bezeichnen, kollektiv die Beschreibung gesellschaftlicher Probleme vorzunehmen und das politische Handeln zur Lösung dieser Probleme vorzubereiten. Innerhalb der parlamentarischen Demokratie – das heißt: innerhalb der von uns voll mitgetragenen, nicht nur erduldeten Ordnung – werden diese Problembeschreibungen zu einem wesentlichen Teil den Entscheidungsgremien in Parlament und Regierung übergeben, und zwar als Aufgaben, die durch Gesetz und Regierungshandeln gelöst werden sollen.

Die „Partei" in unserem Sinne soll die Fähigkeit zur sozialen Erneuerung vertreten und organisieren; sie ist damit aktiver Teil einer umfassenden Bewegung gesellschaftlicher Emanzipation. In der Überzeugung, daß Träger dieser Bewegung vor allem die organisierten Arbeiter sein würden, prägten frühere Generationen dafür den Begriff der Arbeiterbewegung. Wir gehen heute mit dieser Kennzeichnung sparsam um, nicht weil wir uns aus der Tradition gelöst hätten, sondern weil dieser Begriff falsche Ausschließlichkeiten nahelegt, die von der gesellschaftlichen Wirklichkeit, wie wir sie mitverändert haben, und von der tatsächlichen Politik unserer Partei nicht mehr gedeckt würden. Unser Verständnis von Partei als einer breiten Willens- und Aktionsgemeinschaft im Rahmen einer umfassenden Freiheitsbewegung unterscheidet uns, zum Teil grundlegend, von anderen:

• „Bürgerliche" Parteien verstanden sich selbst in erster Linie und verstehen sich trotz aller Programmanstrengungen heute immer wieder in weiten Teilen als Apparate zur Organisation von Wahlkämpfen, man könnte auf die Unionsparteien bezogen sogar sagen: eines ununterbrochenen mörderischen Wahlkampfes. Ihre Funktion erscheint zunächst erschöpft, wenn Aufgaben und Ämter im politisch-administrativen System verteilt sind. Auf Bewahrung der Vorteile ihrer Anhänger angelegt, können und wollen sie sich kaum auf eine veränderungsbereite Bewegung in der Gesellschaft einlassen. Von daher wird verständlich, daß sich solche Parteien besonders schwertun, wenn sie bei Wahlen unterliegen und nicht wie zuvor an der Vergabe von Ämtern und Aufgaben teilhaben.

• Kaderparteien leninistischer, zumal stalinistischer Prägung und vorparteiliche Geheimbünde (gegen die sich bereits Marx und Engels im „Manifest"[6] ganz deutlich abgrenzten) haben die Partei im engeren Sinne – die handelnde Parteiorganisation – zur Herrin über die gesellschaftliche Bewegung gemacht oder machen wollen, und sie haben damit Befreiung von Abhängigkeiten und Selbstbestimmung als gesellschaftliches Ziel bereits im Ansatz unmöglich gemacht. Was unter den Bedingungen des unterirdischen Kampfes als Organisationsform notwendig war oder schien, ist nach Erringung der Macht und unter den heute vorherrschenden Bedingungen eine Hauptursache dafür geworden, daß die vorgeblich demokratischen und die Menschen befreienden Ziele von diesen Parteien und mit ihnen nicht erreicht werden können.

• Vom Parteiverständnis und der innerparteilichen Struktur hängt deshalb auf spezifische Weise nicht nur die Glaubwürdigkeit „eurokommunistischer" Parteien[7] ab – es handelt sich hier auch um die Scheidemarke, an der sich die innere Stimmigkeit ihrer Konzepte zu erweisen haben wird. Bolschewistische Parteikonzepte weiterhin als verbindlich zu betrachten bedeutet zudem, eine zentrale Ursache für die lähmende Spaltung der damaligen Arbeiterbewegung in Europa (nach dem Ersten Weltkrieg) weiterhin bewußt zu kultivieren und zugleich unfähig zu sein, tatsächliche Demokratisierung in Staat und Gesellschaft zu bewirken. Ich fürchte, daß dieser Zusammenhang auch bei sonst munteren Geistern von „eurokommunistischen" Parteien bislang noch kaum gesehen, jedenfalls nicht zugegeben wird.

Die SPD will eine offene Volkspartei der sozialen Demokratie sein. Unsere bewußte Öffnung hin zu gesellschaftlichen Gruppen, die sich nicht von vornherein zur traditionellen Arbeiterbewegung zählen konnten, bedeutet jedoch nicht, daß wir damit zu einer „Allerweltspartei" geworden wären oder werden dürften: Die Öffnung vollzog und vollzieht sich auf der Basis unserer Grundwerte und Grundforderungen, aus denen immer wieder die geistige Einheit unserer Partei als Willens- und Aktionsgemeinschaft abzuleiten ist. Und außer Zweifel steht, daß über der Öffnung nicht die feste Verankerung in der geschichtlichen Befreiungsbewegung der breiten arbeitenden Schichten und das Zusammenwirken mit den dort Aktiven – besonders den gewerkschaftlichen Vertrauensleuten und den Betriebsräten – vernachlässigt werden darf.

In dieser auf Demokratie und Selbstbestimmung, auf Freiheit, Gerechtigkeit und Solidarität angelegten politischen Bewegung gibt es aus unserer Sicht vernünftigerweise keinen Platz für mehrere miteinander konkurrierende und sich befehdende Parteien des demokratischen Sozialismus. Schon in jener frühen Rede nach den Jahren der Verfolgung und Zerstörung – am 6. Mai 1945 in Hannover – sagte Kurt Schumacher, die Zukunft werde in unserem Parteienspektrum nur für „eine Partei demokratischer Sozialisten" Platz haben.[8] Dies ist meine Überzeugung geblieben.

Die Vielzahl der Antriebskräfte, die Vielfalt der Überzeugungen – das also, was Schumacher für Godesberg vorformulierte – sollte nicht von geistiger Einheit wegführen, sondern sie im Wechsel der Generationen (und im Wandel der Gesellschaft) immer wieder neu begründen: Eine politisch geistige Einheit, die deshalb so ernstgenommen und um die so beharrlich gerungen werden muß, weil sie mehr zu bedeuten hat, als alle noch so wichtige Verständigung über tagespolitische Angelegenheiten.

„Sozialist, Demokrat und Träger der Friedensidee" zu sein – das gehörte für den Neubegründer unserer Partei nach dessen eigenen Worten unzertrennbar zusammen. Und auch davon ist nichts abzustreichen.

[...][9]

Nr. 53
Aus der Rede des Vorsitzenden der SPD, Brandt, auf einer Veranstaltung des 11. Ordentlichen Gewerkschaftstages der IG Druck und Papier in Augsburg
19. Oktober 1977

Reformpolitik – gescheitert? Protokoll einer Podiumsdiskussion am 19. Oktober 1977 in Augsburg mit Willy Brandt u. a., hrsg. von der Industriegewerkschaft Druck und Papier, Hauptvorstand, Stuttgart o. J., S. 9 – 15.

Soziale Demokratie:
Chance für unsere Zukunft
[. . .]¹

Zum Thema selbst: Man fragt uns, ob Reformpolitik gescheitert sei. Die Frage soll wohl provozieren, sie will jedenfalls Antwort.

Wenn ich über Reformpolitik spreche, dann unternehme ich das in ungetrübter Erinnerung. Ich weiß mit anderen, wie lange Zeit hinausgezögert worden war, was in den sechziger Jahren mit der notwendigen inneren Reform gemeint gewesen ist. Als wir die Gelegenheit erstritten und erhielten, damit ernst zu machen, waren viele unzufrieden: Den einen ging alles viel zu schnell – vielfach sorgte man sich um Privilegien; den anderen ging es zu langsam – manche hingen offenbar dem Traum von einem „großen Sprung" an. Die Bereitschaft, den reformerischen Weg Schritt für Schritt mühselig zu durchmessen, schien die Kraft vieler zu übersteigen. Die Politik wurde unbequem; man hat sie abgewertet und verunglimpft. Dafür tragen engagierte Gegner nur wenig mehr Verantwortung als kleingläubige Freunde.

Ich greife das Wort auf – nicht, um Vergangenes zurückzuholen, das sich verändert hat. Sondern weil zu begründen sein wird, warum in der Bereitschaft zu reformerischer, auf Erneuerung orientierter Politik heute wie stets die Chance liegt, die Probleme der Zukunft jedenfalls zum Teil in den Griff zu bekommen.

Meine Bemerkungen teile ich in drei Thesen und spreche über den Zwiespalt unserer Lage im Spannungsverhältnis zwischen innerer Sicherheit und geistiger Freiheit; über die wichtigsten Aufgaben und die nach meiner Auffassung vielfach falschen Antworten, die uns angedient werden; schließlich über meine Schlussfolgerung, zu der ich – in abwägender Weise, wie man hören wird – als Sozialdemokrat in dieser Zeit gelange.

Die *erste* These:

Wir haben im Kampf gegen den Terrorismus einen wichtigen Sieg errungen, den man auch psychologisch nicht gering einschätzen darf.[2] Gleichwohl sollte uns bewußt bleiben: Die möglichen *Folgen* des terroristischen Wahns könnten unsere Gesellschaft tiefer treffen, als in diesem Augenblick sichtbar ist. Bei allen Maßnahmen, die zur Abwehr noch bestehender Gefahr zu beschließen sind, und zwar mit dem gebotenen Nachdruck, müssen wir immer auch die andere Gefahr abzuwehren bereit sein: die Qualität von Recht und Freiheit in unserem Staat könnte unbewußt und zunächst unmerklich verändert werden. Wir dürfen ganz gewiß nicht die innere Sicherheit vernachlässigen, aber ebensowenig die Freiheit selbst und den entwickelten Rechtsstaat wieder verkümmern lassen: *das ist die Herausforderung.*

Die *zweite* These:

Unsicherheit über die Zukunft in den entwickelten Industriestaaten führt vielfach zu Zweifeln an der Funktionsfähigkeit der Demokratie und an der Autorität demokratisch legitimierter Führung. Wir brauchen ein neues, nüchternes und differenziertes Verständnis für Auftrag und Möglichkeiten demokratischer Politik. Es schadet auch nicht, sich vor Augen zu führen, daß ältere Demokratien in unserer Nachbarschaft und in weiterer Entfernung trotz vergleichbarer oder selbst größerer Schwierigkeiten über solidere Traditionen verfügen. Falsche Antworten aus extremen Positionen oder aus dem

Sumpf der Selbstgefälligen und Orientierungslosen: *das ist die Gefahr.*

Die *dritte* These:

Nach zwei historischen Phasen der deutschen und europäischen Arbeiterbewegung – die eine galt der Verankerung der staatsbürgerlichen Rechte, die andere der Ausgestaltung der materiellen Sicherheit – könnten wir uns heute im Übergang zu einer dritten Phase befinden: Wenn man sie als Soziale Demokratie bezeichnet, wird deutlich, daß der Bereich der sozialen Sicherheit überschritten wird. Worum es geht, sind die Bereitschaft und die – durch konsequente Reform zu verankernden – Möglichkeiten zur aktiven Teilhabe: *das ist die Chance.*
[...]³
Die Begründung zur These drei über die soziale Demokratie ist, wie anderes, hier nur knapp zu umreißen.

Sie muß noch einmal ausgehen von der Frage, was Freiheit zur Demokratie uns auferlegt. Sie meint gewiß mehr als eine Technik, die unser Zusammenleben regelt; mehr als ein formales Prinzip, nach dem wir Mehrheiten und Minderheiten festzustellen und Träger parlamentarischer Mandate und staatlicher Funktionen auszuwählen hätten.

Ich spreche von zwei Grundpfeilern. Der *eine* ist, daß wir soziale Demokratie begreifen als ein gesellschaftliches Verhalten, das in Mitwirkung und Mitbestimmung, also in Teilhabe der Bürger seinen Ausdruck findet. So verstandene Teilhabe verlangt natürlich mehr als Forderungen oder Proteste oder Initiativen im engverstandenen Eigeninteresse. Teilhabe muß solidarisch verstanden werden. Sie muß sich auch darum kümmern, was alle miteinander angeht; eigene Interessen gilt es so zu vertreten, daß die Verständigung auf ein Gesamtinteresse nicht versperrt wird.

So verstandene Teilhabe heißt vor allem auch: Mitbestimmung im Wirtschaftsleben, zumal am Arbeitsplatz. Verantwortungsbewußtsein wird man kaum erwarten können, wenn Mitbestimmung verweigert wird. Da hilft auch keine Klage vor dem höchsten Gericht. Wie will man von den Arbeitnehmern Verständnis für technologisch notwendige Veränderungen erwarten, wenn man ihnen die Kompetenz bestreitet, über die Notwendigkeit solcher Veränderungen mitzuberaten und mitzuentscheiden!

Die Bereitschaft zur Teilhabe muß sich zusammentun mit der Offenheit für permanente Reform, dem *zweiten* Pfeiler der sozialen Demokratie. Es ist eine Zeit lang – bis in Kreise hinein, die einem nahestehen – modern gewesen, den Reformbegriff in Zweifel zu ziehen. Einige haben es sogar für gut gehalten, Stichworte von einer angeblichen Reformeuphorie nachzureden.

Es war, wie ich meine, falsch, daß viele sich haben einreden lassen, in einer Zeit äußerer Verwerfungen und innerer Schwierigkeiten sei kein Platz für die zielstrebige, wenn auch dem Inhalt und Tempo nach zu dosierende Reform. Ich meine im Gegenteil, es sei an der Zeit, daß man sich auf den notwendigen reformerischen Elan wieder stärker besinnt. Wenn der Satz je richtig war, dann ist er es gerade jetzt: Wer morgen sicher leben will, muß heute für Reformen kämpfen!

Im Übergang zu den siebziger Jahren war viel Widerstand gegen die schon damals notwendigen Veränderungen zu überwinden. Wir hatten den Mut, vielleicht sogar etwas viel davon, viele, womöglich zu viele drängende Aufgaben auf einmal anzupacken. Ganz gewiß haben die damaligen Erfahrungen aufgearbeitet werden müssen, zumal darin Irrtümer, hier und da auch Irrwege lagen. Aber dies entkräftet nicht das Argument gegen einen Denkfehler: Man würde es sich zu einfach machen, wenn man die Diskussion um die Reformpolitik mit der Bemerkung zu entwerten sucht, sie habe eine „überzogene Erwartungshaltung" erzeugt. In Wirklichkeit lagen die Dinge anders: Wir befanden uns objektiv am Rand eines Problem-Notstandes; mit der denkfaulen Parole „keine Experimente"[4] war wirklich kein Staat mehr zu machen.

Bereitschaft zur sozialen Demokratie schließt Irrtümer und Irrwege nicht aus. Aber es schwächt nicht, sondern festigt die Glaubwürdigkeit politischer Führung, wer nicht Patentrezepte präsentieren will, die es nicht gibt. Es festigt diese Glaubwürdigkeit, wer den Bürgern nicht verschweigt, sondern deutlich sagt, daß sie immer wieder mit neuen Problemen werden leben müssen, daß niemand ihnen ein konfliktfreies Leben bescheren kann. Es festigt diese Glaubwürdigkeit, wer Fragen von allgemeinem Interesse auf den Prüfstand der öffentlichen Diskussion legt, auch dann, wenn allgemein überzeugende Lösungen noch ausstehen.

Es ist meine feste Überzeugung, daß soziale Demokratie, verstanden als bewußte Ausdehnung der politischen Demokratie, das unter unseren Bedingungen allein taugliche Verfahren ist zur Lösung komplexer, die Gesellschaft insgesamt betreffender Probleme. Der Nutzwert der Teilhabe, die „Produktivkraft Partizipation" wird aller, auch jeder noch so aufgeklärten autokratischen und technokratischen Betriebsamkeit überlegen sein.

Damit könnte ich schließen. Da ich Ihnen zu Beginn aber angekündigt hatte, ich würde über meine Schlußfolgerungen in abwägender Weise und als Sozialdemokrat in dieser Zeit sprechen, kommen wir um eine Schlußbemerkung nicht herum. Ich fasse sie in eine *vierte* These, und es sollte mich nicht wundern, wenn über sie mehr als über die drei zuvor diskutiert würde.

Diese These lautet:

Es kann im Verlauf der gesellschaftspolitischen Entwicklung immer wieder einmal eine Zeit kommen, in der man um eines übergeordneten Zieles willen andere Ziele zurückstellen muß. Eine solche Zwischenphase könnten wir heute erreicht oder noch nicht überwunden haben.

Die übergeordneten Ziele sind: erstens die Politik des Abbaus von Spannungen und der Friedenssicherung. Damit auf diesem Feld nichts zurückgedreht werden kann, und damit, zweitens, die Substanz unserer verfassungsmäßigen Ordnung nicht Schaden leidet, müssen die Sozialdemokraten und muß die sozial-liberale Koalition ihre Regierungsfähigkeit bewahren. Damit diese bewahrt wird, muß die SPD – eine geschlossene SPD – sogar bereit sein, mit manchen ihrer programmatischen Forderungen und Zielsetzungen ganz behutsam umzugehen.

Zwischen dieser These und dem zuvor gesagten besteht nur scheinbar ein Widerspruch. Sozialdemokratische Politik ist durch objektive Hürden – vielleicht auch durch eigene Versäumnisse – in eine Phase geraten, in der sie besonders sorgfältig prüfen muß, welches der jeweils nötige und mögliche nächste Schritt ist.

Objektive Faktoren dafür sind zum Beispiel: Ende der 60er und Anfang der 70er Jahre hat sich die Mehrheit unseres Volkes für Veränderungen ausgesprochen, die unseren Grundwerten von Freiheit, Gerechtigkeit und Solidarität nahekommen. Es gibt diese Mehrheit von Mitbürgern, die mehr Gerechtigkeit und Demokratie wollen, immer noch. Aber viele dieser Mitbürger sind verunsichert; das Prinzip der Solidarität ist diskreditiert; reaktionäre Kampagnen haben die reformerische Mehrheit in unserem Volk in die Defensive gedrängt.

Damit wir uns klar verstehen: Ich spreche nicht über ein jetzt zu erwartendes Wahlergebnis; das würde dem des vorigen Jahres mindestens entsprechen.

Als *subjektive* Versäumnisse würde ich zum Beispiel nennen: Wir Sozialdemokraten haben nicht zu verhindern verstanden, daß der Anspruch der verantwortlichen demokratischen Reform, der unserer Politik zugrundelag, verfälscht wurde in den absurden Vorwurf einer angeblich verfassungswidrigen „Systemveränderung". Wir haben uns zu leicht mit einer angeblichen Volksmeinung vertraut gemacht, die zunächst nichts anderes gewesen ist als veröffentlichte Meinung oder gesteuerte Meinungsmache. Wir haben versäumt, dagegen stärker anzugehen.

Unsere programmatischen Ziele sind geblieben: mehr Teilhabe und Demokratisierung; Gesellschaftspolitik im Sinne von mehr Gerechtigkeit; notwendige Reformen zur besseren Beeinflussung eines gedeihlichen Wirtschaftsablaufes, zur erhöhten öffentlichen, also gesellschaftlichen Verantwortung; Ausweitung des Raumes für geistige Freiheit, für Liberalität im wohlverstandenen Sinne des Wortes.

Die Lage aber ist: Es fehlt uns zur Zeit die erforderliche Unterstützung, diese Ziele durchzusetzen. Versuchten wir es dennoch, verlören wir vermutlich die Regierungsmacht. Verlören wir aber diese, dann würde in Gefahr geraten, was übergeordnet bleibt und unsere nie erlahmende Anstrengung braucht: Politik der aktiven Friedenssicherung, des Abbaus von Spannungen, des europäischen und internationalen Ausgleichs. Würde heute die Regierungsverantwortung auf die andere Seite übergehen, dann wäre möglicherweise der Erfolg einer epochalen Veränderung in Frage gestellt. Jedenfalls geriete unser Land in die Gefahr der Isolierung, die uns nach außen zur Bewegungslosigkeit verdammen könnte und die im Inneren die – ich nenne sie einmal – Kräfte der „rechten Isolation" stärken müßte.

Und so füge ich aus aktuellem Anlaß[5] hinzu: Verlören wir die Regierungsmacht, dann wären die Unionsparteien in ihrem gegenwärtigen Zustand der Exekutor von Maßnahmen zur Wahrung der inneren Sicherheit, die bis über die Grenze des rechtsstaatlich Erträglichen strapaziert werden könnten. Wir müssen auch aus diesem Grunde in der zuweilen unbequemen Form von Verantwortung bleiben: damit andere die Qualität unseres Rechtsstaates nicht empfindlich verändern.

Ich wiederhole die uns gestellte Ausgangsfrage: Ist Reformpolitik gescheitert? Meine Antwort lautet: Nein, sie ist notwendiger denn je, aber wir werden über einen längeren Zeitraum für diese Erkenntnisse kämpfen und ihr erst wieder mehr Raum und Bündnis schaffen müssen. Inzwischen gilt es, die Führung zu behalten.

Nr. 54
Schreiben des stellvertretenden Vorsitzenden der SPD und Bremer Bürgermeisters, Koschnick, an den Vorsitzenden der SPD, Brandt
4. Januar 1978[1]

AdsD, WBA, A 11.3, 41.

Lieber Willy!
Zunächst gute Wünsche zum Jahreswechsel für Dich und die Deinigen, sodann gleich an die Arbeit.

Aufgrund unseres Gespräches habe ich mit Helmut Kohl gesprochen und ihn gefragt, ob er an einem zwanglosen (vor allem nicht für die Öffentlichkeit bestimmten) Gespräch auf quasi neutralem Boden interessiert sei. Er ist es und würde gerne in der bremischen Vertretung mit Heiner Geißler, Dir und Egon Bahr (allerdings auch mit dem bremischen Gastgeber) zusammenkommen.

Er hat wie wir allerdings ein dringendes Interesse, daß solche Gespräche vertraulich behandelt und nicht eines Tages im parteipolitischen oder parlamentarischen Kampfe mißbraucht werden. Ich habe ihm das in unserem Namen zugesagt.

Da ich nur wenige Tage (am 17. und 18. 1. 1978) in Bonn sein kann, sehe ich für Januar kaum eine Chance; es sei denn, wir könnten am 17. 1. 1978 abends zusammenkommen; das erscheint mir sehr fraglich, da an diesem Tag Baccaric[2] in Bonn sein wird. Sei es wie es sei, wir sollten dann jedenfalls einen Termin für Februar absprechen. Da ich ab 12. Februar 1978 aus Australien zurück bin, könnte ‹danach der nächste Termin›[3] liegen.

Ich selbst bin am 17. 1. 1978 zeitgleich im Präsidium wie bei der ersten Zusammenkunft mit den kommunalen Repräsentanten der Bezirke wegen einer möglichen Gründung einer „Sozialdemokratischen Gemeinschaft für Kommunalpolitik" verpflichtet. Ich wäre Dir dankbar, wenn wir über den Schatzmeister und die Organisationsentscheidungen ‹erst ab 11.00 Uhr im Präsidium›[4] sprechen könnten, dann kann ich mich von den Kommunalvertretern absetzen und stehe dem Präsidium zur Verfügung.

Vorher werden wir ja noch – wie immer – im kleinen Kreis sprechen können.
Bis dahin alles Gute
Dein
‹Hans Koschnick›[5]

Nr. 55
**Fernschreiben des Vorsitzenden der SPD, Brandt, an die Vorsitzenden der Bezirke und Landesverbände der SPD
17. Januar 1978**

AdsD, WBA, A 11.5, 26.

Liebe Genossen,
ich habe gestern abend von einer Einladung des Vorsitzenden der Landesorganisation Bremen zu einem Seminar am 24./25. Februar [1978] an einen Ort in NRW gehört, die an alle Bezirks- und Landesvorstände der Partei gegangen ist. Die daraufhin eingezogenen Erkundigungen haben die Richtigkeit dieser Information ergeben.

Weder der Parteivorsitzende, noch das Präsidium noch der Parteivorstand ist mit einer derartigen Einladung eines Landesvorstandes an alle Gliederungen der Partei befaßt worden.[1]

Das Präsidium hat in seiner heutigen Sitzung festgestellt, daß ein derartiges Vorgehen unmöglich ist.

Ich bitte, die Einladung als gegenstandslos zu betrachten.

Der Parteivorstand wird sich in seiner Sitzung am 30. Januar [1978] mit dieser Angelegenheit befassen.
Mit freundlichen Grüßen
Br[andt][2]

Nr. 56
Schreiben des Vorsitzenden der SPD, Brandt, an den Bundeskanzler, Schmidt
17. Februar 1978[1]

Archiv Helmut Schmidt, Innenpolitik, Bd. 10: 1977–1978 A–N.

Lieber Helmut,
in unserer Münchner Vorstandssitzung[2] hatte ich auf einige Schwerpunkte unserer Arbeit in diesem Jahr hingewiesen und angekündigt, daß ich hierauf in einem Brief zurückkommen würde. Der Bundesgeschäftsführer wird für die nächste Sitzung am 27. Februar [1978] eine Zusammenstellung vorbereiten lassen, aus der hervorgeht, was sich hieraus – zunächst bis zur Sommerpause – für die Beratungen des Parteivorstandes ergeben würde.

Über die Umbildung des Bundeskabinetts konnte in München nicht gesprochen werden, da sich die Notwendigkeit dazu für den Bundeskanzler erst in den folgenden Tagen ergab. Die zügige Entscheidung hat in der Partei wie bei großen Teilen der Öffentlichkeit eine überwiegend positive Aufnahme gefunden.[3] Dies gilt nicht zuletzt für die Tatsache, daß mehrere jüngere Sozialdemokraten mit zentraler Verantwortung betraut worden sind.

Gleichzeitig wird die Partei denjenigen unserer Freunde zu danken wissen, die nach ihrer verdienstvollen Tätigkeit in der Bundesregierung nun andere Aufgaben übernehmen.

Diese Woche stand bundespolitisch im Zeichen der Konsolidierung: Vereidigung der neuen Bundesminister, Verabschiedung der Gesetzesvorlage zur inneren Sicherheit, Verständigung über die Rentenanpassung während der kommenden drei Jahre.

Wir sollten uns darüber im klaren sein, daß unsere Regierungsfähigkeit bzw. die Handlungsfähigkeit der Koalition in der vor uns liegenden Zeit noch mehrfach herausgefordert sein wird, und zwar nicht nur im Zusammenhang mit den Landtagswahlen. Partei und Fraktion werden also viel Aufmerksamkeit darauf zu verwenden haben, daß die Grundlagen der Arbeit im Parlament und vor der Öffentlichkeit gesichert bleiben.

Es hat wenig Sinn, sich allzu lange bei dem Sondervotum einiger Mitglieder der Bundestagsfraktion aufzuhalten.[4] Nichts führt jedoch an der Erkenntnis vorbei, daß die Koalition bald am Ende ist, wenn dies zur Regel werden sollte. Der Bestand der Koalition hängt gewiß nicht nur von den Sozialdemokraten ab, aber ohne größtmögliche Geschlossenheit im Parlament kann die Bundesregierung leicht einem Prozeß der Erosion ausgesetzt werden. Das wäre nicht zu verantworten, und die Vorstandsmitglieder sollten dies in ihren Bereichen ganz deutlich machen.

Auf der anderen Seite müssen wir dafür sorgen, daß kontinuierlich an den Aufträgen gearbeitet wird, die uns der Hamburger Parteitag erteilt hat. Die Partei hat einen Anspruch darauf, daß ihre spezifischen Themen kontinuierlich weiterverfolgt, in die Arbeit von Parlament und Regierung einbezogen und im Rahmen des Möglichen verwirklicht werden. In diesem Sinne lenke ich die Aufmerksamkeit auf folgende acht Aufgabengebiete:

1. Sichere Renten durch wirksamen Generationenpakt

Nach bedauerlichen Unsicherheiten in der Argumentation der letzten anderthalb Jahre ist jetzt die Chance gegeben, daß wir für die gebotene Klarheit sorgen und Demagogen den Boden entziehen können. Auf allen Ebenen der Parteiarbeit, vor allem natürlich vor Ort, ist es eine wichtige Aufgabe der nächsten Wochen, die Rentenbeschlüsse der Koalition „umzusetzen", d. h. sie hinreichend bekanntzumachen und zu erklären.

Neben der Bezogenheit auf Löhne gilt: Langsameres Wirtschaftswachstum bedeutet langsameres Ansteigen der Renten. Die Erfahrung zeigt, daß das Verständnis für diesen Zusammenhang gewachsen ist. Die aktiven Arbeitnehmer würdigen, daß ein rascheres Ansteigen der Renten im Verhältnis zu den Löhnen nicht andauernd möglich ist. Und die Rentner können sicher sein, daß es jährlich Erhöhungen gibt und sie so mindestens vor Kaufkrafteinbußen bewahrt bleiben. Der Generationenpakt zwischen den Rentnern und denen, die durch ihre Arbeit die Renten im wesentlichen finanzieren, erfordert verständige Solidarität der beteiligten Gruppen. Dafür müssen wir werben und denen den Weg versperren, die sich weiterhin bemühen, schwierige Sachzusammenhänge in Angst umzumünzen. Die Partei <u>kann</u> jetzt und <u>muß</u> in den kommenden Wochen das große Rententhema aufarbeiten. Das sind wir uns und unseren Wählern schuldig.

Ich möchte bei dieser Gelegenheit darauf hinweisen, daß der Bundesgeschäftsführer der Partei im Laufe des Jahres neue Vorschläge zur Altenarbeit der Partei unterbreiten wird.

2. <u>Ausbildung und Arbeit für alle</u>

Zusätzlich zum Ausbildungsprogramm der Regierung wird uns vor der Sommerpause der Bericht zur Jugendarbeitslosigkeit beschäftigen, den auszuarbeiten der vom PV eingesetzte Sonderausschuß übernommen hat.

Die Wirtschafts- und Finanzpolitische Kommission beim PV wird zu bitten sein, Mitte des Jahres einen Bericht zu unterbreiten, aus dem sich ergibt, wie sich die wirtschafts- und strukturpolitischen Beschlüsse des Hamburger Parteitages im Licht der seitherigen Entwicklung darstellen und inwieweit sie für die weitere Arbeit der Bundesregierung fruchtbar gemacht werden können.

In diesem Zusammenhang will ich auf die beiden Erklärungen verweisen, die wir am 3. und 10. Februar [1978] gemeinsam mit der Sozialistischen Partei Frankreichs zu wirtschafts- und beschäftigungspolitischen Themen abgegeben haben, ebenso wie auf die Erörterungen innerhalb des Bundes der [sozialdemokratischen] Parteien in der Europäischen Gemeinschaft und im Rahmen der Sozialistischen Internationale.[5] Im Laufe des Jahres wird es immer wieder Gelegenheiten geben, unsere Abhängigkeit von internationalen Entwicklungen und unsere Mitverantwortung für internationale Entscheidungen darzulegen (z. B. Weltwirtschaftsgipfel Mitte des Jahres, Vorsitz in der EG während der zweiten Hälfte des Jahres).[6]

Wir können davon ausgehen, daß die AfA zusätzliche Aktivitäten entwickeln wird, die auch den Gewerkschaftsrat zu beschäftigen haben. Daneben ist eine Aktivierung der Arbeitsgemeinschaft der Selbständigen anzustreben. Es wäre auch zu wünschen, daß sich die Arbeitsgemeinschaft der Jungsozialisten verstärkt und konkret den ausbildungs- und beschäftigungspolitischen Themen zuwendet.

(Bei dieser Gelegenheit: Die relative Ruhe an der energiepolitischen „Front" – sieht man einmal ab vom Streit um die Sparmaßnahmen – sollte nicht darüber hinwegtäuschen, daß die Diskussion zu dieser Thematik akut bleibt. Ich wiederhole meinen früheren Hinweis, daß wir eine Fehlorientierung und Verzerrung der politischen Landschaft durch „Grüne Listen" am besten verhindern, wenn wir als Partei spezielle Gesprächsangebote schaffen – etwa nach Art des FORUM SPD – und uns dem Gespräch auch wirklich stellen. Der PV hat Vorschläge der neugebildeten Energiepolitischen Kommission zu erwarten.)

3. Soziale Demokratie verankern

Tausende von Sozialdemokraten sind von März bis Mai bei den Betriebsratswahlen engagiert. Dieser wichtige Wahlvorgang, mit seiner besonderen Bedeutung für die Stellung der Gewerkschaften in den Betrieben, wird anschließend einer sorgfältigen Auswertung bedürfen.

Auch im Zusammenhang mit dem Rechtsstreit um die Mitbestimmung müssen wir uns bemühen, eine unserer wichtigsten sozialdemokratischen Positionen noch deutlicher zu machen: Es geht um den Ausbau einer Gesellschaft, die sich solidarisch organisiert, also so, daß sie Interessengegensätze nicht unversöhnlich werden läßt, sondern zum sozialen Ausgleich findet.

Auf die inhaltliche Gestaltung unserer Veranstaltungen zum 1. Mai sollte in diesem Jahr – auch wegen des indirekten Zusammenhangs mit den Landtagswahlen – besonderes Augenmerk gelenkt werden.

Die ganze Partei muß sich außerdem der Tatsache bewußt werden, daß in der zweiten Jahreshälfte hundert Jahre vergangen sein werden, seit der damalige Reichstag das Gesetz gegen die Sozialdemokratie beschloß, durch das unsere Vorgänger während eines Jahrzwölfts bösen Drangsalierungen ausgesetzt wurden. Von der einen und anderen zentralen Kundgebung abgesehen, sollten lokale Veranstaltungen vorgesehen werden, durch die möglichst viele Bürger mit den historischen Leistungen unserer Partei (und der Gewerkschaften) vertraut gemacht werden. Die traditionellen Parteitreffen bzw. Bürgerfeste im Sommer sollten ebenfalls in diese Thematik einbezogen werden: Besser als alle Polemik gegen „Freiheit oder Sozialismus" ist der Nachweis, was die Sozialdemokraten für die Freiheit in deutschen Landen geleistet haben und weiterhin zu leisten entschlossen sind.

4. Tatsächliche Gleichstellung der Frauen

Wie in München angekündigt, wollen wir in der nächsten PV-Sitzung eine zentrale Arbeitsgruppe bilden, der je fünf oder sechs Mitglieder des Parteivorstandes und des Bundesvorstandes der AsF angehören sollen.

Man kann nicht die Augen davor schließen, daß wir es trotz weitgehender rechtlicher Gleichstellung der Frau weiterhin mit einer erheblichen Diskriminierung in Beruf und Gesellschaft zu tun haben. Die Partei darf nicht in der Analyse bekannter Zusammenhänge steckenbleiben. Die aktuellen beschäftigungspolitischen Aspekte sollten dabei nicht vernachlässigt werden.

Auf uns selbst bezogen, werden wir mit Nachdruck zu prüfen haben, wie wir solche Bemühungen fördern können, durch die unsere weiblichen Mitglieder besser als bisher in die Parteiarbeit und in die Übernahme öffentlicher Ämter einbezogen werden können.

(Ich möchte in diesem Zusammenhang daran erinnern, daß im Herbst auch hundert Jahre vergangen sein werden, seit die erste Ausgabe von Bebels „Frau und Sozialismus" erschien; aus diesem Anlaß wird die Europäische Verlags-Anstalt eine aktualisierte Buchveröffentlichung herausbringen.)

5. Innere Sicherheit und Liberalität

Begleitend zu den harten Pflichten der Exekutive und zur schwierigen Gesetzgebung hat die Partei ein sensibles Wächteramt wahrzunehmen.

Einerseits darf kein Zweifel daran aufkommen, daß der Kampf gegen Terrorismus und gegen andere Formen von Gewaltverbrechen bei uns gut aufgehoben ist. Dies sollte auch dadurch zum Ausdruck kommen, daß die Partei mit Vertretern der Polizei und anderen Hütern der demokratischen Rechtsstaatlichkeit bei gemeinsamen Beratungen in Erscheinung tritt.

Auf der anderen Seite müssen wir an der Spitze derer bleiben, die in der Verteidigung der liberalen Grundlagen unserer Verfassung nicht locker lassen. Die Kampagne gegen den kritischen Geist hat sich erwartungsgemäß heruntergefressen auf die nachgeordneten Ebenen des rechten Oppositionslagers. In der Auseinandersetzung mit dem Ungeist dürfen wir unsere Freunde, die uns mit zur Regierungsverantwortung verholfen haben, nicht allein lassen. Bürokratische Fehlentwicklungen dürfen nicht auf die leichte Schulter genommen, noch darf die Auseinandersetzung damit dubiosen Gruppen überlassen werden.

In Verbindung mit der [Sozialdemokratischen] Wählerinitiative und der [Friedrich-]Ebert-Stiftung sind Veranstaltungen in Vorbereitung, die das Gespräch mit den geistig Schaffenden fördern sollen. Hinzu kommen Vorschläge, die darauf abzielen, das Erbe Gustav Heinemanns wachzuhalten.

6. Sozialdemokratische Erfolge in den Kommunen

Es ist zu hoffen, daß die in Gründung befindliche Kommunalpolitische Arbeitsgemeinschaft dazu beitragen wird, unser positives Wirken für die Bürger in Städten und Gemeinden wieder stärker ins öffentliche Bewußtsein zu rücken. Trotz gestiegener Bedeutung der überregionalen Medien kann sozialdemokratische Politik als konkrete Leistung vor Ort immer noch gut vermittelt werden. Wir haben wichtige Positionen zu halten und zurückzugewinnen.

Ich hoffe, in diesem Jahr das Gespräch mit unseren führenden Kommunalpolitikern intensivieren und mich mit den Ergebnissen der Stadterneuerung – einem Thema unserer Reformpolitik – vertraut machen zu können.

7. Europa

Inhaltlich und organisatorisch müssen wir uns darauf einstellen, daß die Europawahlen im späten Frühjahr oder Frühsommer 1979 stattfinden werden.

Über die Prinzipien der Kandidatenaufstellung war unter den Landes- und Bezirksvorsitzenden Einverständnis erzielt worden. Dies muß durch PV und Parteirat beschlossen werden.

Ob der in Hamburg beschlossene[7] außerordentliche Parteitag noch 1978 oder erst Anfang 1979 stattfindet,[8] wird zu entscheiden sein. Außerdem werden wir den vorausgehenden Kongreß des Bundes der sozialdemokratischen Parteien in der EG zu berücksichtigen haben. (Der für Mitte Juni [1978] in Brüssel vorgesehene Kongreß der sozialdemokratischen EG-Parteien wird verschoben. Zunächst wird eine Konferenz der Parteivorsitzenden stattfinden. Anstelle der in Aussicht genommenen „Plattform" wird man sich wahrscheinlich auf ein kürzeres gemeinsames Manifest verständigen. Darauf gestützt, werden wir über die inhaltliche Gestaltung des Wahlkampfes im wesentlichen allein zu befinden haben.)

8. Frieden und Sicherheit, Rüstungsbegrenzung und internationaler Ausgleich

Im Sinne unserer Hamburger Beschlüsse[9] bedarf es neuer Initiativen. Sie müssen mit den Möglichkeiten der sozialliberalen Koalition in Einklang gebracht werden.

Befreundete Kräfte bereiten ab Mai [1978] Verlautbarungen und Veranstaltungen vor, mit denen für eine realistische Friedenspolitik geworben und von den Aktivitäten zweifelhafter Komitees abgehoben werden könnte. Hierbei sollten die Ergebnisse jener Abrüstungs-Konferenz mit fruchtbar gemacht werden, die die SI im April [1978] in Helsinki durchführen wird.

Von gewisser Bedeutung kann es sein, daß wir den weltweiten Zusammenhang zwischen Ausgaben für Rüstung und Entwicklung bewußt machen und so dazu beitragen, daß dies zu einem Hauptthema über die bevorstehende UN-Sonder-Generalversammlung hinaus werden kann. (Einen entsprechenden Hinweis habe ich auf der Hamburger Kundgebung am 8. Februar [1978] gegeben).

Liebe Freunde, mir ist bei einer solchen Skizzierung von Themen natürlich bewußt, daß sie mit der Arbeit in Regierung und Parlament im Verlauf des Jahres harmonisiert werden müssen und daß die überwölbende Bedeutung der vier vor uns liegenden Landtagswahlen keinen Augenblick übersehen werden darf. Außerdem wird uns die Kommunikationsstudie, die uns Egon Bahr am 27. Februar [1978][10] zu vermitteln beabsichtigt, vermutlich zu mancher zusätzlichen Überlegung veranlassen.
Mit freundlichen Grüßen
Dein
‹Willy Brandt›[11]

Nr. 57
Rede des Vorsitzenden der SPD, Brandt, auf einer AsF-Veranstaltung in Hamburg
24. Mai 1978[1]

AdsD, WBA, A 11.5, 26.

Ja, meine sehr verehrten Damen, meine Herren, liebe Freunde, zunächst einmal habe ich mich dafür zu bedanken, daß ich an dieser Veranstaltung teilnehmen kann. Leider ist mein Zeitplan hier heute in Hamburg erheblich gedrängter, als ich es wußte heute früh, als ich aus Bonn weggefahren bin. Ich mußte nämlich heute nachmittag erst auf dem Kongreß des Deutschen Gewerkschaftsbundes[2] sprechen, wie sich das gehört, dann war ich zusammen mit Vertretern der internationalen Gewerkschaften, die haben mir ein neues Programm übergeben für die Nord-Süd-Fragen, also das künftige Verhältnis zwischen den Industriestaaten und den Entwicklungsländern. Heute abend haben wir einen Parteiabend der SPD für den Gewerkschaftskongreß, und inzwischen hat Heinz Oskar Vetter noch um eine Besprechung gebeten, zu der ich ins Kongreß-Zentrum zurückmuß. Aber ich habe gesagt: Hier komme ich jedenfalls her. Nur bitte ich um Verständnis dafür (Beifall), daß ich an der vorgesehenen – so habe ich's verstanden – vorgesehenen Aussprache nachher leider nicht teilnehmen kann, dafür werfe ich Ihnen Egon Bahr zum Fraße vor (Beifall). Er ist – er braucht also nicht mit zur nächsten Besprechung, sondern will hier gerne [bleiben], und wir arbeiten ja auch sonst ganz gut zusammen – er wird dann gerne auf Fragen eingehen oder sich an der Diskussion beteiligen. Das war das Erste.

Das Zweite ist, meine sehr verehrten Anwesenden, wenn man hier so zehn Tage vor der Hamburger Bürgerschaftswahl[3] steht, dann wär's im Grund anmaßend, zu Hamburger Themen im engeren Sinne des Wortes sprechen zu wollen. Das haben diejenigen getan und tun sie weiter auf den Veranstaltungen, die in dieser Woche und in der nächsten Woche stattfinden, diejenigen, die an Ort und Stelle mit Klose an der Spitze Verantwortung zu tragen haben und – wie ich überzeugt bin –, gestützt auf das Votum der Bürgerinnen und Bürger, weiter Verantwortung tragen werden hier in Hamburg (Beifall). Und die Kandidatinnen und Kandidaten, die an vielen Orten im Laufe der letzten Monate ihre Auffassungen dargelegt haben darüber, wie es mit Hamburg weitergehen soll. Ich möcht' Ihnen nur ergänzend sagen aus meiner Verantwortung, aus meiner Sicht und Verantwortung: Unterschätzen Sie bitte nicht die Bedeutung der Hamburger Wahlen über Hamburg hinaus! Dies wird häufig nicht stark genug in Rechnung gestellt, welche Rolle Hamburg in der ganzen Zeit seit 1949, seit die Bundesrepublik existiert, welche Rolle der Hamburger Senat im Bundesrat gespielt hat, auch in dieser Zeit spielt. Und dass es sehr davon abhängt, wie stark die Hamburger Stadtregierung den Wind des Vertrauens im Rücken spürt. Das heißt, je stärker Sie Bürgermeister Klose und seine Mannschaft mit Vertrauen ausstatten, umso besser können sie die Hamburger Interessen im Bundesrat vertreten und – was ich natürlich immer gleich hinzufügen muß: Es geht ja nicht nur darum, wenn auch aus Ihrer Sicht in erster Linie darum, Hamburger Interessen zu vertreten, sondern auch, verantwortlich mitzuwirken, daß die Bundesrepublik vernünftig entwickelt wird, und Helmut Schmidt als Bundeskanzler dabei zu helfen, daß er in dieser schwierigen Zeit nicht nur durchkommt, sondern weiter vorankommt und damit denen entgegenzutreten, die aus anderen Ländern ihre Aufgabe darin sehen, dem Bundeskanzler Knüppel zwischen die Beine zu werfen. Die Länder müßten ja in Wirklichkeit etwas anderes tun. Ich weiß ja nicht, wie es in Niedersachsen geht, wo am gleichen Tag wie in Hamburg gewählt wird, also auch [am] Sonntag in acht Tagen.[4] Aber ich hoffe, daß auch in Niedersachsen Leichtgewichte durch solide Kraft ersetzt werden, durch die Wahl am 4. Juni [1978] (Beifall).

Und es wäre natürlich absurd, wenn in Hamburg etwa solide Kraft durch Leichtgewicht ersetzt werden würde – das wird ja auch nicht passieren. Aber es kommt sehr darauf an, wie stark das Vertrauen ist, mit dem Sie die Männer und Frauen ausstatten, die über das Geschick Hamburgs in den nächsten vier Jahren für Sie zu empfinden [sic!] haben und – ich sag' das auch aus dem Grunde, weil es meiner Meinung nach in den nächsten zehn Tagen sehr darauf ankommt, im Gespräch mit den Nachbarinnen und Kolleginnen, im Familien- und Freundeskreis sehr deutlich zu machen, daß es auf 'ne hohe Wahlbeteiligung ankommt und nicht, daß man sich darauf verläßt, das wird schon so oder so laufen. Und da kann jeder nur mitwirken. Auch in einer Zeit, in der die modernen Massenmedien so 'ne Rolle spielen. Ich seh' ja, wieviele Plakate in Hamburg jetzt mittlerweile stehen und was alles verteilt wird an Flugschriften, das Fernsehen spielt dann auch noch 'ne Rolle. [Aber] nichts ist so wichtig wie das, was die Bürgerinnen und Bürger im Gespräch miteinander an Wünschen und an Willen und an Auftrag formulieren.

Ja, nun möchte ich doch gerne ein paar, auf einer Frauenveranstaltung der Hamburger SPD, Ihnen, ein paar meiner Überlegungen darüber vortragen dürfen, wie es meiner Meinung nach jetzt steht in einem neuen Zeitabschnitt mit der Rolle der Frauen in unserer deutschen, unserer bundesrepublikanischen Gesellschaft. Ich sehe drei Hauptprobleme.

Das eine Problem ergibt sich daraus, daß einerseits der Anteil der Mädchen an qualifizierter Ausbildung erfreulich zugenommen hat in den hinter uns liegenden Jahren, daß aber die so qualifizierten Ausgebildeten jetzt auf einen Arbeitsmarkt stoßen, der weniger aufnahmefähig ist, als er es in den zurückliegenden Jahren war. Bleiben wir noch einmal beim ersten Punkt. Bei allen Unzulänglichkeiten, die das Bildungswesen hat in einer Zeit des Umbruchs, und ich weiß, manche Eltern sind darüber besorgt, ich bin es auch zuweilen, ich hab ja auch noch 'nen Jungen[5], der zur Schule geht, aber es sind noch drei große Dinge passiert mit unserem Bildungswesen, zumal dort, wo Sozialdemokraten, wie hier, oder in Bremen oder in Nordrhein-Westfalen dafür Verantwortung getragen haben und weiter tragen – drei große Dinge.

Erstens – nicht nur, wenn ich an meine eigene Jugend zurückdenke, sondern auch noch an die ersten Jahre nach dem Krieg: Wir haben einen ganz stark angestiegenen Teil der Mädchen und Jungen aus Arbeiterfamilien, die, nicht mehr wie früher mit 14 oder 15 Jahren die Schule verlassen, sondern die, wie andere [auch], das Zeug dazu haben und das Interesse, eine qualifizierte Schulausbildung hinter sich ‹gebracht haben›[6]. Mir fällt das im Ruhrgebiet übrigens noch stärker auf.

In Hamburg hat sie [die Bildungsbeteiligung der Mädchen und Jungen aus Arbeiterfamilien] schon immer etwas höher gelegen als im Bundesdurchschnitt. Im Ruhrgebiet, wo ich mich ganz gut auskenne seit der Zeit, in der ich in Westdeutschland lebe, dort stelle ich immer wieder fest, ob ich nach Dortmund komme oder in eine vergleichbare Stadt, wie der Prozentsatz von Kindern aus Arbeiterfamilien an den höheren Schulen von fünf auf 22, 23 % gestiegen ist im Lauf einer relativ kurzen Zeit.

Das Zweite ist, daß die Benachteiligung der Landgebiete aufgehört hat – noch nicht überwunden ist, aber der Prozentsatz von Kindern aus ländlichen Gebieten nun auch eine bessere Chance bekommt: Dieser Prozentsatz ist gestiegen, aber das, was wohl am stärksten ins Gewicht fällt, ist, wenn wir uns die Ziffern genau angucken: die Mädchen liegen jetzt in weiten Teilen des Bundesgebiets fast gleich mit den Jungen – in weiten Teilen des Bundesgebietes, nicht überall – fast gleich mit den Jungen, wo es um den Abschluß der höheren Schule geht, und bei einer Reihe von Fächern an den Hochschulen nähert es sich auch dieser Situation. Das liegt dann völlig auf der Linie dessen, wo die Gleichstellung der Frau nicht nur etwas ist, was in der Verfassung steht, und nicht nur, was sich ausdrückt, wenn wir zur Wahl gehen, wenn wir alle dieselbe, gleichgewichtige Stimme haben, sondern das ist etwas, wenn das weiter geht, was zur Gleichstellung im Wirtschafts- und Gesellschaftsleben führen wird.

Aber, da kommt nun das andere hinein. In einer Zeit, in der [es] kein Überangebot, sondern ein Unterangebot an Arbeitsplätzen gibt (und so wie die Dinge in der Welt aussehen, müssen wir damit rechnen, daß das noch eine Weile so bleibt), dort besteht die Gefahr – und man braucht hier gar nicht viele Beispiele dafür anzuführen, jeder kennt solche aus eigener Erfahrung –, daß junge Frauen im Wirtschaftsleben jetzt nicht deswegen diskriminiert sind, weil sie nichts gelernt haben (um es mal 'n bißchen banal zu sagen), sondern obwohl sie was gelernt haben, nochmal erneut schlechter gestellt werden aufgrund der Voreingenommenheit der Männer, die darüber befinden, dann, wenn sie ihren Platz in qualifizierten Berufen und nicht nur in unqualifizierten Berufen finden wollen. Dies ist etwas, das sehr viel damit zu tun hat, ob es uns gelingt in den vor uns liegenden Jahren, das öffentliche Bewußtsein zu diesem Thema wesentlich zu verändern.

Ich sagte vorhin, ich war auf dem DGB-Kongreß, der nun dieser Tage in Hamburg stattfindet. Der Kongreß wird sich entweder heute nachmittag oder morgen vormittag mit einem Thema befassen, das einen bestimmten Zusammenhang hiermit hat. Dort liegt ein Antrag vor – und ich glaub' der Antrag wird auch angenommen – ein Antrag der auch meine, unsere Partei beschäftigt, daß man bei der Bundesregierung eine Stelle schaffen soll, die sich zentral um Tatbestände der Ungleichheit kümmert, durch die alle Gesetzesvorlagen durchmüssen. Eine Stelle, die mit den Ländern zusammen oder in Einwirkung auf die Länder, dafür sorgt, daß Gleichstellung der Frauen zunehmend etwas ist, was nicht nur auf dem Papier steht, was nicht nur die Verfassung garantiert, sondern das auch, überall wo die Voraussetzungen dafür gegeben sind, praktisch durchgeführt werden kann. (Mich stört nur bei diesem Vorschlag, daß da wieder ein Wortungetüm 'rauskommt. Das Ding soll nach dem Antrag, der da auf dem Kongress des DGB vorliegt, Gleichstellungsstelle heißen. Mein Sprachgefühl sträubt sich gegen solche unnötigen Mißhandlungen der deutschen Sprache. Aber die Sache selbst, glaube ich, wird richtig verstanden.) Dies [ist] das eine große Problem, das sich aus dem Widerspruch ergibt.

Das Zweite ist folgendes: Wir, glaube ich, werden in den nächsten Jahren immer mehr mit der Nase d[a]rauf gestoßen, daß es einer Neubewertung der Hausarbeit bedarf. Wenn wir uns das mal genau überlegen, sieht's doch so aus: Alles mögliche, was in unserem Land erarbeitet wird, in der Produktion und in den Dienstleistungen, findet irgendwo seinen Niederschlag, und die Statistiker, die fassen das zusammen und nennen es das Bruttosozialprodukt. Das soll also heißen, mit diesem Fremdwort, die Summe der Werte, die in einem Land im Laufe eines Jahres erzeugt werden. Und von altersher zählt die Arbeit, die im Haus, und die Arbeit, die für die Kinder geleistet wird, überhaupt nicht dazu. Das hat sich so ergeben aus dem vorigen Jahrhundert heraus. Und das ist jetzt nicht nur eine Frage der moralischen Gleichwertung, sondern wer sich vornimmt, für die nächste Generation ernsthaft etwas anzusteuern, was eigenständige soziale Sicherung der Frau bedeutet, der muß wissen, daß dies überhaupt nicht geht, ohne daß die Gesellschaft sich verständigt darüber, welchen Wert sie, auch im Materiellen, der Arbeit im Haus und der Arbeit für die Kinder, zumal wenn diese klein sind, zumißt.

Ich will Ihnen meine Auffassung sagen: Ich bin nie der Meinung gewesen, daß es ein Vorteil ist, wenn jemand sagt: „Ich will gleich in einen Beruf und immer in dem bleiben," und die anderen verständigen sich so: Die Frau kümmert sich in erster Linie um die Hausarbeit. Aber die tatsächliche Entwicklung wird für die allermeisten Menschen in der vor uns liegenden Generation dahin gehen, daß die junge Frau ihren Beruf ausübt – hoffentlich, dafür habe ich schon Gründe gegeben – nicht mehr nur überwiegend als ungelernte Arbeiterin, sondern indem die Bildungsvoraussetzungen da sind, gleichgestellt mit dem jungen Mann. Sie wird dann häufig eine Reihe von Jahren zu Haus bleiben, weil bei allen weiteren Bemühungen um Gleichberechtigung und Gleichstellung die Männer ja auch in Zukunft nicht die Kinder kriegen werden. Und dann wird's aber in vielen Fällen so sein – in vielen Fällen ist es ja auch heute schon so –, daß, wenn die Kinder größer werden, die Frau in das Berufsleben zurückkehrt und – jetzt kommt ein neuer wichtiger Punkt, eine Aufgabe, die bisher noch nicht genügend gesehen wird, die läßt sich aber lösen –, daß die Frau, wenn sie diese Perspektive hat und wenn die beiden zusammen in der Ehe die Perspektive haben, daß sie dann in der Zeit, in der sie selbst nicht im Arbeitsleben steht, sich in genügend starkem Kontakt hält mit der Entwicklung in ihrem Beruf; denn sonst wird sie ja bei der Rückkehr sofort wieder um mehrere Stufen zurück sein hinter denen, die nicht aus dem Berufsleben herausfallen. Dies ist ein lösbares Problem. Aber ich sag' noch einmal: Eine Neubewertung von Hausarbeit und Erziehungsarbeit vor der Schule oder neben der Schule ist etwas, was ich übrigens gerne herausgehalten sehen möchte aus kleinlichem Parteienstreit und worüber ich mir eine wirkliche und gründliche Diskussion und ein Wetteifern der Parteien miteinander mir wünschen möchte.

Ich nenne eine dritte Aufgabe. Ich habe g[e]rad[e] noch [etwas] mitgekriegt, als ich reinkam, von dem was an diesem Tisch gesagt wurde von einer Kandidatin, die auf ihren Platz auf der Liste hinwies und sagte, wieviel Prozent der Stimmen man brauchen würde, damit sie es diesmal schon schafft – um es mal so auszudrücken.

Nun, ich verallgemeinere das Thema [ein]mal und sage: Die Erfahrung zeigt, daß wenn man die Dinge sich bloß selbst überläßt, dann wird es auch im nächsten Jahrzehnt noch nicht zu einer deutlichen Verstärkung der Zahlen von Frauen kommen, die herausgehobene, politische Verantwortung tragen. Dies ist aber erforderlich.

Ich sag' ja nicht, daß man eine schematische Regelung braucht, das wollen die Frauen selbst nicht – überwiegend.[7] Sie wollen sich ja auch nicht den Weg versperren. Daß es später [ein]mal bestimmte Bereiche gibt, in denen sie stärker vertreten sind als die Männer, kann sich ja auch ergeben.

Es muß eine deutliche Anstrengung gemacht werden. Und wir müssen wegkommen davon, daß Frauen in der Politik überwiegend Alibifunktionen wahrnehmen – auch noch dabei sind: Im Vorstand muß eben auch noch eine Schriftführerin sitzen und bei der Aufstellung der Kandidaten müssen halt auch ein paar Frauen dabei sein. – Ich sehe h i e r , Gott sei Dank, es sind nicht nur ein paar. Das ist ein gutes Zeichen. Aber, ich hab' eine interessante Erfahrung gemacht aus einem Land, nicht irgendwo weit weg, sondern aus unserer nordischen Umgebung. Ich meine Schweden. Dort hat man im hinter uns liegenden Jahrzehnt es fertig gebracht, daß man sich verständigt hat zu sagen: Für herausgehobene politische Vertrauensstellungen verständigen wir uns darauf, daß jedenfalls nicht weniger als ein Viertel Frauen dabei sein sollen. Und da war es eines Tages, nämlich vor 3–4 Jahren, schon nicht mehr nötig, weil die tatsächlichen Zahlen darüber hinausgehen.

Ich will das mal an einem Beispiel deutlich machen: Meine Partei hat [mich] neulich [ein]mal gefragt, ob ich bereit wäre, mich bei der Europawahl im nächsten Jahr zu engagieren.[8] Ich hab' ja an sich schon genug zu tun, aber ich hab' gesagt, wenn das unbedingt sein müßte, dann nur unter zwei Voraussetzungen: daß unter den ersten zehn Kandidaten drei Gewerkschaftsvertreter und unter den ersten 40 mindestens zehn Frauen sind. Das ginge dann in diese Richtung, daß wir mal irgendwo ein Zeichen setzen und eben auch einer größeren Zahl von Frauen die Chance geben, die sie sonst nicht bekommen, zu zeigen, was sie können. Sie können ja, wie sich herausstellen wird und wie sich schon herausgestellt hat, dann eine ganze Menge.

Diese 3 Aufgaben der vor uns liegenden Jahre wollte ich hier gerne mal nennen und möchte einen Gedankengang hier [hin]-

zufügen: Ich hab' in diesen letzten Monaten eine ganze Menge gelesen zu dem Thema, über das ich jetzt spreche, weil ich etwas zu schreiben hatte[9] – und zwar zu schreiben deswegen, weil Anfang nächsten Jahres 100 Jahre vergangen sein werden, seit August Bebel, das war damals der Vorsitzende der deutschen Sozialdemokraten, ein Buch über [die] Frau und Sozialismus geschrieben hat.[10]

Das war übrigens das erste Jahr jenes Gesetzes, mit dem man damals im kaiserlichen Deutschland die Sozialdemokratie unterdrücken wollte, das Gesetz gegen die „gemeingefährlichen Bestrebungen der Sozialdemokratie".[11] Und der August Bebel, der Drechslermeister, der sich dieses Themas annahm, der konnte das Buch auch gar nicht in Deutschland veröffentlichen, sondern da wurden die Druckbogen in die Schweiz geschickt, dort wurde das zusammengeheftet und dann noch unter einem anderen Titel veröffentlicht, bis dann ab 1890 es in Deutschland eine große Verbreitung bekam. Es ist eine der sozialdemokratischen Schriften in unserem Land damals gewesen. (Ich selbst komme aus einer Familie, in der es ganz wenig[e] Bücher gab, aber dies war dabei.) Und jetzt habe ich mir mal, 100 Jahre danach, angeguckt, wie sich das eigentlich entwickelt hat. Und da stellt man dann fest, sehr viel hat sich verändert. Aber sehr viel ist auch schrecklich unverändert, und zwar deswegen, weil auch so großartige Männer wie August Bebel im vorigen Jahrhundert zu Unrecht angenommen haben, [die] Benachteiligung der Frauen werde, fast automatisch, dann aufhören, wenn die soziale Frage gelöst würde. Und das war ein Irrtum. Bestimmte Situationen für die Frau verändern sich, indem die sozialen Verhältnisse sich verändern. Aber die eigentliche Dimension – Gleichstellung, Gleichberechtigung der Frau – bedarf der eigenen, zusätzlichen Anstrengung. Dazu habe ich jetzt auf 3 Gebiete hingewiesen, auf die wir uns miteinander stützen sollten.

Entschuldigen Sie bitte, das greift weit über eine Bürgerschaftswahl hinaus. Aber ich denke, auch Versammlungen aus Anlaß von Wahlen leiden nicht darunter, wenn man den Zuhörern etwas vermittelt, von dem, was einen bewegt, und etwas vermittelt von dem, von dem man möchte, daß die Jüngeren, zu denen ich ja nun schon

lange nicht mehr gehöre, sich dieser Aufgaben in den vor uns liegenden Jahren annehmen möchten.
Haben Sie schönen Dank für Ihre Aufmerksamkeit.

Nr. 58
Aus einem Artikel des Vorsitzenden der SPD, Brandt, anlässlich des 100. Jahrestages des „Sozialistengesetzes"
11. Juni 1978[1]

Im Kampf für Freiheit suche stets Dein Recht. 100 Jahre „Gesetz gegen die gemeingefährlichen Bestrebungen der Sozialdemokratie". Fragen an die Gegenwart, hrsg. von Fritjof Mietsch, München 1978, S. 19 – 37.

„Im Kampf für Freiheit suche stets Dein Recht!"
[...][2]

Wachsende Integration in die Gesellschaft

Ich muß der Versuchung widerstehen, die ferneren Auswirkungen des Gesetzes gegen die Sozialdemokratie[3] zu untersuchen und Kreuzwege der sozialdemokratischen und der deutschen Geschichte nachzuzeichnen. 1914, 1918, 1930, 1933 – was auch immer zu den einzelnen Daten zu sagen ist, soviel ist gewiß: Wir stellen zahlreiche Fehlentwicklungen fest, und doch können wir dabei stolz sein auf unsere ungebrochene freiheitliche Tradition: Niemals hat sich die SPD hergegeben für Unterdrückung und Unterjochung. Niemals hat sie Krieg und Knechtschaft über das deutsche Volk gebracht. Freiheit und Gleichheit und friedlicher Ausgleich mit den Nachbarn standen auf ihren Fahnen, als andere Hitler den Steigbügel hielten und wissen mußten, daß dies den Weg in den Krieg bedeuten würde. Die SPD ist sich in ihrem Kern treu geblieben, selbst in den dunkelsten Augenblicken der Geschichte. Darin liegt auch heute die moralische

Begründung für unseren Anspruch, innere Freiheit und äußeren Frieden für unser Volk sichern und ausbauen zu können – besser, wie wir meinen, als andere, die zuviel vom Ballast einer unguten Vergangenheit mit sich schleppen. Und zugleich: Eine Partei vom Zuschnitt der SPD muß sich immer auch als Kampfgemeinschaft begreifen. So können und dürfen wir also der Frage nach dem Handlungsspielraum, und wie wir ihn nutzen, nicht ausweichen. Was wäre, so sollten wir uns zwischendurch immer mal wieder selbstkritisch fragen, was wäre Deutschland und der Welt erspart geblieben, wenn die Sozialdemokraten stärker, einflußreicher und schlagkräftiger gewesen wären!

Das Erfurter Programm hatte der Außenseiterstellung in der Gesellschaft Rechnung getragen und der Erwartung Ausdruck verliehen, irgendwann würden sich die Verhältnisse schon ändern. Eine Als-ob-Haltung – als ob der Erfolg nicht ausbleiben könne und als ob die Zeit naturnotwendigerweise für Demokratie und Sozialismus arbeite – half über die tatsächliche Machtlosigkeit hinweg und leistete einer Tendenz zur Unbeweglichkeit Vorschub. Wir sehen, die Schatten, die die Bismarck-Zeit geworfen hat, waren lang, sie waren so lang, daß die SPD ihr gesellschaftliches Umfeld und ihren politischen Gegner häufig nicht klar genug erkannte. Der Aufstieg des Faschismus in Deutschland, wenn ich noch einmal einen solchen Sprung machen darf, wäre gewiß weniger glatt verlaufen, wenn sein Charakter hätte klarer erkannt werden können. Und auch nach dem schrecklichen Einschnitt, den Nazismus und Krieg bedeuteten, war die SPD nur bedingt auf der Höhe der Zeit; sie hatte allerdings auch schreckliche personelle Opfer bringen müssen. Aber hat man nicht zunächst die neu-alten konservativen Kräfte weit unterschätzt und die Bedingungen ihres Erfolges verkannt?[4] Es führt nichts daran vorbei: Wer politisch handeln will, muß sich immer wieder über die Bedingungen des Handelns Rechenschaft ablegen.

Die meisten wissen, welchen Wendepunkt das Godesberger Programm von 1959 symbolisiert. Ich sage bewußt: symbolisiert. Denn natürlich ist gerade ein Parteiprogramm nichts, was vom Himmel fällt, sondern es ist Ergebnis eines Prozesses von Erfahrungen und Überlegungen. Die Entwicklung zur Volkspartei und die wachsende Integration in die Gesellschaft waren Godesberg voraufgegangen. Daß bei uns in Westdeutschland nicht eine Diktatur durch die andere ersetzt wurde und daß die Demokratie bei uns in der Bundesrepublik relativ rasch und fest Fuß fassen konnte, daran hatte die SPD einen herausragenden Anteil. Mit dem Programm von Godesberg nun wurde diese Entwicklung zugleich anerkannt und beschleunigt. Die Partei hatte – weit mehr als zuvor in ihrer Geschichte – Theorie und Praxis in Einklang gebracht. Tatsächlich haben wir im Programm von 1959 die Lehren aus der eigenen und aus der deutschen Geschichte festgehalten. Und ich stehe nicht an zu sagen: Godesberg gehört zusammen mit dem tiefsten Wandlungsprozeß, den die SPD je durchgemacht hat. Wobei ich wohl weiß, daß die stärkste generationsmäßige und soziologische Umkrempelung erst ein Jahrzehnt später einsetzte. Wir wollten Freiheit, Gerechtigkeit und Solidarität nicht mehr nur beschwören, sondern schrittweise und – nicht mehr als Außenseiter – um ihre Verwirklichung ringen. Nun konnte sich die SPD der Gesellschaft gegenüber unbefangen öffnen und Volkspartei werden, ohne ihren aus der Arbeiterbewegung stammenden Auftrag zu vernachlässigen. Jetzt war sie besser in der Lage, gesellschaftlichen Wandel aufzunehmen und konstruktiv zu beeinflussen.

So brauchen wir den Eigenheiten und Eigenschaften, die seinerzeit die Partei auszeichneten, nicht nachzutrauern, aber wir sollten sie als Teil unseres Erbes auch nicht missen wollen. Wenn Bebel schildert, wie er seinen Spitzeln Schnippchen schlug, wenn wir lesen, mit wieviel Mut und Phantasie neue Ortsvereine gegründet wurden und wie man füreinander einstand und sorgte, dann erfüllt uns das noch heute mit Bewunderung. Im selben Maße, wie sich die SPD öffnete und schließlich – in jüngster Zeit – nahezu ein Spiegelbild der Gesellschaft wurde, im selben Maße, wie die Mitglieder und Anhänger der Sozialdemokratischen Partei die Verhaltensnormen der Gesamtgesellschaft zu teilen begannen, mußten ihr die Eigenschaften einer zunächst unterdrückten und dann isolierten Partei zwangsläufig abhanden kommen. Aber es wäre ein Jammer, wenn nicht doch etwas vom Geist der ursprünglichen Gesinnungs- und Kampfgemeinschaft wachgehalten würde und lebendig bliebe.

Im übrigen wissen wir: Auch nach der Verabschiedung des Godesberger Programms hat die SPD noch ein Jahrzehnt und drei außergewöhnliche Wahlkämpfe gebraucht, um in die führende Regierungsverantwortung vorzurücken. Was es heißt, diese so mühsam errungene Regierungsverantwortung nicht nur zu erhalten, sondern auch zu rechtfertigen, erfahren wir täglich aufs Neue. Was es hieße, sie leichtfertig aufs Spiel zu setzen, das kann einem vermutlich nur klar werden, wenn man in historischen Zusammenhängen denkt. Dann wird auch klar, wie abwegig es wäre, wenn das Wort von der Krisenbewältigung im sozialdemokratischen Sprachgebrauch einen negativen Beigeschmack erhielte. In der Vergangenheit haben uns Krisen, Zeiten des Umbruchs manchmal allzu leicht dazu verleiten können, der vollen Verantwortung zu entsagen. Über die Folgen brauche ich jetzt nichts mehr hinzuzufügen. Inzwischen muß die Partei auch hieraus gelernt haben.

Bei dieser Gelegenheit will ich hinzufügen: Das Godesberger Programm gilt. Es bleibt die Grundlage unserer Vertrauensarbeit und unserer Regierungsfähigkeit. Es verleiht der Verankerung in der Gesellschaft der Bundesrepublik ebenso Ausdruck wie dem Willen, in dieser Gesellschaft mehr Freiheit und mehr Gleichheit zu verwirklichen, kurzum: Nicht nur an der Spitze der Regierung zu stehen, sondern diesem Staat als führende politische Kraft zu dienen. Seit 1959 hat sich gewiß schon wieder viel verändert, zumal in der uns umgebenden Welt, durch die Wissenschaften, durch die technologische Revolution, und wir sind hoffentlich auch nicht dümmer geworden. Trotzdem meine ich: Die SPD braucht für einen jetzt überschaubaren Zeitraum kein neues Grundsatzprogramm.

Anders steht es, um dies bei gleicher Gelegenheit zu sagen, um die weltweite Gemeinschaft von Parteien des demokratischen Sozialismus, die wir Sozialistische Internationale nennen. Sie wird in den vor uns liegenden Jahren zum erstenmal in ihrer bewegten und nicht immer glorreichen Geschichte das Wagnis eines Programms eingehen: Eines Programms, um dies ganz deutlich zu machen, in dem

zum erstenmal überhaupt der kühne Versuch unternommen wird, demokratischen Sozialismus – in meinem Verständnis gleich soziale Demokratie – nicht mehr eurozentrisch, sondern weltweit zu begreifen.[5] Ich will hinzufügen, daß ich auf die Arbeit daran gespannt bin – und daß mich die zu erwartende Diskussion schon jetzt fast mehr interessiert, als was hinterher aufgeschrieben werden mag.
[...][6]

Nr. 59
Hs. Schreiben des Vorsitzenden der SPD-Bundestagsfraktion, Wehner, an den Vorsitzenden der SPD, Brandt
17. Dezember 1978

AdsD, WBA, A 11.3, 41.

Lieber Willy!
Bitte, lass' Dich gründlich auskurieren
und nimm Dir Zeit.
Die Stellung wird gehalten
bis Du wieder zur Stelle bist.[1]
Mit guten Wünschen
Dein
Herbert Wehner

Nr. 60
Hs. Schreiben des Vorsitzenden der SPD, Brandt, an den Vorsitzenden der SPD-Bundestagsfraktion, Wehner
21. Dezember 1978[1]

AdsD, WBA, A 11.3, 41.

Lieber Herbert,
für den Rat, die Vergewisserung und die Wünsche in Deinem Brief vom 17. [Dezember 1978][2] möchte ich mich bedanken – natürlich auch für das interessante Buch.

Mein gesundheitlicher Rückschlag war ernster Natur, aber der folgende Zeitplan ist realistisch: Ab heute in einer Woche zwei Monate in einer erstklassigen Klinik für Nachbehandlung an der Côte d'Azur, wo ich auch vier Stunden am Tag für den Nord-Süd-Bericht[3] arbeiten kann. (Als Fraktionsvorsitzender sollst Du wissen: Man möchte nicht, dass ich in den nächsten Monaten fliege, aber wenn es um eine entscheidende Abstimmung [im Deutschen Bundestag] geht, kann ich immer mit der Bahn kommen.) In den Monaten März/April [1979] soll ich noch kurz treten, und im Mai [1979] kann ich dann in den Europa-Wahlkampf einsteigen (allerdings nicht mit 60, sondern mit 30 Kundgebungen).

Dir und den Deinen gute Wünsche für die Zeit, die vor uns liegt. (Ich hoffe, Lotte [Wehner] hat der Gruß erreicht, den Rut [Brandt] für mich mitschicken wollte).
Dein
Willy Brandt
PS:
1) Als Scheel bei mir war (ich sehe ihn über die Feiertage noch einmal), habe ich ihn darin bestärkt, sich – und uns – nicht unnötig festzulegen.[4]
2) An Meldungen über den B[undes]geschäftsführer ist mehr gedreht worden, als der Sache dienlich sein konnte. Ich wollte und will keinen Konflikt, aber ich will in Übereinstimmung mit Egon

[Bahr] auch nicht, dass übereifrige Mitarbeiter und sich überschätzende Funktionäre eines Kleinapparats am Präsidium und PV vorbei operieren.[5]
Br[andt]

Nr. 61
Hs. Schreiben des Vorsitzenden der SPD, Brandt, an den Bundeskanzler, Schmidt
22. Dezember 1978[1]

Archiv Helmut Schmidt, Innenpolitik, Bd. 10: 1977–1978 A–N.

Lieber Helmut,
auch dieser Tage ist der Tiefsinn manch Kommentators nicht arbeitslos – und dabei gilt es dann, Gemeinsamkeiten und Unterschiede zwischen Dir und mir nachzuspüren. Warum auch nicht!

Dabei bleibt das Wichtigste wieder einmal unberücksichtigt: der festliche Wermutstropfen, der uns miteinander und mit all den Kindern verbindet, deren Geburtstag gefährlich nah an Weihnachten liegt. [...]

Vor zehn Jahren drückte sich unsere geteilte und doch gemeinsame Verantwortung so aus, dass Du die Fraktion führtest und ich mich – zusätzlich zum Parteivorsitz – um das Auswärtige Amt kümmerte. Ich konnte Dir damals in Hamburg – im Rathaus und im Gästehaus – persönlich alles Gute wünschen. Heute und morgen muss ich den Feierlichkeiten leider fern bleiben.

Zwanzig Jahre ist es her, dass wir beide auf dem Stuttgarter Parteitag 1958 zum ersten Mal in den Parteivorstand gewählt wurden. Und da sind wir nun bis heute; die verschiedenen Verantwortungen, die wir im Lauf der Zeit trugen oder tragen, haben daran nichts geändert. Ich verrate auch kein Geheimnis, wenn ich erwähne, dass wir als neugewählte Vorstandsmitglieder zuweilen miteinander gegen die Parteiobrigkeit opponierten. Später konnte es nicht ausbleiben, dass auch wir nicht immer ganz einer Meinung waren.

Viel mehr zählt, dass wir über die Jahre hinweg für eine gemeinsame Sache gearbeitet haben. Und so soll es bleiben!

So habe ich mich dann darüber gefreut, wie intensiv – gerade auch durch Dich – auf dem jüngsten Kölner Parteitag[2] das Gemeinsame zum Ausdruck kam.

Für Deine Arbeit sage ich Dir Respekt und Dank!

Zum 60. Geburtstag wünsche ich Dir eine weiterhin widerstandsfähige Gesundheit, Erfolg und Fortune!
In herzlicher Verbundenheit
Dein Willy Brandt

Nr. 62
Hs. Schreiben des Vorsitzenden der SPD, Brandt, an den stellvertretenden Vorsitzenden der SPD und Bremer Bürgermeister, Koschnick
30. März 1979

AdsD, WBA, A 11.3, 43.

Lieber Hans,
Es ist nicht leicht zu schreiben, was man lieber gesagt hätte – dem Weggefährten über so viele Jahre, dem Freund, der nun Fünfzig wird. Jemand, der sich in die Pflicht genommen fühlt, noch ehe er in die Pflicht genommen ist, dem brauche ich mit dem Hinweis auf Terminnöte nicht erst zu kommen. Dennoch: Ich finde es schade, dass ich am Montag [2. April 1979] in Genf sein muss und nicht nach Bremen kommen kann. Ich denke, Du weisst es.

Fünfzig Jahre sind aus meiner Sicht und Erfahrung noch kein Anlass, zurückzublicken. Und so versage ich es mir dann, Stationen abzuhaken, gar einen Lebensweg nachzuzeichnen. Einen Weg – und dies muss ich nun doch anmerken –, der selten geworden ist, weil er, vom Elternhaus an, fünf Jahrzehnte Geschichte der deutschen Arbeiterbewegung und, auf Dich selbst bezogen, die Entwicklung der deutschen Nachkriegs-Sozialdemokratie widerspiegelt.

Es hat wohl mit Deinem Werdegang zu tun: Du verkörperst jene gute Parteitradition, die wir lebendig erhalten müssen, und bist zugleich offen für jene drängenden, allzu oft verdrängten neuen Fragen, die immer mehr Bürger und vor allem unsere Jugend bewegen – Fragen, auf die die Sozialdemokratie Antwort geben muss.

Was das heisst, haben wir nicht zuletzt im vergangenen Jahr erfahren. Du hattest den entscheidenden Anteil daran, dass wir in der sog[enannten] Extremisten-Frage die Weichen neu haben stellen können.[1]

Du weisst, wie viel mir Dein Engagement, hier wie auf anderen Gebieten, bedeutet hat und wie sehr wir alle es weiter brauchen.

Du hast in diesem Jahr die Wahl zur Bürgerschaft zu bestehen[2] – gut zu bestehen – und auch sonst eine Menge in und für Bremen zu tun. Doch ich bin sicher: In der Partei wirst Du an herausragender, wie auch immer zu benennender Stelle Deinen Beitrag leisten, damit die Dinge nach vorn bewegt werden.

Ich wünsche Dir gute Gesundheit und eine gehörige Portion Gelassenheit; das andere kommt dann fast von allein.

In sehr herzlicher – in einer frühen Phase der Arbeiterbewegung hätte man hinzugefügt: brüderlicher – Verbundenheit
Dein
Willy Brandt

Nr. 63
Hs. Schreiben des Vorsitzenden der SPD, Brandt, an den baden-württembergischen SPD-Landesvorsitzenden, Eppler
22. März 1980

AdsD, WBA, A 11.3, 4.

Lieber Erhard,
ich halte es für richtig, dass Du den ‹Bezirksvorsitz›[1] nicht abgegeben hast.
  Wichtiger noch ist, dass Du weisst: die Gesamtpartei braucht Dich. Du hast auch eine Verantwortung gegenüber den vielen, die sich an Dir orientieren. Ausserdem: Wer auf einem Parteitag bei wichtigen Entscheidungen 40 Prozent hinter sich bringt, muss ohne Selbstquälerei seinen Weg gehen.
  Es wäre gut, wenn Deine Mitarbeit in Bonn noch deutlicher würde. Vielleicht magst Du nach Ostern mit mir darüber sprechen?
Herzliche Grüße,
Dein
Willy Br[andt]

Nr. 64
Jungwählerbrief des Vorsitzenden der SPD, Brandt
September 1980

AdsD, WBA, A 18, 53.

Liebe junge Freunde,
in dieses Jahr fallen für manche von Euch wenigstens zwei wesentliche Ereignisse: Ihr habt berufliche Entscheidungen getroffen, sei es mit dem Abschluß der Vorbereitungen für Euern Beruf oder als Studierende – außerdem seid Ihr durch Gesetz mit allen Rechten der

Volljährigkeit ausgestattet. Für viele bedeutet das neue Selbständigkeit im Privatleben, allerdings auch mehr eigene Verantwortung.

Am 5. Oktober [1980] werdet Ihr zum ersten Mal von Eurem Wahlrecht für eine Bundestagswahl Gebrauch machen können.[1] Ich möchte Euch dazu anspornen, daß Ihr dieses Recht auch wahrnehmt.

Da gibt es nun die, die von den Parteien überhaupt nicht viel halten. Und es gibt solche, die sagen, die Sache sei sowieso schon gelaufen. Das zweite ist nicht richtig. Das erste muß man als Älterer ernst nehmen.

Zwischen den beiden Weltkriegen habe ich selbst gelernt, daß es schwer sein kann, sich in der Welt der Älteren politisch Gehör zu verschaffen. Aber ich habe auch gelernt, daß man nichts bewirkt, wenn man sich abseits stellt und sich damit abfindet, daß „die da oben" es schon machen.

Ich gehöre trotzdem nicht zu denen, die kurzerhand von „politischem Aussteigertum" sprechen oder einen „unverantwortlichen Rückzug ins Private" beklagen. Denn ich spüre, daß hier etwas im Gange ist, was wichtig ist für viele einzelne. Und was viel zu tun hat mit der Suche nach neuen Antworten auf neue Fragen.

Aber was immer Euch an neuen Fragen begegnet, in diesem Augenblick muß ich Euch bitten, Eure Stimme am 5. Oktober [1980] der SPD zu geben. Niemand sollte sich täuschen: Wer nicht wählt, nützt, wenn's ans Auszählen der Mandate geht, genau dem am meisten, den er auf keinen Fall wählen würde.

Denn für den ist jeder Nichtwähler eine Gegnerstimme weniger. Und dafür dankt er Euch schon im voraus.

Ähnlich verhält es sich mit der Entscheidung für Splitterparteien und ähnliche Gruppen. Das ist eine sinnlose Kraftvergeudung. Denn alle Stimmen, die für Listen unterhalb der bekannten Fünfprozentmarke laufen, schlagen zur Hälfte als zusätzliche Chance für den härtesten politischen Gegner zu Buch.

Ihr mögt eine ganze Menge auch gegen die SPD haben. Vielleicht deshalb, weil Ihr weniger nach dem geht, was war und mehr nach dem fragt, was morgen kommt und was übermorgen sein wird. Das ist mir durchaus verständlich.

Willy Brandt spricht: Auf dem Juso-Bundeskongress in Hannover, 30. Mai bis 1. Juni 1980.

Aber ich habe, als Ihr kaum geboren wart, als Regierender Bürgermeister noch erlebt, wie in Berlin die Kriegsgefahr buchstäblich auf der Straße lag. Deshalb bin ich mit Helmut Schmidt und anderen daran gegangen, unsere Westpolitik zu ergänzen durch Verträge auch mit dem Osten. Der Friede in Europa ist dadurch sicherer geworden. Aber wie das katastrophale Wettrüsten gebannt werden kann, das ist noch nicht mal in Andeutungen klar. Auch nicht, wie das schlimmste Elend in der Dritten Welt überwunden werden kann.

Große Aufgaben auch bei uns in der Bundesrepublik: Ausbildung und Arbeitsplätze, besserer Umweltschutz und mehr Qualität des Lebens, Mitbestimmung und mehr lebendige Demokratie. Um nur einige Orientierungspunkte zu geben.

Unser Weg muß sich gegen den Rückfall in eine Ellenbogengesellschaft wenden. Wir brauchen mehr Solidarität, um den Frieden in unserem Land und nach außen hin so sicher wie möglich zu machen. Wenn wir sagen „Sicherheit für die 80er Jahre", so nicht in behäbiger Bequemlichkeit. Sondern wir wollen mit Euch Sicherheit erarbeiten, denn: Wer morgen sicher leben will, muß heute sehr viel dafür tun.

Wir haben in den zurückliegenden Jahren immer wieder gesehen, daß CDU und CSU nicht in der Lage sind, dieses Land sicher zu führen, das Erreichte weiter auszubauen und unsere internationale Anerkennung zu festigen. Was wir heute brauchen, sind Besonnenheit und Erfahrung, um Schaden von den Menschen abzuwenden.

Ihr könnt etwas dafür tun am Wahltag, als Demokraten. Bitte, macht von Eurem Wahlrecht am 5. Oktober [1980] wirksam Gebrauch. Ihr habt zwei Stimmen. Mit der ersten Stimme unterstützt bitte die sozialdemokratischen Frauen und Männer, die unmittelbar Euren Wahlkreis in Bonn vertreten wollen. Die zweite Stimme – sie heißt etwas irreführend „Zweitstimme", obwohl gerade sie von herausragender Bedeutung ist, denn sie bestimmt das tatsächliche Kräfteverhältnis im Bundestag –, diese Zweitstimme gebt bitte der Landesliste meiner Partei, der SPD. Sie zählt dann auch als Eure direkte Stimme für Bundeskanzler Helmut Schmidt.
Mit freundlichem Gruß
‹Willy Brandt›[2]

Nr. 65
Hs. Schreiben des Vorsitzenden der SPD, Brandt, an den Vorsitzenden der SPD-Bundestagsfraktion, Wehner
10. Oktober 1980

AdsD, WBA, A 11.3, 45.

Lieber Herbert,
die von Dir erwähnte Agentur und einige Zeitungen haben den Eindruck erweckt, ich hätte Ben Wisch[1] für die Aufgabe eines der stellvertretenden Fraktionsvorsitzenden „nominiert". Tatsächlich habe

ich ihm geraten, die Kandidatur, die ihm von Fraktionsmitgliedern angetragen worden war, anzunehmen, da dies auch der Zusammenarbeit zwischen E[rich-]O[llenhauer]-Haus und Fraktion zugute kommen könnte. Hans-Jürgen [Wischnewski] sagte mir, dass er auch mit Dir gesprochen habe. Helmut [Schmidt] hatte wie ich geraten, die Kandidatur nicht auszuschlagen.
Mit freundlichen Grüssen,
Dein
W[illy]

Nr. 66
Hs. Schreiben des Vorsitzenden der SPD-Bundestagsfraktion, Wehner, an den Vorsitzenden der SPD, Brandt
18. Oktober 1980[1]

AdsD, WBA, A 11.3, 45.

Lieber Willy!
Für Dein Schreiben vom 10. Oktober [1980][2] danke ich Dir.

Ich möchte aus der eigentümlichen Art, in der Wischnewskis Kandidatur[3] sozusagen plakatiert worden ist, von mir aus keinen Streitfall machen.

Was mir weh tut, das ist die Kälte, mit der ich sozusagen ausgesetzt werde.

Aber es ist wohl vergeblich, darauf zu hoffen, daß wir doch noch mal miteinander sprechen, soweit es sich dabei um Dinge oder Fragen handelt, die eigentlich wert wären, im Gespräch geklärt zu werden.

Ich schicke Dir einen Durchschlag des Manuskripts für die Neue Gesellschaft; heute abend habe ich den Text fertiggetippt.[4]
Mit herzlichem Gruß
Dein
Herbert Wehner

Nr. 67
Hs. Schreiben des Vorsitzenden der SPD, Brandt, an den Vorsitzenden der SPD-Bundestagsfraktion, Wehner
26. Oktober 1980

AdsD, WBA, A 11.3, 45.

Lieber Herbert,
Deinen Brief vom 18. Oktober [1980] habe ich gestern erhalten.

Ich bin durchaus damit einverstanden, dass wir „doch noch mal miteinander sprechen". Vielleicht können wir einmal im „Politischen Club"[1] zu Abend essen?

Wenn ich keinen Einwand höre, werde ich Frau Wernicke bitten, einen Termin zu vereinbaren.
Mit den besten Grüssen
Dein
Willy Brandt

P.S.: Ich bin nicht dagegen, dass sich die „Verzahnung" gerade auch auf „das Feld L[and]T[ags]-Wahlen" erstreckt, aber es geht auch um anderes.

Nr. 68
Schreiben des Vorsitzenden der SPD, Brandt, an Oberbürgermeister Lafontaine
12. Dezember 1980

AdsD, WBA, A 11.5, 29.

Lieber Oskar,
‹der Parteivorstand hat heute beschlossen›[1], daß Peter Glotz die Nachfolge Egon Bahrs als Bundesgeschäftsführer antreten soll.

Mir liegt daran, Dir bei dieser Gelegenheit dafür zu danken, daß Du es im Notfall nicht ‹völlig›[2] ausgeschlossen hättest, Dich für diese schwierige Aufgabe zur Verfügung zu stellen.

Unter den gegebenen Umständen ist es gewiß unerläßlich, daß Du Deine Arbeit in Deiner Stadt und in Deinem Land erfolgreich weiterführst.

Ich bin sicher, daß Du Peter Glotz nach Kräften helfen wirst und bin mit herzlichen Grüßen

Nr. 69
Hs. Entwurf eines Redekonzepts des Vorsitzenden der SPD, Brandt, für die Sitzung des Parteivorstandes am 11. Februar 1981
11. Februar 1981

AdsD, WBA, B 25, 168.

Gab mehr als einen Grund, PV (vor Ende nächster Woche) nach Bonn zu bitten:
- wenn Gefahr der Spaltung an Wand gemalt, wäre dies Grund genug[1]

- ein ohnehin seit Monaten verwirrendes Bild von der SPD, von unseren Gegnern zusätzlich verzerrt, wird durch unterschiedliche Äusserungen weiter verschlechtert
- da wir schon beisammen sind, sollte auch über das Verhalten von K[arl-] H[einz] Hansen und über die Reaktionen darauf gesprochen werden.[2]

Schädigungen des Ansehens dürfen nicht auf die leichte Schulter genommen werden. Doch wäre es verhängnisvoll, hierin einen Ersatz für die uns abverlangten Antworten auf schwierige Sachfragen zu sehen.

Solche Antworten und Orientierungen zu geben, gerade wo es schwieriger wird, ist Pflicht gegenüber Mitgliedern und Anhängern. In einer Erklärung des PV sollte dies heute so deutlich wie möglich gemacht werden.

‹5-Punkte-Erklärung[3]

1) Reg[ierungs]verantwortung und Koalition (vgl. bei RPF betr. „Zuverlässigkeit und Festigkeit"[4])
2) Krise, A[rbeits]plätze, Wirtschaft
3) Au[ßen]po[litik], Sicherheit
4) Berlin: H[ans-]J[ochen]V[ogel] und den Berlinern nicht in den Rücken fallen
5) Partei (vgl. „diskutieren + handeln" bei RPF)›[5]

Es ist sachlich nicht gerechtfertigt (und deshalb auch politisch nicht erlaubt), die Unterstützung des Bundeskanzlers und der Bundesregierung durch die SPD oder ihre Bereitschaft zur loyalen Zusammenarbeit mit dem Koalitionspartner in Zweifel zu ziehen. Der Wählerauftrag vom Oktober '80 ist eindeutig.[6] Die Koalitionsvereinbarungen werden von der SPD natürlich auch dort mitgetragen, wo sie auf Kompromissen beruhen; anders ist eine Koalition nicht möglich. (Davon zu trennen ist die an die eigene Adresse zu richtende Frage, wie auf Regierungsprogramme aus sozialdemokrat[ischer] Sicht noch wirksamer Einfluss genommen werden kann.)

Die objektiv stark erschwerten Bedingungen, unter denen deutsche Politik zu machen ist, lassen sich nicht überspielen. Aber sie lassen sich erklären. Und dies ist die Voraussetzung dafür, dass unsachlichen, gefühlsmässigen Reaktionen begegnet werden kann. Über das Erklären hinaus müssen Regierung und Partei im Rahmen des ihnen Möglichen neue Ziele setzen, auch wo diese zwangsläufig nur bescheiden sein können oder sogar unpopulär sein müssen.
- Auf leichte Senkung der Realeinkommen und weitere Einbussen auf dem Arbeitsmarkt nicht allein damit reagieren, dass Konjunkturprogramme alten Stils jetzt nicht in die Landschaft passen. Darlegen, worum sich Regierung unter veränderten Bedingungen bemüht. Was sie von Wirtschaft etc. erwartet.
- (Mitbestimmung: Missverständnisse, Misstrauen, falsche Erwartungen).
- Energiepolitik: S[chleswig-]H[olstein], H[ansestadt] H[amburg].[7] Was macht man, wenn P[artei]T[ags]-Beschlüsse auf Dehnbarkeit angelegt sind?[8]
Mehrseitige Belastungsproben oder aufeinanderzugehen?

Außenpolit[ische] Bedingungen
- P[artei]T[ag] Berlin[9] vor Afghanistan, Polen und Reagan[10]
- wo gravierende Veränderungen festzustellen oder zu vermuten: erklären, ins Vertrauen ziehen
- Brüsseler Doppelbeschluss[11]: Grundlinie und legitime (verständliche) Fragen, zusätzliche Komplizierung durch N[eutronen]-Bombe[12]?
- Unterstützung für Apel (Diskussion über Formen, vgl. RPF)
- Waffenexporte: kein Unterthema allgemeiner Sicherheit. Empörende Unterrichtung der Öffentlichkeit (Festlegung)[13]. Auseinanderhalten: a) allgemein, ob von Grundlinie abgegangen werden soll, die durch P[artei]T[ag] ausdrücklich bestätigt, b) speziell, wie in einem Fall wie Saudiarabien zu verfahren wäre, c) Empfindsamkeit für Fall wie Chile.
- Rüstung und Entwicklung: richtige Fragestellung, aber „linkage"[14] verschenkt, wenn kurzatmig und isoliert

Hansen und die 24 nicht zusammenrühren (keine Verschwörung unterstellen!)[15]
- kein einzelner kann behaupten, er allein wisse, was soz[ial]dem[okratische] Politik und er bestimme, was „parteifremd" oder „antisozialdemokr[atisch]"
  In Wirklichkeit: Programm, Parteitage, Parteivorstand – Fraktion + Soz[ial]dem[okraten] in der Regierung.

Uns drücken nicht in erster Linie Richtungsfragen oder Flügelkämpfe
- weitgehend neue Fragen (und neue Menschen), die mit links/rechts wenig zu tun
- bei Schwierigkeit der Probleme kommt es in hohem Masse darauf an, wie Soz[ial]dem[okraten] miteinander umgehen,
  ob sie mit Aufgeregtheit und Aggression oder mit Geduld und Rücksichtnahme reagieren
- Gefahr, dass zuviel Eigenbrötelei, wo Gesamtverantwortung geboten und dass Überbeanspruchung zu Lasten inneren Gleichgewichts geht
- (Wessen Ziel es ist, den Menschen zu einem weniger beschwerlichen Leben zu verhelfen, der dürfte nicht anderen und sich selbst das Leben unnötig zur Plage machen.)

Nicht auf FDP abwälzen, was sie nicht zu tragen hat. Sich auch nicht hinter ihr verstecken.
- Andererseits freundschaftlicher Rat, das Konto nicht zu überziehen
- Einander nicht hineinreden,
  sondern offen miteinander
- Soz[ial]dem[okraten] wollen sachliche (und erfolgreiche) Zusammenarbeit sichern.

Droht Spaltung? – Halte dies für abwegige Vorstellung – Probleme liegen woanders[16]
- im übrigen, wenn aus Regierung „manövrieren lassen", wer wollte dann was machen

- Reaktionen des Gegners zeigen, dass er sich freute
- Vergleich mit Labour hinkt[17]
- der mit '66 auch (Schmidt ist nicht Erhard)[18]
- Bonner Koalition begründet durch sachliche Aufgaben, nicht als innerparteiliches Bindemittel
- ob „schwerste Krise der Nachkriegszeit"? vgl. [19]49, [19]68
- wenig hilfreich, wenn Vors[itzender] des Parteirats öffentlich darüber nachdenkt, was geschieht, wenn Berliner Wahlen verloren gehen und dass dann au[ßer]o[rdentlicher] P[artei]T[ag][19]

Im Zusammenhang mit vorausgesagter Spaltung gab es kritische Hinweise an Adresse der „engeren Parteiführung": Wenn es Vorschläge für Verbesserungen in diesem Bereich gibt, sollten sie im Präsidium oder PV erläutert werden (Andeutungen in einer Zeitung reichen dazu nicht aus)
- was „einer" machen sollte, hilft nicht weiter (wie auch [19]73 nicht, als „einer" über Ostpolitik nachdenken sollte etc.)[20]
- geht nicht um organisatorische sondern um politische Fragen
- „die Partei", die wir alle sind, sollte nicht zur Fussmatte gemacht werden, wenn...
- [nach] meiner Beobachtung hat die Fraktion seit geraumer Zeit Probleme. Ich glaube nicht, dass die leichter gelöst werden, wenn der Parteivorsitzende Interviews dazu gibt
- jeder muss sich um seine Pflichten kümmern und wir alle um die gemeinsamen
- Für mich besteht keine Veranlassung, von den inhaltlichen und personellen Dispositionen abzugehen, die gemeinsam mit H[ans-] J[ürgen] W[ischnewski] und P[eter] Gl[otz] vorgesehen

Möchte auch sonst sagen: Partei nicht Ungebührliches anlasten
- „die SPD" hat weder mit Personalia der Chefetagen zu tun noch mit der publizistischen Begleitung von Chefgesprächen
- Partei nicht verantwortlich für alle Probleme der Regierung und ihrer Mitglieder oder für die Art, wie Regierungspolitik in Öffentlichkeit vertreten wird

Zum Fall H[ansen]:
- Beleidigung, Entschuldigung, strengere Masstäbe?
- meine Kriterien
- nicht wegen politisch schwieriger Fragen vorgehen, sondern um polit[ische] Diskuss[ion] unbelastet führen zu können,
- weshalb so viele einerseits Zeichen der Ungeduld, andererseits Solidarisierungen? Wie können wir uns noch verständlich machen?

Nr. 70
Erklärung des Vorstandes der SPD zur Lage der Partei
11. Februar 1981[1]

SPD Mitteilung für die Presse, Nr. 66/81 vom 12. Februar 1981.

Der Vorstand der Sozialdemokratischen Partei Deutschlands hat auf Vorschlag des Parteivorsitzenden Willy B R A N D T auf seiner Sitzung am 11. 2. 1981 den folgenden Beschluss gefasst:

Unsere Verantwortung.
Zur Lage der Partei im Februar 1981.

Der Vorstand der SPD bittet alle Mitglieder und Freunde, die nachfolgende Erklärung aufmerksam zur Kenntnis zu nehmen und tatkräftig dazu beizutragen, dass Unklarheiten über den Inhalt sozialdemokratischer Politik ausgeräumt werden.

I.

Wir stehen im Wort
Sozialdemokraten stehen in der Verantwortung für die Bundesrepublik Deutschland. SPD und FDP haben den Auftrag, bis 1984 die Bundesregierung zu stellen. Diesem Auftrag müssen wir gerecht

werden. Politische Aufgabe der Sozialdemokratie bleibt die entschiedene Unterstützung von Helmut Schmidt und seiner Regierung. Die sozial-liberale Koalition ist weiterhin ohne überzeugende Alternative.

Sozialdemokraten in Deutschland dürfen und können sich 1981 weniger denn je aus der Verantwortung stehlen. Die Chance zur aktiven Gestaltung der Politik darf nicht wegen Problemen aufgegeben werden, von denen einige sich schon mittelfristig als sehr viel weniger bedeutend herausstellen werden und von denen andere nur durch sozialdemokratische Regierungsverantwortung gelöst werden können.

Die Koalitionsparteien haben sich durch die Regierungserklärung vom 24. 11. 1980 auf ein Programm für die nächsten vier Jahre verständigt. Beide Partner werden daran festhalten und gleichzeitig für neue Herausforderungen offen sein. Ohne Kompromisse ist eine Koalition von zwei Parteien und Fraktionen nicht denkbar. Überflüssige Polemik und publizitätssüchtige Spekulationen schaden der Zusammenarbeit. Das gilt für beide Seiten.

II.

<u>Den Blick nach vorn richten</u>
Die Berliner haben neuen Mut gefasst durch das Beispiel von Hans-Jochen Vogel und seiner Mannschaft. SPD und FDP beweisen: Sie haben die Kraft zu schnellem und entschlossenem Handeln.[2]

Die SPD hat für Berlin grosse Leistungen erbracht; sie hat in den letzten Jahren aber auch Fehler gemacht. Die Sozialdemokratie als Partei mit langer Geschichte und grosser politischer Erfahrung hat die Fähigkeit, aus ihren Fehlern zu lernen.

Der Neuanfang des Senats unter Hans-Jochen Vogel wird auf der Ebene der Partei nachvollzogen. Die Berliner Sozialdemokraten, die für diese Stadt mehr Kraft aufbringen mussten als jede andere Partei und auch deshalb keine unsolidarische Pauschalschelte verdient haben, werden unverbrauchte Kräfte für Parteifunktionen und Parlament vorschlagen, darunter besonders engagierte Arbeitnehmer und

Frauen. In Berlin rüstet sich die SPD zu einer grossen Kraftanstrengung. Jeder Sozialdemokrat sollte sich angesichts der Wahlen in Berlin fragen, was sein Beitrag zu einem erfolgreichen Ergebnis sein kann. In den kommenden Wochen bis zum 10. Mai [1981][3] wird sich zeigen, auf wen man sich verlassen kann. Jetzt gilt es, Hans-Jochen Vogel und den Berliner Sozialdemokraten eindeutig den Rücken zu stärken.

III.

Sicherung von Arbeitsplätzen in schwieriger werdenden Zeiten
Auf dem Hintergrund einer weltweiten Rezession finden in der Wirtschaft Umwälzungen statt, die unser Land und jeden von uns betreffen. Schwarzmalerei ist darauf ebenso wenig eine Antwort wie die Auffassung, man könne diesen Prozess sich selbst überlassen.

Die ökonomische Hauptaufgabe der nächsten Jahre wird darin liegen, die Strukturanpassung der deutschen Wirtschaft durchzuführen, das aussenwirtschaftliche Gleichgewicht wieder herzustellen und die soziale Stabilität in unserem Lande zu erhalten. Die weltwirtschaftlichen Herausforderungen erfordern eine enge internationale Abstimmung der Wirtschafts-, Finanz-, Energie- und Geldpolitik.

Diese Zusammenarbeit muss geleitet sein von dem Bestreben, einen Ausgleich der Interessen zwischen den Industrieländern, den Ölförderländern und den Entwicklungsländern zu finden. Die Bundesrepublik Deutschland muss sich entsprechend ihrer weltweiten Verantwortung hierbei besonders engagieren.

In der Regierungserklärung vom November 1980 steht für uns alle verpflichtend: „An dem Ziel der Vollbeschäftigung muss festgehalten werden."[4] Das heisst: Die Sicherheit der Arbeitsplätze und ein hoher Beschäftigungsstand stehen für uns obenan. Konservative Rezepte taugen nichts. Sie haben in anderen Ländern zu verheerenden Konsequenzen für Beschäftigung, Preisentwicklung und den sozialen Frieden geführt.

Für die Bundesrepublik bleibt richtig: Wir befinden uns noch immer in einer wettbewerbsstarken und erfolgreichen Position. Das wollen wir uns auch nicht kaputtmachen lassen, sondern wir wollen die Modernisierung und die Wettbewerbsfähigkeit unserer Wirtschaft stärken helfen. Aber ebenso deutlich sagen wir, dass mit dem technologischen Wandel die Bereitschaft zum sozialen Wandel einhergehen muss.

Eine der wichtigsten Aufgaben für die Vertrauensarbeit der SPD liegt darin, unseren Mitbürgern die schwierigen Bedingungen, unter denen unsere Bundesregierung und wir alle zu handeln haben, zu erklären und den Sinn für das jetzt Mögliche zu wecken.

Zur Lösung unserer Probleme brauchen wir andere Mittel als allgemeine Konjunkturprogramme.

Solchen Programmen stehen schon das ölpreisbedingte Leistungsbilanzdefizit entgegen sowie die Gefahr, dass dann die weltweite Inflation stärker als bisher in die Bundesrepublik hereinschwappt. Es kommt darauf an, Wachstumsfelder auszuwählen, in denen zusätzliche Arbeitsplätze geschaffen werden können. Dazu gehört u. a. der Wohnungsbau, die Altbausanierung, das Energiesparen und der Kraftwerksbau, insbesondere der Ersatz von alten Kohlekraftwerken. Die Möglichkeiten, die in diesen und anderen Bereichen für die Stärkung unserer Wirtschaftskraft liegen, werden von der soeben eingesetzten Arbeitsgruppe „Beschäftigung" der Sozialdemokratischen Bundestagsfraktion zusammengetragen und bewertet. Bereits im April [1981] werden deren Ergebnisse vorliegen.

Die grossen wirtschaftlichen und sozialen Herausforderungen, vor die wir gestellt sind, sind nur mit den Arbeitnehmern und ihren Gewerkschaften zu lösen. Die SPD hält unverändert an ihrer im Godesberger Programm verankerten Forderung nach Mitbestimmung der Arbeitnehmer fest. Das jetzt anstehende Gesetz zur Sicherung der Montan-Mitbestimmung verhindert für sechs Jahre, dass am 1. Juli 1981 der Großkonzern Mannesmann und später weitere Unternehmen aus der Montan-Mitbestimmung herausfallen. Jedermann soll wissen, dass wir um eine dauerhafte Sicherung der paritätischen Mitbestimmung der Arbeitnehmer weiterkämpfen werden.[5]

Wir wissen: Mitbestimmung ist eine grundlegende Voraussetzung für die Humanisierung des Arbeitslebens. Das gilt besonders in Zeiten technologischen und strukturellen Wandels in der Wirtschaft.

Die Schwierigkeiten in Teilbereichen des Wohnungsmarktes, vor allem der grossen Städte stecken neben anderem in Funktionsmängeln der Bodenordnung und groben Ungerechtigkeiten in der Verteilung des Grundvermögens. Wir müssen stärker als bisher deutlich machen, dass auch in diesem Bereich grössere Leistungsfähigkeit ohne mehr Gerechtigkeit nicht denkbar ist. Ausserdem ist notwendig, die Fehlentwicklungen bei der Modernisierung und Sanierung der Städte erkennbar zu machen und sie zu überwinden.

Die Entscheidung über die künftige Energieversorgung ist eine Schlüsselfrage. Die SPD hat sich mit dieser Frage intensiv auseinandergesetzt und auf ihren Parteitagen gültige Beschlüsse gefasst.[6]

Unsere Energiepolitik wird von folgenden Gesichtspunkten bestimmt:

Als Wichtigstes verstärkte Energieeinsparung

Vorrang der Kohle

Förderung alternativer Energien

Einsatz der Kernkraft, wo der Strombedarf auf andere Weise nicht zu decken ist.

Bisher sind zwar spürbare Öleinsparungen erfolgt, aber es sind immer noch erhebliche Energieeinsparungsmöglichkeiten ungenutzt. Die SPD wird in Bund, Ländern und Gemeinden die Möglichkeiten der Energieeinsparung verstärkt verfolgen. Wir unterstützen das Angebot der Bundesregierung an die Länder, ein neues Fernwärmeprogramm aufzulegen ebenso wie die Ankündigung, ein Gesetz zur Beendigung des Öleinsatzes in Kraftwerken vorzubereiten.

Zur Kernenergie beziehen wir uns auf die Beschlüsse der Parteitage von Hamburg und Berlin mit den darin enthaltenen Lösungsmöglichkeiten.[7]

Wo in einzelnen Regionen zwischen unterschiedlichen energiepolitischen Lösungswegen entschieden werden muss, dürfen wir uns das vom politischen Gegner nicht als eine Frage von Sein oder Nichtsein aufreden lassen. Das gilt auch für Brokdorf. Sowohl der Bau eines Kernkraftwerkes in Brokdorf wie auch der Bau alternativer Kohlekraftwerke mit Wärmekraftkopplung als Ersatz für Brokdorf stünden in Übereinstimmung mit dem Parteitagsbeschluss der SPD.

Es gibt keinen Grund, in dieser Frage die Regierungsfähigkeit und den Willen zur verantwortlichen Gestaltung der Politik aufs Spiel zu setzen. Wenn jemand in diesem Land eine verantwortliche und der Zukunft zugewandte Energiepolitik entwickeln und durchsetzen kann, dann sind es die Sozialdemokraten.

IV.

Den Frieden sichern

Die von SPD und FDP seit 1969 konsequent verfolgte, mit den westlichen Verbündeten eng abgestimmte Politik des Gleichgewichts, der Entspannung und der sachlichen Zusammenarbeit hat unserem Land und Europa mehr Sicherheit gegeben. SPD und FDP haben diese Politik gegen den harten Widerstand der Unionsparteien und eines Teiles der veröffentlichten Meinung durchgesetzt. Bis jetzt fehlt es den traditionellen Kritikern an der Kraft, sich auf den Boden der Gegebenheiten zu stellen.

Inzwischen drohen neue Gefahren für den Frieden. Eine weitere Beschleunigung des Wettrüstens, die sowjetische Invasion in Afghanistan, der Krieg zwischen dem Irak und Iran, immer häufiger auftretende andere regionale Krisen und die Verschärfung des Nord-Süd-Konflikts können auch unsere Sicherheit entscheidend gefährden.

Bundeskanzler Helmut Schmidt, Aussenminister Hans-Dietrich Genscher und Verteidigungsminister Hans Apel haben auch in den schwierigen Monaten nach Afghanistan[8] und angesichts der akuten Gefährdungen um Polen[9] bewiesen, dass sie erfolgreiche Arbeit für den Frieden leisten. Der Parteivorstand bekräftigt die Erklärung der SPD-Bundestagsfraktion vom 10. Februar [1981] und unterstreicht, „dass die Politik der Mäßigung das Gebot der Stunde ist und dass der Rückgriff auf Gewalt innerhalb wie ausserhalb Europas mit den Prinzipien der Schlussakte von Helsinki unvereinbar war und ist".[10]

Sozialdemokraten wissen, dass das Bündnis und unser Beitrag für das Bündnis für unsere Sicherheit unverzichtbar sind. In ihm vertreten wir unsere deutschen und europäischen Interessen. Zur Politik des Gleichgewichts, des sachlichen Miteinanders, des friedlichen Ausgleichs unterschiedlicher Interessen, zur Politik des Abbaus von Spannungen gibt es auch in den achtziger Jahren keine Alternative. Diese Politik weiterzuentwickeln, ihr zu neuen Erfolgen zu verhelfen, dazu sind wir Sozialdemokraten heute aufgerufen.

Die Sozialdemokraten wissen, dass für eine Politik der Friedenssicherung das annähernde Gleichgewicht zwischen den Bündnissystemen erforderlich ist. Das schliesst für Sozialdemokraten eine Position der Schwäche ebenso aus wie das Streben nach militärischer Überlegenheit.

Der Parteivorstand bekräftigt die Beschlüsse des Berliner Parteitags zur Sicherheitspolitik, zum Bündnis und zur Bundeswehr. Er stellt fest, dass die Politik der Bundesregierung mit unseren Beschlüssen in Übereinstimmung ist. Zum Doppelbeschluss der NATO hat der Parteitag in Berlin beschlossen, dass die Bundesregierung der Stationierung der von den USA in eigener Verantwortung zu entwickelnden Mittelstreckenwaffen in Europa (die frühestens 1983 möglich ist) nur unter der auflösenden Bedingung zustimmt, dass auf deren Einführung verzichtet wird, wenn Rüstungskontrollverhandlungen zu Ergebnissen führen. Aufgrund dieses Beschlusses sind dank der Bemühungen der Bundesregierung entsprechende Verhandlungen in Gang gekommen.[11] Die SPD unterstreicht die Notwendigkeit und Dringlichkeit von Verhandlungen, ohne die es keine befriedigenden Ergebnisse, wie von uns angestrebt, geben kann.

Die SPD geht davon aus, dass die Bundesregierung bei den verantwortlichen Partnern auf die weitere faktische Einhaltung der Grundsätze des SALT-II-Abkommens drängen wird, ebenso wie auch eine baldige Fortsetzung des SALT-Prozesses und dabei weiterhin die besonderen Interessen Europas und der Bundesrepublik deutlich macht.[12]

Nur wenn die Voraussetzungen für Rüstungsbegrenzung geschaffen werden, ergeben sich auch mehr Möglichkeiten für eine konstruktive Entwicklungspolitik. Ein Alleingang zur Koppelung von Rüstungsbegrenzung und Förderung der Entwicklungsländer kann nicht erfolgreich sein.

Die bisherige restriktive Rüstungsexportpolitik soll beibehalten werden. Dies wird auch bei gegenwärtig erörterten Waffenlieferungswünschen zu beachten sein.[13]

Zur künftigen besseren Abstimmung zwischen Regierung und Regierungsfraktionen sind Vorkehrungen getroffen. Unsere Fraktion hat dazu eine „Arbeitsgruppe Rüstungsexport" eingesetzt, die ihre Vorschläge schon im nächsten Monat unterbreiten wird.

Der Parteivorstand hat schon auf seiner Sitzung vom 12. Dezember 1980 gegenüber der Bundesregierung einmütig zum Ausdruck gebracht, dass er Waffenlieferungen an das chilenische Regime nicht für richtig hält. Er unterstützt die Bemühungen, die Lieferung von U-Booten an Chile zu vermeiden.

V.

Offene Diskussion, geschlossenes Handeln

Eine offene Diskussion, mit der die SPD die Probleme der Menschen und der Gesellschaft aufnimmt, ist so notwendig wie die Luft zum Atmen. Wie die letzten zehn Jahre zeigen, hat die SPD auch bei Wahlen dann am besten abgeschnitten, wenn sie lebendig diskutiert und den Bürgerinnen und Bürgern, die auch ihrerseits unterschiedliche Meinungen haben, gezeigt hat, dass sie ihre Probleme versteht und sich um ihre bestmögliche Lösung bemüht. Praktisch heisst das: wir müssen miteinander reden, nicht übereinander. Auch heftige Kontroversen in der Sache können voranführen, wenn sie den Boden menschlichen Anstands und politischer Verbundenheit nicht verlassen.

Führende Sozialdemokraten sollten keine öffentliche Kritik am Zustand der jeweils anderen Verantwortungsbereiche üben. Jeder hat seine Verantwortung und alle haben sie miteinander zu tragen. Und kein einzelner Sozialdemokrat darf sich anmaßen, allein zu entscheiden, was sozialdemokratische Politik ist.

Das Jahr 1981 ist ein Jahr besonderer Herausforderungen und ein Jahr der Bewährung für alle Sozialdemokraten. Die Partei muss deshalb ihre inhaltlich-politische Arbeit konzentrieren und sich noch stärker den neuen Themen zuwenden, die sich in der Gesellschaft der 80er Jahre herausbilden.

Nr. 71
Schreiben des Vorsitzenden der SPD, Brandt, an den Vorsitzenden der SPD-Bundestagsfraktion, Wehner
18. Februar 1981[1]

AdsD, WBA, A 11.4, 48.

Lieber Herbert,
ich muß mich und uns ernsthaft fragen, weshalb Du das Thema „Spaltung" so behandelst, daß sich daraus für die Orientierung der Partei und für deren Erscheinungsbild in der Öffentlichkeit überaus abträgliche Wirkungen ergeben.[2] Es wird sich kaum vermeiden lassen, hierüber in der PV-Sitzung am Montag zu sprechen, obwohl es schade wäre, wenn wir nicht genügend Zeit für die eigentliche Tagesordnung behielten.

Vielleicht darf ich daran erinnern, daß Du mir zum Entwurf der Fünf-Punkte-Erklärung für die PV-Sitzung am 11. Februar [1981][3] geschrieben hattest, Du könntest diesen Entwurf mittragen.[4] Der Text enthielt den Satz: „Die SPD wird sich nicht spalten." Als wir zu diesem Abschnitt kamen, habe ich die Anregung aufgegriffen, den Satz (wie einige andere) zu streichen, da es hierzu offensichtlich keine Differenz gebe und durch die Aufnahme eines solchen Satzes eher eine ungünstige Wirkung in der Öffentlichkeit hervorgerufen werden könnte.[5]

Am 13. Februar [1981] hatte ich in unserem Gespräch angemerkt, daß ich zu Deiner Äußerung über eine drohende Spaltung – und zu den dafür angegebenen Begründungen – anderer Meinung sei. Du bist darauf nicht eingegangen. Umso mehr war ich über den betreffenden Teil Deines anschließenden Interviews mit Herrn Kellermeier erstaunt.[6]

Gestern habe ich in meinem Bericht vor der Fraktion dringend dazu geraten, mit dem Wort „Spaltung" so behutsam wie irgend möglich umzugehen. Äußerungen hat es dazu in der Diskussion nicht gegeben, aber ich hatte nicht den Eindruck, daß ich mich zur Meinung der Fraktion in Widerspruch befände.

Ich möchte Dich bitten, darüber nachzudenken, ob wir diese – meines Erachtens überflüssige – Kontroverse vor oder während der PV-Sitzung ausräumen können.
Mit freundlichen Grüßen
‹gez. Willy Brandt›[7]

Nr. 72
Hs. Schreiben des Vorsitzenden der SPD-Bundestagsfraktion, Wehner, an den Vorsitzenden der SPD, Brandt
19. Februar 1981[1]

AdsD, WBA, A 11.4, 48.

Lieber Willy!
Deinen Brief vom 18. II. [1981][2] fand ich heute während der Mittagspause. Aus dem Inhalt muß ich schlußfolgern, daß Du den Satz „Die SPD wird sich nicht spalten", der in den „5 Punkten" nicht mehr enthalten ist, von mir sozusagen erneut herausgefordert verstehst.

Ich habe Dir geschrieben gehabt, daß ich den Text (schon im Entwurfs-Exemplar) mittragen werde. Und ich habe ja während der

Erörterungen im PV auch selbst versucht, bei mehr oder weniger strittigen Absätzen vermittelnde Formulierungen einzubringen.

Die „5 Punkte" vertrete ich uneingeschränkt.

Das ergibt sich auch aus dem Text des Interviews mit Kellermeier. Die Antwort auf Seite 2 der Wiedergabe ist m. E. doch wohl nicht mißzuverstehen: „Ich will gern daran mitwirken, daß von mir so gesehene Spaltungs-, Abspaltungs-, Splitterungs- und auch Lähmungsmöglichkeiten überwunden werden. Aber, wie gesagt: mitwirken; ich bin nicht der Führer."[3]

Wenn Du es für notwendig und richtig halten solltest, in der PV-Sitzung „hierüber zu sprechen", kann und will ich Dich daran nicht hindern.

Ich werde meine uneingeschränkte Loyalität betonen.

Die „Unzahl" von Briefen, die mir seit dem Vorgang zugesandt worden sind (und noch nicht aufgehört haben, einzutreffen) sowie „Beschlüsse und Deklarationen" von Juso-Tagungen sind m. E. nicht ganz außer Betracht zu lassen.

Doch – wie betont – ich trage mit und bin auch bereit, gestraft und gerügt zu werden, Hauptsache wir dämmen ein, was sonst Teile der Partei in eine Verfassung bringen könnte, die die Handlungsfähigkeit unserer gemeinsamen SPD schwächt.

Die Mißdeutung meiner Äußerungen bedaure ich und werde bemüht sein, an ihrer Verminderung beizutragen.

Mit herzlichem Gruß

Dein

Herbert Wehner

Nr. 73
Entwurf der zurückgehaltenen Rücktrittserklärung des Vorsitzenden der SPD, Brandt, für die Parteivorstandssitzung 21. Februar 1981

AdsD, WBA, B 25, 229.

Die Erfahrungen seit der PV-Sitzung am 12. 2. [1981][1] haben ergeben, dass bei Mitgliedern des Fraktions- und des Parteivorstandes keine oder keine hinreichende Neigung besteht, meine Bemühungen, aktuelle Schwierigkeiten zu überwinden, zu unterstützen.

Die Chance, die darin für die Parteieinheit lag, wurde von manchen in den Wind geschlagen. Stattdessen wurde der gegen die SPD gerichteten Kampagne neue Nahrung gegeben.

Für das, was sich hieraus ergibt, kann ich die Verantwortung nicht übernehmen. Zumal ich vor diesem Hintergrund nicht der vorrangigen Pflicht nachkommen kann, der sozialdem[okratisch] geführten Bundesregierung jede mögliche Unterstützung zuteil werden zu lassen.

Über die Folgerungen werde ich mich mit den Landes- und Bezirksvorsitzenden beraten.[2]

Nr. 74
Entwurf der zurückgehaltenen Rücktrittserklärung des Vorsitzenden der SPD, Brandt, für die Sitzung der Landes- und Bezirksvorsitzenden
21. Februar 1981

AdsD, WBA, B 25, 229.

Ich sehe mich nicht mehr in der Lage, den Vorsitz der SPD so wahrzunehmen, wie es meiner Pflicht gegenüber Mitgliedern und Wählern entspräche. Und wie es vor allem auch notwendig wäre, um der sozialdemokr[atisch] geführten Bundesregierung die gebotene Unterstützung zuteil werden zu lassen.

Da diese Voraussetzungen auf eklatante Weise nicht mehr gegeben sind, werde ich den Parteivorsitz mit sofortiger Wirkung nicht mehr ausüben.

Dem PV schlage ich vor, einen der beiden Stellvertreter, ebenfalls mit sofortiger Wirkung, mit den Aufgaben zu betrauen, die dem Parteivorsitzenden obliegen.

Ob ein ausserordentlicher Parteitag geboten oder zweckmässig ist, muss der PV bzw. müssen die Bezirke entscheiden.

Ich werde für den Parteivorstand nicht kandidieren.

Die aktuelle Begründung ergibt sich für mich aus dem erschreckenden und nicht hinnehmbaren Tatbestand, wie prominente Mitglieder des Fraktions- und des Parteivorstands mit dem 5-Punkte-Beschluss vom 12. 2. [1981] umgegangen sind.[1] Die Chance, die darin für die Parteieinheit lag, wurde von manchen in den Wind geschlagen. Stattdessen wurde der gegen die SPD gerichteten Kampagne neue Nahrung gegeben.

Dies kommt zu manchem anderen hinzu, was für mich als Parteivorsitzender schon zuvor kaum zu ertragen gewesen ist. Die Auffassungen darüber, welches die Aufgaben der Partei sind und wie sie geführt werden soll, gingen und gehen erheblich auseinander.

Fast niemand hat es für opportun gehalten, mich vor den Unberechenbarkeiten der Fraktionsspitze in Schutz zu nehmen.[2]

Sozialdemokrat[ische] Programmatik und Grundwerte des demokrat[ischen] Sozialismus kommen nicht zum Zuge, sondern leiden Schaden, wo „Bürokraten" und „Spinner" das Feld beherrschen oder das Fell untereinander aufteilen.

Unter den gegebenen Umständen kann ich die Partei auf der Grundlage des Godesberger Programms nicht weiter voranbringen, noch kann ich dem Bekenntnis zur Regierungsverantwortung hinreichend Nachdruck verleihen. Jedenfalls kann ich das, was von mir erwartet wird, nicht so tun, wie es meinem Verständnis vom Charakter soz[ial]dem[okratischer] Politik und von der persönlichen Würde entspricht.

Ergänzend weise ich schon an dieser Stelle darauf hin: Ich werde die Zustimmung des Landesverbandes NRW, der mich nominiert hat, dazu erbitten, dass ich mein Bundestagsmandat niederlege und das Mandat im Europ[äischen] Parlament voll wahrnehme.

Weiter: Bei der nächsten Bürositzung der S[ozialistischen] I[nternationale] wird zu befinden sein, welcher der Vizepräsidenten dort meine Aufgaben bis zum nächsten Kongress wahrnimmt, da sich der Vorsitz in der Internationale meines Erachtens aus dem Parteivorsitz ableitet.

Ich danke allen, auf deren Vertrauen und Hilfe ich mich habe stützen können, seit ich zu Beginn des Jahres 1964 zum Vorsitzenden der SPD gewählt wurde – oder auch schon in den Jahren zuvor, in denen ich andere Aufgaben für unser Land und unsere Partei wahrzunehmen hatte.

Denjenigen, die es nach mir besser machen wollen, wünsche ich viel Gutes. Ich warne sie nicht nur vor denjenigen von rechts, deren Anspruch auf die Regierungsgewalt in keiner Weise gerechtfertigt ist, sondern auch vor Neurotikern in den eigenen Reihen, die die Mühen vieler Jahrzehnte zunichte machen könnten.

Nr. 75
Aus der Rede des Vorsitzenden der SPD, Brandt, im Reinickendorfer Rathaus in Berlin anlässlich des 35. Jahrestages der Urabstimmung der Sozialdemokraten in den Berliner Westsektoren
4. April 1981[1]

Theorie und Grundwerte. Willy Brandt: Den eigenen Weg neu finden, hrsg. v. Vorstand der SPD, Bonn o. J., S. 3 – 17.

Den eigenen Weg neu finden

I.

[...][2]

Hier und da hat sich die Neigung entwickelt, die Aufgaben von Parteien, und namentlich der unseren, zu verkennen oder vergessen zu machen. Es gibt auch Kampagnen, die gegen Parteien schlechthin gerichtet sein sollen, aber auf die Sozialdemokratie zielen. Führende CDU-Leute nähren neuerdings mit Vorliebe Mißtrauen gegen den „Parteienstaat" (freilich vor allem dort, wo sie in der Opposition sind) und fördern damit in bedenklicher Weise eine antipolitische Parteienfremdheit oder gar -feindlichkeit. Man beklagt, „die Parteien" machten sich den Staat zur Beute, und zielt damit auf die Sozialdemokraten.

Im Lager der Grünen und der Alternativbewegung andererseits und bei manchen jungen Leuten, deren Sympathie in diese Richtung geht, hat sich ein Politikverständnis der spontanen Entscheidung, der Initiative von Fall zu Fall und der kleinen Gruppe verbreitet, das den Wert von Parteien grundsätzlich in Zweifel zieht und „Parteistrukturen überflüssig machen" will. Dem widerspricht keineswegs, daß Grüne, Bunte und Alternative als Parteien – präziser mit Listen – bei Wahlen antreten.

Argumente und Absicht dieser unterschiedlichen Denkrichtungen liegen oft nicht weit auseinander. Es scheint, als sollte der gesellschaftspolitische Reformanspruch der Sozialdemokratie gleichsam in die Zange genommen werden; bei manchen rechten Strategen durchaus so einkalkuliert. Und von den unterschiedlichen Seiten aus wird eine Stimmung gefördert, derzufolge Parteien gar nicht mehr grundsätzlich verschiedene Optionen und Wege anbieten könnten, gar nicht mehr über Spielräume der Veränderung verfügten, sondern bestenfalls darin konkurrierten, wer die effektivere „Bedienungsmannschaft" für den Staatsapparat zur Verfügung stellt.

Dem haben wir Sozialdemokraten – bei aller Selbstkritik – mit entschiedenem Widerspruch entgegenzutreten. Gerade hiervon muß die Rede sein, wenn wir den Mut und das Gestaltungsvermögen der Berliner Sozialdemokraten 1945/46 nicht nur mit historischer Rückschau würdigen wollen.

II.

Die Berliner Sozialdemokraten von 1945 und 1946 waren nicht nur mutig, sie handelten auch erfolgreich – denn sie waren, sie wurden erneut Mitglieder einer Partei, und zwar einer Partei in der Form, wie die Arbeiterbewegung sie sich erkämpft hatte.

„Partei" ist ja im sozialdemokratischen Verständnis vom Beginn an mehr als eine Organisation im engen Sinne, die sich ausschließlich in ihren Mitgliedern, Funktionären und Mandatsträgern ausdrückt. „Partei" war für unsere Wegbereiter, und ist für uns heute, eine breite, in der Gesellschaft wurzelnde und in den politischen Institutionen wirkende Willens- und Aktionsgemeinschaft.

Die Partei hat sich nicht primär als Apparat verstanden, sondern als der politische Arm der Arbeiterbewegung, der die Aufgabe hatte – zusammen mit der Gewerkschaftsbewegung und, in der alten Zeit mehr denn heute, neben vielfältigen Formen der Kulturbewegung – die breiten Schichten zu organisieren, ihnen zu politischem Bewußtsein zu verhelfen, ihnen politischen Einfluß zu verschaffen. [...][3]

In ihrem Selbstverständnis als Partei unterschied und unterscheidet sich die SPD von bloßen „Listen" oder, der Haupttendenz nach, konservativen Sammlungsbewegungen. Dies unterschied und unterscheidet die SPD aber vor allem auch von Kaderorganisationen vom Typ kommunistischer Parteien.

[...]⁴

Die Sozialdemokratie ist die Partei der Freiheit, sie ist es gewesen, und sie hat es in kritischer Stunde bewiesen; sie wird es wieder zeigen. Sie hat gekämpft, wo die Masse der „Bürgerlichen" nur erschrocken zuschaute. Deren nachfolgende Generation ist dann der Parole gefolgt, die Freiheit müsse vor den Sozialisten bewahrt werden, und man mischte dabei durcheinander, was im Sinne von Wahrhaftigkeit und Redlichkeit auseinanderzuhalten ist.

Die andere Seite unserer Identität ist schon angedeutet – die Organisation als Partei, als Aktionsverband, der als solcher erst politisch zu handeln vermag. Und in dem, durch freien Austausch der Meinungen, sozialdemokratische Identität und Handlungsfähigkeit erst entstehen. Denn was nützt alles Wissen um Werte und Ziele, wenn das gemeinsame Handeln nicht organisiert werden kann! Wenn nicht in einer Partei das Band der Generationen besteht, auf dem historische Erfahrungen weitergegeben und überprüft werden. Was bedeutet denn das Wort: aus der Geschichte lernen, das sich von Rednerpulten aus so leicht formulieren läßt? Es bedeutet doch, wenn es über das zufällig-Individuelle hinausgehen soll, das Aufarbeiten historischer, gemeinschaftlicher und individueller Erfahrung im Verband von Gleichgesinnten.

[...]⁵

III.

Dies also: Eine Massenpartei, eine demokratische Partei – und vor allem eine Partei, die in ihren Zielen wie in ihrer Organisation ihre Identität besitzt – dies waren die Kraftquellen, die den Mitgliedern der SPD es damals möglich gemacht haben, in Stunden großer Gefahr den auch im Nachhinein richtig erscheinenden Weg zu gehen. Dies nämlich hat sie politisch handlungsfähig gemacht, sie zu politischer Verantwortung befähigt.

Handlungsfähigkeit! Verantwortung! Diese Begriffe sind so oft gebraucht worden; sie klingen hohl und unglaubwürdig in den Ohren vieler, die mißtrauisch sind und am politischen Geschehen nicht unmittelbar teilhaben. Bei vielen Jungen zumal geht, in ihrer eigenen Sprache, die Klappe runter, wenn von politischer Verantwortung die Rede ist. Dennoch ist es immer wieder das Notwendigste und das Schwierigste, handlungsfähig zu bleiben und Verantwortung wahrzunehmen:

Das heißt, im richtigen Augenblick den möglichst richtigen Schritt tun, Chancen nicht verpassen, Gefahren rechtzeitig abwenden, sie nicht zerreden lassen und sich nicht zerstreiten und doch nicht unüberlegt und ohne vorherige Diskussion handeln. Es heißt: Verankert sein in den Hoffnungen und Wünschen der Menschen. Es heißt, sie formulieren und in demokratischer Willensbildung definieren zu können. Es heißt vor allem auch, widerstrebende Strömungen, die doch zusammengehören, einander vermitteln zu können. Es heißt, vor neuen Aufgaben die eigenen Ziele und die eigenen Wege wieder neu zu finden. Wir dürfen dabei nicht zulassen, daß „Integration" womöglich zu einem in die Partei hineinwirkenden Schimpfwort wird.

[...][6]

Die Vorurteile gegen „den Parteienstaat" sind alt. Sie sind ein Grundzug konservativen Denkens. In ihnen mischen sich obrigkeitsstaatliches Denken – das den Staat aus gesellschaftlicher Meinungsbildung, die dann „Parteiengezänk" genannt wird, heraushalten will – mit einem abgestandenen Wirtschaftsliberalismus. Der will den Staat und somit den Einfluß der Parteien auf Ordnungsaufgaben beschränkt sehen. Aber wir in Deutschland haben unsere besondere historische Erfahrung. Wir haben die Erfahrung des Weimarer Staates, in dem die demokratischen Parteien, verfassungsmäßig nicht abgesichert, gegen eine Ideologie ankämpfen mußten, die sie als Gefahren des „Gemeinwohls" verdächtigte. Eine Ideologie, die der nazistischen Lüge von der „Volksgemeinschaft" in verhängnisvoller Weise den Weg bereitet hat. Eine so elementare historische Erfahrung gilt es wachzuhalten. Und immer wieder gilt es zu erklären, was die Funktion von Parteien im demokratischen Staat ist und welche Verantwortung sie tragen. Auch hierzu können uns die Berliner Ereignisse vor 35 Jahren einiges lehren.

Für mich ist es beunruhigend, wenn einige jüngere Leute heute wieder von „Systemparteien" sprechen, ohne zu ahnen, welchen Begriff aus dem Wortschatz des Unmenschen sie benutzen. Ganz und gar unverantwortlich ist es, wenn CDU-Leute heute, aus vordergründig taktischen Erwägungen, Stimmungen der Parteienfremdlich- bis -feindseligkeit schüren.

Führende CDU-Leute tun dies, indem sie gegen die „Verstaatlichung" – die wir Sozialdemokraten bewerkstelligt hätten – zu Felde ziehen, und zwar nachdem sie dem Begriff ihre eigenwillige Deutung gegeben haben. (Also nicht bezogen auf traditionelle Nationalisierungsprogramme, die die deutschen Sozialdemokraten längst hinter sich gelassen haben.) Und indem sie „den Parteien" zum Beispiel vorwerfen lassen, sie machten sich „den Staat zur Beute". Zur Verstaatlichungsthese nur kurz dies: Wer den Sozialstaat, den zu verwirklichen uns das Grundgesetz aufgibt, wirklich will – und nicht nur mit Lippenbekenntnissen –, der muß sich zu einer regelnden, freilich gesetzlich begrenzten Tätigkeit des Staates im Wirtschafts- und Sozialleben bekennen. Vorwürfe wegen zuviel Staat erheben meist jene, welche die durch sozialstaatliche Regelungen eingeengte Macht des wirtschaftlich Stärkeren gegenüber dem Schwächeren wieder freisetzen wollen. Und was soll heißen: zur Beute machen? Wer soll staatliche Funktionen einnehmen, wenn nicht Vertreter der von den Bürgern des Volkes gewählten Parteien? Soll der Staat wieder über den Parteien stehen? Oder sollen nur Parteilose politische Funktionen bekleiden?

Hier sind wir beim Kern dessen, was unvernünftigerweise mit in den „Filz"-Vorwurf hineingepackt wird. Es ist sicher nicht zu bestreiten, daß in Berlin – nur in Berlin? – alle Parteien eine zu enge personelle und institutionelle Verquickung zwischen Volksvertretung, Verwaltung und öffentlichen Unternehmungen zugelassen und zum Teil gefördert haben. Doch ändert dies nichts an folgendem: Öffentliche Unternehmungen können nicht im luftleeren Raum schweben, sie sollen ihren Platz im Rahmen staatlicher Verantwortung haben. Aber die Art, in der dies vielfach gehandhabt wurde, hat zu Mißtrauen bei den Menschen geführt. Einmal, weil die Kompetenzüberschneidungen gelegentlich zu groß waren, und zum anderen, weil wohl auch manche Karriere hin- und zurückführte. [...][7]

Fatal und gefährlich ist es, aus diesem Anlaß eine allgemeine Kampagne gegen die Besetzung von staatlichen und halbstaatlichen Positionen mit parteipolitisch ausgewiesenen Frauen und Männern zu betreiben. Dies gilt nicht nur für uns. Ich weiß und respektiere, daß es nicht jedermanns Sache ist, parteipolitisch tätig zu sein. Und natürlich haben wir nichts gegen parteipolitisch ungebundene Fachleute. Aber Aufgaben, die nun einmal politisch sind, müssen politisch ausgewiesenen Personen übertragen werden. Und die werden in den meisten Fällen aus Parteien kommen. Hält man das anders, beginnt eine Art von – in der Tat – Entstaatlichung, die nicht zu einer Objektivität mit höherer Weihe führt, sondern eher dazu, daß ganze Sektoren dem parlamentarischen Einfluß entzogen werden. Dies freilich wäre denen recht, die – ohne sachliche Begründung oder Prüfung – möglichst viele öffentliche Aufgaben privatisieren wollen. Vor allem dann, wenn Geld zu verdienen ist.

Man muß davon ausgehen, daß die Parteien nun einmal wesentliche Rekrutierungsfelder für politischen Nachwuchs sind. So ergibt es sich aus der Rolle, die den Parteien durch das Grundgesetz zugewiesen ist. So will es unser parlamentarisches System. Woher sollen sie sonst kommen? Wer will Akademien für Führungskräfte einrichten? Nein, hier geht es um die Verantwortung von Parteien. Ebenso wie es zu ihrer Verantwortung gehört, auch wirklich die am besten geeigneten Kandidaten für öffentliche Ämter zur Verfügung zu stellen.

Die konservative Kampagne gegen den Parteienstaat ist nicht nur unglaubwürdig, sie ist politisch gefährlich. Sie fördert Staats- und System-Verdrossenheit. Sie fördert den Blind- und Nichtwähler. Sie fördert obrigkeitsstaatliche Tendenzen. Sie hält qualifizierte Mitbürger davon ab, sich in den Parteien und damit für unseren Staat zu engagieren.

Und sie fördert letztendlich auch die zutiefst unpolitische Vorstellung, die Aufgabe von Politik sei nur die möglichst kompetente Leitung und Verwaltung des Bestehenden. Es entsteht der Eindruck, die Strecke sei – womöglich schon aus Sachzwängen – ohnehin festgelegt. Und die Wahl zwischen verschiedenen Parteien sei nur die Wahl zwischen – ich wiederhole das aus gutem Grund – verschiedenen „Bedienungsmannschaften". Wir Sozialdemokraten müssen dem mit Entschiedenheit entgegentreten. Wir dürfen niemals den Eindruck erwecken, wir stellten einfach nur die „besseren Männer". Es ist nicht die gleiche Strecke, es sind zwei verschiedene Strecken, die gefahren werden, wenn die Konservativen oder wenn wir die Weichen stellen. Es ist auch nicht alles so wohlgeordnet im Lande, daß man es unpolitischen Fachleuten überlassen dürfte. Wir wollen etwas verändern, Sachen in Ordnung bringen, Dinge nach vorn bewegen. Auch Vorstellungen von dem, was der Menschen wegen geboten ist.

IV.

Dies gehört zu unserer Situation gegenüber dem „bürgerlichen Lager" und damit gegenüber der CDU. Aber das eigentlich Beunruhigende ist, dass diese gleiche Parteienverdrossenheit oder -feindlichkeit, dieser Affekt gegen den Verantwortungsbegriff der SPD und auch gegen wesentliche Elemente unseres Gesellschaftsverständnisses in einer merkwürdig ähnlichen Form von anderer Seite geschürt werden. Von einem Teil der jungen Generation, von einem Teil der neuen – wie manche sagen – „post-industriellen Mittelschichten". Von gesellschaftlichen Gruppen, auf deren Unterstützung wir vor zehn Jahren erstmals stärker zählen konnten.

Hier finden sich gelegentlich Argumente und Vorstellungsfiguren aus der „linken" Ecke mit denen der CDU und anderer konservativer Propheten. Die geschickteren und auch skrupelloseren Taktiker in der CDU haben diese Nähe wohl bemerkt und möchten sie – über die Philosophie der „weichen Themen"[8] – zu einer Art gesellschaftlichen Zangenbewegung gegen die Sozialdemokratie ausnutzen. Mich wundert das nicht, doch es verdient, immer noch einmal festgehalten zu werden.

Was Teile der erwähnten gesellschaftlichen Gruppen angeht, so schlägt der Sozialdemokratie nicht mehr eine von Reformhoffnungen getragene Sympathie entgegen, sondern Desinteresse und Distanz, die sich in konkreten Konfliktfällen zur Aggressivität steigern können. Und sich häufig als eine Art gesellschaftlichen Naserümpfens darstellen. Gegen unseren politischen Verantwortungsbegriff wird nicht selten eine Art fröhliche Verantwortungsfreiheit gesetzt, die bei uns manchen in Empörung treibt, oder gar in Verzweiflung.

Da gibt es ein „Politikverständnis der spontanen Entscheidung", das wenig nach den Folgen für die Gesamtgesellschaft oder nach dem ökonomischen Gesamtzusammenhang fragt. Dies äußert sich – zum Beispiel, wenn es um den Schutz der natürlichen oder der gebauten Umwelt geht – etwa in ganz losgelösten ad-hoc-Forderungen. Wenn sie generalisiert – und das heißt ja ganz eigentlich politisch gestellt – werden müssen, laufen sie oft auf ganz unsinnige Vorstellungen hinaus. Und das findet seinen Niederschlag in subjektiv-individuellen, oft einfach egoistischen Forderungen, bei denen es nur um die Durchsetzung eigener Bedürfnisse und Lebensformen geht.

Kein Wunder, daß dort die Idee einer „Politik in der ersten Person" Platz greift, (wie es einmal ein intellektueller Kopf der Alternativszene formuliert hat) „die Parteienstrukturen überflüssig machen soll".[9]

Da gibt es auch solche Bürgerinitiativen, die Forderungen vertreten, welche losgelöst sind vom ökonomischen Gesamtzusammenhang und auch losgelöst von den Interessen anderer gesellschaftlicher Gruppen. Wohlgemerkt: Ich mache mir nicht die These zu eigen, wonach Bürgerinitiativen – oder andere Initiativgruppen, die auf den „Bürger"-Bezug verzichten – durchweg gleichsam nach dem Sankt-Florians-Prinzip nur Partikularinteressen verträten. Aber richtig ist sicher, daß sie häufig Teilinteressen vertreten. Bewußt nur die eine Seite eines Interessenkonflikts, in dem ein Kompromiß erst zu finden wäre. Gewiß ist dies nicht von vornherein unzulässig. Zuweilen ist es geradezu erforderlich, auch begrenzte Interessen wahrzunehmen. Zumal man sich in aller Regel darauf verlassen kann, daß andere gegenhalten. Was nicht geht, ist zum Beispiel die Vorstellung vom Gemeindeparlament als Befehlsempfänger von Initiativen.

Es gibt da auch zuweilen eine neue Mentalität bei jüngeren Angehörigen von neuen Schichten, die im Grunde fortschrittlich sind, allerdings nach unseren Kategorien nicht schon als links bezeichnet werden können, weil sie „angegrünt" sind. Da zeigt sich vielfach eine erhebliche Antipathie gegen die SPD und gegen die angeblich von der Sozialdemokratie veranstaltete „SPD-Kultur". Bei diesem Anti geht es etwa um die Verteidigung des Einzelnen, Individuellen, Spontanen gegen eine zunehmende Uniformität und Lähmung der Gesellschaft, gegen die wuchernde Bürokratisierung, gegen die Anonymisierung durch Großorganisationen. Zur Charakterisierung dieser Mentalität lassen sich eine Menge gesellschaftlicher Trends geltend machen. Da ist für mein Empfinden ein Stück Wehleidigkeit angesichts starker beruflicher Konkurrenz. Da ist auch das Bedürfnis, weg von den großen und hin zu den kleinen Strukturen zu kommen, von der Uniformität der Großgesellschaft hin zum Recht der kleinen Lebenskreise. An dieser kritischen Haltung ist sicherlich manches nicht nur verständlich, sondern auch berechtigt, und dem wollen wir stärker nachgehen. Unredlich ist, wenn die SPD pauschal für eine Quasi-Uniformierung und sogenannte Verstaatlichung verantwortlich gemacht wird. Mir scheint, hier drückt sich gelegentlich das Unbehagen darüber aus, daß es ein abgeschirmtes, geruhsames Leben für Eliten bei uns nicht mehr gibt. Aber das können und werden wir nicht ändern.

Auch die Bürokratiekritik, Verwaltungskritik, Kritik über Erdrosselung durch Gesetzes- und Normenflut usw. lassen sich gut auf die Mühlen der Konservativen leiten. Kennzeichnend sind hier, so erscheint es vielen von uns, unbekümmerte Widersprüchlichkeiten – das Beispiel der Aufsteigerfamilie, die sich für Umweltschutz und Energiesparen engagiert, aber ohne Not einen Zweitwagen fährt – und ein ebenso unbekümmerter Snobismus gegenüber Arbeiterinteressen und den Leistungen des Sozialstaats. Angesichts solcher

Erscheinungen kann es nicht verwundern, wenn mancher sozialdemokratischer Funktionär – zumal wenn er gleichzeitig Gewerkschaftler ist – nicht nur mit Verwunderung, sondern auch mit Erbitterung reagiert. Bestimmte unsensible Argumente – etwa, dass die Sorge um Arbeitsplätze in der energiepolitischen Diskussion ein „gehirnerweichendes Totschlagsargument" sei – verschärfen solche Erbitterung dann noch. Zu sehr sind diese Form eines egoistischen Individualismus und diese Teilsicht der Dinge von der Tradition der Arbeiterbewegung entfernt. Zu sehr steht dieser eher bürgerliche „politische Luxus" zu unserem Begriff von gesellschaftlicher und sozialer Verantwortung im Gegensatz. Dennoch sollten wir nach Möglichkeit die emotionalen Fronten auflockern und die tatsächlich vorhandenen Gegensätze nicht unnötig verschärfen.

V.

Wir können solche Polarisierung nicht wollen. Die Gegensätze sind ja auch nicht eigentlich Klassengegensätze oder solche, die sich auf sozialistisch-demokratische Grundsätze beziehen. Vielmehr haben wir es mit einer schwierigen Verquickung zu tun zwischen sozial und soziologisch unterschiedlichen Herkunftsfeldern und einem Generationsproblem: So steht der Großteil der technischen Intelligenz durchaus auf der Seite der Gewerkschaftler und damit unserer Stammwählerschaft. Und umgekehrt sind Protest und Jugendkultur längst nicht mehr das Privileg von Kindern aus akademisch-bürgerlichen Kreisen.

Wir können die Polarisierung nicht wollen, weil sie eine Kriegserklärung bedeuten würde an einen großen Teil der Jugend, an einen großen Teil jener Bevölkerungsschichten, die als Teile der „nachindustriellen" Dienstleistungsgesellschaft zahlenmäßig wachsen. Und eine Kriegserklärung sogar gegen beträchtliche Teile der eigenen Partei, namentlich vieler der Aktiven, also der Funktionäre.

Hier ist der Grund für manche Mißverständnisse in der Debatte um Zustand und Zukunft der SPD: Viele können oder wollen nicht akzeptieren, daß eine Volkspartei – ich könnte auch sagen: eine Integrationspartei –, also eine Partei, die potentiell 50 Prozent oder mehr der Wähler auf sich vereinigen möchte, soziale Bündnisse eingehen, ja geradezu zimmern muß. Die Öffnung von Godesberg, die Integration eines erheblichen Teils der Außerparlamentarischen Opposition nach 1969, das Verkraften des kräftigen Mitgliederzustroms 1972 – dies und anderes hat die Sozialdemokratie selbstverständlich verändert. Zu der Partei, die in der Stunde ihres Entstehens „ein Bündnis von Denkenden und Leidenden" war, um Lassalle zu zitieren,[10] und die dann die Facharbeiter mit Teilen der technischen Intelligenz zusammenführte, stießen nun die neuen Schichten: Angehörige der Dienstleistungsberufe, zumeist mit einer höheren Schulbildung, wirtschaftlich relativ gesichert, häufig Angehörige der Nachkriegsgeneration, kurz: Menschen mit Vorstellungen, die sich von denen der „alten SPD" teilweise und nicht unwesentlich unterschieden. Nicht eigentlich in der Zielrichtung, wohl aber in der Einschätzung der alltäglichen Praxis und in den Ausdrucksformen der Zusammenarbeit.

Keine Mißverständnisse: Es wäre mehr als nur verkürzt, wenn man unsere alte Kernwählerschaft als nur materiell oder „ökonomistisch" orientiert, die neuen Schichten dagegen als ideell-moralisierend bezeichnen wollte. Natürlich: Wer nach wie vor einen wirtschaftlichen Nachholbedarf hat und außerdem im Fabrikbetrieb sein Leben lang nicht nur theoretisch erfährt, was Entfremdung bedeutet, der muß sich anders verhalten als einer, der gewissermaßen saturiert ist und dem das eigentliche Malochen erspart bleibt. Wer die blanke Not der Nachkriegsjahre zusammen mit anderen weggearbeitet hat, der hat andere Erfahrungen als einer, der im sogenannten Wirtschaftswunder aufwuchs. Hinter der stark wirtschaftlichen Orientierung vieler Arbeitnehmer können ebenso moralische Triebkräfte stehen, wie hinter dem Protest ökologischer Gruppen gegen ein Kernkraftwerk oder ein Stück Autobahn. Es steht nicht Moral gegen Ökonomie, es stehen moralische Urteile mit unterschiedlichen Voraussetzungen einander gegenüber.

Dieses Gegenüber kann man nicht auflösen, wenn man einfach Köpfe zählt oder Unterordnung verlangt. Sicher, am Ende langer, schwieriger Prozesse der Selbstverständigung müssen Entscheidungen stehen, die von allen getragen werden. Die Partei ist keine unbegrenzte Diskussionsveranstaltung. Wir diskutieren, um vernünftig entscheiden zu können. Und wenn entschieden ist, muß gehandelt werden. Mit dem Risiko, sich revidieren zu müssen.

Die Polemik in der und außerhalb der SPD schon gegen die Prozesse der Selbstverständigung ist kurzsichtig. Würden wir sie uns schenken, sprengten wir womöglich das soziale Bündnis, das uns über die 40-Prozent-Marke der Bundestagswahlen getragen hat, in die Luft. Wir würden dann manche heikle Debatte los. Aber wir zögen uns in den Turm der 30 oder 35 Prozent zurück, in dem wir die ersten zwanzig Nachkriegsjahre im Bund verbracht haben: nicht immer einiger als heute, aber jedenfalls von der politischen Macht verdrängt. (In Berlin haben wir damals im übrigen gezeigt, daß man inhaltlich streiten und gleichwohl Wahlen gewinnen kann![11])

Der bei unseren politischen Gegnern seit langem beliebte und in der SPD leider auch beliebter werdende Versuch, die Kernwählerschaft der SPD gegen neue Schichten auszuspielen, ist gefährlich. Es ist blanke Illusion, in einer Gesellschaft, in der der Arbeiteranteil sinkt, auf die neuen Schichten verzichten zu können. Und doch bleibt gleichzeitig richtig, daß es nur mit der Arbeiterschaft eine gesunde und kraftvolle Sozialdemokratie gibt. Nur wer sich diese beiden Erkenntnisse bewußt macht, kann mit der SPD erfolgreich sein.

Dies bedeutet allerdings auch, daß beide Elemente, beide Formationen, die es in der Mitgliedschaft gibt – in Wirklichkeit sind es ja dann immer noch mehr als nur zwei –, bei den Funktionären, bei den kommunalen Mandatsträgern, bei den Abgeordneten auf allen Ebenen ihre Widerspiegelung finden müssen. In manchen Regionen ist die Gefahr entstanden, daß die Arbeiter in der Konkurrenz mit Lehrern, Beamten oder Sozialarbeitern zu kurz kommen oder daß die Ingenieure in der Konkurrenz mit Studenten oder Erziehern in die Inaktivität gedrängt werden. Oder: daß sie, ohne gedrängt zu werden, resignieren. Solche Entwicklungen wären gefährlich für die SPD. Deshalb dürfen wir sie nicht zulassen. Wo gegengesteuert werden muß, wird der Parteivorstand es tun müssen; ich bin dafür, daß er es tut.

Wir sind aufgerufen zur Vermittlung, zur Integration – in bezug auf die Menschen wie auch auf ihre gruppen-spezifischen Haltungen. Erinnern wir uns nachdrücklich einer anderen historischen Leistung unserer Partei in der Nachkriegszeit: an das historische Bündnis von Godesberg, um mehr soziale Gerechtigkeit und mehr Liberalität in unserem Lande durchzusetzen.

Es ist unsere Aufgabe heute, dieses Bündnis zu erhalten, gegenläufige Strömungen wieder zusammenzuführen, unseren Stammanhängern Empfindungen des Zorns über die „kleine Kulturrevolution" zu nehmen, die sich vielfältig abspielte. Und den jungen oder sich jung fühlenden aus den neuen Schichten gilt es klarzumachen, daß alle Suche nach neuen Lebens- und Arbeitsformen zu einer Kaltschnäuzigkeit wird, wenn sie an den Lebensinteressen und Sorgen der Arbeiterschaft in unserem Lande und der sie organisierenden Gewerkschaften vorbeigeht. Und zu den arbeitenden Menschen gehören natürlich die Rentner immer mit dazu.

In beiden Richtungen müssen wir uns bemühen. Und ich sage, die Chancen, daß uns das gelingt, stehen nicht schlecht. Daß es uns gelingt, das gesellschaftliche Bündnis zusammenzuhalten, das unser Land gut vorangebracht hat – so weit immerhin, daß auch Ideen über neue Lebensformen sprießen konnten. Ich bin weniger pessimistisch als andere, die in der Kontroverse um einzelne Standpunkte schon die Ankündigung des Untergangs sehen. Wir müssen den Blick haben für die längerfristigen Aspekte dieses gesellschaftlichen Wandels, den die meisten von uns übrigens reichlich spät registrierten. Manches, was fast unüberwindbar erscheint, nimmt wieder Mittelgebirgsdimensionen an.

[. . .][12]

Nr. 76
Kolumne des Vorsitzenden der SPD, Brandt, in der *Hamburger Morgenpost*
15. April 1981

SPD Mitteilung für die Presse, Nr. 209/81 vom 15. April 1981.[1]

Was große Parteien beschäftigt, sind keine Privatangelegenheiten. Es betrifft alle, die der Meinung sind, daß es sie angeht: Sozialdemokraten dürfen sich nicht darüber beschweren, daß andere sich für sie interessieren. Sie brauchen sich allerdings auch nicht anhängen zu lassen, was bei ihnen nichts zu suchen hat.

Die vielzitierte Parteienkrise ist etwas, was andere erfunden haben.[2] Und was sich die Sozialdemokraten haben anhängen lassen. Natürlich gibt es von Zeit zu Zeit ein Verhalten einzelner, das nicht unwidersprochen bleiben darf. Oder das sogar einen Trennungsstrich nach sich ziehen muß. Doch nicht das ist das eigentliche Problem.

Für eine Partei wie die SPD ergibt sich das eigentliche Problem aus den tatsächlichen Veränderungen, die auf sie einwirken. Also heute vor allem die Sorge um die Zukunft der Arbeitsplätze. Und die besorgte Frage, mit wieviel mehr Rüstung man wohl mehr Sicherheit erlangt. Das ist nicht leicht zu beantworten. Und der Informationsvorsprung, der sich aus einem Regierungsamt ergibt, muß nicht zwangsläufig eine höhere Qualität des Urteils nach sich ziehen.

Jedenfalls: Die SPD braucht die Diskussion, das Ringen um die richtigen Entscheidungen. Sie braucht dies wie die Luft zum Atmen.[3] Nichtssagende Einstimmigkeit können sich andere vielleicht leisten, die Sozialdemokraten nicht. Doch kann es auch nicht um Meinungsstreit seiner selbst willen gehen.

Es muß diskutiert werden, damit entschieden werden kann. Wo erforderlich, mit Mehrheit. Und mit der Möglichkeit, daß man sich später revidieren muß. Hauptsache ist, das Gesicht der Partei nicht der Verschwommenheit anheimzugeben.

Mit der Frage „Arbeiterpartei oder Volkspartei" hat dies eigentlich nichts zu tun. Im Sinne des Godesberger Programms (von 1959) kann es keine fortschrittliche Volkspartei geben, die nicht in den arbeitenden Schichten verwurzelt ist. Aber Mehrheiten gibt es auch nicht mehr ohne breite soziale Bündnisse. Und nicht ohne Eingehen auf neue Probleme.

Im übrigen muß man aufeinander Rücksicht nehmen: Schulmeister und Metaller, öffentlicher Dienst und gewerbliche Wirtschaft. Auch und gerade wo Regierungsverantwortung zu tragen ist, gilt das Gebot der Loyalität in beiden Richtungen.

Nr. 77
Schreiben des Vorsitzenden der SPD, Brandt, an den Bundeskanzler, Schmidt
21. September 1981

AdsD, WBA, A 11.3, 46.

Lieber Helmut,
Deinen Brief vom 16. September [1981] habe ich am Freitagabend, nach meiner Rückkehr aus Straßburg, erhalten. Ich verstehe Deine Sorge aufgrund der jüngsten Vorkommnisse, meine jedoch, daß über die von Dir skizzierten Schritte in aller Ruhe geredet werden muß.[1] Das sollte in der Präsidiumssitzung am nächsten Montag, also am 28. September [1981], geschehen.[2]

Schon jetzt möchte ich betonen, daß unsere Aufgabe meiner Meinung nach darin bestehen sollte, einerseits zu differenzieren zwischen friedlichen Meinungsäußerungen (auch solchen, die man für einseitig oder abwegig oder übertrieben hält), gewaltsamen Ausschreitungen und Mordanschlägen,[3] wie wir sie wieder erleben, sowie andererseits uns nicht zu isolieren von dem, was viele, vor allem junge Menschen, in unserem Land umtreibt. Wir müssen das uns mögliche tun, um erneut die Front gegen den Terrorismus zu stärken und uns – ohne das eine mit dem anderen zu vermengen – gegen Einseitigkeiten wenden, die politischen Schaden nach sich ziehen müßten; dies gilt nicht zuletzt für ungerechtfertigte oder undifferenzierte Angriffe auf die Amerikaner oder auf das Bündnis, zu dem wir gehören.

Die für den 10. Oktober [1981] in Bonn geplante Kundgebung ist in der Präsidiumssitzung am 7. September [1981] zur Sprache gekommen. Im Protokoll wurde darüber festgehalten:

„Erhard Eppler sagte, die große Friedensdemonstration werde von zwei christlichen Organisationen vorbereitet. Nach dem gegenwärtigen Stand könne mit einer sechsstelligen Teilnehmerzahl gerechnet werden. Erhard Eppler teilte mit, daß er auf der Kundgebung neben weiteren fünf Rednern sprechen werde. Bisher sehe es so aus, daß die Demonstration und die Kundgebung diszipliniert ablaufen könne. Er rechne damit, daß ca. 10 000 Sozialdemokraten teilnehmen."[4]

Es wurde auch die Frage aufgeworfen, ob die Partei vorher eine Erklärung, die Verständnis für das Friedensverlangen der dort Hinkommenden zum Ausdruck brächte, abgeben sollte. Ich habe das nicht weiter verfolgt, neige aber jetzt zu einer Erklärung, in der vor allem dazu aufgerufen werden müßte, sich von gewalttätigen Elementen energisch zu distanzieren.

Ich halte es für selbstverständlich, daß von Staats wegen die erforderlichen Maßnahmen getroffen werden, um Gewalttätigkeiten entgegenzutreten. Wenn es Erkenntnisse in bezug auf die Hardthöhe[5] gibt, sollte man überlegen, sie zum Zwecke der Warnung zu veröffentlichen.

Zur Nichtteilnahme aufzurufen, erscheint mir wenig erfolgversprechend. Das wäre ja wohl auch, wenn ich die Berliner richtig verstanden habe, dort nicht befolgt worden, obwohl es dort mindestens zwei Gründe der Ablehnung gab, die in Bonn auf diese Weise nicht gegeben sind.[6] Als ich Deinen Brief erhielt, hatte ich gerade aus Anlaß der Ehrung unseres Parteivorsitzenden in Weinheim zu sprechen.

Sein Sohn, ein junger Werkzeugmacher, kam nach der Veranstaltung zu mir und sagte, er habe seinem Vater gesagt, daß er eigentlich aus der SPD austreten wolle. Nun habe er den Eindruck, wir nähmen die Sorgen der Jugend doch ernst. Der junge Mann will zur Kundgebung nach Bonn fahren, und ich hätte ihm dies, auch wenn Zeit gewesen wäre, kaum ausreden können. Im übrigen: Ob es einem Spaß macht oder nicht, haben wir es mit der Tatsache zu tun, daß außer den Arbeitsgemeinschaften der Jungsozialisten und der Frauen auch mehrere Unterbezirke zur Teilnahme an der Bonner Veranstaltung aufgerufen haben.

Die für Erhard Eppler beigefügte Kopie Deines Briefes will ich ihm gern zugehen lassen. Ob er es für möglich hält, seine Zusage, am 10. Oktober [1981] zu sprechen, rückgängig zu machen, kann ich nicht für ihn beantworten. Über die verschiedenen Aspekte dieser Angelegenheit sollte jedenfalls im Präsidium am 28. September [1981] gesprochen werden. Dies gilt auch für die von Dir erwähnten Presseberichte über Äußerungen von Erhard Eppler, die er in eigener Verantwortung macht und durch die auch ich häufig die Meinung der Partei nicht wiedergegeben finde. Ich meine, das Präsidium ist der geeignete Ort, um über noch so schwierige Fragen Meinungen auszutauschen und dann hoffentlich auch in aller Regel zu gemeinsamen Ergebnissen zu gelangen.

Mit freundlichen Grüßen
‹Dein Willy›[7]

Nr. 78
**Erklärung des Vorsitzenden der SPD, Brandt, zu der am
10. Oktober 1981 in Bonn geplanten Demonstration der
Friedensbewegung
29. September 1981[1]**

SPD Mitteilung für die Presse, Nr. 559/81 vom 29. September 1981.

Die SPD hat sich stets als eine Partei des Friedens verstanden, als solche handelt sie auch heute. Es war und bleibt ihre Grundmaxime, gerade auch als Regierungspartei. Wir laden zumal die jungen Bürger ein, in und mit der SPD für die Sicherung des Friedens zu wirken. Das Ziel der Friedenssicherung trennt uns nicht von anderen, die sich ohne vordergründige taktische oder ideologische Winkelzüge für Frieden, Entspannung und beiderseitigen Rüstungsabbau einsetzen.

Wer heute Groß-Demonstrationen veranstaltet, darf sich allerdings nicht mit dem eigenen Willen zur Gewaltlosigkeit zufrieden geben, sondern muß auch in Rechnung stellen, was andere, die sich an die Demonstration anhängen, u. U. bewirken könnten. Ich gehe davon aus, daß sich Sozialdemokraten, die an der Demonstration teilnehmen, offensiv mit all denen auseinandersetzen werden, die die Demonstration für egoistische Zwecke oder gar zu Gewalttätigkeiten mißbrauchen sollten.

Die SPD versteht und unterstützt also den moralischen Anspruch, der die meisten derer antreibt, die sich als Friedensbewegung verstehen. Doch wir stehen immer wieder vor dem Problem, wie Moral in praktische Politik umgesetzt werden kann. Aus diesem Grund erfolgte die Zustimmung zum Doppelbeschluß der NATO mit der erklärten Absicht, Verhandlungen zwischen den beiden Großmächten USA und UdSSR mit dem Ziel zu bewirken, durch den Abbau von Ungleichgewichten möglichst zu einer Null-Lösung bei den neuen Mittelstreckenraketen zu gelangen. Die Verhandlungen, die inzwischen fest vereinbart wurden, sind in nicht geringem Maße ein Erfolg der Bemühungen des Bundeskanzlers und des Bundesaußenministers. Hierüber kann es vernünftigerweise keine unterschiedlichen Meinungen geben. Im übrigen sprechen Sozialdemokraten, die auf der Bonner Kundgebung das Wort ergreifen, in eigener Verantwortung.

Die Initiatoren der Demonstration am 10. Oktober [1981] – Aktion Sühnezeichen und die Arbeitsgemeinschaft Dienst für den Frieden – verfolgen gewiß das Ziel, den Frieden sicherer zu machen. Davon kann auch nicht die Tatsache ablenken, daß sich Gruppierungen an die Demonstration anhängen, für die eine Friedensdemonstration willkommener Anlaß zur Diffamierung sozialdemokratischer Friedenspolitik ist. Es würde den Veranstaltern gut anstehen, wenn sie unmißverständlich deutlich machten, daß dem Wettrüsten in Ost und West Einhalt geboten werden muß.

Nr. 79
Aus der Rede des Vorsitzenden der SPD, Brandt, auf dem Symposion des SPD-Parteivorstandes anlässlich des 10. Todestages Willi Eichlers im Erich-Ollenhauer-Haus in Bonn 21. Oktober 1981

Die Neue Gesellschaft 28 (1981) 12, S. 1065 – 1069.

I.

[...][1]

Daß Willi Eichler das Thema Selbstverständnis, Identität, im doppelten Sinn – theoretisch-wertemäßig und sozial – so am Herzen lag, dies ist kein Zufall. Es hat etwas zu tun damit, daß Eichler zugleich zu den wesentlichen Mitgestaltern des Godesberger Programms gehört. Es hat etwas zu tun mit der modernen SPD. Die SPD nach Godesberg, dies wußte Eichler, hat einen höheren Bedarf an Reflektion und Identitätsbestimmung; und sie muß immer wieder die Kraft finden, sich selbst zu vergewissern und, wo nötig, ihre Wegstrecke neu zu bestimmen. Das gilt für die geistige Identität der Partei, für ihre

Werte und Ziele; es gilt auch für ihre soziale Identität, für das Verhältnis zu den Schichten und Gruppen unseres Volkes, die sie in Mitgliedschaft und Wählerschaft zusammenführt.

Das Wichtigste der Godesberger Wende, so hat Eichler einmal einen Fragesteller bündig beschieden, sei die Verabschiedung der Geschichtsphilosophie gewesen. Dieser Abschied – über Geschichtsdeterminismus hinaus: von einer Weltanschauung als festem Parteigerüst – bedeutete ja zugleich einen Verzicht auf nicht zu hinterfragende Gewißheiten. Einige haben damals ja auch Angst gehabt, soviel hinter sich lassen zu sollen. Die moderne SPD verzichtet auf weltanschauliche Festlegung; sie begnügt sich mit den berühmten „vorletzten" Werten. Aber sie braucht gerade jetzt den Mut, ihre Ziele selbständig zu bestimmen. Und andererseits: Die programmatische Feststellung, daß „die Sozialdemokratische Partei aus einer Partei der Arbeiterklasse zu einer Partei des Volkes geworden" sei, hat die SPD gleichfalls aus einer Gewißheit entlassen, nämlich aus ihrer einstmals selbstverständlichen Identität mit der Arbeiterklasse, deren Interessen sie vor allem vertrat, obwohl sie natürlich nie nur aus Arbeitern bestand. Die real existierende SPD bildete schon vorher und bildet vor allem seither soziale Bündnisse. Die deutsche Sozialdemokratie könnte ihre soziale Identität nicht allein in der traditionellen Verankerung finden, selbst wenn sie es wollte, sondern sie muß sich ihrer fortlaufend neu vergewissern.

Selbstverständigung, Identitätsbestimmung ist für die SPD eine notwendige und kontinuierliche Aufgabe. Willi Eichler wußte dies; und wir Heutigen dürfen nicht aufhören, es zu wissen: damit wir bei den unumgänglichen Auseinandersetzungen nicht die Übersicht verlieren, sondern den vernünftigen Sinn dessen erkennen, worum gerungen werden muß.

II.

Zweifellos ringt die Partei auch heute wieder um ihre Identität – auch wenn, dies will ich offen sagen, die Erschütterungen manchmal vergessen lassen, welche großen Wandlungen uns seit Godesberg beschäftigt haben.

Im Blick auf das soziale Gefüge der SPD habe ich im Frühling dieses Jahres in einer Berliner Rede[2] zwei Schwerpunkte zu setzen versucht. Ich bitte um Verständnis, wenn ich mich darauf beziehe. Mein erster Punkt: Wir müssen uns darüber klar sein, daß eine sozialdemokratische Volkspartei – ich könnte auch sagen: eine Integrationspartei –, also eine Partei, die fünfzig Prozent oder mehr der Wähler auf sich vereinigen will, soziale Bündnisse geradezu zimmern muß.

Die heutige SPD kann verstanden werden als ein Bündnis des großen Blocks von Facharbeitern und technischer Intelligenz auf der einen Seite mit auch wahlentscheidenden neuen Gruppen aus dem Dienstleistungsgewerbe, den „Büro-Berufen", dem öffentlichen Bereich. Ich will jetzt nicht darüber streiten, ob es sich um „neue Mittelschichten" handelt. Und schon gar nicht will ich bestreiten, daß der öffentliche Dienst im allgemeinen und das Bildungswesen im besonderen in Teilen der handelnden und sich nach außen darstellenden Partei ganz ungewöhnlich stark vertreten sind. Vom Prinzip her haben wir die Öffnung gewollt, und wir müssen sie nach wie vor wollen; sie war Teil des Erfolgs, sie bleibt notwendig im Kampf gegen die Rückwärtsgewandten.

„Die Arbeiterschaft bildet den Kern der Mitglieder und Wähler der Partei. Historisch war der Sozialismus zunächst ihre Sache, da sie die am meisten entrechtete Schicht war. Aber unsere Arbeit liegt im Interesse aller, die keine Herrschafts- und Bildungsvorrechte aufrechterhalten wollen oder anstreben. Jeder Mensch also, dem soziale Gerechtigkeit und geistiger Fortschritt am Herzen liegen, ist der natürliche Verbündete der Sozialisten."

Diese Sätze stammen von Willi Eichler. Sie liegen schon lange zurück: Er schrieb sie 1954, in dem Jahr, in dem er mit der Leitung der Kommission beauftragt wurde, die das Godesberger Programm entworfen hat.[3] Und diese Sätze sind nach wie vor richtig, wenn man die soziale Identität der modernen Sozialdemokratie bestimmen will.

Natürlich weiß ich, daß sehr unterschiedliche soziale Situationen und Erfahrungen zusammenkommen und gelegentlich aufeinanderprallen, wenn die Partei ihren politischen Willen sucht. Da gibt es Überzeugungen, die allen gemeinsam sind. Aber da gibt es auch Unterschiede: wenn zum Beispiel für den einen die Kürzung des Arbeitslosengeldes eine reale Gefahr ist oder sein könnte, für den anderen aber eine Angelegenheit, die ihn persönlich nie treffen würde. Und das Interesse am Umweltschutz ist verständlicherweise bei dem merklich geringer, der für die nächste Zeit mit einer Stillegung seines Betriebs zu rechnen hat. Aber die Sozialdemokraten haben bisher den Zusammenhalt und auch den Einfallsreichtum gehabt, Interessen und Forderungen unterschiedlicher – wenn auch nicht gegensätzlicher – Art gemeinsam zu vertreten; sie müssen dazu weiter in der Lage bleiben.

Darum sage ich: Lassen wir uns nicht verwirren durch den Versuch politischer Gegner, Kernwählerschaft gegen neue Schichten auszuspielen. Oder durch die überspitzte Fragestellung, als ob wir Arbeiterwähler zugunsten von Randgruppenwählern preisgeben wollten oder dürften. Es müßte verdächtig genug sein, daß gerade diejenigen, die noch nie Arbeiterinteressen vertreten haben und stets rasch gegen den befürchteten „Gewerkschaftsstaat" zu Felde ziehen, nun plötzlich das Bedürfnis haben, die Arbeiter gegen andere in der SPD in Schutz zu nehmen.

Mein zweiter Hauptpunkt: Wir müssen zur Bindung unterschiedlicher Menschen und Menschengruppen fähig bleiben. Die Interessen und politischen Willenserklärungen der „neuen" SPD sind ja ihrerseits Ausdruck und Auswirkung breiter gesellschaftlicher Strömungen in unserem Lande, die vor allem die Jugend erfaßt haben – und nicht nur Schüler und Studenten, sondern in hohem Maße auch junge Arbeiter –, aber nicht nur die Jugend, sondern auch weite Teile der neuen, „angegrünten" Schichten. Das sind Strömungen, die ein geeichter Sozialdemokrat nicht eigentlich links nennen würde. Aber es sind, trotz gelegentlicher Überschneidungen und fataler Gleichklänge, erst recht nicht konservative Strömungen im Sinne der politischen Rechten. Ich will damit sagen: Es sind nicht Strömungen, die wir als Gegner zu identifizieren hätten.

Ich habe bei früherer Gelegenheit deutlich zu machen versucht, daß diese Strömungen nichts anstreben, was den Zielen des demokratischen Sozialismus fremd sein müßte. Sie wehren sich gegen den ungesteuerten Triumphzug einer Technik, die die Natur und erhaltenswerte Wohnformen zerstört. Manche wehren sich gegen die Anonymisierung des Menschen, gegen das Unmenschliche von Großstrukturen mit den dazu gehörenden Bürokratien. Manche bemühen sich um die Wiederherstellung von Lebens- und Erfahrungszusammenhängen. Sie suchen neue Formen des Zusammenlebens, neue Formen des Zusammenhangs zwischen Arbeit und Freizeit, der Zusammenführung von Arbeit und Kultur. Ich sagte und sage noch immer: Sind uns solche Ziele fremd? Sind es nicht auch unsere eigenen Ziele?

Und: Die unruhigen Jungen, die unbequem Drängenden, sie interessieren sich und sie engagieren sich in vielen Bereichen des gesellschaftlichen und des öffentlichen Lebens – für das Haus und nicht nur für das eigene; für die Straße und was aus der nächsten Umgebung wird; dafür, was die Kinder in der Schule lernen. Und dafür, woher der Strom kommt. Sie fordern Mitwirkungsrechte. Und wiederum frage ich: Drückt sich denn da nicht eben etwas von jenem Prinzip „Mehr Demokratie wagen" aus, das ich selbst zum Motto nahm, als wir 1969 daran gingen, den verkrusteten CDU-Staat umzuformen?[4]

Gegenüber denen, die sich Friedensbewegung nennen, dürfen wir der Sache und der Menschen wegen keine falschen Zugeständnisse machen. Nichts kann uns veranlassen, die eigene Tradition zu verstecken. Oder von dem wegzulaufen, worum wir uns in den zurückliegenden Jahren bemüht haben. Oder der sozialdemokratisch geführten Bundesregierung ausgerechnet dann die Unterstützung zu versagen, wenn sie mithilft, daß die Weltmächte endlich zu verhandeln beginnen. Aber wir sollten uns nicht gegen Menschen in Stellung bringen, die letzten Endes nichts anderes wollen als wir – und was sogar in unserem Programm steht.

Wir helfen der Regierung nicht, wenn wir das Elementare und Nachdenkliche dessen verkennen, was sich am 10. Oktober [1981] in Bonn dargestellt hat.[5] Es waren – wie ich es im Bundestag gesagt habe, und zwar *vor* der Kundgebung[6] – nicht Gegner, sondern

Freunde (oder solche, die es werden können). Die paar Feinde, die da mitgelaufen sind, übersehe ich nicht, aber ich überschätze auch nicht ihren Einfluß. Kohls Vorwürfe sind lächerlich, und einige seiner Leute haben das gemerkt.[7] Überhaupt zeigt der Deutschlandtag der Jungen Union, daß auch die Unionsparteien sich den Themen, den Gegensätzlichkeiten unserer Gesellschaft nicht entziehen können. [...]

Tatsache nun ist, daß die erwähnten Strömungen zwar stark in die SPD hineinwirken, aber Wähler eher von ihr abziehen. Nun kann man nicht jedem nachlaufen, der vor uns davonläuft. Doch die Partei darf nicht austrocknen. Und wir dürfen uns niemals damit abfinden, daß einige der engagierten Jungen sich dauerhaft außerhalb der Partei für Ziele organisieren, die den unseren nicht widersprechen.

III.

Darüber hinaus allerdings, glaube ich, müssen wir noch weiter kritische Fragen stellen, auch an uns selbst. Es gibt erfreulicherweise Strömungen der Aufgeschlossenheit und des sympathischen Engagements in unserer Gesellschaft; Minderheiten zwar, aber eben Minderheiten, die weniger selbstzufrieden oder auch gleichgültig sind als andere, und Minderheiten, die viel breitere Stimmungen in der Gesellschaft zum Ausdruck bringen, als es an der Oberfläche scheint. Diese Strömungen sind nicht mehr wie damals bei der Ablösung des CDU-Staates unsere Bündnispartner, sondern sie laufen weithin an der SPD vorbei. Woran liegt das?

Anders ausgedrückt: Es gilt nach den Ursachen zu fragen, nach den Erfahrungen und den Unzufriedenheiten, die diese Menschen umtreiben. Hier reicht es nun allerdings nicht mehr aus, die prinzipielle Vereinbarkeit von Zielvorstellungen zu konstatieren, hier reicht es auch nicht mehr aus, integrationswillig zu bleiben. Denn die Forderungen dieser Gruppen, ihre konkreten *Antworten* können in vielen Fällen – das erleben wir fast täglich – nicht unsere Antworten sein. Wir dürfen ihnen nicht nur nicht nachlaufen; wir dürfen ihnen auch nicht nach dem Munde reden, nicht ihre Antworten übernehmen, wo wir sie nicht für richtig halten. In gewisser Weise ist es, wenn solche Gruppen gegen die sozialdemokratische Konsensbildung auftreten, dann eben auch zu spät. Wir müssen, und zwar möglichst rechtzeitig, den *Fragen* nachgehen, die diese Menschen haben. Und dann unsere eigenen Antworten finden. Noch besser ist freilich, auf wichtige Fragen früh genug richtige Antworten zu finden. Das allein kann der Weg der Sozialdemokratie sein.

Einige mögliche Punkte will ich kurz streifen, und zwar ausdrücklich in Frageform – gerichtet an diejenigen, die hier oder in der Folge das Wort ergreifen werden.

o Wo liegt das andere Ufer des Wohlfahrtsstaates; und welche Rolle kommt unter den heutigen Bedingungen der öffentlichen Verantwortung zu, wo es – bei stark eingeengten Möglichkeiten – um den Kampf gegen die Arbeitslosigkeit geht?

o Ist es richtig, daß man sich in der Gesellschaftspolitik zu einseitig um Strukturen gekümmert hat, zu wenig um die Qualität des Lebens, die Angemessenheit von Strukturen an den Menschen, zu wenig um Vertrautheit und Geborgenheit?

o Trifft es zu, daß im Zuge der Reformen und bei der Verbesserung von Service-Leistungen vor allem im Sozial- und Bildungsbereich eine Bürokratisierung und eine Tendenz zu Großstrukturen einhergekommen ist, die in dieser Form niemand gewollt hat?

o Ist es richtig, daß ein zunehmendes Bedürfnis nach Werten, nach Sinnorientierung besteht, das wir nicht befriedigen können, wenn wir zu sehr in materiellen Kategorien denken?

o Trifft es zu, daß ein offenbar dauerhaftes Bedürfnis vor allem junger Menschen nach moralischer Bewertung von Dingen und nach moralischem Engagement besteht, demgegenüber wir häufig zu sachbezogen und scheinbar leidenschaftslos erscheinen – gerade auch im kommunalen Bereich?

o Ist es richtig, daß sich dauerhaft neue Wohn- und Lebensformen herausbilden, die wir in der Familien-, Sozial- und Wohnungsbaupolitik berücksichtigen sollten?

o Und endlich: Trifft es zu, daß ein verstärktes und legitimes Bedürfnis nach mehr Autonomie und Selbstgestaltungsmöglichkeit vor allem bei Jugendlichen besteht, dem in der Jugend-, Kultur- und Bildungspolitik Rechnung zu tragen wäre?

Ich kleide dies alles bewußt in Frageform. In einem aber bin ich mir sicher: Wenn und insoweit die Partei diese Fragen als begründet bejaht, kann sie auch die Kraft finden, auf sie Antworten zu geben. Sie kann die nötigen Reformen auch in einer Zeit enger Finanzspielräume realistisch konzipieren. Sie kann manche eigene Initiative entfalten – auch, aber nicht nur, bei der Suche nach Werten und Sinnerfüllung.

IV.

Werden solche Vorschläge der Aufgabe gerecht, vor der die SPD als Arbeiterpartei und fortschrittliche Volkspartei steht? Liegt in der Kritik an bloßen Strukturreformen nicht eine Vernachlässigung der Interessen von weiten Teilen der Arbeitnehmerschaft?

Unsere Antwort muß sein: Dies darf keinesfalls geschehen. Unsere Interessenvertretung der Arbeitnehmerschaft – ihrer berechtigten materiellen Ansprüche, des Ausbaus ihrer Mitbestimmungsrechte, der Humanisierung ihrer Arbeitsbedingungen – muß eindeutig sein und zweifelsfrei bleiben. Im Gegenteil: Diese Interessenvertretung muß wieder schärfer an Profil gewinnen – das Tauziehen um die Sparbeschlüsse in diesem Sommer[8] hat, wie Niedersachsen[9] etwa zeigte, manchen unserer Stammwähler dazu veranlaßt, zuhause zu bleiben. Manche hatten schlimmere Eingriffe erwartet, vermißten dann aber die gerechte Ausgewogenheit. Die Operation ist nicht abgeschlossen, und es ist noch nicht sicher, daß wir hinbekommen, was geboten wäre: Gerechtigkeit und aktive Beschäftigungspolitik.

Ich bin dafür, unser Bündnis mit den Gewerkschaften zu vertiefen. Wir dürfen niemals zulassen, daß die Rechte der Arbeitnehmer in unserer Willensbildung in den Hintergrund gedrängt oder gespielt werden. Aber ich sage auch: Beides schließt einander nicht aus. Die unmißverständliche Interessenvertretung der Arbeitnehmerschaft im traditionellen Sinne schließt doch nicht aus, daß wir jenen anderen Forderungen nach mehr Qualität des Lebens nachgehen, selbst wenn diese überwiegend aus den Reihen der „neuen" Schichten geäußert werden. Wir können beides leisten – im Sinne des Bündnisses, das wir selbst bilden.

Aber noch mehr: diese beiden Zielrichtungen können einander sogar fruchtbar ergänzen. Es stimmt einfach nicht, daß eine stärker akzentuierte Umweltpolitik Investitionsstaus schaffen und Arbeitsplätze gefährden *muß*. Das ist in hohem Maße ein Argument von Lobbyisten der betroffenen Industriezweige. Wir wissen mittlerweile längst, daß umweltfreundliche Maßnahmen gerade besonders arbeitsplatzintensiv sein *können* – von der Gewässerreinhaltung über die Wärmedämmung bis zu der Entwicklung alternativer Energien. Allerdings verlangt eine solche Strategie viel gesellschaftlichen Einfallsreichtum und Durchsetzungswillen.

Und es stimmt auch nicht, daß Demokratisierung, mehr Dezentralisierung, Autonomiegewährung vor allem Geld kosten würde. Wir haben vielmehr Grund zu der Annahme, daß das Vorbeugeprinzip in der sozialen Politik, ein erhöhtes Maß an Selbstorganisation, an Hilfe zur Selbsthilfe gerade die Kostenexplosion in der Gesundheits- und Sozialpolitik stoppen und die gesellschaftliche „Produktivkraft Partizipation" mobilisieren könnten.

Und es stimmt ebenso nicht, daß das Eintreten für eine saubere Umwelt, für menschlichere Formen des Arbeitslebens und des gesellschaftlichen Lebens – oder womöglich gar gegen das Wettrüsten in Ost und West! – eine Sache nur von Randgruppen oder nur von „Bürgerkindern" sei. Wir müssen es geradezu wollen, daß ursprüngliche Ziele der Arbeiterbewegung (in direkter oder abgewandelter Form) auch von neuen Gruppen eingefordert werden.

Sozialdemokratische Identität? Die bindende Kraft unserer Politik ist etwas schwächer geworden. Viele Engagierte – engagiert in unserem Sinn – vertrauen uns nicht mehr. Es gilt Vertrauen zurückzugewinnen und neu zu begründen. Unser Streben nach Reformen, nach vernünftiger Veränderung muß wieder deutlicher werden.

Wie der Weg aussieht, ist uns nicht vorgegeben. Wir müssen es selbst herausfinden: indem wir genau hinhorchen, wie die Menschen ihre Erfahrungen formulieren, ihre Klagen, ihre Wünsche und ihre Hoffnungen. Und daraus dann in grundwerte-orientierte Politik umsetzen, was sich umsetzen läßt.

Nr. 80
Aus der Rede des Vorsitzenden der SPD, Brandt, auf der Festveranstaltung anlässlich des 100-jährigen Bestehens des Verlags J.H.W. Dietz Nachf. in Bonn
3. November 1981

100 Jahre Verlag J.H.W. Dietz Nachf. 1881 bis 1981, hrsg. vom Verlag J.H.W. Dietz Nachf. GmbH, Bonn 1982, S. 13 – 23.

Friedenssehnsucht und Friedenspolitik

Verehrte Anwesende, liebe Freunde!
Für mich ist es eine große Freude, daß ich dem Dietz-Verlag zum 100jährigen Bestehen meine herzliche Gratulation sagen darf. Und ich nutze gern die Gelegenheit, den Autoren und den Mitarbeitern des Verlages auch im Namen des Vorstandes der Sozialdemokratischen Partei Deutschlands gute Wünsche zu bringen.
[. . .][1]

I.

„Sozialdemokratie ist Frieden": Diese Formulierung Karl Kautskys faßt lapidar zusammen, wofür die Arbeiterbewegung, wofür die organisierte Sozialdemokratie von Anfang an stand.[2] Bitte – Sie werden nachher merken, daß ich eine kleine Relativierung anzubringen habe, weshalb ich eben auch bewußt gesagt habe: organisierte Sozialdemokratie. Also seit der Zeit, von der an es die Partei gibt, oder die geeinte Partei gibt, wenn man zurückgeht ins vorige Jahrhundert, und was sie (die sozialdemokratische Arbeiterbewegung, Bewegung, Volkspartei, wie sie sich heute versteht) auch heute als Ziel auf ihre Fahnen heftet: eine Gesellschaft im Innern und eine Völkergemeinschaft in der Welt, die auf Gewalt und Krieg verzichtet und verzichten kann.

Kautskys Satz ist nicht aus dem historischen Zusammenhang gerissen, im Gegenteil, der historische Zusammenhang belegt, daß ich den Verfasser – dem ich durchaus nicht überall folge – richtig deute. Er resümiert den Widerstand der SPD zu Beginn des Jahrhunderts gegen den Militarismus des Kaiserreichs, gegen dessen immer stärkere Beteiligung an der internationalen Politik von Drohgesten und Konflikten, gegen die allgemeine Aufrüstung, vor allem aber gegen die deutschen kolonialen Beutekriege. Und Kautsky bekräftigte diese Haltung der SPD nach einer vernichtenden Wahlniederlage – nach den sogenannten „Hottentotten-Wahlen"[3], in denen es um das Gebiet ging, das man damals Deutsch-Südwest nannte und das jetzt so mühsam dabei ist, ein selbständiges Namibia zu werden, bekräftigte diese Haltung nach Wahlen, in denen die Sozialdemokratie eine – für damalige Verhältnisse – beispiellose Diffamierungskampagne wegen ihrer „antinationalen" und „vaterlandslosen" Haltung hatte aushalten müssen.

Sozialdemokratie ist Frieden: Friedenssehnsucht war der SPD, als Partei, war also der organisierten Sozialdemokratie gleichsam in die Wiege gelegt. So wie sie sich niemals für Unterdrückung und Unterjochung hergegeben hat, so wie sie niemals dafür verantwortlich war, daß Knechtschaft über das deutsche Volk kam: so hat sie sich auch nie am Kriegstreiben beteiligt, nie einen Zweifel gelassen, daß ein von Sozialdemokraten geführtes Deutschland keinen Krieg beginnen werde. Nie hat sie mit denen paktiert, die Krieg für ein Mittel der Politik hielten.

So weit, so gut. Und hier mache ich denn auch bewußt eine Pause, weil ich das Klopfen auf die eigene Schulter nie lange vertrage. Nehmen wir einen anderen historischen Bezug.

In einem Gespräch mit Gustav Mayer, dem Geschichtsschreiber der frühen deutschen Sozialdemokratie, erregte sich Jean Jaurès 1907, daß die führenden deutschen Genossen nichts, rein gar nichts von der gerade vorübergezogenen Kriegsgefahr – Marokko – mitbekommen hätten und auf seine Vorhaltungen bestenfalls mit Erstaunen reagierten.[4] Außenpolitik und Militärpolitik, so erzählt Gustav Mayer, und er erzählt es immer und immer wieder, haben für Bebel und die, die nach ihm kamen, einfach nicht existiert. Überzeichnung vielleicht; aber es war sein Eindruck, den er uns weitervermittelte, allen schönen Friedensresolutionen und allen machtvollen Kundgebungen zum Trotz.

Sechzig Jahre später, in einer Rede auf Walter Rathenau, sagte ein späterer Nachfolger Bebels (in seiner Eigenschaft als Parteivorsitzender): Außenpolitik hat etwas mit Macht zu tun.[5] Nicht nur im Sinne herkömmlicher Machtmittel, über die die deutsche Politik nach zwei Kriegen gar nicht verfügte. Unsere Außenpolitik, so sagte ich 1967, „ist darauf angewiesen, Vertrauen, Einsicht und guten Willen zu wecken. Und das erfordert, wenn es nicht in unverbindlicher Schöngeisterei stecken bleiben will: Man kann den Interessen des eigenen Landes um so besser gerecht werden, je genauer man die Interessen anderer versteht, um dann die Punkte gemeinsamer Interessen zu finden. Eine solche Politik bedarf fester Grundsätze, einer zuweilen brutalen Aufrichtigkeit, der gleichen Sprache gegenüber allen Partnern und des Mutes zur Unpopularität im Innern."

II.

Das waren ein paar weit auseinanderliegende Beispiele zum Kapitel: Sozialdemokratie und Frieden. Im Blickwinkel der Parteigeschichte kommt es immer noch besser weg als in dem der deutschen Geschichte.

Sie, die deutsche Sozialdemokratie, ist 1914 von der Walze der Kriegspropaganda überrollt worden und mußte 1933, in viel demütigender Weise noch, das Feld für viel schlimmere Kriegstreiberei räumen. Jahrelang hatte man, hatten wir prophezeit: Hitler bedeutet Krieg. Auch das war vergebens, wie die markigen Reden vor dem ersten Krieg vergebens waren und wie alles vergebens ist, was sich in

Wortspielerei und Schöngeisterei erschöpft und nicht dahin vorstößt, wo die Sachen anfangen, sich hart im Raum zu stoßen.

Gilt das auch, so will ich fragen, für die deutsche Bewegung für den Frieden, von der ja manche meinen, sie störe eine Friedenspolitik eher, als daß sie diese befördere? Von dort fragen vor allem viele junge Leute, warum wir denn den Frieden nicht so unvermittelt schaffen können, wie wir für ihn als Ziel eintreten. „Stell Dir vor, es ist Krieg und keiner geht hin": eine Parole von magischer Überredungskraft und bedrückender Naivität zugleich. Aber viele stellen wieder die Frage an uns (auch an unsere Geschichte): warum sich denn eine so schöne Wunschvorstellung nicht verwirklichen läßt.

Ist das das alte, sympathische, doch politik-feindliche Übel in neuem Gewand? Ich glaube es eigentlich nicht. Wir haben ja einige Erfahrungen aus nicht lange zurückliegenden Jahren. Erfahrungen – wenn ich von mir selbst sprechen darf – ohne große Rosinen im Kopf, sondern mit kleinen Schritten in der Wirklichkeit.[6] Wir haben dafür viel Zustimmung gefunden. Sogar als wir noch nicht, und erst recht als wir an der Spitze der Bundesregierung standen.

Es gab Zustimmung dafür, die Gefahr der Isolierung abzuwenden. In den östlichen Hauptstädten – wie anderswo – unsere Interessen selbst zu vertreten. Zwischenstaatliche Beziehungen zu normalisieren und auszuloten, was man dabei zugunsten der Menschen erreichen kann. Deutsche Beiträge, eigene deutsche Beiträge zu leisten zum Abbau von Spannungen – und von überflüssigen Rüstungen. Und dies immer in enger Fühlungnahme mit unseren westlichen Partnern und als loyales Mitglied des Atlantischen Bündnisses.

Ich wiederhole: Wir sind durch Demonstrationen nicht davon abgehalten, sondern dazu ermutigt worden. Obwohl wir niemandem das Versprechen geben konnten, die Bundesrepublik aus der militärischen Konfrontation herauszunehmen.

Machen wir uns den geschichtlichen Bezug nicht einfacher, als er ist. Ich erinnere mich sehr gut an die Fragestellung, mit der wir es als deutsche Antinazis in den dreißiger Jahren zu tun hatten. Das ist ja so lange nicht her. Da waren die einen, die sich für noch „linker" hielten als die anderen: Die sagten, da ziehe ein neuer imperialistischer Krieg herauf. Der Hauptfeind stehe im eigenen Land, in jedermanns imperialistischem Staat. Dem der Deutschen, dem der Franzosen, dem der Engländer, usw.

Die anderen sagten: Man muß erst mal sehen, daß Hitler nicht den Krieg gewinnt. Dafür sprachen allgemeine, europäische und nationale Gründe. Aber man konnte auch, wenn einem danach zumute war, Marx und Engels (und erst recht Lassalle) bemühen, denn die hatten bei den militärischen Konflikten ihrer Zeit jeweils die Frage gestellt, welche Seite den historischen Fortschritt repräsentiere. Das hat ja bekanntlich zu einem in der Literatur häufig behandelten Gegensatz von Marx/Engels einerseits und Bebel andererseits zu Beginn des deutsch-französischen Krieges von 1870 geführt.[7] Bebel hat dieses Prinzip dann, wenn ich das so respektlos sagen darf, was Rußland anging, erheblich vereinfacht.[8] Gegenüber Hitler konnten wir es gar nicht genug vereinfachen. Die Nazis mußten weg.

Die sehr komplizierte Entwicklung des Denkens von der Mitte des vorigen Jahrhunderts, von Kriegen, die z. T. noch von nationaler Einheit handelten (dabei denke ich nicht nur an Deutschland, sondern auch an Italien), bis hin zu den neuen Fragestellungen, die sich vor dem Ersten Weltkrieg ergaben, zurück zum Differenzieren angesichts der Welthauptgefahr – Nazismus – und hin wieder zu einer neuen Fragestellung, die sich aus neuen Waffentechnologien ergibt: das ist bei weitem nicht hinreichend aufgearbeitet. Kautsky hat noch in seinem letzten Buch, wenn ich es richtig in Erinnerung habe ‹1938›[9], über Sozialisten und Krieg mehr eine Materialzusammenstellung als eine volle Durchdringung des Themas zustande gebracht.[10] Allerdings eine, die auch heute Beachtung verdient.

Befreiungsbewegungen können ihrer Natur nach kaum pazifistisch sein. So klafft in der Sozialdemokratie schon ganz früh der Widerspruch zwischen dem pazifistischen Endziel, einer waffenlosen Völkergemeinschaft, und einer aktuellen politischen Parteinahme, die zwar nicht nach Krieg ruft, so wie sie's Mitte des vorigen Jahrhunderts noch tat, aber sich vom Widerstand auch mit Waffen nicht distanzieren will.

Die SPD war und ist keine pazifistische Partei. Dennoch haben sich über die Jahrzehnte hinweg Pazifisten in ihr immer zuhause fühlen können.

Wilhelm Liebknecht 1868 auf dem Nürnberger Arbeitertag: „Einer der Vorredner hat für die allgemeine Entwaffnung gesprochen. Auch ich bin dafür. Aber sie kann erst eintreten, wenn alle Feinde der Völker unschädlich gemacht sind. Und das wird noch lange dauern. Für Deutschland und Frankreich scheint mir die Stunde der Befreiung nicht sehr fern ‹...›"[11] Das war ein paar Jahre vor dem Krieg von 1870. Der „alte" Liebknecht, er war damals noch gar nicht so alt, aber wir nennen ihn nun halt so der Unterscheidung wegen, der „alte" Liebknecht spricht im folgenden vom zaristischen Rußland – ich habe es eben schon bei Bebel anklingen lassen – und von der Notwendigkeit, den Polen ihre Nation zurückzugeben.[12] Und er schließt mit der Forderung nach allgemeiner Volksbewaffnung: „Jeder Bürger Soldat, jeder Soldat Bürger!"[13]

Diese letzte Forderung ruft ein zweites Motiv in Erinnerung. Der Anti-Militarismus der alten SPD richtete sich ja vor allem auch gegen die „Stehenden Heere". Jahrzehntelang drehen sich die Debatten um die Abschaffung des Heeres zugunsten eines Miliz-Systems. Daß freilich die „allgemeine Volksbewaffnung" die Gestalt des militaristischen Rausches von 1914 haben könnte, hat sich nie jemand vorstellen können. Darin liegt auch ein Grund dafür, daß die Sozialdemokratie in jenem Krieg ihrer Aufgabe nicht gerecht werden konnte. Ich bewerte den Herbst 1914 so, zumal für die Kriegskredite nicht einmal demokratische Rechte eingeklagt wurden.[14]

III.

Man wird nicht außer acht lassen dürfen, was jeweils auf dem Spiel steht. Das bedeutet: Im Atomzeitalter darf es unter keinen Umständen zum militärischen Konflikt zwischen den großen Mächten kommen. Es gäbe für unendlich viele Menschen keine Rettung.

Zu dem Krieg, vor dem so viele Menschen Angst haben, brauchen nicht so viele hinzugehen, und er wird doch alle ereilen. Dies ist es ja, was die Angst in Deutschland stärker macht als anderswo: daß das eigene Volk ausgelöscht sein könnte, ohne daß es sich selbst hätte auch nur aufbäumen können.

Ich kann dies nicht als gefährlichen Unsinn beiseiteschieben. Ich kann auch niemandem garantieren, Atomwaffen seien nur dazu da, nicht eingesetzt zu werden. Ich identifiziere mich mit denen, die ein Gefühl existentieller Bedrohung haben: *Der Frieden ist nicht alles, aber alles ist ohne den Frieden nichts.*

Das Gefühl existentieller Bedrohung wächst, seit die Waffentechnologie sich so rasant entwickelt, daß offenbar auf beiden Seiten überlegt wird, ob sich nicht auch ein Atomkrieg führen läßt. Und natürlich darf man fragen, wieso immer so bleiben muß, was dreißig Jahre so gewesen ist.

Der Gegensatz zwischen Friedenssehnsucht und Friedenspolitik – und darüber sollte ich eigentlich reden und rede nicht so sehr viel darüber – ist etwas künstlich; manchmal wird er auch arrogant formuliert. Die eigentliche Frage ist, wie in früheren Zeiten, aber heute mit unendlich viel mehr Brisanz: *welche* Friedenspolitik wollen wir?

Man redet sich bei uns seit einiger Zeit die Köpfe heiß, ob wir unsere Zustimmung zum NATO-Doppelbeschluß aufrechterhalten oder zurücknehmen – jetzt wäge ich jedes Wort und der Satz hat nur vier Wörter: Diese Debatte ist überholt. Sie entspricht nicht mehr dem, womit wir es in der Wirklichkeit zu tun haben. Ende dieses Monats, am 30. November 1981, fast zwei Jahre, nachdem der Brüsseler Beschluß gefaßt worden ist, werden sich die Weltmächte in Genf endlich an den Verhandlungstisch setzen;[15] im nächsten Frühjahr kann die Thematik hoffentlich – auf strategische Waffen hin, auf interkontinentale Waffen hin – erweitert werden.[16] Viel Zeit – wer weiß, ob nicht schon zu viel Zeit – ist verloren. Erst weigerte sich eine Weltmacht, dann wartete die andere ungebührlich lange, ihre Position zu definieren.

Aber jetzt müssen wir alle, wir alle hier in der Bundesrepublik Deutschland, unsere Kraft darauf richten, daß diese Verhandlungen zu etwas führen. Und der NATO-Doppelbeschluß – wie immer man sonst zu ihm gestanden haben mag – bildet nun einmal eine Grundlage der Genfer Gespräche. Man braucht daraus deshalb keinen Bestandteil der „FDGO" oder des Godesberger Programms zu machen. Die Lage ist zu ernst, und von den Verhandlungen hängt zuviel ab, als daß man sich im übrigen bei Rechthaberei aufhalten sollte.

Ich plädiere dafür, daß wir in der Bundesrepublik ohne offene oder versteckte Ansprüche auf nukleare Bewaffnung ganz deutlich machen, was wir von den Verhandlungen erwarten. Unser Ziel ist die Null-Lösung in dem Sinne, daß bei uns keine zusätzlichen Mittelstreckenraketen stationiert werden müssen, während die Sowjetunion beseitigt, was sie sich als Vorrüstung anrechnen lassen muß.

Wir wissen um die Schwierigkeiten. Es geht um verschiedene Waffensysteme. Und es geht um die Befriedigung unterschiedlicher Sicherheitsbedürfnisse. Ich verstehe auch, daß die Verantwortlichen in der Sowjetunion die in Aussicht genommene Stationierung neuer amerikanischer Mittelstreckenwaffen als Bedrohung empfinden. Aber man wird einsehen müssen, daß auch wir uns bedroht fühlen durch das, was sich die sowjetische Seite in diesen Jahren an neuen Potentialen zugelegt hat. Deshalb erwarten wir Einsicht: in die Tatsache, daß neue Umdrehungen der Rüstungsspirale niemandes Sicherheit erhöhen und daß zusätzliche Bewaffnungen das Klima der Zusammenarbeit in Europa weiter gefährden müßten. Einsicht vor allem, daß es höchste Zeit ist, das Prinzip der gemeinsamen Sicherheit anzuerkennen. *Sicherheit gibt es in den großen Zusammenhängen nicht mehr voreinander, sondern in Wirklichkeit nur noch miteinander.*

Wir sollten das Gewicht der Bundesrepublik Deutschland nicht unterschätzen, wobei ich natürlich weiß, daß es eine Gefahr auch in umgekehrter Richtung geben kann. Wir sind bei weitem keine Weltmacht und auch im Vergleich zu Frankreich und zu Großbritannien sind wir durch Lasten beeinträchtigt, die andere nicht zu tragen haben. So sollte niemand von uns erwarten, daß wir – gar mit einem Zauberschlag – die Welt der Großen ändern könnten. Und genauso illusionär wäre es, der Idee nachzuhängen, die Bundesrepublik oder gar Deutschland als Ganzes könnte aus einem System europäischer Sicherheit – wie immer es konzipiert werden mag – aussteigen. Wir können unsere Bundeswehr nicht einfach nach Hause schicken, unsere Bündnisverpflichtungen aufkündigen und meinen, dann seien die Sicherheitsprobleme gelöst. Als ob uns ein verschlechtertes Klima zwischen den Vereinigten Staaten und der Sowjetunion dann nicht mehr zu besorgen brauchte. Und wenn es dann doch zum Krieg käme, würden die großen Raketen über unsere Köpfe hinwegfliegen, und Deutschland bliebe übrig als heiles Lego-Land in einem verwüsteten Universum.

Nein, das, was wir tun können, wird nur möglich sein im Bündnis mit den Vereinigten Staaten und mit den europäischen Partnern. Unser Einfluß gründet sich auf das Vertrauen, das man in uns setzt und das wir in unsere Partner setzen. Dieses Vertrauen dürfen wir nicht zerstören. Zu oft schon hat man in unserem Land geglaubt, eine Sonderrolle spielen zu können, und dafür einen schrecklichen Preis gezahlt.

Sozialdemokratische Friedenspolitik in Deutschland bedeutet also – wie die Dinge heute liegen – weiterhin Politik im Atlantischen Bündnis, Partnerschaft in der Europäischen Gemeinschaft und zugleich so viel Zusammenarbeit wie irgend möglich mit den Nachbarn in Osteuropa und mit dem anderen deutschen Staat.

Ich plädiere dabei für eine starke Betonung des *politischen* Primats. Wir müssen uns bemühen zu verhindern, daß die Technik die sicherheitspolitische Entwicklung übergebührlich prägt und damit das Gegenteil dessen eintritt, was sonst die Sozialdemokratie kennzeichnete: Daß wir vor lauter Zählerei uns in militärtechnische Details verlieren und darüber womöglich am Frieden nicht hinreichend arbeiten können.

Wir wollen uns, denke ich, nicht immer neue Waffen in die Hand drücken lassen und erst in einem zweiten Schritt nachdenken, was sich daraus für politische Folgen ergeben. Sondern man müßte, stärker noch als bisher, überlegen, was politisch sinnvoll ist, und dann entsprechende technologische Entscheidungen treffen. Denn in der modernen Technik liegen auch Chancen. Um ein Beispiel zu nennen: Wenn man einer Reihe ernstzunehmender Fachleute glauben darf, so steigen die Chancen, durch intelligente Abwehrsysteme einem konventionellen Übergewicht des möglichen Angreifers erfolgreich entgegenzutreten. Auf diesem Weg – der dann im Prinzip nahe bei dem läge, den Sozialdemokraten vor 100 Jahren empfahlen – sollten wir weiterdenken. Es wäre einiges gewonnen, wenn wir eines Tages auf diese Weise das Problem der taktischen Atomwaffen in Europa überhaupt lösen könnten. Wenn es gelänge, einen guten Teil der Nuklearwaffen in Europa auf andere Weise auch noch überflüssig zu machen, würde dies gerade für unser Land ein Stück zusätzlicher Sicherheit bedeuten können.

Wir dürfen und werden – denke ich – den Richtpunkt Frieden nicht aus den Augen verlieren. Ich bleibe zutiefst überzeugt, daß nur eine große, starke politische Kraft – die auch immer wieder neue Impulse aufnimmt – den Frieden für unser Land zu sichern imstande ist.

Ich möchte, daß wir uns an dieser Aufgabe neu bewähren. Auch in dem, was wir publizieren.

Nr. 81
Aus der Rede des Vorsitzenden der SPD, Brandt, auf der Veranstaltung „Einheitsgewerkschaften und Parteipolitik" in der Universität Mannheim
27. November 1981

Einheitsgewerkschaft und Parteipolitik. Zum 75. Jahrestag des Mannheimer Abkommens zwischen der Sozialdemokratischen Partei Deutschlands und den Freien Gewerkschaften von 1906. Protokoll einer Diskussionsveranstaltung, hrsg. von Erich Matthias, Düsseldorf 1982, S. 28 – 33.

I.

Wer's nicht schon gewußt hat, der mag gelernt haben aus dem, was Heinz Oskar Vetter uns erläutert hat: das Mannheimer Abkommen[1] zwischen SPD und Gewerkschaften ist in der Geschichte der Gewerkschaften wichtiger als in der Geschichte der Partei.[2] Dieses Abkommen markiert die formelle Selbstgründung der Gewerkschaften als unabhängige Organisation. Gegenüber der Partei räumte das Abkommen die lange umstrittene Selbständigkeit der Gewerkschaften und ihre Gleichrangigkeit mit der Partei ein.

Die Vereinbarung ratifizierte nur die Tatsache, daß sich die Gewerkschaften seit 1890, wie wir es gehört haben, also seit Ende des Sozialistengesetzes, als sich die „Generalkommission" der Gewerkschaften als zentrales Leitungsgremium konstituierte, in ständigem Aufstieg befunden hatten. Die Gewerkschaften bewegten sich auf die Zwei-Millionen-Marke zu; die SPD zählte weniger als 400 000 Mitglieder. Aber die förmliche Unabhängigkeit im Verhältnis zueinander ergab sich doch nicht in erster Linie, meiner Einschätzung nach, aus den Zahlenverhältnissen. Nach der Aufhebung der Bismarckschen Verbotsgesetze[3] hat sich notwendigerweise herauskristallisiert, daß Sozialdemokratie und Gewerkschaften eng verbundene, aber doch nicht identische Aufgaben haben, die sie zum Bündnis zwingen, aber die eine wechselseitige Bevormundung ausschließen. Dies gilt übrigens heute mindestens so sehr wie vor 75 Jahren – trotz aller tiefgreifenden Veränderungen:

Einerseits nämlich sind aus den Richtungsgewerkschaften – aufgrund der Weimarer Erfahrungen und vorgeprägt durch die Männer, die während der Nazizeit ihr Leben im Untergrund einsetzten und von denen manche nicht hinweggekommen sind über diese Zeit –, aus den Richtungsgewerkschaften die Einheitsgewerkschaften unserer Bundesrepublik geworden. Wir Sozialdemokraten bekennen uns zum Prinzip und zu der Realität von Einheitsgewerkschaften. Im Godesberger Programm gingen wir hiervon aus und bezeichneten die Gewerkschaften als „wesentliche Träger des ständigen Demokratisierungsprozesses".[4] Ich begrüße es, natürlich, wenn möglichst viele derjenigen, die gewerkschaftliche Verantwortung tragen, Sozialdemokraten sind; und zugleich bejahen wir die gewerkschaftliche Ungebundenheit nicht nur in weltanschaulicher, sondern auch in parteipolitischer Hinsicht.

Die Sozialdemokratische Partei zum anderen hat ihren Standort als Volkspartei links von der Mitte so beschrieben, wie es im Grundsatzprogramm seinen Niederschlag gefunden hat. Ich freue mich, daß unsere Freunde in herausgehobener gewerkschaftlicher Verantwortung dies gutheißen und mitgetragen haben, und ich bin Heinz Oskar Vetter dankbar für die erneute Würdigung dieses schwierigen Bemühens, vor dem wir immer wieder stehen. Im Vergleich zu Weimar übrigens war der Sprung nicht ganz so groß, wie er manchem der darüber Schreibenden erscheint.

Drittens kommt hinzu, daß die SPD seit fünfzehn Jahren die Bundesregierung mitträgt und seit zwölf Jahren den Bundeskanzler stellt. Das Spannungsverhältnis, das sich hieraus von der Sache her zuweilen ergibt, ist nicht primär – wie es manchmal unterstellt wird – eines zwischen Gewerkschaften und SPD, sondern ist häufig eines von Gewerkschaften und SPD im Verhältnis zu den Zwängen, Schwierigkeiten, Kompromissen, mit denen es Regierung und Koalition zu tun haben.

[...]5

II.

Ich möchte eine beunruhigende Entwicklung, deren konkrete Folgen jeder beobachten kann, der sich aber viele in unserem Land ausgeliefert fühlen, als gesellschaftspolitisch lösbar darstellen. Wozu ich beitragen möchte oder auch herausfordern möchte, ist Ermutigung zur Solidarität.

Ermutigung: Ich möchte gerne mithelfen, den Menschen deutlich zu machen, daß wir die Zahlen aus der Bundesanstalt [für Arbeit], die so oft abends über den Fernsehschirm flimmern, nicht fatalistisch hinnehmen müssen. Es ist richtig, daß wir für die jetzt überschaubare Zeit nicht mit den früheren Zuwachsraten rechnen können. Und daß dies Auswirkungen hat für Unternehmen wie für öffentliche Haushalte wie für Erwartungen des einzelnen in bezug auf den Lebensstandard. Und es ist auch richtig, daß wir manche Faktoren, ja sogar sehr gewichtige Faktoren, für diese Situation nur begrenzt beeinflussen können, weil sie von außen, aus der Lage der Weltwirtschaft, kommen.

Aber nicht richtig ist der Eindruck, daß wir gleichsam ohne Scheinwerfer ins Dunkel rasen, und daß wir vor einer Zeitenwende stehen, nach der nichts, was die arbeitenden Menschen in unserem Lande erkämpft haben und worauf sie Wert legen, mehr sicher sei. Es ist wahr, bei vielen herrscht eine große Unsicherheit, ein Erschrecken über die wirtschaftlichen Krisensignale, das manchen in – auch politische – Resignation treibt, womöglich in Hoffnungslosigkeit. Dem müssen wir entgegentreten – beide, Sozialdemokraten in politischer Verantwortung, Gewerkschaften in ihrer Verantwortung –, indem wir deutlich machen, daß die Probleme gravierend, aber keineswegs unlösbar sind.

Und entgegentreten müssen wir auch einer Verstärkung jener Unsicherheit durch Spielarten grundsätzlich kulturpessimistischer Krisenprophetie, die uns all unser Leben und Arbeiten gleichsam als einen Tanz auf dem Vulkan ausmalen will. Viele sorgenvolle Hinweise auf notwendige Änderungen und Umstrukturierungen sind notwendig. Aber sie verfehlen ihr Ziel, wenn sie nicht konstruktive und ermutigende Vorschläge enthalten. Es kann oft wichtig sein, ein Krisenbewußtsein zu schärfen. Aber dieser Vorzug schlägt ins Gegenteil um, wenn die Menschen dadurch zugleich in Resignation und Handlungslähmung getrieben werden.

[...][6]

Zum anderen zur Solidarität: Wir alle müssen bereit sein, ein bißchen zusammenzurücken, denke ich, um denjenigen in unserer Mitte, die ihren Arbeitsplatz verlieren, bzw. denjenigen, die zusätzlich in unseren gemeinsamen Arbeitsmarkt hineinkommen, eine angemessene Tätigkeit und ein angemessenes Auskommen zu ermöglichen. Das Problem gesellschaftspolitisch aufzunehmen, wie ich es forderte, heißt hier nicht nur die volkswirtschaftlichen, sondern vor allem die verheerenden sozialen Schäden von Arbeitslosigkeit sich klarzumachen.

[...][7]

Nr. 82
Schreiben des Vorsitzenden der SPD, Brandt, an den Bundeskanzler, Schmidt
30. März 1982[1]

AdsD, WBA, A 9, 15.

Lieber Helmut,
wir sind durch den Wahlausgang in Niedersachsen[2] in eine Lage geraten, in der zusätzliches Abbröckeln zu befürchten ist. In dieser Lage sollten die in Partei und Regierung Verantwortlichen ihr Verhalten so aufeinander abstimmen, daß stabilisierende und ermutigende Wirkungen erzielt werden können.

Einer Reihe von Äußerungen der letzten Tage entnehme ich, daß die Neigung besteht, „die" Partei im allgemeinen und besonderen mit Schuldzuweisungen zu überziehen. Ich halte dies in der Verallgemeinerung weder für gerechtfertigt noch für hilfreich. Im Gegenteil halte ich es für meine Pflicht, „die" Partei vor globalen Schuldzuweisungen in Schutz zu nehmen. Die Partei lebt über das Auf und Ab des noch so wichtigen tagespolitischen Geschehens hinaus. Außerdem haben die vielen, die die Partei ausmachen und sich unter schwieriger gewordenen Bedingungen um sie mühen, dankbare Anerkennung und freundlichen Zuspruch verdient.

Die Frage ist nun, wie vom Münchner Parteitag[3] ein positives Signal ausgehen kann. Das setzt voraus, daß wir uns für die vom Parteivorstand eingebrachten Anträge einsetzen und uns auf den Gebieten der Außen- und Beschäftigungspolitik um solide Mehrheiten bemühen – wobei ich offen lasse, welchen Erfolg die Anstrengungen haben, den beschäftigungspolitischen Antrag anzureichern, was er verdient hätte.

Die Anträge des Parteivorstandes – und manches, was ihnen aus den Gliederungen der Partei zuzuordnen ist – bedeuten, daß die Arbeit des sozialdemokratischen Bundeskanzlers nicht behindert, sondern daß sie gestützt und gefördert wird.

Das Signal von München muß von der Bereitschaft und Fähigkeit handeln, Regierungsverantwortung auch unter schwierigen Bedingungen tragen zu können. Es darf nicht so mißverstanden werden können, als ob die künftigen Entfaltungsmöglichkeiten sozialdemokratischer Politik und Organisation eingeengt werden sollten. Wir müssen Mehrheitsentscheidungen fällen, wo es von der Sache her geboten ist, aber wir dürfen zur Sache und Person nichts von dem ausgrenzen, was zur Sozialdemokratie des Godesberger Programms gehört.

Dem Signal von München würde es gut bekommen, wenn die Akzente eigenständigen sozialdemokratischen Denkens nach außen und im Innern deutlich genug ausfielen. Um Arbeitnehmer zu stabilisieren und zurückzugewinnen, müssen wir das Prinzip Gerechtigkeit deutlich machen. Da im Bereich der sozialen Sicherheit strukturelle Fragen anstehen werden, ist es umso wichtiger anzuzeigen, was mit den Sozialdemokraten nicht zu machen ist.

Ich würde es andererseits für einen Vorteil halten, nach der freidemokratischen Seite zu klären, was an Gebieten von Gemeinsamkeiten neu abgesteckt werden kann. Ich denke an Mitbestimmung und Vermögensbildung, Ausländerfrage, Umweltpolitik (vgl. Roths Idee eines zehnjährigen Programms für den Gewässerschutz[4]), auch die „klassischen" Felder (Rechts-, Innen-, Kulturpolitik einschl. Bafög).

Für wichtig halte ich es auch, daß wir erneut miteinander prüfen, wie wir wieder größere Teile der jungen Generation überzeugen können. Unsere Partei, wie andere, hat kaum noch junge Mitglieder, und für uns ist dies besonders schwerwiegend. Der Anteil der Jungen an den Wählern neuer Listen liegt sehr hoch. Das ist nicht schicksalhaft. Ich halte nichts von den hektischen Erklärungen darüber, mit wem alles man nie etwas zu tun haben will. Die eigentliche Frage ist freilich nicht, Gruppen hinterherzulaufen, deren Vertreter ohnehin geneigt sind, uns den blanken Hintern zu zeigen, sondern wie wir uns um Menschen und Gedanken kümmern, ohne die wir in kommenden Jahren verkümmern könnten.

Ich weiß nicht, welche Rolle für München Gedanken über eine personelle Auffrischung der Bundesregierung spielen können. Du weißt, daß ich im vorigen Jahr sehr zu einem Revirement geraten habe. Ich möchte mich jetzt mit bestimmten Ratschlägen zurückhalten. Wenn Du eine konkrete Hilfe brauchst, kannst Du sie in Anspruch nehmen. Ich würde es jedenfalls für nützlich halten, wenn Du dazu auch Peter Glotz hörtest.
Mit herzlichen Grüßen
‹Dein
Willy Br[andt]›[5]

Nr. 83
Sprechzettel des Bundesgeschäftsführers der SPD, Glotz, für den Vorsitzenden der SPD, Brandt, für ein Gespräch mit den stellvertretenden Vorsitzenden der SPD, Schmidt und Wischnewski 6. April 1982[1]

AdsD, WBA, A 11.3, 49.

Betr. Gespräch Dienstag, 6. 4. 1982, 14 Uhr[2]

Sprechzettel für Willy Brandt

I.

1. Die neueste Umfrage der Mannheimer Forschungsgruppe Wahlen, die mir gestern bekannt wurde, zeigt die SPD bei 31,1 %, die CDU bei 53,4 %. Das zeigt unsere schwierige Situation in dieser Phase. Deswegen dankbar für dieses Gespräch, das helfen soll.

Der Bundeskanzler muß die notwendigen Entscheidungen allein treffen; aber vielleicht kann die Partei, jedenfalls die Parteiführung ihm in ganz bestimmten Punkten, bei denen er es wünscht – beispielsweise bei Gesprächen mit möglichen zukünftigen Regierungsmitgliedern – helfen. Das ist der Sinn dieses Gesprächs.[3]

Im übrigen: Parteitag[4]
- Wir müssen bei den Leitanträgen des PV bleiben (auch gegen Tendenzen, in der Sicherheitspolitik wieder auf [19]79 zurückzugehen)
- Rede Vorsitzender / Rede Bundeskanzler
- Vorstand. Eppler?

2. Einige wenige Ausgangspunkte.

Es ist a) wichtig, daß nicht der Eindruck entsteht, es würden nur ein paar Leute herumgeschoben oder es erginge das Kommando „alle auf ihre alten Plätze".

Zweitens meine ich, daß b) die personelle Veränderung mit einer Regierungserklärung verbunden sein muß, die die Konzentration der Arbeit auf vier, fünf wichtige Felder verständlich macht.

- Wir müssen überlegen, ob wir nicht – bevor die F.D.P. von uns weitere Eingriffe ins soziale Netz verlangt – ein Angebot zu strukturellen Konsolidierungsmaßnahmen der sozialen Sicherungssysteme machen. Wenn zwischen 1969 und 1982 die Nettoeinkommen der Arbeitnehmer um 139 % gestiegen sind, die Nettoeinkommen der Rentner um 167 %, dann läßt es sich wohl nicht aufrechterhalten, daß eine derartige Scherenentwicklung auf Dauer weiter geduldet werden könnte. Wenn wir hier etwas machen, was die F.D.P. als „Zugeständnis" begreift, müßte sie bereit sein, umgekehrt beispielsweise bei der Kostendämpfung im Gesundheitswesen Vorschläge zu akzeptieren, die sie bisher blockiert hat.
- Weiteres Beispiel: Wir brauchen einen „Befreiungsschlag" in der Ausländerpolitik. Ich bitte zu überlegen, ob man nicht den Etat des Bundespresseamtes demonstrativ um ein paar Millionen aufstockt, um eine Kampagne gegen Ausländerhaß zu machen. Und ich schlage vor, daß wir andererseits von der F.D.P. eine rasche Einigung auf gemeinsame Lösungen beim Problem des Familiennachzugs und beim Problem der Wirt-

Das Ende der Koalition zeichnet sich ab: Die Troika während der Verhandlungen von SPD und FDP zum Entwurf des Bundeshaushalts 1983 am 16. Juni 1982.

    schaftsasylanten verlangen. Ich nehme noch ein weiteres Beispiel dazu: Umweltpolitik. Ich habe schon in meinem Brief die Vorschläge von Wolfgang Roth zum Gewässerschutz zitiert;[5] vielleicht sollten sich die Experten noch einmal daran setzen, um festzustellen, was hier trotz der Probleme der Finanzverfassung zu machen ist. Ich sage ein anderes Beispiel: Der F.D.P.-Landwirtschaftsminister hat selbst in allen Einzelheiten beschrieben, daß 200 000 Hektar Wald durch sauren Regen bedroht sind. Er hat aber keinerlei praktischen Vorschlag gemacht, was man dagegen tun könnte. Irgendwo auf diesem Feld müßten wir versuchen, einen deutlichen Punkt zu machen.[6]
3. Ich breche hier einmal ab und schlage vor, daß wir ein paar Sätze darüber reden. Vielleicht können wir in einem zweiten Teil des Gesprächs auch noch ein paar personelle Fragen besprechen.

II.

Personelle Fragen

1. Natürlich würde ich gerne wissen, was zwischen Hans-Jürgen Wischnewski und Dir besprochen ist. Die Zusammenarbeit in diesem Haus funktioniert nach meinem Eindruck sehr gut. Ich habe auch den Eindruck, daß Hans-Jürgen Wischnewski und Peter Glotz ebenso wie der Schatzmeister dies bestätigen würden. Wenn eine Situation auf uns zukommen sollte, in der Hans-Jürgen [Wischnewski] sich entscheidet, nicht erneut für den stellvertretenden Parteivorsitzenden zu kandidieren, sollten wir dies heute wenigstens ansprechen. Ich muß nicht sagen, daß ich Hans-Jürgen [Wischnewski] ungern ziehen lassen würde, aber daß in der jetzigen Situation alle Lösungen, die der Bundeskanzler für notwendig hält, erwogen werden müssen. Hans-Jürgen [Wischnewski] will wohl nicht kandidieren und <u>dann</u> ins Kabinett eintreten, wie er mir sagte.[7]
2. Wenn Hans Apel Nachfolger von Herbert Wehner werden soll, dann muß er Gelegenheit haben, erst einmal mindestens ein paar Monate wieder allgemein-politisch in der Fraktion zu agieren. Ein direkter Übergang aus dem Verteidigungsministerium in den Fraktionsvorsitz ist ungleich schwieriger. Man kann das Problem bei der Umbildung nicht „übersehen".[8]
3. Die kniffligste Frage: Sozialpolitik. Ironisch gesagt: Nur de Gaulle konnte Algerien aufgeben;[9] nach diesem Muster bräuchten wir jemanden mit großem Prestige bei den Gewerkschaften. Da einer der Vorsitzenden der Einzelgewerkschaften sehr schwer zu bekommen sein wird, sollte man doch noch einmal überlegen, ob die Argumente, die gegen Friedhelm Farthmann sprechen, nicht doch auch durch positive Argumente aufgewogen werden können. Jedenfalls ist jemand mit Phantasie, großer Arbeitskraft und Hausmacht notwendig; das zieht den Kreis der möglichen Anwärter auf ein solches Amt ziemlich eng. Olaf Sund?

4. Finanzen: Information: Lösung Schiller scheint vom Bundeskanzler aufgegeben – wegen Rats von Apel.[10] Gut wäre in der Tat jemand mit hohem Prestige aus der Wirtschaft, also beispielsweise Edzard Reuter. Aber ich weiß auch, wie schwer es sein wird, in der jetzigen Situation jemanden zu bekommen.
5. Man muß an eine Zersplitterung des eigenen Wählerpotentials in Richtung grün denken. Dies bedeutet: Man muß ein personelles Angebot machen, das auch bei diesen, in die grüne Richtung laufenden Wählern Überlegungen auslöst. Wenn ich davon ausgehe, daß mehrere mögliche Namen in diesem Zusammenhang ausscheiden, weil der Bundeskanzler einige dieser Leute aus innerer Überzeugung nicht akzeptiert,[11] bleibt der zugkräftigste Name, der solche Voraussetzungen erfüllen würde, Egon Bahr. Er will bei seinem Unterausschuß Abrüstung bleiben und nicht ins Kabinett; aber auch hier sollte man noch einmal besprechen, ob nicht entsprechende Ratschläge auf fruchtbaren Boden fallen könnten.[12]
6. Weitere Namen: Frank Dahrendorf, Anke Brunn und Wolfgang Roth. Über Anke Brunn könnte sich [Hans-]Jochen Vogel, dessen Stellvertreterin sie z. Z. ist,[13] noch näher äußern. Sie scheint eine umsichtige und tüchtige Frau mit Ausstrahlung auf jüngere Leute zu sein; und von denen gibt es ja so viele nicht in unserer Partei.
‹7. Rühl nach Ost-Berlin – <u>sehr</u> problematisch[14]
8. Engholm – S[chleswig]H[olstein]; Böhme – Freiburg›[15]
‹Peter Gl[otz]›[16]

Nr. 84
Hs. Schreiben des Vorsitzenden der SPD, Brandt, an den Vorsitzenden der SPD-Bundestagsfraktion, Wehner
16. April 1982

AdsD, WBA, A 11.3, 50.

Lieber Herbert,
ich danke Dir für Deinen gestrigen Brief und für die Wünsche, die ich dem Parteitag übermitteln werde.[1]

Es fällt Dir sicher nicht leicht, dem Münchner Parteitag fernbleiben zu müssen. Doch es ist sicher richtig, dass Du den Rat der Ärzte befolgst.[2]

Wir werden vorschlagen, dass [Hans-]Jochen Vogel in Deiner Vertretung den Vorsitz der Antragskommission übernimmt.[3]
Mit freundlichen Grüßen und guten Wünschen für Deine Genesung
Dein
Willy Br[andt]

Nr. 85
Hs. Schreiben des Vorsitzenden der SPD, Brandt, an den Vorsitzenden der SPD-Fraktion im Berliner Abgeordnetenhaus, Vogel
28. April 1982

AdsD, WBA, A 11.3, 50.

Lieber Jochen,
nachdem seit dem Parteitag eine Verschnaufpause stattgefunden hat (beeinträchtigt durch Sorgen darüber, wie es in Bonn weitergeht), möchte ich Dir noch einmal ein herzliches Danke sagen: Du hast

einen ganz wesentlichen Anteil daran, dass München im Verständnis vieler so gut gelaufen ist.[1]

Ich würde es begrüssen, wenn wir in der Zeit bis zum nächsten PV ein paar Dinge miteinander besprechen könnten. Mein Büro wird sich bemühen, mit dem Deinigen einen geeigneten Termin – hier oder in Berlin – auszumachen.
Mit freundlichen Grüßen
Dein
Willy Br[andt]

Nr. 86
Schreiben des Bundesgeschäftsführers der SPD, Glotz, an den Vorsitzenden der SPD, Brandt
19. August 1982[1]

AdsD, WBA, A 11.3, 49.

Lieber Willy,
wir begrüßen Dich sehr herzlich wieder in Bonn.[2] Ich hoffe, daß Ihr[3] das Sommertheater[4] nur von ferne genossen habt und gelassen nach Bonn zurückkehrt.

Da ich das ganze Wochenende im hessischen Wahlkampf und am Montag wegen eines lange anberaumten Termins in Travemünde bin, können wir am Montag leider nicht persönlich reden. Deswegen diese Zeilen; wenn ich darf, rufe ich im übrigen am Sonntag gegen 18.00 Uhr an.

Schwierig ist vor allem das Verhältnis zu den Gewerkschaften. Ich habe, wie wir beide besprochen hatten, ein langes Gespräch mit Alois Pfeiffer geführt, der persönlich sehr einsichtig ist und auch weiß, daß das berühmte 50 Milliarden-Programm der Gewerkschaften so nicht realisiert werden kann.[5] Ebenso habe ich mit Eugen ‹Loderer›[6] gesprochen, der dringende Gesprächsbedürfnisse hat. Ich habe, ohne Dich festzulegen, gemeint, daß Du Dich sicher freuen würdest, wenn Du in den nächsten Tagen einmal mit ihm eine halbe Stunde hättest. Ein solcher Termin ist kurzfristig auszumachen. Loderer sagt deutlich, daß er die Kritik von Janzen, Steinkühler und auch Merten nicht teilt, daß er keine andere Regierung will, aber daß die Front der Regierungsgegner in den Gewerkschaften jetzt doch sehr über den harten Kern hinausgewachsen sei.[7] Ich glaube, daß wir gut daran täten, mit ihm zu reden.

Wichtig ist auch, daß Genscher in einem Aufsehen erregenden Interview (Anlagen anbei)[8] eine neue Konfliktfront eröffnet hat. Im Unterschied zu Lambsdorff hat er eine weitere Kreditaufnahme zur Stopfung neuer Haushaltslöcher abgelehnt. Lahnstein versucht dies zwar noch herunterzuspielen, redet davon, daß Genscher nur eine „leichtfertige Kreditaufnahme" abgelehnt habe, kann aber letztlich nicht kaschieren, daß dies der große Konfliktpunkt werden kann. Ich habe den deutlichen Eindruck, daß Genscher sich hier jedenfalls den großen Konflikt vorbehält. Auch er weiß natürlich, daß eine weitere Sparorgie im November oder gar im September [1982] in der SPD (und wohl auch in der Fraktion) nicht mehr durchgestanden werden kann.

Holger Börner ist guten Mutes, und der Wahlkampf[9] läuft, den Umständen entsprechend, einigermaßen; insbesondere unser Auftakt läßt sich gut an. Holger hat durch eine Bemerkung, die die Grünen in die Nähe der Faschisten rückte, links natürlich Kritik auf sich gezogen. Wir müssen den Wahlkampf aber jetzt in der Anlage, wie die Hessen ihn planen, weiterführen.

Dies die wichtigsten Punkte. Mit Wischnewski stehe ich in ständigem Kontakt, und auch Johannes [Rau] läßt hin und wieder von sich hören. Die Arbeit im Haus läuft ohne besondere Vorkommnisse.
Bis Sonntag also mit herzlichen Grüßen
Dein
⟨Peter⟩[10]

Nr. 87
Aus der Rezension der deutschen Ausgabe des Buches von Carl E. Schorske „Die große Spaltung" durch den Vorsitzenden der SPD, Brandt
29. August 1982[1]

Deutsches Allgemeines Sonntagsblatt, Nr. 35 vom 29. August 1982.

[...][2]
Jedenfalls wird einem bei einem Buch wie dem von Professor Schorske noch einmal klar, auf wie vielen Gebieten die Themen des frühen nicht mehr die des ausklingenden Jahrhunderts sind. Das gilt, auf die Sozialdemokratie bezogen, bei weitem nicht nur für den Reformismus-Streit (Eduard Bernstein wäre heute übrigens mit großer Wahrscheinlichkeit ein linker Flügelmann)[3], sondern es gilt auch für die Rolle einer sozialdemokratischen Partei im Staat und für die Rolle des Staates selbst. Es ist nicht einzusehen, warum man sich eine Parallele zur Spaltungsproblematik nach der Jahrhundertwende aufreden lassen sollte. Was nichts daran ändert, daß es ein gegnerisches Interesse an der falschen Fragestellung und daß es immer mal wieder Sozialdemokraten gibt, die andere und sich selbst mit Zwangsvorstellungen darüber quälen, wie sich heutiges Unvermögen in das Zwangsbett überkommener Vorstellungen spannen läßt. Und die sich nicht an das berühmte Wort erinnern, demzufolge sich die Geschichte (direkt) nicht wiederholt – es sei denn als Farce. Nein, das Spaltungsgerede der letzten Jahre hat besonders wenig mit den wirklichen Problemen der heute real existierenden Sozialdemokratie zu tun. Die eigentliche Gefahr, wenn die Kluft zwischen neuen Herausforderungen und alten Verhaltensweisen nicht überbrückt wird, besteht nicht in Spaltung, sondern in Schrumpfung.[4]

Dies zeigt sich nicht allein, aber durchaus nicht zuletzt im Verhältnis zur jungen Generation. Bei Schorske finden wir beachtliche Hinweise, wie schwer sich die SPD tat, als in den Jahren nach der Jahrhundertwende die ersten sozialdemokratischen Jugendbewegungen entstanden – unter dem führenden Einfluß von Männern wie Ludwig Frank in Baden und Karl Liebknecht in Berlin. Bekanntlich zeugen auch spätere Zeitabschnitte, nicht nur die Weimarer Republik, von sich immer wiederholenden Reibungen zwischen Parteiführungen und Jugendorganisationen. Das muß mit dem programmatischen Anspruch und den – bei allem Bemühen um Disziplin – freiheitlichen Impulsen der sozialdemokratischen Bewegung zusammenhängen. Ein anderes, für aktuelle und künftige Wirksamkeit ernsteres Problem ergibt sich dort, wo – wie schon in der Weimarer Republik – die Anziehungskraft auf junge Menschen nicht nur als Mitglieder, sondern auch als Wähler nachläßt.

Weniger bewußt ist den zeitgenössisch Interessierten, wie sehr die Bebelsche Sozialdemokratie durch die Breite der innerparteilichen Diskussion geprägt war – und wie wenig sie dies daran hinderte, zur stärksten Partei im Reichstag zu werden. Schorske erinnert daran, daß es die Reformisten – im damaligen Verständnis also die „Rechten" – waren, die darauf drängten, die Parteidisziplin nicht zu überziehen: „Diese solle, meinten sie, auf diejenigen Aspekte des Parteilebens beschränkt bleiben, wo Einheit geboten sei, das heißt auf Wahlkämpfe und Sozialpolitik. Hier könnten, wie die Wahlen von 1903 gezeigt hätten, alle Flügel der Partei fruchtbar zusammenarbeiten. Dieses ‚brüderliche Zusammenwirken' sei jedoch ‚nur möglich, wenn kein unbrüderlicher Zwang die Freude an unserer Sache stört'. Eine Partei mit drei Millionen Wählern könne nicht engstirnig sein, sagten die Revisionisten; sie müsse eine Vielfalt von Grundauffassungen bei gleichzeitiger Bewahrung der Fähigkeit zu gemeinsamen Handeln zulassen."[5] Der damalige Parteivorstand forderte nach der Reichstagswahl von 1907 mit allem Nachdruck auf, „Meinungsverschiedenheiten nur in der streng vertraulichen Weise auszutragen".[6] (Der Schreiber dieser Zeilen bittet um Verständnis für das laute Lachen, das ihn überkam, als er im Urlaub diesen rührenden Appell las und gleichzeitig durch die Zeitung erfuhr, wer sich gerade wieder zum wahren Interpreten des Gemeinwohls aufgeschwungen hatte ...) Im Schorske-Buch wird die sowohl der Form als auch dem politischen Inhalt nach veränderte Parteidisziplin zu Beginn des Ersten Weltkriegs festgehalten: „Wo der Staat unterdrückte, säuberte die Partei." Diese, sehr zugespitzt wertende, Kurzformel muß im Zusammenhang mit dem gesehen werden, was die Untersuchung zur Rolle der damals neuen Parteibürokratie ergibt. Ich meine, daß auch dieser Hinweis nicht zu aktuellen Parallelen einlädt. Ärgerlich geblieben ist allerdings die Selbstgefälligkeit von subjektiv ehrlichen Leuten – ob angestellt oder nicht, ein bißchen mehr „rechts" oder „links" –, die sich allen Ernstes in die Überzeugung hineingelebt haben, ihnen gehöre die Partei.

[...][7]

Die Spaltung der deutschen sozialdemokratischen Arbeiterbewegung gehört zu den Ursachen dessen, was 1933 geschah. Schon deshalb erscheint mir Wachsamkeit nicht nur gegenüber der These geboten, es habe alles kommen müssen, wie es gekommen ist, sondern auch gegenüber der Suggestion, neue Schwierigkeiten im Verhältnis zu neuen Wirklichkeiten müßten logischerweise neue Trennungen nach sich ziehen. Es ist keine Kunst, über Spaltungen zu orakeln[8] und denen Stichworte zu liefern, die es ohnehin mit sozialer Demokratie und demokratischem Sozialismus nicht gut meinen. Die schwierigere Aufgabe besteht darin, Abgrenzungen nicht zu scheuen, wo sie nötig sind – das heißt, wo die Grundlagen gemeinsamer Überzeugungen entfallen sind –, und im übrigen zusammenzuhalten oder immer wieder neu zusammenzuführen, was zusammengehört.

Nr. 88
Schreiben des Vorsitzenden der SPD, Brandt, an den stellvertretenden Vorsitzenden der SPD Schmidt
11. Oktober 1982[1]

AdsD, WBA, A 9, 15.

Lieber Helmut,
ich kann mir nichts davon versprechen, mich in diesem Augenblick[2] – oder überhaupt – zu dem Unmut mir gegenüber zu äussern, dem Du gegenüber Deinen Gesprächspartnern dieser Tage ziemlich freien Lauf gibst.[3] Für nicht akzeptabel halte ich jedenfalls die These von tiefgehenden Meinungsverschiedenheiten, die mich daran gehindert haben könnten, Dich hinreichend zu unterstützen. Ich empfinde es im Gegenteil so, dass mich auch erhebliche Bedenken in dieser oder jener Frage nicht daran gehindert haben, dem Bundeskanzler zur möglichst breiten Unterstützung seiner Partei zu verhelfen.

Im übrigen hat jeder von uns, wie andere auch, seine spezifische Verantwortung mit dazu gehöriger Legitimation. Mein Auftrag ergibt sich aus der Wahl durch den Parteitag, und dort ist auch der Ort, wo ich Rechenschaft zu geben haben werde.

Der eigentliche Grund meines Schreibens ergibt sich jedoch aus der politischen Notwendigkeit, Dich für den Parteivorstand und für die gesamte Partei herzlich zu bitten, die Frage der Kandidatur weiter zu überlegen und, wenn es irgend geht, zu einem positiven Entschluss zu kommen.[4] Ich kann mir nicht vorstellen, welche persönlichen Erwägungen dagegen sprechen könnten. Politisch spricht alles für das Opfer einer erneuten Kandidatur.

Wenn es wahr ist, dass die Menschen einen Unterschied zwischen den von Dir vorgeschlagenen und den von den anderen für den März [1983] vorgesehenen Neuwahlen nicht machen, muss man gelten lassen, dass sie eine für dieses Jahr zugesagte Kandidatur auch für die ersten Monate des nächsten Jahres erwarten.

Wenn es wahr ist, dass Hessen und Bayern[5] und viele Sympathiebeweise für die SPD in hohem Masse als Ablehnung der Wechsler und als Verbundenheit mit – auch Dankbarkeit zu – Helmut Schmidt zu verstehen sind, müsste es zu viel Enttäuschung führen, falls Du Dich nicht in der Lage sehen solltest, die Kandidatur anzunehmen. Kommt hinzu, dass die inzwischen anberaumte Hamburger Wahl[6] aus der Sicht unserer Freunde erheblich vorbelastet sein würde.

Es wird auch zu bedenken sein, dass nicht Legendenversuche, nicht nur Genschers, die Deine im Laufe des September vollzogenen Schritte als verlorengegangenes Vertrauen in der eigenen Partei denunzieren wollen, unbeabsichtigte Stützung erfahren.

Ich hoffe, dass ich mit diesem Brief nicht gegen meinen Vorsatz verstosse, Dich irgendeiner Pression zu unterziehen. Doch ich darf auch nicht versäumen, Dir in allem Freimut nahezubringen, was aus der Sicht des Vorsitzenden im Interesse der Partei geltend zu machen ist.

Wenn Du meinst, dass es Dir in Deiner Entscheidung helfen könnte, sollten wir uns – am besten wohl zusammen mit Johannes Rau – bald in Ruhe unterhalten.
Mit freundlichen Grüßen
‹gez. Willy Brandt›[7]

Nr. 89
Schreiben des Vorsitzenden der SPD, Brandt, an den stellvertretenden Vorsitzenden der SPD Schmidt
2. November 1982

AdsD, WBA, B 25, 166.

Lieber Helmut,
Deinen Brief vom 27. Oktober [1982][1] möchte ich nicht auf sich beruhen lassen, sondern ich möchte den Versuch machen, unnötige Differenzen ausräumen zu helfen.

Der einleitende Absatz meines Briefes vom 11. Oktober [1982][2] bezog sich nicht allein auf Äusserungen, deren Tendenz mir Johannes Rau und [Hans-]Jochen Vogel vermittelt hatten. Ich stützte mich auf mehrfache Hinweise – zum Beispiel auf das Kantinen-Gespräch während der vorletzten PV-Sitzung – und verweise auch auf den Journalisten, der Dich Anfang vergangener Woche nach Wien begleitete und der im „Sonntagsblatt" vom 31. Oktober [1982] über Deine „Bitterkeit" berichtete, „die sich nicht zuletzt auf den Parteivorsitzenden Willy Brandt bezieht".[3] Ich würde mich sehr wundern, nachdem ich darauf angesprochen worden bin, wenn nicht am gleichen Tag – also demselben Tag, mit dem Dein Brief datiert ist – ein weiteres, diesen Gegenstand betreffendes Gespräch mit einem „SPIEGEL"-Mitarbeiter stattgefunden hätte.[4]

Mich schmerzt dies nicht nur, weil ich den Eindruck bekommen muss, Du zögest eine negative Schlussbilanz unserer Zusammenarbeit in den letzten Jahren, sondern auch, weil Du Dich im Laufe Deiner Kanzlerschaft dazu – mündlich und schriftlich – mehrfach ganz anders eingelassen hattest. Meine eigene Bilanz sieht so aus, dass ich mich – wie es angesichts realer Gefahren des Auseinanderdriftens die Pflicht des Vorsitzenden ist – um den Zusammenhalt unserer Partei bemüht und mich zugleich dafür eingesetzt habe, dass der Bundeskanzler und die Arbeit seiner Regierung angemessen unterstützt wurden. Und zwar auch in Situationen, die mir einiges abverlangten, und gelegentlich unter Bedingungen, die bis hart an die Grenze meiner Selbstachtung gingen. Ich meine, wesentlich mit dazu beigetragen zu haben, dass es auf den Parteitagen zu einigen schwierigen Gegenständen Mehrheiten gegeben hat, die Du als Regierungschef für unentbehrlich gehalten hattest.

In Wirklichkeit musst Du selber wissen, dass Du ohne mich kaum länger, sondern wohl eher kürzer und vielleicht mit weniger Erfolg im Amt gewesen wärst. Von der eigenen Partei abgesehen: Im Verhältnis zum Koalitionspartner habe ich wiederholt einen der Zusammenarbeit eher förderlichen Einfluss geltend machen können.

Im übrigen halte ich es für eine Frage der Zweckmässigkeit, ob Kanzlerschaft und Parteivorsitz in einer Hand liegen oder nicht. Es hängt von den Situationen und von den Personen ab. Auch davon, ob man allein in der Regierung oder mit anderen in einer Koalition ist. An mir wäre in der Vergangenheit eine andere Zuordnung der Verantwortlichkeiten nicht gescheitert, und ich werde auch in der vor uns liegenden Zeit für alles offen sein, was unter den gegebenen Voraussetzungen vernünftig erscheint und was von denen für richtig gehalten wird, die für die Partei zu sprechen haben.

Was Du über die Loyalität der Mitarbeiter schreibst, kann ich für diejenigen, die mir im Erich-Ollenhauer-Haus unmittelbar zuarbeiten, nicht gelten lassen. Sie haben vielfach mit darauf geachtet, im Verhältnis zum Bundeskanzler auch bei Äusserlichkeiten darauf zu achten, dass Fehldeutungen oder Missverständnissen vorgebeugt würde. Ich kann allerdings nicht bestreiten, dass ich gelegentlich von Angehörigen des Regierungsapparats so behandelt worden bin, wie man einen früheren Regierungschef nicht behandelt – unabhängig davon, ob er der eigenen Partei angehört beziehungsweise deren Vorsitzender ist. Das gilt zum Beispiel für Vorgänge im Zusammenhang mit meiner Moskau-Reise im Sommer des letzten Jahres.[5] Das hat sicher jetzt kaum noch praktische Bedeutung, aber ich konnte aufgrund Deines Urteils nicht darauf verzichten, mein eigenes hinzuzufügen.

Ich hoffe, dass uns unterschiedliche Eindrücke aus zurückliegenden Jahren nicht daran hindern, [Hans-]Jochen Vogel so gut wie irgend möglich zu unterstützen[6] und auch sonst zu tun, was im Interesse der Partei geboten ist.[7]
Mit freundlichen Grüßen
‹Dein Willy›[8]

Nr. 90
Aus der Zusammenfassung der Diskussion auf der Bundeskonferenz der SPD in Kiel durch den Vorsitzenden der SPD, Brandt
18. November 1982[1]

AdsD, WBA, A 3, 895.

Liebe Genossinnen, liebe Genossen,
ich möcht[e] ja nicht mit einer selbstmitleidigen Erklärung beginnen, bevor die auch noch ihre Plätze einnehmen wollen, [die] das sicher tun. Ich will nur sagen, ich kenn[e] das von den Parteitagen, das dauert erst noch ein bißchen länger. Die moderne Technik, vor allen Dingen [die], die mit dem Licht zusammenhängt, führt zu einer Belastung derer, die stundenlang diesen Scheinwerfern ausgesetzt sind. Ich frage mich, ob das auf Dauer so sein muß. Ich habe denen zu danken, die eingeleitet haben und denen, die ihre Beiträge geleistet haben. Wertvolle Beiträge. Bedenkenswerte Hinweise. Der Höhepunkt dieser unserer Bundeskonferenz[2] steht ohnehin bevor. Morgen früh wird Johannes Rau die Kieler Erklärung einbringen.[3] Dann wird, was nicht auf der Tagesordnung steht, Helmut Schmidt sich zur Stafetten-Übergabe äußern und dann wird Hans-Jochen Vogel sagen, wie er das mit uns zusammen machen will.[4] Worum es geht, das haben wir versucht, in dem Entwurf der Kieler Erklärung für morgen zusammenzufassen. Ich denke, wenn wir das vielleicht noch mit der ein

oder anderen Änderung, eine war ja schon angeregt [worden], dann verabschiedet haben, dann sollten wir den Blick nach vorne richten und unsere Kräfte bündeln. Denn es gilt in der Tat, den Bürgern der Bundesrepublik Deutschland klarzumachen, daß unser Land vor einer wichtigen Weichenstellung steht und daß es in der Sache wie ‹zu›[5] den Personen um klare Alternativen geht. Von uns aus für die Fortsetzung einer konsequenten Politik der aktiven Friedenssicherung und, soweit unsere Kräfte reichen, des Bemühens um den Abbau von Spannungen und von Rüstungen und damit gegen einen Rückfall in den Kalten Krieg. Es geht um die Mitverantwortung des Staates bei der Modernisierung von Industrie und Volkswirtschaft, überhaupt ‹zur›[6] Sicherung und Schaffung neuer Arbeitsplätze und gegen eine Politik, die zwar einige Unternehmer reicher macht, aber keine neuen Arbeitsplätze schafft.

Ich will jetzt zwei ergänzende Bemerkungen machen: Während hier diskutiert wurde, kam mir ein gewichtiges Votum von Wassilij Leontief auf den Tisch – das ist ein bekanntlich in den Vereinigten Staaten beheimateter Friedens-, nein nicht Friedens-, sondern Nobelpreisträger für Volkswirtschaft –, und Leontief aus seiner umfassenden Durchdringung des Problems sagt, er sähe in der Arbeits[zeit]verkürzung die einzige Möglichkeit, mit dem Problem der Freisetzung von Arbeitskräften durch die modernen Technologien fertigzuwerden. Aber er fügt hinzu – dieser Wirtschaftswissenschaftler von Rang –, eine Verminderung der Löhne sei kein geeignetes Mittel, um den Arbeitsplatzabbau durch technischen Fortschritt aufzuhalten, da der Einsatz von Maschinen für die Unternehmen billiger sei als ein auch weniger verdienender Mitarbeiter. Leontief hat das gestern abend in Hamburg gesagt. Das reduziert nicht die Problematik, die heute angerissen worden ist, über Arbeitszeitverkürzungen im Verhältnis zu anderen Elementen, die bei Tarifvertragsverhandlungen auszuhandeln sind. Dies ist nicht neu. Die Kollegen aus den Gewerkschaften mögen mich berichten. Es hat noch nie im strikten Sinne des Wortes vollen Lohnausgleich gegeben, auch [nicht] unter wirtschaftlich günstigeren Umständen, sondern immer sind sie in Zusammenhang gesetzt worden mit anderen Elementen, die bei einer Tarifvertragsverhandlung abzuhandeln sind.

Ernst Breit hat ein Angebot gemacht an die Sozialdemokratische Partei Deutschlands, und ich nehme es auf und beantworte es: Die Sozialdemokratische Partei Deutschlands ist offen und bereit, in die vom Vorsitzenden des Deutschen Gewerkschaftsbundes vorgeschlagene breite und gründliche Erörterung, neue Erörterung der Mitbestimmungsproblematik einzutreten. Dort, wo schrittweise Lösungen möglich sind, und dort, wo umfassende Lösungen, die Wirtschaft, ihre Sektoren und ihre Gesamtheit in einer so kritischen Lage angehen. Ich habe gesagt: konsequente Fortführung der Friedenspolitik, öffentliche Mitverantwortung für das, was aus der Wirtschaft und den Arbeitsplätzen und der sozialen Sicherheit wird. Ich füge hinzu, und das wird morgen deutlich werden durch die Kieler Erklärung, für eine Politik des Vertrauens in den mündigen Bürger, für den liberalen Rechtsstaat oder, im Sinne unserer Verfassung, im Wortlaut unserer Verfassung, den demokratischen und sozialen Bundesstaat und gegen autoritäres Gehabe. Und darauf wird es ja dann hinauslaufen, wenn wir sagen: für eine starke Kraft der Sozialdemokratie mit Hans-Jochen Vogel als unserem Spitzenmann im Wahlkampf und unserem Kanzlerkandidaten. Unserem Kanzlerkandidaten gegen die Rechtskoalition in Bonn, die sich – ich wiederhole es immer wieder noch einmal – ganz zu Unrecht christlich-liberal nennt, und ich finde mich nicht damit ab, daß öffentlich-rechtliche Anstalten diesen Etikettenstempel in ihre Nachrichtengebung aufnehmen.

Ich würde sagen, liebe Freunde, bei allem Ärger über die Wende-FDP und bei manchen Irritationen aus den grün-alternativen Gruppierungen sollten wir drei entscheidende Orientierungen nie aus dem Auge verlieren:

1. Unser innenpolitischer Hauptwidersacher und damit wahlpolitischer Gegner ist die Christlich Demokratische Union und die Christlich Soziale Union in Bayern. Noch konkreter: Das Ergebnis der nächsten Bundestagswahl wird entscheidend davon abhängen, wie viel[e] Wähler wir durch unsere Vertrauensarbeit von der Neigung zur CDU/CSU abbringen und für uns gewinnen können.

2. Unsere traditionelle, wenn auch schon einmal eindeutigere Verankerung in der Arbeitnehmerschaft. Unser Schulterschluß, so gut wir an ihm mitwirken können, mit unseren sozialdemokratischen Freunden in den Gewerkschaften. Unsere lebendige Verbindung mit den Menschen in den Betrieben und den Verwaltungen. Dies ist es, was mehr noch als irgendetwas anderes über die Stetigkeit und über den Erfolg unserer politischen Arbeit entscheiden wird. Wenn ich noch eine dritte Bemerkung hinzufügen darf:

3. Zu dem bemerkenswerten Verlauf der Debatte dieses Nachmittags gehört, daß zwei Bücher eingeführt worden sind in unsere politische Aussprache. Nicht die traditionelle Berufung auf das, was der Genosse Marx wohl heute sagen würde oder auch Ferdinand Lassalle, sondern der Björn Engholm hat den Jonathan Schell reingebracht, und der Günter Grass hat gesagt, was Orwell wohl heute, 1984,[7] uns sagen kann und bedeuten kann. Und das muß moderne Sozialdemokratie sein: im Takt mit dem, was geistig um uns herum geschieht und nicht isoliert davon.

Nun werden wir ja noch eine Menge zu tun haben, um uns auf den Bundesparteitag im Januar in Dortmund vorzubereiten. Ich will nur heute vorweg schon eine Bemerkung machen. Herbert Wehner hat über viele, viele Jahre die schwere und belastende Aufgabe des Vorsitzes der Antragskommission übernommen. Er hat uns diesmal gebeten, das auf einen anderen Genossen zu übertragen. Der Parteivorstand hat Horst Ehmke gebeten, den Vorsitz der Antragskommission für den Wahlparteitag in Dortmund[8] zu übernehmen. Mir gibt dies die Gelegenheit, die willkommene, Herbert Wehner Dank zu sagen für die jahrzehntelangen, harten, ihn selbst nicht schonenden, aber wie ich hoffe, fortdauernden Dienste im Interesse unserer gemeinsamen Sache.

Ich wende mich einem Punkt zu, für den ich nicht das gleiche Ausmaß an Zustimmung erweisen kann. Ich ‹bin›[9] nämlich zu den Brüdern der FDP ein Wort sagen. Da ist verteilt worden eine Entschließung, die der Parteivorstand heute beschlossen hat und die ich jetzt nicht hier vortragen muß. Ich will nur sagen, in Ergänzung [zu] dieser Entschließung: Mit ihrem Durchmarsch ohne Rücksicht auf

Verluste verspielen die Verantwortlichen in der FDP-Führung in diesen Wochen das Vertrauenskapital, das sich der organisierte Liberalismus in über einem Jahrzehnt durch eine faire, nach vorn weisende und erfolgreiche Zusammenarbeit mit den Sozialdemokraten erworben hat. Ihr Berliner Parteitag hat leider gezeigt: Sie, die jetzt noch führenden FDP-Leute, führen objektiv einen Vernichtungskampf gegen ihre eigene Partei. Ich will damit folgende Betrachtung verbinden: Wichtige Bestandteile der Vereinbarungen zwischen CDU/CSU und Genscher-FDP decken schonungslos auf, daß die Auseinandersetzung des letzten Sommers um die Wirtschafts-, Finanz- und Sozialpolitik von der Führung der FDP wie von der CDU/CSU weitgehend unter rein parteitaktischen Gesichtspunkten geführt worden ist. Nicht nur die damalige Opposition, was man zur Not für legitim halten kann, auch unser früherer Regierungspartner wollte den Erfolg mit aller Kraft verhindern. Das war – und ich wäge meine Worte – zerstörerische Arbeit im Sinne von Sonthofen.[10] Im übrigen halte ich das Gerede vom Staatsnotstand für unverantwortliche Stimmungsmache. Bei allen objektiven Schwierigkeiten: Dieses Land ist von Helmut Schmidt nicht in einem schlechten, sondern in einem relativ guten Zustand übergeben worden. Vor allem, weil der soziale Frieden bewahrt werden konnte.

Wenn ich ein persönliches Wort hinzufügen darf: Als Mitbegründer der sozial-liberalen Koalition möchte ich bei aller sonstigen Polemik meinen Respekt zum Ausdruck bringen für diejenigen, die das Erbe sozial-liberaler Arbeit nicht preisgeben möchten. Und ich möchte sie von dieser Stelle aus ermutigen, in ihrer Standhaftigkeit, die natürlich mit viel[en] Gewissensqualen verbunden ist – das weiß jemand von uns, der seit Jahrzehnten in eine politische Gemeinschaft eingetreten ist –, ich möchte sie ermutigen, in ihrer Standhaftigkeit nicht nachzulassen, zumal es um die Substanz des freiheitlich-sozialen Rechtsstaats und die Fortführung einer aktiven Friedenspolitik, also Verhandlungspolitik geht. Wenn jetzt in den nächsten Tagen Kollegen aus der bisherigen liberalen Partei zu uns kommen wollen, sehe ich Probleme, die den Genossen hier und da entstehen. Aber ich empfinde es – das sagt euch euer Parteivorsitzender – als eine wertvolle Verbreiterung unseres personellen und inhaltlichen Angebots. [Des] Angebots nicht an uns, sondern an die Wählerinnen und Wähler unseres Landes, und davon handelt ja auch ein Teil der erwähnten Kieler Erklärung. Wir können damit deutlich machen, in welchem Maße wir deutschen Sozialdemokraten teils das Erbe der deutschen Arbeiterbewegung hüten und zum anderen Teil Hüter von Freiheitsrechten und modernem sozialen Liberalismus sind.

Laßt mich in diesem Zusammenhang ein kurzes Wort sagen über das, was uns ab Anfang nächsten Jahres außer dem Wahlkampf bevorsteht. Das wird ein schwieriges Jahr 1983. Wegen der Jubiläen, an die uns andere um uns herum erinnern, wenn wir nicht selbst darauf kämen, und das beginnt mit dem 30. 1. [1983][11] – und das sollten wir bitte nicht eng angehen. Bitte nicht im engen Sinne parteipolitisch ausschlachten! Es haben viele Deutsche gelitten und ihr Leben hergeben müssen, aber wir haben uns dabei nicht zu verstecken. Widerstand besteht nicht nur aus dem, was die Kommunisten und die vom 20. Juli gemacht haben, sondern [auch] aus dem, was viele tausende und zehntausende Sozialdemokraten auf sich genommen haben vom ersten Augenblick an. Und [aus] all dem betrüblichen dieses neuen Jahres wird herausleuchten der 23. März [1933], als Otto Wels mit der Giftampulle zur Tribüne in ‹...›[12] und trotzdem dies herausbringend, was unsere Ehre gerettet hat.[13] Niemand braucht davor zu warnen, unsere Geschichte auf zwölf Jahre zu reduzieren. Die Gefahr ist doch viel eher, daß die zwölf Jahre ausgeklammert werden. Das darf eben nicht sein. Wo wir schon nichts ungeschehen und in Wirklichkeit auch nicht[s] wieder gutmachen können, denn die Toten kann man nicht wieder zum Leben zurückbringen, da haben die Opfer Anspruch auf unser Nachdenken. Ein Nachdenken, das auch in unser aller wohlverstandenem Interesse liegt. Die Augen nicht zu verschließen, was von 1933 – 1945 in deutschen Landen, auch bei denen, die an den Fronten sterben mußten und in den Bombennächten zu Hause, was von hier ausgehend in weiten Teilen Europas an Schrecklichem angerichtet wurde. Das bedeutet eben nicht, die Geschichte auf 12 Jahre zu reduzieren, sondern es heißt doch, aus der Vergangenheit für die Gegenwart im Interesse einer menschenwürdigen Zukunft zu lernen. Wer heute dazu auffordert, ich will den Namen jetzt nicht nennen,[14] endlich aus dem Schatten Hitlers herauszutreten, gibt uns einen schlechten Rat. Das könnte nur darauf hinauslaufen, Hitler mit dem Schatten unseres Schweigens zu decken, und das darf nicht sein.

Ein Wort zu den Grünen und Alternativen und – ein bißchen damit verbunden – zur Friedensbewegung, die ja aber in Wirklichkeit viel weiter greift und von der [Björn] Engholm zu Recht gesagt hat, wieso sollten wir die eigentlich als unsere Feinde sehen. Was die Grünen angeht: Wir dürfen uns nicht so sehr auf dieses Thema fixieren, wie die Grünen umgekehrt fixiert sind auf ihr Verhältnis zur SPD. Konkret: Wir haben unsere Eckpunkte gesetzt – und ich habe sie selbst im Bundestag gesetzt – [das Verhältnis zur] Gewalt. Nebenbei gesagt habe ich auch im Bundestag gesagt, selten bei allen Gewaltgeschichten, gegen die man hart angehen muß, selten sind Demonstrationen von Hunderttausenden so gewaltfrei durchgeführt worden und verlaufen wie die beiden Friedenskundgebungen in Bonn im letzten Herbst und in diesem Frühsommer.[15] Da hat allerdings auch eine vernünftig geführte Polizei eine entscheidende Rolle gespielt. Ich habe gesagt: Nicht nur die Gewalt, auch die Stellung zur Verfassung und ihren Institutionen, die Bereitschaft, die Regeln unserer parlamentarischen Demokratie zu achten und zu nutzen, die Haltung zu den Verträgen, die unser Volk in einer großen Mehrheit will. Unser Volk will – in seiner großen Mehrheit –, daß wir verankert sind in der Europäischen Gemeinschaft und in der Atlantischen Allianz und dabei bleiben müssen, bis eine Ordnung des Friedens für Europa die Auflösung der Militärbündnisse erlaubt oder sogar gebietet. Auf diesem Boden kann und muß man als Sozialdemokrat über alles reden, was das Volk, seinen Frieden, seine Wohlfahrt, was Arbeitsplätze und Wachstumsraten, Umwelt und Lebensqualität, auch was Bürokratisierung und Eigenverantwortung angeht. Aber liebe Genossen, eines müssen wir klarmachen: Wir stehen vor einem schweren und wichtigen Wahlkampf, da kann man nicht zwei Dinge auf einmal machen wollen. In diesem Wahlkampf gehören die Grünen zu unseren Gegnern, und wir ringen mit ihnen um Stimmen, Themen und Menschen, das heißt Stimmen.

Nicht immer ist gebührend zur Kenntnis genommen worden, daß es in unserer Republik auch eine wichtiger gewordene Frauenbewegung gibt. Und daß Frauen in den anderen neuen sozialen Bewegungen eine nicht geringe Rolle spielen. Ich greife auf, was teils Annemarie Renger und was teils Björn Engholm gesagt haben, und meine Bitte [ist], [...], daß unsere Partei, die mal das Wahlrecht für die Frauen durchgesetzt hat, aber das ist lange her, die mal mit den Gewerkschaften zusammen eingetreten ist für den Grundsatz gleicher Lohn für gleichgewichtige und gleichwertige Arbeit, daß unsere Partei die Gleichstellungsproblematik wieder und noch ernster nimmt, als sie es zuweilen tut. Und jetzt bitte auch in den eigenen Reihen beherzigen! Und ich sage das, obwohl ich dabei schon eine Menge Enttäuschung erlebt habe (aber auch auf anderen Gebieten): Daß die Partei stärker als bisher [dies] berücksichtigt, wo es um Funktionen geht in dieser Männergesellschaft, und es nicht zuletzt auch um Kandidaturen geht für parlamentarische Körperschaften, jetzt zum Bundestag – und da kann man hier und da noch was machen, wenn man will.

Ich möchte jetzt nicht zum Thema Frieden und Entspannung sprechen. Björn Engholm und Karsten Voigt haben es aufgegriffen, aber [Hans-]Jochen Vogel wird zwangsläufigerweise – und wie ich überzeugt bin, mit gründlicherer Vorbereitung als es meinem eher improvisierten Vortrag entspricht – das sagen, auch nachdem wir es im Vorstand mit ihm beraten haben, was zu sagen ist. Deshalb nur dies: Die europäische Komponente etwas deutlicher und bewußter machen in unserer Partei! Ein dritter Weltkrieg würde doch jedenfalls die Existenz nicht nur des deutschen Volkes in Ost und West, sondern die Existenz der europäischen Völker auf's Spiel setzen. Mit großer Wahrscheinlichkeit würden sie ihn nicht überleben. Also gilt es alle, und zumal alle europäischen Kräfte, zu bündeln, und die Genossen im Europäischen Parlament, so begrenzt deren Beschlußrechte sind (die leisten ja auch was auf diesem Gebiet) – [um] der Europäischen Gemeinschaft eine politische Dimension zu geben und auch die Sicherheitspolitik in angemessener Form zu berücksichtigen. Das heißt, mit anderen zusammen in Europa [dafür] zu sorgen, daß die Ost-West-Beziehungen wiederbelebt und stabilisiert werden können und kein Rückfall in den Kalten Krieg stattfindet und – wenn es irgend geht – [daß] dem wahnsinnigen, dem objektiv wahnsinnigen Wettrüsten ein Ende bereitet wird. Da gehen Erwartungen an die beiden Weltmächte – bei allen Unterschieden, denn wir stellen sie ja nicht einfach gleich. Die eine ist unser Hauptverbündeter, die andere ist die große Macht im Osten Europas. Aber ich plädiere leidenschaftlich dafür, daß deutsche Sozialdemokraten auch im Wahlkampf, ohne unnötigen Streit herbeizuführen, sondern andere beim Wort ‹zu nehmen›[16], wo es um Kontinuität geht. Aber das Drängen auf eine aktive deutsche Rolle bei den Verhandlungen in Wien und bei den Verhandlungen in Madrid mit dem Ziel, eine Konferenz über Fragen der Abrüstung in Europa zustande zu bringen, vor allem aber in Genf, wo es meiner Meinung nach beide Weltmächte nicht bei ihren Ausgangspositionen belassen können, sondern wo jeder sich auf den anderen zubewegen muß, wenn etwas herauskommen soll.[17] Ich denke, jeder wird sich gut überlegen müssen, was im Sinne größerer Sicherheit für alle Beteiligten und Betroffenen an Kompromissen möglich ist und nötig ist. Nichts wäre verheerender für das Gesamtgeflecht der Ost-West-Beziehungen, als wenn Genf ohne Erfolg bliebe.[18] Ohne konkrete Ergebnisse dort könnten wir die Hoffnung auf Entspannung begraben. Der Friede in Europa, nicht nur für die Deutschen in Ost und West, wäre ein gefährliches Stück unsicherer geworden und die Völker Europas könnten vollends zu Geiseln im nuklearen Pokerspiel der Supermächte werden, und das wäre unerträglich. Deshalb ist es wichtig, daß wir zusammen mit anderen Sozialdemokraten, mit anderen freiheitlichen Sozialisten oder wie immer sie sich auch nennen, einstehen für eine Politik vertrauensbildender Stetigkeit und Verläßlichkeit in der Gestaltung der internationalen Beziehungen. Krieg und Frieden, das werden die Völker Europas oder sogar diese Welt gemeinsam erleiden müssen oder gemeinsam genießen können. Was das erfordert an Bewußtsein und an politischen

Konsequenzen, das sollten wir gemeinsam, soweit die Kräfte reichen, fördern.

Ich will zum Schluß noch ein Wort sagen, liebe Freunde, Genossinnen und Genossen, zu der These, die einem jetzt manchmal begegnet, vom Ende der sozialdemokratischen Epoche. Diese These stammt von Gegnern aus unterschiedlichen Lagern. Da gibt es die Konservativen, die sie formuliert haben. Das ist leicht zu verstehen. Sie haben sie formuliert aus ihrem eigenen Anspruch auf längere Regierungsführung und um diese historisch-ideologisch zu untermauern. Sie verweisen darauf, daß liberale Politik, etwa unter John F. Kennedy und seinem Nachfolger Johnson, oder sozialdemokratische Gesellschaftsentwürfe in Europa an der Realität gescheitert seien und nun von ‹realisten›[19] Konservativen wie Reagan, Thatcher und womöglich auch Kohl die Dinge wieder ins Lot gebracht werden müssen. Auf der anderen Seite benutzen auch Kommunisten die These – nur eine Kleinigkeit anders formuliert – und auch Grüne, die sich mehr emotional als inhaltlich an unserer Sicherheitspolitik oder an unserer Energiepolitik reiben. Aber das Schlagwort von dem Ende der sozialdemokratischen Epoche, das wird auch gelegentlich von solchen mitgetragen, die uns gar nicht ohne Sympathie gegenüber stehen, und insofern verdient ‹sie›[20] eine Antwort. Im Kern ist wohl gemeint, wir Sozialdemokraten hätten im wesentlichen die Ansprüche erfüllt, mit denen die organisierte Arbeitnehmerschaft angetreten ist. Die breiten arbeitenden Schichten seien zu voller staatlicher und gesellschaftlicher Gleichberechtigung gelangt, und materielle Not im Sinne früherer Generationen (aber noch einer, aus der ich komme) gebe es nicht mehr. Damit, so sagen sie, sei der Auftrag erfüllt. In diesem Urteil übrigens steckt eine hohe Anerkennung, die wir aufnehmen sollten. Ja, wir und die, die vor uns waren und in deren Fußstapfen wir gestiegen sind, die haben in der Tat eine Menge tun können, um aus Millionen rechtloser, ausgebeuteter Arbeiter gleichberechtigte Mitbürger werden zu lassen. Das sagt euch einer, dessen Großvater noch, bevor er als Arbeiter nach Lübeck kam, in Mecklenburg auf den Bock gelegt und geprügelt wurde, weil das dort noch so üblich war, auch nachdem in Rußland schon die Leibeigenschaft abgeschafft worden war. Das ist nicht wenig. Aber die Schlußfolgerung, die die ziehen, ist falsch. Denn es bleibt doch, weiß Gott, noch eine Menge zu tun, zu tun, um soziale Demokratie im Sinne des Godesberger Programms, seiner Grundwerte und Grundforderungen zu verwirklichen, oder, wenn man bescheiden sein will, auch nur den Artikel 20 unserer Verfassung weiterzuführen. Denn da steht nicht drin, dies war schon 1949 ein demokratischer und sozialer Bundesstaat, sondern da steht drin, daß uns dies als immer währende Aufgabe übertragen ist, am demokratischen und sozialen Bundesstaat zu arbeiten. Und es gilt, sich immer wieder auf die neuen objektiven Bedingungen einzustellen, mit denen wir es ökonomisch und politisch zu tun haben. Gewiß: Einen unbegrenzten – wenn es denn das gäbe, einen unbegrenzten – Ausbau des Wohlfahrtsstaates wird es nicht geben können. Und es gibt auch berechtigte Zweifel, ob dies als Ergebnis staatlicher Maßnahmen allein erstrebenswert wäre. Aber es gibt, weiß Gott, auch heute noch unendlich viel Not, mit der wir uns nicht abfinden können. Noch heute hat die Kapitalseite bei wichtigen wirtschaftlichen Entscheidungen ein unerträgliches Übergewicht. Und mit dem können wir uns nicht einverstanden erklären. Noch heute gibt es soziale Schranken, die ‹aus›[21] dem Sohn oder der Tochter des Arbeiters und der Arbeiterin und zumal der unverheirateten Mutter, nein, der alleinstehenden Mutter, das muß ja nicht nur eine unverheiratete sein, schwer machen, die gleichen Chancen in Anspruch zu nehmen und zu nutzen, [wie sie] für die Kinder der Bessergestellten [bestehen]. Wir sind stolz, was aus den Trümmern des letzten Krieges gemacht worden ist. Und wir haben da eine Menge mit zu tun. Aber ich füge hinzu, diese Gesellschaft ist doch nicht so gut, ist doch nicht so in Ordnung, als daß es nicht noch viel zu verändern gäbe. Wir haben uns, und ich greife das Wort von Ernst Breit noch einmal auf, um wirkliche und umfassende, das heißt paritätische Mitbestimmung zu kümmern. Wir haben uns dem Thema der Vermögensbildung zu widmen. Wir müssen zu den wichtigen Fragen der Arbeitszeitverkürzung nicht nur weitere Foren abhalten, sondern angemessene

Antworten finden und dies gemeinsam mit den Freunden in den Gewerkschaften.

Ich wage die Vorhersage, die Konservativen, wie immer sie sich nach ihrem Parteinamen nennen, die Konservativen werden sich in allen Ländern als unfähig erweisen, mit den eigentlich schwierigen Problemen unserer Zeit fertig zu werden. Ihr zeitweiliger Erfolg liegt zu einem guten Teil darin, daß sie weite Teile einer nicht hinreichend aufgeklärten Öffentlichkeit davon zu überzeugen versuchen, und dies zum Teil mit Erfolg, daß ein Rückgriff auf alte Rezepte die vermeintlich guten alten Zeiten schon zurückbringen würde. Wir müssen uns, das sage ich jetzt ohne alle Überheblichkeit, sondern eher mit einem Appell zur Selbstprüfung, wir müssen uns gedanklich verdammt nochmal anstrengen und dann durch unermüdliche Vertrauensarbeit auch mehr Menschen als bisher davon überzeugen, daß es einen Weg zurück nicht gibt. Daß auch für die [19]80er und [19]90er Jahre gilt: Wer morgen sicher leben will, muß heute für Reformen kämpfen. Das bleibt richtig.

Und im übrigen, liebe Genossinnen, liebe Genossen, ist es ja nicht so, als ob die Sozialdemokraten, als ob die demokratischen Sozialisten, durchweg auf dem Rückzug wären, das Gegenteil ist ja der Fall. Letztes Jahr haben unsere Freunde in Frankreich und Griechenland in der Auseinandersetzung mit ihren Konservativen überzeugende Erfolge errungen. In diesem Jahr hat Olof Palme mit seinen schwedischen Freunden nach 6-jähriger Opposition die Regierungsführung in seinem Land wieder errungen. Und nicht zu vergessen: Spanien wird in Kürze den ersten – denn den gab es auch nicht im Bürgerkrieg, wie viele meinen –, den ersten demokratisch-sozialistischen Regierungschef haben. Und damit wird etwas geschehen, was nicht nur für die iberische Halbinsel, sondern für ganz Europa historische Bedeutung hat. Nehmen wir dies als eine Ermutigung. Wo die sozialen und freiheitlichen Kräfte eines Volkes sich zusammentun, wo sozialdemokratische Parteien neue Vitalität gefunden haben, führt der Weg über kurz oder lang wieder in die staatliche Hauptverantwortung. Wir wollen, daß es für uns nicht lange dauert, sondern daß die Zeit, in der man meint, ohne und gegen die Sozialdemokraten regieren zu können, kurz bemessen bleibt. Dabei sind wir auf sehr viel Hilfe angewiesen. Dabei müssen wir selbst eine neue große gedankliche und organisatorische und zur Überzeugung fähige Anstrengung auf uns nehmen. Ich hoffe, wir alle sind dazu bereit.

Ich danke für eure Aufmerksamkeit.

Nr. 91
Aus dem hs. Schreiben des Vorsitzenden der SPD, Brandt, an den Vorsitzenden der SPD-Bundestagsfraktion, Wehner
18. Januar 1983

Privatarchiv Greta Wehner

Lieber Herbert,
[. . .][1]

Es ist vorgesehen, dass Dich Helmut [Schmidt] am Freitagmorgen, bei der Eröffnung des Wahlparteitags,[2] besonders begrüsst.

Ich würde es begrüßen, wenn wir in den nächsten Wochen miteinander sprechen könnten und wenn Du mich bei der Gelegenheit wissen liessest, in welcher Weise die Partei künftig auf Deinen Rat zurückgreifen kann und welche Formen der weiteren Zusammenarbeit Dir genehm wären.[3]
Mit freundlichen Grüßen,
Dein Willy Br[andt]

Nr. 92
**Rede des Vorsitzenden der SPD, Brandt, auf der Kundgebung der Friedensbewegung in Bonn
22. Oktober 1983**[1]

sozialdemokrat-magazin, November 1983, S. 3.

Der Friede ist der Ernstfall

Zu Hunderttausenden stehen wir hier, in strikter Gewaltfreiheit, um über sonst Trennendes hinweg zu bekunden:

Wir brauchen in Deutschland – und in „Europa, solange es steht" – nicht *mehr* Mittel der Massenvernichtung, wir brauchen *weniger*.

Deshalb sagen wir *Nein* zu immer neuen Atomraketen. *Ja* sagen wir zu der Forderung, daß der Frieden organisiert werde.

Hier steht nicht die Fünfte Kolonne, zu der uns ein Volksverhetzer hat machen wollen.[2] Wir stehen hier für die Mehrheit unseres Volkes. Über 70 Prozent der Menschen in der Bundesrepublik – und das ist gut so – halten nichts davon, daß Deutschland noch immer mehr vollgepackt wird mit atomarem Teufelszeug. Man weiß, ich stehe in der Tradition der Arbeiterbewegung, der Sozialdemokratie, die seit Generationen die Sache des Friedens auf ihre Fahnen geschrieben hat. Und die nie Krieg und Diktatur gebracht hat über unser Volk. Ich spreche hier zugleich als einer, der bemüht war, Spannungen abzubauen und unser Verhältnis auch zu den östlichen Nachbarn auf eine neue Grundlage zu stellen – gegen haßerfüllten Widerstand im eigenen Land. Ich möchte für diejenigen mitsprechen, die sagen: Es hat uns bitter enttäuscht, daß in Genf kein politischer Wille zur Einigung deutlich wurde.[3] So fühlen sich viele, die guten Glaubens waren, heute an der Nase herumgeführt.

Moskau, gewiß keine Hochburg des Pazifismus, hat bei den Raketen weit überzogen. Das hat die sowjetische Führung inzwischen selbst zugegeben. Sie hat sich öffentlich bereit erklärt, bei den Mittelstrecken-Raketen auf einen Stand beträchtlich *vor* dem Brüsseler

Doppelbeschluß zurückzugehen. Und die Verschrottungen an Ort und Stelle überwachen zu lassen. Warum, so frage ich, hat man in Genf die Sowjets nicht beim Wort genommen? Warum macht man ihr öffentliches Angebot nicht zum Ausgangspunkt eines Abkommens, das wirklich *weniger* Zerstörungsmaschinen für Europa bedeuten würde! Aber mächtige Leute haben sich in ihren Dickkopf gesetzt, das Aufstellen von Pershing II sei wichtiger als das Wegbringen von SS 20: Man müsse es denen im Osten – vielleicht auch den Deutschen? – erst mal zeigen. Dann könne man weitersehen, dann werde alles leichter gehen. Dazu können wir nicht Ja, dazu müssen wir Nein sagen.

Nichts wird durch die Stationierung leichter werden. Stattdessen wird die Rüstungsspirale weiter und weiter gedreht. Europa wird darunter leiden. Die Deutschen auf beiden Seiten werden sich in neue Etappen des Rüstungswettlaufs hineingehetzt sehen. Dagegen müssen wir angehen, diesseits und jenseits der innerdeutschen Grenze. Die neuen Waffen mit den ganz kurzen Vorwarnzeiten führen zusätzliche Gefahren mit sich. Und wir dürfen nicht zu Gefangenen der Erwartung werden, daß es keinen Fehler gibt, bei Menschen und Computern. Der mir gewiß vertraute Satz, von deutschem Boden dürfe nie mehr Krieg ausgehen, droht zur inhaltsleeren Phrase zu verkommen. Wer will, daß dieser gute Satz gilt, der darf sich nicht damit abfinden, daß beide deutschen Staaten gegen jedes vernünftige Interesse zu Abschußrampen für neue Atomraketen der Weltmächte gemacht werden.

Nicht nur der unmittelbaren Gefährdung wegen ist es Zeit zur Umkehr. Auch die unanständige Verschwendung von Mitteln kann nicht ungestraft fortgesetzt werden. Die Kirchen haben geholfen, uns diese neue Qualität der Herausforderung bewußt zu machen. In dieser Minute sterben anderswo 30 Kinder an Hunger und heilbarer Krankheit. Und in dieser selben Minute werden weltweit 3 $^{1}/_{2}$ Millionen Mark für Rüstungen ausgegeben. Das ist gegen alle Menschlichkeit. So wird zudem die Weltwirtschaft ruiniert. Dazu kann man nicht schweigen, dazu muß man *Nein* sagen. Ein sehr nachhaltiges *Ja* jedoch zu dem, was zusammengehört: Frieden und Arbeit, Arbeit und Frieden.

Unter Demonstranten: Vor seiner Rede auf der Kundgebung der Friedensbewegung im Bonner Hofgarten am 22. Oktober 1983 spricht Willy Brandt mit Bürgern und Demonstrierenden.

In Amerika, dem wir viel Gutes zu danken haben, ringen die Menschen, nicht anders als hier bei uns, um Wege zum Frieden. Wir stehen an der Seite jener Zweidrittelmehrheit, die im Kongreß der USA für FREEZE[4] eingetreten ist, für einen Stopp des Rüstungswahnsinns. Und zugleich gegen eine erneute reaktionäre Wende in Zentralamerika.[5] Schon deshalb ist Antiamerikanismus Quatsch. Aber kein verantwortlicher Deutscher darf seine spezifische Verantwortung in der Garderobe des Weißen Hauses ablegen. Mit meinen Freunden möchte ich, daß die Blöcke überwunden werden. Da es sie gibt, gehören wir ins westliche Bündnis. Aber es ist wichtig, daß unsere Interessen darin nachhaltig vertreten werden. Europäische Verantwortung für die Sicherheit der Europäer muß größer geschrieben werden.

Es wäre nicht in Ordnung, wollten wir den unumgänglichen Streit um den Inhalt der Sicherheitspolitik auf dem Rücken unserer

Soldaten austragen. Die Bundeswehr, als Armee im demokratischen Staat, hat den Auftrag, den Frieden sichern zu helfen. Ihre Angehörigen haben, wie wir anderen, ein vitales Interesse daran, daß nicht der Vernichtung preisgegeben wird, was wir gemeinsam sichern wollen. Ich meine, wir lassen uns weder einschüchtern noch erpressen. Aber die Angst der Menschen läßt sich nicht wegkommandieren, sie läßt sich auch nicht mit Raketen besiegen. Hoffnungen der vielen einzelnen lassen sich jedoch bündeln. Für unsere Freiheit und Unabhängigkeit können wir etwas tun. Wir sollten wissen, wie in der parlamentarischen Demokratie entschieden wird. Andere sollten wissen, daß man im Interesse des Friedens nicht spalten darf, sondern zusammenführen muß: mehr Sicherheit gewinnt man nicht gegen die Überzeugung der Bürger. Und nicht mit jenen Spießern, die über „die Straße" lamentieren.

Nicht nur den Freunden und Partnern in West und Ost, auch der Regierung des eigenen Landes rufen wir zu: Fürchtet Euch nicht vor dem Friedenswillen der Deutschen! Nutzt ihn, zum Nutzen aller!

Laßt uns miteinander fordern: *Erstens*: nicht stationieren, sondern ernsthaft verhandeln. *Zweitens*: Die Supermächte sollen ein Abkommen schließen, durch das die Atomwaffen erst eingefroren und dann abgebaut werden. *Drittens*: Mittel umlenken und freimachen für den weltweiten Kampf gegen Armut, Hunger, Unterdrückung. Dies sind die Aufgaben, über den Tag hinaus. In dieser Zeit wird entschieden, ob unsere Kinder eine Zukunft haben. Deshalb rufen wir alle Menschen guten Willens: Stellt Euch dem Selbstbetrug des Wettrüstens in den Weg, haltet das Tor offen für das Leben! Noch nie war das Wort Gustav Heinemanns so brennend aktuell: Der Friede ist der Ernstfall.[6]

Nr. 93
Hs. Schreiben des Vorsitzenden der SPD, Brandt, an den stellvertretenden Vorsitzenden der SPD Schmidt
18. Dezember 1983

AdsD, WBA, B 25, 166.

Lieber Helmut,
da ich am Donnerstag nicht nach Hamburg kommen kann, übermittle ich Dir auf diesem Wege meine herzlichen Glückwünsche zum 65. Geburtstag.

Du wirst von vielen Seiten – nicht zuletzt von [Hans-]Jochen Vogel im Namen unserer Partei und Bundestagsfraktion – hören, wie hoch Dein Wirken in Hamburg und für unseren Staat geschätzt wird; und ich selbst werde dazu noch etwas sagen, wenn wir uns nach der Weihnachtspause mit Dir zu dem vereinbarten Abendessen treffen.[1] In der Tat: Du kannst auf Deine Leistungen stolz sein, und Deinen Namen hast Du unverwechselbar in das Buch deutscher und europäischer Politik geschrieben. Dass dies in so starkem Masse anerkannt wird, mag einen Teil der Mühen aufwiegen, die Du im Laufe der Jahre auf Dich genommen hast.

Mit Sorge, gelegentlich auch mit erheblichem Kopfschütteln, habe ich gesehen, wie verständnislose bis unsinnige Kombinationen mit der Tatsache verbunden oder aus ihr abgeleitet worden sind, dass wir in einer wichtigen Teilfrage der Aussen- und Sicherheitspolitik zu unterschiedlichen Antworten gelangt sind. Ganz anders, als ich es in manchen Kommentaren gelesen habe, ist mir nie in den Sinn gekommen, Deiner Haltung den Respekt zu versagen. Und ganz anders, als es sich manchen mitgeteilt zu haben scheint, meinte ich, dass wir den Kölner Parteitag[2] nicht in Streiterei oder Missachtung, sondern in Kameradschaft und Solidarität hinter uns gebracht hätten. Weite Teile der Partei und ich selbst bleiben dankbar für die Art, in der Du auf dem Parteitag und im Bundestag Deinen Standpunkt vertreten hast.

Wir haben mehr miteinander durchgemacht und bewirkt, als die meisten wissen können. Und ich denke, dass niemand dies wird zerreden oder verdunkeln können. Zudem sind wir beide alt genug, um uns auch durch Bösartiges nicht über Gebühr in Anspruch nehmen zu lassen. Und gewiss werden wir zu zeigen wissen, in welcher Weise wir unserer gemeinsamen Sache in der vor uns liegenden Zeit verpflichtet bleiben.

Meine Gratulation verbinde ich mit freundschaftlichen Wünschen für das, was Du Dir weiterhin vorgenommen hast, und für Dein persönliches Wohlergehen.
Mit den besten Grüssen zum Fest, auch für Loki [Schmidt] und von Brigitte [Seebacher-Brandt],
Dein
Willy Br[andt]

Nr. 94
Rede des Vorsitzenden der SPD, Brandt, anlässlich des 25. Jahrestages der Verabschiedung des Godesberger Programms im Erich-Ollenhauer-Haus in Bonn
12. November 1984

Willy Brandt: Zwischen Essener Parteitag und Irseer Entwurf. Reden, Artikel und Interviews zu Fragen des neuen Grundsatzprogrammes (1984 bis 1986), Materialien, hrsg. vom Vorstand der SPD, Bonn o. J., S. 3 – 5.

„25 Jahre nach Godesberg"

Vor fast genau fünf Jahren habe ich in Bonn zum 20. Jahrestag der Verabschiedung des Godesberger Programms geredet. Bei dieser Gelegenheit sagte ich, Godesberg gelte, die SPD brauche für einen – damals – überschaubaren Zeitraum kein neues Grundsatzprogramm.[1]

Ich glaube, die Redlichkeit gebietet, die Einschätzung von 1979 zu Beginn dieser Einführung zu erwähnen.

Heute werde ich, anders als damals, darauf plädieren, daß die SPD am Ausgang der 80er Jahre wenn auch weiterhin kaum neue Grundsätze, so doch ein neues Programm benötigen wird. Woher diese Änderung?

Ich will mich nicht darauf hinausreden, daß die Dinge 1979 für einen deutschen Sozialdemokraten anders aussahen, als sie 1984 aussehen – obwohl daran, wie man sich leicht denken kann, etwas Wahres wäre. Damals haben wir regiert – und eine Programmdebatte mit ihren möglichen Verunsicherungen hätte von dem damals vorrangig Notwendigen ablenken können. Jetzt sind wir im Ringen um die Meinungsführerschaft geradezu gezwungen, neue Impulse aufzunehmen.

Wer die Macht – oder jedenfalls das Stück Macht, das Regierung bedeutet – hat, kann hoffen, sie durch Konzentration auf das in der gegebenen Situation Erforderliche zu behalten. Wer verlorene Macht zurückerobern will, darf nicht *vor allem* vorsichtig sein.

Schließlich will ich noch auf eine einfache Tatsache aufmerksam machen und sie zu bedenken geben: Wenn die neue Programmarbeit nach Plan voranschreitet, werden wir 1986 einen ersten Entwurf vorlegen[2] und uns 1988 auf das endgültige Programm einigen. Dann werden seit Godesberg fast dreißig Jahre vergangen sein. Von Erfurt bis Görlitz verging in etwa die gleiche Zeit, und zwischen Heidelberg und Godesberg lagen auch nur vier Jahre mehr.[3]

Der Dreißig-Jahre-Rhythmus scheint einigermaßen willkürlich, aber es würde mich nicht wundern, wenn sich jemand bei dieser Gelegenheit an den Dreißig-Jahre-Rhythmus erinnert fühlt, in dem nach wissenschaftlichem Verständnis die Generationen aufeinanderfolgen. Dem Sich-Erinnernden würde ich übrigens die Erkenntnis Robert Musils ins Gedächtnis rufen wollen, daß man „in der soeben eingetroffenen letzten Zukunft" oft schon „die kommende Alte Zeit" sehen kann. „Die neuen Ideen", heißt es im „Mann ohne Eigenschaften", „sind dann bloß um 30 Jahre älter, aber befriedigt und ein wenig fettüberpolstert oder überlebt, so ähnlich wie man neben den schimmernden Gesichtszügen eines Mädchens das erloschene Gesicht der Mutter erblickt; oder sie haben keinen Erfolg gehabt, sind abgezehrt und zu einem Reformvorschlag eingeschrumpft, den ein alter Narr verficht, der von seinen fünfzig Bewunderern der große Soundso genannt wird."[4]

Seien Sie sicher: Mein Ehrgeiz ist es nicht, als „großer Soundso" in die Geschichte der Partei einzugehen. Ich will sagen: Mir ist das Risiko unseres Unterfangens bewußt. Angesichts der brutalen Drohungen der weltweiten Hochrüstung *und* der ökonomischen Krise *und* der in aller Welt sichtbar werdenden Umwelt-Katastrophen bleibt uns aber keine Wahl: Wir müssen uns neu vergewissern.

Was spricht für eine neue Programmanstrengung? Das nächstliegende wäre dies: Das Godesberger Programm ist überholt, weil seine Forderungen erfüllt sind. Wir alle wissen, daß es so nicht ist und daß auch das Gegenteil nicht wahr ist, mit dem – wäre es denn wahr – sich ebensogut die Forderung nach einem neuen Programm begründen ließe. Nein, an der Leitlinie des Godesberger Programms sind wir ein Stück vorangekommen und könnten wir in Zukunft ein weiteres Stück vorankommen.

Die Gründe für die neue Programmanstrengung liegen anderswo. Man kommt ihnen wohl ein Stück näher, wenn man fragt und nachschaut, was an Godesberg sozusagen „fehlt". Auch da ist der Befund nicht grundstürzend, doch führt er weiter. Eine Revue der großen Themen zeigt das. So wird im Godesberger Programm die Gefährdung des Friedens durchaus deutlich angesprochen, aber von dem in den frühen [19]8oer Jahren sprunghaft gewachsenen Erschrecken vor der akuten Bedrohung durch den Rüstungswahn konnte im geltenden Programm noch nichts zu spüren sein. Das gleiche gilt von der anhaltend erkennbaren Entschlossenheit der Millionen nicht nur junger Menschen in unserem Land, die sich nicht länger von der Logik des Wettrüstens die Köpfe vernebeln lassen wollen. In Godesberg traten wir gemäß unseren Traditionen für die Ächtung des Krieges und für kontrollierte Abrüstung ein. Allmählich dämmert uns, daß es allein mit Bekenntnissen zu diesem Erbe nicht mehr getan sein kann. Die akute Gefahr des Wettrüstens, von der konventionellen Rüstung bis zu den geplanten Weltraumwaffen,[5] ist zu drücken.

Zweites Beispiel: die Ökonomie. Gewiß, in Godesberg waren noch genügend Delegierte und zuvor mitberatende Genossinnen und Genossen dabei, die das Hungerelend des arbeitenden Volkes aus eigener Anschauung zu gut kannten, als daß sie der kapitalistischen Prosperität der [19]50er Jahre restlos vertraut hätten. Gleichwohl lautet im Programm die erste Überschrift des Abschnitts Wirtschafts- und Sozialordnung „Stetiger Wirtschaftsaufschwung", und tatsächlich ist das die Grundannahme von Godesberg: daß im System gemischter Wirtschaft mit einer vernünftigen Konjunkturpolitik nach den Erkenntnissen des guten Lord Keynes die stetige – und das heißt doch wohl: die bruchlose – Verbesserung der Lebensbedingungen des Volkes zu gewährleisten sei. Unterdessen hat uns die Entwicklung aufs neue nachdrücklich klargemacht, daß die Hoffnung auf eine im wesentlichen krisenfrei funktionierende Wirtschaft eine Illusion war.

Angesichts der aktuellen Wucherungen der Finanzmärkte bei gleichzeitigem Niedergang der realen Investitionen und dem Anwachsen sozialer Notstände weltweit hat man bei uns und anderswo weitere Hoffnungen begraben müssen, etwa diese: daß die Gewinne von heute die Investitionen von morgen und damit die Arbeitsplätze von übermorgen seien. Die Welt ist offenbar komplizierter, die Ökonomie scheint doch nicht ganz in der Psychologie aufzugehen, und es bewahrheitet sich einmal mehr die Lebenserfahrung, daß man die Mittel der Politik nicht verklären sollte. Das Problem „Kontrolle wirtschaftlicher Macht", von dem wir ein Jahrzehnt nur leise gesprochen haben, ist ungelöst wie eh und je.

Drittes Beispiel: Die Gefährdung der natürlichen Lebensgrundlagen. Das Godesberger Programm ist dazu keineswegs stumm. Ich zitiere: „Technik und Zivilisation setzen heute den Menschen einer Vielzahl von gesundheitlichen Gefährdungen aus. Sie bedrohen nicht nur die lebende, sondern auch künftige Generationen." Die Folgerungen aus der treffenden Analyse sind freilich ausschließlich gesundheitspolitischer Natur – eine Beschränkung, deren Unzulänglichkeit mittlerweile offen zutage liegt.

Über die Beispiele hinaus: Der Hauptunterschied zwischen 1959 und 1984 liegt doch wohl darin, daß damals Zukunft als Fortschreibung bestehender Trends selbstverständlich erschien, während dies heute für uns nicht mehr vorstellbar ist.

Vermutlich ist seit 1959 doch mehr vergangen als bloß ein Vierteljahrhundert. So kann ich mich bisweilen des Eindrucks nicht erwehren, daß die sehr alte, sehr mächtige und gerade in unserem Kulturkreis das Denken und das Handeln regelrecht beherrschende Vorstellung vom Menschen, der ausersehen sei, sich die Welt untertan zu machen, mehr und mehr an Anziehungs- und Überzeugungskraft verliert. Ich komme auf diesen Eindruck zurück.

Wenn er richtig ist, dann liegt fürs erste der Schluß nahe, daß die Gründe für die neue Programmanstrengung nicht einfach in dem liegen, was an Godesberg sozusagen „fehlt". Dann sind sie wohl eher darin zu finden, daß heute manches von Bedeutung *anders* ist als vor 25 Jahren und daß in der Partei das Bedürfnis wächst, unsere Politik darauf einzustellen.

Es ist ja wirklich manches anders geworden. Die Erde muß heute fast fünf Milliarden Menschen ernähren; damals waren es noch weniger als drei Milliarden gewesen; bald sind es sechs. In der UNO sind heute nicht mehr 82 Staaten repräsentiert, sondern nahezu doppelt so viele, nämlich 159. Und wenn das Klima in den Ost-West-Beziehungen heute kaum weniger rauh ist als Ausgang der [19]50er Jahre, so haben wir in der Zwischenzeit doch eine Periode der Entspannung und Kooperation erlebt und dabei Erfahrungen gesammelt, die vor einem Vierteljahrhundert nicht zur Verfügung standen.

Für einige andere Bereiche gilt das nicht minder. Zwischen 1959 und heute liegen Anfang und Ende von 16 Jahren sozialdemokratischer Regierungsbeteiligung im Bund, Anfang und Ende eines historisch beispiellosen Ausbaus des Systems der sozialen Sicherung in diesem Lande. Zwischen 1959 und heute liegen Aufstieg und Zerfall der Studentenbewegung und außerparlamentarischer Oppositionen, die Entwicklung einer sektenhaften Gruppen-Kultur, Erfahrungen mit dem Terrorismus, der Aufstieg der Grünen, eine auf beeindruckende Weise wiedergewonnene Anziehungskraft des

Glaubens, manchmal auch der Irrationalität. Und, vielleicht wichtiger als das meiste, was ich bisher erwähnte: Die Frauen haben sich im letzten Jahrzehnt in einem Ausmaß von alten Klischees und überkommenen gesellschaftlichen Zwängen gelöst, das hoffen läßt – hoffen, daß dieses Stück neuer Freiheit auch unter dem wieder stärker spürbaren Druck von Reaktionären aller Couleur bewahrt werden könne.

Diese Aufzählung ist selbstverständlich nicht umfassend, aber ich denke, sie genügt, um die These zu illustrieren, daß sich seit Godesberg in der Tat manches von Bedeutung zugetragen hat. Dadurch ist nicht nur die Gesellschaft, die Welt, in der wir leben, anders geworden. Auch die Sozialdemokratie, unsere Partei hat sich geändert und wir [uns] in ihr. Unsere Anschauungen von der Welt sind infolgedessen nicht mehr ganz die gleichen wie zu jener Zeit, als das Godesberger Programm erarbeitet wurde. Und es sind – das zeigt sich auf den von mir angesprochenen zentralen Politikfeldern: Sicherung des Friedens, Sicherung der wirtschaftlichen Existenz, Sicherung der natürlichen Lebensgrundlagen – es sind Änderungen nicht nur im Nebensächlichen.

Wenn Sie erlauben, möchte ich in diesem Zusammenhang nochmals auf den Eindruck zurückkommen, von dem ich vorhin sprach: daß die Vorstellung vom Menschen, der auszieht, sich die Erde untertan zu machen, an Glanz verliere. Wenn das so ist, dann ist in der Tat eine Haupt-Sache dabei, ins Wanken zu geraten, keine Neben-Sache.

Nun kenne ich die Einwände gegen diese Diagnose, und ich nehme an, wir kennen sie miteinander. Wer auf die Vereinigten Staaten blickt und sieht, wie unter hausbacken konservativem Vorzeichen die neue Zuversicht zelebriert wird und die alte Illusion Urständ feiert, daß alles machbar sei, so man nur wolle, der mag seine Zweifel womöglich nicht unterdrücken können. Da wird die Hoffnung entzündet wie früher eine Gaslaterne; man muß nur befürchten, daß ihr Licht die Szenerie genausowenig erhellt. Ich bin ziemlich sicher, daß der neue Aufbruch zu alten Ufern eine arge Selbsttäuschung ist, die Ummantelung eines – mit Verlaub – ziemlich gewöhnlichen zyklischen Aufschwungs der Wirtschaft mit trotzigen Reden – aber wenig Rücksicht auf andere –, nostalgischen Gebärden und den raffinierten Accessoires der modernen Seelenfängerei.

In Wahrheit, und das heißt: erstens in Perspektive, zweitens mit Blick nicht nur auf die USA, sondern tendenziell auf die ganze Welt, drittens bei Berücksichtigung nicht allein und nicht primär jener, die im Licht sind und gut davon reden – in Wahrheit, sage ich, führt auf den Pfaden eines neu aufgemotzten Besitzindividualismus kein Ausweg aus der Krise.

Gewiß, man mag streiten, in welcher Form und in welcher Verfassung der Sozialstaat eine Zukunft hat – aber daß die Zukunft dem Sozialstaat und nicht dem wieder auferstandenen Frühkapitalismus gehören muß, wenn die Demokratie eine Zukunft haben soll, diese Erkenntnis werde ich nicht preisgeben.

Gewiß, man mag streiten, wie in den Außenbeziehungen der Staaten das Prinzip der gemeinsamen Sicherheit am besten verwirklicht wird – nur: Daß die Völker in Zukunft allein dann annähernd sicher nebeneinander leben werden, wenn sie ihre Sicherheit auch militärisch *miteinander* organisieren statt gegeneinander, das, scheint mir, ist unabweisbar; durch das Streben nach Überlegenheit ist jedenfalls noch kein Krieg auf Dauer verhindert worden.

Gewiß, man mag streiten, wie am besten, wie rasch und in welcher Kostenteilung von Land zu Land die Sanierung und der Schutz der natürlichen Umwelt vorangetrieben werden sollte – aber *daß* dies geschehen muß, wenn die menschliche Rasse eine Zukunft auf diesem Planeten haben soll, daß die Zu- und Hinrichtung der Natur einem planvollen, fast hätte ich gesagt: gärtnerischen Umgang Platz zu machen hat, das bestreiten doch nur noch jene Phantasten, die ein dickes Fell für Realismus und den alten Trott für Realpolitik halten.

Sie sehen, ich gehöre nicht zu den Leuten, die mit dem Fortschrittsbegriff immer weniger anzufangen wissen, weil sie sich immer weniger Vernünftiges unter Fortschritt vorstellen können – im Gegenteil. Wer aus der Arbeiterschaft kommt, mit den Idealen des demokratischen Sozialismus aufgewachsen ist und sich heute nicht ins Bockshorn jagen läßt von Verpackungskünstlern und Wortverdrehern, der ist gewöhnlich weit davon entfernt zu glauben, die Arbeiterbewegung habe ihre geschichtliche Aufgabe erfüllt.

Die moderne Arbeiterbewegung war angetreten, eine Gesellschaft ohne Ausbeutung, ohne Erniedrigung, ohne Not zu schaffen, eine Gesellschaft der Freien und der Gleichen, eine Gesellschaft, in der das gute Leben kein Vorrecht des Standes oder der Klasse mehr sein sollte. Wer Augen hat zu sehen, der sieht, daß dieses Ziel lange nicht erreicht ist: Nicht daheim und schon gar nicht in der weiten und dabei doch immer mehr aufeinander angewiesenen Welt. Damit das Ziel erreicht werde, ist Fortschritt nötig, nach wie vor.

Der Begriff bleibt indes nicht allein in dieser sozusagen klassischen Fassung sinnvoll. Um Fortschritt geht es gerade auch dann, wenn die menschliche Existenz schlechthin gefährdet ist, sei es durch Krieg, sei es durch Vergiftung der Natur, sei es durch die schleichende Zerstörung jener Art von Arbeit, die nicht nur den Broterwerb erlaubt, sondern auch Aneignung der Welt und Bildung von Verstand und Gemüt. Ich bin überzeugt: Ob diese Welt eine friedliche werden wird, ob auch noch unsere Enkel ihre Luft atmen, ihr Wasser trinken können, ob auf ihr die sinnvolle Arbeit eine Chance hat und der Mensch, der mit ihr sein Leben bestreitet, das wird nicht zuletzt davon abhängen, wieviel Fortschritte wir Sozialdemokraten auf dem Weg zur gemeinsamen Sicherheit, zur Versöhnung mit der Natur, zur Humanisierung der Arbeit machen werden.

Hier schließt sich dann der Kreis. Ich sagte eingangs, daß wir zwar kaum neue Grundwerte und Grundsätze, wohl aber ein neues Programm brauchen werden. Jetzt füge ich hinzu: Wir brauchen deshalb kaum neue Grundsätze, weil der soziale Wandel und die neu oder in neuer Form aufgetauchten Probleme, von denen ich einige ansprach, ja gerade nicht jene bloßstellen, denen es mit der konkreten Utopie der sozialen Demokratie, des demokratischen Sozialismus ernst ist. Sondern akkurat die anderen, diejenigen mit den mehr oder weniger eleganten Gewaltmethoden, wo es um die Beziehungen der Menschen zueinander und der Menschen zu ihrer natürlichen Umwelt geht.

Auf dem Kochel-See: Schifffahrt mit ehemaligen SPD-Geschäftsführern am 30. August 1985 (3. von rechts: SPD-Bundesgeschäftsführer Peter Glotz).

Dies in verständlicher Form klarzumachen, wieder klarzumachen – das ist unsere Aufgabe auf dem Weg zum neuen Programm und die Aufgabe des neuen Programms selber. Wir wollen Godesberg *nicht* auslöschen: Wir wollen es der Zeit gemäß weiterentwickeln. Das aber heißt: Wir werden so mit ihm umgehen, wie eine kämpfende, zugleich traditionsbewußte *und* zukunftsorientierte Partei mit ihrem Erbe verfährt. Also im Sinne jenes großen französischen Sozialisten, von dem der Satz stammt: „Wir wollen aus der Vergangenheit das Feuer übernehmen, nicht die Asche".[6]

419 Rede zum 25. Jahrestag des Godesberger Programms, 12. Nov. 1984

Nr. 95
Schreiben des Schriftstellers Grass an den Vorsitzenden der SPD, Brandt
21. Juni 1985[1]

AdsD, WBA, A 11.2, 167.

Lieber Willy,
da das Gümse-Fest[2] wenig Gelegenheit für ein Gespräch bot, reiche ich diese Information nach: zum Wochenende vom 7. auf den 8. Dezember [1985] habe ich in meine derzeitige Hamburger Wohnung [...][3] etliche sozialdemokratische Politiker eingeladen, die neuerdings zusammenfassend „Enkel" genannt werden. Im Hinblick auf die bevorstehende Wahl in Niedersachsen[4] werden sich also bei mir

Willy Brandt und Gerhard Schröder auf dem SPD-Bundesparteitag in Essen, 17. bis 21. Mai 1984 (im Hintergrund Herta Däubler-Gmelin).

Björn Engholm, Karl-Heinz Hiersemann, Oskar Lafontaine, Rudolf Scharping, Gerhard Schröder und Johano Strasser versammeln. Ich will versuchen, den Gedanken der Wählerinitiative[5] unter veränderten Bedingungen wieder aufleben zu lassen; das wachsende Bedürfnis nach einem demokratischen Wechsel in Bonn und in den Bundesländern geht weit über die Partei hinaus. Wenn es der SPD gelingt, ähnlich deutlich wie Ende der sechziger Jahre die Themen Deutschlandpolitik als Teil der Friedenspolitik, Umwelt und Arbeit und neuerlich den Anspruch „Mehr Demokratie wagen!" zu formulieren und zu besetzen, wäre abermals die tätige Mithilfe von sozialdemokratischen Wählerinitiativen möglich.

Solltest Du um den 7./8. Dezember [1985] in Norddeutschland sein, wäre Dein Besuch, etwa am frühen Sonntag nachmittag, eine gelungene Überraschung; nicht nur die „Enkel" würden sich freuen.[6]
Freundlich grüßt Dich
Dein ⟨G[ünter]⟩[7]

Nr. 96
**Schreiben des Vorsitzenden der SPD, Brandt, an den SPD-Bundestagsabgeordneten Schmidt
23. April 1986**[1]

AdsD, WBA, A 9, 16.

Lieber Helmut,
als ich gestern früh – 22. 4. [1986] – aus Johannesburg zurückkam[2], entnahm ich der FAZ, dass Du mir einen Brief wegen der skandalösen Veröffentlichung im „VORWÄRTS"[3] geschrieben hättest. Im Büro fand ich den erwähnten Brief vor.[4] Heute entnehme ich u. a. der „Frankfurter Rundschau",[5] dass der Brief einer Mehrzahl von Journalisten zur Kenntnis gebracht wurde, bevor ich die Möglichkeit hatte, mich dazu zu äußern.

Ich finde, so sollten wir nicht miteinander umgehen. Und wenn es denn schon sein muss, sich öffentlich zu äussern, sollten zuvor die Fakten geprüft werden.

Tatsache ist nämlich, dass ich als erster und zum frühest möglichen Zeitpunkt empört und scharf Stellung nahm, nämlich am 7. April [1986], zunächst im Vorsitzenden-Gespräch mit Johannes Rau und [Hans-]Jochen Vogel; anschliessend im Präsidium; Egon Bahr als einer der drei Herausgeber des „VORWÄRTS" war zugegen. Bei dieser Gelegenheit wurde zustimmend zur Kenntnis genommen, wie ich mich durch einen Einschub in meine Berliner Rede am 12. 4. [1986] einlassen wollte – nicht nur durch den Satz, den Du der „[Frankfurter] Rundschau" entnommen hast.[6]

Am 14. 4. [1986], unmittelbar vor meiner Abreise nach Südafrika, haben wir die Angelegenheit erneut im Präsidium behandelt und uns von Hans Matthöfer über die geplanten bzw. getroffenen Maßnahmen unterrichten lassen; Hans, der erst an diesem Tag wieder im Haus sein konnte, und ich hatten vorher hierüber gesprochen.

Im übrigen bin ich niemandes Watschenmann, auch will ich nicht die Aufgaben der Herausgeber übernehmen.

Durchschriften dieses Briefes gehen nicht an die Presse, wohl aber an die Empfänger Deiner Kopien.[7]

Mit freundlichen Grüßen

‹Dein Willy Brandt›[8]

Nr. 97
**Erklärung des Vorsitzenden der SPD, Brandt, zum „Irseer Entwurf" eines neuen SPD-Grundsatzprogramms
30. Juni 1986**

SPD Mitteilung für die Presse, Nr. 357/86 vom 30. Juni 1986.

Der Vorstand der SPD hat am Wochenende in München den „Irseer Entwurf" als Diskussionsgrundlage für ein neues Grundsatzprogramm entgegengenommen.[1] Dem bevorstehenden Nürnberger Parteitag wird ein Vorschlag unterbreitet, wie verfahren werden soll, damit im übernächsten Jahr über das neue Parteiprogramm beschlossen werden kann.[2]

Zwei Jahre sind eine lange Zeit, aber rascher geht es in diesem Fall nicht. Mit einer breiten Diskussion können wir erst nach der Bundestagswahl [1987] beginnen; wenn wir den Entwurf jetzt veröffentlichen, so deshalb, weil wir uns nicht dem Vorwurf aussetzen wollten, wir verheimlichten etwas von unseren über den Tag hinausreichenden Überlegungen. Zum anderen brauchen wir ein knappes Jahr für die interne Erörterung des Entwurfs; wir wollen der SPD kein neues Programm überstülpen, sondern es gemeinsam erarbeiten. Und dann liegt uns auch daran, viel kritischen Sachverstand von außerhalb zu erbitten, bevor ein zweiter Entwurf erarbeitet werden kann, über den ein Parteitag 1988 zu befinden haben wird.

Als ich am 12. November 1984 an eben dieser Stelle über „25 Jahre nach Godesberg" sprach, habe ich einer Redefinition des Fortschritts das Wort geredet und die Gelegenheit zu einem Plädoyer für ein neues Programm genutzt.[3] Das war nicht sehr kühn, denn zu diesem Zeitpunkt hatte die von unserem Essener Parteitag Ende Mai [19]84 beschlossene Programmkommission[4] schon drei Sitzungen hinter sich und erweckte durchaus den Eindruck, als wolle sie ernstmachen.

Ich erwähne diese Rede gleichwohl, weil ich an die Begründung anknüpfen möchte, die ich damals gab, um eine neue, die erneute

Programmanstrengung der SPD zu rechtfertigen. Diese Begründung ist durch den Gang der Beratungen bestätigt worden und wird auch durch das vorläufige Ergebnis gerechtfertigt, das Ihnen seit ein paar Tagen vorliegt: Ich meine den Irseer Entwurf für ein neues Grundsatzprogramm der deutschen Sozialdemokratie.

Als einem, der in den [19]50er Jahren den Weg nach Godesberg mitgeebnet hat und der seitdem die Richtigkeit der Kursentscheidung vielfach bestätigt fand, liegt mir daran, über all dem Neuen, von dem die Rede sein wird, das Bewährte nicht zu vergessen, das wir mit Bedacht bewahrt haben:

Ich denke an das kompromißlose Bekenntnis zur Demokratie und zum Staat des Grundgesetzes; zum demokratischen Sozialismus, der zwar Wegmarken und Zielpunkte kennt und doch eine dauernde reformerische Aufgabe bleibt; zu den Grundwerten, Grundsätzen und der weltanschaulichen Offenheit; zur sozialdemokratischen Volkspartei, die in der Tradition der Arbeiterbewegung steht; zu unserer Verankerung im Westen und unserer europäischen Friedenspflicht; nicht zuletzt zu einer erfolgsorientierten, undogmatischen Betrachtung der wirtschaftspolitischen Instrumente und Regelmechanismen – darum auch weiterhin, Sie haben es sicher gelesen, „Wettbewerb so weit wie möglich, Planung so weit wie nötig."

Zur Erneuerung unserer programmatischen Grundlagen haben uns drei – miteinander verbundene – Einsichten veranlaßt.

Erstens: Im Godesberger Programm kommen einige Dinge und Verhältnisse, die für uns von (zunehmender) Bedeutung sind, nicht oder nur am Rande vor. Nehmen Sie als Beispiel die Gleichstellung von Frau und Mann (als weit über das Staatsbürgerliche hinausreichender Auftrag zu umfassender gesellschaftlicher Reform). Oder Fragestellungen, die sich aus der Zukunft von Arbeit und Technik ergeben. Oder vor allem auch: die künftige Rolle Europas, über allen EG-Jammer hinaus und die Rollenbestimmung der deutschen Sozialdemokratie als einer Partei für europäische Selbstbehauptung.

Zweitens: Seit Godesberg haben sich manche wesentliche Dinge und Verhältnisse verändert, manche, gewiß, erscheinen auch nur anders – auf beides muß sich indes eine Partei einstellen, die auf der

Programmarbeit: Willy Brandt leitet die Irseer Klausurtagung der Programmkommission vom 4. bis 8. Mai 1986, die den Entwurf für das neue Grundsatzprogramm erstellt.

Höhe der Zeit bleiben will. Nehmen Sie als Beispiel die dramatisch gewachsenen Gefahren für das Überleben der Menschheit. Und als Teil davon: die Verflechtung und wechselseitige Potenzierung von Ost-West-Konflikt mit Nord-Süd-Gegensätzen. Oder: die strukturellen Veränderungen im Wirtschaftsgefüge – national (Massenarbeitslosigkeit) und international (Verschuldungskrise). Oder: die Präzisierungen, um die wir uns bemühen, wo es sich um Schritte hin zu einer demokratischen Wirtschaftsordnung handelt.

Drittens: In dem Vierteljahrhundert seit Godesberg ist ein Denkmusterwechsel von säkularer Bedeutung in Gang gekommen. Die sehr alte, sehr mächtige und gerade in unserem Kulturkreis das Denken und das Handeln regelrecht beherrschende Vorstellung vom Menschen, der ausersehen sei und gut daran tue, sich die Erde untertan zu machen, hat ihre Unschuld eingebüßt, verliert an Anziehungs- und Überzeugungskraft. Die Entdeckung, wie sehr wir weltweit unsere natürlichen Lebensgrundlagen untergraben, und die Wiederentdeckung des Menschen als eines Teiles der Natur markieren einen Einschnitt, nach dem es nie mehr so sein wird wie in den [19]50er oder [19]60er Jahren, als sich viele von uns die Zukunft schlicht als zu glückende Fortschreibung bestehender Trends vorstellten und wünschten.

Im Entwurf, der Ihnen vorliegt, sind die drei genannten Einsichten wahrgemacht. Da wir dies gewissenhaft und durchgängig taten, handelt es sich im Ergebnis nicht einfach um eine Überarbeitung des Godesberger Programms, sondern um etwas Neues, Eigenes. Ich verhehle nicht, daß manche von uns überrascht waren, wie vieles neu angepackt werden mußte. Die Fragestellung etwa, was wachsen soll und was nicht (weil es schädlich ist), gehört ja gewiß nicht zu dem, was man uns theoretisch mit auf den Weg gegeben hatte. Aber die gesamte Programmkommission trägt diese Erneuerung; sie hält es für unabweisbar, Grundsatztreue und schöpferischen Geist gleichermaßen zu fordern.

Zu dem, das Godesberg angedeutet, aber nicht ausgeführt hatte, gehört die Vorstellung, daß der Staat „durch Verschmelzung des demokratischen mit dem sozialen und dem Rechtsgedanken ‹...› zum Kulturstaat werden" solle.[5] Der neue Entwurf versucht, diesen Gedanken zu konkretisieren.

Der Irseer Entwurf spiegelt mit seiner Verbindung aus Neuem und Bewährtem recht präzise den politischen Konsens der Programmkommission wider. Weil niemand unter uns ganz ohne Lust am Neuen, Unverhofften war und niemand ganz ohne Bedürfnis, unsere ehrenwerten Traditionen in zeitgemäßer Form zu wahren, sind wir zu keiner Zeit in zerstrittene Heerlager zerfallen. Ich erwähne dies, um den Kolleginnen und Kollegen für ihr Aufeinanderzugehen auch öffentlich den Dank des Vorsitzenden auszusprechen.

Das nächste Ziel, das wir mit dem Irseer Entwurf verfolgen, ist – wie ich darlegte – eine möglichst breite, engagierte, sachverständige Diskussion, nicht nur in den eigenen Reihen. Das weitere Ziel ist ein daraus erwachsender zweiter, abgeklärter und gehärteter Entwurf, der 1988 auf dem Programmparteitag bestehen kann und an dem sich die deutsche Sozialdemokratie für eine nächste Wegstrecke ebenso gut orientieren kann wie bisher am Godesberger Programm.

Nr. 98
Hs. Entwurf eines Schreibens des Vorsitzenden der SPD, Brandt, an den stellvertretenden Vorsitzenden und Kanzlerkandidaten der SPD, Rau
1. August 1986[1]

AdsD, WBA, A 11.3, 59.

ich hoffe sehr, Du kannst etwas Luft holen nach der Rundtour, von der zu hören war, sie sei erfolgreich, aber auch anstrengend gewesen.[2] Zu mir kommt am Sonntag mein französ[ischer] Professor,[3] und ich denke, er wird zufrieden sein. Ab kommend[em] Wochenwechsel sind wir wieder in Bonn.

Es wäre schade, wenn Du Dir den Eindruck vermitteln ließest, „die" Partei sei nicht auf vollen Erfolg aus; sie ist auch jetzt besser als ihr Ruf. Die stimm[ungs]mässige Lage hat sich für die Gegenspieler freilich zwischendurch etwas verbessert. Dahinter steckt viel und bessere propagandist[ische] Erfahrung, wohl aber auch bei uns ein gewisses Manko, was die Themen angeht. (Es gibt schon zu denken, wenn Geissler die Menschenrechte „besetzt" und Genscher geglaubt wird, dass er aus der Ost-West-Kiste herausholt, was drin sein mag.)

Auf der anderen Seite: Für uns ist es noch nicht zu spät, wenn wir in und ab Nürnberg[4] noch besser klarmachen, dass wir mit besseren Kandidaten die bessere Politik zu offerieren haben.

Ich habe aufgeschrieben, was ich in N[ürn]b[er]g sagen sollte. Du wirst sehen, wie abwegig das meiste ist, was einige aus meinem Gespräch mit der „Zeit" haben herauslesen wollen.⁵ Wir sind <u>nicht</u> unterschiedl[icher] Meinung, dass wir schon deshalb aufs Ganze gehen müssen, weil kein Partner zu erkennen ist. Dass ich nicht gut Nein sagen kann, wenn man mich fragt, ob nicht Gewinne von über fünf Prozent auch schon ganz schön wären, steht dazu wirklich nicht im Widerspruch.

Wenn wir beide wieder da sind, sollten wir uns die Zeit nehmen, über Nürnberg etwas eingehender zu sprechen. Auch darüber, wie die Partei zusätzlich motiviert werden kann; sie hat das nötig und auch verdient. Du weisst, dass ich tun will, was in meinen Kräften steht, damit Du mit der Partei zu dem von uns erstrebten Ziel gelangen kannst.

Mit herzlichen Grüssen, die ich auch Deiner Frau auszurichten bitte, zugleich von Br[igitte Seebacher-Brandt]

Nr. 99
Aus dem Gespräch des Vorsitzenden der SPD, Brandt, über Politik, Macht, die SPD und die Politische Kultur der Bundesrepublik Deutschland
[Herbst] 1986

Willy Brandt: „. . . wir sind nicht zu Helden geboren". Ein Gespräch über Deutschland mit Birgit Kraatz, Zürich 1986, S. 7 – 12, 15 f., 32 f., 142 – 144.

Herr Brandt, Sie sind bald 73 Jahre alt. Mehr als 55 Jahre widmeten Sie der Politik. Sie waren Abgeordneter, Regierender Bürgermeister von Berlin, Außenminister und Bundeskanzler der Bundesrepublik. Seit mehr als zwei Jahrzehnten sind Sie Vorsitzender der Sozialdemokratischen Partei Deutschlands (SPD). Was ist Politik für Sie, von der Sie offensichtlich nicht lassen können? Pflicht, Passion oder vielleicht eine Art Krankheit?

Krankheit hoffentlich nicht. Obwohl es natürlich Perioden, schwierige Perioden gibt, über die man nur mit einem gewissen Maß an Besessenheit hinwegkommt.

Wenn ich mich aber zwischen Pflicht und Passion entscheiden müßte, dann eher für das zweite. Ich habe Kants kategorischen Imperativ für mich lange Zeit als „Tu deine verdammte Pflicht und Schuldigkeit!" übersetzt. Aber dann kam ich mehr und mehr dazu einzusehen, daß Politik nicht ohne Mitleidenschaft möglich ist – Mit-Leidenschaft, *compassion* im amerikanischen Sinn.[1]

Die Politik, die mich bewegt, ist jedenfalls nicht möglich, ohne daß man sich durch die Nöte und die Sehnsüchte der vielen bewegen läßt, die man gar nicht alle kennen kann. Ich möchte an Entscheidungen mitwirken, die den Frieden sichern, und dazu beitragen, daß Menschen aus den breiten Schichten des Volkes mehr Gerechtigkeit erfahren.

Was bedeutet Ihnen Macht?
In Worten wie Macht und die Mächtigen liegt die Gefahr der Mystifikation. Gewiß, auch die Demokratie eröffnet ihren Vertretern Macht, und auch hier birgt sie Versuchungen und Fallen. Sie tut es allein schon durch die Begleitumstände: Man wird abgeschirmt, ist Schmeicheleien und gefilterten Nachrichten ausgesetzt, *läßt* lesen und *läßt* schreiben und womöglich nachdenken. Manchmal geht es auch gar nicht ohne, und keiner bleibt ganz unberührt davon.

Dabei liegt mir doch sehr daran, dem Klischee entgegenzutreten, welches Macht – im Sinne von öffentlicher Verantwortung – pauschal denunziert, so daß am Ende nur eine Variation übrig bleibt auf das Lied von der Politik als einem garstigen, schmutzigen Geschäft. Das kann sie wohl sein, wir wissen es, für Lumpen, für korrupte oder allzu unterwürfige Kreaturen. Recht begriffen aber ist sie eine Konsequenz aus der Verantwortung für unser Leben.

Wer Macht ausübt, ist oft ohnmächtiger, als andere meinen oder er selbst sich eingesteht. Wer bei Sinnen ist, so weiß ich mich zu erinnern, wird hin- und hergerissen zwischen Zweifel und Zuversicht, Resignation und Hoffnung.

Gerade wer ein Stück staatliche Macht auszuüben hatte, sich dabei nicht über Gebühr wichtig nahm und nicht allzu sehr verbiegen ließ, der macht sich über die Grenzen des vernünftig Machbaren keine Illusion. Ich habe häufig genug erfahren, wie sich gerade der mächtig tat, der seine Ohnmacht, Hilflosigkeit und Unvernunft nur mühsam, oft allerdings besonders lautstark, zu überspielen suchte.

Ich muß es eher unangenehm komisch denn tragisch nennen, wenn Leute aufgrund eingebildeter, nicht einmal entlehnter Macht den Eindruck erwecken möchten, mächtig zu sein. Freilich können sie damit rechnen, daß nur selten ein unbefangenes und unerschrockenes Menschenkind – wie das in Hans Christian Andersens Märchen – darauf aufmerksam macht, daß der Kaiser ohne Kleider ist.

Ich kann nicht sagen, daß ich mich je besonders mächtig gefühlt hätte. Aber die dünne Luft der Vereinsamung hat mir wohl zu schaffen gemacht.

Es scheint, Sie empfinden Macht eher als Ohnmacht?

Wissen Sie, es gab einen Moment, in dem ich mich ganz auf mich gestellt fühlte. Das war jener Dezembermorgen in Warschau, als ich empfand, wie unzulänglich es sein würde, am Ghetto-Mahnmal nur den Kranz niederzulegen. Doch ein Gefühl von Ohnmacht war das nicht. Die Knie zu beugen war Ausdruck vorübergehender, relativer Macht im Dienste der Versöhnung und, wie ich hoffe, eines neu zu schaffenden Vertrauens zwischen Polen und Deutschen, Juden und uns anderen.

Als Schwäche mochte das denunziert werden von Leuten, die nicht zulassen wollten, daß einer ausbricht aus der Regel der in der Macht Etablierten. Wer Macht in diesem Sinne versteht und so nutzen will, stößt auf harte Hindernisse. Erschöpfung und Mutlosigkeit bleiben nicht aus.

Diesen Wechsel als Tragik zu sehen, hieße indes eine schicksalhafte Notwendigkeit des Scheiterns zu unterstellen, bedeutete Resignation und Fatalismus. Mein Freund Günter Grass hat in einer bemerkenswerten Rede zum Dürer-Jahr davon gesprochen, wie „Melancholie und Utopie sich wechselseitig befruchten". Er sprach von einer sich selbst begreifenden, aus Erkenntnis gewachsenen Melancholie, ja sogar von der „Komik des Scheiterns".² In der Tat, man unterschätze nicht die Bedeutung von Ironie, von Selbstironie, wenn die Macht menschlich bleiben soll.

Und die Selbstbegrenzung der Macht: Im selben Jahr wie Grass hatte ich, aus besonderem Anlaß, in Oslo zu reden. „Ich glaube an die Vielfalt und also an den Zweifel", sagte ich damals. „Er ist produktiv. Er stellt das Bestehende in Frage. Er kann stark genug sein, versteinertes Unrecht aufzubrechen. Der Zweifel hat sich im Widerstand bewiesen. Er ist zäh genug, um Niederlagen zu überdauern und Sieger zu ernüchtern."³ Ich habe nichts davon abzustreichen.

Sicher, manche empfinden *begrenzte* Macht als *doppelte* Ohnmacht. Mein Mitgefühl für die so Empfindenden hält sich in Grenzen. Falls Herrschaftslosigkeit möglich wäre, könnte ich das nicht unsympathisch finden. Mehr Eigenverantwortung statt Gängelei muß auch so möglich sein.

Macht? Für mich sind Zusammenarbeit, Mitwirkung und ein aus Erfahrung wie Vertrauen erwachsener Einfluß genug.

Das klingt wie die These des satirischen Bestsellers ‹Que le meilleur perde› von Frédéric Bon und Michel Burnier⁴, der in diesem Frühjahr in Frankreich erschienen ist: Nur keine Macht haben; denn wer die Macht hat, hat auch die Qual, ist für den Kurswert der eigenen Währung – nicht im monetären Sinne – verantwortlich.

Die These, daß man es heutzutage in unserem Teil der Welt am besten darauf anlege, nicht regieren zu müssen, ist auf intelligente Weise amüsant. Und es sieht so aus, als ob es die deutschen Christdemokraten darauf abgesehen hätten, dies zu bestätigen. Doch für die deutschen Sozialdemokraten kann ich verbindlich erklären, daß sie sich die These nicht zu eigen machen.

Ist es denn heute noch entscheidend, ob eine eher rechte oder eine eher linke Partei an der Macht ist? Denken Sie an Frankreich, wo die Sozialisten nahezu alle guten Vorsätze vergessen haben, mit denen sie angetreten waren, und mehr oder weniger freiwillig einen Weg einschlugen, den der jetzige Premierminister Jacques Chirac eigentlich nur fortsetzen muß?

Sie hätten auch sagen können, daß in Schweden und anderswo in Skandinavien der Sozialstaat im wesentlichen auch dann erhalten blieb, als die Sozialdemokraten zwischendurch in der Opposition und nicht an der Regierung waren. Nach den deutschen und den englischen Erfahrungen der letzten Jahre wird einem aber ziemlich klar, wieviel davon abhängt, daß die Lasten der Krise einigermaßen gerecht verteilt werden. Was Sie eine eher rechte Partei nennen, ist im deutschen Fall außerdem dabei, außenpolitisches Porzellan zu zerdeppern.
Das trifft Sie besonders?
Gelegentlich. Wissen Sie, ich bin stolz darauf, meinen Teil dazu beigetragen zu haben, daß die beiden verbliebenen Deutschland in einem Atemzug mit dem Wort Frieden genannt werden können – ohne Mißverständnisse. Das war alles andere als selbstverständlich, und es bleibt alles andere als selbstverständlich. Daran rumzumachen oder andere daran rummachen zu lassen, ist mehr als ärgerlich.
Halten Sie sich für unentbehrlich?
Natürlich nicht. Aber es wäre schon traurig, wenn man meine Abwesenheit nicht bemerkte.
Gab es Zeiten, in denen Sie aussteigen wollten?
Eigentlich nein. Zwar habe ich mich immer weiter entfernt vom blauäugigen Optimismus meiner frühen Jugend,[5] doch war ich nie ohne Hoffnung, jedenfalls nicht ohne Freude am Leben.
[...][6]
Ist das Leben mit Genossen nicht auch fad?
Sie sollten das schöne Wort Genosse nicht abwerten helfen. Aber es gibt natürlich auch dort solche und solche. Wer auf gescheite und menschlich angenehme Partner aus ist, braucht nicht enttäuscht zu werden.
Haben Sie sich nie gelangweilt? Haben die zahllosen Sitzungen in Gremien aller Art, Versammlungen, Wahlkämpfe, Diskussionen, Reden und Auseinandersetzungen Sie nicht auch ermüdet?
Sicher kann einem das Gequatsche, das einem gewissen Typ von Veranstaltungen eigen ist, auf die Nerven gehen. Doch darüber, daß vieles mehrfach durchgekaut werden muß, darf man sich nicht ärgern, denn das gehört zum demokratischen Prozeß.

Andererseits kann ich privates Wohlergehen nicht verabsolutieren, sondern mich beschäftigt immer auch das, was ich als Mitverantwortung für die anderen empfinde.
Seien Sie aber doch einmal ganz ehrlich. In der Opposition können Sie Urlaub machen, wann Sie wollen; reisen, wohin Sie wollen; Sie finden offene Türen, wo Sie sie offen wünschen, und der eigenen Ideologie geht's dabei bestens, weil sie nicht auf die Probe gestellt wird.
Ich habe schon gesagt, wo ich die Grenzen persönlichen Wohlergehens sehe. Im übrigen ist es natürlich nicht so, daß man Reisen und Urlaub machen kann, wie man möchte, wenn man Vorsitzender einer großen Partei und einer bedeutenden internationalen Organisation ist und wenn man außerdem noch Aufgaben eines Abgeordneten wahrzunehmen hat.
[...][7]
„Der Tanker ist kein Surfbrett", formulierte das Peter Glotz.[8] *Was hindert eine große Partei, beweglich zu bleiben?*
Wenn Sie die Mehrheit nicht irgendwann, sondern hier und jetzt anstreben, dann erfordert das einen Preis. Dann können Sie sich nicht einfach lösen von dem, was das Denken und Empfinden, das gesellschaftliche Empfinden der Menschen ausmacht, die Sie gewinnen wollen. Sie können nicht zu gleicher Zeit Mehrheitspartei und Avantgarde sein. Aber in einer Partei vom Typ der SPD muß gleichwohl das avantgardistische Element drin sein.
Dann muß das neue Grundsatzprogramm der SPD deutlich anders ausfallen als das Godesberger Programm.
Der Entwurf wird im Juni [1986] veröffentlicht.[9] Die Grundentscheidungen, Grundsätze und Grundwerte des Godesberger Programms von 1959 werden bestätigt. Aber das Neue nimmt weit mehr Platz ein als das Alte. Sehen Sie, in Godesberg galt zum Beispiel noch die optimistische Prognose eines letztlich ungebremsten Wachstums; das sehen wir heute anders. Breiten Raum nehmen die Themenbereiche Technik und Ökologie, die Gleichstellung von Frau und Mann und die Dritte-Welt-Problematik ein.

Die Frage, was Arbeit künftig bedeuten soll, wird ein eigenes Kapitel sein; es geht darum, das Verhältnis derer, die arbeiten, zum

Produkt ihrer Arbeit neu zu gestalten. Das ist eine Menge Futter für intensive Diskussionen.

[...]¹⁰

Verschobenes Rechtsempfinden ist nur ein Teil dessen, was ich als Mangel an politischer Kultur in der Bundesrepublik sehe. Es fehlen Maßstäbe, geistige Horizonte, ein freies Verhältnis zum kulturellen Schaffen und Leben.

Eine Partei muß wissen, was sie kann, aber ebenso wissen, wozu sie nur bedingt da ist. Sie darf nicht Ansprüche erheben und Hoffnungen wecken, die sie nicht einlösen kann. Es ist nicht Aufgabe der SPD, das geistige Deutschland anzuführen, sondern ihm Freiraum zu schaffen und sich von ihm beeinflussen zu lassen.

Diese SPD in Leithammelfunktion für ein geistiges Deutschland scheint mir gewiß nicht erstrebenswert. Nur woran liegt das? Könnte nicht eine sozialistische Partei, wenn sie sich auf ihren Fundus an Idealismus und Utopie besänne, eine gewichtigere und aktivere Rolle spielen?

Nein. Davon, wie dies ohne Überhebung gehen kann, ist im Entwurf für das neue Grundsatzprogramm die Rede. Eine Partei muß im wesentlichen für Rahmenbedingungen sorgen, innerhalb derer sich geistiges Schaffen entfalten kann. Sie ist sehr gut beraten, wenn sie möglichst viel von dem, was kulturelles Leben ist, in sich aufnimmt, verarbeitet und nutzt.

Und den Begriff Kultur möchte ich zuerst einmal in ganz kleiner Münze verstanden wissen, als die Form zum Beispiel, wie wir miteinander umgehen in der Familie, im Straßenverkehr, beim Einkaufen, bei Gesprächen. Da kann eine Partei viel bewirken, ausstrahlen; das kann sie aber nicht als Größe, die gewissermaßen über dem geistigen Leben steht.

Mag sein. Aber diese Art Kultur scheint mir auf Sekundärtugenden abzustellen. Politische Kultur ist gewiß nicht die Folge kultivierten Umgangs. Das hängt in umgekehrter Reihenfolge aneinander. Aber lassen Sie mich zu einer Ihrer Thesen zu politischer Kultur zurückkommen, die besagt, erforderlich seien Radikalität und zugleich der Wille zur Mäßigung.

Ja, Mäßigung, der Wille zum Zusammenhalt ist unverzichtbar. Weil man bestimmte Dinge nur ändern kann, wenn man sie solidarisch, gemeinsam mit möglichst vielen anderen angeht. Das ist ein mühsamer Prozeß, der viel Geduld verlangt. Nur das Spannungsverhältnis zwischen dem Schaffen der gebotenen Geschlossenheit im Handeln auf der einen Seite und der Bewahrung der Fähigkeit, sich immer neu herausfordern zu lassen, auf der anderen Seite ist Grundvoraussetzung jeden demokratischen Prozesses. Das erstere verlangt die Besinnung auf Konsens, das letztere verhindert, daß einem die Füße einschlafen vor lauter Bedenken oder sogar Nachdenken.

[...]^{11}

Nr. 100
Aus der Rede des Vorsitzenden der SPD, Brandt, auf dem Forum „Erben deutscher Geschichte – Bundesrepublik und DDR" im Erich-Ollenhauer-Haus in Bonn
12. März 1987

SPD Mitteilung für die Presse, Nr. 223/87 vom 12. März 1987.

I

[...]^{1}

Über das eigene Tun und Lassen ist immer wieder nachgedacht und geschrieben worden, doch hat die Sozialdemokratie eine regelrechte Geschichtsschreibung nicht gekannt. Daran wird sich wohl auch in Zukunft nichts ändern. Die Partei als Partei schreibt in unserem Verständnis keine Geschichte. Die Partei als Partei muss sich nicht nur erinnern, sie muss auch vergessen können; der Wissenschaft wird das zweite nicht gestattet. Woran uns als Partei liegen muss, ist ein solches Stück Selbstverständigung, wie jetzt im historischen Rückblick des Entwurfs für ein neues Grundsatzprogramm unternommen wurde.² Wir werden sehen, ob und wie weit es in der Diskussion besteht.

Sozialdemokraten in der deutschen Geschichte, das heißt: Teil davon seit 125 Jahren (und mehr, wenn man, wofür auch manches spricht, schon ab [18]48 rechnet), gewiss nicht der schlechteste Teil davon. Während der längsten Zeit mehr opfertragende denn mitgestaltende Kraft. Von zunächst geringem „geschichtsbildenden Einfluss" (wie Golo Mann in einer damals überaus freundlichen Würdigung aus Anlass unseres 100jährigen Jubiläums schrieb).[3] Nicht nur Erbe der demokratischen Volksbewegung, die aus bekannten Gründen in deutschen Landen unterentwickelt blieb. Ganz gewiss nicht frei von Schwächen und Irrtümern. Aber nie im Lager derer, die Krieg und Knechtschaft über unser Volk brachten. Sondern an der Spitze jener, die es zuwegebrachten, dass aus Millionen geschundener Proletarier und unmündiger Frauen selbstbewusste Staatsbürger und -bürgerinnen wurden.

Wenn im hinter uns liegenden Wahlkampf – besonders von bayerisch-deutschnationalen Höhen – wieder einmal der Ruf erschallte, es müsse verhindert werden, dass die Sozis das Volk <u>erneut ins Unglück</u> stürzten, so zeigt uns dies nicht nur die robuste Unverfrorenheit im reaktionär-publizistischen Lager, sondern auch die Begrenztheit dessen, was politische Bildung und demokratische Kultur bisher zu bewirken vermochten.

II

In der Kommission, die im vorigen Sommer den ersten Entwurf eines neuen Programms der deutschen Sozialdemokratie vorlegte, gehörte das Kapitel „Woher wir kommen, wohin wir wollen" nicht zu den besonders umstrittenen. Dass das neue Programm am Anfang einen solchen Teil, in dem die Partei sich ihrer Vergangenheit vergewissert, haben sollte, galt eines Tages als beschlossene Sache, ohne dass gross hin und her diskutiert worden wäre. Dies bedeutete, dass wir uns 25 Jahre nach Godesberg zutrauten, den Eindruck einer etwas abstrakten Wegweisung aufzuheben. Freilich, auch im Irseer Entwurf sind die Grundwerte des demokratischen Sozialismus an hervorgehobener Stelle enthalten. Aber sie scheinen nicht länger vom himmlischen Baum der grossen Menschheitsideen gepflückt, sondern werden als nachvollziehbares Ergebnis eines lange währenden Lernprozesses der sozialdemokratischen Bewegung vermittelt.

Wo der neue Entwurf von den unterschiedlichen Glaubenshaltungen und Überzeugungen der in der SPD Organisierten spricht, heisst es, der demokratische Sozialismus in Europa habe „seine geistigen Wurzeln in humanistischer Philosophie und im Christentum, in Marxscher Geschichts- und Gesellschaftslehre und in den Erfahrungen der Arbeiterbewegung". Während der Text bei den ersten drei „Wurzeln" dem Godesberger Programm folgt – dort war Marx unter klassischer Philosophie rubriziert –, ist der Verweis auf die Erfahrungen der Arbeiterbewegung eine wichtige Ergänzung. Mit Blick auf die Realgeschichte der Sozialdemokratie ist diese Ergänzung indes nur folgerichtig.[4]

Die Klärung dessen, worum es hier geht, überlasse ich – wie anderes – gerne dem Gespräch mit denen, die hierüber mit uns diskutieren möchten, am besten noch bevor im Mai nächsten Jahres der zweite Entwurf vorgelegt wird, über den ein Programm-Parteitag im Spätherbst [19]88 abschliessend zu befinden haben wird. Aus gegebenem Anlass möchte ich hier einen weiteren Aspekt des historischen Abschnitts ansprechen: die Abgrenzung gegenüber Theorie und Praxis der kommunistischen Partei bzw. Parteien.

Nicht anders als im Text von Godesberg enthält der neue Entwurf als ganzes eine Abgrenzung gegenüber allen konkurrierenden Parteien. Indes erscheint eine besondere Trennlinie zu jenen politischen Kräften geboten, die sich – wie die Sozialdemokratie – auf Traditionen der Arbeiterbewegung berufen und auf sozialistische Zielvorstellungen. Die Beratungen der Programmkommission waren auch in dieser Frage nicht von eigentlichen Gegensätzen gekennzeichnet. Ein Einwand gegen die gewählte Form lautete, die allgemeine Abgrenzung, die das Programm durch die Beschreibung des politischen Selbstverständnisses der Sozialdemokraten enthalte, sei für alle besonderen Fälle hinreichend.

Eine etwas noch selbstbewusstere Variante dieses Arguments hielt eine hervorgehobene Abgrenzung zur kommunistischen Doktrin und Machtausübung für doppelt entbehrlich, insofern sie überflüssig oder gar irreführend sei. Überflüssig, weil die kommunistische „Weltbewegung", anders als zu früheren Zeiten, nicht jene Anziehungskraft aufweise, die eine gesonderte Befassung erforderlich mache; irreführend, weil die gesonderte Befassung dem falschen Schein Vorschub leisten könne, die Sozialdemokratie befinde sich hier in einem Erklärungszwang. Es wird kaum verblüffen, wenn ich dazu sage, dass bei dieser Diskussion die Zugehörigkeit zur älteren oder zur jüngeren Generation eine Rolle spielte.

Ohne der parteiinternen und der öffentlichen Debatte vorzugreifen: Während unser Urteil über die historischen Konflikte zwischen Sozialdemokraten und Kommunisten weithin abgeklärt ist, betrachten wir die neueren Entwicklungen, vor allem die historisch neueste in der Sowjetunion, in einer offenen Geisteshaltung, neugierig und gespannt.[5] Selbstverständlich kann die Sozialdemokratie von den einmal gewonnenen und in vielen Gedächtnissen gespeicherten Erfahrungen aus den vergangenen Jahren nicht völlig absehen. Aber wir werden nicht Gefangene gelernter und eingeschliffener Verhaltensmuster und Denkschemata sein, wenn die Welt vor unseren Augen sich wandelt und die alte Betrachtungsweise sich überlebt. Nichts wäre erfreulicher, als wenn auch hier nicht alle alten Schlachten immer neu geschlagen werden müssten.

Die SPD in der deutschen Geschichte – das wird sich bei allen Unzulänglichkeiten auch erneut als ein Beispiel für zähen Realitätssinn erweisen. Ich denke, man wird sich weiterhin darauf verlassen können.

Gerne möchte ich einen dritten Bestandteil des Programm-Entwurfs ansprechen, nämlich die Hoffnungen und Erwartungen, die darin mit Europa verbunden werden. In wissenschaftlichen Ost-West-Gesprächen war vom Ideologischen an der westdeutschen Nachkriegsbegeisterung für Europa und von Interessen die Rede, die vom Kalten Krieg bestimmt waren. Und wer wollte bestreiten, dass die Sehnsucht nach einem einigen Europa in jenen Jahren auch ideologisch in Dienst genommen wurde? Aber es ist abwegig, diesen Befund für das Ganze auszugeben. Keine abendländische Europaideologie vermochte den Wunsch nach Frieden zu diskreditieren, der nach

1945 eine grosse Zahl vom Krieg Gebeutelter auf Europa hoffen liess. Für die Masse jener, die sich von der europäischen Einigung anrühren liessen, ging es gewiss nicht um ein neues Vehikel für abgetakelte Weltmachtambitionen, sondern um eine organisierte Garantie des Friedens für unseren vom Krieg so schlimm gezeichneten Kontinent.[6]

Während bekannt ist (oder sein sollte), wie sehr die Auseinandersetzung um die kleinere oder die grössere Lösung des Problems der staatlichen Einheit auch die junge deutsche Arbeiterbewegung erfasst hatte, haben manche verdrängt oder nie hinreichend zur Kenntnis genommen, wie stark schon bei den Sozialdemokraten des vorigen Jahrhunderts der Wunsch nach internationaler Verständigung und die Sehnsucht nach enger europäischer Zusammenarbeit ausgeprägt waren. Das fand dann im Heidelberger Programm von 1925 seinen Niederschlag im Bekenntnis zu den Vereinigten Staaten von Europa.

Heute treffen wir uns, über sonst Trennendes hinweg – gerade auch mit dem Blick auf die Zukunft von uns Deutschen – im Ringen um die Sicherung des Friedens. Es ist dieser Aspekt, Europa als Friedensmacht, der die Aussagen des Irseer Entwurfs zum Gegenstand bestimmt. Die „Selbstbehauptung Europas", die wir anstreben und in deren Rahmen die Europäische Gemeinschaft eine möglichst gemeinsame Aussenpolitik entwickeln soll, die Selbständigkeit auch gegenüber den befreundeten Vereinigten Staaten anstrebt und „die dem Frieden dient, indem sie der Konfrontation der Weltmächte entgegenwirkt" – diese Selbstbehauptung Europas ist nicht anspruchslos, aber sie ist das Gegenteil eines imperialistischen Programms. Weder soll künftig am europäischen Wesen die Welt genesen, noch ist dieses Europa, von uns Sozialdemokraten schon gar nicht, als eine nach aussen sich eigensüchtig abschottende Region der Seligen zu verstehen. Die Selbstbehauptung Europas, das ist – in einer Zuspitzung, die hier erlaubt sei – der Versuch, der Aufklärung auf <u>dem</u> Kontinent, von dem sie ausgegangen ist, eine Heimstatt zu bewahren.

Die Sozialdemokratie hängt an der europäischen Errungenschaft der Aufklärung, auch wenn sie, nicht nur in ferner Vergangenheit, schmerzlichste Erfahrungen mit sozusagen der Kehrseite machen musste. Die Verkümmerung der Vernunft zur bloss instrumentellen ist gewiß kein Verdikt über die Aufklärung, sondern eine Aufforderung, ihre Widersprüche auszuhalten und sie, wo immer möglich, nach der menschenfreundlichen Seite hin aufzulösen. Es ist dies auch der Hintergrund, wenn die Sozialdemokratie sich die Erneuerung der industriellen Gesellschaft politisch zum Ziel setzt und dabei die ökologische Modernisierung der Volkswirtschaft und die menschengerechte Modernisierung des Arbeitslebens als die beiden besonders wichtigen Elemente herausstellt.

Die Anstrengung der Arbeiter-Selbstbefreiung, der Kampf um Sozialstaat und Demokratisierung der Wirtschaft, sie mussten jedenfalls, seit den Anfängen im 19. Jahrhundert, gewagt und unternommen werden gegen teils überständige, teils aufstrebende soziale Kräfte, mit deren Klasseninteressen und elitären Vorrechten sich die „Besinnung auf das Destruktive des Fortschritts" (Horkheimer-Adorno)[7] und die politische Aufhellung der Kehrseite der modernen Gesellschaft nicht vertrugen. Dass auch der Fortschrittsbegriff der Sozialisten, obwohl umfassender und kritischer als der bürgerliche, die dem aufklärerischen Prozess in der Praxis innewohnenden Gefährdungsmomente eher unterschätzte, dass er der Klassenstruktur und den Produktionsverhältnissen auch solches anlastete, was in Wahrheit aufs Konto eines gewalttätigen Industrialismus ging, das wird man schlecht leugnen können, verdient aber ein gewisses Verständnis. Ich vermute einmal, dass das Mass an Selbsttäuschung, zuweilen auch an Selbstgerechtigkeit, das im alten sozialdemokratischen Fortschrittsbegriff steckte, auf Grund der Unterdrückung und des Zwangs zur Selbstbehauptung nahezu unvermeidlich war. Es gibt keine grosse Bewegung ohne grosse Hoffnung. Es gibt keine grosse Hoffnung ohne eine gewisse Verklärung der Zukunft.

III

Das Wort von der Alternative ‚Sozialismus oder Barbarei'[8] markiert den beginnenden Bruch in der bis dahin heilsgewissen Zuversicht der alten Arbeiterbewegung. Nicht erst der Zweite, schon der Erste

Weltkrieg enthüllte das destruktive Potential moderner Technik. Es löste ja nicht nur eine trunkene Anbetung des „Stahlgewitters"[9] aus, sondern auch eine tiefe Abscheu vor dem, was man das „Menschenschlachthaus"[10] nannte. Und wenngleich die russische Revolution und die Begeisterung einer freilich rasch abebbenden revolutionären Bewegung den Glauben an den Fortschritt, der sich mit eherner Notwendigkeit vollziehe, noch einmal beflügelten, der Riss in der Gewissheit vom unaufhaltsamen Aufstieg des menschlichen Geschlechts war doch da. Der Faschismus und der Zweite Weltkrieg haben diesen Riss so im Umfang erweitert, dass es mit der Gewissheit seitdem nicht mehr weit her war; die im Stalinismus gipfelnden Entartungen hatten hieran einen Anteil, der keine Unterschätzung verträgt. Das Wettrüsten in Ost und West, das Spannungsfeld Nord-Süd, die substantiellen Umweltzerstörungen, die katastrophale Überbevölkerung mancher Regionen der Erde haben im letzten Jahrzehnt ein übriges getan, um einem naiven Optimismus das Wasser abzugraben.

Man kann nicht sagen, dass die alten Hoffnungen völlig zunichte gemacht worden wären, aber sie sind keine geschichtsmächtige Kraft mehr, die beste Werbetätigkeit und der unschuldigste Augenaufschlag politischer und ökonomischer Propagandisten ändern daran nichts. Wer als aufgeklärter Mensch am Ende dieses Jahrhunderts weiterhin auf den Fortschritt der technischen Zivilisation setzt – und wir Sozialdemokraten setzen darauf –, dem muss klar sein und der muss klar sagen, dass dies ein problematisches Unterfangen ist, das im Ergebnis nur dann überwiegend gut sein wird, wenn wir es überzeugend gut <u>machen.</u> Kein höh'res Wesen,[11] keine Logik der Geschichte, keine der technologischen Entwicklung eingeborene Rationalität werden uns dabei vor Fehlern bewahren. Die Zukunft ist ungewiss. Wer die Dinge verantwortungsvoll ansieht, wird insoweit auf Erlösung nicht hoffen.

Die heutige und gängige Kritik an der SPD macht sich dies zugute und denunziert diese Einsicht als Pessimismus, Fortschrittsfeindlichkeit und was weiss ich. Diese Anklagen sind in der Regel intellektuell ebenso seicht wie politisch überzogen; ihnen geht es

Eine Ära geht zu Ende: Willy Brandt nach seiner Abschiedsrede auf dem SPD-Sonderparteitag am 14. Juni 1987 in Bonn – umrahmt von den beiden Stellvertretern Hans-Jochen Vogel und Johannes Rau (in Brandts Westentasche die Uhr von August Bebel; im Hintergrund: Hans Koschnick und Oskar Lafontaine).

weder um Erkenntnis noch um Besserung. Doch damit leben wir, dagegen werden wir uns erneut durchzusetzen haben. Wir bleiben zuversichtlich, weil viele Anzeichen dafür erkennbar sind, dass wir in dieser Auseinandersetzung nicht alleine stehen werden. Die dem mainstream der europäischen Politik zugehörende deutsche Sozialdemokratie – das ist eine Anerkennung, die man in allen vier Ecken Europas hören kann – macht den Vorreiter in einer Reihe ebenso schwieriger wie fundamentaler Zukunftsfragen, zu denen über kurz oder lang allen Kräften, denen es um die Zukunft der Demokratie in Europa geht, ernsthafte Antworten abverlangt werden. Es bereitet mir sogar Sorge, dass man vielerorts in Europa (und darüber hinaus) von den deutschen Sozialdemokraten mehr erwartet, als sie zu geben vermögen.

Was bedeutet nun die Zerstörung der alten Heilsgewissheit für die SPD im Geschichtsabschnitt, der vor uns liegt? Die Orientierung der Partei auf und durch Grundwerte war ja in Godesberg bereits eine Reaktion auf den Verlust des Glaubens an den naturnotwendigen Aufstieg zum Sozialismus. Allerdings ist die unterschwellige Stimmung des Godesberger Programms durchaus noch von einer säkularen Hoffnung genährt: jener auf die zweite industrielle Revolution, das goldene Atomzeitalter, in dem der Wohlstand steigt und steigt, wenn nur der Sozialstaat seiner wirtschaftspolitischen Aufgabe gerecht wird. Und tatsächlich ist es ja auch diese Erwartungshaltung und nicht die Utopie der Bebelschen Partei, an der die Kritik des naiven Fortschrittsoptimismus festmacht, wenn sie sich gegen die Sozialdemokratie richtet.

Andererseits: Ist der demokratische Sozialismus überhaupt noch verlockend ohne die Utopie, die grosse Hoffnung, mindestens aber eine Gewissheit, die die Partei im Kern ihres politischen Anliegens stützt? Lässt sich eine solche Lücke durch den Bezug auf Grundwerte füllen? Ich meine, die Grundwerte stehen für eine moderne Ethik; und die SPD befindet sich damit durchaus auf der Höhe der Zeit.

Die Frage, an der mir im Augenblick stärker liegt, ist jene zur Qualität sozialdemokratischer Politik nach dem Verlust von Utopie, grosser Hoffnung und der stillen Gewissheit, mit dem Auftrag der Geschichte eins zu sein. Mein spontaner Einwand geht gegen die in der Frage enthaltenen Behauptungen. Tatsächlich ist die SPD der späten [19]80er Jahre durchaus nicht jeder Utopie, Hoffnung, Gewissheit ledig, sondern nur jener naiven Zutraulichkeit in den Gang der Dinge, wie sie jungen, idealistischen Sozialbewegungen eigentümlich ist und von alten, egoistischen Machtklüngeln als Reklamegeste gepflegt wird – früher hätte man gesagt: als fauler Zauber.

Die Sozialdemokraten von heute sind mit der überkommenen Zielansprache ihrer Partei durchaus einig: der Utopie einer sozialen Ordnung ohne Ausbeutung, ohne Erniedrigung, ohne Not, einer Gesellschaft der Freien und der Gleichen, in der die freie Entwicklung eines und einer jeden die Bedingung ist für die freie Entwicklung aller.[12]

Wir sind überzeugt: Ob diese Welt eine friedliche werden wird, ob auch noch unsere Enkel ihre Luft atmen, ihr Wasser trinken können, ob auf ihr die sinnvolle Arbeit eine Chance hat und der Mensch, der mit ihr sein Leben bestreitet, das wird nicht zuletzt davon abhängen, wieviel Fortschritt unsere sozialdemokratische Partei – wo möglich in Zusammenarbeit mit anderen der Zukunft aufgeschlossenen Kräften – auf dem Weg zur gemeinsamen Sicherheit, zur Wahrung der natürlichen Lebensgrundlagen, zur Humanisierung der Arbeit machen wird. Hier stehen [wir] im Gegensatz zu der zwar begreiflichen, aber gefährlich in die Irre führenden Gemütslage bei jenem Teil der Jugend, der sich einer katastrophalen Zukunft ausgesetzt fühlt und sich angesichts dieser aufgezwungenen Erbschaft auf individuelle Bedürfnisbefriedigung zurückzieht, solange es denn noch geht.

Die sozialdemokratische Partei wäre zu wenig nutze, wenn sie die reelle Hoffnung auf eine lebenswerte Zukunft nicht hätte und nicht weitertrüge. Sie ist im Gegensatz zu dem Bild, das man mancherorts von ihr zeichnet, durchaus lebendig und in weiten Teilen eifrig dabei, den Verschleiss, mit dem eine jede grosse Organisation periodisch zu kämpfen hat, zu beseitigen. (Bei dieser Gelegenheit erlauben Sie mir einen nicht selbstgerecht, sondern erklärend gemeinten Zusatz in Parenthese: Das meiste an dem Geschrei, das darüber zwischendurch ausbricht, ist pure Heuchelei).

Bleibt der verloren gegangene Einklang mit der Logik der Geschichte. Aber braucht eine sozialdemokratische Partei wirklich Gewissheiten geschichts-philosophischen Kalibers? Oder bescheidener gefragt, denn vielleicht wurden sie ja einmal gebraucht: Bedarf sie solcher Gewissheiten noch? Ich bin nicht sicher, ob man die Frage für heute und in alle Zukunft verneinen kann, aber meine Erfahrung sagt mir, dass die Gewissheiten, nach denen eine Partei wie die meine verlangt, im Kern moralischer Natur sind – und wohl auch immer waren. Der Weltgeist oder die Logik der Geschichte, das ist tatsächlich etwas für Theologen, für Philosophen und Intellektuelle sonst.

Für meine Genossinnen und Genossen in den Ortsvereinen und Arbeitsgemeinschaften, die ihre Freizeit auf die politische Arbeit verwenden, ist vor allem wichtig, dass sie eine gute Sache vertreten. Ob diese Sache geschichtsphilosophisch, meinetwegen aber auch geostrategisch-spieltheoretisch oder organisations- und finanzpolitisch völlig in Ordnung ist, das interessiert sie im Zweifel weniger, als ob die Richtung stimmt. Für unsere Politik folgt daraus, dass wir dem Anspruch auf prinzipielle Unterfütterung in der Regel genügen können, auch wenn es konkret nicht immer gelingen mag.

Auf der anderen Seite sehe ich die SPD bei ihrer programmatischen Erneuerung durchaus im Einklang mit wesentlichen Einsichten der Wissenschaften, nicht im Gegensatz zu ihnen. Damit kehre ich zum Ausgangspunkt meiner heutigen Betrachtungen zurück.[13] Zum Leben vor dem Geschichte-Machen hieß es dort – in der „Deutschen Ideologie" also – „aber gehört vor allem Essen und Trinken, Wohnung, Kleidung und noch einiges Andere".[14] Ich habe voriges Jahr in mehreren Reden zum neuen Programm deutlich gemacht, dass anderthalb Jahrhunderte später zu dem „einigen Anderm" vor allem eine sozial verantwortliche Förderung von Individualität und Intelligenz gehört. Wenn diese Einsicht richtig ist, und wir eine entsprechende Politik verwirklichen können, die im Zeichen der „aufgeklärten Aufklärung"[15] steht, von der ich heute sprach, dann wird die Sozialdemokratische Partei es ihrem oder ihrer Vorsitzenden auch noch in weiteren fünfzig Jahren gestatten, über die SPD in der europäischen Geschichte zu reden, ohne sich bloß in der Vergangenheit tummeln zu müssen.

[...][16]

Nr. 101
Rücktrittserklärung des Vorsitzenden der SPD, Brandt, vor dem SPD-Parteivorstand
23. März 1987[1]

AdsD, WBA, B 25, 171.

I.

Der groteske Verlauf der Diskussion um eine Sprecherin[2] ist nur ein Symptom, aber doch ein wichtiges:
- für Disziplinlosigkeit auch verantwortlicher und erfahrener Mitglieder unserer Partei;
- für Rücksichtslosigkeit gegenüber denen, die in Wahlkämpfen stehen;
- für das Zusammenspiel Einzelner mit mehr oder weniger gegnerischen Organen der veröffentlichten Meinung;
- auch für den Versuch, auf verdeckte Art alte Rechnungen zu begleichen.

Was Führungskrise genannt wird, ist für einige, die dies nicht wahrhaben wollen, der zielstrebige Versuch, die programmatische und personelle Erneuerung der Partei als Marotte des Vorsitzenden abzuhandeln. Ich stehe für diese Abart von Auseinandersetzung nicht mehr zu Verfügung. Und ich bin sicher, dass die grosse Mehrheit der Partei es ebenfalls satt hat, wie mit Parteitagsbeschlüssen umgegangen wird und Gesetze der innerparteilichen Demokratie verletzt werden.

Unter den obwaltenden Umständen halte ich es nicht für möglich, meinen Pflichten als Vorsitzender bis zum nächsten ordentlichen Parteitag gerecht werden zu können. Deshalb bitte ich, folgenden Vorschlägen zuzustimmen.

1) Der PV beschließt gemäß Par[agraf] 21 des Organisationsstatuts die Einberufung eines außerordentlichen Parteitages noch vor der Sommerpause.

Tagesordnung: Wahl des Vorsitzenden, geg[ebenenfalls] auch eines Stellvertreters; des Schatzmeisters (um die kommissarische Bestellung zu bestätigen) –
es sei denn, der Vorstand halte es für geboten, sich im ganzen neu zur Wahl zu stellen. (Ich halte dies nicht für ratsam.)
2) Der Vorstand beauftragt die Organisationskommission, für den nächsten ordentlichen Parteitag einen Vorschlag für eine Satzungsänderung mit dem Ziel zu überprüfen, dass auch bei der Wahl der Vorsitzenden eine möglichst gleichgewichtige Vertretung von Frauen und Männern erreicht wird.
3) Der Vorstand beauftragt die Organisationskommission zu prüfen, ob eine Satzungsänderung zu empfehlen ist, durch die die Wahl des Bundesgeschäftsführers (bzw. Generalsekretärs) durch den Parteitag vorgeschrieben wird.
4) Jetzt: Neubestellung des Bundesgeschäftsführers auf Vorschlag des vom PV nominierten neuen Vorsitzenden.
5) Ich gebe zu erwägen, die Landes- und Bezirksvorsitzenden an den dem ausserordentlichen Parteitag zu unterbreitenden Vorschlägen zu beteiligen. (Der Verfahrensvorschlag, den ich dem PV am 23. Februar [1987] unterbreitete und der auf Bekanntgabe der neuen Führungsspitze Ende des Jahres zielte, ist überholt.)

II.

Zur Begründung:
Mit diesen Vorschlägen liesse sich erreichen, dass die laufenden und bevorstehenden Wahlkämpfe von verwirrenden bis bösartigen Diskussionen entlastet werden.

Die Vermutung spricht ausserdem dafür, dass ein Vorsitzender seine Kraft vergeudet, wenn er z. B. um einen Pressesprecher kämpfen muss, den er für geeignet hält und der – wie bisher üblich – nach Vorklärung durch den Bundesgeschäftsführer vorgeschlagen wird.

Leider habe ich festzustellen, dass einige, die sich für „rechts" und jedenfalls wichtig halten, Kursänderungen erzwingen wollen, obwohl sie dafür keine Mehrheit haben. In jenen Zirkeln – aber auch bei manchen, die sich für besonders „links" halten – werden Sonderinteressen höher bewertet als solche der Gesamtpartei. Manche trampeln auf dem Öffentlichkeitsbild der Sozialdemokratie herum, um anschließend laut zu beklagen, dass es der Partei nicht besser geht.

Helmut Schmidt hat jetzt auch öffentlich gefordert, die politische Führung der Partei dem PV zu entziehen. Das gehört zum Versuch eines Kurswechsels auf kaltem Wege. Davor kann ich nur warnen. Die innerparteiliche Demokratie und Meinungsfächerung darf nicht überspielt werden, sondern sie muss sich, bei Respektierung von Beschlüssen, entfalten können. Partei und Fraktion sind zwei sich ergänzende Organismen; den ersten durch den zweiten zu vereinnahmen, muss schief gehen.

Seit der letzten Bundestagswahl, auch schon davor, bin ich zur Zielscheibe solcher geworden, die wohl mit ihren Angriffen von eigenen falschen Einschätzungen und Ratschlägen ablenken wollten. Auch ich habe sicher die eine oder andere unzweckmäßige Äusserung zu verantworten.[3] Wer jedoch gemeint haben sollte, mich in die Rolle des Sündenbocks drängen zu können, hat sich geirrt. In Berlin, dann von 1961 bis 1972 auf Bundesebene habe ich gemeinsam mit anderen gezeigt, dass und wie man Wahlen gewinnen kann. Legendenbildungen werde ich nicht unwidersprochen lassen. Auch nicht irreführende bis verleumderische Behauptungen, durch die mir die Alleinverantwortung dafür angelastet werden soll, dass wir am 25. Januar [1987] nicht besser abgeschnitten haben.[4] Auch zwischen Johannes Rau und mir ist insoweit kein Keil zu treiben.

Man wusste, dass ich – bekanntgegeben vor dem Nürnberger Parteitag[5], nicht auf diesem, wie von einer Seite verbreitet wird, die Geld genug hätte, mindestens Daten korrekt zu recherchieren – auf dem Parteitag [19]88 nicht erneut kandidieren würde. Denjenigen, die sich einen Vorteil davon versprachen, mir das Vertrauen vorzeitig und demonstrativ zu entziehen, dürfte ich durch eine Beschleunigung des Verfahrens entgegenkommen. Meine – verfahrensmässige, nicht überzeugungsmässige – Resignation könnte auch den Sozialdemokratinnen und Sozialdemokraten zugute kommen, die jetzt vor

Landtagswahlen stehen: Ihre Last möchte ich erleichtern helfen; ihnen möchte ich nicht nur solidarische Grüsse sagen, sondern auch die Bereitschaft vermitteln, ihnen unabhängig von meiner Funktion weiterhin zur Seite zu stehen.

III.

Aus dem, was ich hier darlege, ergibt sich für mich logischerweise, dass ich mich – über den vorliegenden ersten Entwurf hinaus – nicht für die neue Programmkommission in Anspruch nehmen lassen kann. Ich bitte den PV, hiervon Kenntnis zu nehmen.

Gleichzeitig möchte ich den PV davon unterrichten, dass ich – in Anbetracht der veränderten Verantwortung in der eigenen Partei – den zuständigen Körperschaften anheimstellen werde, über die Präsidentschaft der Sozialistischen Internationale bis zum Kongress 1989 so zu verfügen, wie sie es für zweckmässig halten.

IV.

Bei der Diskussion um die in Aussicht genommene neue Sprecherin hat mich besonders gestört, was ich als einen Aufstand von Spiessertum empfunden habe. Es zeigt sich jedenfalls, dass Teile der öffentlichen Meinung und der eigenen Partei in Haltungen zurückfallen, die ich für überwunden hielt. Um so dankbarer bin ich denen, die begriffen haben, worauf es mir ankam.

Kein Zweifel, dass der in den letzten Wochen angerichtete Schaden behoben werden kann. Ich will dazu meinen Beitrag leisten. Viele andere möchte ich ermutigen, reaktionären Versuchungen nicht nachzugeben.

Selbstverständlich kann man über personelle Vorschläge fast immer unterschiedlicher Meinung sein. Mir tut leid, nicht deutlich genug gemacht zu haben, dass und weshalb mir daran lag, ein Zeichen von Liberalität zu setzen; auch ein Zeichen der weiteren generationsmässigen Erneuerung; auch ein Zeichen des Ringens um „parteilose Sozialdemokraten", von denen ich in erheblichem Masse verstanden worden bin und die im übrigen nicht allein in einem rotgrün genannten Bereich zu finden sind.

Mir ist verständlich, wenn die Frage aufgeworfen wird, wann, wer für die Partei tätig ist, ihr auch als Mitglied beizutreten hat. Das ist bei uns in den zurückliegenden Jahren in Bezug auf die schreibende Zunft flexibler als in anderen Bereichen gehandhabt worden. So auch, als sich der Bundesgeschäftsführer diesmal auf die Suche nach einer geeigneten Journalistin machte. Zu einem Problem wurde das offensichtlich erst, als ich ihm eine junge Frau genannt hatte, die noch nicht deutsche Staatsangehörige ist, auch noch nicht verheiratet, sondern „nur" aus einer Familie mir befreundeter griechischer Antifaschisten. Ich kann im übrigen keinen Nachteil erkennen, wenn jemand für eine in Frage stehende Aufgabe eine gute Ausbildung, glänzende Examen, umfassende Sprachkenntnisse mitbringt und sogar gezeigt hat, dass sie sich mit Erfolg in einem modernen Wirtschaftsunternehmen zurechtfindet. Manchen war das wohl zuviel, jedenfalls haben Leute in nicht geringer Zahl schreckliche Briefe geschrieben oder sich sonst auf rülpsende Weise vernehmen lassen; doch es hat auch viele gute Briefe gegeben, kritische und zustimmende, die Zustimmenden nicht nur von Ausländern.

Einige Journalisten, die aus ihren mehr oder weniger guten Gründen die Partei nicht von innen kennen, haben ihrem Publikum den Eindruck vermittelt, eine Pressesprecherin habe eine nach innen gerichtete Aufgabe, was natürlich Unsinn ist. Dagegen hat man versucht, eine sog[enannte] Parteibasis für sich in Anspruch zu nehmen. Oder sich selbst dem Kreis zugehörig gehalten, der mitzuentscheiden habe. Das ist ein Irrtum; ich bin für Öffnung, gegen Inzucht.

Meine personelle Anregung, über die am 16. März [1987] im Präsidium beraten wurde, hatte ich den stellv[ertretenden] Parteivorsitzenden[6] und Oskar Lafontaine am 13. Februar (das Datum ist mir wichtig) genannt. Das liess sich annehmen oder ablehnen, aber ich bedauere nicht nur, sondern schäme mich, wie hierauf reagiert worden ist. Wir waren schon mal weiter.

Ich appelliere an den Vorstand und an die Partei im ganzen, sich mit geistiger Enge und Anspruchslosigkeit nicht abzufinden. Solche

Der Wahlredner: Willy Brandt auf der Abschlusskundgebung im rheinland-pfälzischen Landtagswahlkampf am 16. Mai 1987.

Art von Populismus verstehen andere besser, wir lassen besser die Finger davon.

Damit es keine Unklarheiten gibt: Ich verlasse die Brücke, aber ich gehe nicht von Bord. Mit der mir zugewachsenen Erfahrung und in der Offenheit, die mir bald zur Verfügung stehen wird, möchte ich der deutschen und europäischen Sozialdemokratie weiterhin helfen, so gut ich es vermag. Auf inhaltliche Fragen darf ich also bei anderer Gelegenheit zurückkommen.

Nr. 102

Aus der Rede des Ehrenvorsitzenden der SPD, Brandt, anlässlich des 75. Todestages Bebels in Berlin
28. Januar 1988

Die Neue Gesellschaft/Frankfurter Hefte 35 (1988) 3, S. 239 – 241.

[...]¹

III.

Von meinen Fragen bleibt: Was ist *geblieben*? Es hat seinen Reiz, wenn es auch sehr ungerecht sein kann, ein Stück staatlicher und gesellschaftlicher Entwicklung auf Abstand, aus der Sicht des Nachgeborenen zu betrachten. Und bei nachdenklicher Betrachtung vielleicht sogar etwas hinzuzulernen. Denn nicht zuletzt dazu sollte die Befassung mit Geschichte dienen.

Uns können nicht Stereotypen wie die genügen, daß Bebel ein großer Arbeiterführer gewesen sei und ein bedeutender Deutscher dazu. Das stimmt ja, doch es bleibt sehr allgemein. Es handelt noch nicht von der Mobilisierung der Willenskraft. Von dem hartnäckigen Bildungseifer. Von der Liebe zum organisatorischen Detail; wo die Grenze zum Organisationsfetischismus überschritten und solche Grenzüberschreitung weitergegeben wurde, darf hier unerörtert bleiben.

Die größte und materiell stärkste Arbeiterpartei Europas maßgeblich mitgeschaffen und mitgeprägt zu haben, das allein ist eine imponierende Leistung. Den Klassenkampf ein Stück aus seiner Einseitigkeit – von oben nach unten – herausgehoben zu haben, dies darf hoch veranschlagt werden. Zum erstenmal wurde das Ideal einer Gesellschaft von Freien und Gleichen – einer entwickelten sozialen Demokratie – zu etwas, was nicht nur Zirkel begeisterte, sondern Massen bewegte.

Die Arbeiterbewegung in ihren wichtigeren Teilen ist zu einer der großen Freiheitsbewegungen der europäischen, gerade auch der deutschen Geschichte geworden, und dies bleibt unzertrennbar mit dem Lebenswerk August Bebels verbunden. Er mag sich noch so sarkastisch über den – in seiner Abstraktion ins Unverbindliche zerfließenden – „bürgerlichen" Freiheitsbegriff geäußert haben, nichts hat ihn in der Sache von den programmatischen Anfängen trennen können. Die Programme von Nürnberg ([18]68) und Eisenach ([18]69) sprachen übereinstimmend davon, dass die *politische* Freiheit die unentbehrliche *Vorbedingung* sei zur – in der Sprache der Zeit – „ökonomischen Befreiung der arbeitenden Klassen"‹...›.[2]

Es ist mehr als angemessen, seine Klarsicht auf jenem Gebiet hervorzuheben, das von der Gleichstellung zwischen den Geschlechtern handelt. Für das Frauenwahlrecht hat er sich eingesetzt, als dafür breite Zustimmung zu finden selbst in der jungen Sozialdemokratie nicht einfach war. Sein Bestseller „Frau und Sozialismus",[3] der Hunderttausende erreichte, enthält Irrtümer und Banalitäten, er zeigt jedoch einen politischen Autor, der ein gutes Stück in die Zukunft hinein zu denken wagte und fähig war. Klassenherrschaft, Unterdrückung der Frau, Diskriminierung überhaupt vor mehr als hundert Jahren im Zusammenhang gesehen und hieraus eine grundsätzlich politische Orientierung abgeleitet zu haben, bleibt allein eine Leistung, die epochal genannt werden darf. Und auf die wir nicht verzichten möchten.

Selbstverständlich muß vom Kampf um den Frieden die Rede sein, wo Bebels Wirken zu würdigen ist. Von dem, was eine Internationale der Vernünftigen – also nicht nur der Sozialisten – hätte zuwegebringen müssen. Von dem unbedingten Widerstand gegen Annexionen, wie damals im Falle Elsaß-Lothringen.[4] Und für nationale Selbstbestimmung, wie im Falle Polens.[5] Für die elementaren Menschenrechte sowieso, auch in anderen Teilen der Welt und ohne taktische Finessen.

Übrigens, die deutschen Sozialdemokraten sind nicht erst 1945, auch nicht erst im Heidelberger Programm von 1925 für die Vereinigten Staaten von Europa eingetreten. Sie hatten diese Perspektive als richtig erkannt, noch bevor das Reich gegründet war. Das war schon beachtlich, wenn man sich vor Augen hält, wer alles

Der Ehrenvorsitzende im Gespräch: Willy Brandt im Jahr 1988.

auch später noch Frankreich „siegreich schlagen" wollte. Mancher findet, mit dem Bekunden des Gegenteils sei es mittlerweile auch genug. Aber es tut mir leid oder – natürlich – auch nicht: Um die europäische Einheit ging es schon auf dem Eisenacher Gründungsparteitag 1869 und in Stuttgart 1870, also noch vor der Vereinigung der kleinen Bebel-Partei mit den auch nicht zahlreichen Lassalleanern.

Diese Betrachtung führt mich zu der nicht mehr taufrischen Diskussion darüber, wie sich die Dinge 1914 abgespielt hätten, wäre Bebel nicht im August [19]13 gestorben. Ich habe kaum Neues beizutragen: Manche Linke oder solche, die sich immer noch dafür halten, bleiben bei der Meinung, *entweder* hätte er die Bewilligung der Kriegskredite – gewissermaßen als den eigentlichen Sündenfall der Sozialdemokratie – verhindert *oder* die Front der Kriegskreditgegner wäre jedenfalls 1915/16 viel breiter geworden.

Das bleibt Rätselwerk für den, der daran Gefallen findet. Oder für die, die dazu neues Material zutage fördern – was ja gewiß nicht mehr einfach ist. Ich vermute, daß die Sozialdemokraten im August 1914 auch *mit* Bebel sich nicht viel anders entschieden hätten, als sie sich ohne ihn entschieden haben. Dafür spricht seine Fixierung auf die zaristische Gewaltherrschaft und seine Sympathie mit den Revolutionären – wenn auch nicht gerade mit den Bolschewiki. Auf der andern Seite hätte er, auch er, im Verhältnis zu den französischen Sozialisten – vor und erst recht nach dem Attentat auf Jean Jaurès – nicht viel mehr bewirken können, als beiderseitige Handlungsunfähigkeit zu konstatieren und einander bessere Zeiten zu wünschen.

Doch wer will das genau wissen? Was ich für möglich halte, ist, daß sich die Sozialdemokratie unter Bebels Führung nicht so billig gemacht hätte. Soll heißen: daß sie einen nicht zu geringen Preis gefordert haben würde – vor allem auf Preußen bezogen, aber auch die Demokratisierung des Reichs. Ob er erzielt und wie er umgesetzt worden wäre – das hätte entscheidend sein können für die Entwicklung nach dem kurzlebigen Kaiserreich.

Es ist ja nicht so sicher, ob der Marsch in den Abgrund erst 1918/ 19, sondern ob er nicht im August [19]14 begann. So oder so, nicht nur für uns in Deutschland, auch für uns Europäer wurden damals Weichen von schicksalhafter Wirkung gestellt.

Wie ich bei anderer Gelegenheit im Frühsommer 1987 darlegen konnte:[6] Die Summe meiner politischen Erfahrung sammelt sich im komplexen Wert der Freiheit – *von* Not und Furcht und Gewissenszwang, *zur* eigenverantwortlichen wie gemeinschaftlichen Erfahrung dessen, was das Leben sichert und schön machen kann.

In diesem Sinne stehe ich mit vielen anderen in der Tradition jenes August Bebel, der bei uns in Deutschland mehr als die meisten dazu beigetragen hat, Demokratie für die breiten Schichten erfahrbar werden zu lassen – und die staatsbürgerliche Mitverantwortung sich auch auf Europa ausdehnen zu lassen. Heute und nicht erst seit gestern füge ich hinzu, daß es – auch unserer Kinder und Enkel wegen – wichtig ist, im Elend großer Teile der Dritten Welt *die* besondere soziale Frage im Übergang zu einem neuen Jahrhundert zu erkennen.

Jedenfalls erscheint mir sicher, daß es moralische Kräfte mindestens so stark wie technische Fähigkeiten zu entwickeln gilt, wenn das 21. Jahrhundert nicht noch gewaltsamer als das jetzige werden, sondern stärker im Zeichen von Gerechtigkeit und Humanität stehen soll.

Und wenn die Erinnerung an August Bebel dazu führt, uns zu fragen, weshalb sich die demokratische Bündnisfähigkeit in den hinter uns liegenden hundert Jahren nicht besser entwickelte, so braucht das auch nicht zu schaden. Es ist selten zu spät, aus Irrtümern zu lernen und Fehlentwicklungen zu überwinden.

Nr. 103
Schreiben des Ehrenvorsitzenden der SPD, Brandt, an den stellvertretenden SPD-Vorsitzenden und Ministerpräsidenten, Rau
2. Oktober 1989

AdsD, Dep. Vogel, 0685.

Lieber Johannes,
zunächst möchte ich Dir und der Landespartei zum erfolgreichen Ausgang der Kommunalwahl gratulieren, wohl wissend, daß durch den partiellen Erfolg der Rechtsaußen-Partei neue Fragen aufgeworfen werden.[1]

Du hattest mich vor einigen Monaten gefragt, ob ich auch das nächstemal für den Bundestag kandidieren würde. Ich hatte darum gebeten, mir dies bis zum Herbst überlegen zu können.

Ich komme zu dem Ergebnis, daß ich mich trotz meiner Jahre einer Aufforderung zur erneuten Kandidatur nicht entziehen sollte. Du kannst also, was die NRW-Landesliste angeht, über mich verfügen.[2]

Zu meiner Bereitschaft hat beigetragen, daß mir der Parteivorsitzende und Hermann Heinemann zur Zustimmung geraten haben.

Du bist sicher einverstanden, daß ich beiden eine Ablichtung dieses Briefes schicke.

Dir, lieber Johannes, darf ich für das mir erneut erwiesene Vertrauen danken. Zu einem Gespräch über etwaige Modalitäten stehe ich gern zur Verfügung.

Mit herzlichen Grüßen

‹Dein

Willy Brandt›[3]

Nr. 104
Aus einem Aufsatz des Präsidenten der Sozialistischen Internationale und Ehrenvorsitzenden der SPD, Brandt
15. Januar 1990

Die Neue Gesellschaft/Frankfurter Hefte, Sonderheft 1/1990, S. 17 – 24.

Die Zukunft des demokratischen Sozialismus

Bei allen Erschütterungen, die – zumal in den bisher kommunistisch regierten Teilen Europas – den Übergang in das letzte Dezennium dieses Jahrhunderts kennzeichnen: Wer wird in Frage stellen wollen, daß der demokratische Sozialismus, ideell und praktisch-politisch, mittlerweile ein bedeutendes Stück Geschichte hinter sich gebracht hat! Eben, Ende der achtziger Jahre, konnten in Europa verschiedene Parteien des Sozialismus – der Sozialdemokratie, wie wir uns traditionell in Mitteleuropa und in Skandinavien nennen – auf 100 oder sogar 125 Jahre ihres Wirkens für politische Freiheit und soziale Befreiung zurückblicken. Auch die Sozialistische Internationale erinnerte sich im Sommer [19]89 daran, daß sie hundert Jahre zuvor in Paris begründet wurde.

Die post-stalinistische Krise in den kommunistisch regierten Ländern bestätigte diejenigen, die aus demokratisch-sozialistischer

Sicht die nicht nur graduellen Unterschiede, sondern die prinzipiellen Gegensätze aufgezeigt hatten. Bis in die führenden Reihen derer, die sich weit überlegen gewähnt hatten, waren inzwischen Annäherungen an „reformistische" Positionen zu verzeichnen. Auch Parteinamen wurden geändert – wobei die Inhalte gewiss wichtiger blieben als deren Etikettierung.

Jedenfalls stellt sich neu die Frage nach der Zukunft des demokratischen Sozialismus. [...] Was auch immer sich in den Voraussetzungen und für die Wege einer erneuerten Politik verändert und künftig verändern wird, die grundlegenden Koordinaten dürften gültig bleiben. Demokratischer Sozialismus will soziale Gerechtigkeit und eine umfassende Demokratisierung der Gesellschaft, auch die Demokratisierung einer effektiven Wirtschaftsordnung, auf der Basis der unbedingten Achtung der Menschenrechte und auf dem Boden unantastbarer Rechtsstaatlichkeit. Er erstrebt eine Gleichheit der Freien und Gleichen. [...][1]

Weltwirtschaft als Herausforderung

Zum ersten Mal in der Geschichte können wir von einer wirklichen Globalisierung des Verkehrs und der Telekommunikation, der Wirtschaftsbeziehungen sowie der Geld- und Kapitalströme sprechen. Nie zuvor haben wirtschaftliche Entwicklungen an einem Ende der Welt so unmittelbare und nachhaltige Auswirkungen überall auf dem Globus gehabt.

So haben die in Finanzzentren hochgetriebenen Zinsen die Verschuldungskrise verschärft. Horrende Rückzahlungsverpflichtungen und Fluchtkapital verursachten Entwicklungsblockaden – mit schlimmen sozialen, ökologischen und politischen Folgen: Immer mehr Menschen werden in die Armutsökonomie des informellen Sektors gedrängt. Not und Elend beschleunigen den Raubbau an der Natur. Und zunehmende soziale Spannungen gefährden die häufig erst neugewonnene Demokratie.

Auf den Weltmärkten wird derweil weiterhin rücksichtslos der Kampf um Wettbewerbsvorteile ausgetragen. Arme Länder sind dem nicht gewachsen und fallen – wie viele Staaten Afrikas – scheinbar hoffnungslos zurück. Strukturanpassung wird allerorten erwartet, was nur allzu häufig Anpassung nach unten bedeutet. In den westeuropäischen Industrieländern sind die Kosten des Strukturwandels massenhafte Dauerarbeitslosigkeit und sozialer Stress durch neue Erfordernisse von Mobilität und Flexibilisierung. Ellenbogenmentalität und längst überwunden geglaubte rüde Methoden von Manchester-Kapitalismus[2] machen sich wieder breit. Fasziniert vom Wirtschaftswachstum in Ostasien möchten manch konservative „Modernisierer" den Sozialstaat kräftig ausdünnen. Aber ihrem Streben nach einem Thatcherismus[3] im Weltmaßstab werden die Kräfte des demokratischen Sozialismus weiterhin entgegentreten – und damit wohl auch Erfolg haben.

Es muß einzusehen sein, daß politische (und gewerkschaftliche) Formationen, die sich wesentlich in der Frontstellung gegen die Auswüchse des Kapitalismus herausbildeten, der Verteilung von Kapitalerträgen mehr Aufmerksamkeit widmeten als deren Zustandekommen. Auseinandersetzungen um das wirtschaftspolitisch Erforderliche (oder gar Notwendige) konnten nicht ausbleiben. Hinzu kamen die Erfahrungen mit den an Zusammenbruch grenzenden Krisen der sozialistisch genannten Staatswirtschaften in der Sowjetunion und den ihr vorgelagerten Ländern. Dabei wurde zusätzlich klar, daß sich demokratischer Sozialismus und autoritärer Kollektivismus nicht nur in Teilaspekten, sondern im ganzen und grundlegend voneinander unterscheiden.

Wir sind für wirtschaftlichen Wettbewerb, aber gegen eine blinde Anbetung des Marktes im allgemeinen und des Weltmarktes im besonderen. Da wir auf die Marktgesetze – im Sinne öffentlicher Verantwortung – politisch einwirken wollen, müssen wir für enge internationale Zusammenarbeit sein. Alleingänge führen in die Sackgasse, da nationalstaatliche Regelungen von international operierenden Unternehmen und Banken leicht unterlaufen werden können. [...][4]

Die Zukunft gestalten

[...]⁵

Die ungerechte Ordnung der Weltwirtschafts- und internationalen Finanzbeziehungen und die hohen Aufwendungen für militärische Zwecke in vielen Teilen der Welt verhindern Entwicklungsfortschritte, durch die wenigstens die Grundversorgung gesichert werden könnte. Dieser Zustand verletzt die menschliche Würde durch tägliche Bedrohung des Lebens. Diesen Zustand zu beenden liegt gleichermaßen im Interesse des Nordens wie des Südens. Nur durch Ausgleich können wir eine Welt des Friedens und des Wohlergehens in allen Teilen der Erde erreichen. Für demokratische Sozialisten ist es auch ein Gebot eigener Glaubwürdigkeit, für eine Welt zu streiten, in der jeder Mensch die Chance einer einigermaßen sicheren Existenz und eines würdigen Lebens hat. Solidarität hat weltweit zu gelten.

Darum muß der demokratische Sozialismus sein Gewicht noch stärker in die Waagschale werfen, um die Bedingungen tragfähiger Entwicklung auch im Süden zu schaffen. Wir brauchen eine neue Ordnung der weltwirtschaftlichen Beziehungen und entsprechende internationale Institutionen, in denen die Interessen des Südens angemessen zur Geltung kommen. In diesem Rahmen sollten auch – wie es die SI seit längerem fordert – Einsparungen, die durch verminderte Rüstung erzielt werden, jedenfalls zu einem Teil in international koordinierter Form in die notleidenden Länder des Südens geleitet werden.

Die Grundlagen der Zukunftskonzeption des demokratischen Sozialismus ergeben sich aus den genannten Überlebensfragen der Menschheit:
- Eine neue Politik der gemeinsamen Sicherheit, wie sie sich zwischen Ost und West tatsächlich anzubahnen begonnen hat;
- eine Politik des ökologischen Umbaus der Industrie- wie auch der Entwicklungsgesellschaften;

Geburtstagsempfang des Bundespräsidenten in der Villa Hammerschmidt in Bonn am 20. Januar 1989: Der spätere Parteivorsitzende Björn Engholm gratuliert dem 75-jährigen Brandt (links im Bild der DGB-Vorsitzende Ernst Breit, im Hintergrund Walter Scheel und Oskar Lafontaine).

- eine Politik der sozialen Technikgestaltung;
- eine wirksame Umorientierung in den Nord-Süd-Beziehungen.

Die Orientierung an diesen grundsätzlichen Zielen soll den einzelnen Gesellschaften die Gestaltung einer zukunftsfähigen Politik ermöglichen, wie unterschiedlich diese im Einzelfall auch immer ausfallen mag. Eine solche Neuorientierung setzt an die Stelle des linearen Fortschrittsmodells einen selbstkritischen Fortschrittsbegriff. Der Glaube, ungehemmtes wirtschaftliches Wachstum bewirke automatisch mehr Freiheit und Gerechtigkeit, gar persönliches Glück – dieser Glaube ist zerronnen. Das heißt aber ganz gewiss nicht, daß wir von den emanzipatorischen Zielen Abschied zu nehmen hätten. Es heißt vielmehr, daß wir sensibler, aufmerksamer und kritischer dafür sein müssen, wie lange einmal für richtig befundene Wege uns den Zielen eines freien, solidarischen und gesicherten Lebens wirklich näherbringen.

Der demokratische Sozialismus bleibt die historische Bewegung des Fortschritts, eines Fortschritts jedoch, der auch neue Wege einschlägt, dort wo die alten nicht weiter – oder aber in die Irre führen. Die Bewegung des demokratischen Sozialismus hat die historische Pflicht, Anwalt und Organisator für einen neuen Fortschritt zu sein.

[...]⁶

Nr. 105
Hs. Schreiben des Ehrenvorsitzenden der SPD, Brandt, an den Kanzlerkandidaten der SPD und Ministerpräsidenten, Lafontaine
18. Mai 1990[1]

AdsD, WBA, B 25, 230.

Lieber Oskar,
vielen Dank für Deinen Anruf. H[ans-] J[ochen] V[ogel] und Egon Bahr hatten mir von Deinen Überlegungen zum Staatsvertrag[2] berichtet; ich kann sie zu einem wesentlichen Teil nachvollziehen. Gleichwohl halte ich es für meine Freundespflicht, Dich eindringlich zu bitten, Deine Position jedenfalls in taktischer Hinsicht zu überprüfen.

Darüber, dass Kohl den gesamten Vorgang um den Staatsvertrag (und darüber hinaus) in einer Weise gehandhabt hat, die unverantwortlich und parteiegoistisch genannt zu werden verdient und deshalb inakzeptabel ist, bedarf es keiner weiteren Worte. Ebenso klar ist aber, dass es keine praktikable Alternative dazu gibt, die DM Mitte des Jahres ‹drüben›[3] einzuführen. Und dass ein Verzicht auf den Staatsvertrag – auch nach Einschätzung der Freunde drüben – bei weitem schlimmere Auswirkungen hätte als dessen Inkrafttreten.

Der „Alte" und sein „Enkel": Willy Brandt mit Oskar Lafontaine auf einer Veranstaltung im Bundestagswahlkampf am 19. November 1986 in Idar-Oberstein.

Daraus ergibt sich, dass wir den Vertrag nicht ablehnen können, sondern ihn – mit einem freilich sehr prononcierten Votum – passieren lassen müssen. Enthaltung ist einer so grossen Partei wie der unseren nicht angemessen. Also müssen wir uns auf eine Erklärung verständigen, die Kohl nichts schenkt und vom breiten Publikum verstanden wird: Die sachfremde Hektik, die in den Wind geschlagenen fachlichen Einwände, die zunächst völlige Vernachlässigung der sozialpolitischen Komponente (inzwischen allerdings, nicht zuletzt aufgrund Deiner Hartnäckigkeit, zu einem nicht geringen Teil ausgeglichen).

Wenn wir nicht in etwa so verfahren, geraten wir in die Gefahr, uns in mehrfacher Hinsicht zu verheddern: Dissens zwischen den Sozialdemokraten drüben und hüben, Desavouierung unserer Freunde in den Ländern, Gefahr eines Auseinanderfallens der Bundestagsfraktion. (Nicht, dass dies besonders wichtig wäre, aber mir selbst fiele es nicht leicht, an einer Sitzung des Bundestages teilnehmen zu müssen, in der ich den Vertrag rundweg ablehnen müsste.)[4]

Ich bitte Dich also sehr, Dir diesen taktischen Aspekt noch einmal gründlich durch den Kopf gehen zu lassen. Vor allem aber darfst Du wirklich nicht mit dem Gedanken spielen, Dich der eigentlichen Aufgabe zu entziehen.[5] Das geht nicht – der Sache und der Partei wegen, auch Deiner selbst wegen.

Im übrigen bin ich sehr dafür, Zeichen zu setzen, an denen niemand vorbei kommt. Die Erklärung im Bundestag am 21. Juni [1990] wäre ein solches Zeichen, wenn ich auch nicht dazu raten will, dass Du dies selbst machen solltest. Ob Du dies überhaupt in Erwägung ziehen kannst, lässt sich auch von Deinen besten Freunden nicht an Deiner Stelle entscheiden.

Das andere Zeichen, ich sprach davon am Telefon: Keine künstlich forcierten gesamtdeutschen Wahlen, sondern Bundestag wie vorgesehen und das andere dann, wenn auch die äusseren Bedingungen der deutschen Einheit feststehen.[6]

Lass' es Dir weiterhin gut gehen. Und lass Dich nicht zu vorzeitigem Engagement in der Öffentlichkeit verleiten.[7] Das eine und andere genau geplante Interview im Sommer könnte uns helfen. Und dann ein kraftvoller Neubeginn, zum Beispiel ganz Anfang September [1990].
Sei sehr herzlich gegrüsst von Deinem
Willy Br[andt]

Nr. 106
Aus dem Interview des Ehrenvorsitzenden der SPD, Brandt, für die *Frankfurter Rundschau*
2. Juli 1990

Frankfurter Rundschau, Nr. 150 vom 2. Juli 1990, S. 4.

[...]¹
FR: Haben Sie sich den für Ende September geplanten Zusammenschluß der Bundes-SPD mit der DDR-SPD eigentlich eher gewünscht?
Brandt: Ja. Ich hatte schon im Dezember [1989], als ich das erstemal öffentlich in der DDR aufgetreten bin – das war in Rostock – gesagt, in Deutschland ist nur Platz für eine sozialdemokratische Partei. Im Rückblick läßt sich leicht sagen, der Zusammenschluß hätte früher kommen sollen. Jetzt muß das jedenfalls vor den gesamtdeutschen Wahlen geschehen.² Und aufgrund meiner Organisationserfahrung geht es jetzt vernünftig nur mit einem Modell, das für diesen Fall paßt, und nicht durch sklavische Übernahme des Parteiengesetzes. Das ist übrigens für diesen Fall gar nicht gemacht worden.³
FR: Kann die kleine und innerlich sehr heterogene SPD der DDR nach diesem Zusammenschluß überhaupt als eigene Kraft mit einem eigenen Gesicht und eigener Entstehungsgeschichte in der Gesamtpartei mit Gewicht zu Gehör kommen? Da gibt es doch die ausgeprägten Strukturen in dieser westdeutschen SPD mit ihren mächtigen Bezirken und einflußreichen Persönlichkeiten.
Brandt: Ich glaube, es wird eine Mischung geben. Im Norden gibt es heute schon enge Verbindungen zwischen den Mecklenburgern und den Schleswig-Holsteinern und den Hansestädten. Auch in Berlin wird es eine rasche Verschmelzung der Sozialdemokraten in beiden Teilen der Stadt geben, und in Thüringen wird sich eine stärkere Beziehung zu den Hessen entwickeln. Überwiegend werden sich die alle noch hinterher als Ex-DDR empfinden. Einige werden starke, separate, aber nicht zu beanstandende Verbindungen suchen zu Nachbarregionen in der bisherigen Bundesrepublik.

FR: Sie gehörten zu denen, die davon geträumt haben, daß die Sozialdemokratie in einem vereinten Deutschland eine prägende Kraft wird. Wie weit ist die Partei davon entfernt?

Brandt: Ich hatte geglaubt, daß in den Teilen Deutschlands, aus denen die damalige Arbeiterbewegung, dann die Sozialdemokratie kam,[4] eine ganze Menge rasch wieder lebendig sein würde. Das war ein Irrtum. Ich habe nicht richtig gesehen, was die fast 60 Jahre von 1930 bis heute bedeutet haben. Eigentlich hätte man es dann schon wissen müssen während der ersten Monate des Jahres. In Gesprächen hörte ich häufig, daß die Großväter und Großmütter etwas mit der SPD zu tun hatten.

Die kurze Zeit nach dem Zweiten Weltkrieg, als die SPD sehr viele Mitglieder hatte, hat keine wirklichen Spuren hinterlassen. Dies aber will noch nichts besagen über die Entwicklung in den nächsten Jahren. Die neu entstandene Partei war ja besonders geprägt durch einige Berufsgruppen, nicht nur die Pastoren, sondern beispielsweise auch Diplomingenieure, die jetzt mehr und mehr in Funktionen kommen. Ich halte das für eine offene Entwicklung.

Mittlerweile beginnt diese doch sehr improvisierte SDP, dann SPD, sich kommunal zu verankern. Das wird eine Rolle spielen von Rostock über Ost-Berlin, Magdeburg, Frankfurt an der Oder, Potsdam, Leipzig. Da bilden sich von den Zentren kommunaler Verantwortung her neue Grundlagen. Es ist wahr, ich hatte bei den Volkskammerwahlen mit viel mehr gerechnet als mit 21 Prozent.[5] Zu denen kam es ja dann auch nicht nur wegen des von mir falsch eingeschätzten Traditionsfaktors. Das Gros der Leute sagte eben, die Mark bekommen wir ja wohl eher von denen, die jetzt regieren, als von denen, die in Bonn in der Opposition sind. Wenn das aber so ist, dann wird sich durch Reaktionen auf die jetzt kommende Entwicklung noch manches neu ergeben. Ich halte das jedenfalls für offen, wie sich die politischen Gewichte in den nächsten Jahren verschieben.

FR: Es gab die These, wer die erste Wahl der DDR verliere, der werde die zweite gewinnen. Wird die nächste an den Folgen der Wirtschafts-, Währungs- und Sozialunion entschieden, oder wird es da für die Wahlentscheidung der Menschen in der DDR ganz andere Faktoren geben, die viel mehr mit dem Blick auf den Westen zu tun haben?

Brandt: Ich bin unsicher. Ich glaube nicht an ein notwendiges, automatisches Umdrehen der Relation. Aber daß in den nächsten gut zwei Jahren die beiden großen Parteien näher beieinander liegen werden in der DDR, davon gehe ich aus.

[...]⁶

Nr. 107
Manifest zur Wiederherstellung der Einheit der Sozialdemokratischen Partei Deutschlands
27. September 1990¹

Protokoll vom Parteitag [der SPD], Berlin, 27. – 28. 9. 1990, Bonn [1990], S. 111 – 119.

I.

Die SPD ist vom heutigen Tage an wieder, was sie seit ihrer Gründung vor weit über 100 Jahren hat sein wollen: die Partei der sozialen Demokratie für das ganze Deutschland.

Das bittere Unrecht, das durch die Zwangsvereinigung [der SPD mit der KPD zur SED] in der damaligen Ostzone geschaffen worden war, hat sein Ende gefunden.

Die Gliederungen der Partei in Brandenburg, Mecklenburg-Vorpommern, Sachsen, Sachsen-Anhalt und Thüringen sind wieder aktiv.

Sie sind mit ihren Mitgliedern wieder in ihre Rechte und Pflichten eingetreten und bilden mit den Gliederungen in der bisherigen Bundesrepublik zusammen aufs neue die Sozialdemokratische Partei Deutschlands.

Die älteste demokratische Partei in Deutschland nimmt ihre Arbeit auf im ganzen Land und für das ganze Land.

Das gleiche gilt für Berlin, das der Gesamtpartei mit dem Beschluß über die Vereinigung der Berliner Parteiorganisationen am 15. September 1990 vorausgegangen ist.

Der Beschluß vom 23. August 1961 über die Suspendierung der Parteiarbeit im Ostteil der Stadt ist damit gegenstandslos geworden.²

Dreimal in der deutschen Geschichte wollte antidemokratische Gewalt die stabilste Stütze der deutschen Demokratie umreißen: 1878, 1933, 1946.³

Dreimal ist es mißlungen.

Alle, die sich vorgenommen hatten, die SPD zu vernichten, sind selbst von der Geschichte eingeholt worden.

Jedesmal waren die Feinde der Sozialdemokratie auch die Feinde der Demokratie. Und jedesmal hat sich die Idee der Sozialdemokratie als stärker erwiesen:

Allen Bürgerinnen und Bürgern das Recht und die Möglichkeit zu geben, daß sie in demokratischer Freiheit leben und in sozialer Verantwortung über sich selbst bestimmen.

II.

43 Jahre lang war die Sozialdemokratie in der DDR verboten.

1946 wurden die Sozialdemokraten, die nach Kriegsende ihre Arbeit in großer Zahl wieder aufgenommen hatten, in die Einheitspartei gezwungen.

Die dabei angewandten Gewaltmaßnahmen und damit verbundenen Verfolgungen gehen auf das Schuldkonto der damaligen sowjetischen Besatzungspolitik.

Hierauf gestützt, haben deutsche Kommunisten ihre Diktatur errichtet.

Sie mißbrauchten die während der Nazizeit von vielen empfundene Sehnsucht, die Spaltung der alten Arbeiterbewegung möge im Zeichen einer demokratischen Erneuerung überwunden werden.

Gleichgeschaltet wurden auch die sogenannten Blockparteien.

Auch aus ihren Reihen wurden zahlreiche Vertrauensleute und Mitglieder drangsaliert oder zur Flucht in den Westen gezwungen.

Der Aufruf zur Neugründung der Sozialdemokratie in der DDR am 26. August [1989] und die Gründung der SDP am 7. Oktober 1989 in Schwante waren ein Signal dafür, daß die SED-Herrschaft zu Ende ging.

Auf dem Vereinigungsparteitag von West-SPD und Ost-SPD am 27. September 1990 in Berlin: Hans Jochen Vogel, Willy Brandt, Wolfgang Thierse und Oskar Lafontaine mit der Vereinigungsurkunde (im Hintergrund: Herta Däubler-Gmelin und Harald Ringstorff).

Die Sozialdemokraten haben nicht sich wie die Blockparteien gewendet; sie haben mitgeholfen, in der friedlichen Revolution die Geschicke Deutschlands zu wenden.

Sie machen die Gesamtpartei reicher durch ihre Erfahrungen, ihre Standhaftigkeit und ihre Glaubwürdigkeit.

Dabei verstanden sie sich als Teil jener revolutionären Bewegung, die den SED-Staat schließlich überwunden hat.

Es waren die Friedens- und Menschenrechtsgruppen in ihrer Gesamtheit, häufig unter dem schützenden Dach der Kirche, die durch ihr gewaltfreies Widerstehen auf den grundlegenden Wandel hinwirkten und das Tor zur Einheit aufstießen.

Unsere vereinte Partei ist die politische Heimat der leidgeprüften und unbescholtenen alten Sozialdemokraten und gleichermaßen all der jungen und neuen Kräfte, die den Weg der demokratischen und sozialen Erneuerung mit uns gehen wollen.

Den Bürgerbewegungen und der Sozialdemokratischen Partei in der DDR wird immer zu danken sein, daß diesmal nicht Blut und Eisen, sondern gewaltlose Beharrlichkeit den Weg zur Einheit Deutschlands öffnete.

III.

Gemeinsam gehen wir an die Arbeit, damit zum ersten Mal in der Geschichte Deutschland als Ganzes seinen Platz in einem friedlichen Europa finden kann.

Jetzt gilt es zu zeigen, daß die Deutschen ihre Vereinigung als überzeugte Europäer vollziehen.

Wir freuen uns darüber, daß Kurt Schumacher und Erich Ollenhauer, Ernst Reuter und Fritz Erler, Herbert Wehner und Gustav Heinemann nicht vergeblich für die deutsche Einheit gestritten haben, daß die Friedenspolitik Willy Brandts und Helmut Schmidts den Wandel im Osten fördern und die Einheit vorbereiten konnte.

Weder nationale Selbstzufriedenheit noch gar nationalistischer Überschwang sind jetzt gefragt, sondern Solidarität der Deutschen untereinander: Derer, die sich vier Jahrzehnte lang gängeln lassen mußten, und derer, die ihre Geschicke unter den Bedingungen des Grundgesetzes haben gestalten können.

Gefragt ist aber auch Solidarität mit den Völkern Zentral- und Osteuropas, die sich um ihren neuen Weg bemühen, und mit jenem Großteil der Menschheit, der bitterer Armut ausgesetzt ist.

IV.

Durch die Vereinigung Deutschlands wächst unsere Verantwortung.

An uns liegt es, ob eine große Industrienation sich noch einmal der Kraftmeierei hingibt oder ob sie mit all ihrer Kraft die Aufgaben anpackt, an deren Bewältigung unsere Enkel uns messen werden: Sicherung eines handlungsfähigen, demokratisch verfaßten Staates,

Aufbau einer sozial und ökologisch verantwortbaren Marktwirtschaft, Einfügung Deutschlands in eine europäische Friedensordnung, Hinwendung Europas zu den Völkern des Südens.

Das neue Deutschland wird um so sicherer sein, je weniger es durch militärische Stärke seine Nachbarn beunruhigt.

Daher wollen wir bei der Abrüstung vorangehen.

Das Deutschland der neunziger Jahre wird – nach allem, was wir jetzt erkennen können – nicht gefährdet sein durch äußere Feinde, sondern durch die Zerstörung seiner natürlichen Lebensgrundlagen.

Daher werden wir unserer Marktwirtschaft endlich den Rahmen zu setzen haben, der zu ökologisch verantwortbarem Wirtschaften anhält und zwingt.

Die Teile Deutschlands werden um so rascher zusammenwachsen, je mehr die Deutschen sich um soziale Gerechtigkeit mühen.

Daher dürfen und werden wir nicht zulassen, daß es auf Jahre hinaus Deutsche erster und zweiter Klasse gibt.

V.

Noch nie ist Großes ohne Leistung erreicht worden.

Es ist nicht unsere Art, eine geschichtliche Stunde zu beschwören und dann hinzuzufügen, sie sei garantiert gratis zu haben.

Wir sind sicher, daß unser Volk zu Opfern bereit ist, wenn ihm die Wahrheit gesagt wird, wenn es sich endlich ernstgenommen fühlt.

Die Sozialdemokratische Partei Deutschlands erhebt den Anspruch, das Deutschland der neunziger Jahre als bestimmende demokratische Kraft zu führen.

Die älteste demokratische Partei Deutschlands ist programmatisch die jüngste.

Keine Partei hat wie die Sozialdemokratie die neuen dramatischen Aufgaben unserer Zeit so früh aufgegriffen und die harte Diskussion darüber bis zu der breiten Übereinstimmung durchgestanden, die sich im Berliner Grundsatzprogramm von 1989 niederschlägt.[4]

Keine andere Partei genießt bei unseren Nachbarn mehr Vertrauen.

Keine hat mehr Erfahrung, wo soziale Gerechtigkeit dringlicher ist denn je.

Die ganze geeinte Sozialdemokratie in Deutschland wird dafür arbeiten, daß sie in der Regierungsverantwortung für mehr Freiheit und Gerechtigkeit, für die gesellschaftliche Gleichheit von Mann und Frau und für die Bewahrung der natürlichen Umwelt wirken kann.
〈Willy Brandt〉[5]
Ehrenvorsitzender

Nr. 108
Statement des Ehrenvorsitzenden der SPD, Brandt, zum Ausgang der Bundestagswahl in der Sitzung des SPD-Parteivorstandes 3. Dezember 1990

AdsD, WBA, B 25, 193.

Zu wenig ist zu wenig! Dabei bräuchte unser Land gerade in dieser Zeit nicht eine geschwächte, sondern eine starke SPD.[1]

Ich bin betroffen, wenn auch nicht überrascht. Allerdings sehe ich keine Veranlassung, zu einem Scherbengericht einzuladen oder mich an einem solchen zu beteiligen. Das wäre ungerecht gegenüber all denen, die auch diesmal einen engagierten Wahlkampf führten. Daß und wie sich der Kanzlerkandidat abgerackert hat, ist niemandem verborgen geblieben. Dabei kann ich mich jedoch nicht zu 〈etwaigen〉[2] Wegerklärern gesellen.[3]

Tatsache ist, daß die SPD auf ein Gesamtergebnis abrutschte, welches näher bei dem von 1957 als bei dem von [19]61 liegt. Da hilft nicht der Hinweis, daß die Kohl-Bäume nicht in den Himmel wachsen. Oder daß den Grünen (im westlichen Bundesgebiet) die parlamentarische Existenz abhanden kam.[4] Oder daß die Große Koalition in Berlin um zwei Jahre aufgeschoben wurde.[5] Oder daß wir (was sicher stimmt) bei Jungen mehr Erfolg hatten als bei den anderen Altersgruppen. Nur, die Alten haben eben auch Stimmrecht – und die Jungen werden, nebenbei gesagt, älter.[6]

So wichtig die übliche Auswertung der Ergebnisse ist – wichtiger wäre das Signal für eine ernste Selbstprüfung, mit eindeutig nach vorn gerichteten Konsequenzen.

Die unbezweifelbare Bereitschaft zur Erneuerung könnte sich schon auf kommende L[and]T[ags]-Wahlen positiv auswirken. Eine Garantie dafür, daß auf den Bund bezogen schon ein Tiefstpunkt erreicht wurde, gibt es allerdings nicht. Im ganzen kann die SPD nur wieder stärker werden, wenn sie die Kräfte für freiheitliche, soziale und umweltbewußte Demokratie in Deutschland in stärkerem Maße zu wecken und zu bündeln versteht, als es ihr am Ende eines Jahres gelungen ist, in dem in Europa der Kalte Krieg zuende ging und die deutsche Teilung überwunden wurde.

Ich beschränke mich heute auf drei Hinweise, die einzubeziehen ich für sinnvoll hielte, wenn über die künftige Politik entschieden wird:

Erstens darf nicht mehr gefragt werden können, ob man es bei uns mit der Sozialdemokratischen Partei Deutschlands, ganz Deutschlands, zu tun habe. Darüber hinaus sind wir gefragt worden, warum unsere Partei nicht auf ihr Erstgeburtsrecht in Sachen nationaler Einheit durch Selbstbestimmung pochte.[7] Und warum sie sich nicht, wie in früheren Jahren, deutlicher zum Zusammenhang zwischen deutscher und europäischer Einheit (und Sicherheit) äußerte. Mir liegt an der zusätzlichen Klarstellung, daß ich mich nicht taktisch, sondern grundsätzlich äußerte, wenn ich darum bat, das gesamtnationale Thema nicht an der eigenen Partei vorbeiziehen zu lassen.

Zweitens rate ich sehr dazu, bei der Vermittlung unserer politischen Inhalte wieder mehr darauf zu achten, daß Warnung und Hoffnung in einem menschengerechten Verhältnis zueinander stehen. Gewiß war es richtig, die Risiken des Einigungsprozesses zu benennen und darauf zu bestehen, daß die Kosten einigermaßen gerecht aufgebracht werden. Doch mehrheitliches Vertrauen ist nicht zu gewinnen, wenn der Eindruck entsteht, man sehe in der Einheit und Freiheit eher eine Bürde denn eine Chance. Eine Sozialdemokratie, die nicht die Aussicht auf eine lohnende und gesicherte Zukunft vermittelte, wäre ein Widerspruch in sich. Dabei drohen die eigentlichen Gefahren noch einmal von außen.[8]

Drittens empfehle ich, sich noch einmal anzuschauen, welche Elemente zur Parteireform von 1957 gehörten: Programmatik, Partei- und Fraktionsführung, Kanzlerkandidat und Mannschaft (nicht notwendigerweise gleich Schattenkabinett).[9] Die Begründung, auf den letzten Punkt bezogen, war, daß man personell nicht unnötig arm erscheinen sollte. Die Zusammenführung unterschiedlicher Erfahrungen und Begabungen ist in Zukunft nicht weniger wichtig als in der Vergangenheit.[10]

Abschließend will ich meinem Bedauern darüber Ausdruck geben, daß wir noch nicht die Zeit hatten, uns gründlich damit auseinanderzusetzen, was der Zusammenbruch des real existierenden Kommunismus über den Tag hinaus für die Sozialdemokratie bedeutet. Ich selbst komme zu ‹eher günstigen›[11] Prognosen und vermute, daß wir in den neuen Bundesländern zügig aufholen werden. Aber das hilft nur, wenn wir die Einbrüche im Westen einzudämmen und zu überwinden verstehen.[12]

Nr. 109
Rede des Ehrenvorsitzenden der SPD, Brandt, anlässlich des 125-jährigen Bestehens der Nürnberger SPD
13. September 1991

Die Zukunft der Sozialdemokratie. Beiträge zum Thema von Willy Brandt u. a., hrsg. von der Friedrich-Ebert-Stiftung, Bonn 1993, S. 5 – 17.

„Zu früh und zu pauschal von einer Renaissance gesprochen"
Kritische Anmerkungen von Willy Brandt über die Zukunft der Sozialdemokratie und des freiheitlichen Sozialismus

I.

Der Zusammenbruch des kommunistischen Herrschaftssystems in der Sowjetunion – und zuvor in den der S.U. vorgelagerten Staaten – hat eine eher grobschlächtig geführte Argumentation ausgelöst; sie unterstellt, daß es mit „dem Sozialismus" nun endgültig vorbei sei. Manche führen diese Kampagne in der deutlichen Absicht, die Sozialdemokratie zu treffen. In der Unterstellung, Sozialdemokratie (bzw. demokratischer, freiheitlicher Sozialismus) könnte mit den gescheiterten kommunistischen Diktaturen in einen Sack getan werden, stecken – von demagogischen Absichten abgesehen – mehrere Denkfehler:

Erstens ist es intellektuell unredlich, gewalttätigen und als inkompetent erwiesenen Kommunismus mit der Sozialdemokratie (bzw. freiheitlichem Sozialismus) in einen Topf zu werfen. Dabei sollte jeder politische ABC-Schütze wissen, daß sich diktatorischer Kommunismus und freiheitlich-demokratischer Sozialismus nicht auf einen Nenner bringen lassen; an der Frage Demokratie oder Diktatur schieden sich die Geister – per Spaltung – schon vor Jahrzehnten.[1] Ausgerechnet der leidgeprüften Sozialdemokratie die Übel und Missetaten von Diktaturregimen anlasten zu wollen, ist eine erhebliche Zumutung.

Zweitens: Geschichtlich widerlegt und erledigt sind nicht die gedanklichen Inhalte und politischen Bestrebungen der Sozialdemokratie, sondern Regime, die nicht dadurch sozialistisch wurden, daß man sie in Moskau mit dem Etikett eines „real existierenden Sozialismus" ausgestattet hatte. Daß sie existierten, ist nicht zu bestreiten. Daß sie sich unter falschem Etikett darstellten, läßt sich ernsthaft auch nicht in Abrede stellen.

Drittens: Wenn ein Begriff entstellt und entwertet worden ist, darf man nicht meinen, damit sei der ihm zugrunde liegende gedankliche Inhalt verbraucht. Die Sozialdemokratie hat sich erneut gegen Falschdeutungen zu wehren, aber sie hat keine Veranlassung, ihre Vorstellungen und ihr Handeln zu verstecken, weil im mißbrauchten Namen des Sozialismus das Gegenteil angerichtet worden ist.

Bei einer früheren Gelegenheit habe ich daran erinnert, daß es in *einer* Ausprägung der russischen sozialistischen Bewegung früh angelegt war, sich über das Volk zu erheben und die arbeitenden Schichten zwar zu loben, aber sie gleichzeitig zu gängeln und zu kujonieren. Dazu gehörte dann auch die absurde Vorstellung, auf die Wirtschaft Regeln übertragen zu wollen, die aus Kasernenhof-Reglements stammten.

Es war ein schwerer Irrtum, wo nicht entschieden genug dagegen angegangen wurde, daß der Begriff Sozialismus – geformt im Ringen um die Rechte der Menschen und nicht nur als Bürger – für diktatorische Herrschaftsformen und Systeme kommandierten Wirtschaftens in Anspruch genommen wurde. Es gab auch solche, denen diese Klarheit zuwider war – daß nämlich die geistige Fundierung der freiheitlichen Sozialdemokratie etwas *prinzipiell* anderes war und ist als ein autoritärer Kollektivismus, sich also nicht nur graduell oder in Einzelheiten, sondern grundsätzlich und im ganzen von diesem unterscheidet.

Wörtlich sagte ich auf dem Berliner Parteitag vom Dezember [19]89: „Man konnte nicht einen Sozialismus reformieren, der keiner war. Historisch bemerkenswert bleibt gleichwohl die im wesentlichen gewaltfreie Ablösung (und Selbstaufgabe) jener Parteien und

Regime, die durch sowjetische Hilfe an die Macht gekommen waren und allzu lange dort belassen wurden. Da nun erwiesen ist, daß jener Weg eine Sackgasse war, ist schwer zu verstehen, wozu mancherorts ein dritter empfohlen wird."[2]

Karl Kautsky, einer unserer bedeutenden (wenn auch längst nicht mehr unumstrittenen) Programmväter, hat vor Jahrzehnten vorausgesehen, was im Osten passieren würde: Ohne Demokratie, so schrieb er, „droht der Kommunistischen Partei das Schicksal, zu verfaulen – in einem verfaulenden Rußland".[3]

Alle, denen statt vordergründiger Polemik an sachlicher Klärung gelegen ist, kennen die erwähnten grundsätzlichen, nicht nur taktischen Gegensätze. Sie wissen auch um die vielen Opfer, die Sozialdemokraten im Widerstand gegen Bolschewismus und Stalinismus auf sich genommen haben. Verzerrungen und Verfälschungen geschichtlicher Abläufe und ideeller Inhalte hat es schon oft gegeben. Doch die Erfahrung zeigt: Ideen von humaner Substanz lassen sich auch durch schlimme Entstellungen nicht in den Papierkorb oder in den Reißwolf der Geschichte befördern.

Gleichwohl will ich nicht davon abraten, uns von Zeit zu Zeit – frei von Vorurteilen – zu fragen, ob und wo unser politischer Sprachgebrauch der Weiterentwicklung bedarf. Für mich steht fest, daß wir gerade jetzt allen Grund haben, uns von der traditionsreichen Bezeichnung „Sozialdemokrat" und „Sozialdemokratie" nicht abbringen zu lassen.

Ich habe diesem Beitrag bewußt den Titel „Zur Zukunft der Sozialdemokratie" gegeben, um in Klammern hinzuzufügen „und des freiheitlichen Sozialismus". Für mich gibt es da keinen inhaltlichen Unterschied, aber ich bin nicht sicher, ob wir das einer breiteren Öffentlichkeit immer gut genug erklären können. Wenn etwa der langjährige Wirtschaftsgewaltige der DDR[4] erklärt, „das sozialistische System insgesamt war falsch, wie wir heute wissen", so stelle ich mir die Argumentationsnot des einen und anderen vor, der, hierauf angesprochen, lediglich auseinandersetzt, das habe mit Sozialismus nichts zu tun gehabt, statt dem klipp und klar die eigene, sozialdemokratische Position entgegenzustellen.

In meinem Selbstverständnis bin ich als Sozialist aufgewachsen und halte die damit verbundenen Hoffnungen und Überzeugungen – wenngleich viel erreicht wurde – auch heute nicht für verbraucht; davon wird noch die Rede sein. Aber ich habe zur Kenntnis zu nehmen, daß es nicht wenigen unserer Mitglieder angemessen erscheint – mir auch –, sich ohne Wenn und Aber Sozialdemokrat zu nennen. Und daß sie es für überflüssig halten oder sich überfordert fühlen, immer noch einmal erklären zu sollen, worin sich unser Sozialismus von dem *grundlegend* unterscheidet, was daraus anderswo gemacht wurde. Gleichwohl sollten wir auch darum bemüht bleiben, die Unterschiede zu konservativen und liberalen Parteien zu bestimmen, die bekanntlich nicht müde werden, ihren Anspruch auf gesellschaftliche Führung geltend zu machen.

Man sollte es sich aber nicht zu einfach machen und auch nicht allein aus deutscher Sicht argumentieren. Ein besorgtes Mitglied unserer Partei hat dieser Tage an mich appelliert, ich möge den Namen der Sozialistischen Internationale ändern. Das würde natürlich, wenn ich es wollte, meine Kompetenzen weit überschreiten. Außerdem würde ich bei einer Reihe der uns befreundeten Parteien auf Unverständnis stoßen.

Nehmen wir die SI-Parteien im romanischen Europa – die Parteien von François Mitterrand, Bettino Craxi, Felipe González, Mário Soares, auch die Belgier (und die Japaner) –, die sich aufgrund ihrer insoweit ungebrochenen Tradition Sozialisten nennen (ohne daß sie deswegen den Anspruch erheben könnten, sie seien etwas Besseres als die deutschen, österreichischen oder skandinavischen Sozialdemokraten).

Zu August Bebels Zeiten war es übrigens so, daß „sozialdemokratisch" für die eindeutigere und – wenn man so will – sogar radikalere Parteibezeichnung gehalten wurde. Auch heute läßt sich geltend machen, daß „sozialdemokratisch" klarer ist und jedenfalls schädlichen Verwechslungen vorbeugt; das sollte man auch nicht unterschätzen.

Unsere Internationale – im vorigen Jahrhundert entstanden, 1951 auf deutschem Boden wiederbegründet – ist eine mittlerweile weltweite Gemeinschaft von sozialdemokratischen und gleichgesinnten Parteien, von denen viele Namen tragen, die ihrem Ursprung als Freiheitsbewegungen in Entwicklungsländern Ausdruck verleihen. Es ist außerdem bekannt, daß unsere Freunde in Großbritannien und Irland, in Norwegen und den Niederlanden, in Israel, auch in Australien und Neuseeland ihre geschichtlich verankerte Bezeichnung „Arbeiterpartei" oder „Partei der Arbeit" beibehalten haben.

Als wir uns vor wenigen Monaten in Frankfurt der Wiederbegründung erinnerten, habe ich gesagt: „Es wird sich als geschichtlicher Irrtum erweisen, das dem demokratischen Sozialismus zugrunde liegende Ideal – die Zusammenfügung von Freiheit, Gerechtigkeit, Solidarität – als überholt abtun zu wollen."[5] Und ich füge heute hinzu: Manche werden sich noch wundern, als wie abwegig sich ihre Grabgesänge erweisen.

Was uns in unserer internationalen Gemeinschaft unabhängiger, selbstverantwortlicher Parteien verbindet, sind die Grundwerte, die das Programm der SPD ebenso prägen wie die Stockholmer Prinzipienerklärung der SI von 1989.[6] Dazu gehört im besonderen auch die Verpflichtung auf Frieden und Menschenrechte und auf die Überwindung des Elends in weiten Teilen der Welt. Das ist ein umfassendes, verpflichtendes und lohnendes Programm.

II.

Kein Zweifel, die gewaltigen Veränderungen, die wir durchleben, haben manchen, der sich der Arbeit für eine als sozialistisch bezeichnete Zukunft verschrieben hatte, in Zweifel getrieben. Die wurden umso größer, je mehr man ein Etikett für die Sache genommen hatte. Und gewiß ist es klar, daß neuartige Herausforderungen nach neuen Antworten verlangen. Genau davon handeln die programmatischen Neubestimmungen der Sozialdemokraten – bei uns in Deutschland und in Europa und in unserer internationalen Gemeinschaft.

Sozialdemokratie (und freiheitlicher Sozialismus) wollen soziale Gerechtigkeit und eine umfassende Demokratisierung der Gesellschaft, auch die Demokratisierung einer effektiven Wirtschaftsordnung – auf der Basis der unbedingten Achtung der Menschenrechte und auf dem Boden unantastbarer Rechtsstaatlichkeit.

Allem voran stehen unser freiheitliches Erbe und die sich aus dem Kampf gegen die Diktaturen ableitenden Erfahrungen. Kurt Schumacher prägte dafür den eindrucksvollen Satz: „Es gibt wohl die Tatsache, daß man kämpft für soziale Vorteile – zu sterben bereit ist man nur für die große Idee der Freiheit."[7]

Michel Rocard sagte am vorletzten Wochenende, als er sich – erstmals seit dem Regierungswechsel im Mai [1991] – wieder zu Wort meldete: Nachdem nicht nur der Faschismus, sondern auch der Kommunismus ausgespielt habe, gehöre das Feld dem Wettbewerb zwischen Liberalismus und einem „Sozialismus der Freiheit".[8]

Zur Definition der Grundwerte sind Sozialdemokraten (bzw. freiheitlich-demokratische Sozialisten) auf verschiedenen Wegen gelangt. Ungeachtet bestehender kultureller und weltanschaulicher Unterschiede eint sie eine Vision friedlicher und demokratischer Weltgesellschaft, die Freiheit und Gerechtigkeit solidarisch teilt und verbindet.

Die Schlüsselthemen der historischen Auseinandersetzung mit Konservativen und Parteiliberalen waren die gesellschaftliche Reichweite des demokratischen Prinzips, die Verteilungs- und Teilhabewirkungen der Forderung nach Gerechtigkeit und die Frage nach den realen ökonomischen, sozialen und politischen Voraussetzungen von wirklicher Freiheit. Und ohne Zweifel: Fortschritte zu mehr Demokratie, sozialer Sicherheit und Freiheit lassen sich gerade in Ländern mit starken sozialdemokratischen Parteien unverkennbar feststellen. Darauf können wir stolz sein.

Vor wenigen Monaten fand ich im Londoner wirtschaftsliberalen „Economist" einen interessanten Beitrag, in dem der Labour Party geraten wurde, mit welchem Programm sie in die nächsten Wahlen gehen sollte. Da wurde die Frage, ob „Sozialismus" für die Menschen in Großbritannien noch relevant sei, mit einem eindeutigen Ja beantwortet. Und dann wurde aneinandergereiht, welche aktive Rolle von der Regierung gegenüber der Wirtschaft erwartet werde. Warum man die benachteiligten Schichten nicht weiter absinken lassen dürfe. Was für die Modernisierung von Infrastruktur und Bildung zu geschehen habe. Daß die Militärausgaben zurückgefahren werden könnten. Wie das Steuersystem gerechter zu gestalten sei, usw. usf. Ich fand es bemerkenswert, wie unvoreingenommen dort unverzichtbare Gemeinschaftsaufgaben den „Sozialisten" zugeordnet wurden, wo der Meinungsstreit anderswo in Europa oder Amerika durch ideologische Barrieren behindert wird.

Die Würde des Menschen, seine Unverfügbarkeit für andere, sein Recht auf Individualität und Selbstbestimmung waren immer gemeint, wenn von der Leitidee der Sozialdemokratie, des freiheitlichen Sozialismus, die Rede war. Eine sich selbst überlassene Technik, die sogar das Wesen des Menschen technisch verfügbar macht, entzöge der Menschenwürde den Boden. Wegen der Risiken, die alle betreffen, muß die Entscheidung über weitreichende Alternativen auch zum Gegenstand politischer Willensbildung gemacht werden.

Zum ersten Mal in der Geschichte können wir von einer wirklichen Globalisierung der Probleme sprechen: Verkehr und Telekommunikation, Wirtschaftsbeziehungen, Geld- und Kapitalströme. Nie zuvor haben Entwicklungen an einem Ende der Welt so unmittelbare und nachhaltige Auswirkungen überall auf dem Globus gehabt.

Es lag auf der Hand, daß politische Formationen, die sich wesentlich in der Frontstellung gegen die Auswüchse des Kapitalismus herausbildeten, der Verteilung von Kapitalerträgen mehr Aufmerksamkeit widmeten als deren Zustandekommen. Auseinandersetzungen um das wirtschaftspolitisch Erforderliche konnten nicht ausbleiben. Hinzu kamen dann die bedrückenden Erfahrungen im Osten.

Wir Sozialdemokraten sind nicht erst seit gestern für Marktwirtschaft, mithin auch für Wettbewerb, aber gegen eine blinde Anbetung des Marktes im allgemeinen und des Weltmarktes im besonderen. Wer nun aber weiß, daß alltägliche Armut Millionen Menschen zum Raubbau an der Natur zwingt, der muß jedenfalls dazu beitragen, auch im Süden der Erde menschenwürdige und ökologisch verträgliche Entwicklungen möglich zu machen.

481 Rede zum 125-jährigen Bestehen der SPD Nürnberg, 13. Sept. 1991

Mit dem Blick auf eine demokratisch geordnete Weltgesellschaft haben wir internationale Kooperation organisieren zu helfen – zur Verständigung über friedenspolitische, wirtschaftliche, umwelt- und entwicklungspolitische, technologische und andere Grundfragen. Die Aktualisierung unserer internationalistischen Traditionen wird also ein Eckpfeiler unserer Politik der Zukunft sein müssen.

Was wir brauchen, sind eine neue Ordnung der weltwirtschaftlichen Beziehungen und entsprechende internationale Institutionen, in denen die Interessen aller Beteiligten – auch des Ostens, auch des Südens – angemessen zur Geltung kommen. So sollten zumal – wie es die SPD ebenso wie die SI seit längerem fordern – Einsparungen, die durch verminderte Rüstung erzielt werden, jedenfalls zu einem Teil in international koordinierter Form in die notleidenden Regionen der Welt geleitet werden.

Der Glaube, ungehemmtes wirtschaftliches Wachstum bewirke *automatisch* mehr Freiheit und Gerechtigkeit, gar persönliches Glück – dieser Glaube ist zerronnen. Das heißt aber ganz gewiß nicht, daß wir von unseren emanzipatorischen Zielen Abschied zu nehmen hätten. Es heißt vielmehr, daß wir sensibler, aufmerksamer und kritischer dafür sein müssen, wie lange einmal für richtig befundene Wege uns den Zielen eines freien, solidarischen und gesicherten Lebens wirklich näher bringen. – Die gebotene, selbstkritische Offenheit gilt nicht nur für den Mangel an gedanklicher Flexibilität, sondern auch für die Risiken eines *übertriebenen* Interventionismus und für das gelegentliche Abheben einzelner Vertrauensleute vom Empfinden derer, die zu vertreten sie berufen sind.

Zum Neuen und Hoffnungsvollen an der veränderten Situation der Gegenwart gehört: Verantwortungsbewußte Kräfte in verschiedenen Lagern haben erkannt, daß Menschheitsinteressen Vorrang vor Gruppen- und Regionalinteressen haben müssen. Die neuen Gefährdungen eröffnen auch beispiellose Chancen der Zusammenarbeit, der Bündelung von Kräften und der Überwindung von Unterdrückung, Ausgrenzung und krasser Ungleichheit. Eine zukunftsorientierte Sozialdemokratie hat diese Chancen zu nutzen. Der langfristige Trend zur Weltinnenpolitik verlangt gerade von uns, von unseren Parteien, ein neues Verständnis von europäischer und weltweiter Verantwortung.

Freilich, die Zauberformel für konfliktfreien gesellschaftlichen Wandel besitzen auch wir Sozialdemokraten nicht. Wir wissen wohl, wie schwer es sein kann, soziale Gerechtigkeit in einer Marktwirtschaft zu gewährleisten, und wieviel Kraft dazu gehört, Demokratie und Rechtsstaatlichkeit auszubauen. Wir werden unsere nationalen Erfahrungen einzubringen, aber nicht zu meinen haben, wir könnten der Welt Patentrezepte bieten.

Bei der Vertretung der Menschenrechte werden Sozialdemokraten auch in Zukunft keine Kompromisse eingehen können. Dort, wo Menschenrechte verletzt werden, werden wir noch unbedingter mahnen, wo ihre Sicherung ungenügend ist, noch entschiedener auf Veränderungen drängen. Wir verstehen uns als Anwalt ungeteilter Menschenrechte. Um der menschlichen Würde willen dürfen Menschenrechte weder geteilt noch gegeneinander ausgespielt werden. Liberale Freiheitsrechte, demokratische Teilhaberechte und soziale Schutzrechte bedingen einander, nur gemeinsam garantieren sie Freiheit.

Wirkliche Freiheit kann es nur geben, wo Menschen über Fragen, die ihr Zusammenleben betreffen, gemeinsam, also demokratisch, entscheiden. Die politisch gesicherte und gesellschaftlich vollendete Demokratie, das bleibt das Zentrum der Vision von sozialer Demokratie (und freiheitlichem Sozialismus). Und die Vision einer demokratisierten Gesellschaft ist das, was Sozialdemokraten in aller Welt verbindet: Selbstbestimmung der Menschen in der Arbeitswelt, Mitbestimmung der Gesellschaft über die wirtschaftliche Entwicklung und wirksame Kontrolle von Macht.

Die Parteien der Sozialistischen Internationale bestimmen angesichts des unterschiedlichen Entwicklungsstandes ihrer Länder und ihrer jeweiligen Traditionen die Instrumente gesellschaftlicher Kontrolle auf voneinander abweichende Weise. In der Grundidee einer gemischten Wirtschaftsordnung stimmen sie indessen überein: Wirtschaftsdemokratie ist auch in Zukunft ein Hauptziel, weil sie die Würde des arbeitenden Menschen sichert, ein Instrument der Kontrolle von Macht darstellt und weil die gesellschaftliche Teilhabe an wirtschaftlichen Entscheidungen auch eine Voraussetzung bleibt für die wirksame Bekämpfung von unzumutbarer Arbeitslosigkeit.

Den Sozialdemokraten (bzw. freiheitlich-demokratischen Sozialisten) hat es heute ebenso wie in der Zeit ihrer Gründungsväter um den mündigen Menschen zu gehen, der in Gemeinschaft mit anderen die Umstände seines Lebens bestimmt und in diesem Rahmen sein Glück individuell suchen kann. Diese Vision bedarf keiner Korrektur. Auch die Einsicht, daß die Welt von heute und morgen nicht nur neuartige Risiken birgt – sie eröffnet auch beispiellose Chancen.

III.

Nun erleben wir eine Art sozialdemokratischer Wieder- bzw. Erstgeburt im Osten. Überall, wo die kommunistische Herrschaft zusammenbricht, entstehen neue oder neue/alte Parteien, die der großen Familie der Sozialdemokratie (bzw. des freiheitlichen Sozialismus) zugerechnet werden möchten. Oder die Tradition verfolgter Vorgänger wieder aufnehmen. Oder – auch das gibt es – sich nur so nennen.

Auf einer Tagung in Wien vor ziemlich genau einem Jahr habe ich gesagt, einige von uns – mich eingeschlossen! – hätten zu früh und zu pauschal von einer Renaissance der Sozialdemokratie gesprochen.[9] Wir mußten in der Tat erfahren, daß Erblasten des Stalinismus und Poststalinismus wider alle Gerechtigkeit auch denen aufgebürdet wurden, die in sozialdemokratischer Tradition wurzeln und deren Väter, Vorväter oder Vorgänger ihrer Überzeugung wegen verfemt und verfolgt worden waren.

Wir kennen das aus der DDR: Seit dem Verbot der SPD 1933 war mehr als eine Generation vergangen. Die [19]46er Zwangsvereinigung zur SED teilte sich den Nachwachsenden kaum noch als das mit, was sie war: eine brutale Gleichschaltung von Sozialdemokratie durch Kommunismus. Als dann [19]89 der Umbruch kam, erschien die SPD dort am schwächsten, wo sie früher einmal am stärksten gewesen war.[10] Ob unsere neuentstandene Partei dann nicht zunächst über

Gebühr selbstgenügsame Züge annahm und sich zu schwertat, z. B. mit der behutsamen Öffnung für unbescholtene SED-Mitglieder, will ich jetzt nicht erörtern; sonst müßte auch einbezogen werden, wie die Sozialdemokraten im Osten der Bundesrepublik mit daran zu tragen hatten, daß einem Teil [der Partei] im Westen ein unmißverständliches Ja zur Einheit unnötig schwerfiel.[11] Die Lage in den neuen Bundesländern verändert sich rasch. Die Sozialdemokraten sind dabei, sich stärker zu verankern. Sie werden Fortschritte machen.

Im vorigen Jahr, auf der erwähnten Wiener Tagung, vermutete ich, es werde einige Zeit brauchen, bis das aufgewühlte Wasser wieder klar geworden sei. In wenigen Jahren und mit deutlichen Unterschieden von Land zu Land – fügte ich hinzu – werde sich die Parteienlandschaft anders darstellen. Davon ist schon einiges zu spüren. Ich will mich jedoch nicht auf eine verfrühte Bestandsaufnahme einlassen, sondern nur einige Hinweise geben.

In Rußland haben die Sozialdemokraten (die sich so nennen, wenngleich sie von einigen nicht übelwollenden Beobachtern eher als sozialliberal eingestuft werden, was ja keine Schande ist) gerade das Amt des Arbeitsministers mit einem der ihren besetzen können. Sie sind noch schwach, aber im russischen Parlament wie im Obersten Sowjet vertreten wie auch in den Stadtvertretungen vor allem von Petersburg und Moskau. Nicht wenige jener Demokratiebewegung um Boris Jelzin, die den Putsch vor drei Wochen vereitelte und mit Gorbatschow die Chancen einer erneuerten Union stabilisierte,[12] tendieren in sozialdemokratische Richtung. Auf der anderen Seite wird kaum etwas von dem Versuch übrigbleiben, der KPdSU zu einem demokratisch-sozialistischen Programm zu verhelfen; der nicht uninteressante Entwurf hätte im Dezember [1990] behandelt werden sollen. Einer, der daran mitgearbeitet hatte, sagte mir dieser Tage in bewegender Schlichtheit: Historisch habt Ihr Sozialdemokraten recht bekommen ...

Repräsentanten der russischen Sozialdemokratie (die sich – nachdem soviel Zeit verflossen ist – kaum auf die nach 1917 unterdrückten Menschewiki berufen) haben schon an mehreren Ratstagungen der SI teilgenommen, so zuletzt in Istanbul im Juni [1991] und an einer Regionalkonferenz in Sydney im April [1991]. In Istanbul war auch der Vorsitzende der aserbaidschanischen Sozialdemokraten dabei, in Sydney – von außerhalb der noch existierenden Sowjetunion – ein Vertreter jener mongolischen Sozialdemokratie, die aus Wahlen als zweitstärkste Partei hervorgegangen war. Um Zusammenarbeit bemühen sich neugegründete Parteien u. a. aus der Ukraine, aus Kasachstan, aus Georgien (wo die Erinnerung an die menschewistisch geführte Regierung nicht völlig verblaßte, die 1921 durch die Rote Armee beseitigt wurde). Demnächst werden wir im Präsidium unserer Internationale, auf einer Sitzung in Berlin, gemeinsam mit Partnern aus Moskau über die Lage in der bisherigen Sowjetunion beraten.[13] Es gibt leider noch keinen Grund, davon auszugehen, daß die Gefahren von Zersplitterung, Chaos und Hungersnot (und vielleicht auch neuer totalitärer Heimsuchung) gebannt seien.

Einen besonderen Fall bilden die recht stabilen und von einem ansehnlichen Teil der Wähler unterstützten Sozialdemokraten in den baltischen Republiken Estland, Lettland, Litauen. Mit ihren Repräsentanten im Exil hatte die SI stets Kontakt, noch vor der staatlichen Unabhängigkeit sind die Parteien bei uns in ihren früheren Status wiedereingetreten.

Die Formel des Wiedereintritts in frühere Rechte gilt auch für Parteien in den der bisherigen Sowjetunion vorgelagerten Staaten. Die recht solide bulgarische und die langsam erstarkende tschechoslowakische Sozialdemokratie sind schon Vollmitglieder in der SI. Formal gilt dies auch für Ungarn, wo aber noch erhebliche Startschwierigkeiten zu überwinden sind. In Polen fanden sich Überlebende der traditionsreichen PPS zusammen; besondere Bedeutung kommt dem Teil von „Solidarnosc" zu, der sich deutlich in Richtung sozialer Demokratie entwickelt. Ansätze neuer sozialdemokratischer Parteien gibt es in Rumänien und in Teilrepubliken des schwergeprüften Jugoslawien; in Ljubljana und Zagreb haben sie Regierungseinfluß, aber – ebenso wenig wie durch befreundete Gruppen in Serbien – reichte der Einfluß aus, um hinreichend Gegengewicht gegen erschütternde nationalistische Exzesse und den serbisch-kroatischen Bruderkrieg bilden zu können.[14]

Das Bild wird dadurch nicht weniger kompliziert, daß sich in einer Mehrzahl von Fällen ex-kommunistische Parteien umbenannt haben, im wichtigen italienischen Fall in „Linke Mitte"[15], anderswo in „demokratisch-sozialistische". Manche möchten Mitglieder der SI werden. Das sehe ich nicht kommen, jedenfalls nicht überstürzt, in bezug auf einige überhaupt nicht. Doch wo der Wandel glaubhaft ist und die betreffende Partei Gewicht hat (wie in Italien), werden in Abstimmung mit der jeweiligen Mitgliedspartei konkrete Formen von Meinungsaustausch zu erörtern sein.

Die soziale und die europäische Frage bleiben – neben der nationalen – auf der Tagesordnung. Ohne Zweckoptimismus sehe ich den Einfluß der Sozialdemokraten und ihre Verantwortung zunehmen; Garantien für durchschlagenden und nachhaltigen Erfolg gibt es jedoch bekanntlich nicht.

Ich zitiere noch einmal einen französischen Sozialisten, den Europa-Abgeordneten Max Gallo. Der schrieb dieser Tage: „Wenn die Sozialdemokratie es nicht schafft, das nationale, europäische, weltweite politische System demokratisch zu humanisieren, wenn sie sich nicht auf die Notwendigkeit besinnt, das demokratische Bewußtsein voranzubringen – was nur mit Gleichheit und Gerechtigkeit zu machen ist –, dann kehren die Monster zurück. Mit anderem Namen und anderem Gesicht."[16]

Dem sozialdemokratischen Pluralismus werden aus den bisher kommunistisch regierten Ländern neue Facetten hinzugefügt. Das ist gut, wird uns aber hoffentlich vor erneuter Thesentheologie zum Thema „Endziel" verschonen. Wer sich darauf einläßt, überfordert die Menschen und verkennt die Expansion wissenschaftlichen Denkens. Ich halte es für keinen Schaden, daß die Bandbreite unterschiedlicher sozialdemokratischer Traditionen zwischen – sagen wir – Skandinavien und dem Mittelmeerraum die Wurzeln ihrer jeweiligen Herkunft nicht zu leugnen vermögen. Weshalb sollten sie? Der historische und soziale Hintergrund befreundeter Parteien ist in Lateinamerika (mit übrigens fast ebensoviel [SI-]Mitgliedsparteien wie in Europa) anders als in Afrika oder Vorderasien, in Japan anders als in Ozeanien.

Die Grundwerte sind überall relevant. So auch das Interesse an verstärkter Zusammenarbeit in regionalen und internationalen Bereichen. So auch am Austausch darüber, wie soziale Demokratie erstens gefördert und zweitens gesichert werden kann. Und wie aus der Perspektive einer rundum menschenwürdigen Ordnung – über das eigene Land hinaus – eine Verpflichtung für eigenes Handeln ebenso wird wie ein Angebot zu Dialog und Zusammenarbeit. Dafür lohnt es immer wieder, sich neu ins Zeug zu legen.

Nr. 110
Aus der Rede des Ehrenvorsitzenden der SPD, Brandt, anlässlich des 100. Geburtstages von Julius Leber in Berlin
15. November 1991

Gedenkveranstaltung Julius Leber. Berlin, Gethsemanekirche, 15. November 1991, hrsg. von der Friedrich-Ebert-Stiftung, Bonn 1992, S. 29 – 39.

Vom Erbe des deutschen Widerstands

I.

Wer wollte im Jahr [19]91 noch Neues beitragen, wo es um den Kern dessen geht, was den deutschen Widerstand gegen das deutsche Erzverhängnis dieses Jahrhunderts ausmachte? Über dessen geschichtlichen Rang nachzudenken ist aktuell geblieben. Und die Erinnerung an diejenigen wachzuhalten, die, auf jede eigene Gefahr hin, dem Wagen des europäischen Unheils in die Speichen greifen wollten – das bleibt wichtig. Es bleibt wichtig auch in einer Zeit, in der es die Folgen von Spaltung, Fremdherrschaft und erneuter ideologischer Anmaßung zu überwinden gilt.

Wir ehren hier den Mann, der morgen vor hundert Jahren in Biesheim geboren wurde und den das „Volksgericht" nach dem

20. Juli [19]44 dem Scharfrichter überstellte, nachdem dessen geifernder Präsident sich herabgelassen hatte, – Helmut Schmidt hat es schon anklingen lassen – Julius Leber die „stärkste Erscheinung am politischen Firmament des Widerstands" zu nennen.[1] Doch wir denken zugleich an all jene Frauen und Männer, die sich der Gewaltherrschaft widersetzten – nicht nur der einen – und dabei viel Leid auf sich luden. Ohne ihr opfervolles Beispiel wäre Deutschland noch ärmer gewesen, als es schon geworden war.

Dies sage ich gern in einer Kirche, die für Reformation und Reform-Verlangen gleichermaßen steht. Und deren Platz im Ringen um selbstbestimmte Erneuerung unvergessen bleibt.

Daß die Friedrich-Ebert-Stiftung hierher einlud, hat seinen guten Sinn. Gewiß hätten wir uns auch in Breisach oder Freiburg versammeln können, wohin Julius Leber – gegenüber der ursprünglichen, elsässischen Heimat – zur Schule ging. Oder, erst recht, nach Lübeck, das er – nicht nur meiner Erinnerung, sondern auch Theodor Eschenburgs Urteil zufolge – nach dem Ersten Weltkrieg demokratisieren half und für dessen Arbeiterschaft er zu so etwas wie einem hoffnungsspendenden Volksherzog geworden war. Doch hierher, in unsere Hauptstadt, heißt mehr noch als an den Ort seiner zehnjährigen Zugehörigkeit zum Deutschen Reichstag gehen.

Als er am 23. März [19]33 mit Otto Wels und seiner Fraktion gegen Hitlers Gesetz zum permanenten Verfassungsbruch – genannt Ermächtigungsgesetz – stimmen will, wird er noch auf dem Weg zur Sitzung in der Krolloper festgesetzt. Erst im Frühjahr [19]37, nach Jahren in fürchterlichen Folterlagern, kann er hierher zurückkehren. Nach Lübeck darf er nicht. Hier in Berlin hat seine Frau sich bemüht, für die Kinder und sich eine bescheidene Existenz aufzubauen. Hier, in der zwar auch erheblich angebräunten, doch nie völlig vernazten Metropole, bleibt das Leben einigermaßen erträglich. Hier trifft er den einen und anderen Gesinnungsfreund wieder und wächst dann während des Krieges in die Führung jenes Widerstands hinein, der den Tyrann beseitigen will, damit das Volk vor dem Untergang bewahrt bleibe. Daß jener Rettungsversuch am 20. Juli [1944] fehlschlug, hat dessen moralische Berechtigung nicht zu erschüttern vermocht.

Diese Gedenkstunde ist eine auch des Respekts vor den freiheitlichen Traditionen der deutschen Hauptstadt: mit all dem Auf und Ab und wieder Auf zwischen März 1848 und November 1989, mit dem Reichstag als bedeutender Stätte demokratischer Erprobung in den Jahrzehnten nach der Reichsgründung, mit der Westberliner Selbstbehauptung nach dem Hitlerkrieg und dem Ostberliner Juni [19]53 als vorabkündenden Signalen für Deutschland als ganzes.

Alle Regionen unseres Landes haben ihren Anteil am mühevollen Ringen um deutsche Demokratie, an den leidvollen Widersprüchen unserer Geschichte. Nichts führt daran vorbei, daß auch in Deutschland die Sehnsucht nach Freiheit nie erstickt werden konnte – nicht einmal, als in den vierziger Jahren der Totentanz für eine lebendige Zukunft kaum noch Raum zu lassen schien.

II.

Alan Bullock, der langjährige Rektor der Universität Oxford[2] und frühe Hitler-Biograph, wirft in seinem neuen, inhaltsreichen Werk („Hitler und Stalin – Parallele Leben") die nicht mehr ganz neue Frage auf, ob der Ausdruck „deutscher Widerstand" nicht den Eindruck nahe legen könnte, es habe sich dabei um „eine organisierte Bewegung" gehandelt. In Wirklichkeit habe man es mit einer Anzahl kleiner, lose verbundener Gruppen mit fluktuierender Mitgliedschaft zu tun gehabt, ohne gemeinsame Organisation oder einheitliches Programm – „abgesehen von der Gegnerschaft zum NS-Regime".[3]

Immerhin! – würde ich da gern hinzufügen und fragen wollen, ob es damals überhaupt ein wichtigeres „Programm" geben konnte als den Sturz des hirnrissigen Terrorregimes und das Ende des völkerfressenden Krieges. Gewiß war 1944 unendlich vieles schon nicht mehr zu retten. Aber eine Menge hätte, wäre der Krieg in jenem Sommer zuende gegangen, doch noch bewahrt werden können – man braucht sich nur vor Augen zu halten, welches Ausmaß an Opfern und Zerstörungen sich auf das Dreivierteljahr vor dem Mai [19]45 konzentrierte. Europa und Deutschland hätten **so** tief nicht zu fallen brauchen. Die zeitweilige Besetzung war schon nicht mehr abzuwenden, da machten sich – im Unterschied zu anderen – weder Graf Stauffenberg noch Julius Leber etwas vor. Noch gaben sie sich (wovon ich mich damals in Stockholmer Kontaktgesprächen überzeugen konnte)[4] der Illusion hin, Deutschland werde aus einem Schaukeln zwischen West und Ost Vorteile ziehen können.

Nein, aber die Tiefe der Spaltung (Deutschlands und Europas), das Ausmaß der Vertreibungen und – nicht zuletzt – die Ausdehnung groß-stalinscher Macht bis an die Elbe – das alles mußte nicht notwendig so kommen, wie es kam. Sogar die Chance, daß deutscher Selbstreinigung angemessener Raum bliebe, war noch nicht verspielt.

Freilich, das Gefährt der Nachkriegserwartungen auch noch mit all dem zu befrachten, was beim Übergang vom Kaiserreich zur Republik politisch versäumt worden oder sozial unerfüllt geblieben war, das war nicht drin. Jetzt galt es, die simple Machtfrage zu stellen, und das hieß: Die Herrschaftsverhältnisse waren, wenn überhaupt, nur zu erschüttern, wenn ein ins Gewicht fallender Teil der bewaffneten Macht gegen die politische Spitze des Führerstaats bewegt werden könnte. (Wobei im Urteil kritischer Geister allerdings erschwerend hinzukam, daß in Deutschland wie anderswo Vorbereitungen auf einen Staatsstreich nicht ausdrücklich in die Ausbildung des militärischen Führungspersonals einzugehen pflegten.)

Jemand wie Julius Leber mußte nicht jetzt erst lernen, daß bewaffnete Macht mit solchen umzuspringen versucht ist, die nicht mit ihr umzugehen wissen. 1920, beim Kapp-Putsch, war er der Erschießung nur knapp entgangen, nachdem er sich für die rechtmäßige Regierung eingesetzt hatte. 1929, auf dem Magdeburger Parteitag der SPD, warb er, ohne nennenswerten Erfolg, für ein einvernehmliches Verhältnis zwischen Reichswehr und Republik.[5] Er und Stauffenberg fanden erst mitten im Krieg zueinander; daß sie, wäre das Attentat gelungen, zum tonangebenden Duo im Übergang zur neuen Ordnung geworden wären, daran läßt sich kaum zweifeln. Sie waren gescheit, hatten Mumm, hätten im Anschluß an den 20. Juli die Hand am Drücker haben können – und wußten sich dem Volk in seiner Gesamtheit verantwortlich. Auch begriffen sie das Gesetz wirksamer Politik, Prioritäten zu setzen, eine Rangordnung dessen also, was wann angepackt werden kann und soll.

Dies bedeutet nicht, daß es Leber an Sinn gefehlt hätte für die geistigen Orientierungen, über die im Umfeld der Verschwörer viel nachgedacht wurde. So warb Helmut von Moltke für seinen Kreisauer Kreis um Lebers Einbeziehung als „Vertreter der Arbeiter", nachdem Carlo Mierendorff, der Darmstädter Freund und Reichstagskollege, Opfer einer Leipziger Bombennacht geworden war. Der Lübecker aus dem Elsaß, der im Zentrum der Handelnden gebraucht wurde, hatte durchaus Sinn für die Grundauffassungen des Moltke-Kreises – nämlich politischer und gesellschaftlicher Neubeginn von Grund auf! –, doch für wirklichkeitsferne Vorstellungen mochte er sich nicht gern in Anspruch nehmen lassen: Die militärische Niederlage stand bevor, und weshalb – so seine eigene Einlassung – auch das über Bord werfen wollen, womit die alte Sozialdemokratie grundsätzlich recht gehabt hatte?

Professor Hans Mommsen hat nicht zuletzt die Kreisauer vor Augen gehabt, als er als gemeinsamen Nenner derer im deutschen Widerstand dies herausstellte: Die Würde des Menschen (und in vieler Verständnis: dessen christliche Bestimmung), Gerechtigkeit und Anstand, Freiheit der Person vor politischer Gewalt und sozialem Zwang. Dies mündete, wenn man so will, in jenem „Aufstand des Gewissens", von dem die Lebensbilder des Buches handelten, das Annedore Leber Anfang der fünfziger Jahre herausgab (unter Mitarbeit des jungen Historikers Karl Dietrich Bracher, damals Berlin, sowie desjenigen, der hier spricht und seine Zukunft auch noch nicht hinter sich hatte).[6]

Es bleibt unergiebig, zwischen „aktivem" Widerstand und anderen Formen oppositionellen Verhaltens während der Nazizeit begrifflich unterscheiden zu wollen. Wir, die wir in den Jahren nach [19]33 in Deckung gingen oder ins Exil auswichen – ich sammelte meine Erfahrungen überwiegend „draußen", aber auch hier, im Berliner Untergrund –, nannten uns schlicht „Opposition" und wurden im Ausland so genannt; mit uns schleppend nicht nur die Schläge eines ausgeklügelten Terrorsystems, sondern auch die seelischen

Wunden der kampflosen Niederlage und auch noch manch peinliche Rechthaberei aus den Tagen der gescheiterten Republik.[7]

Widerstand – das war die nachträgliche Übersetzung von „résistance", wobei nicht zum ersten- und auch nicht zum letztenmal zu lernen war, daß es einen gewaltigen Unterschied macht, ob man sich gegen einen fremden Eindringling zusammenrottet oder ob man dem regierenden „Feind im eigenen Land" gegenübersteht.

III.

Die Geschichte der Niederlagen findet meist nur eine begrenzte Zahl von Lesern. Auch gibt es Grenzen der Neigung, den Unzulänglichkeiten einer früheren Generation krampfhaft nachzuspüren. Ob aber dies schon erklärt, weshalb die organisierte Nazigegnerschaft hierzulande nicht stärkere Spuren hinterlassen hat? Mir stellt es sich so dar, daß es die neue bundesdeutsche Staatlichkeit schon bald nicht mehr nötig zu haben meinte, sich auf ihr antinazistisches Erbe – und dessen Blutzeugen! – deutlich zu berufen. Der Klimawechsel hin zum Kalten Krieg bedeutete eben auch für Deutschland, daß neue politische Wetterkarten gezeichnet wurden.

Im gleitenden Übergang schien es einen frühen Tages kaum noch zu interessieren, was Theodor Heuss, unser erster Bundespräsident, über seine heimlichen Besuche beim Kohlenhändler zu Berlin-Schöneberg – als solcher hielt sich Leber ganz gut über Wasser – zu berichten wußte; auch Generaloberst Ludwig Beck, dem es zugefallen wäre, in das Amt des Staatsoberhauptes einzutreten, suchte den „Kohlenhändler" auf, noch wenige Tage bevor dieser von der Gestapo abgeholt wurde. Jakob Kaiser, dem christlichen Gewerkschaftsführer, dann erster Gesamtdeutscher Minister in Bonn, rechnete man höher an, daß ihn die Sowjets seines Amtes in der Ost-CDU enthoben hatten, als daß er sich dank ungewöhnlich selbstloser Hilfe bis zum Kriegsende zu verstecken wußte. Als Eugen Gerstenmaier Bundestagspräsident wurde, rühmte man mehr seine unbestreitbaren Verdienste um das Evangelische Hilfswerk, als sich daran zu erinnern, daß er während des Krieges Kirchenkontakte zu nutzen verstand, um Möglichkeiten für Frieden zu erkunden. Vor Freislers Schandgericht schrammte er knapp am Todesverdikt vorbei, ähnlich wie in Lebers Prozeß dessen Hamburger Vertrauter und Reichstagskollege Gustav Dahrendorf.

Die überkommenen Kategorien von Pflicht und Gehorsam hinter sich zu lassen – das mußte, wie die Dinge lagen, die Haltung einer besonders mutigen Avantgarde bleiben. Und diese schälte sich unabhängig von Herkunft und früherer Zuordnung heraus. Deshalb war es von Anfang an töricht, mit erhobenem Zeigefinger danach zu fragen, ob sich ein sozialer Demokrat wie Julius Leber mit eher rückwärtsgewandten National-Konservativen einlassen durfte. Oder mit Heerführern, deren politischer Überblick sich in Grenzen hielt. Oder mit Repräsentanten einer hohen Beamtenschaft, die in Sachen Demokratie noch kein Examen bestanden hatten. Oder sogar mit solchen, die Hitler auf den Leim gegangen waren, bevor sie sein Verbrechertum durchschauten. Die Frage nach den Prioritäten war so zu beantworten: Gilt es eine überragende Gefahr zu überwinden, so sind dazu ungewöhnliche Bündnisse erlaubt – oder sogar geboten.

Von Charles de Gaulle als zentraler Gestalt des französischen Widerstands läßt sich ja auch kaum sagen, daß man ihn über eine linksrepublikanische Hausnummer erreicht hätte. Auf den deutschen Fall bezogen, wissen die Kundigen, daß die Staatsführung – nach einem erfolgreichen 20. Juli – mit großer Wahrscheinlichkeit nicht in den Händen deutschnationaler Außenseiter gelegen hätte. Oberst Stauffenberg war nicht der einzige, der Julius Leber von Anfang an nicht nur die Innere Sicherheit, sondern die Kanzlerschaft anvertraut wissen wollte.

In der Ex-DDR ist der 20. Juli bekanntlich lange als „reaktionär" abgestempelt gewesen – bis in einer vorletzten Phase Preußen (mit einigem dazu) neu entdeckt wurde. Es war ja auch längst bekannt geworden, daß Leber und der ihm verbundene Professor Adolf Reichwein schon Anfang Juli [19]44 verhaftet worden waren, nachdem sie sich mit Repräsentanten des kommunistischen Untergrundes getroffen hatten; den einen kannte Leber aus dem KZ Sachsenhausen. Die Vernunft sprach dafür, der Übergangsregierung unnötige Scherereien vom Hals zu halten. Und die Hoffnung, deutsche Kommunisten für einen deutschen Weg zu gewinnen, mußte erlaubt sein.

Ich sagte, im Kern der Widerständler habe es über das Kriegsende keine Illusionen gegeben. Bleibt hinzuzufügen, daß bei jenem „anderen Deutschland" die europäische Perspektive schon so ausgeprägt war, wie man es manch eiferndem Nachzügler hätte wünschen mögen. Da war, in Kreisau, von der „europäischen Überwindung" der Nationalstaatlichkeit ebenso die Rede wie vom „Regionalismus" als Grundlage künftiger transnationaler Strukturen. Das war noch ziemlich abstrakt. Aber: Deutschland **in** Europa, Deutschland **mit** Europa – das ist gewiß nicht erst ein Thema der neuesten Zeit.

Und Patriotismus wurde lange zuvor daraufhin hinterfragt, was er für das Volk in seinen vielen einzelnen Gliedern bedeute. In einem Brief aus dem Gefängnis vom 16. November [19]33, Lebers 42. Geburtstag, las sich das so: „Liebe wächst nur durch Menschlichkeit und Gerechtigkeit. Und ohne Liebe gibt es eben kein Vaterland." Manchmal bezweifle er, ob er selbst jemals „ein Vaterland der Gerechtigkeit sehen werde"...[8]

IV.

Die Zahl derer wird klein, die noch ein eigenes Bild in sich tragen von der lebensbejahenden, kraftvollen, zupackenden Persönlichkeit, die nicht in Vergessenheit geraten zu lassen wir hier zusammengekommen sind: In seiner Vitalität natürlich nicht ohne Widersprüche. Mit der unverbrauchten Kraft eines Menschen, der aus der Tiefe kommt. Einer, der nicht erst durch Nachhilfestunden zu lernen braucht, was soziale Verpflichtung sagen will. Einer, dem man auch nicht erst den weitgefächerten Sinn demokratischer Teilhabe übersetzen muß. Einer, dem es zuwider ist, andere für sich tapfer sein zu lassen.

Als er 1921, dreißigjährig, nach Lübeck kommt, um die Leitung des „Volksboten" zu übernehmen, hat er schon eine Serie tödlicher Gefahren hinter sich – an den Auszeichnungen des Oberleutnants kann man es ablesen. Und wenn ihn die Lübsche Arbeiterschaft so rasch in ihr Herz schließt, so nicht zuletzt, weil er die einfachen Leute ernst nimmt und sich, wenn es geboten scheint, für sie schlägt – und dies nicht nur in Reden oder Artikeln.

Mir hätte Schlimmeres passieren können, als gelegentlich sein Schüler genannt zu werden; der Wirklichkeit entsprach dies allerdings kaum. Seinen Rat habe ich zunächst nur für journalistische Arbeit angenommen. Im übrigen gehörte ich zu jenen jungen Radikalen, die gegen die Weimaraner Kraft- und Saftlosigkeit aufbegehrten. Das empfand der Ältere in Wirklichkeit nicht viel anders. Durch seinen Vorwurf von der „Lust an der Ohnmacht" fühlte ich mich nicht getroffen. Doch daß es so etwas immer wieder gibt, daß auch immer wieder Neigungen aufkommen, blutleere Wortungetüme für brauchbaren Politikersatz zu halten, davon könnte ich mein eigenes, längeres Lied singen.

1933, als er schon nicht mehr frei war, sprach er von seinen glücklichen hansestädtischen Jahren. Das war der eine Teil seiner Befindlichkeit, der andere handelte von Erschütterung und Enttäuschung. Was macht eine energiegeladene große Begabung, wenn sie sich nicht zu entfalten vermag? Was sagt einer wie Leber den Menschen, die auf sein befreiendes Wort warten und die – mit sich selbst – zu opfern ihm doch nicht erlaubt sein kann? Ohne Zweifel: Unter der selbstgefälligen Behäbigkeit, dem lähmenden Organisationsfetischismus und der quälenden Halbherzigkeit im eigenen Lager litt er womöglich mehr noch als unter den Foltern, die auf ihn warteten.

Mitten im Krieg stellte Theodor Steltzer den Kontakt zwischen uns – Leber in Berlin, mir in Stockholm – wieder her. (Steltzer war damals Chef der Transportkommandantur in Oslo; nach [19]45 wurde er der erste, von den Engländern eingesetzte Ministerpräsident in Schleswig-Holstein. Hier in Berlin, wo ihn skandinavische Interventionen vor der Vollstreckung der Todesstrafe bewahrt hatten, war er noch Mitbegründer der CDU und dann lebhafter Befürworter demokratischer Gemeinsamkeit.) Er war es, der mir Lebers Gedanken über eine stark sozial verpflichtete „Volksbewegung" nahebrachte. Das hieß damals: Sorge vor überstürzter Rückkehr zum alten, zersplitterten Parteiensystem. Es hieß auch: Einheitsgewerkschaften – und das hat immerhin überlebt.

In der zweiten Junihälfte [19]44 besuchte mich dann in Stockholm, vermittelt durch eine Vertrauensperson der Schwedischen Kirche, Legationsrat Adam von Trott zu Solz. Er brachte Grüße von Leber, wollte die außenpolitischen Bedingungen kurz vor dem geplanten Befreiungsschlag erkunden und – neben Wichtigerem – auch wissen, ob ich der neuen Regierung, zunächst von Skandinavien aus, zur Verfügung stehen würde. Das Ja dazu bedurfte keines Nachdenkens, aber ich konnte mir doch nicht die Frage verkneifen, was man sich denn wohl für den Fall des Scheiterns vorzustellen habe. Der präsumtive Staatssekretär des Auswärtigen antwortete mit den Worten eines hohen Offiziers: Wenn die Geschichte dieser schrecklichen Zeit geschrieben werde, wünsche er, daß sie den Satz enthalte: „Und es gab noch Männer...". Bei Allan Bullock liest sich der Gedanke so: Selbst unter den ungünstigsten Verhältnissen habe es Menschen gegeben, „die bewiesen, zu welcher Größe der Einzelne sich zu erheben vermag."[9]

Wohl wissend, daß den Jüngeren die Namen nicht mehr geläufig sind, will ich hier noch einmal an Lebers Gefährten – und an deren Familien – erinnern: An Wilhelm Leuschner und Theo Haubach, an Ernst von Harnack, Hermann Maass, Ludwig Schwamb. An die jüdischen Kollegen, die schon nicht mehr da waren. An die Kameraden, die aus einer jeweils anderen Gemeinschaft kamen oder eine solche neu suchten: Von Dietrich Bonhoeffer bis Joseph Wirmer, von Hans von Dohnanyi bis Peter Yorck von Wartenburg, von Pater Alfred Delp bis Oberst Henning von Tresckow – mit vielen, vielen anderen.

Wenn ich gefragt werde, was der durch Männer wie Julius Leber verkörperte Widerstand den Heutigen zu sagen habe, so ist meine **erste** Antwort: Zur Verteidigung des demokratischen Rechtsstaats entschlossen sein, bevor es zu spät ist. Und nie aus dem Auge verlieren, daß eine freiheitliche Ordnung nicht nur vom Streit der Meinungen lebt, sondern auch von der Fähigkeit, Gemeinsames zu sichern und auszubauen.

Zweitens: Wo es um die Grundlagen würdiger Existenz geht, sich nicht kaputtverstehen wollen, sondern – wie in der kompromißlosen Ablehnung von Rassenhaß und Intoleranz – staatliche Macht fühlen lassen. Aber auch wissen, daß Autorität auf die Dauer nur trägt, wo sie kompetent genug erscheint.

Drittens: Brücken schlagen zur Gemeinsamkeit vieler Demokratiebewegungen, die in dieser veränderten Welt dabei sind, sich, weit über den europäischen Osten hinaus, neu zu entfalten – ich sehe sie verkörpert in jener tapferen Frau in Burma,[10] der – hoffentlich mit Signalwirkung an ihre Peiniger – der diesjährige Friedensnobelpreis verliehen wurde.

In einer Zeit der Entrümpelung (und zu vermutender neuer Verwirrung) sollten wir, bitte, das Beispiel derer nicht geringschätzen, die mit ihren moralischen Grundentscheidungen vielen anderen voraus waren und sind. Wir tun Gutes für Deutschland und Europa, wenn wir dieses Erbe und diese Einsicht lebendig erhalten.

Zum Foto auf der gegenüberliegenden Seite: Die Taschenuhr Bebels. Der Vorsitzende der SPD, Willy Brandt, in seinem Büro im Erich-Ollenhauer-Haus im August 1982.

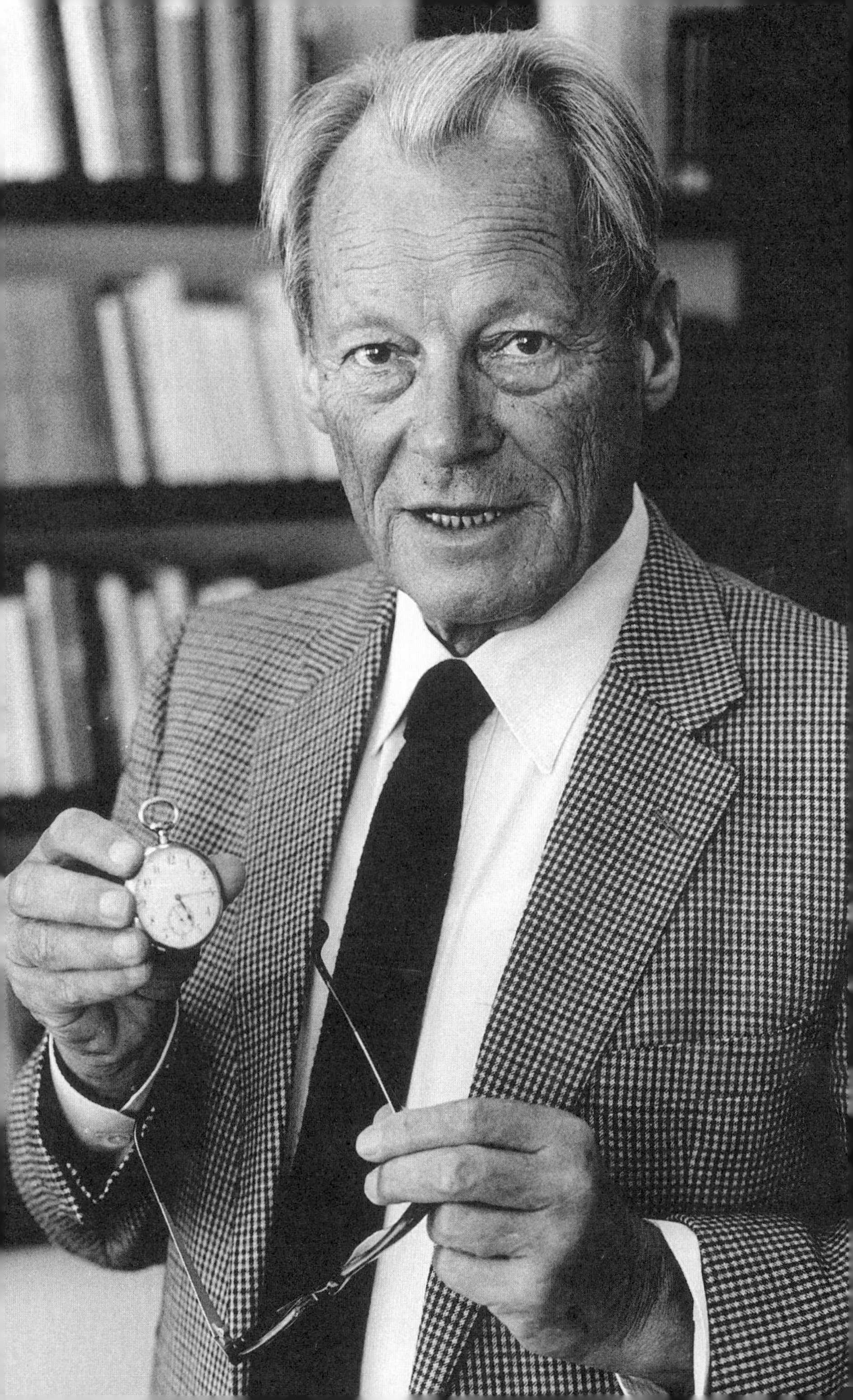

Anmerkungen

Einleitung

1 Vgl. *Brandt, Willy:* Auf dem Weg nach vorn. Willy Brandt und die SPD 1947 – 1972, bearb. von *Daniela Münkel*, Bonn 2000 (Berliner Ausgabe, Bd. 4); *Brandt, Willy:* Mehr Demokratie wagen. Innen- und Gesellschaftspolitik 1966 – 1974, bearb. von *Wolther von Kieseritzky*, Bonn 2001 (Berliner Ausgabe, Bd. 7). Vgl. auch *Schöllgen, Gregor:* Willy Brandt. Die Biographie, Berlin-München 2001.

2 Zur bundesdeutschen Geschichte seit den sechziger Jahren vgl. vor allem *Görtemaker, Manfred:* Geschichte der Bundesrepublik Deutschland. Von der Gründung bis zur Gegenwart, München 1999, S. 391 ff.; *Winkler, Heinrich August:* Der lange Weg nach Westen. Bd. 2: Deutsche Geschichte vom „Dritten Reich" bis zur Wiedervereinigung, München 2000, S. 206 ff., und die im Literaturverzeichnis unter dem Abschnitt „Darstellungen" angegebene Literatur. Für die Erforschung der sechziger Jahre vgl. *Schildt, Axel* u. a. (Hrsg.): Dynamische Zeiten. Die 60er Jahre in den beiden deutschen Gesellschaften, Hamburg 2000.

3 *Görtemaker* 1999, S. 475 ff.

4 Vgl. kritisch *Schönhoven, Klaus:* Aufbruch in die sozialliberale Ära. Zur Bedeutung der 60er Jahre in der Geschichte der Bundesrepublik, in: Geschichte und Gesellschaft 25 (1999) 1, S. 123 – 145.

5 So *Faulenbach, Bernd:* Epoche sozialdemokratischer Regierungsverantwortung. Zur Einführung, in: *Marßolek, Inge/Potthoff, Heinrich* (Hrsg.): Durchbruch zum modernen Deutschland? Die Sozialdemokratie in der Regierungsverantwortung 1966 – 1982, Essen 1995, S. 12.

6 Vgl. hierzu auch *Brandt, Willy:* Die „Qualität des Lebens", in: Die Neue Gesellschaft 19 (1972) 10, S. 730 – 742.

7 Vgl. den pointierten Überblick bei *Grebing, Helga:* Die deutsche Arbeiterbewegung zwischen Revolution, Reform und Etatismus, München 1993, insbes. S. 84 ff., sowie *Heimann, Siegfried:* Die sozialdemokratische Partei Deutschlands, in: *Stöss, Richard* (Hrsg.): Parteien-Handbuch. Die Parteien der Bundesrepublik 1945 – 1980, Bd. II, Opladen 1984, S. 2025–2216; *Lösche, Peter/Walter, Franz:* Die SPD. Klassenpartei – Volkspartei – Quotenpartei. Zur Entwicklung der Sozialdemokratie von Weimar bis zur deutschen Vereinigung, Darmstadt 1992, S. 131 ff. Zur Entwicklung der inneren Organisation vgl. auch das Manuskript von *Stern, Carola:* Die SPD der siebziger Jahre. Ein Essay, März 1974, in: AdsD, WBA, A 11.15, 317, sowie *Becker, Horst* u. a.: Die SPD von innen. Bestandsaufnahme an der Basis der Partei, Bonn 1983.

8 *Wiesendahl, Elmar:* Keine Lust mehr auf Parteien. Zur Abwendung Jugendlicher von den Parteien, in: Aus Politik und Zeitgeschichte 51 (2001) B 10, S. 7; die folgenden Angaben nach ebd. Vgl. auch die Mitgliederstatistik der SPD im Anhang und die kritischen Bemerkungen Brandts in: *Brandt, Willy:* Über den Tag hinaus. Eine Zwischenbilanz, Hamburg 1974, S. 108 f.

9 Vgl. Jahrbuch der Sozialdemokratischen Partei Deutschlands 1958/59, o.O. 1959, S. 267; Jahrbuch der Sozialdemokratischen Partei Deutschlands 1968/69, Bonn-Bad Godesberg 1969, S. 259; Jahrbuch der Sozialdemokratischen Partei Deutschlands 1973 – 1975, Bonn-Bad Godesberg 1975, S. 269 (dort auch jeweils die Neueintrittszahlen).

10 Soziologisch konnte die SPD bis in die siebziger Jahre als eine Partei der qualifizierten Industriearbeiter gelten, die sich

(mit begrenzten Erfolgen) um die Bindung an weitere soziale Schichten und Gruppen bemüht hatte. Vgl. auch die Charakterisierung bei *Grebing, Helga:* Geschichte der deutschen Arbeiterbewegung. Ein Überblick, 9. Aufl., München 1979, S. 245; zum Konzept der Volkspartei vgl. *Rudolph, Karsten:* Die sechziger Jahre: das Jahrzehnt der Volksparteien?, in: Zeitschrift für Parlamentsfragen 30 (1999) 2, S. 362 – 376.

11   Vgl. *Lehnert, Detlef:* Sozialdemokratie zwischen Protestbewegung und Regierungspartei 1848 – 1983, Frankfurt/Main 1983, S. 207; *Lösche/Walter* 1992, S. 93 f.

12   Nr. 35.

13   Vgl. *Bouvier, Beatrix:* Auf der Woge des Zeitgeistes? Die SPD seit den 60er Jahren, in: *Dowe, Dieter* (Hrsg.): Partei und soziale Bewegung. Kritische Beiträge zur Entwicklung der SPD seit 1945, Bonn 1993, S. 83 ff.; ausführlicher: *Lösche/Walter* 1992, S. 131 ff.

14   Vgl. *Müller-Rommel, Ferdinand:* Innerparteiliche Gruppierungen in der SPD. Eine empirische Studie über informell-organisierte Gruppierungen von 1969 – 1980, Opladen 1982.

15   Vgl. *Staack, Michael:* Handelsstaat Deutschland. Deutsche Außenpolitik in einem neuen internationalen System, Paderborn-München-Wien-Zürich 2000, S. 61 ff.

16   Nr. 75, vgl. auch *Brandt,* Tag 1974, S. 83.

17   Nr. 75.

18   *Brandt, Willy:* Die Abschiedsrede, Berlin 1987, S. 13; vgl. auch *Brandt, Willy:* Zwei Vaterländer. Deutsch-Norweger im schwedischen Exil – Rückkehr nach Deutschland 1940 – 1947, bearb. von *Einhart Lorenz,* Bonn 2000 (Berliner Ausgabe, Bd. 2), insb. S. 90 f.

19   *Brandt* 1987, S. 13.

20   Siehe Nr. 8, 48, 58, 75, 79, 100, 102, 109 und 110.

21   Als Beispiele vgl. die Rede zum 100-jährigen Bestehen des Dietz-Verlags am 3. November 1981, in der sich die Formel „ohne den Frieden ist alles nichts" findet, oder die Kolumne in der *Hamburger Morgenpost* vom 16. April 1981, in der Brandt schrieb, die SPD brauche die freie Diskussion „wie die Luft zum Atmen". Nr. 80 und 76.

22   *Albrecht, Willy:* Kurt Schumacher. Ein Leben für den demokratischen Sozialismus, Bonn 1985; *Merseburger, Peter:* Der schwierige Deutsche. Kurt Schumacher – Eine Biographie, 3. Aufl., Stuttgart 1996; *Seebacher-Brandt, Brigitte:* Ollenhauer. Biedermann und Patriot, Berlin 1984.

23   Vgl. *Mayer, Hans:* Erinnerungen an Willy Brandt, Frankfurt/Main 2001.

24   Ansprache des Bundespräsidenten Richard von Weizsäcker, in: *Gross, Johannes* (Hrsg.): Macht und Moral. Willy Brandt zum 75. Geburtstag, Frankfurt/Main-Berlin 1989, S. 17.

25   *Lafontaine, Oskar:* Das Herz schlägt links, München 1999, S. 12.

26   *Glotz, Peter:* Der lange Heimweg. Zum Tode von Willy Brandt, in: Die Neue Gesellschaft/Frankfurter Hefte 39 (1992) 11, S. 965.

27   Zum Begriff des Charismas vgl. *Weber, Max:* Die drei reinen Typen der legitimen Herrschaft, in: *Ders.:* Soziologie – Universalgeschichtliche Analysen – Politik, hrsg. u. erläutert von *Johannes Winckelmann,* 5. überarb. Aufl., Stuttgart 1973, S. 159 ff.

28   *Brandt, Willy:* Erinnerungen, Neuausgabe, Berlin 1999 (Erstausgabe 1989), S. 351.

29   *Hofmann, Gunter:* Willy Brandt – Porträt eines Aufklärers aus Deutschland, Reinbek 1988, S. 41 ff.; *Harpprecht, Klaus:* Willy Brandt (1913 – 1992), in: *Sternburg, Wilhelm von* (Hrsg.): Die deutschen Kanzler. Von Bismarck bis Schmidt, 2. Aufl., Königstein/Ts. 1985, S. 436.

30   So Peter Glotz im Gespräch mit dem Verf., 20. Februar 2001.

31 Nr. 25, 32, 63 und 65.
32 *Hofmann* 1988, S. 93.
33 *Schwarz, Hans-Peter:* Das Gesicht des Jahrhunderts. Monster, Retter und Mediokritäten, Berlin 1998, S. 679.
34 Nr. 7.
35 *Harpprecht* 1985, S. 433.
36 Unter ihrem Vorsitzenden Pietro Nenni verstand sich Italiens PSI als linkssozialistische Partei. In den vierziger und fünfziger Jahren hatte sie eine Politik der Aktionseinheit mit den Kommunisten verfolgt und näherte sich ihnen seit den sechziger Jahren wieder an. Vgl. *Schmidt, Helmut:* Weggefährten. Erinnerungen und Reflexionen, 2. Aufl., Berlin 1998, S. 444.
37 Vgl. *Walter, Franz:* Führung in der Politik. Am Beispiel sozialdemokratischer Parteivorsitzender, in: Zeitschrift für Politikwissenschaft 7 (1997) 4, S. 1287 – 1336.
38 Interview Willy Brandts im *Südwestfunk*, 7. April 1976, in: SPD Pressemitteilungen und Informationen, Nr. 193/76 vom 7. April 1976.
39 Nr. 35.
40 Siehe Nr. 47. Zur Erler-Gesellschaft vgl. *Müller-Rommel* 1982, S. 121 ff.
41 Vgl. *Gatzmaga, Ditmar/Piecyk, Willi* (Hrsg.): Karl-Heinz Hansen. Dokumente eines Konflikts, Göttingen 1981.
42 *Brandt* 1987, S. 23.
43 Vgl. Berliner Ausgabe, Bd. 2.
44 Rechenschaftsbericht. Rede vom 19. April 1982 vor dem Bundesparteitag in München, in: *Brandt, Willy:* „...auf der Zinne der Partei...". Parteitagsreden 1960 – 1983, hrsg. und erläutert von *Werner Krause, Wolfgang Gröf*, Berlin-Bonn 1984, S. 312.
45 Ökonomisch-politischer Orientierungsrahmen für die Jahre 1975 – 1985 in der vom Mannheimer Parteitag der SPD am 14. November 1975 beschlossenen Fassung, mit einem Geleitwort von Willy Brandt, hrsg. vom Parteivorstand der SPD, [Bonn 1975].

Vgl. auch *Oertzen, Peter von* u. a. (Hrsg.): Orientierungsrahmen '85. Texte und Diskussionen, bearb. von Heiner Lindner, Bonn-Bad Godesberg 1976, sowie *Grebing, Helga:* Ideengeschichte des Sozialismus in Deutschland. Teil II, in: Geschichte der sozialen Ideen in Deutschland. Sozialismus – Katholische Soziallehre – Protestantische Sozialethik. Ein Handbuch, hrsg. von *Helga Grebing*, Essen 2000 (Veröffentlichungen des Instituts für soziale Bewegungen, Schriftenreihe A: Darstellungen, Bd. 13), S. 490 ff.
46 Siehe Protokoll der Sitzung des Präsidiums vom 16. November 1976, in: AdsD, Dep. Vogel, 620.
47 Siehe den Vermerk Bahrs für Brandt und Schmidt, 1. März 1978, in: AdsD, Dep. Bahr, 412A.
48 Nr. 88.
49 Dem geschäftsführenden Vorstand der Partei, dem Präsidium, gehörten der Vorsitzende, seine Stellvertreter, der Bundesgeschäftsführer, der Schatzmeister sowie eine vom Parteivorstand hinzugewählte Gruppe von Vorstandsmitgliedern an. Nachdem Herbert Wehner seit 1973 nicht mehr stellvertretender Vorsitzender war, wurde er als Vorsitzender der Bundestagsfraktion zu den Sitzungen des Gremiums hinzugeladen.
50 So mahnte Brandt Schmidt in einem Schreiben vom 22. Mai 1975, die „Verabredung, vor jedem Präsidiumstermin zusammenzutreffen, auf jeden Fall beizubehalten", in: Archiv Helmut Schmidt, Innenpolitik, Bd. 8: 1975 A–Z. Auf dem Höhepunkt der Führungskrise 1981 kamen diese „Vorgespräche" jedoch zum Erliegen. Auch regelmäßige Treffen des Vorsitzenden mit den beiden Stellvertretern, wie sie etwa Johannes Rau nach seiner Wahl zum stellvertretenden Parteivorsitzenden 1982 anregte,

kamen zunächst nicht zustande. Sie scheiterten nicht an Brandt, sondern an Schmidt, natürlich auch wegen dessen Belastung mit dem Amt des Bundeskanzlers. Nach dem Ausscheiden Schmidts aus dem Amt des stellvertretenden Parteivorsitzenden fanden die regelmäßigen Zusammenkünfte der drei Vorsitzenden – Brandt, Rau und Vogel – vor den Gremiensitzungen wieder statt. Gespräche des Verf. mit Johannes Rau am 20. April 1999 und mit Karl-Heinz Klär am 29. August 2001.

51   Gespräch des Verf. mit Peter Glotz, 20. Februar 2001.

52   Johannes Rau im Gespräch mit dem Verf., 20. April 1999.

53   Siehe etwa Schmidt „Erwägungen für 1977", die er im Februar 1977 in einem 48-Seiten-Papier zusammengetragen und Brandt sowie Wehner mit der Bitte um Stellungnahme übersandt hatte. Das Papier und die Rückäußerungen in: AdsD, NL Wehner, 1/HW AAA000379. Siehe auch Brandt an Schmidt, 14. Mai 1977, in: Archiv Helmut Schmidt, Innenpolitik, Bd. 10: 1977 – 1978 A–N, und Nr. 56.

54   Vgl. weiter unten.

55   Brandt 1999, S. 331. Vgl. auch Hand aufs Herz. Helmut Schmidt im Gespräch mit Sandra Maischberger, 3. Aufl., München 2002, S. 237 ff.

56   Vgl. Schmidt 1998, S. 128; Wehner, Herbert: Der Onkel. Herbert Wehner in Gesprächen und Interviews, hrsg. von Knut Terjung, Hamburg 1986, S. 25 und 31 f.; Brandt 1999, S. 308.

57   Brandt, Tag 1974, S. 77.

58   Vgl. ebd., S. 31 ff., sowie die programmatische Rede Brandts anlässlich der Verleihung des Theodor-Heuss-Preises am 2. Februar 1974. In Auszügen in: Berliner Ausgabe, Bd. 7, Nr. 100.

59   Die hs. Rücktrittserklärung des Bundeskanzlers, Brandt, an den Bundespräsidenten vom 6. Mai 1974, in: Berliner Ausgabe, Bd. 7, Nr. 105.

60   Vgl. weiter unten.

61   Siehe ein diesbezügliches Schreiben Harpprechts an Brandt vom 3. Februar 1977. AdsD, WBA, A 19, 29. Brandt suchte allerdings auch den Gedankenaustausch mit dem Vorsitzenden der CDU, Helmut Kohl. Ein erstes Gespräch zwischen Brandt, Kohl, Bahr und Geißler, das Anfang 1978 stattfand, hatte Hans Koschnick arrangiert (Nr. 54). Danach traf Brandt sich unregelmäßig mit Kohl in der rheinland-pfälzischen Landesvertretung (bis zu dessen Amtsantritt als Bundeskanzler) bzw. im Politischen Club der Friedrich-Ebert-Stiftung. Gespräch des Verf. mit Brigitte Seebacher-Brandt, 30. Oktober 2000.

62   An dem Gespräch nahmen für die SPD Schmidt, Wehner, Koschnick und Bahr, für die FDP Friderichs, Mischnick, Ronneburger und Verheugen teil. AdsD, WBA, A 8 (ungeordnet).

63   Vgl. Hofmann 1988, S. 115.

64   Vgl. Glotz, Peter: Kampagne in Deutschland. Politisches Tagebuch 1981 – 1983, Hamburg 1986, S. 188.

65   Nr. 89.

66   Nr. 22.

67   Ebd. Zum Verhältnis Brandts zu diesem außerparlamentarischen Jugendprotest vgl. auch Brandt, Peter: Willy Brandt und die Jugendradikalisierung der späten sechziger Jahre – Anmerkungen eines Historikers und Zeitzeugen, in: Lorenz, Einhart (Hrsg.): Perspektiven aus den Exiljahren, Berlin 2000 (Schriftenreihe der Bundeskanzler-Willy-Brandt-Stiftung, H. 7), S. 79 – 97.

68   Diese Formulierungen Brandts in Nr. 52. Vgl. weiter Nr. 75 und 79.

69   Vgl. Glotz 1986, S. 212 f.

70 Willy Brandt am 29. September 1982 in einer Wahlsendung des ZDF. AdsD, WBA, A 18, 58; *Brandt* 1999, S. 344.

71 Nr. 90.

72 Nr. 79.

73 Vgl. etwa das Interview für *Der Spiegel*, Nr. 20 vom 14. Mai 1984, in: *Brandt, Willy:* Die SPIEGEL-Gespräche. 1959 – 1992, hrsg. von *Erich Böhme, Klaus Wirtgen*, Stuttgart 1993, S. 430 f.

74 Vgl. *Fetscher, Iring:* Vom Wohlfahrtsstaat zur neuen Lebensqualität. Die Herausforderungen des demokratischen Sozialismus, Köln 1982.

75 Siehe Nr. 94 und 97.

76 Irseer Entwurf für ein neues Grundsatzprogramm der Sozialdemokratischen Partei Deutschlands (Juni 1986), hrsg. vom Vorstand der SPD, [Bonn] [1986]. Vgl. hierzu Nr. 97.

77 Vgl. *Grebing, Helga:* Der Modernisierer der SPD. Skizzen zu einer Biographie Willy Brandts, in: *Rudolph, Karsten/Wickert, Christl* (Hrsg.): „Wie weiter, Genossen?" – Essays von Helga Grebing zur Sozialdemokratie im Epochenwechsel, Essen 2000, S. 113 – 121, hier S. 120.

78 Interview mit Willy Brandt, gesendet im SFB-Mittagsecho (Hörfunk) am 10. November 1989, dokumentiert in: *Garton Ash, Timothy:* Wächst zusammen, was zusammengehört?, Berlin 2001 (Schriftenreihe der Bundeskanzler-Willy-Brandt-Stiftung, H. 8), S. 43 – 45, hier S. 43.

79 Vgl. *Rother, Bernd:* „Jetzt wächst zusammen, was zusammengehört" – Oder: Warum Historiker Rundfunkarchive nutzen sollten, in: ebd., S. 25 – 29, hier S. 26 f.

80 Vgl. *Vogel, Hans-Jochen:* Nachsichten. Meine Bonner und Berliner Jahre, München-Zürich 1997, S. 346 ff.; Manifest zur Wiederherstellung der Einheit der Sozialdemokratischen Partei Deutschlands vom 27. September 1990 (Nr. 107).

81 Vgl. *Grebing, Helga:* Willy Brandt – Ein Leben für Freiheit und Sozialismus, Berlin 1999 (Schriftenreihe der Bundeskanzler-Willy-Brandt-Stiftung, H. 4), S. 13 – 33, hier S. 30.

82 Nr. 104.

83 Siehe Nr. 4.

84 Vgl. die Analyse des Erich-Ollenhauer-Hauses, „Der Bundestagswahlkampf 1972", o. Datum, o. Verf., in: AdsD, WBA, A 18, 23. Siehe auch *Müller, Albrecht:* Willy wählen '72. Siege kann man machen, Annweiler 1997.

85 Vgl. *Brandt*, Tag 1974, S. 52 f.

86 19. November 1972, Tag der Bundestagswahl.

87 Hs. Schreiben Brandts an die Mitglieder der Sozialdemokratischen Fraktion des VII. Deutschen Bundestages, 29. November 1972, in: AdsD, SPD-Bundestagsfraktion, 7. Wahlperiode, 2/BTFG000001. Wehner gab der Fraktion das Schreiben, das den Fraktionsmitgliedern in kopierter Form vorlag, gleich zu Beginn der Sitzung zur Kenntnis. Protokoll der konstituierenden Sitzung der SPD-Bundestagsfraktion vom 29. November 1972, in: Ebd.

88 Vgl. *Halstenberg, Friedrich:* Staatsverschuldung. Eine gewagte Finanzstrategie gefährdet unser Gemeinwesen, Essen 2001; *Schwerf, Harald:* Enttäuschte Hoffnungen – vergebene Chancen. Die Wirtschaftspolitik der Sozial-Liberalen Koalition 1969 – 1982, Göttingen 1986.

89 Brandt hatte sich zu den ÖTV-Forderungen mit dem Satz zitieren lassen: „Wir brauchen die Kraft der Vernunft. Zweistellige Ziffern bei den Tarifen beschleunigen die Gefahr einer entsprechenden Ent-

wicklung bei den Preisen." AdsD, WBA, A 8 (ungeordnet). Ein diesbezüglicher hs. Redezettel Brandts für die Kabinettssitzung am 30. Januar 1974 in: AdsD, WBA, A 8, 95.

90 Das Bundesverfassungsgericht verwarf die Drittel-Parität zwischen Hochschullehrern, akademischem Mittelbau und Studierenden in einem Urteil zum niedersächsischen Vorschaltgesetz zum Gesamthochschulgesetz, indem es den Hochschullehrern in Fragen der Forschung und Lehre eine ausschlaggebende Position einräumte. Von diesem Urteil waren analoge Regelungen in anderen Landesgesetzen betroffen. Die Fristenlösung bei der Schwangerschaftsunterbrechung, die einen straffreien Schwangerschaftsabbruch innerhalb von 12 Wochen vorsah, wies das Gericht als verfassungswidrig zurück. Das Gesetz zur Änderung des Wehrpflichtgesetzes und des Zivildienstgesetzes sah eine schriftliche Begründung für die Verweigerung des Kriegsdienstes als ausreichend an. Die beabsichtigte Abschaffung des Prüfungsverfahrens wurde vom Bundesverfassungsgericht für verfassungswidrig erklärt. Vgl. *Thränhardt, Dietrich:* Geschichte der Bundesrepublik Deutschland, erw. Neuausgabe, Frankfurt/Main 1996, S. 202 f.

91 Vgl. *Peters, Butz:* RAF-Terrorismus in Deutschland, Stuttgart 1991.

92 Vgl. *Baring, Arnulf* (in Zusammenarbeit mit *Manfred Görtemaker*): Machtwechsel. Die Ära Brandt-Scheel, 4. Aufl., Stuttgart 1983, S. 503 ff.

93 Siehe die Dokumente in Berliner Ausgabe, Bd. 7, Nr. 81 – 84 und Nr. 1 – 3 in diesem Band.

94 Berliner Ausgabe, Bd. 7, Nr. 83. Vgl. aber auch die Darstellung Schmidts, in: Hand aufs Herz 2002, S. 240 f.

95 *Ehmke, Horst:* Mittendrin. Von der Großen Koalition zur Deutschen Einheit, Berlin 1994, S. 223. Brandt hatte der FDP-Spitze im Sommer 1972 lediglich eine Mitverantwortung im Bereich der Wirtschafts- und Finanzpolitik konzediert. Siehe Brandts Aufzeichnungen in: AdsD, WBA, A 8 (ungeordnet) und *Brandt* 1999, S. 306.

96 Die Vorstandswahlen auf dem Hamburger Parteitag von 1974, bestätigten die Tendenzwende der FDP. Vgl. *Lösche, Peter/ Walter, Franz:* Die FDP. Richtungsstreit und Zukunftszweifel, Darmstadt 1996, S. 92 ff. Zu Flach vgl. *Dittberner, Jürgen:* FDP – Partei der zweiten Wahl. Ein Beitrag zur Geschichte der liberalen Partei und ihrer Funktionen im Parteiensystem der Bundesrepublik, Opladen 1987, S. 113 ff.

97 Unter den Bundesministern hatte das Auftreten Ehmkes Unmut ausgelöst, weil er eine wachsende Zahl von Regierungsaufgaben ins Kanzleramt zog. Außerdem klagten die Minister darüber, dass sich Ehmke zwischen sie und den Regierungschef schob. Gespräch des Verf. mit Helmut Schmidt, 7. Februar 2002. Grabert hatte sich eigentlich auf das Amt des Ständigen Vertreters der Bundesrepublik in Ost-Berlin vorbereitet. Diese Aufgabe übernahm jedoch Günter Gaus. Gespräch des Verf. mit Horst Grabert, 6. November 2000.

98 Zur Fraktionierung in der SPD vgl. *Müller-Rommel* 1982, hier insbesondere S. 69 ff., 132 ff. und 161 ff.

99 Siehe das Schreiben Vogels, der gerade vom Parteivorstand ins Präsidium gewählt worden war, an Bundeskanzler Brandt vom 11. Dezember 1972, der das Engagement Vogels im „Freundeskreis" wenige Tage später mit ihm mündlich kritisch erörterte. AdsD, WBA, A 11.5, 16.

100 *Ehmke* 1994, S. 224. Auch Helmut Schmidt wurde von Brandt darauf hingewiesen, dass sich eine flügelpolitische Anführerrolle schlecht mit dem von ihm bekleideten Amt als stellvertretender Vorsitzender vereinbaren lasse. Ebd., S. 217 f.

101 Nr. 55.
102 Parteitag der Sozialdemokratischen Partei Deutschlands vom 11. bis 15. November 1975 in Mannheim, Protokoll der Verhandlungen. Anlagen, Bonn o. J., S. 264 – 444 und 1007 – 1103. Siehe auch Nr. 5 und das Interview Brandts für die *Frankfurter Rundschau*, Nr. 24 vom 29. Januar 1975, S. 5.
103 Lehnert 1983, S. 213 ff.
104 Eine „parteiamtliche" Darstellung der Gespräche Wehners in Ost-Berlin in: SPD Pressemitteilungen und Informationen, Nr. 180/73 vom 5. Juni 1973. Betr.: Sitzung der leitenden Landes- und Bezirksgeschäftsführer der SPD am 5. Juni 1973 in Bonn. AdsD, WBA, A 11.5, 18.
105 Brandt notierte sich später, dass ein Reisebegleiter gemeint habe, Wehner habe sich in einer „unerträglichen Sudelsprache" geäußert. Zugleich wurde Brandt zugetragen, Wehner habe noch schlimmere Bemerkungen bei vertraulichen Unterredungen mit dem ZK-Mitglied der KPdSU und Kandidaten des Politbüros, Boris Ponomarjow, gemacht, den Wehner – wie Brandt bemerkte – aus dem Kominternapparat kannte. AdsD, WBA, B 25, 166. Zu diesen Gerüchten vgl. auch *Bahr, Egon:* Zu meiner Zeit, 2. Aufl., München 1996, S. 440.
106 *Wehner, Herbert:* Versuch einer Übersicht über Verlauf und Gespräche während einer Reise der Delegation des Deutschen Bundestages in der UdSSR vom 6. Oktober 1973. AdsD, Dep. Bahr, 354/1. Vgl. auch Nr. 9 und die Interviews in *Wehner* 1986, S. 205 ff. Vgl. auch *Leugers-Scherzberg, August H.:* Herbert Wehner und der Rücktritt Willy Brandts am 7. Mai 1974, in: Vierteljahreshefte für Zeitgeschichte 50 (2002) 2, S. 303 – 322, der – ohne überzeugen zu können – den Konflikt zwischen Brandt und Wehner eher als einen Konflikt zwischen Wehner und Bahr darstellt.

107 Gespräch des Verf. mit Horst Grabert, 6. November 2000; *Ehmke* 1994, S. 229 f.; *Bahr* 1996, S. 440 f.
108 Gespräch des Verf. mit Horst Grabert, 6. November 2000. Das Protokoll der Fraktionssitzung vom 2. Oktober 1973 in: AdsD, Dep. Vogel, 610.
109 Vgl. die späteren Notizen Brandts in: AdsD, WBA, B 25, 166 („Notizen": Manuskriptseite 12a); das Interview Wehners in der ZDF-Sendung „Kennzeichen D" vom 9. Oktober 1973, das vom Bundespresseamt dokumentiert wurde. In: AdsD, Dep. Bahr, 354/2; die Protokolle der Parteisitzungen im NL Wehner, 1/HWAA000801 und im Dep. Vogel, 610, beide im AdsD.
110 Nr. 9.
111 So die Formulierung Wehners in einem Interview für den *Stern* vom 15. November 1973, in: *Wehner* 1986, S. 209; siehe auch *Brandt, Rut:* Freundesland. Erinnerungen, 18. Aufl., Hamburg 1994, S. 277.
112 AdsD, WBA, B 25, 166 („Notizen": Manuskriptseite 30).
113 Ebd. („Notizen": Manuskriptseite 12 a/2).
114 Notiz Brandts, 18. Dezember 1973. AdsD, WBA, A 8, 94.
115 Brandt notierte sich unter dem 18. Dezember 1973: 1. „In Zeiten der Bedrängnis lernt man, was man von wem zu halten hat, 2. Spiegel best[immt] nicht Richt[ung, -linien?] der Politik, 3. „Falsch von Krise der Koa[lition] zu sprechen, 4. Partei: man darf mehr fordern" und weiter: „Niederlagen, 74: schweres Jahr, Chancen" (ebd.).
116 Der Appell vom 16. Januar 1974, in: AdsD, WBA, A 8, 94.
117 Die Interviews, die Brandt aufmerksam registrierte, in: AdsD, WBA, A 8 (ungeordnet).
118 Die SPD war deshalb gezwungen, eine Koalition mit der FDP einzugehen. Vgl. das Wahlergebnis im Anhang.

119 Vgl. die Tonbandabschrift der Rede Schmidts im Parteivorstand, die dieser Brandt am 21. März 1974 übersandte. AdsD, WBA, A 8, 65 – 67.

120 *Der Spiegel*, Nr. 12 vom 18. März 1974, S. 26.

121 So sprang Rudolf Augstein dem bedrängten Regierungschef und Parteivorsitzenden bei, indem er kommentierte, nicht Brandt, sondern Wehner müsse weichen, da ohne Brandt die SPD in eine Existenzkrise stürzen werde. *Der Spiegel*, Nr. 11 vom 11. März 1974, S. 20 f. („Wort an einen Freund").

122 *Görtemaker* 1999, S. 576.

123 Die Erklärung in: Sozialdemokratischer Pressedienst, P/XXIX/65 vom 3. April 1974, S. 6 – 10; siehe auch Nr. 12.

124 Vgl. etwa das Interview für die *Neue Osnabrücker Zeitung* vom 8. April 1974 oder für die Sendung *Bilanz* im ZDF am 10. April 1974 und die Gewerkschaftspost der IGBE, 26. April 1974, in: AdsD, WBA, B 25, 169. Auszüge aus dem Interview für das Erste Deutsche Fernsehen in: Berliner Ausgabe, Bd. 7, Nr. 102.

125 Bundesgeschäftsführer Börner riet Brandt in einem hs. Schreiben vom 3. Mai 1974 zu einer „großen Lösung" und nicht nur zu Veränderungen im Bundeskanzler- und Bundespresseamt. AdsD, WBA, A 8 (ungeordnet).

126 Vgl. die hs. Aufzeichnungen Brandts über den „Fall Guillaume" in: Berliner Ausgabe, Bd. 7, Nr. 104 und Einleitung.

127 Vgl. auch *Nollau, Günther:* Das Amt. 50 Jahre Zeuge der Geschichte, München 1978, S. 254 ff.

128 *Görtemaker* 1999, S. 577.

129 Zum Gang der Ereignisse aus Sicht Brandts vgl. *Brandt* 1999, S. 315 ff.

130 Siehe Nr. 14 und 15.

131 Nr. 16.

132 Friedrich war bereits Anfang 1972 als neuer Bundesgeschäftsführer gehandelt worden. Die Papiere der Arbeitsgruppe sowie vertrauliche Vermerke, die Brandt zur Kenntnis gegeben wurden, in: AdsD, WBA, A 11.4, 198.

133 Siehe die Protokolle des Parteivorstandes vom 18. Januar und 8. Februar 1974, in: AdsD, Dep. Vogel, 610, sowie *Harpprecht, Klaus:* Im Kanzleramt. Tagebuch der Jahre mit Willy Brandt, Reinbek 2000, S. 442.

134 Nr. 21.

135 Siehe Nr. 30 und 31.

136 Siehe das Interview mit Willy Brandt am 7. April 1976, dokumentiert in: SPD Pressemitteilungen und Informationen, Nr. 193/76 vom 7. April 1976, aber auch das Interview für die *Deutsche Zeitung* vom 18. August 1976 (Nr. 37).

137 Nr. 20.

138 Dass es dennoch zu Indiskretionen von Mitarbeitern Schmidts kam, trübte dieses Bild vorübergehend. Vgl. Nr. 29.

139 Dies geht aus dem Schriftwechsel zwischen Brandt und Schmidt hervor. Das Verhältnis zwischen Schmidt und Wehner war hingegen niemals so belastet wie das zwischen Brandt und Wehner.

140 Vgl. hierzu Nr. 33.

141 Nr. 40.

142 Hs. Schreiben Schröders an Brandt, 2. März 1977. AdsD, WBA, A 11.4, 154.

143 Vgl. *Jäger, Wolfgang/Link, Werner:* Republik im Wandel 1974 – 1982. Die Ära Schmidt, Stuttgart 1987, S. 212.

144 Für die Diskussion um das abweichende Stimmverhalten siehe das Protokoll der Sitzung des Parteivorstands vom 13. Oktober 1977 in: AdsD, Dep. Vogel, 612. Brandt warnte die Kritiker vor einem abweichenden Stimmverhalten im Bundestag,

appellierte an die sozialdemokratische Tugend der Geschlossenheit und drohte notfalls mit „Trennung". Protokoll der Sitzung des Parteivorstandes vom 27. Februar 1978 (ebd.).

145 Vgl. hierzu die programmatische Anthologie von *Duve, Freimut* u. a. (Hrsg.): Briefe zur Verteidigung der Republik, Reinbek 1977.

146 Siehe die Briefe von Parteigliederungen in: AdsD, WBA, A 11.6, 38, 39, 41 und 44.

147 Siehe das Interview Wehners mit der *NRZ* vom 5. Februar 1981, das auch im Informationsdienst der Bundestagsfraktion vom 5. Februar 1981 abgedruckt wurde. AdsD, WBA, A 11.3, 48.

148 Nr. 69–72 und 87.

149 Vgl. das Protokoll der Sitzung vom 11./12. Februar 1981, in: AdsD, Dep. Schmidt, 6306.

150 Interview mit dem stv. NDR-Chefredakteur Jürgen Kellermeier am 17. Februar 1981, abgedruckt in: Informationen der sozialdemokratischen Bundestagsfraktion Nr. 162 vom 17. Februar 1981; auch in: *Wehner* 1986, S. 243 f.

151 Nr. 71 und 72.

152 Nr. 83.

153 Nr. 73 und 74.

154 *Der Spiegel*, Nr. 10 vom 2. März 1981, S. 24: „Wenn das nicht aufhört, höre ich auf."

155 Nr. 75.

156 Siehe die Reden Brandts auf der Tagung vom 2./3. Oktober 1981 in: AdsD, WBA, A 3, 854.

157 Nr. 78 und Protokoll der Sitzung des SPD-Präsidiums vom 28. September 1981, in: AdsD, Dep. Schmidt, 6324, und das Schreiben Brandts an Schmidt, Nr. 77, in dem Brandt Schmidt seine Position erläutert und darauf hinweist, dass sich die Teilnahme zahlreicher Gliederungen der Partei an der Demonstration gar nicht mehr unterbinden ließe.

158 Nr. 80.

159 Nr. 79.

160 Vgl. *Löwenthal, Richard:* Identität und Zukunft der SPD, in: Die Neue Gesellschaft 28 (1981) 12, S. 1085–1089.

161 Vgl. *Lösche/Walter* 1992, S. 122.

162 Nr. 81.

163 SPD Pressemitteilungen und Informationen, Nr. 732/81 vom 6. Dezember 1981.

164 Hs. Notiz für die Sitzung des Parteivorstandes am 7. Dezember 1981. AdsD, NL Wehner, HW 1/AA000594. Löwenthal bewertete in einem Brief an Renger vom 5. Dezember 1981 die Thesen und die Unterschriftensammlung als Fehler, da sie in den Medien als ein konzentrierter Angriff auf den Parteivorsitzenden angesehen würden (ebd.).

165 An seine Stelle trat Hans-Jochen Vogel, was als Anzeichen für einen baldigen Wechsel an der Fraktionsspitze gedeutet wurde. Nr. 85.

166 Der Redetext mit der von Schmidt inkriminierten Passage in: AdsD, WBA, B 25, 168. Siehe auch das Schreiben Brandts an Schmidt vom 30. März 1982, in dem er dem Bundeskanzler rät, den Parteiaktivisten „dankbare Anerkennung" zu zollen und ihnen „freundlichen Zuspruch" zu gewähren. Als weitere Signale sollten vom Parteitag ausgehen: die Bereitschaft zur Regierungsverantwortung, eine Abgrenzung gegenüber der FDP, um die Unterstützung aus dem Arbeitnehmerbereich zu stabilisieren, sowie ein Angebot zum Mitwirken an die jüngere Generation (Nr. 82).

167 *Brandt* 1999, S. 364.

168 Parteitag der Sozialdemokratischen Partei Deutschlands. 19. bis 23. April 1982, München. Bd. I: Protokoll der Verhandlungen, Bonn o. J., S. 758.

169 Nr. 83.
170 Zur FDP vgl. *Lösche/Walter* 1996, S. 104 ff.
171 Im August 1982 war die Front in den Gewerkschaften gegen die Bundesregierung merklich gewachsen. In der IG Metall schlossen sich ihr mehrere Vorstandsmitglieder auch öffentlich an. Siehe Nr. 86.
172 Vgl. *Schily, Otto:* Politik in bar. Flick und die Verfassung unserer Republik, München 1986; *Ellwein, Thomas:* Krisen und Reformen. Die Bundesrepublik seit den sechziger Jahren, München 1989, S. 95 f.
173 Hs. Schreiben Brandts an Szende vom 10. April 1982. Arbetarrörelsens Arkiv och Bibliothek, Stockholm, NL Szende, 52.
174 Das so genannte „Lambsdorff-Papier" ist dokumentiert in: *Bölling, Klaus:* Die letzten 30 Tage des Kanzlers Helmut Schmidt. Ein Tagebuch, Reinbek 1982, S. 121 – 141.
175 Gespräch des Verf. mit Hans Koschnick, 23. Januar 2002.
176 Nr. 90.
177 Nr. 88 und 89.
178 Nr. 91 und Brandt an Schmidt, 3. Dezember 1982, in: AdsD, WBA, B 25, 166. Ein Artikel im *Vorwärts* vom 5. April 1986 ließ den Konflikt zwischen Brandt und Schmidt kurzfristig wieder aufleben, konnte aber von beiden rasch ausgeräumt werden. Siehe Nr. 96.
179 Wehner kandidierte bei der Bundestagswahl von 1983 aus Altersgründen nicht mehr. Schmidt gehörte dem Bundestag von 1983 bis 1987 dagegen noch an, trat jedoch weder dort noch in der Partei hervor.
180 Vgl. das vertrauliche Papier des Bundesgeschäftsführers Glotz über „Die SPD in der Opposition. Erste Schritte zu einer Reform der Parteiorganisation" vom April 1983, das Brandt im einzelnen redigierte, sowie die von Brandt „gebilligten" Thesen Glotz' zur organisationspolitischen Arbeit vom November 1984, in: AdsD, WBA, A 11.3, 51 bzw. 53.
181 Nr. 92.
182 Siehe den Vermerk des Politikreferenten für Wählerforschung in der Abteilung IV des Parteivorstandes, Bernd Schoppe, für Brandt, Glotz, Rau, Vogel, Wischnewski vom 26. November 1984, in: AdsD, WBA, A 11.4, 118.
183 Ihr gehörten Bundesgeschäftsführer Glotz, der stellvertretende Vorsitzende der Bundestagsfraktion Ehmke, Parteisprecher Wolfgang Clement, der Abteilungsleiter IV des Ollenhauer-Hauses, Volker Riegger, sowie NRW-Landesgeschäftsführer Bodo Hombach an. Persönliche Notiz von Glotz an Brandt, 8. Juli 1985. AdsD, WBA, A 11.3, 56.
184 Siehe den Vermerk Rieggers für Brandt über Glotz vom 29. Mai 1985. AdsD, WBA, A 11.4, 119.
185 Im Saarland hatte Lafontaine im Mai 1985 ebenfalls die absolute Mehrheit erobert. Vgl. die Wahlergebnisse im Anhang.
186 Brief Glotz' an Brandt, 20. Dezember 1985. AdsD, WBA, A 11.3, 56.
187 Grass lud auch Brandt zu dem Treffen ein. Dieser sagte jedoch wegen einer Polen-Reise ab. Nr. 95. Als „Enkel" Willy Brandts wurde die über die Bundesländer nach vorne drängende Generation der Vierzigjährigen bezeichnet, die dort Regierungspositionen sowie Führungsposten in den Landesparteien und Landtagsfraktionen erobert hatten.
188 Siehe etwa das Schreiben des SPD-Unterbezirksvorsitzenden des Hochsauerlandkreises (NRW), Franz Müntefering, an Brandt vom 14. August 1984, in dem dieser sich gegen eine Große Koalition ausspricht und den Parteivorsitzenden auffordert, eine solche Debatte zu stoppen. AdsD, WBA, A 11.6, 47.

189 Hs. Notiz von Glotz an Brandt, ohne Dat. mit Vermerk AL IV (Bernd Schoppe) vom 28. Juli 1986, mit den Umfrageergebnissen. AdsD, WBA, A 11.3, 58.
190 *Die Zeit*, Nr. 31 vom 25. Juli 1986, S. 4.
191 Nr. 98.
192 *Brandt* 1999, S. 367.
193 Mitteilung Raus an den Verf. vom 13. Februar 2002.
194 Im Januar drängte Düsseldorf Bonn aus der Wahlkampagne vollends heraus. Gespräch des Verf. mit Peter Glotz, 20. Februar 2001.
195 Siehe Nr. 62.
196 Vgl. *Der Spiegel*, Nr. 14 vom 30. März 1987.
197 Vgl. *Vogel* 1997, S. 223 f.
198 Vgl. aus der Sicht der Betroffenen: *Mathiopoulos, Margarita:* Das Ende der Bonner Republik. Beobachtungen einer Europäerin, Stuttgart 1993, S. 315 ff.
199 *Apel, Hans:* Der Abstieg. Politisches Tagebuch eines Jahrzehnts, München 1991, S. 404.
200 Vgl. *Vogel* 1997, S. 222.
201 U. a. nahmen neben Lafontaine und Brandt teil: Björn Engholm, Gerhard Schröder, Herta Däubler-Gmelin, Heidemarie Wieczorek-Zeul und Rudolf Scharping.
202 Vgl. *Vogel* 1997, S. 222.
203 Vgl. *Apel* 1991, S. 405.
204 Gespräch des Verf. mit Oskar Lafontaine, 22. Februar 2001.
205 Vgl. *Lafontaine* 1999, S. 11 ff.
206 *Brandt* 1987.
207 *Brandt* 1999, S. 495.
208 Vgl. hierzu *Faulenbach, Bernd/Potthoff, Heinrich* (Hrsg.): Die deutsche Sozialdemokratie und die Umwälzung 1989/1990, Essen 2001.
209 Vgl. das Protokoll vom Programm-Parteitag [der SPD in] Berlin, 18. – 20. 12. 1989, Bonn [1990], S. 124 ff., S. 241 ff.
210 Nr. 104.
211 Vgl. *Lafontaine* 1999, S. 31 f.
212 Nr. 105.
213 *Vogel* 1997, S. 345 f. Siehe auch Nr. 107.
214 Brandt an Schmidt, 19. September 1990. AdsD, Dep. Bahr, 365/1.
215 Nr. 108.
216 Vgl. *Lafontaine* 1999, S. 32; *Vogel* 1997, S. 365 f.; Gespräch des Verf. mit Oskar Lafontaine, 22. Februar 2001.
217 Nr. 110.
218 Vgl. Stenogr. Berichte 12. Deutscher Bundestag, 82. Sitzung, 12. März 1992, S. 6715.
219 Vgl. die Tabelle im Anhang.
220 So Brandt in einem Schreiben an Schmidt vom 30. März 1982, Nr. 82.
221 Nr. 99.
222 *Ehmke* 1994, S. 186.
223 *Brandt* 1974.

Nr. 1

1 Ms. vermerkt: „17.00 – 21.30 Uhr". Hs. von Ehmke paraphiert und vermerkt: „24". Ms. vermerkt als Teilnehmer: „SPD: Bundeskanzler [Brandt], BM Schmidt, BM Leber, Herbert Wehner, Alex Möller, MP Kühn, Karl Wienand; FDP: BM Scheel, BM Genscher, BM Ertl, Wolfgang Mischnick, K. H. Flach, Frau Funcke, Werner Mertes. Außerdem waren anwesend: Wilke, Wölker". Siehe auch Berliner Ausgabe, Bd. 7, Nr. 81 – 84.
2 Brandt musste sich einer Stimmbandoperation unterziehen. Vgl. Berliner Ausgabe, Bd. 7, Einleitung sowie Nr. 81.
3 Brandt gab die Regierungserklärung am 18. Januar 1973 ab. Vgl. Berliner Ausgabe, Bd. 7, Nr. 85.
4 Brandt und Scheel hielten sich am 22. und 23. Januar 1973 anlässlich der regelmäßigen Konsultationen zwischen der deutschen und der französischen Regierung in Paris auf.
5 Am 17. Februar 1973 beschloss die Bundesregierung einen stabilitätspoliti-

schen Maßnahmenkatalog, der u. a. die Aufnahme einer Anleihe vorsah. Am 9. Mai 1973 verabschiedete die Regierung ein zweites, mit der Bundesbank abgestimmtes, Stabilitätsprogramm, welches u. a. eine Abgabe für höhere Einkommen beinhaltete.

6   Gemeint ist eine Absprache zwischen den Regierungsfraktionen und der Opposition, die durch die Bundestagswahl geschaffenen Mehrheitsverhältnisse im Parlament auch dann zu akzeptieren, wenn sich Abgeordnete der Regierungsfraktionen nicht an Abstimmungen beteiligen konnten. In der Regel hielt sich dann eine entsprechende Anzahl von Oppositionsabgeordneten der Abstimmung ebenfalls fern.

7   Gemeint ist die so genannte Gewissensprüfung, welche die sozial-liberale Koalition am 27. Mai 1977 durch eine Änderung des Wehrpflichtgesetzes abschaffte. Am 13. April 1978 erklärte das Bundesverfassungsgericht diese Novelle für verfassungswidrig.

8   Die Zeitungen des Springer-Konzerns und das ZDF begleiteten die Politik der sozial-liberalen Koalition besonders kritisch. In der Koalition befürchtete man zudem eine monopolartige Stellung des Springer-Konzerns auf dem Zeitungsmarkt.

9   Richtig: November. Um eine Teilnahme Brandts an dieser dritten Verhandlungsrunde zu ermöglichen, wurde sie auf den 5. Dezember 1972 verlegt.

10   Hs. unterzeichnet.

Nr. 2

1   In einem hs. Schreiben an den FDP-Vorsitzenden, Scheel, vom 27. November 1972 entschuldigte Brandt seine krankheitsbedingte Abwesenheit von den Koalitionsgesprächen. Er bat um „rasche, kurze Niederschriften der Beratungsergebnisse", zu denen er sich laufend äußern könne. Für den Verlauf der Koalitionsgespräche empfahl Brandt, Einzelthemen zunächst auszugliedern, um sie von Fachleuten beider Parteien kurz skizzieren zu lassen und in der folgenden Woche wieder in die Verhandlungen einzuspeisen. AdsD, Dep. Ehmke, HE AA 000290.

2   Von Ehmke am linken Rand des Absatzes hs. vermerkt: „Wilke".

3   Berliner Ausgabe, Bd. 7, Nr. 83.

4   „Ostberlin" bezieht sich auf die Unterzeichnung des Grundlagenvertrags. Brandt wies den Vorschlag ab, den am 8. November 1972 paraphierten Grundlagenvertrag noch im Dezember 1972 zu unterzeichnen. Außerdem lehnte er es ab, seinen Urlaub zu unterbrechen, um im Januar 1973 den Vertrag zu unterzeichnen. In einem handschriftlichen Vermerk für Ehmke vom 27. November 1972 heißt es: „Es bleibt bei meiner Entscheidung. Man hat mich mit dem Vorweihnachtstermin in den Wahlkampf ziehen lassen, ohne mit Ostberlin die Sache geklärt zu haben – anders ist das doch nicht erklärlich. Also 1) ich denke nicht daran, am 16. oder 18. [Dezember 1972] drüben zu unterzeichnen (was ich aber heute früh schon einmal mitgeteilt hatte!), 2) ich denke nicht daran, wegen dieser Sache meine Urlaubstermine beeinflussen zu lassen. 3) Ich habe nichts dagegen – sondern wäre im Grunde ganz froh –, wenn E[gon] B[ahr] unterzeichnen würde. (Nur müsst Ihr dann wissen, dass ihr mich nicht bald danach dorthin kriegt.)" AdsD, Dep. Ehmke, HE AA 000290. Der Grundlagenvertrag wurde am 21. Dezember 1972 von Bahr unterzeichnet.

5   In einem Vermerk für Brandt vom 27. November 1972 hatte Ehmke „zu meiner Freude" festgestellt, dass er und Wehner in einer Reihe wesentlich erscheinender Punkte der gleichen Meinung seien. Dies betraf unter anderem, dass Schmidt im Kabinett nicht besonders hervorgehoben wer-

den solle, dass man Renger ins Kabinett nehmen solle und Schlei zur Parlamentspräsidentin wählen solle. Außerdem wurde Übereinstimmung in einer Reihe von Fragen, die die Ressortzuschneidung in der neuen Regierung betrafen, festgehalten. AdsD, Dep. Ehmke, HE AA 000290.

6 Wehner wollte Katharina Focke als Präsidentin des Deutschen Bundestages verhindern, weil er meinte, sie habe zu wenig Parlamentserfahrung. Um seine Favoritin, Marie Schlei, durchzusetzen, setzte er sich dafür ein, die Mitbewerberin Annemarie Renger durch eine Aufnahme ins Kabinett aus dem Rennen zu nehmen. Vgl. Anm. 4.

7 Geplant war, das Bundeskanzleramt mit einem beamteten Staatssekretär als Chef und je einem Parlamentarischen Staatssekretär für Außen- bzw. für Wirtschafts- und Sozialpolitik einzurichten. Vermerk Ehmkes vom 27. November 1972. AdsD, Dep. Ehmke, HE AA 000290.

8 Vermutlich gemeint: Hans Matthöfer.

9 Vermutlich gemeint: Herbert Ehrenberg.

Nr. 3

1 Vgl. Nr. 1 sowie Berliner Ausgabe, Bd. 7, Nr. 81 – 84.

Nr. 4

1 Wahl zum 7. Deutschen Bundestag am 19. November 1972. Vgl. das Wahlergebnis im Anhang.

2 Hs. unterzeichnet.

Nr. 5

1 Zur Diskussion um den Orientierungsrahmen '85 vgl. Einleitung sowie Nr. 30 und 31.

2 SPD-Parteitag in Hannover (10. – 14. April 1973).

3 Die Stellungnahme des Parteivorstandes und das Geleitwort Brandts in: Entwurf eines ökonomisch-politischen Orientierungsrahmens für die Jahre 1973 – 1985, hrsg. vom Parteivorstand der SPD, Bonn 1972, S. V und XIX.

4 Ebd., S. XIX.

5 Ebd., S. V.

6 Jahrbuch der Sozialdemokratischen Partei Deutschlands 1970 – 72, Bonn [1973], S. 579 f.

7 Ebd., S. 432 f.

8 In der Stellungnahme des Parteivorstands zum Entwurf des Orientierungsrahmens wird die Passage des Beschlusses des Saarbrücker Parteitags zitiert. Entwurf eines ökonomisch-politischen Orientierungsrahmens 1972, S. XIX.

9 Parteitag der Sozialdemokratischen Partei Deutschlands vom 11. bis 14. Mai 1970 in Saarbrücken. Protokoll der Verhandlungen. Angenommene und überwiesene Anträge, Bonn 1970, S. 461 f.

10 Ebd., S. 463 f.

11 Ebd., S. 465.

12 Anm. 7.

13 Anm. 7.

14 Jahrbuch der Sozialdemokratischen Partei Deutschlands 1970 – 1972, S. 579 f.

15 Ebd., S. 580.

Nr. 6

1 Auf dem SPD-Parteitag in Hannover vom 10. bis 14. April 1973 wurde Katharina (Käte) Strobel – ebenso wie eine Reihe anderer langjähriger Vorstandsmitglieder, die zum rechten Flügel der Partei zählten – nicht wieder in den Parteivorstand gewählt. Vgl. Einleitung.

Nr. 7

1 Nicht ermittelt. Vgl. Erste Kanzlerrede vor den Vereinten Nationen. Bundeskanzler

Willy Brandt spricht zur Generalversammlung [am 26. September 1973], in: Vereinte Nationen 26 (1973) 5, S. 141 – 145.

2   Nicht ermittelt.

3   Mitte August bis September 1973 brach, ausgehend von der Metallindustrie, eine Reihe von spontanen Streiks aus, weil die Arbeiter mit den von den Gewerkschaften ausgehandelten Tariflohnerhöhungen nicht zufrieden waren. Vgl. Baring 1983, S. 592 ff.

4   Golo Mann beglückwünschte Brandt später „zu Ihrer grossen Rede vor der UN": „Ich glaube, das war eine der schönsten, eindrucksvollsten, umfassendsten Sachen, die Ihnen in dieser Sphäre je gelungen ist." Schreiben Manns an Brandt, 5. Oktober 1973, in: AdsD, WBA, A 8, 43.

5   Hs. paraphiert.

Nr. 8

1   Eine kommentierte und annotierte Dokumentation der Rede in: *Brandt, Willy:* Geschichte als Auftrag. Willy Brandts Reden zur Geschichte der Arbeiterbewegung, hrsg. von *Iring Fetscher*, Berlin-Bonn 1981, S. 124 ff., S. 150 – 164.

2   Brandt zieht in den ersten drei Abschnitten seiner Rede Parallelen zwischen der Weimarer und der Bonner Republik und würdigt die Verdienste Wels' beim Aufbau der ersten deutschen Demokratie.

3   *Schumacher, Kurt:* Der Kampf um den Staatsgedanken in der deutschen Sozialdemokratie, hrsg. von *Friedrich Holtmeier*, mit einem Geleitwort von *Herbert Wehner*, Stuttgart u. a. 1973, S. 38 f.

4   Ebd., S. 7.

5   Französisch für ununterbrochen.

6   Parteitag der Sozialdemokratischen Partei Deutschlands vom 10. bis 14. April 1973 in Hannover. Bd. I: Protokolle der Verhandlungen. Anlagen, Bonn [1974], S. 22.

7   Nach dem Riesen Prokrustes in der griechischen Sage: quälende Zwangslage.

8   Vgl. Berliner Ausgabe, Bd. 7, Nr. 92.

9   Brandt spielt mit diesen Äußerungen offenbar auf den Abbruch der Tarifverhandlungen in der Metallindustrie an. Er hatte sich für eine Beendigung der spontanen Streiks, eine baldige Einigung der Tarifparteien und moderate Lohnerhöhungen eingesetzt. Vgl. den Bericht in *Der Spiegel*, Nr. 37 vom 10. September 1973, S. 27 f.

10   *Wels, Otto:* Rede zur Begründung der Ablehnung des „Ermächtigungsgesetzes" durch die Sozialdemokratische Fraktion in der Reichstagssitzung vom 23. März 1933 in der Berliner Krolloper, mit einem Essay von *Iring Fetscher*, o. O. o. J., S. 12.

Nr. 9

1   Wehner bat Brandt in einem hs. Schreiben vom 7. Oktober 1973 „um Verzeihung für manche Bitterkeit, die Du im Zusammenhang mit dem Vorgang erlebt hast." Gemeint waren die Moskauer Äußerungen Wehners über Brandts mangelnde Führungsfähigkeit und der daraufhin ausgetragene Konflikt im Parteivorstand. Vgl. Einleitung. Am 9. Oktober 1973 gab er Brandt ein Schreiben an den *Spiegel*-Redakteur Schreiber zur Kenntnis, in dem er die in *Der Spiegel* vom 8. Oktober 1973 kolportierte Aussage, „Was der Regierung fehlt, ist ein Kopf", relativiert: „[...] es fehlt ein Kopf, der durch und durch wirtschaftlich denken und disponieren kann [...]. Ein solcher Kopf, der unserer Regierung fehlt, müsste koordinieren können, ohne ein Amt dazu aufbauen zu wollen." Dem hs. Schreiben vom 11. Oktober 1973 fügte Wehner die Kopie seines hs. Schreibens an den Chefredakteur von *Die Zeit*, Theo Sommer, bei, in dem er nochmals den ihm in *Der Spiegel* zugeschriebenen und von *Die Zeit* dokumen-

tierten Ausspruch dementierte. Am 16. Oktober 1973 übermittelte Wehner Brandt das Antwortschreiben Schreibers (nicht ermittelt). Die Schreiben Wehners an Brandt vom 7., 9., 11. und 16. Oktober 1973, in: AdsD, WBA, A 8, 75.
2 Hs. paraphiert.

Nr. 10
1 Gemeint ist die Bildungsstätte der Friedrich-Ebert-Stiftung in Bad Münstereifel.
2 Hs. in Klammern gesetzt.
3 Gemeint ist die Bundestagswahl 1976.
4 In der SPD wurde hinter vorgehaltener Hand darüber spekuliert, dass Brandt amtsmüde sei.
5 Vgl. Einleitung.
6 Vermutlich gemeint: Stellungnahme des SPD-Vorstandes zum Münchener Bundeskongress der Jungsozialisten vom 8. Februar 1974, in: Jahrbuch der SPD 1973 – 1975, S. 445 f.
7 *Scharpf, Fritz W.:* Krisenpolitik. Vortrag vor dem Gesprächskreis „Wissenschaft und Politik" der Friedrich-Ebert-Stiftung in Bonn, Bonn-Bad Godesberg 1974.
8 Am 15. Mai 1974 wurde Scheel zum Bundespräsidenten gewählt.

Nr. 11
1 Schreiben Jädickes an Brandt, 23. Januar 1974, in: AdsD, SWI, 11.
2 Das Gesetz zur Sicherung der Energieversorgung wurde vom Deutschen Bundestag am 9. November 1973 einstimmig verabschiedet.
3 In der Diskussion wurde u. a. ein Tempolimit von 100 km/h auf Bundesautobahnen gefordert.
4 Vorgeschlagen wurde ein Tempolimit von 130 km/h auf Bundesautobahnen.
5 Vgl. die Wahlergebnisse im Anhang.
6 Hs. unterzeichnet.

Nr. 12
1 Brandt übersandte den Entwurf am 28. März 1974 an Bahr, Ehmke, Eppler und Albrecht Müller mit der Bitte um „Randbemerkungen". Das Anschreiben in: AdsD, Dep. Ehmke, HE AA 000215.
2 Gemeint sind die SPD-Parteitage in Dortmund 1972 (12./13. Oktober 1972) und Hannover 1973 (10. – 14. April 1973). Auf dem Parteitag in Dortmund führte Brandt das Konzept der „Neuen Mitte" ein. Vgl. Berliner Ausgabe, Bd. 7, Nr. 100.
3 Der so genannte Unvereinbarkeitsbeschluss erklärte die Mitgliedschaft in kommunistischen oder kommunistisch unterwanderten Organisationen mit der Mitgliedschaft in der SPD für unvereinbar und bot die Handhabe für einen Parteiausschluss.
4 Zur Mitgliederentwicklung der SPD vgl. die Tabelle im Anhang.

Nr. 13
1 Brandt fügte diesen persönlichen Brief dem offiziellen Rücktrittsschreiben vom Amt des Bundeskanzlers bei, das Horst Grabert dem Bundespräsidenten überbrachte. Veröffentlicht wurde der persönliche Brief in: *Brandt,* Tag 1974, S. 179. Das offizielle Schreiben in: Berliner Ausgabe, Bd. 7, Nr. 105.

Nr. 14
1 Vgl. Nr. 15 und 16.
2 Vgl. Berliner Ausgabe, Bd. 4, Einleitung, S. 43 f.

Nr. 15
1 Vgl. Nr. 14 und 16. Zuvor hatte der Vorsitzende der SPD-Bundestagsfraktion, Herbert Wehner, Brandt mit den Worten begrüßt: „Die Fraktion grüßt Willy Brandt! Sie grüßt in ihm den Vorsitzenden der So-

zialdemokratischen Partei Deutschlands und steht hinter ihm, komme, was da will! Wir fühlen Schmerz über das Ereignis, Respekt vor der Entscheidung und Liebe zur Persönlichkeit und zur Politik Willy Brandts miteinander!" Informationen der Sozialdemokratischen Fraktion im Deutschen Bundestag, Nr. 470 vom 7. Mai 1974, S. 4.

2 Vgl. Berliner Ausgabe, Bd. 7, Nr. 105.

3 Nr. 13.

4 So bot der Bundesminister für Forschung und Technologie sowie für das Post- und Fernmeldewesen, Horst Ehmke, der sich als früherer Chef des Bundeskanzleramtes mitverantwortlich für die Affäre fühlte, sein Ausscheiden aus dem Bundeskabinett an.

5 Vgl. Berliner Ausgabe, Bd. 7, Nr. 107.

6 Vgl. Nr. 14.

Nr. 16

1 So etwa bei seinem ersten öffentlichen Auftritt nach dem Rücktritt auf einer Konferenz von Parteifunktionären am 11. Mai 1974 in Berlin. Der (teilweise gleichlautende) Text von Brandts Rede in: SPD Pressemitteilungen und Informationen, Nr. 230/74 vom 11. Mai 1975.

2 Vgl. Einleitung.

3 Landtagswahl in Niedersachsen am 9. Juni 1974. Vgl. die Wahlergebnisse im Anhang.

Nr. 17

1 Hs. paraphiert: „Sch[midt] 18/". Der Bundeskanzler beantwortete das Schreiben am 21. Mai 1974. Darin dankte er Brandt herzlich für die Unterstützung nach dessen Rücktritt. Weiter schrieb Schmidt, er sei „heilfroh", dass der Parteivorsitzende seine Rolle an der Spitze der SPD spielen wolle. Er sicherte Brandt „enge Kooperation" und „stetige Unterstützung" zu. Hinsichtlich der von Brandt angeschnittenen Personalfragen erklärte sich der Kanzler einverstanden. Vgl. das Schreiben Schmidts an Brandt, 21. Mai 1974, in: Archiv Helmut Schmidt, Innenpolitik, Bd. 7: 1974 A–Z.

2 Am 27. Mai 1974 fand in Hannover eine Großkundgebung der SPD zur niedersächsischen Landtagswahl statt. Das Manuskript der Brandt'schen Wahlkampfrede in: AdsD, WBA, B 25, 170.

Nr. 18

1 Gleichlautende Ausführungen machte Brandt in einer Rede in Erlangen am Vortag. Der Redetext in: AdsD, WBA, A 8, 1.

2 Gemeint ist die Guillaume-Affäre.

3 Brandt und Genscher.

4 *Brandt*, Tag 1974.

5 Vgl. *Der Spiegel*, Nr. 37 vom 9. September 1974, S. 19 – 25. Darin wurde über die Hintergründe von Brandts Rücktritt vom Amt des Bundeskanzlers berichtet und vor allem Wehner und Genscher für den Rücktritt verantwortlich gemacht. In dem Artikel finden sich auch Passagen aus dem zu diesem Zeitpunkt noch nicht veröffentlichten Buch Brandts „Über den Tag hinaus" (*Brandt*, Tag 1974).

6 Karl Wienand, der als enger Vertrauter Herbert Wehners galt, war im August 1974 im Zuge der so genannten Wienand-Steiner-Affäre von seinem Amt als Parlamentarischer Geschäftsführer der SPD-Bundestagsfraktion zurückgetreten. Der CDU-Abgeordnete Julius Steiner hatte im Juni 1973 behauptet, Wienand habe ihn mit 50 000 DM bestochen, damit er bei der Abstimmung über das konstruktive Misstrauensvotum gegen Bundeskanzler Brandt 1972 nicht für den Kandidaten der CDU/CSU, Rainer Barzel, stimmte. Der daraufhin eingerichtete parlamentarische Untersu-

chungsausschuss des Deutschen Bundestags konnte Wienand keinen Bestechungsversuch nachweisen. Zwanzig Jahre später stellte sich heraus, dass Steiner das Geld vom Ministerium für Staatssicherheit der DDR erhalten hatte.

Nr. 19

1   Hs. von Schmidt paraphiert: „Sch[midt] 13/12".
2   Hs. unterzeichnet.

Nr. 20

1   Hs. abgezeichnet und vermerkt: „10/1". Schmidt schrieb den Brief aus dem Urlaub auf Mallorca auf Briefpapier seines Hotels „Formentor". Auf einem an einer Kopie des Schreibens angehängten Zettel hatte er hs. vermerkt und paraphiert: „Verschlossen, persönlich 1) Chef BK 2) PStS Schlei 3) StS Bö[lling] bitte persönl[iche] K[enn]tnisn[ahme] wegen Ziffern 1–9 4) W[ieder]V[orlage] bei mir persönlich Sch[midt] 12/1". Archiv Helmut Schmidt, Innenpolitik, Bd. 8: 1975 A–Z.
2   Wegen der „Ölpreiskrise" im Jahre 1973 und der daraus resultierenden Unsicherheit hinsichtlich der mittel- und langfristigen Wirkungen hatte die zweite Kommission OR '85 der SPD beschlossen, auf die ursprünglich vorgesehene Quantifizierung des Programms zu verzichten.
3   Flagellanten („Geißler") sind Angehörige religiöser Bruderschaften des Mittelalters, die sich zur Sündenvergebung selbst geißelten.
4   Am 4. Mai 1975 fanden in Nordrhein-Westfalen Landtagswahlen statt, in denen die sozial-liberale Koalition unter Heinz Kühn bestätigt wurde. Vgl. das Wahlergebnis im Anhang.

5   Am Briefende vermerkt: „P.S.: Ich habe Onkel Herbert [Wehner] im gleichen Sinne geschrieben."

Nr. 21

1   Der SPD-Parteivorstand hatte angesichts der schlechten Wahlergebnisse im Jahr 1974 zu einer Konferenz der Führungsgremien nach Recklinghausen eingeladen, um die aktiven Mitglieder, die hauptamtlichen Mitarbeiter und die Mandatsträger auf die so genannte „Recklinghäuser Erklärung" einzuschwören und so den Mitgliedern und der Öffentlichkeit ein Bild der Geschlossenheit der SPD zu vermitteln. Die inhaltliche Erarbeitung und redaktionelle Fassung der Erklärung machte Brandt zur Chefsache. Er versprach sich von ihr nicht zuletzt eine Beruhigung der innerparteilichen Kontroversen, die sich nach dem Kanzlerwechsel im Vorjahr verschärft hatten. Vgl. Einleitung.
2   Es folgen Aussagen zur weltwirtschaftlichen Situation.
3   Vgl. die Ergebnisse der Landtagswahlen von 1974, die der CDU und der CSU starke Gewinne brachten (Hamburg am 3. März, Niedersachsen am 9. Juni, Bayern und Hessen am 27. Oktober), im Anhang. Bei den Kommunalwahlen im Saarland am 5. Mai 1974 legte die CDU deutlich zu und errang im Landesdurchschnitt die absolute Mehrheit. AdG 44 (1974), S. 18662.
4   Slogan der SPD bei der Bundestagswahl 1972. Vgl. auch Nr. 11 und 12.

Nr. 22

1   Am 5. März 1975 war der am 27. Februar 1975 entführte Spitzenkandidat der Berliner CDU, Peter Lorenz, freigelassen worden, nachdem die Bundesregierung am 3. März 1975 der Forderung der Terroristen nachgekommen war, RAF-Gefangene in den Jemen ausreisen zu lassen.

2   Am 8. März 1975 hatte Brandt auf einer Betriebsrätekonferenz der Arbeitsgemeinschaft für Arbeitnehmerfragen in der Dortmunder Westfalenhalle gesprochen. Terminkalender Brandts, 1975. AdsD, WBA, A 1, 44.

3   Brandt zieht zwei Zitate aus der Rede von Wels zusammen. Stenogr. Berichte 8. Deutscher Reichstag, 2. Sitzung, Bd. 457, S. 33 und 34.

4   Ebd., S. 34.

5   Eduard Zimmermann, Moderator und Redakteur der ZDF-Sendung „Aktenzeichen XY".

6   Im Folgenden geht Brandt vor allem auf Presseberichte und auf Äußerungen von CDU/CSU-Politikern ein.

7   Günter von Drenkmann war bei einem Entführungsversuch am 10. November 1974 von Terroristen erschossen worden.

8   Im Folgenden geht Brandt vor allem auf das Verhältnis von Bund und Ländern bei der Bekämpfung des Terrorismus ein.

9   In den Ziffern 6 – 9 des Entschließungsantrags wurden „die geistige Auseinandersetzung mit allen Formen des Extremismus und der Gewalt", die Ablehnung von Gewalt als Mittel oder Rechtfertigung für die Durchsetzung politischer Ziele, „demokratischer Bürgersinn" und der Ausbau des Rechtsstaats und einer gesellschaftlichen Ordnung, „in der sich jeder Bürger frei entfalten kann", gefordert. Vgl. Entschließungsantrag der Fraktionen der SPD und der FDP zur Erklärung der Bundesregierung zur Inneren Sicherheit vom 13. März 1975. Anlagen zu den Stenogr. Berichten. Drucksache 7/3357, Deutscher Bundestag, Bd. 203.

Nr. 23

1   Ms. vermerkt: „K[laus]H[arpprecht].

2   Die Rede erschien in Englisch als eigenständige Veröffentlichung des Office of the Secretary der Vanderbilt University unter dem Titel *Willy Brandt:* Democracy in Crisis – Progress in Democracy (His speech at Vanderbilt University), Nashville/Tennessee o. J. (auch in: AdsD, WBA, A 3, 623). Leicht gekürzt wurde die Rede auch in der *Frankfurter Rundschau*, Nr. 72 vom 26. März 1975, dokumentiert.

3   Die deutsche Übersetzung aus dem Englischen ist an dieser Stelle ungenau. Es müsste eigentlich heißen: Demokratie in der Krise – Fortschritt in der Demokratie.

4   Es folgen Ausführungen zur Bedrohung der westlichen Demokratie durch das nukleare Wettrüsten und eine ungerechte Weltwirtschaftsordnung, anschließend fünf „Einsichten" zur internationalen Politik.

5   Es schließen sich Betrachtungen zur Demokratisierung Westeuropas sowie Exkurse zur Nachkriegsgeschichte Europas und zur westeuropäischen Integration an.

Nr. 24

1   Die Fachtagung der AWO in Siegen (8. – 11. Mai 1975) hatte das Generalthema „Soziale Arbeit im Spannungsfeld von Humanität und Ökonomie".

2   Die Rede Brandts wurde für die damalige Veröffentlichung „unwesentlich gekürzt". Bei Ergänzungen und Auslassungen wurde das Redemanuskript (AdsD, WBA, A 19, 6) herangezogen. Rein redaktionelle Veränderungen wurden in der Veröffentlichung nicht kenntlich gemacht.

3   Im ersten Abschnitt der Rede wirft Brandt grundsätzliche Fragen über das Verhältnis von staatlichem Handeln und Sozialarbeit auf.

4   Revolte im Erziehungshaus, Regie: Georg Asagaroff, Deutschland 1929.

5   Aus dem Redemanuskript ergänzt.
6   Nicht im Redemanuskript enthalten.
7   Im Folgenden erläutert Brandt die deutsche Sozialpolitik der letzten Jahrzehnte.
8   Nicht ermittelt.

Nr. 25
1   Brandt schrieb aus seinem norwegischen Urlaubsort Hamar. Gleichlautende hs. Schreiben gingen unter dem Datum des 10. August 1975 auch an den niedersächsischen SPD-Landesvorsitzenden, Peter von Oertzen, und den fränkischen SPD-Bezirksvorsitzenden, Bruno Friedrich. AdsD, WBA, A 11.5, 21.

Nr. 26
1   Hs. von Schmidt vermerkt und paraphiert: „1) mündlich beantwortet [...] Sch[midt] 23/".
2   SPD-Parteitag in Mannheim (11. – 15. November 1975). Vgl. Nr. 5, 30 und 31.

Nr. 27
1   Die Notiz stammt von Michael Bertram. Ms. vermerkt.: „K. Schulze/G. Kuppe als Unterlage für die weiteren Planungen, D. Lasse z. K." Von Brandt hs. unterstrichen und vermerkt: „TG".
2   Von Brandt am linken Rand hs. vermerkt: „(1) Mobilisierung uns[erer] Anhänger" und „(2) geistige Schichten" (letztere Randbemerkung durchgestrichen).
3   Hs. unterzeichnet.

Nr. 28
1   Hs. von Schmidt paraphiert: „Sch[midt] 5/10".
2   Beim Kongress der Schwedischen Sozialdemokratischen Partei in Stockholm hielt Brandt als stellvertretender Vorsitzender der SI am 5. Oktober 1975 eine Rede. Vgl. *Socialist Affairs* 25 (1975), 6, S. 118 f.
3   Brandt war am 6. Oktober 1975 Gastredner bei einer Veranstaltung der Presseagentur United Press International (UPI) in London.
4   Das Erich-Ollenhauer-Haus in Bonn wurde am 3. Oktober 1975 eingeweiht.
5   Gemeint ist die Rede von Helmut Schmidt auf dem Landesparteitag der Hamburger SPD am 20. September 1975. Dort wurde ausführlich über den Orientierungsrahmen '85 debattiert. Vgl. *Vorwärts*, Nr. 39 vom 25. September 1975, S. 6.
6   SPD-Parteitag in Mannheim (11. – 15. November 1975).
7   Der SPD-Parteitag in Mannheim beschloss den Orientierungsrahmen 1975–1985 fast einstimmig.
8   Peter von Oertzen war Vorsitzender der zweiten Kommission zur Erarbeitung des Orientierungsrahmens '85.

Nr. 29
1   Ein Dreieck mit ungleichen Seiten, in: *Süddeutsche Zeitung* vom 16. Oktober 1975. In diesem Artikel, einem Vorbericht zum Mannheimer SPD-Parteitag, der den Orientierungsrahmen 1975–1985 verabschiedete, wurde über tiefgehende politische Divergenzen zwischen Brandt und Schmidt spekuliert und kolportiert, dass das Verhältnis zwischen ihnen nur deshalb gut sei, weil es ein „Un-Verhältnis" darstelle.

Nr. 30
1   Die Vorlage stammt vermutlich von Süskind. Sie wurde von Brandt hs. redigiert.
2   Hs. eingefügt.
3   SPD-Parteitag in Mannheim (11. – 15. November 1975).
4   Hs. gestrichen.

5 Hs. eingefügt.
6 Hs. gestrichen.
7 Hs. eingefügt.
8 Der von der SPD/FDP-Koalition zusätzlich eingeführte § 130a StGB stellte die schriftliche oder mündliche Anleitung zu (terroristischen) Straftaten unter Strafe.
9 Hs. gestrichen.
10 Orientierungsrahmen 1975 – 1985.
11 Hs. eingefügt. Das Kommunalpolitische Grundsatzprogramm, in: Parteitag der SPD in Mannheim 1975, S. 1105 – 1148. Siehe auch Nr. 31.
12 Hs. gestrichen.
13 Hs. eingefügt.
14 Arbeitskreis Kommunalpolitik.
15 Hs. eingefügt.
16 Der folgende Teil der Vorlage stammt von Süskind. Er wurde von Brandt hs. redigiert.
17 Hs. gestrichen.
18 Hs. eingefügt.
19 Hs. eingefügt.
20 Hs. gestrichen.
21 Hs. eingefügt, dafür gestrichen: „Genossen bei uns beeindrucken, kleinmütig wie sie sind".
22 Hs. unterstrichen.
23 Hs. eingefügt. Gemeint ist die „Recklinghäuser Erklärung" vom 17. Februar 1975 (Nr. 21).
24 Hs. unterstrichen.
25 Hs. eingefügt.
26 Gemeint ist die politische Konfrontationsstrategie gegenüber der Bundesregierung auf allen politischen Ebenen, die Strauß bei einer Rede in Sonthofen am 18. November 1974 angekündigt hatte.
27 Hs. eingefügt.
28 Hs. eingefügt.
29 Hs. gestrichen.
30 Es folgen Stichworte zur Außenpolitik.

Nr. 31
1 SPD-Parteitag in Mannheim (11. – 15. November 1975).
2 Vgl. Nr. 30, Anm. 11.
3 Rechenschaftsbericht. Rede vom 11. November 1975, in: *Brandt 1984*, S. 229 – 256.

Nr. 32
1 Gemeint ist die rheinland-pfälzische Landesliste der SPD zur Bundestagswahl am 3. Oktober 1976. Über sie zog Dohnanyi nach der Wahl in den Bundestag ein.

Nr. 33
1 Die Rede wurde in gekürzter Form auch dokumentiert in der *Berliner Stimme*, Nr. 11 vom 13. März 1976, S. 9.
2 Unter diesem Slogan stand die Kampagne der CSU zur Bundestagswahl 1976. Die CDU hatte den Slogan „Freiheit statt Sozialismus" gewählt.
3 Zitat nicht ermittelt. Vgl. aber inhaltlich: Der neue Staat, in: *Rathenau, Walther:* Gesammelte Schriften: Wirtschaft, Staat und Gesellschaft, 8. Aufl., Berlin 1929, S. 263 – 309, insb. S. 289 ff.
4 *Dowe, Dieter/Klotzbach, Kurt* (Hrsg.): Programmatische Dokumente der deutschen Sozialdemokratie, 3. überarb. u. aktual. Aufl., Bonn 1990, S. 287 – 297.
5 *Schumacher, Kurt:* Aufgaben und Ziele der deutschen Sozialdemokratie. Referat gehalten auf dem Parteitag der SPD in Hannover im Mai 1946, hrsg. von der Sozialdemokratischen Partei Groß-Hessen, Frankfurt/Main [1946], S. 23.
6 *Mann, Thomas:* Das Problem der Freiheit (1939), in: *Ders.:* Essays, Bd. 5: Deutschland und die Deutschen, hrsg. von *Hermann Kurtzke, Stephan Stachorski*, Frankfurt/Main 1996, S. 54 – 74.

7 Regierungserklärung Brandts vom 28. Oktober 1969, in Auszügen in: Berliner Ausgabe, Bd. 7, Nr. 36.
8 Vgl. Rede auf dem SPD-Parteitag in Hannover am 14. April 1973 [Schlusswort], in: Parteitag der SPD in Hannover 1973, S. 936–961.

Nr. 34
1 Hs. von Schmidt paraphiert: „Sch[midt]". Die konkreten Änderungswünsche Brandts für den Entwurf des Regierungsprogramms 1976–1980 im Schreiben Brandts an Schmidt, 13. Juni 1976, Nr. 35.
2 Entwurf des Regierungsprogramms 1976–1980.

Nr. 35
1 Vgl. Nr. 34.
2 SPD-Parteitag in Dortmund, der am 19. Juni 1976 mit einer Großkundgebung im Westfalenstadion schloss.
3 Gemeint ist die Fachkonferenz Jugend der SPD in Solingen. Dort lehnte es die überwältigende Mehrheit der Delegierten am 13. Juni 1976 ab, von der Forderung nach „investitionslenkenden Maßnahmen" des Staates und der „Vergesellschaftung der Schlüsselindustrie" abzurücken. Vgl. Vorwärts, Nr. 25 vom 17. Juni 1976, S. 2.
4 Tag der Bundestagswahl.
5 Zum Ergebnis der Bremer Bürgerschaftswahl vgl. die Wahlergebnisse im Anhang.
6 Die Stimmung in der Partei und der Bevölkerung sowie die Meinungsumfragen deuteten im Sommer 1972 auf eine Niederlage der SPD bei den kommenden Bundestagswahlen hin.
7 Die Wahlen zur Abgeordnetenkammer am 20. Juni 1976 verliefen für die italienischen Sozialisten enttäuschend. Sie fielen unter zehn Prozent, während sich die Kommunisten mit 34,4 % den Christdemokraten annäherten. In Schweden musste die Sozialdemokratische Partei bei den Reichstagswahlen am 19. September 1976 leichte Verluste hinnehmen. Sie erhielt 42,7 %, verlor jedoch nach 44 Jahren die Regierungsmacht.
8 Gemeint ist der Anschlag einer terroristischen Palästinensergruppe auf die israelische Mannschaft während der Olympischen Spiele am 5. September 1972 in München, wenige Wochen vor der Bundestagswahl am 19. November 1972. Vgl. Berliner Ausgabe, Bd. 7, Nr. 73 und 74.
9 Brandt stellt hier Vergleiche zu den „wilden Streiks" im Frühjahr 1974 an. Vgl. Einleitung sowie Berliner Ausgabe, Bd. 7, Nr. 101.
10 Der Flügelstreit in der Münchner SPD, der bundesweit immer wieder für Schlagzeilen sorgte, konnte vorübergehend eingedämmt werden. Vgl. *Kronawitter, Georg:* Mit aller Leidenschaft. 20 Jahre Politik für München, München 2001, S. 21 f.
11 Gemeint ist die konfrontative Wahlkampagne der Union unter dem Motto „Freiheit oder Sozialismus" (CSU) bzw. „Freiheit statt Sozialismus" (CDU).
12 Auf dem außerordentlichen Parteitag am 9./10. Dezember 1978 wurde Brandt als Spitzenkandidat der SPD für die von den europäischen Regierungschefs beschlossene erste Direktwahl zum Europaparlament im Juni 1979 nominiert.
13 Vgl. Berliner Ausgabe, Bd. 8.
14 Vgl. Nr. 34.
15 Vgl. Nr. 33.
16 Vom 8. bis 12. Juni 1976 besuchte der Erste Sekretär des ZK der Polnischen Vereinigten Arbeiterpartei Bonn. Er unterzeichnete ein Abkommen über kulturelle Zusammenarbeit und über die Entwicklung

der wirtschaftlichen Beziehungen zwischen Polen und der Bundesrepublik.
17 Zur Haltung Brandts gegenüber der sozial-liberalen Koalition vgl. die Einleitung.
18 Brandt bezieht sich vermutlich auf den relativen Erfolg des Pfingsttreffens 1976 des „Sozialistischen Büros", an dem etwa 20 000 Personen teilnahmen. Das „Sozialistische Büro" war ein 1969 gegründeter lockerer Zusammenschluss linker Intellektueller, die sich sowohl von der SPD wie auch von kommunistischen Gruppierungen abgrenzten. Zu der von Brandt erwarteten Gründung einer linkssozialistischen Partei kam es nicht.
19 Hs. unterzeichnet.

Nr. 36

1 Herbert Wehner befand sich am 6. Juli 1976 in seinem Feriendomizil in Öland (Schweden). Die Geburtstagswünsche Brandts wurden als SPD Pressemitteilungen und Informationen, Nr. 355/76, am 8. Juli 1976 verbreitet.
2 SPD-Parteitag in Mannheim (11. – 15. November 1975).

Nr. 37

1 Die Fritz-Erler-Gesellschaft stand auf dem rechten Flügel der Partei. Zu den innerparteilichen Gruppenbildungen vgl. die Einleitung.
2 SPD-Parteitag in Mannheim (11. – 15. November 1975).
3 Außerordentlicher SPD-Parteitag in Dortmund (18./19. Juni 1976).
4 Die Anhänger der Theorie vom staatsmonopolistischen Kapitalismus innerhalb der Jungsozialisten vertraten die Ansicht, dass aufgrund wachsender Verflechtungen zwischen Großunternehmen und Staat dieser nur dann demokratische Funktionen erfüllen könne, wenn das Diktat der ökonomischen Logik des Kapitalismus gebrochen werde. Vgl. *Stephan, Dieter:* Jungsozialisten: Stabilisierung nach langer Krise? Theorie und Politik 1969 – 1979. Eine Bilanz, Bonn 1979, S. 21 ff.; *Koschnick, Hans* u. a.: Zur Klärung des Verhältnisses zwischen Sozialdemokratie und Stamokap-Richtung, hrsg. vom Vorstand der SPD, Bonn o. J.
5 SPD-Parteitag in Mannheim (11. – 15. November 1975).
6 Vgl. die Mitgliederstatistik der SPD im Anhang.

Nr. 38

1 Tag der Bundestagswahl.
2 Vgl. Nr. 33.
3 Vgl. Berliner Ausgabe, Bd. 7, besonders Nr. 93. Vgl. auch Nr. 1.
4 Vgl. die Ergebnisse der Bundestagswahl vom 19. November 1972 im Anhang.
5 Vgl. die Ergebnisse der Bundestagswahl vom 3. Oktober 1976 im Anhang.

Nr. 39

1 Am 10. September 1976 hatte auf dem Frankfurter Römerberg eine Wahlkampf-Großkundgebung mit Brandt und Schmidt stattgefunden. Terminkalender Brandts, 1976. AdsD, WBA, A 1, 45.
2 Gemeint ist die im Bundestagswahlkampf geführte Kampagne der CDU gegen Osswald im Rahmen der so genannten Helaba-Affäre. Osswald, der Verwaltungsratsvorsitzender der Hessischen Landesbank (Helaba) war, wurde vorgehalten, für riskante Bankgeschäfte verantwortlich und in Parteispenden der Bank verwickelt zu sein. Unmittelbar nach der Bundestagswahl am 3. Oktober 1976 übernahm Osswald die politische Verantwortung und trat vom Amt des hessischen Ministerpräsidenten zurück. Das Rücktrittsschreiben an den hessischen

SPD-Landesvorstand vom 3. Oktober 1976, in: AdSD, WBA, 11.5, 22. Persönliche Verfehlungen wurden ihm nicht nachgewiesen.

Nr. 40

1 Bildungsstätte der Friedrich-Ebert-Stiftung in Bad Münstereifel.
2 Die FDP bildete mit der CDU ein Regierungsbündnis, scheiterte jedoch bei der Landtagswahl am 4. Juni 1978 an der Fünf-Prozent-Klausel.
3 Am 15. Dezember 1976 wählte der Deutsche Bundestag Schmidt wieder zum Bundeskanzler.
4 Am 26. November 1976 wurde Brandt in Genf zum Vorsitzenden der Sozialistischen Internationale gewählt. Vgl. Berliner Ausgabe, Bd. 8.
5 Am 22. November 1976 löste Bahr Börner, der Ministerpräsident in Hessen wurde, als SPD-Bundesgeschäftsführer ab.

Nr. 41

1 Hs. von Schmidt paraphiert: „Sch[midt] 16/11".
2 Die geplante Deutsche Nationalstiftung sollte nach einem Beschluss der Kultusminister der Länder vom April 1976 ihren Sitz in Berlin haben. Diese Entscheidung trug die Bundesregierung aber nicht mit, da sie neue Streitigkeiten mit der Sowjetunion über die Auslegung des Viermächte-Abkommens über Berlin befürchtete. Vgl. *Der Spiegel*, Nr. 18 vom 3. Mai 1976, S. 27 f. Die von Brandt in seinem Schreiben erwähnte „Bundespräsidenten-Formel" meint offenbar eine Lösung für den Sitz der Nationalstiftung ähnlich der Regelung, wie sie für die Anwesenheit des Bundespräsidenten in Berlin praktiziert wurde. Neben ihrem offiziellen Amtssitz in der Villa Hammerschmidt in Bonn hatten die Bundespräsidenten seit 1959 einen zweiten Dienstsitz im Schloss Bellevue in Berlin.
3 Der SPD-Bundestagsabgeordnete Hermann Schmidt (Würgendorf) war seit März 1975 Parlamentarischer Staatssekretär im Bundesverteidigungsministerium. Nach der Bundestagswahl 1976 wurde er durch Andreas von Bülow abgelöst.

Nr. 42

1 Am Textanfang hs. vermerkt (nicht von Brandt): „f[ür] Gespr[äch] m[it] H[erbert] W[ehner] am 27. 1. 1977 abends". Vgl. auch Nr. 44.
2 Nicht ermittelt.
3 Vgl. Nr. 9.
4 Meint vermutlich: unisonore (einvernehmliche, im Einklang befindliche).
5 Die Wahl Ehmkes in die Führung der SPD-Bundestagsfraktion nach der Bundestagswahl 1976 war zunächst am Widerstand des rechten Flügels gescheitert. In einer Nachwahl im Mai 1977 wurde er zum stellvertretenden Fraktionsvorsitzenden gewählt. Brandt bemühte sich, Ehmke als außenpolitischen Sprecher der Fraktion durchzusetzen, was ihm auch gelang. Vgl. Nr. 43 und 44.
6 Heinz Rapp wurde zum Obmann der Arbeitsgruppe Weltwirtschaft der SPD-Bundestagsfraktion gewählt.

Nr. 43

1 Gemeint ist der Arbeitskreis I (Außen- und Sicherheitspolitik) der SPD-Bundestagsfraktion.
2 Ehmke konnte von Brandt durchgesetzt werden und fungierte seit Januar 1977 als außenpolitischer Sprecher der SPD-Bundestagsfraktion. Vgl. Nr. 42 und 44.

Nr. 44

1 Von Brandt am 7. Februar 1977 abgezeichnet.
2 Nr. 42.
3 Schwedisch für Weihnachtsstern.
4 Horst Ehmke war Karl Liedtke bei den Vorstandswahlen der SPD-Bundestagsfraktion 1976 unterlegen gewesen. Vgl. Nr. 42, Anm. 5.
5 Der SPD-Parteivorstand plante für Ende Januar 1977 die Durchführung einer öffentlichen Sitzung von Parteivorstand, Parteirat und Kontrollkommission.
6 Leo Bauer.

Nr. 45

1 Ms. vermerkt: „Kopien: H[erbert] W[ehner] E[gon] B[ahr]". Eine weitere Kopie des Schreibens in: Archiv Helmut Schmidt, Innenpolitik, Bd. 10: 1977–1978 A–N, und in: AdsD, NL Wehner, 1/HWAAA000379. Das Antwortschreiben Wehners vom 17. Februar 1977 in: Ebd.
2 Das 48 Seiten starke Papier Schmidts über „Erwägungen zu 1977" in: Ebd.
3 Vgl. Berliner Ausgabe, Bd. 6.
4 Vgl. Berliner Ausgabe, Bd. 9.
5 Am 16. Dezember 1976 war in Paris die Konferenz über Internationale Wirtschaftliche Zusammenarbeit eröffnet worden, in der 18 Entwicklungs- und neun Industrieländer über eine Neuregelung der Nord-Süd-Beziehungen berieten.
6 Bundesverteidigungsminister Leber wurde bei der Regierungsumbildung im Februar 1978 durch den bisherigen Bundesfinanzminister Apel abgelöst.
7 Hs. unterzeichnet.

Nr. 46

1 Bei den hessischen Kommunalwahlen vom 20. März 1977 rutschte die SPD von 51,4 % (1972) auf 42,3 % der abgegebenen Stimmen ab.
2 Die Wahlen fanden am 8. Oktober 1978 statt. Zum Wahlergebnis vgl. Anhang.
3 Gemeint ist der Ablösungsprozess mancher westeuropäischer kommunistischer Parteien von Moskau.
4 Die SPD hatte vor der Bundestagswahl von 1976 rentenpolitische Versprechen abgegeben, die sie nach der Wahl nicht einlösen konnte.
5 Die SPD hatte die Schärfe und Breite des Widerstands gegen die friedliche Nutzung der Atomenergie unterschätzt.
6 Gemeint ist die „Abhör-Affäre" um den kritischen Atomwissenschaftler Traube, der monatelang vom Verfassungsschutz abgehört worden war. Sie führte im Frühjahr 1977 zu Rücktrittsforderungen an die Adresse von Bundesinnenminister Maihofer. Vgl. *Der Spiegel*, Nr. 10 vom 28. Februar 1977.
7 Am 7. April 1977 waren der Generalbundesanwalt, Buback, sein Fahrer sowie ein Justizbeamter durch RAF-Terroristen ermordet worden.
8 Gemeint ist der so genannte Harmel-Bericht von 1967, der die militärische Abschreckung der NATO mit einem Angebot an die Warschauer-Pakt-Staaten zur Zusammenarbeit verband.
9 Tschechoslowakische Bürgerrechtsgruppe, die sich am 1. Januar 1977 nach dem Vorbild des Bürgerrechtskomitees in der UdSSR gegründet hatte und sich für die in der KSZE-Schlussakte verbrieften Menschenrechte einsetzte.
10 Gemeint ist die KSZE-Konferenz in Helsinki 1975 und die Belgrader Folgekonferenz 1978.
11 Vgl. Berliner Ausgabe, Bd. 8.
12 Im III. Abschnitt der Rede äußerte sich Brandt vor allem über aktuelle europapolitische Fragen.

13 Gemeint ist die Weltwirtschaftsgipfelkonferenz der G 7-Staaten (Bundesrepublik Deutschland, Frankreich, Italien, Japan, Kanada, Großbritannien und Vereinigte Staaten) am 8. Mai 1977 in London.

14 Vom 1. bis 3. April 1977 hatte eine Konferenz der Europäischen Arbeiterbewegungen in Oslo stattgefunden.

15 Die Konferenzunterlagen in: AdsD, WBA, A 13, 14.

16 Vgl. Berliner Ausgabe, Bd. 4 und 7.

17 Am 28./29. April 1977 führte der SPD-Parteivorstand in Köln eine u. a. von Hans Matthöfer vorbereitete Fachtagung zur Energiepolitik durch. Die Beiträge und weitere Materialien sind dokumentiert in: Dröscher, Wilhelm u. a. (Hrsg.): Energie, Beschäftigung, Lebensqualität, Bonn [1977]. Der SPD-Parteitag in Hamburg (15. – 19. November 1977) fasste Beschlüsse zur Energiepolitik, nach denen er der Kohle als Energieträger den Vorrang einräumte und die Kernenergie für unverzichtbar hielt. Neue Genehmigungen für den Bau von Atomkraftwerken sollten aber nur noch dann erteilt werden, wenn eine dauerhafte Entsorgung des atomaren Abfalls sichergestellt sei.

Nr. 47

1 Der SPD-Parteivorstand beschloss am 27. April 1977, dass für den Juso-Bundesvorsitzenden mit sofortiger Wirkung alle Rechte aus der Mitgliedschaft in der SPD für die Dauer von drei Monaten ruhen, und stellte zugleich einen Antrag auf Durchführung eines Parteiordnungsverfahrens, in dem er den Ausschluss Benneters aus der SPD beantragte. Die Schiedskommission gab diesem Antrag statt, und Benneter wurde aus der Partei ausgeschlossen. Den Anlass für die Maßnahmen bot ein Interview in der Zeitschrift konkret, in dem Benneter erklärt hatte, dass „für uns Jusos ‹...› die Mitgliedschaft in der Partei kein Dogma" ist, „an dem wir in jedem Fall festhalten". Vgl. die Anlage zur Erklärung des Sprechers des SPD-Vorstandes, Schwarz. SPD Mitteilung für die Presse, Nr. 189/77 vom 27. April 1977.

Nr. 48

1 Brandt geht zunächst auf die Geschichte des Karl-Marx-Hauses ein und würdigt dann ausführlich Marx' Wirken.

2 Vgl. hierzu Luxemburg, Rosa: Die Russische Revolution. Eine kritische Würdigung. Aus dem Nachlaß von Rosa Luxemburg, hrsg. und eingeleitet von Paul Levi, Berlin 1922; Rosa Luxemburg und die Freiheit der Andersdenkenden. Extraausgabe des unvollendeten Manuskripts „Zur russischen Revolution" und anderer Quellen zur Polemik mit Lenin, zusammengestellt und eingeleitet von Annelies Laschitza, Berlin 1990, insbesondere S. 158: „[...] eine Diktatur allerdings, aber nicht die Diktatur des Proletariats, sondern die Diktatur einer Handvoll Politiker, d. h. Diktatur im rein bürgerlichen Sinne [...]." Die Rede von der „Diktatur über das Proletariat" stammte hingegen von Kautsky. Siehe Kautsky, Karl: Von der Demokratie zur Staatssklaverei. Eine Auseinandersetzung mit Trotzki, Berlin 1921, S. 70.

3 Vgl. Nr. 8, Anm. 7.

4 Die „Pariser Manuskripte" (auch „Ökonomisch-philosophische Manuskripte") entstanden im Sommer 1844, sie wurden erst 1932 im Druck veröffentlicht (MEW, Bd. 40, S. 465–588). Mit „Marx der Pariser Manuskripte" ist die Phase des Marx'schen Wirkens bezeichnet, in der er

eher anthropologisch bzw. humanistisch und noch nicht strikt historisch-materialistisch argumentiert.

5   Rede zum 150. Geburtstag von Karl Marx am 4. Mai 1968 in Trier, in: Brandt, Willy: Die Partei der Freiheit. Reden über August Bebel, Karl Marx, Friedrich Engels und Otto Wels, Bonn-Bad Godesberg 1974, S. 25.

Nr. 49

1   Hs. von Schmidt paraphiert: „Sch[midt] 15/5". Am 6. Juni 1977 hs. von Schmidt vermerkt und paraphiert: „Im heutigen persönlichen Gespräch mit W[illy] Br[andt] + Egon B[ahr] erledigt. [...] Sch[midt] 6/6".

2   Am 8. Mai 1977 fand der dritte Weltwirtschaftsgipfel der G 7-Staaten (Bundesrepublik Deutschland, Frankreich, Italien, Japan, Kanada, Großbritannien, Vereinigte Staaten) in London statt. In einer gemeinsamen Erklärung wurde festgehalten, dass die Teilnehmer die Schaffung von mehr Arbeitsplätzen und die Dämpfung der Inflation als vordringlich betrachteten. AdG 47, 1977, S. 20977 ff.

3   Günter Jansen war der amtierende Landesvorsitzende der SPD in Schleswig-Holstein. Der dortige Landesvorstand hatte sich in der Auseinandersetzung um den Bau des Kernkraftwerks in Brokdorf für die Rücknahme der Baugenehmigung ausgesprochen und sich damit gegen die von der Bundespartei unterstützte Kernenergiepolitik der Bundesregierung gewandt. Vgl. Vorwärts, Nr. 17 vom 28. April 1977, S. 11.

4   Gemeint ist das Parteiausschlussverfahren gegen den im März 1977 gewählten Juso-Vorsitzenden Klaus-Uwe Benneter. Vgl. Nr. 47.

5   Es folgen Bemerkungen zu Stellenbesetzungen im Auswärtigen Amt.

Nr. 50

1   Einige Mitglieder der SPD-Bundestagsfraktion hatten öffentlich erklärt, die Steuerpolitik der Regierung nicht mittragen zu können, und damit gedroht, sie im Deutschen Bundestag scheitern zu lassen.

2   Laut einem ungezeichneten Vermerk vom 20. Juni 1977 wurden die „Ausbrüche des Genossen Wehner" auf der AfA-Bundeskonferenz in Saarbrücken in eine Reihe mit dessen Moskauer Äußerungen im Oktober 1973 gerückt. AdSD, WBA, A 9, 34.

3   Eine Tonbandabschrift vom 14. Juni 1976 in: Ebd.

4   In der Bundestagsdebatte am 21. Juni 1977 hatte Wehner zur Sitzung des SPD-Präsidiums, das tags zuvor getagt hatte, erklärt: „Ich sage freimütig, wie es da gegangen ist. Da waren alle gegen einen. In dieser Art von Fällen ist das besser, als stünde einer gegen alle. Der eine bin ich gewesen. Das heißt: Dieser eine nimmt die Kritik auf sich. Als einzelner freut er sich sogar, daß die anderen alle einig sind." Stenogr. Berichte 8. Deutscher Bundestag, 34. Sitzung, 21. Juni 1977, S. 2598.

5   Hs. paraphiert.

Nr. 51

1   Hs. von Schmidt paraphiert: „Sch[midt] 20/" und vermerkt: „m[ün]dlich erledigt". Das Schreiben auch in: AdSD, WBA, A 9, 12. Dort hs. am rechten Rand vermerkt: „E[gon] B[ahr] gezeigt am 13.7.1977".

2   In Hamburg und Marburg waren Parteiordnungsverfahren gegen SPD-Mitglieder anhängig.

3   Am 2. Juli 1977 wurde der im März 1977 zum Vorsitzenden der Jungsozialisten gewählte Klaus-Uwe Benneter aus der SPD ausgeschlossen. Vgl. Nr. 47. Die Neuwahl des neuen Juso-Vorsitzenden fand aller-

dings erst im Februar 1978 statt. Gewählt wurde Gerhard Schröder.
4 SPD-Parteitag in Hamburg (15. – 19. November 1977).
5 *Nollau* 1978.

Nr. 52
1 Brandt stellt zunächst eine historische Betrachtung über die Parteienkritik in Deutschland an.
2 1869 wurde in Eisenach die „Sozialdemokratische Arbeiterpartei Deutschlands" gegründet; sie schloss sich 1875 auf dem Parteitag in Gotha mit dem 1863 gegründeten ADAV (den „Lassalleanern") zur „Sozialistischen Arbeiterpartei Deutschlands" (seit dem Erfurter Parteitag 1891: „Sozialdemokratische Partei Deutschlands" [SPD]) zusammen.
3 Vgl. Nr. 58.
4 Zum „Revisionismusstreit" vgl. *Grebing, Helga:* Arbeiterbewegung. Sozialer Protest und kollektive Interessenvertretung bis 1914, 3. Aufl., München 1993, S. 112 ff.
5 Vgl. Berliner Ausgabe, Bd. 4.
6 *Marx, Karl:* Manifest der Kommunistischen Partei, in: *Miller, Susanne/ Potthoff, Heinrich:* Kleine Geschichte der SPD: Darstellung und Dokumentation 1848 – 1990, 7. überarb. und erw. Aufl., Bonn 1991, S. 323 ff. Vgl. auch *Hobsbawm, Eric* u. a.: Das Manifest – heute. 150 Jahre Kapitalismuskritik, Hamburg 1998.
7 Als „eurokommunistisch" bezeichneten sich diejenigen kommunistischen Parteien Westeuropas, die sich während der 1970er Jahre von Moskau lossagten. Vgl. *Albers, Detlev* u. a.: Perspektiven der Eurolinken, Frankfurt/Main-New York 1981.
8 *Schumacher, Kurt:* Reden – Schriften – Korrespondenzen 1945 – 1952, hrsg. von *Willy Albrecht*, Berlin-Bonn 1985, S. 230 f.

9 Es folgen Ausführungen zur Geschichte der deutschen Parteien, eine Analyse „anti-parteilicher Vorbehalte" in der Gesellschaft, Aussagen zur Vertrauensarbeit der SPD und ein Plädoyer für die Stellung der Parteien im öffentlichen Willensbildungsprozess.

Nr. 53
1 Brandt leitet seine Rede mit einer Anmerkung zur Auseinandersetzung mit dem Terrorismus ein.
2 Am Vortag war es einer Spezialeinheit des BGS gelungen, die von Terroristen mit einer Lufthansa-Maschine entführten Geiseln in Mogadischu (Somalia) zu befreien.
3 Brandt führt seine ersten beiden Thesen aus.
4 Anspielung auf den Wahlkampfslogan der Union im Bundestagswahlkampf 1957.
5 Anspielung auf Forderungen aus der Union, auf den Terrorismus mit neuen Sicherheitsgesetzen zu antworten.

Nr. 54
1 Ms. vermerkt in der Anschrift: „Persönlich". Von Brandt hs. vermerkt: „1) E[gon]B[ahr] 2) Telefonat H[elmut]Ko[hl]" und „7/1".
2 Vladimir Bakaric.
3 Von Brandt hs. unterstrichen und am linken Rand vermerkt: „1)".
4 Von Brandt hs. unterstrichen und am linken Rand vermerkt: „2)".
5 Hs. unterzeichnet.

Nr. 55
1 Das Eingreifen des Parteivorsitzenden beruhte nicht nur auf diesem formalen Argument. Vielmehr wurde befürchtet, dass das Vorgehen der auf dem linken Flügel der Partei angesiedelten Bremer Landesorgani-

sation Versuche einer innerparteilichen Willensbildung unter Umgehung der Führungsgremien präjudizieren könne.
2   Hs. paraphiert.

Nr. 56

1   Schreiben mit demselben Wortlaut gingen offenbar an sämtliche Mitglieder des SPD-Parteivorstands. Mit Stempeln: „Büro Helmut Schmidt stellv. Vorsitzender 20.2.1978" und „Vorzimmer Bundeskanzler 20. FEB. 1978". Hs. von Klaus-Dieter Leister vermerkt: „1) Kopie Chef B[undes]K[anzleramt], St[aats]M[inister], A[bteilungs]L[eiter]5 2) Bk z.K. 3) A[bteilungs]L[eiter]5 bitte auswerten für PV-Sitzung am 27.2.[1978] + W[ieder]V[orlage] mit Kommentierung Lei[ster] 20/2".
2   Die Parteivorstandssitzung in München fand am 30. Januar 1978 statt.
3   Nachdem Abhöroperationen des Militärischen Abschirmdienstes bekannt geworden waren, bot Bundesverteidigungsminister Leber am 2. Februar 1978 Bundeskanzler Schmidt seine Demission an. Bei der Kabinettsumbildung am 16. Februar 1978 schieden neben Georg Leber auch Helmut Rohde (Bildung und Wissenschaft), Karl Ravens (Raumordnung, Bauwesen und Städtebau) und Marie Schlei (Wirtschaftliche Zusammenarbeit) aus der Regierung aus. Neu in die Regierung traten ein: Hans Matthöfer (Finanzen), Dieter Haack (Raumordnung, Bauwesen und Städtebau), Rainer Offergeld (Wirtschaftliche Zusammenarbeit) und Jürgen Schmude (Bildung und Wissenschaft).
4   Wegen des abweichenden Stimmverhaltens der vier Fraktionsmitglieder Manfred Coppik, Karl-Heinz Hansen, Dieter Lattmann und Erich Meinike konnte die sozial-liberale Koalition nur mit knapper Mehrheit eine Gesetzesvorlage zur Bekämpfung des Terrorismus verabschieden, die polizeiliche Befugnisse erweiterte und den Ausschluss von Verteidigern im Prozessverfahren erleichterte.
5   Am 9./10. Februar 1978 fand in Hamburg eine Tagung des Büros der SI mit den Vorsitzenden der Mitgliedsparteien statt. Auf der Tagesordnung stand u. a. das Thema Beschäftigungspolitik. Vgl. *Vorwärts*, Nr. 7 vom 16. Februar 1978, S. 2.
6   Vgl. Berliner Ausgabe, Bd. 8.
7   SPD-Parteitag in Hamburg (15. – 19. November 1977).
8   Der außerordentliche SPD-Parteitag, der das Programm und die Kandidatenliste für die Europawahl (7. – 10. Juni 1979) beschloss, fand am 9./10. Dezember 1978 in Köln statt.
9   SPD-Parteitag in Hamburg (15. – 19. November 1977).
10 Vgl. Einleitung.
11 Hs. unterzeichnet.

Nr. 57

1   Brandt sprach im Gewerkschaftshaus im Besenbinderhof. Bei der Vorlage handelt es sich um die Abschrift einer Tonbandaufzeichnung. Offensichtliche Fehler in der Abschrift wurden stillschweigend korrigiert, die Interpunktion dann behutsam überarbeitet, wenn sie vom Duktus der Rede offensichtlich abweicht. Ansonsten wird der Vorlage gefolgt, um die frei gehaltene Ansprache möglichst authentisch wiederzugeben.
2   11. Ordentlicher Bundeskongress des DGB in Hamburg (21. – 26. Mai 1978).
3   Für die Ergebnisse der Bürgerschaftswahlen vom 4. Juni 1978 vgl. die Tabelle im Anhang.
4   Die Ergebnisse der niedersächsischen Landtagswahl ebd.
5   Matthias Brandt.

6 Gemeint ist: zu bringen.

7 Gemeint ist die Quotierung von Parteiämtern und öffentlichen Mandaten nach dem Geschlecht.

8 Brandt wurde die Spitzenkandidatur für die erste Direktwahl zum Europaparlament vom 7. – 10. Juni 1979 angetragen.

9 *Brandt, Willy:* Hundert Jahre nach August Bebel. Ein Bestseller dient der Gleichberechtigung, in: *Ders.* (Hrsg.): Frauen heute – Jahrhundertthema Gleichberechtigung, Köln 1978, S. 7 – 51.

10 *Bebel, August:* Die Frau und der Sozialismus. Neusatz der Jubiläumsausgabe von 1929 mit einem Vorwort von *Eduard Bernstein*, 3. Aufl., Bonn 1994.

11 Vgl. Nr. 58.

Nr. 58

1 Brandt hielt die Rede in der Frankfurter Paulskirche.

2 Brandt erinnert zunächst an die Entstehung und Handhabung des „Sozialistengesetzes".

3 Das von Bismarck im Mai 1878 eingebrachte „Gesetz gegen die gemeingefährlichen Bestrebungen der Sozialdemokratie" wurde am 19. Oktober 1878 vom Reichstag beschlossen. Es verbot die Partei, ließ aber die Beteiligung an Wahlen und die Arbeit sozialdemokratischer Reichstagsabgeordneter zu. Vgl. *Miller/Potthoff* 1991, S. 47 ff.

4 Vgl. Berliner Ausgabe, Bd. 2 und 4.

5 Vgl. Berliner Ausgabe, Bd. 8.

6 Brandt geht abschließend vor allem auf die internationale Rolle der Sozialdemokratie ein.

Nr. 59

1 Brandt befand sich zu diesem Zeitpunkt im Bonner Elisabeth-Krankenhaus, um die Folgen eines Herzinfarkts auszukurieren.

Nr. 60

1 Brandt schrieb den Brief aus dem Bonner Elisabeth-Krankenhaus. Vgl. Nr. 59.

2 Nr. 59.

3 Brandt arbeitete an dem Bericht der von ihm geleiteten UN-Kommission für internationale Entwicklungsfragen, den er dem Generalsekretär der Vereinten Nationen am 12. Dezember 1980 überreichen konnte. Vgl. Das Überleben sichern. Gemeinsame Interessen der Industrie- und Entwicklungsländer. Bericht der Nord-Süd-Kommission. Mit einer Einleitung des Vorsitzenden *Willy Brandt*, Köln 1980. Vgl. auch Berliner Ausgabe, Bd. 8.

4 In der SPD und der FDP wurde darüber beraten, ob beide Parteien Scheel zur Wiederwahl für das Amt des Bundespräsidenten vorschlagen sollten, obwohl die CDU/CSU inzwischen über eine Mehrheit in der Bundesversammlung verfügte und die CSU die Wiederwahl Scheels ablehnte. Die CSU setzte sich durch, und Scheel verzichtete auf eine erneute Kandidatur. Die SPD schlug Annemarie Renger vor. Am 25. Mai 1979 wurde Karl Carstens (CDU) zum Bundespräsidenten gewählt. Vgl. *Braun, Beate:* Die Bundesversammlungen, Frankfurt/Main 1993, S. 188 ff.

5 Möglicherweise ist Folgendes gemeint: *Bild am Sonntag (BamS)* berichtete am 17.12. 1978 unter der Schlagzeile „SPD-Parteiblatt ‚Vorwärts' vor dem Ende?", dass der Chefredakteur des *Vorwärts* einen Artikel von Brandt ohne Rücksprache gestrichen habe. Als Herausgeber des *Vorwärts* fungierte damals Egon Bahr. Der Chefredakteur erwirkte gegen die Meldung eine Gegendarstellung (vgl. *Vorwärts*, Nr. 3 vom 11. Januar 1979, S. 2).

Nr. 61

1   Hs. von Schmidt abgezeichnet. Brandt schrieb den Brief aus dem Bonner Elisabeth-Krankenhaus.
2   SPD-Parteitag in Köln (9./10. Dezember 1978).

Nr. 62

1   Vgl. *Koschnick, Hans:* Für den Rechtsstaat – gegen Extremismus. Die Neuordnung der Verfassungstreue. Bericht an Parteivorstand und Parteirat, hrsg. von der SPD, Bonn 1979. Auf Initiative der SPD beschloss die Bundesregierung am 17. Januar 1979, dass Bewerber für den öffentlichen Dienst ab 1. April 1979 nicht mehr routinemäßig vom Verfassungsschutz überprüft werden. Über die so genannte Regelanfrage hatte es in der Partei eine jahrelange, scharfe Auseinandersetzung gegeben. Vgl. auch Berliner Ausgabe, Bd. 7, und *Koschnick, Hans/Rosen, Klaus Henning:* Der lange Abschied vom Extremistenbeschluß, in: Die Neue Gesellschaft/Frankfurter Hefte 32 (1985) 10, S. 939 – 942, vgl. ferner *Koschnick, Hans* (Hrsg.): Der Abschied vom Extremistenbeschluß, 2. Aufl., Bonn 1979.
2   Die Wahl, bei der die SPD fast die absolute Mehrheit der Stimmen errang (49,9 %), fand am 7. Oktober 1979 statt. Vgl. das Wahlergebnis im Anhang.

Nr. 63

1   Gemeint: Landesvorsitz. Der SPD-Landesverband Baden-Württemberg galt nach dem Organisationsstatut der SPD als Bezirk.

Nr. 64

1   Die Wahlergebnisse vgl. in der Tabelle im Anhang.
2   Unterschrift hektographiert.

Nr. 65

1   Hans-Jürgen Wischnewski.

Nr. 66

1   Von Brandt am 25. Oktober 1980 abgezeichnet.
2   Nr. 65.
3   Vgl. ebd.
4   *Wehner, Herbert:* Demokratie und Nation auf dem Prüfstand, in: AdsD, WBA, A 11.3, 45. Der Aufsatz erschien in: Die Neue Gesellschaft 27 (1980) 11, S. 924 – 927.

Nr. 67

1   Politischer Club der Friedrich-Ebert-Stiftung in Bonn.

Nr. 68

1   Hs. korrigiert aus: „Du wirst wissen, daß der Parteivorstand heute beschlossen hat".
2   Hs. eingefügt.

Nr. 69

1   Vermutungen über eine baldige Parteispaltung beruhten auf Äußerungen Wehners. AdsD, WBA, B 25, 168 (Notizen Brandts für die „Erinnerungen").
2   Der Düsseldorfer Bundestagsabgeordnete Hansen hatte die Außen- und Sicherheitspolitik der Bundesregierung und namentlich Bundeskanzler Schmidt scharf attackiert. Er forderte u. a., die geplante Erhöhung des Verteidigungsetats abzulehnen und den Nato-Doppelbeschluss zu kündigen. Dafür hatte ihm der SPD-Bezirksvorstand Niederrhein eine Rüge erteilt und im „Wiederholungsfall" den Parteiausschluss angedroht. Auch die SPD-Bundestagsfraktion missbilligte die Äußerungen Hansens, während die Jungsozialisten eine Solidaritätskampagne eröffneten. Der Partei-

vorstand unterstützte auf seiner Sitzung am 11./12. Februar 1981 das Vorgehen des Bezirks. Hansen, dem der Bundestagsabgeordnete Gerhard Schröder Rechtsbeistand im Schiedsverfahren leistete, wurde schließlich aus der SPD ausgeschlossen. Vgl. die Dokumente in Gatzmaga/Piecyk 1981 sowie Nr. 71 und 72.

3 Vgl. Nr. 70. In der Sitzung des SPD-Parteivorstandes erläuterte nicht Brandt, sondern Glotz die Erklärung. Protokoll der SPD-Vorstandssitzung vom 11./12. Februar 1981, in: AdsD, Dep. Schmidt, 6306.

4 Nicht ermittelt.

5 Von Brandt eingefügt als Seite „2a".

6 Vgl. die Ergebnisse der Bundestagswahl vom 5. Oktober 1980 im Anhang.

7 Der Hamburger Senat verhandelte mit der Landesregierung Schleswig-Holstein über einen dreijährigen Baustopp für das Atomkraftwerk Brokdorf. Die Verhandlungen scheiterten am 28. Februar 1981 und lösten die bis dahin größte Antiatomkraftdemonstration aus.

8 Der SPD-Parteitag in Berlin (3. – 7. Dezember 1979) hatte einen Ausstieg aus der Nutzung der Atomenergie zur Energieerzeugung zwar abgelehnt, den weiteren Ausbau jedoch an den Nachweis einer sicheren Endlagerung des Atommülls gekoppelt. Ein atomares Endlager stand aber nicht zur Verfügung. Immer mehr Landesverbände und Bezirke sprachen sich deshalb gegen den weiteren Bau von Atomkraftwerken und für einen Ausstieg aus der Atomenergie aus. Der SPD-Parteitag in Nürnberg (25. – 29. August 1986) beschloss dann den stufenweisen Ausstieg aus der Nutzung der Kernenergie.

9 SPD-Parteitag in Berlin (3. – 7. Dezember 1979).

10 Am 27. Dezember 1979 waren sowjetische Truppen in Afghanistan einmarschiert und hatten eine der UdSSR genehme Regierung eingesetzt. Nach wochenlangen Streiks war in Polen am 31. August 1980 das Danziger Abkommen unterzeichnet worden. Darin hatte die kommunistische Staatsführung das Streikrecht und die Bildung der unabhängigen Gewerkschaftsbewegung „Solidarität" anerkannt. Ronald Reagan hatte im November 1980 die US-Präsidentenwahlen gegen Jimmy Carter gewonnen und war am 20. Januar 1981 dessen Nachfolger geworden.

11 Am 12. Dezember 1979 hatte der NATO-Rat beschlossen, die atomaren Mittelstreckenwaffen in Europa zu modernisieren und neue zu stationieren. Auf Initiative der Bundesregierung wurde dieser Beschluss mit dem Angebot an die UdSSR gekoppelt, über neue Rüstungsbegrenzungen zu verhandeln.

12 Die US-Regierung hatte die Absicht bekundet, Neutronenwaffen bauen zu lassen, deren Strahlung zwar Menschen tötete, Gebäude und Material aber weitgehend unbeschädigt ließ. Dies löste in Europa massive Proteste aus.

13 Die Bundesregierung hatte einräumen müssen, dass sie den Verkauf von gebrauchten Leopard 2-Panzern nach Saudi-Arabien zugesagt hatte. Damit unterlief sie die restriktiven Rüstungsexportrichtlinien, die eine Lieferung von Rüstungsgütern in Spannungsgebiete (z. B. Naher Osten) ausschlossen. Bundeskanzler Schmidt musste die Zusage schließlich zurücknehmen. Außerdem hatte der Bundessicherheitsrat die Lieferung von U-Booten an die chilenische Militärdiktatur genehmigt. Die U-Boote wurden nicht geliefert. Der SPD-Parteivorstand lehnte beide Rüstungsexporte ab. Vgl. Nr. 70.

14 Engl.: Verknüpfung, Verbindung.

15 Neben Karl Heinz Hansen hatten sich weitere 24 Abgeordnete mit der Politik der

Bundesregierung nicht einverstanden erklärt.

16 Vgl. Nr. 71.

17 Im Mai 1979 war die Labour-Regierung unter James Callaghan bei den Wahlen zum britischen Unterhaus nicht bestätigt und durch die konservative Regierung von Margaret Thatcher ersetzt worden.

18 Ludwig Erhard war von der eigenen Partei gezwungen worden, das Kanzleramt zugunsten von Kurt Georg Kiesinger aufzugeben.

19 Vorsitzender des Parteirates war der Bochumer Bundestagsabgeordnete Karl Liedtke. Am 21. Januar 1981 hatte die Berliner sozial-liberale Koalition Hans-Jochen Vogel, bislang Bundesjustizminister, zum Regierenden Bürgermeister von Berlin gewählt. Bei den vorgezogenen Wahlen zum Berliner Abgeordnetenhaus am 10. Mai 1981 erreichte die CDU ihr bisher bestes Landesergebnis. Am 11. Juni 1981 verhalf der rechte Flügel der FDP der CDU zur Parlamentsmehrheit. Richard von Weizsäcker (CDU) löste Vogel als Regierenden Bürgermeister ab.

20 Anspielung auf den Konflikt mit Wehner um die Führung der bundesdeutschen Ostpolitik 1973. Vgl. Einleitung.

Nr. 70

1 Die von Brandt und Glotz für die Sitzung des PV vorbereitete Erklärung wurde bei fünf Enthaltungen einstimmig angenommen. Protokoll der SPD-Vorstandssitzung vom 11. Februar 1981, in: AdsD, Dep. Schmidt, 6306.

2 Dem Regierenden Bürgermeister von Berlin, Stobbe, war es nicht gelungen, die durch eine Finanzkrise ausgelöste Krise des SPD/FDP-Senats mittels einer Regierungsumbildung zu bereinigen. Am 15. Januar 1981 hatte Stobbe deshalb seine Demission bekanntgegeben, am 21. Januar 1981 wurde er von Vogel abgelöst. Vgl. Nr. 69, Anm. 20.

3 Vgl. das Wahlergebnis im Anhang.

4 Regierungserklärung Schmidts vom 24. November 1980 („Mut zur Zukunft"), in: AdG 50 (1980), S. 24082. Die SPD dokumentierte die Regierungserklärung zusammen mit den Reden von Brandt, Apel, Wischnewski und Bahr vor dem Deutschen Bundestag in: Vorrang für den Frieden. Politik. Aktuelle Informationen der Sozialdemokratischen Partei Deutschlands, Nr. 1, Januar 1980, Bonn [1980].

5 Am 8. April 1981 setzte die sozial-liberale Koalition auf Initiative der SPD einen Gesetzentwurf durch, der die paritätische Mitbestimmung in Montan-Unternehmen für weitere sechs Jahre sicherte, auch wenn deren Montan-Umsatzanteil unter 50 Prozent fiel.

6 Vgl. Nr. 69, Anm. 9.

7 SPD-Parteitag in Hamburg (15. – 19. November 1977), SPD-Parteitag in Berlin (3. – 7. Dezember 1979).

8 Der sowjetische Einmarsch in Afghanistan am 27. Dezember 1979 hatte zu einer dramatischen Verschlechterung der Ost-West-Beziehungen geführt.

9 Am 5. Dezember 1980 berieten die Warschauer-Pakt-Staaten auf einer überraschend nach Moskau einberufenen Gipfelkonferenz über Maßnahmen gegen Polen. Seitdem wurde eine militärische Intervention unter Führung der Roten Armee nicht länger ausgeschlossen.

10 Informationen der Sozialdemokratischen Fraktion im Deutschen Bundestag, Nr. 128 vom 10. Februar 1981.

11 Bundeskanzler Schmidt hatte bei einem Besuch in Moskau am 30. Juni und 1. Juli 1980 keine Einigung über die Beilegung

der Afghanistan-Krise und den NATO-Doppelbeschluss erzielt, doch erklärte sich die UdSSR zu weiteren Abrüstungsverhandlungen bereit.

12 Nach dem Einmarsch der UdSSR in Afghanistan hatte US-Präsident Carter den Senat aufgefordert, das bereits am 17. Juni 1979 unterzeichnete zweite SALT-Abkommen, welches die Zahl von strategischen atomaren Offensivwaffen begrenzte, nicht zu ratifizieren.

13 Vgl. Nr. 69, Anm. 13.

Nr. 71

1 Ms. vermerkt am Ende: „Kopien zur Kenntnis: H[elmut] S[chmidt], H[ans-J][ürgen]W[ischnewski]." Hs. vermerkt: „ab 19/2".
2 Vgl. Einleitung.
3 Nr. 70.
4 Hs. Schreiben Wehners an Brandt, 11. Februar 1981: „Lieber Willy! Deinen Text-Entwurf, der mir gestern abend zugeleitet wurde, trage ich gern mit. Herzlich grüßt Dein Herbert Wehner." (Von Brandt hs. abgezeichnet). In: AdsD, WBA, A 11.4, 48.
5 Vgl. Nr 70.
6 Vgl. *Wehner* 1986, S. 242.
7 Stempel.

Nr. 72

1 Von Brandt hs. abgezeichnet.
2 Nr. 71.
3 Weil Wehner zuvor von der Gefahr einer Spaltung der SPD gesprochen hatte, hatte Kellermeier diesen gefragt, worin die Unterschiede zwischen ihm und Brandt bestünden. Der erste Satz der Antwort hatte gelautet: „Zum Beispiel darin, daß er in dem Punkte anderer Meinung ist, als ich sie zum Ausdruck gebracht habe, nämlich, daß es nach seiner Einsicht und Erfahrung keine Spaltungstendenzen gäbe." Dann folgte der von Wehner zitierte Satz. Vgl. *Wehner* 1986, S. 243.

Nr. 73

1 Vgl. Nr. 69–72.
2 Vgl. Nr. 74.

Nr. 74

1 Vgl. Nr. 70. Eine Reihe von Mitgliedern des Parteivorstandes und der Bundestagsfraktion stellte die Gültigkeit der „Erklärung des Vorstandes der SPD zur Lage der Partei" vom 11. Februar 1981, die zentrale innerparteiliche Konflikte überbrücken sollte, kurz nach ihrer Verabschiedung wieder in Frage. So hielten die Auseinandersetzungen über den NATO-Doppelbeschluss, über die Nutzung der Kernenergie, über die Höhe des Verteidigungshaushaltes und über ein Arbeitsbeschaffungsprogramm an.
2 Gemeint ist Wehner. Vgl. Nr. 71 und 72.

Nr. 75

1 Bei der Urabstimmung der SPD in den Berliner Westsektoren hatte sich 1946 eine deutliche Mehrheit der Mitglieder gegen einen sofortigen Zusammenschluss mit der KPD ausgesprochen.
2 Brandt geht einleitend auf die Wiederbegründung der SPD in Berlin ein.
3 Brandt schildert im Folgenden die organisatorische Wiederbegründung der Berliner SPD.
4 Brandt behandelt im Folgenden die Auseinandersetzung zwischen SPD und KPD 1945/46.
5 Brandt spricht im Folgenden über die Geschichte der SPD seit 1914.
6 Brandt kritisiert im Folgenden das Unvermögen der SPD, die staatlichen Insti-

tutionen der Weimarer Republik durchgreifend zu demokratisieren.

7   Brandt begrüßt im Folgenden, dass die Berliner SPD den gegen sie gerichteten „Filz"-Vorwurf ausräumen will.

8   Brandt meint hiermit insbesondere Initiativen aus der CDU, die Meinungsführerschaft über „linke" Themen zu gewinnen, so wenn sie die Menschenrechtsproblematik in Südamerika thematisierte oder eine „neue Armut" in der Bundesrepublik konstatierte.

9   Nicht ermittelt. Ähnlich aber *Rucht, Dieter:* Neue soziale Bewegungen oder: Die Grenzen bürokratischer Modernisierung, in: Politische Vierteljahresschrift – Sonderheft 13/1982, S. 272–292, hier S. 281 („Politik in erster Person").

10   Nicht ermittelt. Vgl. jedoch die Entfaltung der Idee von der Allianz aus Wissenschaft und Arbeiterstand in: *Lassalle, Ferdinand:* Die Wissenschaft und die Arbeiter (1863), in: *Ders.:* Gesammelte Reden und Schriften, hrsg. und eingeleitet von *Eduard Bernstein,* Bd. 2, Berlin 1919, S. 215–284.

11   Vgl. Berliner Ausgabe, Bd. 3.

12   Brandt appelliert im Folgenden an die SPD, ihre Integrationsanstrengungen, insbesondere gegenüber der jungen Generation, zu verstärken.

Nr. 76

1   Der Beitrag Brandts erschien am 16. April 1981. Er wurde vom SPD-Presseservice bereits am 15. April 1981 freigegeben.

2   Vgl. Nr. 52.

3   Vgl. Nr. 8.

Nr. 77

1   Über den Sommer hatte sich der Widerstand gegen die Stationierung neuer amerikanischer Mittelstreckenwaffen in und außerhalb der SPD verstärkt. Vogel unterstützte die ablehnende Haltung Epplers, der als sozialdemokratischer Wortführer der Kritiker des NATO-Doppelbeschlusses galt und mit Bundeskanzler Schmidt in den Sitzungen der Parteigremien immer wieder zusammengestoßen war. Schmidt drohte im Mai 1981 mit seinem Rücktritt, falls die Partei ihm in der Sicherheitspolitik nicht folge. Der Evangelische Kirchentag im Juni 1981, dem Eppler als Kirchentagspräsident vorsaß, ließ keinen Zweifel an seiner ablehnenden Haltung gegenüber den Aufrüstungsplänen. Brandt ließ bei seinem Moskau-Besuch im Juli 1981 erkennen, dass er den sowjetischen Vorschlag eines Moratoriums bei Beginn der Verhandlungen über die Mittelstreckenwaffen, d. h. einen Stopp der weiteren Aufstellung von Raketen, unterstützen könne. Die Friedensbewegung mobilisierte für eine Großkundgebung in Bonn am 10. Oktober 1981, auf der auch Eppler sprechen sollte. Schmidt regte gegenüber Brandt an, dass das Präsidium allen SPD-Mitgliedern empfehlen solle, sich von der Kundgebung fern zu halten. Er bat Brandt weiter, Eppler von einem Auftreten auf der Kundgebung abzuhalten. Schreiben Schmidts an Brandt, 16. September 1981, in: AdsD, Dep. Eppler, 115. Vgl. auch *Apel* 1991, S. 180 ff. Brandt stellte öffentlich klar, dass niemand legitimiert sei, auf der Kundgebung für die SPD zu sprechen. AdG 51, 1981, S. 24979.

2   In der Präsidiumssitzung verteidigte sich Eppler gegenüber den Vorhaltungen Schmidts damit, dass sein Auftreten auf der Veranstaltung „in der Geschichte der Partei gut bestehen" könne. Das Präsidium verabschiedete einmütig eine von Brandt vorbereitete Erklärung (vgl. Nr. 78). Protokoll der SPD-Präsidiumssitzung vom 28. September 1981, in: AdsD, Dep. Schmidt, 6324.

3   Gemeint ist die Serie von Anschlägen auf Einrichtungen der USA in der Bundes-

republik. Der schwerste Anschlag, bei dem 20 Personen verletzt wurden, wurde am 31. August 1981 auf das US-Hauptquartier in Ramstein verübt. Am 15. September 1981 wurde ein Mordanschlag der RAF auf den US-General Kroesen in Heidelberg verübt. Eine Auflistung der Anschläge aus dem RAF-Umfeld in: AdG 51, 1981, S. 24862.

4 Protokoll der SPD-Präsidiumssitzung vom 7. September 1981, in: AdsD, Dep. Schmidt, 6324.

5 Sitz des Bundesverteidigungsministeriums.

6 Brandt nimmt Bezug auf eine Empfehlung des Berliner SPD-Landesvorstands anlässlich des Besuchs des amerikanischen Außenministers Alexander Haig Anfang Oktober 1981. Der Landesvorstand hatte Sozialdemokraten davon abgeraten, an Demonstrationen gegen Haig in Berlin teilzunehmen, da die „Gefahr des Antiamerikanismus" und der „Diskreditierung der eigenen Sache" durch gewalttätige Chaoten bestünde. Vgl. *Vorwärts*, Nr. 38 vom 10. September 1981, S. 6.

7 Hs. unterzeichnet.

Nr. 78

1 Die Erklärung Brandts war vom SPD-Präsidium am 28. September 1981 „einmütig verabschiedet" worden. Vgl. Nr. 77, Anm. 2.

Nr. 79

1 Zu Beginn seiner Rede würdigt Brandt die Leistungen Eichlers.

2 „Den eigenen Weg neu finden." Vgl. Nr. 75.

3 Das Zitat teilweise in: *Eichler, Willi*: Zwischenbilanz der Parteidiskussion, in: Geist und Tat 9 (1954) 4, S. 98, wo Eichler eine Stellungnahme des SPD-Parteivorstandes zitiert.

4 Vgl. Berliner Ausgabe, Bd. 7, Nr. 36.

5 Gemeint ist die Kundgebung der Friedensbewegung im Bonner Hofgarten mit rund 250 000 Teilnehmern, auf der das Mitglied des Parteipräsidiums Eppler für die sozialdemokratischen Kritiker des NATO-Doppelbeschlusses gesprochen hatte. An der Kundgebung, zu der auch Arbeitsgemeinschaften, Untergliederungen und Einzelpersönlichkeiten der SPD aufgerufen hatten, beteiligten sich nach Zeitungsberichten mehrere tausend aktive Parteimitglieder.

6 Rede Brandts vor dem Deutschen Bundestag am 9. Oktober 1981, in: Stenogr. Berichte 9. Deutscher Bundestag, 57. Sitzung, 9. Oktober 1981, S. 3320. Brandt sagte außerdem: „Ich habe auf deutschem Boden Schlimmeres erlebt, als mich mit jungen Leuten auseinandersetzen zu müssen, die auf ihre Weise für den Frieden eintreten." Ebd.

7 Kohl warf Brandt u. a. vor, dass auf der Friedenskundgebung am 10. Oktober 1981 Sozialdemokraten zusammen mit Kommunisten demonstrieren würden. Vgl. die Rede Kohls vor dem Deutschen Bundestag am 9. Oktober 1981, ebd., S. 3330 – 3338.

8 Nach massiven Auseinandersetzungen in der sozial-liberalen Koalition hatte sich die Bundesregierung am 30. Juli 1981 darauf verständigt, den Bundeshaushalt für 1982 auf 240,85 Mrd. DM zu begrenzen. Am 20. August 1981 schrieb der FDP-Vorsitzende Genscher einen Brief an Parteimitglieder, in dem er stärkere soziale Leistungskürzungen verlangte, als sie von der Koalition vorgesehen waren und sprach von der Notwendigkeit einer „Wende". Am 3. September 1981 beschloss die Bundesregierung Steuererhöhungen und soziale Leistungskürzungen. Bundesfamilienministerin Antje Huber trat daraufhin zurück.

9 Bei den Kommunalwahlen in Niedersachsen am 27. September 1981 erlitt die SPD schwere Verluste.

Nr. 80
1 Brandt schickt einige Bemerkungen zur Geschichte des Verlages voran.
2 *Kautsky, Karl:* Der 25. Januar, in: Die Neue Zeit 25 (1907) 1, S. 588.
3 Bei der Reichstagswahl von 1907 ging der Wähleranteil von 31,7 % (1903) auf 28,9 % zurück. In absoluten Zahlen konnte die SPD ihre Stimmen dennoch um über 250 000 steigern.
4 Die Inszenierung der Marokko-Krise durch das Deutsche Reich (1905 – 1907) zielte darauf ab, Bündnispartner gegen Frankreich zu sammeln, indem man Paris vorwarf, in Marokko gegen eine Politik der „offenen Tür" zu verstoßen. Dieser Versuch misslang jedoch. Das Deutsche Reich geriet stattdessen in eine internationale Isolation.
5 *Brandt, Willy:* Deutsche Außenpolitik nach zwei Weltkriegen. Vortrag gehalten in einer Feierstunde zum 100. Geburtstag Walter Rathenaus im Auditorium Maximum der Freien Universität Berlin am 6. Oktober 1967, Bonn 1967.
6 Anspielung auf die „Politik der kleinen Schritte" in der Ostpolitik. Vgl. Berliner Ausgabe, Bd. 6.
7 Bebel und Liebknecht hatten sich nach dem Ausbruch des deutsch-französischen Krieges bei der Abstimmung über die Kriegskredite der Stimme enthalten. Deswegen warf Marx ihnen vor, den Krieg aus einer rein anti-bismarckschen Disposition zu betrachten, anstatt die Vorteile für die Ausdehnung des deutschen Modells der Arbeiterbewegung in einem Fall des Sieges über Frankreich zu sehen. Nach der Annexion von Elsaß-Lothringen durch das Deutsche Reich protestierten Marx und Engels sowie die deutschen Arbeiterparteien geschlossen gegen die Kriegs- und Annexionspolitik Berlins.
8 Bebel war der Ansicht, dass sich die SPD in einem Krieg Deutschlands mit dem rückständigen Russland nicht auf eine rein antimilitaristische Position zurückziehen könne.
9 Richtig: 1937. Vgl. Anm. 10.
10 *Kautsky, Karl:* Sozialisten und Krieg. Ein Beitrag zur Ideengeschichte des Sozialismus von den Hussiten bis zum Völkerbund, Prag 1937.
11 *Na'aman, Shlomo:* Von der Arbeiterbewegung zur Arbeiterpartei. Der fünfte Vereinstag der Deutschen Arbeitervereine zu Nürnberg im Jahre 1868. Eine Dokumentation, Berlin 1976, S. 120.
12 Polen war 1795 zwischen Russland und Österreich aufgeteilt worden. Preußen war dieser Dritten Teilung Polens beigetreten. Ein unabhängiger polnischer Staat entstand erst wieder im Jahre 1918.
13 Bericht über den Fünften Vereinstag der Deutschen Arbeitervereine am 5., 6. und 7. September 1868 zu Nürnberg, in: Berichte über die Verhandlungen deutscher Arbeitervereine 1863 bis 1869, Nachdrucke, hrsg. von *Dieter Dowe,* Berlin-Bonn 1980, S. 180.
14 Die SPD-Reichstagsfraktion hatte der Bewilligung des ersten Kriegskredites am 4. August 1914 einstimmig zugestimmt und sich damit für die Unterstützung der Regierungspolitik ausgesprochen. Vgl. *Grebing* 1993, S. 28.
15 Die US-Regierung hatte am 18. November 1981 der Aufnahme von Verhandlungen mit Moskau über die Begrenzung konventioneller und nuklearer Waffen in Europa mit dem Ziel zugestimmt, die nuklearen Mittelstreckenwaffen abzuziehen („Null-Lösung"). Am 30. November 1981 wurden die Verhandlungen über die Reduzierung von atomaren Mittelstreckenwaffen aufgenommen. Die Gespräche scheiterten am 14. Oktober 1983, und die USA begannen mit der Stationierung nuklearer Mittelstreckenwaffen in Europa.

16 Der in Folge der Afghanistan-Krise von den USA angehaltene SALT-Prozess wurde in die so genannten START-Verhandlungen überführt. Sie begannen am 29. Juni 1982 in Genf.

Nr. 81

1 In seinem Redemanuskript (AdsD, WBA, A 19, 62) hatte Brandt das Mannheimer Abkommen so erläutert: „Es markiert die formelle Selbstkonstitution der Gewerkschaften als unabhängiger Organisationen. Gegenüber der Partei räumte das Abkommen die lange umstrittene Selbständigkeit der Gewerkschaften und ihre Gleichrangigkeit mit der Partei ein."

2 Die Rede Vetters ebenfalls in: Einheitsgewerkschaft und Parteipolitik. Zum 75. Jahrestag des Mannheimer Abkommens zwischen der Sozialdemokratischen Partei Deutschlands und den Freien Gewerkschaften von 1906. Protokoll einer Diskussionsveranstaltung, hrsg. von Erich Matthias, Düsseldorf 1982, S. 19 – 27.

3 Zum „Sozialistengesetz" vgl. auch Nr. 58.

4 Grundsatzprogramm der Sozialdemokratischen Partei Deutschlands, beschlossen auf dem außerordentlichen Parteitag in Bad Godesberg 1959, in: *Dowe/Klotzbach 1990*, S. 361.

5 Brandt geht im Folgenden auf die Form der Zusammenarbeit von Partei und Gewerkschaften ein, wie sie im Orientierungsrahmen '85 formuliert wurde.

6 Brandt weist das Missverständnis zurück, er sehe für die Sozialdemokraten eine Perspektive „außerhalb der arbeitsteiligen Industriegesellschaft". Vgl. auch Nr. 75 und 79.

7 Es folgen Bemerkungen zur aktuellen wirtschaftspolitischen Lage.

Nr. 82

1 Ms. vermerkt: „Persönlich/Vertraulich! VERSCHLOSSEN!"

2 Vgl. das Wahlergebnis im Anhang.

3 SPD-Parteitag in München (19. – 23. April 1982).

4 Am 1. September 1982 beschloss die sozial-liberale Koalition Eckwerte zur weiteren Umweltpolitik der achtziger Jahre auf dem Gebiet des Gewässerschutzes, der Luftreinhaltung, des Landschafts- und Naturschutzes. Die Ankündigung eines neuen Gewässerschutzprogramms wurde auch in das vor der Bundestagswahl 1983 verabschiedete Regierungsprogramm der SPD 1983 – 1987 aufgenommen. Vgl. Jahrbuch der Sozialdemokratischen Partei Deutschlands 1982 – 1983, Bonn 1984, S. 44 und 639.

5 Hs. unterzeichnet.

Nr. 83

1 Von Brandt hs. abgezeichnet und gebilligt. Glotz nahm an dem Gespräch am 6. April 1982 ebenfalls teil.

2 Ausweislich des Terminkalenders Brandts fand das Gespräch zwischen 19.00 Uhr und 22.30 Uhr statt. AdsD, WBA, A 1, 46.

3 Die von Brandt geforderte Regierungsumbildung scheiterte am Widerstand Schmidts.

4 SPD-Parteitag in München (19. – 23. April 1982).

5 Nr. 82.

6 Im Mai 1982 gab Bundesinnenminister Baum einen Regierungsbericht zum Umweltschutz als Bilanz von zehn Jahren sozial-liberaler Umweltpolitik ab. In Auszügen in: *Bickerich, Wolfram* (Hrsg.): Die 13 Jahre. Bilanz der sozialliberalen Koalition, Reinbek 1982, S. 242 ff.

7   Hans-Jürgen Wischnewski kandidierte nicht mehr für das Amt des stellvertretenden SPD-Vorsitzenden und kehrte als PStS in das Bundeskanzleramt zurück.
8   Wehner führte das Amt bis zum Ende der Legislaturperiode nach der Bundestagswahl am 6. März 1983 weiter.
9   Charles de Gaulle wurde 1958 französischer Ministerpräsident und erhielt Sondervollmachten zur Niederschlagung des Aufstands in Algerien. Nachdem die Unruhen fortdauerten, änderte de Gaulle 1960 – inzwischen im Amt des Staatspräsidenten – seine Politik um 180 Grad und sprach sich für ein von Frankreich unabhängiges Algerien aus. Seine Algerienpolitik wurde in einem Volksentscheid 1961 von der großen Mehrheit der französischen Wähler gebilligt.
10 Karl Schiller war von Oskar Lafontaine für die saarländische Landtagswahl am 27. April 1980 als Schattenminister für Wirtschaft nominiert worden. Er trat im selben Jahr wieder in die SPD ein und diente der Bundesregierung als wirtschaftspolitischer Berater. Schmidt hatte offenbar daran gedacht, ihn wieder zum Bundeswirtschaftsminister zu berufen.
11 Brandt dachte hierbei wohl an Erhard Eppler.
12 Bahr ging nicht in die Regierung.
13 Anke Brunn war stellvertretende Vorsitzende der SPD-Fraktion im Berliner Abgeordnetenhaus.
14 In der Parteiführung bzw. im Kanzleramt gab es Überlegungen, Lothar Rühl als Ständigen Vertreter der Bundesrepublik nach Ost-Berlin zu entsenden.
15 Von Glotz hs. eingefügt. Björn Engholm, damaliger Bundesminister für Bildung und Wissenschaft, wurde 1983 Spitzenkandidat der SPD bei den schleswig-holsteinischen Landtagswahlen. Rolf Böhme war bis zum April 1982 Parlamentarischer Staatssekretär im Bundesministerium der Finanzen und wurde im November 1982 zum Oberbürgermeister der Stadt Freiburg i. Br. gewählt.
16 Hs. unterzeichnet.

Nr. 84
1   SPD-Parteitag in München (19. – 23. April 1982).
2   Herbert Wehner musste wegen einer schweren Lungenentzündung dem Parteitag fernbleiben, dessen Antragskommission er jahrelang geleitet hatte.
3   Vgl. Nr. 85.

Nr. 85
1   Der SPD-Parteivorstand hatte dem SPD-Parteitag in München (19. – 23. April 1982) vorgeschlagen, Vogel zum Vorsitzenden der Antragskommission zu wählen. Der Parteitag war dem Vorschlag gefolgt. Vgl. auch Nr. 84.

Nr. 86
1   Von Brandt hs. abgezeichnet. Mit Stempel: „BÜRO WILLY BRANDT Eingegangen am: 20. Aug[ust] 1982".
2   Brandt war aus dem Urlaub zurückgekommen.
3   Gemeint: Willy Brandt und Brigitte Seebacher-Brandt.
4   Gemeint ist die öffentliche Berichterstattung über unterschiedliche Meinungen in der sozial-liberalen Koalition über die Regierungspolitik.
5   Die Gewerkschaften forderten ein Investitions- und Beschäftigungsprogramm gegen die Arbeitslosigkeit, welche die Millionen-Grenze übersprungen hatte.
6   Von Brandt hs. unterstrichen.
7   Janzen, Steinkühler und Merten kritisierten eine ihrer Meinung nach unsoziale Sparpolitik der Bundesregierung, den Ver-

zicht auf ein Investitions- und Beschäftigungsprogramm (d. i. das 50-Mrd.-DM-Programm) und drohten der sozialdemokratischen Regierung damit, dass die von ihnen vertretenen Gewerkschaften ihr die Unterstützung entziehen und in Demonstrationen ihre Anliegen öffentlich vertreten würden (was dann auch geschah).

8   Die Anlagen sind nicht überliefert.

9   Gemeint ist der hessische Landtagswahlkampf. Die Wahl fand am 26. September 1982 statt. Vgl. das Wahlergebnis im Anhang.

10   Hs. unterzeichnet.

Nr. 87

1   Die Rezension erschien unter dem Titel „Die große Spaltung' von 1917, Carl E. Schorske und der gegenwärtige Zustand der SPD – Das nichtsnutzige Gespenst". Die Herausgeber und der Bearbeiter danken Herrn Ulf Wolter, dass er sie auf diesen Text aus der Hand Brandts aufmerksam gemacht hat.

2   Brandt widerspricht Schorskes These von einer Tendenz zur Spaltung der westlichen sozialdemokratischen Parteien in der Nachkriegszeit.

3   Bernstein verlangte gegen Bebel und Kautsky eine kritische Überprüfung der Marx'schen Lehren, ohne jedoch deren kapitalismuskritischen Ansatz in Frage zu stellen. *Euchner, Walter:* Ideengeschichte des Sozialismus in Deutschland. Teil I, in: Geschichte der sozialen Ideen in Deutschland. Sozialismus – Katholische Soziallehre – Protestantische Sozialethik. Ein Handbuch, hrsg. von *Helga Grebing,* Essen 2000 (Veröffentlichungen des Instituts für soziale Bewegungen, Schriftenreihe A: Darstellungen, Bd. 13), S. 161. Zu Bernstein vgl. *Grebing, Helga:* Der Revisionismus. Von Bernstein bis zum „Prager Frühling", München 1977, S. 11 ff.

4   Vgl. Nr. 79.

5   *Schorske, Carl E.:* Die große Spaltung. Die deutsche Sozialdemokratie 1905 – 1917, Berlin 1981, S. 46.

6   Nicht ermittelt. Vgl. aber sinngemäß ebd. S. 91 ff.

7   Brandt behandelt im Folgenden die These Schorskes, dass die SPD zwischen 1871 und 1907 internationale Fragen vernachlässigt habe.

8   Anspielung auf Äußerungen Wehners. Vgl. Nr. 71.

Nr. 88

1   Am Textanfang Stempel: „WILLY BRANDT – Vorsitzender der SPD". Ms. vermerkt am Textende: „Kopie Johannes Rau zur Kenntnisnahme", darunter hs. vermerkt (nicht von Brandt): „P[eter] Gl[otz] zur Kenntnisnahme 12/10".

2   Am 1. Oktober 1982 wurde Helmut Kohl vom Deutschen Bundestag zum Bundeskanzler gewählt. Die SPD ging in die Opposition.

3   Vgl. dazu Nr. 89.

4   Schmidt sollte sich als Kanzlerkandidat für die vorgezogene Bundestagswahl zur Verfügung stellen. Er lehnte dies ab. Stattdessen wurde Vogel Kanzlerkandidat.

5   Bei den hessischen und bayerischen Landtagswahlen am 26. September und 10. Oktober 1982 hatten die Wähler der FDP den Koalitionswechsel verübelt; die Partei verpasste in beiden Ländern den Einzug ins Landesparlament. Vgl. die Wahlergebnisse im Anhang.

6   Die Hamburger Bürgerschaftswahl am 6. Juni 1982 hatte keine stabile Mehrheitsbildung erbracht. Der FDP, die sich vor der Wahl für eine Koalition mit der CDU ausgesprochen hatte, gelang der Einzug in die

Bürgerschaft nicht. Es kam weder ein rot-grüner Senat noch eine große Koalition zustande. Bei den Neuwahlen am 19. Dezember 1982 erzielte die SPD die absolute Mehrheit und bildete allein den Senat. Vgl. die Wahlergebnisse im Anhang.

7   Stempel.

Nr. 89

1   Nicht ermittelt.
2   Nr. 88.
3   Der Artikel „Der bittere Verzicht" stammte von Werner A. Perger. Der Autor schrieb, im persönlichen Gespräch mit Schmidt sei eine Bitterkeit merkbar geworden, „[...] mit der dieser Mann nach achteinhalb Jahren Kanzlerschaft sich jener Erfahrungen erinnert, die er jeweils als Verstoß gegen sozialdemokratische Solidarität – und als persönliche Kränkung – empfunden hat. Eine Bitterkeit ist das, die sich nicht zuletzt auf den Parteivorsitzenden Willy Brandt bezieht; [...]." *Deutsches Allgemeines Sonntagsblatt*, Nr. 44 vom 31. Oktober 1982, S. 1.
4   Nicht ermittelt.
5   Brandt war vom 29. Juni bis 2. Juli 1981 auf Einladung Breschnews in Moskau gewesen, um bei der sowjetischen Führung eine Null-Lösung bei der Stationierung von atomaren Mittelstreckensystemen auszuloten und um so den Rüstungsteil des NATO-Doppelbeschlusses überflüssig zu machen. Noch in Moskau erklärte Brandt vor Pressevertretern, er kehre zurück mit neuen sowjetischen Erläuterungen zum Vorschlag der UdSSR vom Februar 1981, die Stationierung ihrer Mittelstreckenraketen auszusetzen. Darüber informierte er Außenminister Genscher am 6. Juli und Bundeskanzler Schmidt am 7. Juli 1981. Nach einer Kabinettsdiskussion verlas Regierungssprecher Kurt Becker am 8. Juli vor der Presse eine Erklärung, die er als „Zusammenfassung des Bundeskanzlers" bezeichnete. Darin wurde hinsichtlich des sowjetischen Moratoriumsvorschlags besonders an die ablehnende Stellungnahme der Bundesregierung vom 25. Februar 1981 und die Erklärung des Bundeskanzlers im Bundestag vom 1. April 1981 erinnert. Die US-Regierung hatte den sowjetischen Vorschlag „als offensichtlich ungleichgewichtig" abgelehnt und sah dieses Ungleichgewicht auch in der neuen Variante nicht beseitigt. Vgl. AdG 51 (1981), S. 24722–24724. Vgl. auch Berliner Ausgabe, Bd. 9.
6   Vogel sollte als Kanzlerkandidat der SPD bei vorgezogenen Neuwahlen gegen Kohl antreten, nachdem Schmidt eine Kanzlerkandidatur für sich ausgeschlossen hatte.
7   In seinen *Erinnerungen*, S. 344, schrieb Willy Brandt 1989 über die Reaktion von Helmut Schmidt auf diesen Brief: „Helmut Schmidt war besonders wenig damit einverstanden, daß ich gewähren ließ, was er als ‚jungsozialistische Arroganz', ‚quasi-theologische Besserwisserei in der Außen- und Sicherheitspolitik' oder ‚ökonomischen Unfug' empfand – und was es in Teilen auch war. In diese Reihe gehörte für ihn ‚Opportunismus gegenüber der gegenwärtigen dritten Wiederkehr einer bürgerlich-deutschen Jugendbewegung, gekennzeichnet von idealistischem, realitätsfeindlichem Romantizismus'." Auf diese Bemerkungen von Helmut Schmidt zur Entwicklung der SPD antwortete Willy Brandt brieflich am 3. Dezember 1982: „Insofern bleibt uns [...] kaum etwas anderes übrig, als uns auf das angelsächsische ‚agree to disagree' zu verständigen. Diese Konstatierung berührt in keiner Weise meine Hochachtung vor Deiner politischen Leistung und meinen Dank für das, was Du aus Deiner Sicht für die

Partei bewirkt hast – und hoffentlich noch lange, im Wechselspiel mit anderen bewirken magst." AdsD, WBA, B 25, 166. Vgl. auch Nr. 93. Die sachlich-politischen Kontroversen zwischen Brandt und Schmidt änderten nichts an der gegenseitigen Wertschätzung. Helmut Schmidt schrieb 1996: „Unser persönliches Verhältnis blieb intakt bis an Willy Brandts Lebensende. Als ich Willy Brandt einige Wochen vor seinem Tode das letzte Mal besucht habe, schieden wir voneinander als Freunde, die aus gleichen Motiven für die gleiche Sache gekämpft hatten." *Schmidt* 1998, S. 452.

8   Hs. unterzeichnet.

Nr. 90

1   Die Wiedergabe folgt der nicht korrigierten Tonbandabschrift. Offensichtliche Fehler in der Interpunktion wurden stillschweigend korrigiert, die Absätze wurden nachträglich eingefügt. Eine redaktionell stark überarbeitete und gekürzte Fassung in: Aufbruch nach vorn. SPD-Bundeskonferenz, 18. – 19. November 1982, hrsg. von der SPD, Kiel 1982, S. 12 – 17.

2   Angesichts der allgemeinen innerparteilichen Motivationsprobleme nach dem erfolgreichen Misstrauensvotum von CDU/CSU und FDP gegen Bundeskanzler Schmidt hatte der Parteivorstand beschlossen, eine große Konferenz abzuhalten, um die Funktionäre und Mandatsträger für die kommende Bundestagswahl zu mobilisieren.

3   Vgl. die Dokumentation der Konferenz, in: Aufbruch nach vorn 1982.

4   Gemeint ist die Durchführung der Wahlkampagne des Kanzlerkandidaten Vogel.

5   Richtig: bei.

6   Richtig: um die.

7   *Orwell, George:* 1984. Ein utopischer Roman, 3. Aufl., Baden-Baden 1950.

8   SPD-Wahlparteitag in Dortmund (21. Januar 1983).

9   Richtig: will.

10   Anspielung auf die Rede von Franz-Josef Strauß am 18. November 1974 in Sonthofen vor der Landesgruppe der CSU-Bundestagsabgeordneten, in der er für eine Oppositionsarbeit der allgemeinen Konfrontation plädierte, ohne die eigenen Alternativen zur Regierungspolitik offen zu legen.

11   Gemeint ist der 50. Jahrestag der Machtübertragung an die Nationalsozialisten.

12   Auslassung in der Vorlage: den Reichstag ging.

13   Vgl. Nr. 8.

14   (Vermutlich) gemeint: Franz Josef Strauß.

15   Vgl. Stenogr. Berichte 9. Deutscher Bundestag, 57. Sitzung, 9. Oktober 1981, S. 3317 – 3321.

16   Richtig: nehmen.

17   In Wien wurde über einen Truppenabbau in Europa, in Madrid über den KSZE-Prozess und in Genf über die Begrenzung von atomaren Mittelstreckenwaffen in Europa verhandelt. Vgl. Berliner Ausgabe, Bd. 9.

18   Die Verhandlungen in Genf scheiterten.

19   Vermutlich gemeint: „realistischen". In der publizierten Fassung (Anm. 1) gestrichen.

20   Richtig: es.

21   Richtig: es.

Nr. 91

1   Brandt begründet das Schreiben damit, dass er Wehner in der Präsidiumssitzung nicht angetroffen hat.

2 SPD-Wahlparteitag in Dortmund (21. Januar 1983).
3 Wehner kandidierte nicht bei der Wahl zum Deutschen Bundestag am 6. März 1983 und schied aus allen Ämtern aus.

Nr. 92
1 Zur Friedenskundgebung im Bonner Hofgarten hatte eine Vielzahl von Organisationen, darunter auch die SPD, sowie von Persönlichkeiten des öffentlichen Lebens aufgerufen.
2 Gemeint ist der CDU-Generalsekretär, Heiner Geißler.
3 Die Verhandlungen zwischen den USA und der UdSSR in Genf über eine „Null-Lösung" bei den nuklearen Mittelstreckenwaffen waren gescheitert. Die NATO hatte deshalb mit der Stationierung von Marschflugkörpern in Großbritannien begonnen, während die UdSSR die Stationierung von SS-20-Mittelstreckenraketen fortsetzte. Vgl. Berliner Ausgabe, Bd. 10.
4 Die Kongressmehrheit hatte sich für ein Einfrieren der atomaren Rüstung und somit gegen eine weitere atomare Aufrüstung in Ost und West eingesetzt.
5 Die sandinistische Regierung Nicaraguas kämpfte seit 1981 gegen von den USA unterstützte konterrevolutionäre Freischärler. In El Salvador wurde zwischen 1981 und 1982 der Kriegszustand verhängt. Die Militärjunta verschärfte mit Hilfe rechtsextremistischer, paramilitärischer Gruppen den Kampf gegen die Linke. 1982 wurde Honduras mit massiver US-Unterstützung ein Aufmarschgebiet der Gegner der Sandinisten in Nicaragua.
6 Das Wort Heinemanns fiel bei seiner Rede zur Übernahme des Amtes des Bundespräsidenten. Vgl. *Heinemann, Gustav:* Ernstfall Frieden, in: *Gramm, Reinhard/ Blaschke, Peter H.* (Hrsg.): Ernstfall Frieden. Christsein in der Bundeswehr, Stuttgart-Berlin 1980, S. 77 f.

Nr. 93
1 Das gemeinsame Abendessen fand – ausweislich des Terminkalenders Brandts – am 22. Februar 1984 statt. AdsD, WBA, A 1, 239.
2 SPD-Parteitag in Köln (18./19. November 1983). Auf diesem außerordentlichen Parteitag wurde gegen 14 Gegenstimmen (darunter Helmut Schmidt) und bei drei Enthaltungen die Stationierung von neuen amerikanischen Mittelstreckenwaffen in der Bundesrepublik abgelehnt.

Nr. 94
1 *Brandt, Willy:* Godesberg nicht verspielen. Rede zum 20. Jahrestag der Verabschiedung des „SPD-Grundsatzprogramms" am 14. November 1979, hrsg. vom Vorstand der SPD, Bonn 1979. Vgl. auch *Papcke, Sven/ Schuon, Karl Theodor* (Hrsg.): Braucht die SPD ein neues Grundsatzprogramm?, Berlin 1984; *Eppler, Erhard* (Hrsg.): Grundwerte für ein neues Godesberger Programm. Die Texte der Grundwerte-Kommission der SPD, Reinbek 1984.
2 Vgl. Nr. 97.
3 Das Erfurter Programm wurde 1891, das Görlitzer Programm 1921, das Heidelberger Programm 1925 und das Godesberger Programm 1959 verabschiedet. Die Texte in: Dowe/Klotzbach 1990.
4 Nicht ermittelt. Vgl. aber *Musil, Robert:* Der Mann ohne Eigenschaften, Reinbek 1984, S. 127 ff.
5 US-Präsident Reagan hatte in einer Rede am 23. März 1983 („Star Wars"-Rede) ohne vorherige Konsultationen mit den NATO-Verbündeten eine Initiative angekündigt, die gewährleisten sollte, dass die

Vereinigten Staaten auf sie zielende Atomraketen schon im Weltraum abfangen können. 1984 begannen entsprechende Vorbereitungen für eine strategische Abwehrplanung („Strategic Defense Initiative" [SDI]).

6   Jean Jaurès.

Nr. 95

1   Von Brandt am 24. Juni 1985 hs. abgezeichnet.

2   Sommerfest der Künstlerkolonie auf dem Schloss Gümse im Landkreis Lüchow-Dannenberg.

3   Private Wohnanschrift.

4   Bei der Landtagswahl in Niedersachsen am 15. Juni 1986 gelang es dem Spitzenkandidaten Schröder nicht, die CDU/FDP-Regierung abzulösen. Vgl. das Wahlergebnis im Anhang.

5   Gemeint ist die Sozialdemokratische Wählerinitiative. Vgl. Nr. 11 und Berliner Ausgabe, Bd. 4.

6   Brandt sagte die Teilnahme an dem Treffen in Hamburg wegen einer Polenreise ab. Schreiben Brandts an Grass, 25. Juni 1985, in: AdsD, WBA, A 11.2, 167.

7   Hs. unterzeichnet.

Nr. 96

1   Stempel: „EINGANG Büro Bundesgeschäftsführer 23.4.1986, 1215". Hs. vermerkt am Textanfang: „Vertraulich Clement zur Kenntnis ges[andt]", Paraphe Klär. Ms. vermerkt am Textende: „Kopie zur Kenntnisnahme an: Johannes Rau, Hans-Jochen Vogel, Hans Matthöfer, Egon Bahr, Peter von Oertzen, Georg Leber, Peter Glotz".

2   Brandt befand sich vom 14. bis 21. April 1986 zu politischen Gesprächen in Südafrika. Terminkalender Brandts, 1986, AdsD, WBA, A 1, 240.

3   *Vorwärts*, Nr. 14 vom 5. April 1986, S. 40 – 42. In der Rezension des Films „Rosa Luxemburg" hieß es, durch die deutsche Geschichte zöge sich eine Blutspur vom Mord an Rosa Luxemburg über Auschwitz, Dachau und Stammheim bis hin zum Tode eines Demonstranten einige Monate zuvor. Weiter wörtlich: „Diese Blutspur der hier noch immer herrschenden Klasse ist das Kainsmal ihrer nationalen Geschichte, das eine Geschichte der Abtreibungen ihrer schöneren, menschlicheren Möglichkeiten war – Abtreibungen, an denen übrigens die Sozialdemokratie der Eberts und Scheidemänner, der Lebers und Schmidts stets ‚staatstragend' mitwirkte."

4   Schreiben Schmidts an Brandt, 14. April 1986, in: AdsD, WBA, A 9, 16. Schmidt beschwerte sich darin über die „infame Herabsetzung" seiner Person durch den Artikel im *Vorwärts* und brachte zum Ausdruck, dass er eine deutlichere Distanzierung Brandts erwartet hätte, als sie in der *Frankfurter Rundschau* vom selben Tag zu lesen war. Die Zeitung berichtete, dass Brandt bei einer Veranstaltung in Berlin die Verunglimpfung von Sozialdemokraten von Ebert bis Schmidt gerügt hatte, und zitierte den SPD-Vorsitzenden mit den Worten, wer eine solche Linie wie in dem *Vorwärts*-Artikel ziehe, treibe Geschichtsklitterung. Der SPD-Vorstand werde dazu noch ein deutliches Wort sagen. Vgl. „Der SPD-Vorsitzende Brandt tadelt die ‚Vorwärts'-Redaktion", in: *Frankfurter Rundschau*, Nr. 86 vom 14. April 1986. Siehe auch Anmerkung 6.

5   Das Schreiben Schmidts an Brandt vom 14. April 1986 wurde vollständig abgedruckt. Siehe „Eine ernste Klarstellung" und „Schmidt verlangt Konsequenzen", in: *Frankfurter Rundschau*, Nr. 94 vom 23. April 1986.

6 Dem Schreiben liegt als Anlage ein Auszug aus der Berliner Rede Brandts vom 12. April 1986 bei. *Brandt, Willy:* Unsere Lehren aus der Urabstimmung. Willy Brandt in Berlin: Entspannung bedeutet nicht „ideologische Koexistenz" [Rede auf einer Veranstaltung der Friedrich-Ebert-Stiftung in der Urania, Berlin], in: *Berliner Stimme,* Nr. 8 vom 19. April 1986, S. 8 f. Darin kritisiert er es als „Geschichtsklitterung", wenn der *Vorwärts* eine historische Linie „von dem Mord an Rosa Luxemburg über Stammheim bis zum Tod eines Demonstranten in Frankfurt vor einem Jahr zieht". Ferner kritisiert Brandt, dass „Sozialdemokraten von Friedrich Ebert bis Helmut Schmidt verunglimpft werden". Hs. nachgefügt: „Haben uns damit im Präs[idium] befasst + gehe davon aus, dass auch PV noch ein deutliches Wort sagen wird".

7 Mit einem Schreiben vom selben Tage antwortete Helmut Schmidt und dankte Brandt für dessen Klarstellungen. Schmidt erklärte ferner, dass ihn die Veröffentlichung des Briefes an Brandt vom 14. April 1986 in der *Frankfurter Rundschau* überrascht habe. Die Indiskretion sei weder durch Schmidt noch durch sein Büro entstanden. Vgl. das Schreiben Schmidts an Brandt, 23. April 1986, in: AdsD, WBA, A 9, 16.

8 Hs. unterzeichnet.

Nr. 97

1 Irseer Entwurf für ein neues Grundsatzprogramm der Sozialdemokratischen Partei Deutschlands (Juni 1986), hrsg. vom Vorstand der SPD, [Bonn] [1986]. Vgl. auch *Albers, Detlev/Neumann, Kurt:* Über Irsee hinaus! Zur Kritik am Programmentwurf der SPD, 2. Aufl., Berlin 1987.

2 Auf dem SPD-Parteitag in Nürnberg (25. – 29. August 1986) wurde der „Irseer Entwurf" diskutiert. Nach dem Rücktritt Willy Brandts vom Parteivorsitz wurde im Juni 1987 eine neue Programmkommission gebildet, und zwar unter Leitung des neuen Parteivorsitzenden Hans-Jochen Vogel. Geschäftsführender Vorsitzender wurde Oskar Lafontaine. Die zweite Programmkommission erarbeitete einen abschließenden Entwurf für das Grundsatzprogramm, welches auf dem SPD-Parteitag in Berlin (18. – 20. Dezember 1989) beschlossen wurde („Berliner Programm").

3 Vgl. Nr. 94.

4 Der SPD-Parteitag in Essen (17. – 21. Mai 1984) hatte den Parteivorstand beauftragt, eine Kommission zur Erarbeitung eines neuen, auf dem Godesberger Programm aufbauenden Grundsatzprogramms einzusetzen.

5 *Dowe/Klotzbach* 1990, S. 354.

Nr. 98

1 Am Textanfang hs. vermerkt: „an J[ohannes]R[au], Gagn[ières] 1–8–86". Brandt formulierte den Text in seinem südfranzösischen Urlaubsdomizil. Eine ms. Abschrift des Entwurfs oder eine Ausgangsbestätigung des Schreibens konnten nicht ermittelt werden. Nach Auskunft des Adressaten ging das Schreiben nicht ein.

2 Rau hatte soeben seine „Sommer-Wahlkampfreise" absolviert.

3 Gemeint ist der französische Arzt und Herzspezialist Maurice Roux.

4 Gemeint ist der bevorstehende SPD-Parteitag in Nürnberg (25. – 28. August 1986).

5 Aus einem Gespräch über die Chancen der SPD bei der Bundestagswahl hatte *Zeit*-Redakteur Gunter Hofmann Willy Brandt indirekt zitiert: „Auch 43 Prozent für seine Partei, so hört man bei Willy Brandt heraus, wären bei der Ausgangslage (1983: 38,2 Pro-

zent) ein schöner Erfolg." *Die Zeit*, Nr. 31 vom 25. Juli 1986, S. 4. Die Nennung dieser Zahl löste in der Partei großen Unmut aus, da der Kanzlerkandidat Rau um eine „eigene Mehrheit" warb. Vgl. Einleitung.

Nr. 99

1   Vgl. die Regierungserklärung Brandts vom 18. Januar 1973. Auszüge in: Berliner Ausgabe, Bd. 7, Nr. 85.

2   *Grass, Günter:* Vom Stillstand im Fortschritt – Variationen zu Albrecht Dürers Kupferstich „Melencolia I", in: *Glaser, Hermann* (Hrsg.): Am Beispiel Dürers, München 1972, S. 82 f.

3   *Brandt, Willy:* Friedenspolitik in unserer Zeit (Rede anlässlich der Verleihung des Friedensnobelpreises am 11. Dezember 1971 an der Universität Oslo), in: Friedensnobelpreis für Bundeskanzler Brandt, hrsg. vom Presse- und Informationsamt der Bundesregierung, Bonn 1971, S. 66.

4   *Bon, Frédéric/Burnier, Michel:* Que le meilleur perde, Paris 1986.

5   Vgl. Berliner Ausgabe, Bd. 1.

6   Brandt äußert sich im Folgenden über die Umstände seines Rücktritts vom Amt des Bundeskanzlers im Jahr 1974.

7   Brandt beantwortet im Folgenden Fragen zur internationalen Politik, zum Ausstieg aus der Kernenergie, zu den Chancen bei der Bundestagswahl 1987 und zur Zukunft des Sozialstaats.

8   Vgl. *Glotz, Peter:* Die Beweglichkeit des Tankers. Die Sozialdemokratie zwischen Staat und neuen sozialen Bewegungen, München 1982, insbes. S. 15 – 81.

9   Irseer Entwurf 1986. Vgl. auch Nr. 97.

10   Brandt äußert sich im Folgenden zum Generationswechsel und zur Frauenförderung in der SPD, zu den Grünen, zur Wiedervereinigung und zur Geschichte der SPD.

11   Abschließend antwortet Brandt auf Fragen zur konservativen Tendenzwende in der Bundesrepublik und dem Problem der SPD, ihre Ideale erfolgreich zu vermitteln.

Nr. 100

1   Brandt leitet seine Rede mit einer Bemerkung über die materiellen Voraussetzungen geschichtlichen Fortschritts ein, wozu er ein Marx-Engels-Zitat einführt, ohne dessen Urheber zu nennen. Vgl. Anm. 13.

2   Vgl. Nr. 97.

3   *Mann, Golo:* Hundert Jahre deutsche Sozialdemokratie, hrsg. vom Vorstand der SPD (Tatsachen – Argumente, 64), Bonn [1963], S. 3: „Dies Mischverhältnis zwischen Stärke, Verwurzelung, gutem Willen einerseits und geschichtsbildendem Einfluß andererseits wird man, um einen früher auch unter den Sozialdemokraten beliebten Ausdruck zu gebrauchen, ‚dialektisch' verstehen müssen: [...]."

4   Irseer Entwurf 1986, S. 12. Vgl. auch Dowe/Klotzbach 1990, S. 351.

5   Gemeint ist die Reformpolitik Gorbatschows.

6   Vgl. Berliner Ausgabe, Bd. 2.

7   Horkheimer und Adorno in ihrer „Vorrede" zur „Dialektik der Aufklärung". *Horkheimer, Max/Adorno, Theodor W.:* Dialektik der Aufklärung. Philosophische Fragmente, Frankfurt/Main 1988 (ungekürzte Ausgabe der Neuausgabe von 1969), S. 3.

8   Diese Alternative formulierte Rosa Luxemburg in ihrer „Junius-Broschüre". *Luxemburg, Rosa:* Gesammelte Werke, Bd. 4, August 1914 bis Januar 1919, Berlin 1974, S. 51 – 164.

9   Anspielung auf *Jünger, Ernst:* In Stahlgewittern, 41. Aufl., Stuttgart 2001.

10   So schon *Lamszus, Wilhelm:* Das Menschenschlachthaus, Hamburg-Berlin 1912.

11 Anspielung auf die zweite Strophe des Liedes „Wacht auf, Verdammte dieser Erde" (Die Internationale): „Es rettet uns kein höh'res Wesen...". Brüder zur Sonne, zur Freiheit. Liedertexte, Köln 1974, S. 50.

12 Brandt bezieht sich auf einen Passus des „Kommunistischen Manifests" von Marx und Engels: „An die Stelle der alten bürgerlichen Gesellschaft mit ihren Klassen und Klassengegensätzen tritt eine Assoziation, worin die freie Entwicklung eines jeden die Bedingung für die freie Entwicklung aller ist." *Marx, Karl/Engels, Friedrich:* Manifest der Kommunistischen Partei (1847/1848), in: MEW, Bd. 4, Berlin 1969, S. 482.

13 Seine Rede hatte Brandt mit einem Zitat aus der „Deutschen Ideologie" von Marx und Engels eingeleitet: „Wir müssen bei den voraussetzungslosen Deutschen damit anfangen, dass wir die erste Voraussetzung aller menschlichen Existenz, also auch aller Geschichte konstatieren, nämlich dass die Menschen im Stande sein müssen zu leben [Unterstreichung im Redetext], um ‚Geschichte machen' zu können." *Marx, Karl/ Engels, Friedrich:* Die deutsche Ideologie (1845/46), in: MEW, Bd. 3, Berlin 1969, S. 28.

14 Ebd.

15 Der SPD-Bundesgeschäftsführer Glotz prägte das Wort von der „aufgeklärten Aufklärung" im politischen Diskurs. Vgl. *Glotz, Peter:* Politik und Aufklärung. Kritische Bemerkungen zu einem Vortrag von Helmut Dubiel, in: *Rüsen, Jörn* u. a. (Hrsg.): Die Zukunft der Aufklärung, Frankfurt/Main 1988, S. 31.

16 Es folgen Betrachtungen zum so genannten „Historikerstreit" über die „Historisierung" des Nationalsozialismus. Vgl. „Historikerstreit". Die Dokumentation der Kontroverse um die Einzigartigkeit der nationalsozialistischen Judenvernichtung, München-Zürich 1987.

Nr. 101

1 Die Erklärung ist unter dem Titel „Ich verlasse die Brücke, aber ich gehe nicht von Bord", auch dokumentiert in: Intern. Informationsdienst der SPD, Nr. 3 vom 24. März 1987.

2 Gemeint ist die Kritik an der Berufung der parteilosen Wissenschaftlerin Margarita Mathiopoulos zur Sprecherin des SPD-Vorstandes. Vgl. Einleitung.

3 Anspielung auf das Gespräch Brandts mit Hofmann in *Die Zeit* im Juli 1986. Vgl. Nr. 98.

4 Vgl. das Wahlergebnis der Bundestagswahl vom 25. Januar 1987 im Anhang.

5 SPD-Parteitag in Nürnberg (25.–29. August 1986).

6 Johannes Rau, Hans-Jochen Vogel.

Nr. 102

1 Brandt würdigt in den ersten beiden Abschnitten seiner Rede ausführlich das Leben und das politische Wirken Bebels.

2 *Dowe/Klotzbach* 1990, S. 170 und 172.

3 *Bebel* 1994.

4 Vgl. Nr. 80, Anm. 7.

5 Vgl. Nr. 80, Anm. 12.

6 Gemeint ist die Rede Brandts zum Rücktritt vom Amt des Parteivorsitzenden auf dem Sonderparteitag der SPD in Bonn am 14. Juni 1987. Vgl. *Brandt* 1987.

Nr. 103

1 Aus den Kommunalwahlen in Nordrhein-Westfalen am 1. Oktober 1989 ging die SPD als stärkste Partei hervor, die CDU büßte 4,6 %-Punkte ein. (SPD 43 %, CDU 37,6 %, Grüne 8,5 %, FDP 6,6 %). Die rechtsextremen Republikaner kamen landesweit auf 2,2 %, zogen jedoch in die Räte verschiedener Städte ein (u. a. Hagen, Gelsenkirchen und Dortmund). Vgl. ausführlich *Pöhls, Uwe:* Wahlen und Wahl-

kampf in Nordrhein-Westfalen, in: *Reh, Werner* (Hrsg.): Jahrbuch der Politik und Wirtschaft in Nordrhein-Westfalen 1988 – 1990, Bonn 1992, S. 66 – 92.
2 Brandt wurde erneut auf den ersten Platz der Landesliste gesetzt.
3 Hs. unterzeichnet.

Nr. 104

1 Es folgen Ausführungen zum Fortschrittsverständnis und zur Herausforderung durch neue Techniken.
2 Bezeichnung für den sozial ungebändigten frühen Kapitalismus in England.
3 Gemeint ist die neo-liberale Wendung des politischen Konservatismus unter der britischen Premierministerin Margaret Thatcher.
4 Es folgen Betrachtungen zur Entwicklung der EG.
5 Es folgen Aussagen für eine neue „Weltinnenpolitik".
6 Es folgen Ausführungen zu einem neuen Ost-West-Dialog, zur Menschenrechtspolitik, zur Demokratisierung unterschiedlicher Gesellschaftsformationen und zu den neuen Chancen der Freiheit in den Industriegesellschaften.

Nr. 105

1 Am Textanfang hs. vermerkt: „erl[edigt] m[it] Fahrer d[er] Saarland-Vertret[un]g n[ach] Saarbrücken".
2 Gemeint ist der am 18. Mai 1990 unterzeichnete Staatsvertrag über die Wirtschafts-, Währungs- und Sozialunion zwischen der Bundesrepublik und der DDR, die am 1. Juli 1990 in Kraft trat. Lafontaine versuchte vergeblich, die SPD-Bundestagsfraktion auf eine Ablehnung der Währungsunion festzulegen, während der SPD-dominierte Bundesrat den Vertrag passieren lassen sollte. Wegen dieser Niederlage wollte er zunächst auf die Kanzlerkandidatur verzichten, ließ sich jedoch zum Weitermachen überreden. Vgl. *Lafontaine* 1999, S. 17 ff.
3 Gemeint: DDR.
4 Brandt hatte dem Vorsitzenden der SPD und der SPD-Bundestagsfraktion, Vogel, mitgeteilt, er werde keinesfalls gegen den Staatsvertrag stimmen. Vgl. *Vogel* 1997, S. 332.
5 Gemeint ist die Kanzlerkandidatur.
6 Die gesamtdeutsche Bundestagswahl fand am 2. Dezember 1990 statt. Vgl. das Wahlergebnis im Anhang.
7 Am 25. April 1990 hatte eine geistig verwirrte Frau während einer Wahlkampfveranstaltung in Köln ein Messer-Attentat auf Lafontaine verübt und ihn dabei schwer verletzt.

Nr. 106

1 Brandt beantwortet Fragen zu Problemen der Wirtschafts-, Währungs- und Sozialunion, zum Wahlkampf der SPD und zur Geschichte Deutschlands.
2 Die Bundestagswahl fand am 2. Dezember 1990 statt. Vgl. das Wahlergebnis im Anhang.
3 § 9, Abs. 3 Parteiengesetz regelt, dass der Parteitag die Auflösung sowie die Verschmelzung mit anderen Parteien beschließt. Nach § 6, Abs. 2, Nr. 11 muss das genaue Verfahren in der Parteisatzung festgelegt werden. Solche Vorkehrungen waren in den Satzungen der beiden Parteien jedoch nicht getroffen worden.
4 Gemeint sind Sachsen und Thüringen.
5 Vgl. das Ergebnis der Wahl zur Volkskammer der DDR am 18. März 1990 im Anhang.
6 Brandt beantwortet Fragen zum Tempo des deutsch-deutschen Vereini-

gungsprozesses und dessen internationale Implikationen.

Nr. 107

1 Das Manifest stammt ganz überwiegend aus der Feder Brandts. Vgl. Einleitung.
2 Um den von den Alliierten garantierten Berlin-Status nicht offen zu verletzen, hatte die DDR die SPD in Ost-Berlin nicht verboten. Um die Mitglieder nicht zu gefährden, hatte die SPD die Parteiarbeit dort nach dem Mauerbau eingestellt.
3 1878 das Kaiserreich durch das „Sozialistengesetz", 1933 das nationalsozialistische Deutschland durch das Verbot der Partei, 1946 die Sowjetische Militäradministration im Verein mit der KPD durch die Zwangsvereinigung.
4 Der SPD-Parteitag in Berlin (18. – 20. Dezember 1989) hatte ein neues Grundsatzprogramm („Berliner Programm") verabschiedet.
5 Hs. unterzeichnet im Faksimile. Es folgen die Unterschriften des Vorsitzenden, der stellvertretenden Vorsitzenden, der Bundesgeschäftsführerin, des Schatzmeisters sowie der Landes- und Bezirksvorsitzenden.

Nr. 108

1 Vgl. das Ergebnis der Bundestagswahl vom 2. Dezember 1990 im Anhang.
2 Korrigiert aus: den.
3 Randnotiz an diesem Absatz: lokale Erfolge/W.
4 Die (westdeutschen) Grünen verpassten – anders als das (ostdeutsche, grüne) Bündnis 90 – den Einzug in den Deutschen Bundestag.
5 In Berlin regierte ein rot-grüner Senat.
6 Randnotiz an diesem Absatz: Ad[enauer] [19]57. Adenauer und die CDU/CSU gewannen bei der Bundestagswahl die absolute Mehrheit der Stimmen.
7 Randnotiz an diesem Absatz: Saar etc. Die SPD hatte auf den Anschluss des Saarlandes gedrängt, auch wenn daraus Nachteile für den westeuropäischen Integrationsprozess erwuchsen.
8 Randnotiz an diesem Absatz: Lasten Spalt[un]g. Gemeint ist offensichtlich, dass Brandt der Ansicht war, die Lasten der Teilung seien auch von Westdeutschland zu tragen.
9 Vgl. Berliner Ausgabe, Bd. 4.
10 Randnotiz unterhalb des Absatzes: person[elle] Vorschläge, K[anzler]kandidatur.
11 Korrigiert aus: guten.
12 Handschriftliche Notiz an diesem Absatz: Bü[ndnis] 90.

Nr. 109

1 Gemeint ist die Spaltung der Arbeiterbewegung in einen sozialdemokratischen und einen kommunistischen Flügel zu Beginn des 20. Jahrhunderts.
2 Protokoll vom Programm-Parteitag [der SPD in], Berlin, 18. – 20. 12. 1989, Bonn 1990, S. 139.
3 *Kautsky, Karl:* Der Bolschewismus in der Sackgasse, Berlin 1930, S. 108.
4 Günter Mittag.
5 Rede Brandts in der Feierstunde aus Anlass des 40. Jahrestages der Wiederbegründung der Sozialistischen Internationale in der Frankfurter Paulskirche, 25. Juni 1991, S. 2, in: AdsD, WBA, A 3, 1093.
6 XVIII. Kongress der Sozialistischen Internationale, Stockholm, 20. – 22. Juni 1989, (hekt.) [o. O.] [o. J.]. Vgl. *Brandt, Willy:* The will for a new age [Rede auf dem SI-Kongress in Stockholm (20. – 22. Juni 1989)], in: Socialist affairs (1989) 1–2, S. 6–9.
7 *Schumacher* 1946, S. 23.

8   Rocard war am 15. Mai 1991 vom Amt des Premierministers zurückgetreten. AdG 61 (1991), S. 35625.
9   Konferenz der Vorstände sozialdemokratischer Parteien aus Mittel- und Osteuropa in Wien am 3./4. September 1990. AdsD, WBA, A 19, 89.
10 Vgl. Nr. 106.
11 Vgl. Nr. 105 und 108.
12 Im August 1991 scheiterte ein Putsch konservativer kommunistischer Kräfte am Widerstand der Bevölkerung.
13 Vgl. Berliner Ausgabe, Bd. 8.
14 Nach den Unabhängigkeitserklärungen der jugoslawischen Teilrepubliken Slowenien und Kroatien im Juni 1991 kam es zu bewaffneten Auseinandersetzungen zwischen slowenischen und kroatischen Bürgerwehren und der jugoslawischen Volksarmee. Im Juli 1991 räumte diese Slowenien.
15 Die Kommunistische Partei Italiens benannte sich am 22. Februar 1991 in „Partito democratico della Sinistra" (PDS) um und befürwortete einen definitiven Richtungswechsel vom Kommunismus zur westlichen Sozialdemokratie.
16 Nicht ermittelt.

Nr. 110

1   Zu Leber vgl. *Beck, Dorothea:* Julius Leber. Sozialdemokrat zwischen Reform und Widerstand, Berlin 1983.
2   Vgl. den Eintrag im Personenregister.
3   *Bullock, Alan:* Hitler und Stalin. Parallele Leben, Berlin 1991, S. 1092.
4   Vgl. Berliner Ausgabe, Bd. 2.
5   Protokoll der Verhandlungen des Parteitags der Sozialdemokratischen Partei Deutschlands vom 26. bis 31. Mai 1929 in Magdeburg (Nachdruck), Berlin-Bonn-Bad Godesberg 1974, S. 127 ff.
6   Das Gewissen steht auf. 64 Lebensbilder aus dem deutschen Widerstand 1933 – 1945, gesammelt von *Annedore Leber.* Hrsg. in Zusammenarbeit mit *Willy Brandt* und *Karl Dietrich Bracher,* Berlin 1954.
7   Vgl. Berliner Ausgabe, Bd. 1 und Bd. 2.
8   In: Das Gewissen steht auf, S. 224 und 226.
9   Nicht ermittelt.
10 Gemeint: Aung San Suu Kyi.

Anhang

Mitgliederentwicklung der SPD und Überblick über Wahlergebnisse

Mitgliederentwicklung der SPD

Jahresende	Mitglieder
1972	945 394
1973	973 601
1974	990 682
1975	998 471
1976	1 022 191
1977	1 006 316
1978	997 444
1979	981 805
1980	986 872
1981	956 490
1982	926 070
1983	925 630
1984	916 485
1985	916 386
1986	912 854
1987	910 063
1988	911 916
1989	921 430
1990	920 618
1991	919 871
1992	885 958

Quelle: *Wiesendahl, Elmar:* Noch Zukunft für die Mitgliederparteien? Erstarrung und Revitalisierung innerparteilicher Partizipation, in: *Klein, Ansgar/Schmalz-Bruns, Rainer* (Hrsg.): Politische Beteiligung und Bürgerengagement in Deutschland. Möglichkeiten und Grenzen, Bonn 1997, S. 352.

Wähleranteile der sozialdemokratischen Parteien bei nationalen Parlamentswahlen (Durchschnittswerte) in Prozent der gültigen Stimmen

	1945–90	1945–73	1974–90
Belgien	30,2	32,1	27,2
Bundesrepublik Deutschland	37,3	36,3	38,3
Dänemark	36,0	37,7	33,3
Finnland	24,8	24,8	24,9
Frankreich	21,7	17,5	32,3
Griechenland	–	–	35,8
Großbritannien	41,5	46,0	34,3
Irland	11,2	12,4	9,3
Italien	16,5	17,6	14,9
Niederlande	29,1	27,7	31,5
Norwegen	42,3	44,2	38,7
Österreich	45,2	44,2	47,0
Portugal	–	–	30,6
Schweden	45,5	46,3	43,9
Schweiz	24,5	25,5	22,7
Spanien	–	–	38,6
Durchschnittswerte	31,2	31,7	31,5
ohne Griechenland, Portugal, Spanien			(30,7)

Folgende Parteien wurden in die Berechnung einbezogen:
Belgien: BSP/PSB; Bundesrepublik Deutschland: SPD; Dänemark: SD; Finnland: SDP; Frankreich: SFIO bzw. PS; Griechenland: PASOK; Großbritannien: LP; Irland: ILP; Italien: PSI/PDSI; Niederlande: PvdA; Norwegen: DNA; Österreich: SPÖ; Portugal: PS; Schweden: SAP; Schweiz: SPS; Spanien: PSOE

Quelle: *Merkel, Wolfgang:* Ende der Sozialdemokratie? Machtressourcen und Regierungspolitik im westeuropäischen Vergleich, Frankfurt/Main-New York 1993, S. 62.

Ergebnisse der Bundestagswahlen 1972–1990 in Prozent der gültigen Zweitstimmen

	19. November 1972	3. Oktober 1976	5. Oktober 1980	6. März 1983	25. Januar 1987	2. Dezember 1990
CDU/CSU	44,9	48,6	44,5	48,8	44,3	43,8
SPD	45,8	42,6	42,9	38,2	37,0	33,5
FDP	8,4	7,9	10,6	7,0	9,1	11,0
B 90/ Grüne[1]	–	–	1,5	5,6	8,3	5,0
PDS	–	–	–	–	–	2,4
NPD	0,6	0,3	0,2	0,2	–	0,3
Rep.	–	–	–	–	–	2,1
Sonstige	0,4	0,6	0,3	0,3	1,4	1,7
Wahlbeteiligung	91,1	90,7	88,6	89,1	84,3	78,4

1 1980 bis 1987 nur Die Grünen; 1990 Bündnis 90: 1,2 %, Die Grünen: 3,8 %; ab 1994 Bündnis 90/Die Grünen

Quelle: *Ritter, Gerhard A./Niehuss, Merith:* Wahlen in Deutschland 1946–1991. Ein Handbuch, München 1991, S. 101 f.

Ergebnisse der Volkskammerwahl vom 18. März 1990 in der DDR

Allianz für Deutschland	48,0
– CDU	40,8
– DSU	6,3
– DA	0,9
SPD	21,9
PDS	16,4
BFD[1]	5,3
Bündnis 90	2,9
DBD[2]	2,2
Grüne-UFV[3]	2,0
Sonstige	1,3
Wahlbeteiligung	93,4
1 Bund Freier Demokraten = Zusammenschluss der liberalen Parteien LDPD, Deutsche Forumspartei und FDP. 2 DBD = Demokratische Bauernpartei Deutschlands. 3 Grüne-Unabhängiger Frauenverband	

Quelle: *Ritter, Gerhard A./Niehuss, Merith:* Wahlen in Deutschland 1946–1991. Ein Handbuch, München 1991, S. 191.

Ergebnisse verschiedener Landtagswahlen zwischen 1972 und 1992 in Prozent der gültigen Stimmen

	Hamburg 3. März 1974	Niedersachsen 9. Juni 1974	Bayern 27. Oktober 1974	Hessen 27. Oktober 1974	Berlin (West) 2. März 1975
CDU	40,6	48,8	62,1[1]	47,3	43,9
SPD	45,0	43,1	30,2	43,2	42,6
FDP	10,9	7,0	5,2	7,4	7,1
Sonstige	3,6	1,0	2,5	2,1	6,4[2]
Wahlbeteiligung	80,4	84,4	77,7	84,8	87,8

	Rheinland-Pfalz 9. März 1975	Schleswig-Holstein 13. April 1975	Nordrhein-Westfalen 4. Mai 1975	Saarland 4. Mai 1975	Bremen 28. September 1975
CDU	53,9	50,4	47,1	49,1	33,8
SPD	38,5	40,1	45,1	41,8	48,7
FDP	5,6	7,1	6,7	7,4	13,0
Sonstige	1,9	2,4	1,1	1,7	4,5
Wahlbeteiligung	80,8	82,3	86,1	88,8	82,2

	Baden-Württemberg 4. April 1976	Hamburg 4. Juni 1978	Niedersachsen 4. Juni 1978	Hessen 8. Oktober 1978	Bayern 15. Oktober 1978
CDU	56,7	37,6	48,7	46,0	59,1[6]
SPD	33,3	51,5	42,2	44,3	31,4
FDP	7,8	4,8	4,2	6,6	6,2
Grüne	–	4,5[3]	3,9[4]	2,0[5]	1,8
Sonstige	2,2	2,6	1,1	1,1	1,5
Wahlbeteiligung	75,5	76,6	78,5	87,7	76,6

	Berlin (West) 18. März 1979	Rheinland-Pfalz 18. März 1979	Schleswig-Holstein 29. April 1979	Bremen 7. Oktober 1979	Baden-Württemberg 16. März 1980
CDU	44,4	50,1	48,3	31,9	53,4
SPD	42,7	42,3	41,7	49,4	32,5
FDP	8,1	6,4	5,7	10,7	8,3
Grüne	3,7[8]	–	2,4[7]	6,5[9]	5,3
Sonstige	1,2	1,2	1,9	1,4	0,5
Wahlbeteiligung	85,4	81,4	83,3	78,5	72,0

	Saarland 27. April 1980	Nordrhein-Westfalen 11. Mai 1980	Berlin (West) 10. Mai 1981	Niedersachsen 21. März 1982	Hamburg 6. Juni 1982
CDU	44,0	43,2	48,0	50,7	43,2
SPD	45,4	48,4	38,3	36,5	42,7
FDP	6,9	5,0[10]	5,6	5,9	4,9
Grüne	2,9	3,0	7,5[11]	6,5	8,4[12]
Sonstige	0,8	0,4	0,6	0,4	0,9
Wahlbeteiligung	85,0	80,0	85,3	77,7	77,8

	Hessen 26. September 1982	Bayern 10. Oktober 1982	Hamburg 19. Dezember 1982	Rheinland-Pfalz 6. März 1983	Schleswig-Holstein 13. März 1983
CDU	45,6	58,3[13]	38,6	51,9	49,0
SPD	42,8	31,9	51,3	39,6	43,7
FDP	3,1	3,5	2,6	3,5	2,2
Grüne	8,0	4,6	6,8[14]	4,5	3,6
Sonstige	0,5	1,7	0,7	0,4	1,5
Wahlbeteiligung	86,4	78,0	84,0	90,8	84,8

	Bremen 25. September 1983	Hessen 25. September 1983	Baden-Württemberg 25. März 1984	Berlin (West) 10. März 1985	Saarland 10. März 1985
CDU	33,3	39,4	51,9	46,4	37,3
SPD	51,3	46,2	32,4	32,4	49,2
FDP	4,6	7,6	7,2	8,5	10,0
Grüne	9,2[15]	5,9	8,0	10,6[16]	2,5
Sonstige	1,5	0,8	0,5	2,1	1,0
Wahlbeteiligung	79,7	83,6	71,2	83,6	85,0

	Nordrhein-Westfalen 12. Mai 1985	Niedersachsen 15. Juni 1986	Bayern 12. Oktober 1986	Hamburg 9. November 1986	Hessen 5. April 1987
CDU	36,5	44,3	55,8[17]	41,9	42,1
SPD	52,1	42,1	27,5	41,7	40,2
FDP	6,0	6,0	3,8	4,8	7,8
Grüne	4,6	7,1	7,5	10,4[19]	9,4
Sonstige	0,8	0,5	5,4[18]	1,2	0,5
Wahlbeteiligung	75,2	77,3	70,1	77,8	80,3

	Hamburg 17. Mai 1987	Rheinland-Pfalz 17. Mai 1987	Bremen 13. September 1987	Schleswig-Holstein 13. September 1987	Baden-Württemberg 20. März 1988
CDU	40,5	45,1	23,4	42,6	49,0
SPD	45,0	38,8	50,5	45,2	32,0
FDP	6,5	7,3	10,0	5,2	5,9
Grüne	7,0[20]	5,9	10,2	3,9	7,9
Sonstige	0,9	3,8	5,8	3,1	5,1
Wahlbeteiligung	79,5	77,0	75,6	76,6	71,8

	Schleswig-Holstein 8. Mai 1988	Berlin (West) 29. Januar 1989	Saarland 28. Januar 1990	Niedersachsen 13. Mai 1990	Nordrhein-Westfalen 13. Mai 1990
CDU	33,3	37,7	33,4	42,0	36,7
SPD	54,8	37,3	54,4	44,2	50,0
FDP	4,4	3,9	5,6	6,0	5,8
Grüne	2,9	11,8[21]	2,7	5,5	5,0
Sonstige	4,8	9,3[22]	3,9	2,3	2,5
Wahlbeteiligung	77,4	79,6	83,2	74,6	71,8

	Bayern 14. Oktober 1990	Brandenburg 14. Oktober 1990	Mecklenburg-Vorpommern 14. Oktober 1990	Sachsen 14. Oktober 1990	Sachsen-Anhalt 14. Oktober 1990
CDU	54,9[23]	29,4	38,3	53,8	39,0
SPD	26,0	38,2	27,0	19,1	26,0
FDP	5,2	6,6	5,5	5,3	13,5
Grüne	6,4	9,2[25]	9,3[27]	5,6[28]	5,3[29]
PDS	–	13,4[26]	15,7	10,2	12,0
Sonstige	7,5[24]	3,2	4,2	6,0	4,2
Wahlbeteiligung	65,9	67,1	64,7	72,8	65,1

	Thüringen 14. Oktober 1990	Berlin 2. Dezember 1990	Hessen 20. Januar 1991	Rheinland-Pfalz 21. April 1991	Hamburg 2. Juni 1991
CDU	45,4	40,4	40,2	38,7	35,1
SPD	22,8	30,4	40,8	44,8	48,0
FDP	9,3	7,1	7,4	6,9	5,4
Grüne	6,5[30]	9,4[31]	8,8	6,5	7,2[32]
PDS	9,7	9,2	–	–	0,5
Sonstige	6,3	3,6	2,6	3,1	3,9
Wahlbeteiligung	71,7	80,8	70,8	73,9	66,1

	Bremen 29. September 1991	Baden-Württemberg 5. April 1992	Schleswig-Holstein 5. April 1992
CDU	30,7	39,6	33,8
SPD	38,8	29,4	46,2
FDP	9,5	5,9	5,6
Grüne	11,4	9,5	4,9
Sonstige	9,7[33]	15,4[34]	9,4[35]
Wahlbeteiligung	72,2	70,1	71,7

1 CSU; 2 davon Bund Freies Deutschland BFD 3,4 % und SED/SEW 1,8 %; 3 Grüne/GAL; 4 GLU; 5 davon Grüne Aktion Zukunft 0,9 %, Grüne Liste Hessen 1,1 %; 6 CSU; 7 Grüne Liste Schleswig-Holstein; 8 AL; 9 davon Bremer Grüne Liste 5,1 %, AL 1,4 %; 10 4,98 % – daher kein Mandat; 11 davon AL 7,2 %, Grüne Liste Berlin 0,3 %; 12 davon GAL 7,7 %; 13 CSU; 14 Grüne/GAL; 15 davon Grüne 5,4 %, Bremer Grüne Liste 2,4 %, Betriebliche Alternative Liste 1,4 %; 16 AL; 17 CSU; 18 davon Republikaner 3,0 %; 19 Grüne/GAL; 20 AL; 22 davon Republikaner 7,5 %; 23 CSU; 24 davon Republikaner 4,9 %; 25 davon Grüne 2,8 %, Bündnis 90 6,4 %; 26 PDS-LL; 27 davon Grüne 4,2 %, Bündnis 90 2,2 %, Forum 2,9 %; 28 Forum; 29 Grüne/Neues Forum; 30 Grüne/Neues Forum/Demokratie Jetzt; 31 davon Grüne/AL 5,0 %, Bündnis 90/Grüne/UFV 4,4 %; 32 Grüne/GAL; 33 davon DVU 6,2 %; 34 davon Republikaner 10,9 %; 35 davon SSW 1,9 %, DVU 6,3 %

Quellen: *Ritter, Gerhard A./Niehuss, Merith:* Wahlen in Deutschland 1946–1991. Ein Handbuch, München 1991, S. 158 ff.; *dies.:* Wahlen in Deutschland 1990–1994, München 1995, S. 27 ff.

Quellen- und Literaturverzeichnis

Archivalische Quellen

Willy-Brandt-Archiv im Archiv der sozialen Demokratie der Friedrich-Ebert-Stiftung, Bonn
Persönliche Unterlagen/biographische Materialien (A 1)
Publizistische Äußerungen Willy Brandts 1933 – 1992 (A 3)
Allgemeine Korrespondenz (A 4)
Bundeskanzler und Bundesregierung 1969 – 1974 (A 8)
Schriftwechsel/Aufzeichnungen geheim/vertraulich (A 9)
Abgeordnetentätigkeit
    Deutscher Bundestag (A 10.1)
    Europäisches Parlament (A 10.2)
Sozialdemokratische Partei Deutschlands: Parteivorsitzender/Parteipräsidium/Parteivorstand 1964 – 1987 (A 11)
    Persönliche Korrespondenz A – Z 1968 – 1980 (A 11.1)
    Persönliche Korrespondenz A – Z 1981 – 1986 (A 11.2)
    Verbindungen mit Mitgliedern des Präsidiums, sozialdemokratischen Bundesministern und Staatssekretären in obersten Behörden A – Z (A 11.3)
    Verbindungen mit Referaten, Abteilungen, Büros des Erich-Ollenhauer-Hauses, Gremien beim Parteivorstand sowie Arbeitsgemeinschaften und Verbänden in der SPD (Bundesebene) (A 11.4)
    Verbindungen mit regionalen Parteigliederungen, Landesverbände und Bezirke (A 11.5)
    Verbindungen mit regionalen Parteigliederungen (außer Landesverbände und Bezirke) (A 11.6)
    Verbindungen mit Gruppierungen in der SPD sowie mit SPD-nahen Vereinigungen, Organisationen und Stiftungen (A 11.7)
    Mitgliedschaften Willy Brandts in Gremien beim Parteivorstand (A 11.8)
    SPD-Parteitage, Kongresse und Veranstaltungen (A 11.9)

Ehrenvorsitzender der SPD (A 12)
Mitgliedschaften Willy Brandts in Vereinen, Verbänden, Kuratorien, Stiftungen usw. (A 17)
Wahlen (A 18)
Reisen und Veranstaltungen (A 19)
Manuskripte und Veröffentlichungen Dritter im Willy-Brandt-Archiv (A 21)
Fotoarchiv (A 23)
Akten aus dem Privathaus Willy Brandts in Unkel/Rhein (B 25)
Fotoarchiv (B 27)
Arbetarrörelsens Arkiv och Bibliotek (Archiv und Bibliothek der Arbeiterbewegung), Stockholm
Nachlass Stefan Szende
Archiv der sozialen Demokratie der Friedrich-Ebert-Stiftung, Bonn
Depositum Egon Bahr
Depositum Horst Ehmke
Depositum Erhard Eppler
Depositum Helmut Schmidt
Depositum Hans-Jochen Vogel
Nachlass Herbert Wehner
Sammlung Personalia
SPD-Bundestagsfraktion
SPD-Parteivorstand
SWI-Archiv
Archiv Helmut Schmidt, Hamburg
Privatarchiv Greta Wehner, Dresden

Veröffentlichte Quellen

I. Veröffentlichungen Willy Brandts

Brandt, Willy: Auf dem Weg nach vorn. Willy Brandt und die SPD 1947 – 1972, bearb. von *Daniela Münkel,* Bonn 2000 (Berliner Ausgabe, Bd. 4).

Brandt, Willy: „... auf der Zinne der Partei...". Parteitagsreden 1960 – 1983, hrsg. u. erläutert von *Werner Krause/Wolfgang Gröf,* Berlin-Bonn 1984.

Brandt, Willy: Begegnungen und Einsichten. Die Jahre 1960 – 1975, Hamburg 1976.

Brandt, Willy: Democracy in Crisis – Progress in Democracy (His speech at Vanderbilt University), Nashville/Tennessee o. J.

Brandt, Willy: Den eigenen Weg neu finden, in: Theorie und Grundwerte, hrsg. vom Vorstand der SPD, Bonn o. J., S. 3 – 17.

Brandt, Willy: Deutsche Außenpolitik nach zwei Weltkriegen. Vortrag gehalten in einer Feierstunde zum 100. Geburtstag Walther Rathenaus im Auditorium Maximum der Freien Universität Berlin am 6. Oktober 1967, Bonn 1967.

Brandt, Willy: Deutsche Wegmarken. Berliner Lektion am 11. September 1988, in: Berliner Lektionen. Lesungen und Gespräche 1988 im Westberliner Renaissance Theater, Berlin 1989, S. 71 – 88.

Brandt, Willy: Die Abschiedsrede, Berlin 1987.

Brandt, Willy: Die Partei der Freiheit. Reden über Friedrich Engels, Karl Marx, August Bebel und Otto Wels, Bonn-Bad Godesberg 1974.

Brandt, Willy: Die „Qualität des Lebens", in: Die Neue Gesellschaft 19 (1972) 10, S. 730 – 742.

Brandt, Willy: Die SPIEGEL-Gespräche. 1959 – 1992, hrsg. von *Erich Böhme/Klaus Wirtgen,* Stuttgart 1993.

Brandt, Willy: Die Zukunft des demokratischen Sozialismus, in: Der Sozialismus der Zukunft, Die Neue Gesellschaft/Frankfurter Hefte, Sonderheft 1/1990, S. 17 – 24.

Brandt, Willy: Erinnerungen, Neuausgabe, Berlin 1999 (Erstausgabe 1989).

Brandt, Willy: Friedenspolitik in unserer Zeit (Rede anlässlich der Verleihung des Friedensnobelpreises am 11. Dezember 1971 an der Universität Oslo), in: Friedensnobelpreis für Bundeskanzler Brandt, hrsg. vom Presse- und Informationsamt der Bundesregierung, Bonn 1971, S. 44 – 68.

Brandt, Willy: Friedenssehnsucht und Friedenspolitik, in: 100 Jahre Verlag J.H.W. Dietz Nachf. 1881 bis 1981, hrsg. vom Verlag J.H.W. Dietz Nachf. GmbH, Bonn 1982, S. 13 – 23.

Brandt, Willy: Geschichte als Auftrag. Willy Brandts Reden zur Geschichte der Arbeiterbewegung, hrsg. von Iring Fetscher, Berlin-Bonn 1981.

Brandt, Willy: Godesberg nicht verspielen. Rede zum 20. Jahrestag der Verabschiedung des „SPD-Grundsatzprogramms" am 14. November 1979, hrsg. vom Vorstand der SPD, Bonn 1979.

Brandt, Willy: Hitler ist nicht Deutschland. Jugend in Lübeck – Exil in Norwegen 1928 – 1940, bearb. von *Einhart Lorenz,* Bonn 2002 (Berliner Ausgabe, Bd. 1).

Brandt, Willy: Hundert Jahre nach August Bebel. Ein Bestseller dient der Gleichberechtigung, in: *Ders.* (Hrsg.): Frauen heute – Jahrhundertthema Gleichberechtigung, Köln 1978, S. 7 – 51.

Brandt, Willy: „Im Kampf für Freiheit suche stets Dein Recht", in: Im Kampf für Freiheit suche stets Dein Recht. 100 Jahre „Gesetz gegen die gemeingefährlichen Bestrebungen der Sozialdemokratie". Fragen an die Gegenwart, hrsg. von Fritjof Mietsch, München 1978, S. 19 – 37.

Brandt, Willy: Mehr Demokratie wagen. Innen- und Gesellschaftspolitik 1966 – 1974, bearb. von *Wolther von Kieseritzky,* Bonn 2001 (Berliner Ausgabe, Bd. 7).

Brandt, Willy: Rede auf dem SPD-Parteitag in Hannover am 14. April 1973 [Schlusswort], in: Parteitag der Sozialdemokratischen Partei Deutschlands vom 10. bis 14. April 1973 in Hannover, Bd. I: Protokoll der Verhandlungen. Anhang, Bonn [1974], S. 936 – 961.

Brandt, Willy: Regierungserklärung des zweiten Kabinetts Brandt/Scheel vom 18. Januar 1973, hrsg. vom Presse- und Informationsamt der Bundesregierung, Bonn 1973.

Brandt, Willy: Sozialarbeit und Reformpolitik, in: Theorie und Praxis der sozialen Arbeit 26 (1975) 7, S. 242 – 248.

Brandt, Willy: Sozialdemokratische Identität, in: Die Neue Gesellschaft 28 (1981) 12, S. 1065 – 1069.

Brandt, Willy: Soziale Demokratie – Chance für unsere Zukunft, in: Reformpolitik – gescheitert? Protokoll einer Podiumsdiskussion am 19. Oktober 1977 in Augsburg mit *Willy Brandt* u. a., hrsg. von der Industriegewerkschaft Druck und Papier, Hauptvorstand, Stuttgart o. J., S. 9 – 15.

Brandt, Willy: The will for a new age [Rede auf dem SI-Kongress in Stockholm (20.-22. Juni 1989)], in: Socialist affairs (1989) 1 – 2, S. 6 – 9.

Brandt, Willy: Über den Tag hinaus. Eine Zwischenbilanz, Hamburg 1974.

Brandt, Willy: Unsere Lehren aus der Urabstimmung. Willy Brandt in Berlin: Entspannung bedeutet nicht „ideologische Koexistenz" [Rede am 14. April 1986 auf einer Veranstaltung der Friedrich-Ebert-Stiftung in der Urania, Berlin], in: Berliner Stimme, Nr. 8 vom 19. April 1986, S. 8 – 9.

Brandt, Willy: Vom Erbe des deutschen Widerstands, in: Gedenkveranstaltung Julius Leber. Berlin, Gethsemanekirche, 15. November 1991, hrsg. von der Friedrich-Ebert-Stiftung, Bonn 1992, S. 29 – 39.

Brandt, Willy: „... wir sind nicht zu Helden geboren". Ein Gespräch über Deutschland mit Birgit Kraatz, Zürich 1986.

Brandt, Willy: „Zu früh und zu pauschal von einer Renaissance gesprochen". Kritische Anmerkungen von Willy Brandt über die Zukunft der Sozialdemokratie und des freiheitlichen Sozialismus, in: Die Zukunft der Sozialdemokratie. Beiträge zum Thema von *Willy Brandt* u. a., hrsg. von der Friedrich-Ebert-Stiftung, Bonn 1993, S. 5 – 17.

Brandt, Willy: Zusammenfassung der Diskussion durch den Parteivorsitzenden Willy Brandt, in: Aufbruch nach vorn. SPD-Bundeskonferenz (18. – 19. November 1982), hrsg. von der SPD, Kiel 1982, S. 12 – 17.

Brandt, Willy: Zwei Vaterländer. Deutsch-Norweger im schwedischen Exil – Rückkehr nach Deutschland 1940 – 1947, bearb. von *Einhart Lorenz*, Bonn 2000 (Berliner Ausgabe, Bd. 2).

Brandt, Willy: Zwischen Essener Parteitag und Irseer Entwurf. Reden, Artikel und Interviews zu Fragen des neuen Grundsatzprogrammes (1984 bis 1986), Materialien, hrsg. vom Vorstand der SPD, Bonn o. J.

Brandt, Willy/Löwenthal, Richard: Ernst Reuter. Ein Leben für die Freiheit. Eine politische Biographie, München 1957.

Das Überleben sichern. Gemeinsame Interessen der Industrie- und Entwicklungsländer. Bericht der Nord-Süd-Kommission. Mit einer Einleitung des Vorsitzenden Willy Brandt, Köln 1980.

Erste Kanzlerrede vor den Vereinten Nationen. Bundeskanzler Willy Brandt spricht zur Generalversammlung [am 26. September 1973], in: Vereinte Nationen 26 (1973) 5, S. 141 – 145.

II. Editionen, zeitgenössische Dokumente, Erinnerungen

Apel, Hans: Der Abstieg. Politisches Tagebuch eines Jahrzehnts, München 1991.

Bahr, Egon: Zu meiner Zeit, 2. Aufl., München 1996.

Bebel, August: Die Frau und der Sozialismus. Neusatz der Jubiläumsausgabe von 1929 mit einem Vorwort von *Eduard Bernstein,* 3. Aufl., Bonn 1994.

Bericht über den Fünften Vereinstag der Deutschen Arbeitervereine am 5., 6. und 7. September 1868 zu Nürnberg, in: Berichte über die Verhandlungen deutscher Arbeitervereine 1863 bis 1869, Nachdrucke, hrsg. von *Dieter Dowe,* Berlin-Bonn 1980, S. 145 – 184.

Bölling, Klaus: Die letzten 30 Tage des Kanzlers Helmut Schmidt. Ein Tagebuch, Reinbek 1982.

Brandt, Peter: Willy Brandt und die Jugendradikalisierung der späten sechziger Jahre – Anmerkungen eines Historikers und Zeitzeugen, in: *Lorenz, Einhart* (Hrsg.): Perspektiven aus den Exiljahren, Berlin 2000 (Schriftenreihe der Bundeskanzler-Willy-Brandt-Stiftung, H. 7), S. 79 – 97.

Brandt, Rut: Freundesland. Erinnerungen, 18. Aufl., Hamburg 1994.

Brüder zur Sonne, zur Freiheit. Liedertexte, Köln 1974.

Dowe, Dieter/Klotzbach, Kurt (Hrsg.): Programmatische Dokumente der deutschen Sozialdemokratie, 3. überarb. u. aktual. Auflage, Bonn 1990.

Dröscher, Wilhelm u. a. (Hrsg.): Energie, Beschäftigung, Lebensqualität, Bonn [1977].

Duve, Freimut u. a. (Hrsg.): Briefe zur Verteidigung der Republik, Reinbek 1977.

Ehmke, Horst: Mittendrin. Von der Großen Koalition zur Deutschen Einheit, Berlin 1994.

Einheitsgewerkschaft und Parteipolitik. Zum 75. Jahrestag des Mannheimer Abkommens zwischen der Sozialdemokratischen Partei Deutschlands und den Freien Gewerkschaften von 1906. Protokoll einer Diskussionsveranstaltung, hrsg. von *Erich Matthias*, Düsseldorf 1982.

Entwurf eines ökonomisch-politischen Orientierungsrahmens für die Jahre 1973 – 1985, hrsg. vom Parteivorstand der SPD, Bonn 1972.

Eppler, Erhard (Hrsg.): Grundwerte für ein neues Godesberger Programm. Die Texte der Grundwerte-Kommission der SPD, Reinbek 1984.

Gansel, Norbert (Hrsg.): Überwindet den Kapitalismus oder Was wollen die Jungsozialisten?, Reinbek 1971.

Gatzmaga, Ditmar/Piecyk, Willi (Hrsg.): Karl-Heinz Hansen. Dokumente eines Konflikts, Göttingen 1981.

Glotz, Peter: Kampagne in Deutschland. Politisches Tagebuch 1981 – 1983, Hamburg 1986.

Godesberger Parteirat '77 am 27. und 28. Januar 1977 in Bad Godesberg, hrsg. vom Vorstand der SPD, [Bonn 1977].

Grass, Günter: Vom Stillstand im Fortschritt – Variationen zu Albrecht Dürers Kupferstich „Melencolia I", in: *Glaser, Hermann* (Hrsg.): Am Beispiel Dürers, München 1972, S. 82 – 97.

Hand aufs Herz. Helmut Schmidt im Gespräch mit Sandra Maischberger, 3. Aufl., München 2002.

Harpprecht, Klaus: Im Kanzleramt. Tagebuch der Jahre mit Willy Brandt, Reinbek 2000.

Heinemann, Gustav: Ernstfall Frieden, in: *Gramm, Reinhard/Blaschke, Peter H.* (Hrsg.): Ernstfall Frieden. Christsein in der Bundeswehr, Stuttgart-Berlin 1980, S. 77 – 78.

„Historikerstreit". Die Dokumentation der Kontroverse um die Einzigartigkeit der nationalsozialistischen Judenvernichtung, München-Zürich 1987.

Irseer Entwurf für ein neues Grundsatzprogramm der Sozialdemokratischen Partei Deutschlands (Juni 1986), hrsg. vom Vorstand der SPD, [Bonn] [1986].

Jahrbuch der Sozialdemokratischen Partei Deutschlands 1958/59, o. O. 1959.

Jahrbuch der Sozialdemokratischen Partei Deutschlands 1968/69, Bonn-Bad Godesberg 1969.

Jahrbuch der Sozialdemokratischen Partei Deutschlands 1970 – 1972, Bonn [1973].

Jahrbuch der Sozialdemokratischen Partei Deutschlands 1973 – 1975, Bonn-Bad Godesberg 1975.

Kautsky, Karl: Der Bolschewismus in der Sackgasse, Berlin 1930.

Kautsky, Karl: Der 25. Januar, in: Die Neue Zeit 25 (1907) 1, S. 588 – 596.

Kautsky, Karl: Sozialisten und Krieg. Ein Beitrag zur Ideengeschichte des Sozialismus von den Hussiten bis zum Völkerbund, Prag 1937.

Kautsky, Karl: Von der Demokratie zur Staatssklaverei. Eine Auseinandersetzung mit Trotzki, Berlin 1921.

Kohl, Helmut: Rede vor dem Deutschen Bundestag am 9. Oktober 1981, in: Stenogr. Berichte 9. Deutscher Bundestag, 57. Sitzung, 9. Oktober 1981, S. 3330 – 3338.

XVIII. Kongress der Sozialistischen Internationale, Stockholm, 20. – 22. Juni 1989, (hekt.) o. O. und o. J.

Koschnick, Hans: Für den Rechtsstaat – gegen Extremismus. Die Neuordnung der Verfassungstreue. Bericht an Parteivorstand und Parteirat, hrsg. von der SPD, Bonn 1979.

Koschnick, Hans u. a.: Zur Klärung des Verhältnisses zwischen Sozialdemokratie und Stamokap-Richtung, hrsg. vom Vorstand der SPD, Bonn o. J.

Kronawitter, Georg: Mit aller Leidenschaft. 20 Jahre Politik für München, München 2001.

Lafontaine, Oskar: Das Herz schlägt links, München 1999.

Lassalle, Ferdinand: Die Wissenschaft und die Arbeiter (1863), in: *Ders.*: Gesammelte Reden und Schriften, hrsg. und eingeleitet von *Eduard Bernstein,* Bd. 2, Berlin 1919, S. 215 – 284.

Luxemburg, Rosa: Die Krise der Sozialdemokratie. Von Junius, in: *Dies.*: Gesammelte Werke, Bd. 4, August 1914 bis Januar 1919, Berlin 1974, S. 51 – 164.

Luxemburg, Rosa: Die Russische Revolution. Eine kritische Würdigung. Aus dem Nachlaß von Rosa Luxemburg, hrsg. und eingeleitet von *Paul Levi,* Berlin 1922.

Luxemburg, Rosa: Rosa Luxemburg und die Freiheit der Andersdenkenden. Extraausgabe des unvollendeten Manuskripts „Zur russischen Revolution" und anderer Quellen zur Polemik mit Lenin, zusammengestellt und eingeleitet von *Annelies Laschitza,* Berlin 1990.

Marx, Karl: Ökonomisch-philosophische Manuskripte (1844), in: MEW, Bd. 40, Berlin 1968, S. 465 – 588.

Marx, Karl/Engels, Friedrich: Die deutsche Ideologie (1845/46), in: MEW, Bd. 3, Berlin 1969, S. 9 – 353.

Marx, Karl/Engels, Friedrich: Manifest der Kommunistischen Partei (1847/1848), in: MEW, Bd. 4, Berlin 1969, S. 459 – 493.

Mathiopoulos, Margarita: Das Ende der Bonner Republik. Beobachtungen einer Europäerin, Stuttgart 1993.

Mayer, Hans: Erinnerungen an Willy Brandt, Frankfurt/Main 2001.

Miller, Susanne/Potthoff, Heinrich: Kleine Geschichte der SPD. Darstellung und Dokumentation 1848 – 1990, 7. überarb. und erw. Aufl., Bonn 1991.

Müller, Albrecht: Willy wählen '72. Siege kann man machen, Annweiler 1997.

Musil, Robert: Der Mann ohne Eigenschaften, Reinbek 1984.

Na'aman, Shlomo: Von der Arbeiterbewegung zur Arbeiterpartei. Der fünfte Vereinstag der Deutschen Arbeitervereine zu Nürnberg im Jahre 1868. Eine Dokumentation, Berlin 1976.
Nollau, Günther: Das Amt. 50 Jahre Zeuge der Geschichte, München 1978.
Oertzen, Peter von u. a. (Hrsg.): Orientierungsrahmen '85. Texte und Diskussionen, bearb. von *Heiner Lindner,* Bonn-Bad Godesberg 1976.
Orwell, George: 1984. Ein utopischer Roman, 3. Aufl., Baden-Baden 1950.
Parteitag der Sozialdemokratischen Partei Deutschlands vom 11. bis 14. Mai 1970 in Saarbrücken. Protokoll der Verhandlungen. Angenommene und überwiesene Anträge, Bonn 1970.
Parteitag der Sozialdemokratischen Partei Deutschlands vom 10. bis 14. April 1973 in Hannover. Bd. I: Protokoll der Verhandlungen. Anlagen, Bonn [1974].
Parteitag der Sozialdemokratischen Partei Deutschlands vom 11. bis 15. November 1975 in Mannheim, Protokoll der Verhandlungen. Anlagen, Bonn o. J.
Parteitag der Sozialdemokratischen Partei Deutschlands. 19. bis 23. April 1982, München. Bd. I: Protokoll der Verhandlungen, Bonn o. J.
Parteitag Hannover 1973. Beschluß zum Orientierungsrahmen '85, hrsg. vom Vorstand der SPD, [Bonn 1973].
Protokoll der Verhandlungen des Parteitages der Sozialdemokratischen Partei Deutschlands vom 26. bis 31. Mai 1929 in Magdeburg (Nachdruck), Berlin-Bonn-Bad Godesberg 1974.
Protokoll vom Parteitag [der SPD in] Berlin, 27. – 28. 9. 1990, Bonn [1990].
Protokoll vom Programm-Parteitag [der SPD in] Berlin, 18. – 20. 12. 1989, Bonn [1990].
Rathenau, Walther: Gesammelte Schriften: Wirtschaft, Staat und Gesellschaft, 8. Aufl., Berlin 1929.
Ritter, Gerhard A./Niehuss, Merith: Wahlen in Deutschland 1946 – 1991. Ein Handbuch, München 1991.
Ritter, Gerhard A./Niehuss, Merith: Wahlen in Deutschland 1990 – 1994, München 1995.

Scharpf, Fritz W.: Krisenpolitik. Vortrag vor dem Gesprächskreis „Wissenschaft und Politik" der Friedrich-Ebert-Stiftung in Bonn, Bonn-Bad Godesberg 1974.

Schmidt, Helmut: Weggefährten. Erinnerungen und Reflexionen, 2. Aufl., Berlin 1998.

Schumacher, Kurt: Aufgaben und Ziele der deutschen Sozialdemokratie. Referat gehalten auf dem Parteitag der SPD in Hannover im Mai 1946, hrsg. von der Sozialdemokratischen Partei Groß-Hessen, Frankfurt/Main [1946].

Schumacher, Kurt: Der Kampf um den Staatsgedanken in der deutschen Sozialdemokratie, hrsg. von *Friedrich Holtmeier*, mit einem Geleitwort von *Herbert Wehner*, Stuttgart u. a. 1973.

Schumacher, Kurt: Reden – Schriften – Korrespondenzen 1945 – 1952, hrsg. von *Willy Albrecht*, Berlin-Bonn 1985.

Verhandlungen des Deutschen Bundestages, Stenographische Berichte, 7. – 12. Wahlperiode 1972 – 1992.

Vogel, Hans-Jochen: Nachsichten. Meine Bonner und Berliner Jahre, München-Zürich 1997.

Weber, Max: Die drei reinen Typen der legitimen Herrschaft, in: *Ders.*: Soziologie – Universalgeschichtliche Analysen – Politik, hrsg. u. erläutert von *Johannes Winckelmann*, 5. überarb. Aufl., Stuttgart 1973, S. 151 – 166.

Wehner, Herbert: Demokratie und Nation auf dem Prüfstand, in: Die Neue Gesellschaft 27 (1980) 11, S. 924 – 927.

Wehner, Herbert: Der Onkel. Herbert Wehner in Gesprächen und Interviews, hrsg. von *Knut Terjung*, Hamburg 1986.

Wels, Otto: Rede zur Begründung der Ablehnung des „Ermächtigungsgesetzes" durch die Sozialdemokratische Fraktion in der Reichstagssitzung vom 23. März 1933 in der Berliner Krolloper, mit einem Essay von *Iring Fetscher*, o. O. o. J.

III. Pressedienste, Zeitungen, Zeitschriften

Archiv der Gegenwart, Königswinter
Berliner Morgenpost, Berlin

Berliner Stimme, Berlin
Bulletin des Presse- und Informationsamtes der Bundesregierung, Bonn
Die Bunte, München
Deutsches Allgemeines Sonntagsblatt, Hamburg
Frankfurter Allgemeine Zeitung, Frankfurt/Main
Frankfurter Rundschau, Frankfurt/Main
Informationen der Sozialdemokratischen Fraktion im Deutschen Bundestag, Bonn
Intern. Informationsdienst der SPD, Bonn
Kölner Stadt-Anzeiger, Köln
Die Neue Gesellschaft, Bonn-Bad Godesberg
Die Neue Gesellschaft/Frankfurter Hefte, Bonn
Neue Ruhr/Rhein Zeitung, Essen
Parlamentarisch-Politischer Pressedienst, Bonn
Politik. Aktuelle Informationen der Sozialdemokratischen Partei Deutschlands, Bonn
sozialdemokrat-magazin, Bonn
Sozialdemokratischer Pressedienst, Bonn
SPD Mitteilung für die Presse, Bonn
SPD Pressemitteilungen und Informationen, Bonn
Der Spiegel, Hamburg
Süddeutsche Zeitung, München
Tatsachen – Argumente, Bonn
Vorwärts, Bonn
Die Zeit, Hamburg

Darstellungen:

Albers, Detlev u. a.: Perspektiven der Eurolinken, Frankfurt/Main-New York 1981.

Albers, Detlev/Neumann, Kurt: Über Irsee hinaus! Zur Kritik am Programmentwurf der SPD, 2. Aufl., Berlin 1987.

Albrecht, Willy: Kurt Schumacher. Ein Leben für den demokratischen Sozialismus, Bonn 1985.

Baring, Arnulf (in Zusammenarbeit mit *Manfred Görtemaker*): Machtwechsel. Die Ära Brandt-Scheel, 4. Aufl., Stuttgart 1983.

Beck, Dorothea: Julius Leber. Sozialdemokrat zwischen Reform und Widerstand, Berlin 1983.

Becker, Horst u. a.: Die SPD von innen. Bestandsaufnahme an der Basis der Partei, Bonn 1983.

Bickerich, Wolfram (Hrsg.): Die 13 Jahre. Bilanz der sozialliberalen Koalition, Reinbek 1982.

Bon, Frédéric/Burnier, Michel: Que le meilleur perde, Paris 1986.

Bouvier, Beatrix: Auf der Woge des Zeitgeistes? Die SPD seit den 60er Jahren, in: *Dowe, Dieter* (Hrsg.): Partei und soziale Bewegung. Kritische Beiträge zur Entwicklung der SPD seit 1945, Bonn 1993, S. 81 – 99.

Braun, Beate: Die Bundesversammlungen, Frankfurt/Main 1993.

Bullock, Alan: Hitler und Stalin. Parallele Leben, Berlin 1991.

Das Gewissen steht auf. 64 Lebensbilder aus dem deutschen Widerstand 1933 – 1945, gesammelt von *Annedore Leber.* Hrsg. in Zusammenarbeit mit *Willy Brandt* und *Karl Dietrich Bracher*, Berlin 1954.

Dittberner, Jürgen: FDP – Partei der zweiten Wahl. Ein Beitrag zur Geschichte der liberalen Partei und ihrer Funktionen im Parteiensystem der Bundesrepublik, Opladen 1987.

Eichler, Willi: Zwischenbilanz der Parteidiskussion, in: Geist und Tat 9 (1954) 4, S. 97–100.

Ellwein, Thomas: Krisen und Reformen. Die Bundesrepublik seit den sechziger Jahren, München 1989.

Faulenbach, Bernd/Potthoff, Heinrich (Hrsg.): Die deutsche Sozialdemokratie und die Umwälzung 1989/1990, Essen 2001.

Fetscher, Iring: Vom Wohlfahrtsstaat zur neuen Lebensqualität. Die Herausforderungen des demokratischen Sozialismus, Köln 1982.

Fischer, Ilse/Krause, Werner: August Bebel 1840 – 1913. Ein Großer der deutschen Arbeiterbewegung. Katalog zu einer Ausstellung des Archivs der sozialen Demokratie/Friedrich-Ebert-Stiftung und der Stiftung Preußischer Kulturbesitz, Köln 1988.

Garton Ash, Timothy: Wächst zusammen, was zusammengehört? Berlin 2001 (Schriftenreihe der Bundeskanzler-Willy-Brandt-Stiftung, H. 8).

Geschichte der sozialen Ideen in Deutschland. Sozialismus – Katholische Soziallehre – Protestantische Sozialethik. Ein Handbuch, hrsg. von *Helga Grebing*, Essen 2000 (Veröffentlichungen des Instituts für soziale Bewegungen, Schriftenreihe A: Darstellungen, Bd. 13).

Glotz, Peter: Der lange Heimweg. Zum Tode von Willy Brandt, in: Die Neue Gesellschaft/Frankfurter Hefte 39 (1992) 11, S. 965 – 966.

Glotz, Peter: Die Beweglichkeit des Tankers. Die Sozialdemokratie zwischen Staat und neuen sozialen Bewegungen, München 1982.

Glotz, Peter: Politik und Aufklärung. Kritische Bemerkungen zu einem Vortrag von Helmut Dubiel, in: *Rüsen, Jörn* u.a. (Hrsg.): Die Zukunft der Aufklärung, Frankfurt/Main 1988, S. 29 – 32.

Görtemaker, Manfred: Geschichte der Bundesrepublik Deutschland. Von der Gründung bis zur Gegenwart, München 1999.

Grebing, Helga: Arbeiterbewegung. Sozialer Protest und kollektive Interessenvertretung bis 1914, 3. Aufl., München 1993.

Grebing, Helga: Der Modernisierer der SPD. Skizzen zu einer Biographie Willy Brandts, in: *Rudolph, Karsten/Wickert, Christl* (Hrsg.): „Wie weiter, Genossen?" – Essays von Helga Grebing zur Sozialdemokratie im Epochenwechsel, Essen 2000, S. 113 – 121.

Grebing, Helga: Der Revisionismus. Von Bernstein bis zum „Prager Frühling", München 1977.

Grebing, Helga: Die deutsche Arbeiterbewegung zwischen Revolution, Reform und Etatismus, München 1993.

Grebing, Helga: Geschichte der deutschen Arbeiterbewegung. Ein Überblick, 9. Aufl., München 1979.

Grebing, Helga: Willy Brandt – Ein Leben für Freiheit und Sozialismus, Berlin 1999 (Schriftenreihe der Bundeskanzler-Willy-Brandt-Stiftung, H. 4).

Grebing, Helga/Hemmer, Hans Otto (Hrsg.): Soziale Konflikte, Sozialstaat und Demokratie in Deutschland, Essen 1996.

Gross, Johannes (Hrsg.): Macht und Moral. Willy Brandt zum 75. Geburtstag, Frankfurt/Main-Berlin 1989.

Halstenberg, Friedrich: Staatsverschuldung. Eine gewagte Finanzstrategie gefährdet unser Gemeinwesen, Essen 2001.

Harpprecht, Klaus: Willy Brandt (1913 – 1992), in: *Sternburg, Wilhelm von* (Hrsg.): Die deutschen Kanzler. Von Bismarck bis Schmidt, 2. Aufl., Königstein/Ts. 1985, S. 433 – 439.

Heimann, Siegfried: Die Sozialdemokratische Partei Deutschlands, in: *Stöss, Richard* (Hrsg.): Parteien-Handbuch. Die Parteien der Bundesrepublik 1945 – 1980, Bd. II, Opladen 1984, S. 2025 – 2216.

Hobsbawm, Eric u. a.: Das Manifest – heute. 150 Jahre Kapitalismuskritik, Hamburg 1998.

Hofmann, Gunter: Willy Brandt – Porträt eines Aufklärers aus Deutschland, Reinbek 1988.

Horkheimer, Max/Adorno, Theodor W.: Dialektik der Aufklärung. Philosophische Fragmente, Frankfurt/Main 1988 (ungekürzte Ausgabe der Neuausgabe von 1969).

Jäger, Wolfgang/Link, Werner: Republik im Wandel 1974 – 1982. Die Ära Schmidt, Stuttgart 1987.

Jünger, Ernst: In Stahlgewittern, 41. Aufl., Stuttgart 2001.

Koschnick, Hans (Hrsg.): Der Abschied vom Extremistenbeschluß, 2. Aufl., Bonn 1979.

Koschnick, Hans/Rosen, Klaus Henning: Der lange Abschied vom Extremistenbeschluß, in: Die Neue Gesellschaft/Frankfurter Hefte 32 (1985) 10, S. 939 – 942.

Krause, Werner u. a.: Willy Brandt. Ein politisches Leben 1913 – 1992. Katalog zu einer Ausstellung des Archivs der sozialen Demokratie der Friedrich-Ebert-Stiftung, Köln 1993.

Lamszus, Wilhelm: Das Menschenschlachthaus, Hamburg-Berlin 1912.

Lehnert, Detlef: Sozialdemokratie zwischen Protestbewegung und Regierungspartei 1848 – 1983, Frankfurt/Main 1983.

Leugers-Scherzberg, August H.: Herbert Wehner und der Rücktritt Willy Brandts am 7. Mai 1974, in: Vierteljahrshefte für Zeitgeschichte 50 (2002) 2, S. 303 – 322.

Lösche, Peter/Walter, Franz: Die FDP. Richtungsstreit und Zukunftszweifel, Darmstadt 1996.

Lösche, Peter/Walter, Franz: Die SPD. Klassenpartei – Volkspartei – Quotenpartei. Zur Entwicklung der Sozialdemokratie von Weimar bis zur deutschen Vereinigung, Darmstadt 1992.

Löwenthal, Richard: Identität und Zukunft der SPD, in: Die Neue Gesellschaft 28 (1981) 12, S. 1085 – 1089.

Mann, Golo: Hundert Jahre deutsche Sozialdemokratie, hrsg. vom Vorstand der SPD (Tatsachen – Argumente, 64), Bonn [1963].

Mann, Thomas: Das Problem der Freiheit (1939), in: *Ders.:* Essays, Bd. 5: Deutschland und die Deutschen, hrsg. von *Hermann Kurtzke/Stephan Stachorski,* Frankfurt/Main 1996, S. 54 – 74.

Marßolek, Inge/Potthoff, Heinrich (Hrsg.): Durchbruch zum modernen Deutschland? Die Sozialdemokratie in der Regierungsverantwortung 1966 – 1982, Essen 1995.

Merkel, Wolfgang: Ende der Sozialdemokratie? Machtressourcen und Regierungspolitik im westeuropäischen Vergleich, Frankfurt/Main-New York 1993.

Merseburger, Peter: Der schwierige Deutsche. Kurt Schumacher – Eine Biographie, 3. Aufl., Stuttgart 1996.

Miller, Susanne/Ristau, Malte (Hrsg.): Erben deutscher Geschichte. DDR – BRD: Protokolle einer historischen Begegnung, Reinbek 1988.

Morsey, Rudolf: Die Bundesrepublik Deutschland. Entstehung und Entwicklung bis 1969, 3. überarb. und erw. Auflage, München 1995.

Müller-Rommel, Ferdinand: Innerparteiliche Gruppierungen in der SPD. Eine empirische Studie über informell-organisierte Gruppierungen von 1969 – 1980, Opladen 1982.

Papcke, Sven/Schuon, Karl Theodor (Hrsg.): Braucht die SPD ein neues Grundsatzprogramm? Berlin 1984.

Peters, Butz: RAF-Terrorismus in Deutschland, Stuttgart 1991.

Pöhls, Uwe: Wahlen und Wahlkampf in Nordrhein-Westfalen, in: *Reh, Werner* (Hrsg.): Jahrbuch der Politik und Wirtschaft in Nordrhein-Westfalen 1988 – 1990, Bonn 1992, S. 66 – 92.

Rother, Bernd: „Jetzt wächst zusammen, was zusammengehört" – Oder: Warum Historiker Rundfunkarchive nutzen sollten, in: *Garton Ash, Timothy:* Wächst zusammen, was zusammengehört?, Berlin 2001 (Schriftenreihe der Bundeskanzler-Willy-Brandt-Stiftung, H. 8), S. 25 – 29.

Rudolph, Karsten: Die sechziger Jahre: Das Jahrzehnt der Volksparteien?, in: Zeitschrift für Parlamentsfragen 30 (1999) 2, S. 362 – 376.

Rudolph, Karsten: Die Zukunft des Sozialismus im Epochenwechsel. Eine Zwischenbemerkung, in: Gewerkschaftliche Monatshefte 44 (1993) 12, S. 757 – 766.

Rudolph, Karsten u. a.: Linkswende. 25 Jahre linke Jusos. Mit einer Nachbemerkung von *Gerhard Schröder,* Essen 1994.

Rudolph, Karsten: Von der „Arbeiterverbrüderung" zur „Bonner Bilanz". Die Diskussion über die Geschichte der SPD ist nicht zu Ende, in: *Klönne, Arno* u. a. (Hrsg.): Der lange Abschied vom Sozialismus. Eine Jahrhundertbilanz der SPD, Hamburg 1999, S. 116 – 124.

Schell, Jonathan: Das Schicksal der Erde. Gefahr und Folgen eines Atomkriegs, München-Zürich 1982.

Schildt, Axel u. a. (Hrsg.): Dynamische Zeiten. Die 60er Jahre in den beiden deutschen Gesellschaften, Hamburg 2000.

Schily, Otto: Politik in bar. Flick und die Verfassung unserer Republik, München 1986.

Schöllgen, Gregor: Willy Brandt. Die Biographie, Berlin-München 2001.

Schönhoven, Klaus: Aufbruch in die sozialliberale Ära. Zur Bedeutung der 60er Jahre in der Geschichte der Bundesrepublik, in: Geschichte und Gesellschaft 25 (1999) 1, S. 123 – 145.

Schorske, Carl E.: Die große Spaltung. Die deutsche Sozialdemokratie 1905 – 1917, Berlin 1981.

Schwarz, Hans-Peter: Das Gesicht des Jahrhunderts. Monster, Retter und Mediokritäten, Berlin 1998.

Schwerf, Harald: Enttäuschte Hoffnungen – vergebene Chancen. Die Wirtschaftspolitik der Sozial-Liberalen Koalition 1969 – 1982, Göttingen 1986.

Seebacher-Brandt, Brigitte: Bebel. Künder und Kärrner im Kaiserreich, Berlin-Bonn 1988.
Seebacher-Brandt, Brigitte: Ollenhauer. Biedermann und Patriot, Berlin 1984.
Sontheimer, Kurt u. a.: Der Überdruß an Demokratie. Neue Linke und alte Rechte. Unterschiede und Gemeinsamkeiten, Köln 1970.
Staack, Michael: Handelsstaat Deutschland. Deutsche Außenpolitik in einem neuen internationalen System, Paderborn-München-Wien-Zürich 2000.
Stephan, Dieter: Jungsozialisten: Stabilisierung nach langer Krise? Theorie und Politik 1969 – 1979. Eine Bilanz, Bonn 1979.
Thränhardt, Dietrich: Geschichte der Bundesrepublik Deutschland, erw. Neuausgabe, Frankfurt/Main 1996.
Walter, Franz: Führung in der Politik. Am Beispiel sozialdemokratischer Parteivorsitzender, in: Zeitschrift für Politikwissenschaft 7 (1997) 4, S. 1287 – 1336.
Wiesendahl, Elmar: Keine Lust mehr auf Parteien. Zur Abwendung Jugendlicher von den Parteien, in: Aus Politik und Zeitgeschichte 51 (2001) B 10, S. 7 – 19.
Wiesendahl, Elmar: Noch Zukunft für die Mitgliederparteien? Erstarrung und Revitalisierung innerparteilicher Partizipation, in: *Klein, Ansgar/Schmalz-Bruns, Rainer* (Hrsg.): Politische Beteiligung und Bürgerengagement in Deutschland. Möglichkeiten und Grenzen, Bonn 1997.
Winkler, Heinrich August: Der lange Weg nach Westen. Bd. 2: Deutsche Geschichte vom „Dritten Reich" bis zur Wiedervereinigung, München 2000.

Abkürzungsverzeichnis

AA	Auswärtiges Amt
Abt.	Abteilung
ADAV	Allgemeiner Deutscher Arbeiterverein
AdG	Archiv der Gegenwart
ADGB	Allgemeiner Deutscher Gewerkschaftsbund
AdsD	Archiv der sozialen Demokratie, Bonn
AfA	Arbeitsgemeinschaft für Arbeitnehmerfragen
AfB	Arbeitsgemeinschaft für Bildungsfragen
AL	Alternative Liste
AsF	Arbeitsgemeinschaft sozialdemokratischer Frauen
AstA/Asta	Allgemeiner Studentenausschuss
AWO	Arbeiterwohlfahrt
B 90	Bündnis 90
BaföG	Bundesausbildungsförderungsgesetz
BBC	British Broadcasting Corporation (Britische Rundfunkgesellschaft)
BDI	Bundesverband der Deutschen Industrie
betr.	betrifft
BFD	Bund Freier Demokraten
BfV	Bundesamt für Verfassungsschutz
BGS	Bundesgrenzschutz
BK	Bundeskanzler
BKA	Bundeskanzleramt
BM	Bundesminister, Bundesministerium
BMB	Bundesministerium für Innerdeutsche Beziehungen
BMF	Bundesministerium der Finanzen
BMZ	Bundesministerium für wirtschaftliche Zusammenarbeit
BPA	Bundespresseamt
BRD	Bundesrepublik Deutschland
(B)SP/PS(B)	Socialistische Partij/Parti Socialiste (Sozialistische Partei Belgiens)

CDU	Christlich-Demokratische Union Deutschlands
CJD	Christliches Jugenddorfwerk Deutschlands
CSU	Christlich-Soziale Union in Bayern
DA	Demokratischer Aufbruch
DAG	Deutsche Angestellten-Gewerkschaft
DBD	Demokratische Bauernpartei Deutschlands
DDP	Deutsche Demokratische Partei
DDR	Deutsche Demokratische Republik
Dep.	Depositum
DGB	Deutscher Gewerkschaftsbund
DKP	Deutsche Kommunistische Partei
DNA	Det Norske Arbeiderparti [Sozialdemokratische Arbeiterpartei Norwegens]
DSU	Deutsche Soziale Union
DVU	Deutsche Volksunion
EG	Europäische Gemeinschaft(en)
EGB	Europäischer Gewerkschaftsbund
EKD	Evangelische Kirche in Deutschland
EP	Europaparlament
EU	Europäische Union
ev(tl).	eventuell
FDGO	Freiheitlich-demokratische Grundordnung
FDJ	Freie Deutsche Jugend
FDP/F.D.P.	Freie Demokratische Partei
FR	Frankfurter Rundschau
GAL	Grün-Alternative Liste
GG	Grundgesetz
GLU	Grüne Liste Umwelt
GSI	Gustav-Stresemann-Institut
GUS	Gemeinschaft Unabhängiger Staaten
GVP	Gesamtdeutsche Volkspartei
Hs./hs.	Handschriftlich, handschriftlich
IG	Industriegewerkschaft
IGBE	Industriegewerkschaft Bergbau und Energie
ILP	Irish Labour Party (Irische Partei der Arbeit)

ISK	Internationaler Sozialistischer Kampfbund
JU	Junge Union
Juso/Jusos	Jungsozialisten in der SPD
KP	Kommunistische Partei
KPD	Kommunistische Partei Deutschlands
KPdSU	Kommunistische Partei der Sowjetunion
KSZE	Konferenz über Sicherheit und Zusammenarbeit in Europa
KZ	Konzentrationslager
LDPD	Liberal-Demokratische Partei Deutschlands
LP	Labour Party (Partei der Arbeit)
MBFR	Mutual Balanced Forces Reductions (Beiderseitig ausgewogene Truppenverminderungen)
MdA	Mitglied des Abgeordnetenhauses
MdB	Mitglied des Bundestags
MdEP	Mitglied des Europäischen Parlaments
MdL	Mitglied des Landtags
MdNR	Mitglied des Norddeutschen Reichstags
MdR	Mitglied des Reichstags
MEW	Marx-Engels-Werke
MP	Ministerpräsident
MPI	Max-Planck-Institut
Ms./ms.	Maschinenschriftlich, maschinenschriftlich
NATO	North Atlantic Treaty Organization (Organisation des Nordatlantikpakts)
NDR	Norddeutscher Rundfunk
NG	Die Neue Gesellschaft
NL	Nachlass
NPD	Nationaldemokratische Partei Deutschlands
NRW	Nordrhein-Westfalen
NRZ	Neue Ruhr/Rhein-Zeitung
NS	nationalsozialistisch/Nationalsozialismus
NSDAP	Nationalsozialistische Deutsche Arbeiterpartei

OECD	Organization for Economic Cooperation and Development (Organisation für wirtschaftliche Zusammenarbeit und Entwicklung)
OPEC	Organization of Petroleum Exporting Countries (Organisation der Erdölexportierenden Staaten)
OR '85	Orientierungsrahmen '85
ÖTV	Gewerkschaft Öffentliche Dienste, Transport und Verkehr
Parlament.	Parlamentarische(r)
PASOK	Panellinio Socialistiko Kinima (Panhellenische Sozialistische Bewegung)
PDS	Partei des demokratischen Sozialismus
PDS-LL	Partei des demokratischen Sozialismus – Linke Liste
P.E.N.	Poets, Essayists, Novelists (Lyriker, Essayisten, Romanschriftsteller) [Internationale Schriftstellervereinigung]
PPS	Polska Partia Socjalistyczna (Polnische Sozialistische Partei)
PS/PSF	Parti Socialiste Française (Sozialistische Partei Frankreichs)
PSI/PDSI	Partito Socialista Italiano/Partito Democratico Socialista Italiano (Sozialistische/Sozialdemokratische Partei Italiens)
PSOE	Partido Socialista Obrero Español (Spanische Sozialistische Arbeiterpartei)
PS(P)	Partido Socialista (Sozialistische Partei Portugals)
PStS	Parlamentarische(r) Staatssekretär(in)
PSU	Parti Socialiste Unifié (Vereinigte Sozialistische Partei)
PV	Parteivorstand der SPD
PvdA	Partij van de Arbeid [Niederländische Arbeiterpartei]
PZPR	Polska Zjednoczona Partia Robotnicza (Polnische vereinigte Arbeiterpartei)
RAF	Rote Armee Fraktion
RCDS	Ring christlich-demokratischer Studenten

Rep.	Republikaner
RIAS	Rundfunk im Amerikanischen Sektor
RPR	Le Rassemblement pour la République (Die Sammelbewegung für die Republik)
SALT	Strategic Arms Limitation Talks (Gespräche zur Begrenzung Strategischer Waffen)
SAP	Socialdemokratiska Arbetarepartiet (Schwedische Sozialdemokratische Partei)
SD	Socialdemokratiet (Dänemark)
SDP	Sosialdemokratinen puolue Suomessa (Sozialdemokratische Partei Finnlands)
SDP	Sozialdemokratische Partei in der DDR
SDS	Sozialistischer Deutscher Studentenbund
SED	Sozialistische Einheitspartei Deutschlands
SEW	Sozialistische Einheitspartei Westberlins
SFB	Sender Freies Berlin
SFIO	Section Française de l'International Ouvrière (Französische Sektion der Arbeiterinternationale)
SI	Sozialistische Internationale
SMAD	Sowjetische Militäradministration in Deutschland
SPD	Sozialdemokratische Partei Deutschlands
SPÖ	Sozialistische Partei Österreichs (seit 1991: Sozialdemokratische)
SP(S)	Sozialdemokratische Partei (Schweiz)
SSW	Südschleswigscher Wählerverband
START	Strategic Arms Reduction Talks (Gespräche zur Verringerung Strategischer Waffen)
Stenogr.	Stenographisch
StGB	Strafgesetzbuch
StS	Staatssekretär(in)
SU	Sowjetunion
SWI	Sozialdemokratische Wählerinitiative
TH	Technische Hochschule
UdSSR	Union der Sozialistischen Sowjetrepubliken
UFV	Unabhängiger Frauenverband

UN/UNO	United Nations Organization (Organisation der Vereinten Nationen)
US/USA	United States of America (Vereinigte Staaten von Amerika)
USPD	Unabhängige Sozialdemokratische Partei Deutschlands
Verf.	Verfasser(in)
WBA	Willy-Brandt-Archiv
West-LB	Westdeutsche Landesbank
WEU	Western European Union (Westeuropäische Union)
YMCA	Young Men's Christian Association (Christlicher Verein junger Männer)
ZDF	Zweites Deutsches Fernsehen
ZK	Zentralkomitee

Editionsgrundsätze

Die Berliner Ausgabe zeichnet anhand von Quellen, die nach wissenschaftlichen Kriterien ausgewählt werden, das politische Wirken Willy Brandts nach. Dabei werden die unterschiedlichen Funktionen und Ämter Brandts und thematisch abgrenzbare Tätigkeitsfelder jeweils gesondert behandelt. Die vorliegenden Dokumentenbände stützen sich vorwiegend auf Materialien aus dem Willy-Brandt-Archiv (WBA) im Archiv der sozialen Demokratie der Friedrich-Ebert-Stiftung. Veröffentlichte Dokumente und Schriftstücke aus anderen Archiven werden übernommen, wenn sie ursprünglicher oder vollständiger sind als Schriftstücke aus dem WBA, wenn sie Lücken im Brandt-Nachlass schließen oder ihr Inhalt eine Aufnahme in die Edition nahe legt.

In beschränktem Umfang werden in die Edition auch Quellen aufgenommen, deren Verfasser nicht Willy Brandt selbst ist, die aber in unmittelbarem Bezug zu seinem politischen Denken und Tun stehen. So finden sich in den Bänden sowohl Briefe oder sonstige Mitteilungen an Willy Brandt als auch Vorlagen seiner Mitarbeiter.

Die Edition richtet sich in Übereinstimmung mit dem gesetzlich festgelegten politischen Bildungsauftrag der Bundeskanzler-Willy-Brandt-Stiftung (BWBS) an eine breite historisch-politisch interessierte Öffentlichkeit. Dies war sowohl bei der Auswahl der zu publizierenden Dokumente als auch bei ihrer Aufbereitung und Kommentierung zu beachten. Deshalb finden vereinzelt auch Materialien Berücksichtigung, die z. B. Einblick in den Alltag eines Spitzenpolitikers und Staatsmannes gewähren. Sämtliche fremdsprachigen Texte wurden ins Deutsche übertragen und sind als Übersetzungen kenntlich gemacht.

Die durchnummerierten Dokumente sind grundsätzlich chronologisch angeordnet. Ausschlaggebend dafür ist das Datum des betreffenden Ereignisses, bei zeitgenössischen Veröffentlichungen das Datum der Publikation. Einzelne Bände der Berliner Ausgabe verbinden aus inhaltlichen Gründen eine themenbezogene systematische Gliederung mit dem chronologischen Ordnungsprinzip. Ein Dokument, das als Anlage kenntlich gemacht oder aus dem Textzusammenhang als Anlage erkennbar ist, gilt mit Blick auf die Reihenfolge und die Nummerierung nicht als eigenständig, wenn das Hauptdokument, dem es beigegeben ist, ebenfalls abgedruckt wird. In diesem Fall trägt es die Nummer des Hauptdokuments zuzüglich eines Großbuchstabens (in alphabetischer Reihenfolge) und wird im Dokumentenkopf ausdrücklich als Anlage ausgewiesen. Das Datum der Anlage ist für die Einordnung unerheblich.

Der Dokumentenkopf umfasst Dokumentennummer, Dokumentenüberschrift und Quellenangabe. Die Dokumentenüberschrift vermittelt auf einen Blick Informationen zum Datum, zur Art des Dokuments und zu den jeweils unmittelbar angesprochenen handelnden Personen. Die Quellenangaben weisen in der Regel nur den Fundort des Originals nach, nach dem das Dokument abgedruckt wird. Fremdsprachige Archivnamen und Bestandsbezeichnungen sind in den Angaben des Dokumentenkopfes ins Deutsche übersetzt.

Wird das Dokument unvollständig wiedergegeben, wird es in der Dokumentenüberschrift als Auszug bezeichnet.

Zum Dokument gehören sämtliche im Originaltext enthaltenen Angaben. Dazu zählen im einzelnen: Datum und Uhrzeiten, Klassifizierung, Anrede, Anwesenheits- oder Teilnehmerlisten, Überschriften und Zwischenüberschriften, Schlussformeln, Unterschriften, Namenskürzel, hand- oder maschinenschriftliche Zusätze, Kommentare und Korrekturen, sofern sie nicht einen deutlich späteren Zeitbezug haben. Auf eine Reihe dieser Angaben wird beim Abdruck verzichtet, wenn sie inhaltlich unerheblich oder schon im Dokumentenkopf enthalten sind. Dies gilt insbesondere für Datumsangaben, Absenderanschriften, Adressen und ebenso für Überschriften, sofern diese dem Dokumentenkopf weitestgehend entsprechen. Hand- bzw. maschinenschriftliche Vermerke oder Kommentare, die sich auf das Dokument insgesamt beziehen, werden unabhängig von ihrer Aussagekraft immer in der Anmerkung wiedergegeben, wenn sie von Brandt selbst stammen; dies gilt ebenso für die Paraphe oder andere Kürzel Brandts sowie Stempel bzw. Vermerke, mit denen bestätigt wird, dass Brandt Kenntnis von dem Schriftstück genommen hat. Übrige Vermerke, Paraphen oder Stempel werden nur dann in eine Anmerkung aufgenommen, wenn dies aus Sicht des jeweiligen Bearbeiters aus inhaltlichen Gründen geboten ist.

Streichungen im Original erscheinen nicht im Dokumententext, alle hand- bzw. maschinenschriftlichen Zusätze oder Korrekturen werden in der Regel *unkommentiert* in den Dokumententext übernommen, da sie allesamt als vom jeweiligen Verfasser genehmigt gelten können. Wird solchen Ergänzungen, Verbesserungen oder Streichungen jedoch eine wichtige inhaltliche Aussagekraft zugeschrieben, wird dies insoweit in textkritischen Anmerkungen erläutert. Im Text selbst werden solche Passagen in spitze Klammern „‹ ›" gesetzt. Unterschriften und Paraphen des Verfassers eines Dokuments werden in der Regel kommentiert, Unterstreichungen, Bemerkungen und Notizen am Rand nur dann, wenn dies inhaltlich geboten erscheint.

Bei der Wiedergabe der Dokumente wird ein Höchstmaß an Authentizität angestrebt. Die im jeweiligen Original gebräuchliche Schreibweise sowie Hervorhebungen werden unverändert übernommen. Dies gilt ebenso für die Wiedergabe von Eigennamen aus slawischen Sprachen, die im übrigen Text grundsätzlich in der transkribierten Form erscheinen. Das Layout folgt weitgehend dem Original, sofern Absätze, Zeilenausrichtung und Aufzählungen betroffen sind. Offensichtliche „Verschreibfehler" werden hingegen ohne weiteren Hinweis verbessert, es sei denn, sie besitzen inhaltliche Aussagekraft. Sinnentstellende Passagen und Zusätze werden im Dokumententext belassen, Streichungen solcher Art nicht rückgängig gemacht und in textkritischen Anmerkungen mit der gebotenen Zurückhaltung erläutert. Ebenso wird mit schwer verständlichen oder heute nicht mehr gebräuchlichen Ausdrücken verfahren. Sachlich falsche Angaben in der Vorlage werden im Anmerkungsapparat korrigiert. Tarnnamen und -bezeichnungen sowie sonstige „Codes" oder schwer zu deutende Formulierungen werden in eckigen Klammern im Dokumententext aufgeschlüsselt. Abkürzungen im Originaltext werden in der Regel im Abkürzungsverzeichnis aufgelöst. Im

Dokumententext selbst werden sie – in eckigen Klammern – nur dann entschlüsselt, wenn es sich um ungewöhnliche Kurzschreibformen handelt.

Die Berliner Ausgabe enthält einen bewusst knapp gehaltenen Anmerkungsteil, der als separater Abschnitt dem Dokumententeil angehängt ist. Die Zählung der Anmerkungen erfolgt durchgehend für die Einleitung und für jedes einzelne Dokument. Der Kommentar soll in erster Linie Hilfe für die Leserin und den Leser sein. Er ergänzt die im Dokumentenkopf enthaltenen formalen Informationen, gibt textkritische Hinweise, erläutert knapp Ereignisse oder Sachverhalte, die aus dem Textzusammenhang heraus nicht verständlich werden oder der heutigen Erfahrungswelt fremd sind, weist in den Dokumenten erwähntes veröffentlichtes Schriftgut nach und liefert Querverweise auf andere Quellentexte innerhalb der Edition, sofern sie in einem engeren Bezug zueinander stehen. Es ist nicht Aufgabe des Kommentars, Ereignisse oder Sachverhalte, die in den edierten Schriftstücken angesprochen sind, *detailliert* zu rekonstruieren. Ebenso wenig sollen weitere nicht abgedruckte Aktenstücke oder anderes Schriftgut mit dem Ziel nachgewiesen werden, den geschichtlichen Kontext der abgedruckten Quellentexte in ihrer chronologischen und inhaltlichen Abfolge sichtbar zu machen und damit Entscheidungsprozesse näher zu beleuchten.

Es bleibt der Einführung zu den einzelnen Bänden vorbehalten, das edierte Material in den historischen Zusammenhang einzuordnen, die einzelnen Dokumente in Bezug zueinander zu setzen sowie zentrale Begriffe ausführlich zu klären. Darüber hinaus unterzieht sie das politische Wirken Brandts und die jeweiligen historischen Rahmenbedingungen seiner Politik einer kritischen Bewertung. Aufgabe der Einführung ist es auch, die Auswahl der Dokumente zu begründen, in der gebotenen Kürze den Forschungsstand zu referieren und auf einschlägige Sekundärliteratur hinzuweisen.

Eine erste Orientierung in jedem Band bietet dem Leser das durchnummerierte Dokumentenverzeichnis mit Angabe der Seitenzahlen, über das sich jedes Dokument nach Datum, Bezeichnung des Vorgangs und der daran beteiligten Personen erschließen lässt.

Das Personenregister listet die Namen aller in der Einführung, im Dokumententeil einschließlich Dokumentenverzeichnis und im Anmerkungsapparat genannten Personen mit Ausnahme des Namens von Willy Brandt auf, sofern sie nicht im Rahmen selbständiger bibliographischer Angaben ausgewiesen sind; es enthält zusätzlich biographische Angaben, insbesondere zu den maßgeblichen Funktionen, die die angesprochenen Personen während der vom jeweiligen Band erfassten Zeitspanne ausübten. Die alphanumerisch geordneten Schlagwörter des Sachregisters, denen weitere Unterbegriffe zugeordnet sein können, ermöglichen einen gezielten, thematisch differenzierten Zugriff. Das Quellen- und Literaturverzeichnis vermittelt – mit Ausnahme von Artikeln in Tages-, Wochen- oder monatlich erscheinenden Zeitungen bzw. Pressediensten – einen Überblick über die im Rahmen der Bearbeitung des jeweiligen Bandes der Berliner Ausgabe eingesehenen Archivbestände und die benutzte Literatur.

Carsten Tessmer

Personenregister

Adenauer, Konrad (1876–1967), Mitbegründer der CDU, 1949–1963 Bundeskanzler, 1949–1967 MdB (CDU/CSU), 1950–1966 CDU-Bundesvorsitzender, 1951–1955 Bundesminister des Auswärtigen 15, 70, 203, 244, 548

Adorno, Theodor (1903–1969), Philosoph, Soziologe, Musiktheoretiker und Komponist, 1949–1969 Professor an der Universität Frankfurt/Main und geschäftsführender Direktor des Instituts für Sozialforschung Frankfurt/Main 440

Ahlers, Conrad (1922–1980), 1962–1966 stellv. Chefredakteur des Nachrichtenmagazins *Der Spiegel*, 1966–1968 stellv., 1969–1972 als StS Leiter des BPA, 1972–1980 MdB (SPD), 1980 Intendant der Deutschen Welle 37, 213

Albrecht, Ernst (geb. 1930), Volkswirt, 1970–1990 MdL Niedersachsen (CDU), 1976–1990 Ministerpräsident von Niedersachsen 277

Andersen, Hans-Christian (1805–1875), dänischer Dichter 430

Apel, Hans (geb. 1932), 1955 Eintritt in die SPD, 1965–1990 MdB (SPD), 1969–1972 stellv. Vorsitzender der SPD-Bundestagsfraktion, 1970–1988 Mitglied des SPD-PV, 1972–1974 PStS im AA, 1974–1978 Bundesminister der Finanzen, 1978–1982 Bundesminister der Verteidigung 40, 63, 217, 319, 327, 381 f., 524, 532

Arendt, Walter (geb. 1925), 1946 Eintritt in die SPD, 1961–1980 MdB (SPD), 1961–1969 MdEP, 1964–1969 Vorsitzender der IG-Bergbau, 1968–1979 Mitglied des SPD-PV, 1969–1972 Bundesminister für Arbeit, 1972–1976 Bundesminister für Arbeit und Sozialordnung, 1973–1979 Mitglied im SPD-Präsidium, 1977–1980 stellv. Vorsitzender der SPD-Bundestagsfraktion 218

Augstein, Rudolf (geb. 1923), Journalist, 1947 Gründer und seither Herausgeber des Nachrichtenmagazins *Der Spiegel*, 1972–1973 MdB (FDP) 508

Baader, Andreas (1944–1977), Mitglied der Baader-Meinhof-Gruppe und Mitbegründer der RAF, 1968 Beteiligung am Brandanschlag auf ein Frankfurter Kaufhaus, 1968–1970 Haft, 1970 gewaltsame Befreiung und Aufenthalt bei palästinensischen Guerillas in Jordanien, 1972 Beteiligung an terroristischen Anschlägen, 1972 Festnahme, 1977 Verurteilung zu lebenslanger Freiheitsstrafe, 1977 Selbstmord in der Haftanstalt Stuttgart-Stammheim 187

Bahr, Egon (geb. 1922), 1956 Eintritt in die SPD, 1966–1969 Sonderbotschafter und Leiter des Planungsstabes im AA, 1969–1972 StS im Bundeskanzleramt, 1972–1974 Bundesminister für besondere Aufgaben und Bundesbevollmächtigter für Berlin, 1972–1990 MdB (SPD), 1974–1976 Bundesminister für wirtschaftliche Zusammenarbeit, 1976–1981 SPD-Bundesgeschäftsführer, 1984–1994 Direktor des Instituts für Friedensforschung an der Universität Hamburg 26–28, 37, 40, 88, 94, 142, 228 f., 231, 241, 265 f., 268–270, 284, 293 f., 307 f., 317, 382, 422, 462, 504, 507, 512, 515, 523 f., 526 f., 529, 532, 538, 543

Bakaric, Vladimir (1912-1983), jugoslawischer Politiker, 1971-1980 Mitglied des Präsidiums des Bundes der Kommunisten Jugoslawiens, 1974-1980 Mitglied des Staatspräsidiums, 1975-1976 stellv. Staatspräsident 284, 527

Bangemann, Martin (geb. 1934), 1963 Eintritt in die FDP, 1969-1974 stellv., 1974-1978 FDP-Landesvorsitzender von Baden-Württemberg, 1972-1980 und 1987-1988 MdB (FDP), 1973-1984 MdEP, 1974-1975 FDP-Generalsekretär, 1984-1988 Bundesminister für Wirtschaft, 1985-1988 FDP-Parteivorsitzender, 1989-1999 EU-Kommissar 37, 150

Barzel, Rainer (geb. 1924), 1954 Eintritt in die CDU, 1956-1987 MdB (CDU), 1962-1963 Bundesminister für gesamtdeutsche Fragen, 1963-1973 Vorsitzender der CDU/CSU-Bundestagsfraktion, 1971-1973 CDU-Bundesvorsitzender, 1972 CDU/CSU-Kanzlerkandidat, 1982-1983 Bundesminister für innerdeutsche Beziehungen, 1983-1984 Präsident des Deutschen Bundestages 185, 516

Bauer, Leo (Leopold) (1912-1972), Journalist, 1959-1961 freier Mitarbeiter der Illustrierten *Quick*, 1961-1968 politischer Redakteur der Illustrierten *Stern*, 1968-1972 Chefredakteur der Zeitschrift *Die Neue Gesellschaft* 233, 524

Baum, Gerhart-Rudolf (geb. 1932), Jurist, 1954 Eintritt in die FDP, 1972-1994 MdB (FDP), 1972-1978 PStS im Bundesministerium des Innern, 1978-1982 Bundesminister des Innern, 1982-1991 stellv. FDP-Bundesvorsitzender 537

Bebel, August (1840-1913), 1869 Mitbegründer der Sozialdemokratischen Arbeiterpartei, 1875 Mitbegründer der Sozialistischen Arbeiterpartei, 1867-1881 und 1883-1913 MdNR bzw. MdR, 1892-1913 SPD-Parteivorsitzender 25, 70, 272 f., 290, 301, 304, 365, 367 f., 442 f., 452-456, 478, 498, 529, 536, 539, 546

Beck, Ludwig (August Theodor) (1880-1944), Militär, 1935-1938 Chef des Generalstabs des Heeres, 1938-1944 im Widerstand gegen den NS aktiv, nach dem Scheitern des Attentates auf → Hitler vom 20. Juli 1944 verhaftet und hingerichtet 493

Becker, Kurt (1920-1987), Journalist, 1971-1975 Chefredakteur des *Kölner Stadtanzeiger*, anschließend bis 1980 stellv. Chefredakteur *Die Zeit*, 1980-1982 Regierungssprecher und Leiter des BPA 540

Benneter, Klaus-Uwe (geb. 1947), 1965 Eintritt in die SPD, 1974-1977 stellv., 1977 Bundesvorsitzender der Jusos, 1977 Ausschluss aus der SPD, 1983 Wiederaufnahme, 1990-1996 Schatzmeister und 1996-2000 stellv. SPD-Landesvorsitzender von Berlin 25, 256 f., 525 f.

Benz, Hannelore (geb. 1931), Journalistin, 1969 Eintritt in die SPD, 1970-1976 Vorsitzende der AsF des Dillkreises 96 f.

Bernrath, Hans Gottfried (geb. 1927), 1964 Eintritt in die SPD, 1980-1994 MdB (SPD) 62

Bernstein, Eduard (1850-1932), 1879 Herausgeber des SPD-Parteiorgans *Der Sozialdemokrat*, 1888-1901 Exil in London, 1891 Mitverfasser des „Erfurter

Programms" der SPD, Theoretiker des „Revisionismus", 1902-1906, 1912-1918 und 1920-1928 MdR (SPD, 1917-1919 USPD)   273, 386, 539

Bertram, Michael (geb. 1944), 1971-1974 wissenschaftlicher Berater der Planungsabteilung im Bundeskanzleramt, 1974-1979 Büroleiter des SPD-Parteivorsitzenden Willy Brandt, 1979-1990 Mitarbeiter der Friedrich-Ebert-Stiftung, seit 1991 Leiter der Landesvertretung Niedersachsen bei der EU   180, 519

Biedenkopf, Kurt (geb. 1930), 1965 Eintritt in die CDU, 1968-1970 Vorsitzender der Mitbestimmungskommission der Bundesregierung, 1973-1977 CDU-Generalsekretär, 1976-1980 MdB (CDU/CSU), 1977-1983 stellv. CDU-Bundesvorsitzender, 1990-2002 sächsischer Ministerpräsident   118, 185, 216

Bismarck, Otto Fürst von (1815-1898), 1862-1890 preußischer Ministerpräsident, 1871-1890 Reichskanzler   303, 529

Böhme, Rolf (geb. 1934), 1959 Eintritt in die SPD, 1969-1977 Vorsitzender des SPD-Kreisverbandes Freiburg im Breisgau, 1970-1974 Mitglied des SPD-Parteirates, 1972-1984 MdB (SPD), 1978-1982 PStS im Bundesministerium für Finanzen, 1982-2002 Oberbürgermeister von Freiburg im Breisgau   382, 538

Böll, Heinrich (1917-1985), Schriftsteller, 1970-1972 Präsident des P.E.N.-Zentrums der Bundesrepublik Deutschland, 1971-1974 Präsident des Internationalen P.E.N.-Clubs, 1972 aktiver Einsatz für die SWI, 1972 Literaturnobelpreis   97, 121, 123

Bölling, Klaus (geb. 1928), Journalist, 1958 Eintritt in die SPD, 1973-1974 Intendant von Radio Bremen, 1974-1982 als StS Chef des BPA, 1981-1982 Ständiger Vertreter der Bundesrepublik Deutschland in der DDR   181, 517

Bon, Frédéric (geb. 1943), französischer Politikwissenschaftler   431

Bonhoeffer, Dietrich (1906-1945), evangelischer Theologe, 1935 Leiter eines Predigerseminars der Bekennenden Kirche, 1939-1943 im Widerstand gegen den NS aktiv, 1943-1945 KZ-Haft, April 1945 hingerichtet   497

Börner, Holger (geb. 1931), 1948 Eintritt in die SPD, 1957-1976 MdB (SPD), 1967-1972 PStS im Bundesministerium für Verkehr (ab 1969 auch für Post- und Fernmeldewesen), 1972-1976 SPD-Bundesgeschäftsführer, 1976-1987 hessischer Ministerpräsident, seit 1987 Vorsitzender der Friedrich-Ebert-Stiftung   18, 26 f., 32, 40, 44 f., 130, 132, 146, 204, 217 f., 229, 385, 508, 523

Bracher, Karl Dietrich (geb. 1922), Politikwissenschaftler, 1959-1988 Professor für Politikwissenschaft an der Universität Bonn   492

Brandt, Matthias (geb. 1961), Sohn von → Rut und Willy Brandt, Schauspieler   528

Brandt, Rut, geb. Hansen (geb. 1920), freie Journalistin, 1948-1980 verheiratet mit Willy Brandt   101, 231, 233, 307

Breit, Ernst (geb. 1924), Gewerkschafter, 1956 Eintritt in die SPD, 1971-1982 Vorsitzender der Deutschen Postgewerkschaft, 1982-1990 Vorsitzender des DGB, 1985-1993 Vorsitzender des EGB   395, 403, 461

Breschnew, Leonid Iljitsch (1906–1982), sowjetischer Politiker, 1960–1964, erneut ab 1977 Vorsitzender des Präsidiums des Obersten Sowjet (Staatsoberhaupt), 1964–1966 Erster Sekretär, 1966–1982 Generalsekretär des ZK der KPdSU 540

Brunn, Anke (geb. 1942), 1967 Eintritt in die SPD, 1970–1981 und seit 1985 MdL (SPD) NRW, 1981–1983 MdA von Berlin, 1987–1999 Vorsitzende des SPD-Bezirks Mittelrhein, 1986–1999 Mitglied des SPD-PV, 1985–1998 Ministerin für Wissenschaft und Forschung in NRW 382, 538

Buback, Siegfried (1920–1977), Jurist, 1963–1971 Oberstaatsanwalt und 1971–1974 Bundesanwalt beim Bundesgerichtshof, 1974–1977 Generalbundesanwalt, 1977 von Terroristen ermordet 524

Bullock, Alan Louis (geb. 1914), britischer Historiker, 1952–1980 Mitbegründer und Rektor des St. Catherine's College, 1969–1973 Vizekanzler der Universität Oxford 490, 497

Bülow, Andreas von (geb. 1937), Jurist, 1960 Eintritt in die SPD, 1969–1994 MdB (SPD), 1976–1980 PStS im Bundesministerium der Verteidigung, 1980–1982 Bundesminister für Forschung und Technologie 523

Burmester, Greta s. Wehner, Greta

Burnier, Michel-Antoine (geb. 1942), französischer Journalist und Schriftsteller 431

Callaghan, James (geb. 1912), britischer Politiker (Labour Party), 1964–1967 Schatzkanzler, 1967–1970 Innenminister, 1974–1976 Außenminister, 1976–1979 Premierminister, 1976–1980 Vorsitzender der Labour Party 532

Carstens, Karl (1914–1992), 1955 Eintritt in die CDU, 1972–1979 MdB (CDU), 1973–1976 Vorsitzender der CDU/CSU-Bundestagsfraktion, 1976–1979 Bundestagspräsident, 1979–1984 Bundespräsident 118, 164, 185, 529

Carter, James Earl Jr. (geb. 1924), amerikanischer Politiker, 1971–1975 Gouverneur von Georgia, 1977–1981 39. Präsident der USA 244, 531

Chirac, Jacques (geb. 1932), französischer Politiker, 1974–1975 Generalsekretär der Union des Démocrates pour la République, 1974–1976 und 1986–1988 Premierminister, 1976–1995 Vorsitzender des Rassemblement pour la République, seit 1995 Präsident der Französischen Republik 431

Clement, Wolfgang (geb. 1940), 1970 Eintritt in die SPD, 1968–1981 Journalist bei der *Westfälischen Rundschau* 1981–1986 Sprecher des SPD-PV, 1985/86 stellv. Bundesgeschäftsführer der SPD, 1987/88 Chefredakteur der *Hamburger Morgenpost*, 1989–1995 Leiter der Staatskanzlei von NRW, seit 1993 MdL (SPD) NRW, 1995–1998 Wirtschaftsminister und seit 1998 Ministerpräsident von NRW 510, 543

Coppik, Manfred (geb. 1943), Jurist, 1961–1982 und wieder seit 1993 Mitglied der SPD, 1972–1983 MdB (bis 1982 SPD, dann fraktionslos), 1982–1993 Mitglied verschiedener linker Parteien 528

Craxi, Bettino (1934–2000), italienischer Politiker, 1976–1993 Parteichef der PSI, 1983–1987 Ministerpräsident 478

Dahrendorf, Frank (geb. 1934), Sohn von → Gustav Dahrendorf, 1957 Eintritt in die SPD, 1978–1979 Justizsenator und Präses der Justizbehörde in Hamburg, 1981 Innensenator von Berlin, 1983 Leiter des Wahlkampfarbeitsstabes des SPD-Kanzlerkandidaten → Hans-Jochen Vogel, 1982–1986 Mitglied der Hamburger Bürgerschaft   387

Dahrendorf, Gustav (1901–1954), 1918 Eintritt in die SPD, 1932/1933 MdR (SPD), 1933 und 1944–1945 in Haft, 1947–1949 Vizepräsident des Bizonen-Wirtschaftsrates   494

Däubler-Gmelin, Herta (geb. 1943), Juristin, 1965 Eintritt in die SPD, seit 1972 MdB (SPD), seit 1978 Mitglied des SPD-PV, seit 1982 Mitglied des SPD-Präsidiums, 1988–1997 stellv. SPD-Vorsitzende, seit 1998 Bundesministerin der Justiz   420, 469, 511, 548

Delden, Rembert van (1917–1999), 1956 Eintritt in die CDU, 1961–1976 MdB (CDU/CSU)   166

Delp, Alfred (Friedrich) (1907–1945), Jesuit, Theologe und Soziologe, 1937 zum Priester geweiht, 1941 Kirchenrektor der Kirche St. Georg in München, 1942–1944 mit Verbindungen zum Kreisauer Kreis im Widerstand gegen den NS aktiv, 1944 verhaftet und Februar 1945 hingerichtet   497

Döbertin, Winfried (geb. 1932), Politologe, 1963–1977 Mitglied der SPD, 1966–1974 Mitglied der Hamburger Bürgerschaft, 1975–1976 Vorsitzender der Julius-Leber-Gesellschaft e.V., 1976 Mitbegründer der Fritz-Erler-Gesellschaft e.V., deren Vorstandsvorsitzender er auch nach seinem Parteiausschluss von 1977 blieb   25

Dohnanyi, Hans von (1902–1945), Jurist, 1938 Reichsgerichtsrat in Leipzig, 1939–1943 Sonderführer im Amt Ausland/Abwehr im Oberkommando der Wehrmacht und im Widerstand gegen den NS aktiv, 1943 verhaftet und im April 1945 im KZ Sachsenhausen ermordet   497

Dohnanyi, Klaus von (geb. 1928), Sohn von → Hans von Dohnanyi, 1957 Eintritt in die SPD, 1969–1981 MdB (SPD), 1968–1969 StS im Bundesministerium für Wirtschaft, 1969–1972 PStS im Bundesministerium für Bildung und Wissenschaft, 1972–1974 Bundesminister für Bildung und Wissenschaft, 1976–1981 Staatsminister im AA, 1981–1988 Erster Bürgermeister von Hamburg   42, 190, 520

Dregger, Alfred (1920–2002), 1956–1970 Oberbürgermeister von Fulda, 1962–1972 und 1974 MdL (CDU) Hessen, 1967–1982 Landesvorsitzender der CDU in Hessen, 1969–1997 Mitglied des CDU-Bundesvorstandes, 1977–1983 stellv. CDU-Bundesvorsitzender, 1972–1998 MdB (CDU/CSU) und 1982–1991 Vorsitzender der CDU/CSU-Bundestagsfraktion   118, 185

Dreher, Klaus (geb. 1929), Journalist, 1966–1973 Mitglied der Bonner Parlamentsredaktion der *Süddeutschen Zeitung*, 1973–1992 deren Leiter, seit 1992 Lehrbeauftragter der Universität Münster und Publizist   183

Drenkmann, Günter von (1910–1974), 1945 Eintritt in die SPD, 1963–1967 Senatsdirektor der Justizverwaltung Berlin, 1967–1974 Kammergerichtspräsident von Berlin, 1974 von Terroristen ermordet   165, 518

Dröscher, Wilhelm (1920–1977), 1949 Eintritt in die SPD, 1955–1957 und 1971–1977 MdL (SPD) Rheinland-Pfalz, 1957–1971 MdB (SPD), 1965–1971 MdEP, 1973–1977 Mitglied des SPD-PV und des SPD-Präsidiums, 1975–1977 Schatzmeister der SPD 218, 229, 269

Dürer, Albrecht (1471–1528), Maler, Graphiker und Verfasser kunsttheoretischer Schriften 430 f.

Ebert, Friedrich (1871–1925), 1913–1919 SPD-Vorsitzender, 1918 Vorsitzender des Rats der Volksbeauftragten und Reichskanzler, 1919–1925 Reichspräsident 543 f.

Ehmke, Horst (geb. 1927), 1947 Eintritt in die SPD, 1967–1969 StS im Bundesministerium der Justiz, 1969 Bundesminister der Justiz, 1969–1972 Bundesminister für besondere Aufgaben und Chef des Bundeskanzleramtes, 1972–1974 Bundesminister für Forschung, Technologie und das Post- und Fernmeldewesen, 1969–1994 MdB (SPD) 37, 39 f., 93, 116–120, 217, 229, 231–234, 506, 510–512, 515 f., 523 f.

Ehrenberg, Herbert (geb. 1926), 1955 Eintritt in die SPD, 1971–1972 StS im Bundesministerium für Arbeit und Sozialordnung, 1972–1990 MdB (SPD), 1976–1982 Bundesminister für Arbeit und Sozialordnung 39, 94, 228, 513

Eichler, Willi (1896–1971), 1923–1925 SPD-Mitglied, 1925–1945 Vorsitzender des ISK, 1945 Beteiligung am Aufbau der SPD im Rheinland, 1946–1968 Mitglied des SPD-PV, 1952–1958 besoldetes PV-Mitglied, 1947–1948 MdL (SPD) NRW, 1948–1949 Mitglied des Frankfurter Wirtschaftsrats, 1949–1953 MdB (SPD), 1952–1971 Vorsitzender des kulturpolitischen Ausschusses beim SPD-PV, 1956–1960 Leiter der Kommission für ein neues Grundsatzprogramm 51, 354–363, 535

Engels, Friedrich (1820–1895), Theoretiker des Sozialismus 275, 367, 536, 545 f.

Engholm, Björn (geb. 1939), 1962 Eintritt in die SPD, 1969–1983 MdB (SPD), 1977–1981 PStS im Bundesministerium für Bildung und Wissenschaft, 1981–1982 Bundesminister für Bildung und Wissenschaft, 1983–1994 MdL (SPD) Schleswig-Holstein, 1984–1993 Mitglied des SPD-PV, 1988–1993 schleswig-holsteinischer Ministerpräsident, 1991–1993 SPD-Parteivorsitzender 59, 67, 382, 396, 399 f., 421, 461, 511, 538

Eppler, Erhard (geb. 1926), 1956 Eintritt in die SPD, 1961–1976 MdB (SPD), 1968–1974 Bundesminister für wirtschaftliche Zusammenarbeit, 1970–1991 Mitglied des SPD-PV, 1973–1989 Mitglied des SPD-Präsidiums, 1973–1981 Landesvorsitzender der SPD in Baden-Württemberg, 1975–1991 Vorsitzender der Grundwertekommission beim SPD-PV, 1976–1982 MdL (SPD) Baden-Württemberg, 1981–1983 und 1989–1991 Präsident des evangelischen Kirchentages 49, 51, 217, 311, 351 f., 379, 515, 534 f., 538

Erhard, Ludwig (1897–1977), 1945–1946 bayrischer Staatsminister für Handel und Gewerbe, 1948–1949 Direktor der Verwaltung für Wirtschaft des vereinigten Wirtschaftsgebietes, 1949–1977 MdB (CDU), 1949–1963 Bundesminister für Wirtschaft, 1957–1963 Vizekanzler, 1963–1966 Bundeskanzler, 1965 Eintritt in die CDU, 1966–1967 CDU-Bundesvorsitzender 244, 321, 532

Erler, Fritz (1913–1967), 1931 Eintritt in die SPD, 1933–1945 Mitglied der Gruppe „Neu Beginnen" im Widerstand gegen den NS, 1939 Haft, 1949–1967 MdB (SPD), 1956–1967 Mitglied des SPD-PV, 1957–1964 stellv. Vorsitzender, 1964–1967 Vorsitzender der SPD-Bundestagsfraktion und stellv. SPD-Parteivorsitzender 213, 470

Erler, Hans (geb. 1942), Sohn von → Fritz Erler, Verleger und Publizist, 1976 Eintritt in die CDU, seit 1981 Programmleiter in der Konrad-Adenauer-Stiftung 213

Ertl, Josef (1925–2000), 1952 Eintritt in die FDP, 1961–1987 MdB (FDP), 1969–1983 Bundesminister für Ernährung, Landwirtschaft und Forsten, 1971–1983 Landesvorsitzender der FDP in Bayern 36, 89, 380, 511

Eschenburg, Theodor (1904–1998), 1952–1973 Professor für Politikwissenschaft in Tübingen 489

Farthmann, Friedhelm (geb. 1930), 1958 Eintritt in die SPD, 1971–1975 MdB (SPD) und Geschäftsführer des Wirtschafts- und Sozialwissenschaftlichen Instituts des DGB in Düsseldorf, 1975–1985 nordrhein-westfälischer Minister für Arbeit, Gesundheit und Soziales, 1980–2000 MdL (SPD) NRW, 1986–1993 Mitglied im SPD-PV 381

Figgen, Werner (1921–1991), 1946 Eintritt in die SPD, 1965–1973 stellv., 1973–1977 Landesvorsitzender der SPD in NRW, 1966–1975 nordrhein-westfälischer Minister für Arbeit und Soziales (ab 1970 für Arbeit, Gesundheit und Soziales), 1970–1980 MdL (SPD) NRW 178

Flach, Karl-Hermann (1929–1973), 1949 Eintritt in die FDP, 1959–1962 FDP-Bundesgeschäftsführer, 1961–1964 innenpolitischer Ressortleiter und 1964–1971 stellv. Chefredakteur der *Frankfurter Rundschau*, 1971–1973 FDP-Generalsekretär, 1972–1973 MdB (FDP) 37, 511

Focke, Katharina (geb. 1922), 1964 Eintritt in die SPD, 1969–1980 MdB (SPD), 1969–1972 PStS im Bundeskanzleramt, 1972–1976 Bundesministerin für Jugend, Familie und Gesundheit, 1979–1989 MdEP 37, 513

Frank, Ludwig (1874–1914), 1904–1908 Redakteur des Organs der sozialistischen Arbeiterjugend *Junge Garde*, 1907–1914 MdR (SPD) 387

Franke, Egon (1913–1995), 1929 Eintritt in die SPD, 1947–1952 und 1958–1973 Mitglied des SPD-PV, 1951–1987 MdB (SPD), 1964–1973 Mitglied des SPD-Präsidiums, 1969–1982 Bundesminister für Innerdeutsche Beziehungen 18, 94, 142, 230

Freisler, Roland (1893–1945), Jurist, seit 1925 NSDAP-Mitglied, 1942–1945 Präsident des „Volksgerichtshofes" 489, 494

Friderichs, Hans (geb. 1931), 1956 Eintritt in die FDP, 1969–1972 StS in der rheinland-pfälzischen Landesregierung, 1972–1977 Bundesminister für Wirtschaft, 1978–1985 Vorstandssprecher der Dresdner Bank AG 36f., 150, 504

Friedrich, Bruno (1927–1987), 1954 Eintritt in die SPD, 1962–1965 Referent für politische Bildung beim SPD-PV, 1970–1985 Vorsitzender des SPD-Bezirks Franken, 1972–1980 MdB (SPD), 1973–

1979 Mitglied des SPD-PV, 1979–1984 Vizepräsident des EP   40, 45, 232, 510

Fuchs, Anke (geb. 1937), 1956 Eintritt in die SPD, 1971–1977 Mitglied des geschäftsführenden Vorstands der IG Metall, 1977–1980 StS im Bundesministerium für Arbeit und Sozialordnung, seit 1979 Mitglied im SPD-PV, seit 1980 MdB (SPD), 1980–1982 PStS im Bundesministerium für Arbeit und Sozialordnung, 1982 Bundesministerin für Jugend, Familie und Gesundheit, 1987–1991 Bundesgeschäftsführerin der SPD, 1993–1998 stellv. Vorsitzende der SPD-Bundestagsfraktion, seit 1998 Bundestagsvizepräsidentin   548

Funcke, Liselotte (geb. 1918), 1946 Eintritt in die FDP, 1965–1979 MdB (FDP), 1964–1984 Mitglied des FDP-PV, 1972–1979 Vorsitzende des Bundestagsausschusses für Finanzen, 1969–1979 Bundestagsvizepräsidentin   93, 169, 511

Gallo, Max (geb. 1932), französischer Schriftsteller und Politiker (PS), 1983–1984 StS und Regierungssprecher, 1984–1994 MdEP, 1994 Mitglied der Bürgerbewegung „Mouvement des citoyens"   487

Gaulle, Charles de (1890–1970), französischer Politiker und Militär, 1944 Chef der provisorischen Regierung der Französischen Republik, 1945–1946 Ministerpräsident, 1947–1953 Vorsitzender der Partei „Sammlungsbewegung des französischen Volkes", 1958–1969 Staatspräsident   381, 494, 538

Gaus, Günter (geb. 1929), Journalist, 1969–1973 Chefredakteur des Nachrichtenmagazins *Der Spiegel*, 1973–1981 als StS Leiter der Ständigen Vertretung der Bundesrepublik bei der DDR, 1976–2001 SPD-Mitglied, 1981 Wissenschaftssenator des Landes Berlin   142, 271, 506

Geißler, Heiner (geb. 1930), 1951 Eintritt in die CDU, 1965–1967 und seit 1980 MdB (CDU), 1967–1977 rheinland-pfälzischer Minister für Soziales, Jugend, Gesundheit und Sport, 1971 MdL (CDU) Rheinland-Pfalz, 1977–1989 CDU-Generalsekretär, 1982–1985 Bundesminister für Jugend, Familie und Gesundheit, 1989–1994 Mitglied des CDU-Präsidiums   284, 427, 504, 542

Genscher, Hans-Dietrich (geb. 1927), 1952 Eintritt in die FDP, 1959–1965 Geschäftsführer und 1965–1969 parlament. Geschäftsführer der FDP-Bundestagsfraktion, 1965–1998 MdB (FDP), 1968 stellv. FDP-Parteivorsitzender, 1969–1974 Bundesminister des Innern, 1974–1992 Bundesminister des Auswärtigen und Vizekanzler, 1974–1985 FDP-Bundesvorsitzender   25, 29 f., 36 f., 44, 53, 64, 89, 91 f., 94, 139, 150, 158, 227, 244, 265, 327, 353, 385, 390, 397, 427, 516, 535

Gerstenmaier, Eugen (1906–1986), 1947 Eintritt in die CDU, 1949–1969 MdB (CDU), 1954–1969 Bundestagspräsident, 1956–1969 stellv. CDU-Parteivorsitzender   493

Gierek, Edward (1913–2001), polnischer Politiker, 1970–1980 Erster Sekretär der Polnischen Vereinigten Arbeiterpartei, 1981 Ausschluss aus der Partei, 1981–1982 kurzfristig in Haft   206, 271, 521

Glotz, Peter (geb. 1939), 1961 Eintritt in die SPD, 1970–1972 MdL (SPD) Bayern, 1972–1977 und 1983–1996 MdB (SPD), 1974–1977 PStS im Bundesministerium für Bildung und Wissenschaft,

1977–1981 Senator für Wissenschaft und Forschung in Berlin, 1981–1987 Bundesgeschäftsführer der SPD, seit 1983 Chefredakteur der Zeitschrift *Die Neue Gesellschaft* bzw. (seit 1985) *Die Neue Gesellschaft/Frankfurter Hefte*, 1987–1996 Vorsitzender des SPD-Bezirks Südbayern 21, 26 f., 50, 57, 60 f., 317, 321, 378–382, 384 f., 419, 433, 504, 511, 531 f., 537–539, 546

Goebel, Wolfgang (1947–1977), Fahrer von Generalbundesanwalt → Siegfried Buback, mit diesem von RAF-Terroristen ermordet 514

González Márquez, Felipe (geb. 1942), spanischer Politiker, 1974–1997 PSOE-Generalsekretär, 1982–1996 spanischer Ministerpräsident 478

Gorbatschow, Michail (geb. 1931), 1985–1991 KPdSU-Generalsekretär, 1989–1991 Staatspräsident der UdSSR, 1990 Friedensnobelpreis 64, 485

Grabert, Horst (geb. 1927), 1946 Eintritt in die SPD, 1969–1972 Senator für Bundesangelegenheiten in Berlin, 1972–1974 StS und Chef des Bundeskanzleramtes, 1974–1987 deutscher Botschafter in Österreich, Jugoslawien und Irland 37, 40, 132, 396, 506 f., 515

Grass, Günter (geb. 1927), Schriftsteller und Bildender Künstler, Mitglied der *Gruppe 47*, 1965–1972 Beteiligung an SPD-Wahlkämpfen, 1982–1993 Mitglied der SPD, 1999 Literaturnobelpreis 60, 97, 121, 123, 420 f., 430 f., 510, 543

Grebing, Helga (geb. 1930), siehe die Angaben zu den Herausgebern im Anhang dieses Buches 20

Guillaume, Günter (1927–1995), Mitarbeiter des Staatssicherheitsdienstes der DDR, 1956 in dessen Auftrag Übersiedlung in die Bundesrepublik, 1957–1974 Mitglied der SPD, 1969–1974 Mitarbeiter im Bundeskanzleramt, dabei seit 1972 im persönlichen Stab des Bundeskanzlers, 1974 verhaftet und 1975 wegen Spionage verurteilt, 1981 in die DDR abgeschoben 29, 44, 135, 143, 508, 516

Haack, Dieter (geb. 1941), 1961 Eintritt in die SPD, 1969–1990 MdB (SPD), 1972–1978 PStS im Bundesministerium für Raumordnung, Bauwesen und Städtebau, 1978–1982 Bundesbauminister 528

Haig, Alexander M. (geb. 1924), amerikanischer Politiker und General a. D., 1973–1974 ziviler Stabschef des Weißen Hauses in Washington, 1974–1979 NATO-Oberbefehlshaber und Oberbefehlshaber der amerikanischen Truppen in Europa, 1980–1982 amerikanischer Außenminister 535

Hansen, Karl-Heinz (geb. 1927), 1961–1981 Mitglied der SPD, 1969–1980 MdB (SPD), 1981–1983 MdB (fraktionslos) 25, 318, 320, 322, 528, 530 f.

Harnack, Ernst von (1888–1945), Verwaltungsjurist, 1919 Eintritt in die SPD, 1929–1932 Regierungspräsident von Merseburg, 1937–1944 an den Vorbereitungen des Attentates auf → Hitler vom 20. Juli 1944 beteiligt, 1944 nach dessen Scheitern verhaftet und im März 1945 hingerichtet 497

Harpprecht, Klaus (geb. 1927), Journalist und Schriftsteller, 1968 Eintritt in die SPD, 1969–1971 geschäftsführender Redakteur der Zeitschrift *Der Monat*, 1972–1974 Berater von Bundeskanzler Brandt für Internationale Fragen und Leiter der „Schreibstube" im Bundeskanzleramt 30, 518

Hassel, Kai-Uwe von (1913–1997), 1946 Eintritt in die CDU, 1953–1954 und 1965–1980 MdB (CDU), 1954–1963 schleswig-holsteinischer Ministerpräsident, 1956–1964 stellv. CDU-Bundesvorsitzender, 1963–1966 Bundesminister der Verteidigung, 1966–1969 Bundesminister für Vertriebene, 1969–1972 Bundestagspräsident, 1972–1976 Bundestagsvizepräsident, 1979–1984 MdEP 158

Haubach, Theodor (1896–1945), Journalist, 1924 Eintritt in die SPD, 1929–1933 Pressereferent im Reichsinnenministerium, 1933 Entlassung aus dem Staatsdienst, 1934–1936 Haft im KZ Esterwegen, 1944 erneut verhaftet, Januar 1945 hingerichtet 497

Hegel, Georg Wilhelm Friedrich (1770–1831), Philosoph 262

Heinemann, Gustav W. (1899–1976), 1946–1952 Mitglied der CDU, 1949–1950 Bundesminister des Innern, 1952–1957 Gründer und Vorsitzender der GVP, 1957 Eintritt in die SPD, 1957–1969 MdB (SPD), 1966–1969 Bundesminister der Justiz, 1969–1974 Bundespräsident 34, 132, 135 f., 409, 542

Heinemann, Hermann (geb. 1928), 1951 Eintritt in die SPD, 1970–1974 stellv., 1974–1992 Vorsitzender des SPD-Bezirks Westliches Westfalen, 1984–1985 MdEP, 1985–1995 MdL (SPD) NRW, 1985–1992 nordrhein-westfälischer Minister für Arbeit, Gesundheit und Soziales 456

Hermes, Peter (geb. 1922), Diplomat, 1970–1973 im Range eines Botschafters Referent für Fragen des Osthandels im AA, hier 1973–1975 Leiter der Abteilung Außenwirtschaftspolitik, 1975–1978 StS, 1978–1984 deutscher Botschafter in den USA 227

Herold, Horst (geb. 1923), 1967–1971 Polizeipräsident in Nürnberg, 1971–1980 Präsident des Bundeskriminalamtes in Wiesbaden 44

Heuss, Theodor (1884–1963), 1924–1928 und 1930–1933 MdR (DDP), 1946–1949 MdL Württemberg-Baden, 1948–1949 Gründungsmitglied und FDP-Parteivorsitzender, 1949 MdB (FDP), 1949–1959 Bundespräsident 493

Hiersemann, Karl-Heinz (1944–1998), 1967 Eintritt in die SPD, 1974–1998 MdL (SPD) Bayern, 1985–1991 Vorsitzender des SPD-Bezirks Franken, 1992–1998 Vizepräsident des Bayerischen Landtages 421

Hitler, Adolf (1889–1945), „Führer" der NSDAP, 1933–1945 Reichskanzler 106, 162, 302, 365, 367, 399, 489 f., 494

Hofmann, Gunter (geb. 1942), Journalist, leitender Redakteur der Wochenzeitung *Die Zeit* 23, 60, 544, 546

Hombach, Bodo (geb. 1952), 1978 Eintritt in die SPD, 1979–1981 stellv., 1981–1991 Landesgeschäftsführer des SPD-Landesverbandes NRW, 1990–1998 MdL (SPD) 510

Hoppe, Wilhelm (1912–1996), Ministerialdirektor, 1970–1977 Leiter der Personal- und Verwaltungsabteilung im AA 227

Horkheimer, Max (1895–1973), Sozialwissenschaftler und Philosoph, 1931–1933 und 1949–1963 Leiter des Frankfurter Instituts für Sozialforschung und Professor an der Universität Frankfurt/Main 440

Huber, Antje (geb. 1924), 1948 Eintritt in die SPD, 1969–1987 MdB (SPD), 1975–1984 Mitglied im SPD-PV, 1976–1982 Bundesministerin für Jugend, Familie und Gesundheit, 1978–1984 Mitglied im SPD-Präsidium 535

Jädicke, Heinke (geb. 1931), Journalistin, 1973–1993 Geschäftsführerin der Sozialdemokratischen Wählerinitiative (SWI), 1982 Eintritt in die SPD 120–128, 515

Jäger, Claus (geb. 1931), 1972–1987, 1988–1994 MdB (CDU) 166

Jahn, Gerhard (1927–1998), 1957–1990 MdB (SPD), 1961–1963, 1965–1967 sowie 1974–1990 Parlamentarischer Geschäftsführer der SPD-Fraktion, 1967–1969 PStS im Auswärtigen Amt, 1969–1974 Bundesminister der Justiz, 1979–1995 Präsident des Deutschen Mieterbundes 270

Jansen, Günter (geb. 1936), 1959 Eintritt in die SPD, 1969–1975 stellv., 1975–1987 SPD-Landesvorsitzender in Schleswig-Holstein, 1980–1988 MdB (SPD), 1988–1993 Minister für Arbeit und Soziales, Jugend, Gesundheit und Energie und 1992–1993 stellv. Ministerpräsident von Schleswig-Holstein 265, 526

Janzen, Karl-Heinz (geb. 1926), Gewerkschafter, 1971–1986 geschäftsführendes Vorstandsmitglied und 1986–1989 Zweiter Vorsitzender der IG Metall 385, 538

Jaurès, Jean (1859–1914), französischer Politiker und Philosoph, 1902–1905 Chef der Parti Socialiste Française (PSF), 1905 Gründungsmitglied der Section Française de l'International Ouvrière (SFIO), Juli 1914 ermordet 364, 455, 543

Jelzin, Boris (geb. 1931), russischer Politiker, 1976–1981 Erster Gebietssekretär der KPdSU in Swerdlowsk, 1981–1990 Mitglied des ZK der KPdSU, 1991–1999 Präsident der Russischen Föderation 485

Jenninger, Philipp (geb. 1932), 1957 Eintritt in die CDU, 1969–1990 MdB (CDU), 1975–1982 Erster parlament. Geschäftsführer der CDU/CSU-Bundestagsfraktion, 1982–1984 Staatsminister im Bundeskanzleramt, 1984–1988 Bundestagspräsident, 1991–1995 deutscher Botschafter in Österreich und 1995–1997 beim Vatikan in Rom 168

Johnson, Lyndon B. (1908–1973), amerikanischer Politiker, 1961–1963 Vizepräsident und 1963–1969 36. Präsident der USA 402

Kaiser, Jakob (1888–1961), 1945 Mitbegründer der CDU (SBZ), 1945–1947 deren Vorsitzender, 1949–1961 MdB (CDU), 1949–1957 Bundesminister für gesamtdeutsche Fragen 493

Kaiser, Karl (geb. 1934), Politikwissenschaftler, 1964 Eintritt in die SPD, 1969–1973 Professor an der Universität des Saarlandes, 1974–1991 an der Universität Köln und 1991–2000 an der Universität Bonn 227

Kant, Immanuel (1724–1804), Philosoph 108, 429

Kater, Helmut (geb. 1927), 1947 Eintritt in die SPD, 1969–1976 MdB (SPD), 1973–1975 MdEP 97

Katzer, Hans (1919–1996), 1945 Eintritt in die CDU, 1950–1963 CDU-Hauptgeschäftsführer, 1957–1980 MdB (CDU),

1963–1977 Vorsitzender der CDU-Sozialausschüsse, 1965–1969 Bundesminister für Arbeit und Sozialordnung, 1979–1982 MdEP 185

Kautsky, Karl (1854–1938), sozialistischer Theoretiker, 1882–1917 Chefredakteur der *Neuen Zeit* 273, 363 f., 367, 477, 525, 539

Kellermeier, Jürgen (geb. 1939), Rundfunkredakteur, 1966–1976 Korrespondent des Norddeutschen Rundfunks in Bonn, 1976–1980 stellv., 1980–1988 NDR-Chefredakteur, seit 1988 NDR-Programmdirektor 381 f., 509, 533

Kennedy, John Fitzgerald (1917–1963), amerikanischer Politiker, 1953–1961 Senator von Massachusetts, 1961–1963 35. Präsident der USA, 1963 in Dallas ermordet 23, 402

Kern, Karl-Hans (geb. 1932), Pfarrer und Studienrat, 1967–1976 MdB (SPD), 1977/78 Mitarbeiter beim SPD-PV, ab 1978 Schuldienst in Baden-Württemberg 227

Keynes, John M. (1883–1946), britischer Wirtschaftswissenschaftler, 1920–1946 Professor in Cambridge 414

Kiesinger, Kurt Georg (1904–1988), 1948 Eintritt in die CDU, 1949–1958 und 1969–1980 MdB (CDU), 1958–1966 baden-württembergischer Ministerpräsident, 1966–1969 Bundeskanzler, 1967–1971 CDU-Bundesvorsitzender 244, 532

Klär, Karl Heinz (geb. 1947), 1983–1987 Leiter des Büros des SPD-Parteivorsitzenden Willy Brandt, 1987–1991 Leiter der Abteilung Politik, Forschung und Planung beim SPD-PV, 1991–1994 Chef der Staatskanzlei von Rheinland-Pfalz, seit 1994 als StS Bundes- und Europabevollmächtigter des Landes Rheinland-Pfalz 504, 543

Klose, Hans-Ulrich (geb. 1937), 1964 Eintritt in die SPD, 1974–1981 Erster Bürgermeister von Hamburg, seit 1983 MdB (SPD), 1987–1991 Schatzmeister der SPD, 1991–1994 Vorsitzender der SPD-Bundestagsfraktion, 1994–1998 Bundestagsvizepräsident 62, 294

Kluncker, Heinz (geb. 1925), 1946 Eintritt in die SPD, 1964–1982 Vorsitzender der Gewerkschaft ÖTV, 1973–1985 Präsident der Internationale des Öffentlichen Dienstes 135

Kohl, Helmut (geb. 1930), 1947 Eintritt in die CDU, 1959–1976 MdL (CDU) Rheinland-Pfalz, 1966–1973 Landesvorsitzender der CDU in Rheinland-Pfalz, 1969–1976 rheinland-pfälzischer Ministerpräsident, 1969–1973 stellv., 1973–1998 CDU-Bundesvorsitzender, 1976 CDU/CSU-Kanzlerkandidat, 1976–2002 MdB (CDU), 1982–1998 Bundeskanzler 55, 64 f., 151, 185, 189, 220, 242, 284, 359, 402, 462 f., 504, 527, 529, 535, 539 f.

Koschnick, Hans (geb. 1929), 1950 Eintritt in die SPD, 1967–1985 Bürgermeister der Freien Hansestadt Bremen, 1970/71 und 1981 Bundesratspräsident, 1975–1979 stellv. SPD-Parteivorsitzender, 1987–1994 MdB (SPD) 27 f., 61 f., 140, 146, 201, 213, 216 f., 229, 269, 284 f., 309 f., 442, 504

Kreisky, Bruno (1911–1990), österreichischer Politiker, 1938–1945 Exil in Schweden, 1956–1983 Abgeordneter im Nationalrat (SPÖ), 1967–1983 Vorsitzender der SPÖ, 1970–1983 Bundeskanzler 228

Kremp, Herbert (geb. 1928), Journalist, seit 1969 in verschiedenen leitenden Funktionen bei der Tageszeitung *Die Welt* 226

Kroesen, Frederick J. (geb. 1923), US-General, 1978-1983 stellv. Chef des US-Generalstabes, 1981 Ziel eines terroristischen Attentats in Heidelberg 535

Kühn, Heinz (1912-1992), 1930 Eintritt in die SPD, 1949-1950 Chefredakteur der *Rheinischen Zeitung*, 1953-1963 MdB (SPD), 1954-1956 und 1962-1975 Mitglied des SPD-PV, 1962-1979 MdL (SPD) NRW, 1962-1973 Landesvorsitzender der SPD in NRW, 1966-1978 nordrhein-westfälischer Ministerpräsident, 1973-1975 stellv. SPD-Parteivorsitzender, 1979-1984 MdEP, 1983-1987 Vorsitzender der Friedrich-Ebert-Stiftung 18, 27, 40, 43, 45, 132 f., 149, 511, 517

Kuppe, Günter (geb. 1939), 1961-1987 Organisator und Betreuer bei Wahlkampfeinsätzen von Willy Brandt 519

Lafontaine, Oskar (geb. 1943), 1966 Eintritt in die SPD, 1970-1975 und 1985-1998 MdL (SPD) Saarland, 1976-1985 Oberbürgermeister von Saarbrücken, 1977-1996 Vorsitzender des SPD-Landesverbandes Saar, 1979-1999 Mitglied des SPD-PV, 1985-1998 saarländischer Ministerpräsident, 1990 SPD-Kanzlerkandidat, 1998-1999 MdB (SPD), 1995-1999 SPD-Parteivorsitzender, 1998-1999 Bundesminister der Finanzen 33, 49, 57, 59, 61-64, 66 f., 226 f., 317, 421, 442, 450, 461-464, 469, 510, 538, 544, 547

Lahnstein, Manfred (geb. 1937), 1959 Eintritt in die SPD, 1977-1980 StS im Bundesministerium für Finanzen, 1980-1982 StS im Bundeskanzleramt, 1982 Bundesminister der Finanzen 385

Lambsdorff, Otto Graf (geb. 1926), 1951 Eintritt in die FDP, 1972-1998 MdB (FDP), 1977-1984 Bundesminister für Wirtschaft, 1988-1993 FDP-Parteivorsitzender, 1991-1994 Vorsitzender der Liberalen Internationale 30, 54 f., 150, 385

Lassalle, Ferdinand (1825-1864), 1863 Begründer des Allgemeinen Deutschen Arbeitervereins (ADAV) 106, 172, 346, 396

Lasse, Dieter (geb. 1941), 1976-1992 Mitarbeiter im SPD-PV (Sekretär des Parteipräsidiums) 519

Lattmann, Dieter (geb. 1926), Schriftsteller, 1968-1974 Vorsitzender des „Verbandes Deutscher Schriftsteller", seit 1969 SPD-Mitglied, 1972-1980 MdB (SPD) 121, 528

Lauritzen, Lauritz (1910-1980), seit 1929 Mitglied der SPD, 1966-1972 Bundesminister für Wohnungswesen und Städtebau, 1969-1980 MdB (SPD), 1972-1974 Bundesminister für Verkehr, das Post- und Fernmeldewesen (ab Dez. 1972 nur für Verkehr) 123

Leber, Annedore, geb. Rosenthal (1904-1968), Frau von → Julius Leber, 1946-1950 Lizenzträgerin der Berliner Tageszeitung *Telegraf*, 1949 Gründung des Buchverlages Mosaik (später Verlag Annedore Leber) 492

Leber, Georg (geb. 1920), 1947 Eintritt in die SPD, 1957-1983 MdB (SPD), 1957-1966 Vorsitzender der Industriegewerkschaft Bau-Steine-Erden, 1962-1986 Mitglied des SPD-PV, 1966-1972 Bundesminister für Verkehr (1969-

1972 auch für das Post- und Fernmeldewesen), 1972–1978 Bundesminister der Verteidigung 48, 67, 91, 237, 511, 524, 528, 543

Leber, Julius (1891–1945), 1921–1933 Redakteur bzw. Chefredakteur des *Lübecker Volksboten* und Abgeordneter in der Lübecker Bürgerschaft, 1924–1933 MdR (SPD), 1933–1937 in Haft, 1937–1944 im Widerstand gegen den NS aktiv, 1944 nach dem gescheiterten Attentat auf → Hitler vom 20. Juli 1944 erneut verhaftet und im Januar 1945 hingerichtet 488–498, 549

Leister, Klaus Dieter (geb. 1938), 1966 Eintritt in die SPD, 1972–1974 Leiter des Ministerbüros im Bundesministerium der Finanzen, 1974–1979 Leiter des Kanzlerbüros, 1979–1981 Abteilungsleiter im Bundesministerium für wirtschaftliche Zusammenarbeit, 1981–1982 StS im Bundesministerium für Verteidigung, 1982–1983 StS im Innenministerium von NRW, 1983–1989 Chef der Staatskanzlei Düsseldorf 528

Lenin, Wladimir Iljitsch (1870–1924), bolschewistischer Revolutionär und Gründer der Sowjetunion 258 f., 525

Lenzer, Christian (geb. 1933), 1963 Eintritt in die CDU, 1969–1998 MdB (CDU), 1968–1990 Vorsitzender des CDU-Kreisverbandes Lahn-Dill 97

Leontief, Wassilij (1906–1999), Wirtschaftswissenschaftler, 1946–1975 Professor an der Harvard University, 1975–1999 Direktor des Institutes für Ökonomische Analysen in New York, 1973 Nobelpreis für Wirtschaftswissenschaften 394

Leuschner, Wilhelm (1890–1944), 1909 Eintritt in die SPD, 1924 MdL (SPD) Hessen, 1928–1933 hessischer Innenminister, 1932 stellv. Vorsitzender des ADGB, 1933/1934 KZ-Haft, 1934–1944 Kleinfabrikant in Berlin, im Widerstand gegen den NS aktiv, 1944 nach dem gescheiterten Attentat auf → Hitler vom 20. Juli 1944 verhaftet und hingerichtet 497

Liebknecht, Karl (1871–1919), Sohn von → Wilhelm Liebknecht, ab 1908 Mitglied des preußischen Abgeordnetenhauses (SPD), 1912–1917 MdR (SPD), Mitbegründer des Spartakus-Bundes und der KPD, 1919 von Freikorpstruppen ermordet 387

Liebknecht, Wilhelm (1826–1900), 1869 Mitbegründer der Sozialdemokratischen Arbeiterpartei, 1875 Mitbegründer der Sozialistischen Arbeiterpartei Deutschlands, 1867–1886 und 1889–1900 MdNR bzw. MdR 272, 368, 536

Liedtke, Karl (geb. 1925), 1946 Eintritt in die SPD, 1965–1987 MdB (SPD), 1970–1987 Vorsitzender des Parteirats der SPD, 1976–1983 stellv. Vorsitzender der SPD-Bundestagsfraktion 232, 321, 524, 532

Loderer, Eugen (1920–1995), Gewerkschafter, 1968–1972 stellv., 1972–1983 Vorsitzender der IG Metall 384 f.

Lohmar, Ulrich (1928–1991), 1957–1976 MdB (SPD), 1971–1984 Professor für Politische Wissenschaft an der Gesamthochschule Paderborn 150

Lorenz, Peter (1922–1987), 1945 Eintritt in die CDU, 1954–1980 MdA (CDU) von Berlin, 1961–1965 und 1967–1969 stellv., 1969–1982 Vorsitzender des CDU-Landesverbandes Berlin, 1975 von der „Bewegung 2. Juni" entführt, 1980–

1987 MdB (CDU), 1982–1987 PStS im Bundeskanzleramt   159, 165, 167, 517

Löwenthal, Richard (1908–1991), Journalist, Hochschullehrer und Berater der SPD, 1935–1949 Exil in Prag, Paris und England („Neu Beginnen"), 1942–1955 Korrespondent der Nachrichtenagentur *Reuters* in London, 1954–1958 Korrespondent des *Observer* in Westdeutschland, 1961–1975 Professor für Politikwissenschaft und Geschichte an der Freien Universität Berlin, 1971 Mitbegründer des „Bundes Freiheit der Wissenschaft"   51 f., 509

Ludwig, Werner (geb. 1926), 1946 Eintritt in die SPD, 1962–1980 Vorsitzender des SPD-Bezirks Pfalz, 1964–1974 und 1979–1996 Oberbürgermeister von Ludwigshafen   190

Luxemburg, Rosa (1871–1919), Politikerin und Verfasserin theoretischer Schriften des Marxismus, Mitbegründerin des Spartakus-Bundes und der KPD, 1919 von Freikorpstruppen ermordet   258 f., 525, 543–545

Maass, Hermann (1897–1944), 1920 Eintritt in die SPD, 1924–1933 Geschäftsführer des Reichsausschusses der deutschen Jugendverbände, an der Verschwörung vom 20. Juli 1944 beteiligt, 1944 nach dem gescheiterten Attentat auf → Hitler verhaftet und hingerichtet   497

Maihofer, Werner (geb. 1918), 1969 Eintritt in die FDP, 1970–1978 Mitglied des FDP-Präsidiums, 1972–1980 MdB (FDP), 1972–1974 Bundesminister für besondere Aufgaben, 1974–1978 Bundesminister des Innern   36, 48, 158, 524

Mann, Golo (1909–1994), Historiker, Sohn von → Thomas Mann, 1960–1964 Professor für wissenschaftliche Politik an der Universität Stuttgart, seit 1964 freier Publizist   102, 436, 514, 545 f.

Mann, Thomas (1875–1955), Schriftsteller, 1929 Literaturnobelpreis, 1933 Exil in Frankreich, der Schweiz und den USA, 1952 Rückkehr in die Schweiz   198, 200

Marx, Karl (1818–1883), Theoretiker des Sozialismus   108, 257–265, 272, 275, 367, 396, 437, 525 f., 536

Marx, Werner (1924–1985), 1947 Eintritt in die CDU, 1965–1985 MdB (CDU)   164, 168 f.

Mathiopoulos, Margarita (geb. 1957), Politikwissenschaftlerin, 1985–1987 Pressereferentin bei IBM Deutschland in Stuttgart, 1987–1989 stellv. Direktorin des Aspen Instituts in Berlin   62 f., 447, 449 f., 511, 546

Matthöfer, Hans (geb. 1925), 1950 Eintritt in die SPD, 1961–1987 MdB (SPD), 1972–1974 PStS im Bundesministerium für wirtschaftliche Zusammenarbeit, 1973–1984 Mitglied des SPD-PV, 1974–1978 Bundesminister für Forschung und Technologie, 1978–1982 Bundesminister der Finanzen, 1982 Bundesminister für Post- und Fernmeldewesen, 1985–1987 Schatzmeister der SPD   94, 217, 252, 422, 513, 525, 528, 543

Mattick, Kurt (1908–1986), 1926 Eintritt in die SPD, 1933–1945 Beteiligung an der Widerstandsgruppe „Neu Beginnen", 1946–1953 MdA (SPD) von Berlin, 1947–1952 und 1958–1963 stellv. und 1963–1968 Vorsitzender des SPD-Landesverbandes Berlin, 1953–1980 MdB

(SPD) und hier zeitweise außenpolitischer Sprecher der SPD-Bundestagsfraktion 232

Mayer, Gustav (1871–1948), Historiker, 1893–1906 Korrespondent der *Frankfurter Zeitung* in Amsterdam, Paris und Brüssel, 1906–1933 freier Publizist und Privatgelehrter in Heidelberg und Berlin, 1933–1945 Exil in den Niederlanden und Großbritannien 364

Meinhof, Ulrike (1934–1976), Journalistin, führendes Mitglied der Baader-Meinhof-Gruppe und Mitbegründerin der RAF, 1972 Beteiligung an terroristischen Anschlägen, 1972 Festnahme, 1974 Verurteilung zu acht Jahren Haft, 1976 Selbstmord in der Haftanstalt Stuttgart-Stammheim 187

Meinike, Erich (geb. 1929), 1947–1999 Mitglied der SPD, 1969–1984 MdB (SPD) 528

Merk, Bruno (geb. 1922), Jurist, 1958–1977 MdL Bayern (CSU), 1966–1977 bayerischer Innenminister 163

Merten, Siegfried (1928–1993), Gewerkschafter, 1972–1976 Mitglied des geschäftsführenden Hauptvorstandes, 1976–1983 stellv. Vorsitzender der ÖTV, 1983–1991 Vorstandsvorsitzender des Auto Club Europa 385, 538

Mertes, Alois (1921–1985), 1961 Eintritt in die CDU, 1972 StS und Bevollmächtigter des Landes Rheinland-Pfalz beim Bund, 1972–1982 MdB (CDU), 1982–1985 Staatsminister im Auswärtigen Amt 163, 167

Mertes, Werner (1919–1985), 1949–1971 Leiter des Wirtschaftsfunks beim Süddeutschen Rundfunk, 1953 Eintritt in die FDP, 1961–1976 MdB (FDP), 1964–1976 parlament. Geschäftsführer der FDP-Bundestagsfraktion, 1969–1972 Vorsitzender des Arbeitskreises Wirtschafts-, Finanzpolitik und Landwirtschaft der FDP-Bundestagsfraktion 511

Mierendorff, Carlo von (1897–1943), Politiker und Journalist, 1920 Eintritt in die SPD, 1929 Pressereferent und Mitarbeiter des hessischen Innenministers, 1930–1933 MdR (SPD), 1933–1937 KZ-Haft, 1937–1943 im Umfeld von → Wilhelm Leuschner und → Julius Leber im Widerstand gegen den NS aktiv, 1943 bei einem Bombenangriff in Leipzig ums Leben gekommen 492

Mischnick, Wolfgang (geb. 1921), 1957–1994 MdB (FDP), 1961–1963 Bundesminister für Vertriebene, Flüchtlinge und Kriegsgeschädigte, 1963–1968 stellv., 1968–1990 Vorsitzender der FDP-Bundestagsfraktion, 1964–1988 stellv. FDP-Parteivorsitzender 89, 91, 150, 504, 511

Mittag, Günter (1926–1994), 1962–1989 Mitglied des ZK der SED, 1962–1973 und 1976–1989 ZK-Sekretär für Wirtschaft, 1966–1989 Mitglied des Politbüros des ZK der SED, 1984–1989 stellv. Vorsitzender des Staatsrates der DDR 548

Mitterrand, François (1916–1996), französischer Politiker, 1965–1968 Vorsitzender der Partei Fédération de la gauche démocrate et socialiste, 1971–1980 Erster Sekretär der Parti Socialiste (PS), 1981–1995 Staatspräsident 478

Möller, Alex (1903–1985), 1945–1969 Vorstandsvorsitzender der Karlsruher Lebensversicherung, 1946 Eintritt in die SPD, 1961–1979 MdB (SPD), 1964–1969 und 1972–1976 stellv. Vorsitzender der SPD-Bundestagsfraktion, 1969–1971 Bundesminister der Finanzen, 1973–1979 Vorsitzender der Kontrollkommission der SPD 511

Möller, Heiner (geb. 1943), 1972–1976 MdB (CDU) 165

Moltke, Helmut James Graf von (1907–1945), Jurist, 1939–1944 im Amt Ausland/Abwehr des Oberkommandos der Wehrmacht als Sachverständiger für völkerrechtliche Fragen, 1939 Mitbegründer des Kreisauer Kreises und im Widerstand gegen den NS aktiv, 1944 verhaftet und Januar 1945 hingerichtet 492

Mommsen, Hans (geb. 1930), Historiker, 1968–1996 Professor für Neuere Geschichte an der Universität Bochum 492

Momper, Walter (geb. 1945), 1967 Eintritt in die SPD, 1975–1995 und seit 1999 MdA von Berlin, 1985–1989 Vorsitzender der Berliner SPD-Fraktion, 1989–1991 Regierender Bürgermeister von Berlin 64

Müller, Albrecht (geb. 1938), 1970–1973 Leiter der Abteilung Öffentlichkeitsarbeit beim SPD-PV, 1973–1982 Leiter der Planungsabteilung des Bundeskanzleramtes, 1987–1993 MdB (SPD) 515

Müntefering, Franz (geb. 1940), 1966 Eintritt in die SPD, 1975–1992 und seit 1998 MdB (SPD), 1992–1995 Minister für Arbeit, Gesundheit und Soziales in NRW, 1995–1998 SPD-Bundesgeschäftsführer, 1998–1999 Bundesminister für Raumordnung, Bauwesen, Städtebau und Verkehr, 1998–2001 Landesvorsitzender der SPD in NRW, seit 1999 SPD-Generalsekretär 510

Musil, Robert Edler von (1880–1942), österreichischer Schriftsteller 412

Nau, Alfred (1906–1983), 1928 Eintritt in die SPD, 1946–1975 Schatzmeister der SPD und Mitglied des SPD-PV, 1958–1983 Mitglied des SPD-Präsidiums, 1954–1970 stellv., 1970–1983 Vorsitzender der Friedrich-Ebert-Stiftung 18, 40, 44

Negwer, Georg (geb. 1926), Diplomat, 1973–1976 Leiter des Parlaments- und Kabinettsreferats und 1976–1978 Leiter der Unterabteilung Verwaltung im AA, 1978–1979 Leiter der Abt. Ausland im BPA, 1979–1983 deutscher Botschafter in Polen, 1984–1988 in der Türkei 227

Nenni, Pietro (1891–1980), italienischer Politiker, 1946–1947 und 1968–1969 italienischer Außenminister, 1949–1964 Generalsekretär der Sozialistischen Partei Italiens (PSI), 1964–1969 Präsident der PSI, 1970–1980 Senator 24, 503

Nollau, Günther (1911–1991), 1967–1970 Vizepräsident des BfV, 1970–1972 Leiter der Abteilung Öffentliche Sicherheit im Bundesministerium des Innern, 1972–1975 Präsident des BfV 44, 164, 270

Oertzen, Peter von (geb. 1924), 1946 Eintritt in die SPD, 1963–1982 Professor für Politikwissenschaften an der Universität Hannover, 1970–1974 niedersächsischer Kultusminister, 1973–1993 Mitglied des SPD-PV, 1973–1975 Vorsitzender der Kommission OR '85 der SPD 39, 182, 229, 519, 543

Offergeld, Rainer (geb. 1937), 1963 Eintritt in die SPD, 1969–1984 MdB (SPD), 1972 PStS im Bundesministerium für Wirtschaft und Finanzen, 1975–1978 PStS im Bundesministerium der Finanzen, 1978–1982 Bundesminister für wirtschaftliche Zusammenarbeit, 1983–1995 Oberbürgermeister von Lörrach 528

Ollenhauer, Erich (1901–1963), 1918 Eintritt in die SPD, 1946–1952 stellv. SPD-Parteivorsitzender, 1946–1963 Mitglied des SPD-PV, 1949–1963 MdB (SPD), 1952–1963 SPD-Parteivorsitzender und Vorsitzender der SPD-Bundestagsfraktion, 1958–1963 Mitglied des SPD-Präsidiums, 1963 Präsident der SI 20, 470

Orwell, George (1903–1950), englischer Schriftsteller 396

Osswald, Albert (1919–1996), 1945 Eintritt in die SPD, 1968–1975 Mitglied des SPD-PV, 1969–1976 hessischer Ministerpräsident, 1969–1977 Landesvorsitzender der SPD in Hessen 225, 522

Palme, Olof (1927–1986), schwedischer Politiker, 1969–1986 Vorsitzender der Sozialdemokratischen Partei Schwedens, 1969–1976 und 1982–1986 Ministerpräsident, 1986 bei einem Attentat ermordet 404

Perger, Werner A. (geb. 1942), Journalist, 1970–1989 Bonn-Korrespondent verschiedener Zeitschriften 540

Pfeiffer, Alois (1924–1987), Gewerkschafter, 1969–1975 Vorsitzender der Gewerkschaft Gartenbau, Land- und Forstwirtschaft, 1975–1984 Mitglied des geschäftsführenden Bundesvorstandes des DGB, 1984–1987 EG-Kommissar für Wirtschafts- und Beschäftigungspolitik 384

Ponomarjow, Boris (1905–1995), sowjetischer Politiker, seit 1919 Mitglied der KPdSU, 1936–1943 Mitglied des Exekutivkomitees der Komintern, 1954–1986 Leiter der internationalen Abteilung des ZK der KPdSU, 1956–1986 Vollmitglied des ZK der KPdSU, 1973–1986 Kandidat des Politbüros 507

Porzner, Konrad (geb. 1935), 1956 Eintritt in die SPD, 1962–1981 und 1983–1990 MdB (SPD), 1972–1974 PStS im Bundesministerium der Finanzen, 1990–1996 Präsident des Bundesnachrichtendienstes 40, 231

Rapp, Heinz (geb. 1924), 1957 Eintritt in die SPD, 1972–1987 MdB (SPD), 1984–1989 Mitglied der Programmkommission beim SPD-PV, 1977–1991 stellv. Vorsitzender der Grundwertekommission beim SPD-PV 231 f., 523

Rathenau, Walter (1867–1922), Industrieller und Politiker, 1915–1921 Präsident der Allgemeinen-Elektrizitäts-Gesellschaft, 1918 Mitbegründer der linksliberalen DDP, 1921–1922 Wiederaufbauminister, 1922 Reichsaußenminister und im gleichen Jahr von Rechtsextremisten ermordet 192, 365, 536

Rau, Christina, geb. Delius (geb. 1956), seit 1982 verheiratet mit → Johannes Rau 428

Rau, Johannes (geb. 1931), 1952–1957 Mitglied der GVP, 1957 Eintritt in die SPD, 1958–1999 MdL (SPD) NRW, 1968–1999 Mitglied des SPD-PV, 1969–1970 Oberbürgermeister von Wuppertal, 1970–1978 nordrhein-westfälischer Minister für Wissenschaft und Forschung, 1977–1998 Landesvorsitzender der SPD in NRW, 1978–1998 nordrhein-westfälischer Ministerpräsident, 1978–1999 Mitglied des SPD-Präsidiums, 1982-1999 stellv. SPD-Vorsitzender, 1987 SPD-Kanzlerkandidat, seit 1999 Bundespräsident 28, 56-63, 385, 390 f., 393, 422, 427 f., 442, 448, 450, 456 f., 503 f., 510, 539, 543-546

Ravens, Karl (geb. 1927), 1950 Eintritt in die SPD, 1961-1978 MdB (SPD), 1969-1972 PStS im Bundesministerium für Städtebau und Wohnungswesen, 1972-1974 PStS im Bundeskanzleramt, 1974-1978 Bundesminister für Raumordnung, Bauwesen und Städtebau, 1976-1984 Mitglied des SPD-PV, 1979-1986 Landesvorsitzender der SPD in Niedersachsen 44, 227, 528

Reagan, Ronald (geb. 1911), amerikanischer Politiker und Filmschauspieler, 1967-1975 republikanischer Gouverneur von Kalifornien, 1981-1989 40. Präsident der Vereinigten Staaten 48, 319, 402, 531, 542

Reddemann, Gerhard (geb. 1932), 1947 Eintritt in die CDU, 1969-1994 MdB (CDU/CSU), 1973-1976 parlament. Geschäftsführer der CDU/CSU-Bundestagsfraktion 158, 161, 164 f., 167

Reichwein, Adolf (1898-1944), 1920-1928 Leiter der Volkshochschule Jena, 1928 Eintritt in die SPD, 1930-1933 Professor der Geschichte und Staatsbürgerkunde an der Pädagogischen Akademie in Halle/Saale, 1942-1944 mit Verbindungen zum Kreisauer Kreis im Widerstand gegen den NS aktiv, 1944 verhaftet und hingerichtet 494

Renger, Annemarie (geb. 1919), Politikerin, 1945 Eintritt in die SPD, 1945-1952 Mitarbeiterin des SPD-Parteivorsitzenden → Kurt Schumacher, 1953-1990 MdB (SPD), 1961-1973 Mitglied des SPD-PV, 1966-1973 Vorsitzende des Bundesfrauenausschusses der SPD, 1969-1972 parlament. Geschäftsführerin der SPD-Bundestagsfraktion, 1970-1973 Mitglied des SPD-Präsidiums, 1972-1976 Bundestagspräsidentin 18, 34, 51 f., 162, 169, 400, 509, 513, 529

Reuter, Edzard (geb. 1928), Sohn von → Ernst Reuter, Industriemanager, 1946 Eintritt in die SPD, 1973 stellv., 1976 ordentliches Vorstandsmitglied der Daimler-Benz AG in Stuttgart, 1979-1987 Finanzchef und 1987-1995 Vorstandsvorsitzender des Unternehmens 382

Reuter, Ernst (1889-1953), 1931-1933 Oberbürgermeister von Magdeburg (SPD), 1935-1945 Exil in der Türkei, 1948-1953 Oberbürgermeister bzw. Regierender Bürgermeister von Berlin, 1948-1953 Mitglied des SPD-PV 193, 470

Riegger, Volker (geb. 1942), 1970 Eintritt in die SPD, 1972-1986 Abteilungsleiter Öffentlichkeitsarbeit/Wahlen beim SPD-PV, 1986-1989 Geschäftsleitung Infratest-Forschung 510

Ringstorff, Harald (geb. 1939), 1989 Mitbegründer der SPD in Rostock, seit 1990 Vorsitzender des SPD-Landesverbandes Mecklenburg-Vorpommern, seit 1990 MdL (SPD) von Mecklenburg-Vorpommern und Mitglied des SPD-PV, 1990-1994 und 1996-1998 Vorsitzender der SPD-Landtagsfraktion, 1994-1996 Wirtschaftsminister, 1998-2000 Justizminister und seit 1998 Ministerpräsident von Mecklenburg-Vorpommern 469

Rocard, Michel (geb. 1930), französischer Politiker, 1967-1974 Parteichef der Parti Socialiste Unifié (PSU), seit 1974

Mitglied der Parti Socialiste (PS), 1981–1985 Mitglied der französischen Regierung, 1988–1991 Premierminister 480, 549

Röder, Franz-Josef (1909–1979), 1946 Eintritt in die CDU, 1955–1979 MdL (CDU) im Saarland, 1957 MdB (CDU/CSU), 1959–1979 Ministerpräsident des Saarlandes 227

Rohde, Helmut (geb. 1925), 1945 Eintritt in die SPD, 1957–1987 MdB (SPD), 1969–1974 PStS im Bundesministerium für Arbeit und Sozialordnung, 1973–1984 Vorsitzender der Arbeitsgemeinschaft für Arbeitnehmerfragen der SPD, 1974–1978 Bundesminister für Bildung und Wissenschaft, 1975–1984 Mitglied des SPD-PV, 1979–1983 stellv. Vorsitzender der SPD-Bundestagsfraktion 528

Ronneburger, Uwe (geb. 1920), 1948 Eintritt in die FDP, 1972–1975 und 1980–1990 MdB (FDP), 1975–1980 MdL in Schleswig-Holstein und Vorsitzender der FDP-Landtagsfraktion, 1973–1975 und 1983–1990 stellv. Vorsitzender der FDP-Bundestagsfraktion 504

Rosenthal, Philip (1916–2001), 1958–1981 Vorstandsvorsitzender und 1981–1989 Aufsichtsratsvorsitzender der Rosenthal AG, 1968 Eintritt in die SPD, 1969–1983 MdB (SPD), 1970–1971 PStS im Bundesministerium für Wirtschaft, 1974–1976 und 1980–1983 Vorstandsmitglied der SPD-Bundestagsfraktion 150

Roth, Wolfgang (geb. 1941), 1962 Eintritt in die SPD, 1969–1972 stellv., 1972–1974 Bundesvorsitzender der Jusos, 1976–1993 MdB (SPD) 40, 377, 380

Roux, Maurice (geb. 1925), französischer Arzt und Herzspezialist 544

Rühl, Lothar (geb. 1927), Politikwissenschaftler und Journalist, 1969–1973 stellv. Chefredakteur der Tageszeitung *Die Welt* in Hamburg, 1973–1980 Korrespondent der Wochenzeitung *Die Zeit* und Studioleiter des ZDF in Brüssel, 1980–1982 Ministerialdirektor im Bundespresse- und Informationsamt und stellv. Sprecher der sozial-liberalen Bundesregierung, 1982–1989 StS im Bundesministerium der Verteidigung 382, 538

Scharpf, Fritz W. (geb. 1935), Rechts- und Politikwissenschaftler, 1973–1984 Direktor des Internationalen Institutes für Management und Verwaltung im Wissenschaftszentrum Berlin, seit 1986 Direktor des MPI für Gesellschaftsforschung in Köln 119

Scharping, Rudolf (geb. 1947), 1966 Eintritt in die SPD, 1975–1994 MdL (SPD) Rheinland-Pfalz, 1985–1993 Landesvorsitzender der SPD in Rheinland-Pfalz, 1991–1994 rheinland-pfälzischer Ministerpräsident, 1993–1995 SPD-Parteivorsitzender, 1994 SPD-Kanzlerkandidat, 1994–1998 Vorsitzender der SPD-Fraktion im Deutschen Bundestag, seit 1995 stellv. SPD-Parteivorsitzender, 1998–2002 Bundesminister der Verteidigung 59, 421, 511

Scheel, Walter (geb. 1919), 1946 Eintritt in die FDP, 1953–1974 MdB (FDP), 1961–1966 Bundesminister für wirtschaftliche Zusammenarbeit, 1967–1969 Vizepräsident des Bundestags, 1968–1974 FDP-Parteivorsitzender, 1969–1974 Bundesminister des Auswärtigen und Vizekanzler, 1974–1979 Bundespräsident 35–37, 41, 86–88, 90 f., 94 f., 132, 135–137, 307, 461, 511 f., 529

Scheidemann, Philipp (1865–1939), 1903–1918 und 1920–1933 MdR (SPD), 1918 Ausrufung der Republik, 1919 Ministerpräsident 543

Schell, Jonathan (geb. 1943), amerikanischer Publizist 369

Schiller, Karl (1911–1994), 1946–1972 und 1980–1994 Mitglied der SPD, 1947–1961 Professor für Wirtschaftstheorie, Wirtschaftspolitik und Außenwirtschaft an der Universität Hamburg, 1961–1965 Wirtschaftssenator von Berlin, 1965–1972 MdB (SPD), 1966–1971 Bundesminister für Wirtschaft, 1971–1972 Bundesminister für Wirtschaft und Finanzen 382, 538

Schlei, Marie (1919–1983), 1949 Eintritt in die SPD, 1969–1981 MdB (SPD), 1974–1976 PStS im Bundeskanzleramt, 1976–1978 Bundesministerin für wirtschaftliche Zusammenarbeit 513, 517, 528

Schmidt, Hannelore (Loki), geb. Glaser (geb. 1919), Frau von → Helmut Schmidt, 1940–1972 Lehrerin in Hamburg 212, 271, 411

Schmidt, Helmut (geb. 1918), 1946 Eintritt in die SPD, 1953–1962 und 1965–1987 MdB (SPD), 1958–1984 Mitglied des SPD-PV, 1965–1967 stellv., 1967–1969 Vorsitzender der SPD-Bundestagsfraktion, 1968–1984 stellv. SPD-Parteivorsitzender, 1969–1972 Bundesminister der Verteidigung, 1972 Bundesminister für Wirtschaft und Finanzen, 1972–1974 Bundesminister der Finanzen, 1974–1982 Bundeskanzler, seit 1983 Mitherausgeber der Wochenzeitung *Die Zeit* 18, 23–30, 36–46, 49–66, 70, 91–93, 98, 108, 132, 134, 137–139, 141 f., 144, 146–151, 153, 155, 158, 160, 178, 180–184, 188, 200–208, 216, 220–230, 232, 234–237, 247, 249, 265–267, 269–271, 286–293, 295, 308 f., 313–315, 318, 321, 323, 327, 350–353, 376–382, 389–393, 397, 405, 410 f., 421 f., 470, 489, 503 f., 506, 508–512, 516 f., 519, 521–523, 526, 528–534, 537 f., 540–544

Schmidt, Herrmann (1917–1983), 1961–1983 MdB (SPD), 1975–1976 PStS im Bundesministerium der Verteidigung 230

Schmidt, Horst (1925–1976), 1952 Eintritt in die SPD, 1969–1976 hessischer Minister für Gesundheit und Soziales 226

Schmude, Jürgen (geb. 1936), 1957 Eintritt in die SPD, 1969–1994 MdB (SPD), 1974–1976 PStS im Bundesministerium des Innern, 1978–1981 Bundesminister für Bildung und Wissenschaft, 1981–1982 Bundesminister der Justiz, seit 1985 Präses der Synode der Evangelischen Kirche in Deutschland (EKD) 528

Schoppe, Bernd (geb. 1943), 1973 Eintritt in die SPD, 1983–1993 Politikreferent für Wählerforschung, seit 1999 Leiter des Planungsstabes beim SPD-PV 511

Schorske, Carl E. (geb. 1915), amerikanischer Kulturhistoriker 386–388, 539

Schreiber, Hermann (geb. 1929), Journalist, 1964–1979 Reporter und Kolumnist beim Nachrichtenmagazin *Der Spiegel* 514 f.

Schröder, Gerhard (geb. 1944), 1963 Eintritt in die SPD, 1978–1980 Bundesvorsitzender der Jusos, 1980–1986 und seit

1998 MdB (SPD), 1983–1993 Vorsitzender des SPD-Bezirks Hannover, seit 1986 Mitglied im SPD-PV, 1986–1998 MdL (SPD) Niedersachsen, seit 1989 Mitglied des SPD-Präsidiums, 1990–1998 niedersächsischer Ministerpräsident, seit 1998 Bundeskanzler, seit 1999 SPD-Parteivorsitzender   47, 59, 61, 420 f., 511, 527, 543

Schulze, Kurt (geb. 1928), 1970–1981 Referent von Willy Brandt im SPD-Parteivorstand   519

Schumacher, Kurt (1895–1952), 1924–1933 MdL (SPD) Württemberg, 1930–1933 MdR, 1933–1944 Verfolgung durch die Nazis und mehrmals Zuchthaus- bzw. KZ-Haft, 1945 politischer Beauftragter der SPD in den Westzonen, 1946–1952 SPD-Parteivorsitzender, 1949–1952 MdB (SPD) und Vorsitzender der SPD-Bundestagsfraktion   20, 24, 106 f., 193 f., 276, 470, 480

Schütz, Klaus (geb. 1926), 1946 Eintritt in die SPD, 1967–1977 Regierender Bürgermeister von Berlin, 1968–1977 Landesvorsitzender der Berliner SPD, 1977–1981 deutscher Botschafter in Israel, 1981–1987 Intendant der Deutschen Welle, 1987–1989 Direktor der Landesanstalt für Rundfunk Nordrhein-Westfalen   230

Schwamb, Ludwig (1890–1945), 1925 Eintritt in die SPD, 1928–1933 Referent des hessischen Innenministers, 1933–1944 Syndikus in der Privatwirtschaft und im Widerstand gegen den NS aktiv, 1944 nach dem gescheiterten Attentat auf → Hitler vom 20. Juli 1944 verhaftet und hingerichtet   497

Schwarz, Lothar (geb. 1928), 1947 Eintritt in die SPD, 1963–1973 Referent für Rundfunk, Fernsehen und Film beim SPD-PV, 1969–1973 stellv., 1973–1981 Sprecher des SPD-PV   525

Seebacher-Brandt, Brigitte (geb. 1946), wissenschaftliche Autorin und Journalistin, verheiratet mit Willy Brandt, 1965–1995 Mitglied der SPD, 1972–1977 Chefredakteurin der *Berliner Stimme*, 1978/1979 Mitarbeiterin der Pressestelle beim SPD-PV, 1995–1999 Leiterin der Kulturabteilung der Deutschen Bank, seit 2002 Lehrbeauftragte an der Universität Bonn   411, 427, 504, 538

Seiters, Rudolf (geb. 1937), 1958 Eintritt in die CDU, 1972–1998 stellv. CDU-Landesvorsitzender Niedersachsen, seit 1969 MdB (CDU), 1971–1976 und 1982–1984 parlament. Geschäftsführer und 1984–1989 Erster parlament. Geschäftsführer der CDU/CSU-Bundestagsfraktion, seit 1992 Mitglied des CDU-Präsidiums, 1989–1991 Bundesminister für besondere Aufgaben und Chef des Bundeskanzleramtes, 1991–1993 Bundesminister des Innern, 1994–1998 stellv. Vorsitzender der CDU/CSU-Bundestagsfraktion, seit 1998 Bundestagsvizepräsident   168 f.

Soares, Mário (geb. 1924), portugiesischer Politiker, 1973–1985 Generalsekretär der Sozialistischen Partei Portugals, 1974–1975 Außenminister, 1976–1978 und 1983–1985 Premierminister, 1986–1996 Staatspräsident   478

Sommer, Theo (geb. 1930), Journalist und Schriftsteller, 1968–1969 und 1970–1973 stellv., 1973–1992 Chefredakteur und seit 1992 Mitherausgeber der Wochenzeitung *Die Zeit*   514

Stalin, Josef Wissarianowitsch (1878–1953), 1922–1953 Generalsekretär der

KPdSU, 1941–1953 Vorsitzender des Rates der Volkskommissare bzw. des sowjetischen Ministerrates 258 f., 490

Stauffenberg, Claus Schenk Graf von (1907–1944), Berufsoffizier, 1944 Oberst und Chef des Stabes beim Befehlshaber des Ersatzheeres, Organisator des gescheiterten Attentates auf → Hitler vom 20. Juli 1944, 1944 verhaftet und hingerichtet 491, 494

Steffen, Jochen (1922–1987), 1946–1979 Mitglied der SPD, 1958–1977 MdL Schleswig-Holstein (SPD), 1965–1975 Landesvorsitzender Schleswig-Holstein der SPD, 1966–1973 Fraktionsvorsitzender SPD im Landtag Schleswig-Holstein, 1968–1977 Mitglied des SPD-PV 213

Steiner, Julius (1924–1997), 1969–1972 MdB (CDU), 1973 Parteiaustritt 516 f.

Steinkühler, Franz (geb. 1937), Gewerkschafter, 1972–1986 Bezirksvorsitzender der IG Metall Baden-Württemberg, 1986–1993 1. Vorsitzender der IG Metall 385, 538

Steltzer, Theodor (1885–1967), 1939–1944 im Umfeld des Kreisauer Kreises im Widerstand gegen den NS aktiv, 1944 verhaftet und 1945 zum Tode verurteilt, 1945 Mitbegründer der CDU in Schleswig-Holstein, 1946–1947 schleswig-holsteinischer Ministerpräsident 496

Stobbe, Dietrich (geb. 1938), 1960 Eintritt in die SPD, 1967–1981 MdA (SPD) von Berlin, 1973–1977 Senator für Bundesangelegenheiten in Berlin, 1977–1981 Regierender Bürgermeister von Berlin, 1979–1981 Landesvorsitzender der SPD in Berlin, 1981–1983 Leiter des New Yorker Büros der Friedrich-Ebert-Stiftung, 1983–1990 MdB (SPD) 532

Stoltenberg, Gerhard (1928–2001), 1947 Eintritt in die CDU, 1957–1971 und 1983–1998 MdB (CDU), 1965–1969 Bundesminister für wissenschaftliche Forschung, 1969–1992 stellv. CDU-Bundesvorsitzender, 1971–1982 schleswig-holsteinischer Ministerpräsident, 1982–1989 Bundesminister der Finanzen, 1989–1992 Bundesminister der Verteidigung 123, 151, 185

Strasser, Johano (geb. 1939), Politikwissenschaftler und Schriftsteller, 1971–1975 stellv. Bundesvorsitzender der Jusos, 1972–1973 Professor für Politikwissenschaft an der Pädagogischen Hochschule Berlin, seit 1996 (zunächst kommissarisch) Generalsekretär des P.E.N.-Clubs 421

Strauß, Franz Josef (1915–1988), 1945 Mitbegründer der CSU, 1949–1978 und 1987 MdB (CSU), 1949–1953 und 1963–1966 stellv. Vorsitzender der CDU/CSU-Bundestagsfraktion, 1951–1961 stellv., 1961–1988 CSU-Vorsitzender, 1953–1955 Bundesminister für besondere Aufgaben, 1955–1956 Bundesminister für Atomfragen, 1956–1962 Bundesminister der Verteidigung, 1966–1969 Bundesminister der Finanzen, 1978–1988 bayerischer Ministerpräsident, 1980 CDU/CSU-Kanzlerkandidat 47, 118, 150 f., 185, 187, 220, 226, 239, 242, 541

Strobel, Hans (1904–1978), Schriftsetzer, verheiratet mit → Käte Strobel, ab 1934 in mehrjähriger KZ-Haft, im Krieg Versetzung in das Strafbataillon 999 101

Strobel, Katharina (Käte) (1907–1996), 1925 Eintritt in die SPD, 1949–1972 MdB (SPD), 1958–1973 Mitglied des

SPD-PV, 1966–1970 Mitglied des SPD-Parteipräsidiums, 1966–1969 Bundesministerin für Gesundheit, 1969–1972 Bundesministerin für Jugend, Familie und Gesundheit 101, 513

Stücklen, Richard (1916–2002), 1945 Mitbegründer der CSU, 1949–1990 MdB (CSU), 1953–1957 stellv., 1966–1976 Vorsitzender der Landesgruppe der CSU im Deutschen Bundestag, 1957–1966 Bundesminister für Post- und Fernmeldewesen, 1976–1979 und 1983–1989 Bundestagsvizepräsident, 1979–1983 Bundestagspräsident 160, 162, 165, 185

Süskind, Martin E. (geb. 1944), Journalist, 1973–1975 und 1977–1992 Mitglied der Parlamentsredaktion der *Süddeutschen Zeitung* in Bonn, 1992–1997 deren Leiter, 1975–1977 Mitarbeiter Willy Brandts, 1997–1999 Chefredakteur des *Kölner Stadtanzeiger*, 1999–2001 Chefredakteur der *Berliner Zeitung* 184, 519

Sund, Olaf (geb. 1931), 1961 Eintritt in die SPD, 1970–1972 MdL (SPD) Niedersachsen, 1972–1976 MdB (SPD), 1977–1981 Senator für Arbeit und Soziales in Berlin, 1979–1981 MdA (SPD) von Berlin, 1982–1991 Präsident des nordrhein-westfälischen Landesarbeitsamtes in Düsseldorf, 1991–1996 StS im Ministerium für Arbeit, Soziales, Gesundheit und Frauen von NRW 381

Suu Kyi, Aung San (geb. 1945), Bürgerrechtlerin in Burma (Myanmar), 1989–1995 als Regimekritikerin unter Hausarrest gestellt, 1991 Friedensnobelpreis 498, 549

Szende, Stefan (1901–1985), ungarischer Publizist, 1933 Mitglied der illegalen SAP-Reichsleitung, 1934 Zuchthaus-Haft, ab 1937 im Exil in Schweden, Mitglied der Internationalen Gruppe demokratischer Sozialisten, 1949–1968 Inhaber der *Agence Européenne de Presse* 54

Tandler, Gerold (geb. 1936), 1956 Eintritt in die CSU, 1970–1991 MdL (CDU) Bayern, 1971–1976 und 1983–1988 CSU-Generalsekretär, 1976–1982 bayrischer Innenminister, 1988 bayrischer Minister für Wirtschaft und Verkehr und 1988–1989 bayrischer Finanzminister, 1991–1994 stellv. CSU-Parteivorsitzender 185

Thatcher, Margaret (geb. 1925), britische Politikerin, 1959–1992 Mitglied des Unterhauses, 1970–1974 Ministerin für Erziehung und Wissenschaft, 1975–1990 Vorsitzende der Konservativen Partei, 1979–1990 Premierministerin 402, 532, 547

Thierse, Wolfgang (geb. 1943), Germanist, 1989 Mitglied der Bürgerbewegung Neues Forum, Januar 1990 Beitritt zur Ost-SPD, Juni–September 1990 deren Vorsitzender, seit September 1990 stellv. Vorsitzender der SPD, März–Oktober 1990 Mitglied der Volkskammer (SPD) der DDR, dabei seit August 1990 Vorsitzender der SPD-Volkskammer-Fraktion, seit 3. Oktober 1990 MdB (SPD), 1990–1998 stellv. Vorsitzender der SPD-Bundestagsfraktion, seit 1998 Bundestagspräsident 66, 469

Traube, Klaus (geb. 1928), Maschinenbauingenieur, 1972–1976 Direktor der INTERATOM in Bensberg/Köln, seither Wissenschaftspublizist 524

Tresckow, Henning von (1901–1944), Militär, 1942–1944 Organisator eines Arms des militärischen Widerstandes gegen den NS, nach dem gescheiterten Attentat auf → Hitler vom 20. Juli 1944 Selbstmord 497

Troll, Thaddäus, Pseud. von **Hans Bayer** (1914–1980), Schriftsteller und Übersetzer 97, 121, 123

Trott zu Solz, Adam von (1909–1944), Jurist, 1940–1944 Legationsrat in der Informationsabteilung des AA, im Umfeld des Kreisauer Kreises im Widerstand gegen den NS aktiv, 1944 nach dem gescheiterten Attentat auf → Hitler vom 20. Juli 1944 verhaftet und hingerichtet 497

Verheugen, Günter (geb. 1944), 1960 Eintritt in die FDP, 1977/78 FDP-Bundesgeschäftsführer, 1978–1982 FDP-Generalsekretär, 1983 Übertritt in die SPD, 1983–1999 MdB (SPD), 1998–1999 Staatsminister im AA, seit 1999 EU-Kommissar 504

Vetter, Heinz-Oskar (1917–1990), 1953 Eintritt in die SPD, 1964–1969 stellv. Vorsitzender der Industriegewerkschaft Bergbau und Energie, 1969–1982 Vorsitzender des DGB, 1974–1979 Präsident des Europäischen Gewerkschaftsbundes 149, 249, 268, 294, 372, 374, 537

Vogel, Hans-Jochen (geb. 1926), 1950 Eintritt in die SPD, 1960–1972 Oberbürgermeister von München, 1970–1991 Mitglied des SPD-PV, 1972–1977 Landesvorsitzender der SPD in Bayern, 1972–1981 und 1983–1994 MdB (SPD), 1972–1974 Bundesminister für Raumordnung, Bauwesen und Städtebau, 1974–1981 Bundesminister der Justiz, 1981 Regierender Bürgermeister von Berlin, 1983 SPD-Kanzlerkandidat, 1983–1991 Vorsitzender der SPD-Bundestagsfraktion, 1987–1991 SPD-Parteivorsitzender 33, 38, 56, 59, 62 f., 66 f., 217, 226, 229, 318, 323 f., 382–384, 391, 393, 395, 400, 410, 422, 442, 450, 456, 462, 469, 504, 506, 509 f., 532, 534, 538 f., 541, 543 f., 546

Voigt, Karsten (geb. 1941), 1962 Eintritt in die SPD, 1969–1972 Juso-Bundesvorsitzender, 1976–1998 MdB (SPD), seit 1999 Koordinator für die deutsch-amerikanische Zusammenarbeit im AA 400

Vollmar, Georg von (1850–1922), Schriftsteller und Politiker, 1877–1881 Schriftleiter der *Dresdner Volkszeitung*, 1881 MdR (SPD), 1883–1892 MdL (SPD) Sachsen, 1892–1918 Landesvorsitzender der SPD in Bayern, 1893–1918 MdL (SPD) Bayern 273

Wechmar, Rüdiger Freiherr von (geb. 1923), 1970–1972 Sprecher der Bundesregierung und stellv. Leiter des BPA, 1972–1974 StS und Leiter des BPA, seit 1971 Mitglied der FDP, 1974–1981 deutscher Botschafter und Ständiger Vertreter bei der UNO in New York, 1980–1981 Präsident der UN-Vollversammlung 36

Wehner, Charlotte, geb. **Burmester** (1903–1979), verheiratet mit → Herbert Wehner, 1933–1937 im kommunistischen Widerstand gegen den NS aktiv, 1937–1946 Exil in Schweden, 1946 Eintritt in die SPD 233 f., 307

Wehner, Greta, geb. **Burmester** (geb. 1924), verheiratet mit → Herbert Wehner, 1937–1946 Exil in Schweden, 1947 Eintritt in die SPD, 1953–1990 Mitarbeiterin von Herbert Wehner 234

Wehner, Herbert (1906–1990), 1927–1942 Mitglied der KPD, 1946 Eintritt in die SPD, 1949–1983 MdB (SPD), 1949–

1967 Vorsitzender des Bundestagsausschusses für Gesamtdeutsche Fragen, 1957–1958 und 1964–1966 stellv. Vorsitzender der SPD-Bundestagsfraktion, 1958–1973 stellv. SPD-Parteivorsitzender, 1966–1969 Bundesminister für Gesamtdeutsche Fragen, 1969–1983 Vorsitzender der SPD-Bundestagsfraktion, 1972–1983 Chefredakteur der Zeitschrift *Die Neue Gesellschaft* 18, 27–29, 36, 39–41, 43 f., 46, 49–53, 56, 70, 93 f., 97 f., 107, 113–116, 132, 136, 140, 146, 150, 160, 162, 209, 230 f., 234 f., 237, 265–269, 306–308, 314–316, 330–337, 380 f., 383, 396, 405, 470, 503 f., 507–511, 516 f., 522–524, 526, 530, 533, 538, 541 f.

Weizsäcker, Richard von (geb. 1920), 1954 Eintritt in die CDU, 1969–1983 MdB (CDU), 1979–1981 Bundestagsvizepräsident, 1981–1983 Landesvorsitzender der CDU in Berlin, 1981–1984 Regierender Bürgermeister von Berlin, 1984–1994 Bundespräsident 20, 532

Well, Günther van (1922–1993), Diplomat, 1972–1977 Abteilungsleiter im AA, 1977–1981 StS, 1981–1984 Ständiger Vertreter der Bundesrepublik Deutschland bei den Vereinten Nationen in New York, 1984–1987 deutscher Botschafter in den USA 227

Wels, Otto (1873–1939), 1891 Eintritt in die SPD, ab 1907 Parteisekretär der Provinz Brandenburg, 1912–1918 und 1920–1933 MdR, 1919 Mitglied der Nationalversammlung, 1919–1939 SPD-Parteivorsitzender, 1933–1939 Exil in der Tschechoslowakei, Dänemark und in Frankreich 103–112, 162, 398, 489, 514, 518

Wernicke, Thea (1930–1990), 1949 Eintritt in die SPD, 1964–1984 Chefsekretärin des Vorsitzenden der SPD, Willy Brandt 316

Wettig, Klaus (geb. 1940), 1962 Eintritt in die SPD, 1970–1974 Planungsreferent im niedersächsischen Kultusministerium, 1976–1979 Leiter des Landesbüros Niedersachsen der Friedrich-Ebert-Stiftung, 1979–1994 MdEP, 1991–1992 politischer Koordinator des SPD-Parteivorsitzenden Björn Engholm 62

Wieczorek-Zeul, Heidemarie (geb. 1942), 1965 Eintritt in die SPD, 1974–1977 Vorsitzende der Jungsozialisten, 1979–1987 MdEP, seit 1984 Mitglied des SPD-PV, seit 1986 Mitglied des SPD-Präsidiums, seit 1987 MdB (SPD), seit 1998 Bundesministerin für wirtschaftliche Zusammenarbeit und Entwicklung 511

Wienand, Karl (geb. 1926), 1947 Eintritt in die SPD, 1953–1974 MdB (SPD), 1960–1970 Mitglied des SPD-PV, 1967–1974 parlament. Geschäftsführer der SPD-Bundestagsfraktion, 2002 Austritt aus der SPD 18, 145 f., 516

Wilke, Reinhard (geb. 1929), 1969–1998 Mitglied der SPD, 1970–1976 persönlicher Referent von Willy Brandt, 1976–1979 Ministerialdirektor und Leiter der Abt. 2 (Jugend, Familie, Sozialwesen) im Bundesministerium für Jugend, Familie und Gesundheit, 1979–1984 Generalsekretär des Deutsch-Französischen Jugendwerkes 93, 511 f.

Wilson, Harold (1916–1995), britischer Politiker, 1945–1983 Mitglied des britischen Unterhauses (Labour-Party), 1947–1951 Staatsminister für Handel, 1963–1976 Vorsitzender der Labour-Party, 1964–1970 und 1974–1976 Premierminister 228

Wirmer, Joseph (1901–1944), Gewerkschafter, 1941–1944 im Widerstand gegen den NS aktiv, 1944 verhaftet und hingerichtet 497

Wischnewski, Hans-Jürgen (geb. 1922), 1946 Eintritt in die SPD, 1957–1990 MdB (SPD), 1966–1968 Bundesminister für wirtschaftliche Zusammenarbeit, 1968–1972 SPD-Bundesgeschäftsführer, 1970–1985 Mitglied des SPD-PV und des SPD-Präsidiums, 1974–1976 PStS im AA, 1976–1979 und 1982 PStS im Bundeskanzleramt, 1979–1982 stellv. SPD-Parteivorsitzender, 1984–1985 Schatzmeister der SPD   40, 50, 227, 229, 232, 270, 314 f., 321, 378–382, 385, 530, 532 f., 538

Wölker, Sepp Jürgen (geb. 1944), Diplomat, seit 1969 im Auswärtigen Amt, 1970–1974 persönlicher Referent von Bundesaußenminister Scheel   511

Wolter, Ulf (geb. 1950), Germanist, 1972–1991 Verleger beim Verlag Olle und Wolter in Berlin   539

Wurster, Georg (1933–1977), Sicherheitsbeamter von Generalbundesanwalt → Siegfried Buback, mit diesem von RAF-Terroristen ermordet   524

Yorck von Wartenburg, Peter (1904–1944), Jurist, Mitbegründer des Kreisauer Kreises, 1944 nach dem gescheiterten Attentat auf → Hitler vom 20. Juli 1944 verhaftet und hingerichtet   497

Zebisch, Franz Josef (1920–1988), 1965–1980 MdB (SPD)   270

Zimmermann, Eduard (geb. 1929), Fernsehjournalist, 1962–1997 Redakteur und Moderator der Sendungen „Vorsicht Falle" und „Aktenzeichen XY ungelöst" im Zweiten Deutschen Fernsehen   518

Sachregister

„Abhör-Affären", 1977/1978   188, 242, 524, 528
Abkommen und Verträge
— Einigungsvertrag zwischen der Bundesrepublik und der DDR, 31. August 1970   66, 462–464
— Grundlagenvertrag, 21. Dezember 1972   512
Abrüstung   247, 292 f., 328 f., 353, 401, 406–409, 471, 533, 542
Abtreibung (§ 218 StGB)   36, 43, 87, 222, 506
Afghanistan   319, 327, 531–533
Afrika   459, 487
Agentenaffäre, *siehe Guillaume-Affäre*
Aktion Sühnezeichen   351, 354
Algerien   381, 538
Allianz für Deutschland   66
Alliierte   235, 523
Alternativbewegung   31, 336
Amerika   408, 481
Amerika (Latein-)   487
Amerika (Süd-)   534
Amerika (Zentral-)   408
Antiamerikanismus   408
Arbeit
— Hausarbeit, Reproduktionsarbeit   298 f.
— Humanisierung der   418
— und Technik   424, 481
— Zukunft der   299, 433 f.
Arbeiterbewegung   16, 31 f., 35, 49, 257–265, 272–276, 279, 288, 296 f., 310, 337, 345, 362–365, 397, 406, 418, 424, 437, 439 f., 452, 466, 468, 536 f., 548
Arbeiterwohlfahrt (AWO)   174–177, 518
Arbeitsgemeinschaft Dienst für den Frieden   351, 354
Arbeitsgemeinschaft der Selbständigen in der SPD, *siehe Sozialdemokratische Partei Deutschlands (SPD)*
Arbeitsgemeinschaft für Arbeitnehmerfragen (AfA), *siehe Sozialdemokratische Partei Deutschlands (SPD)*
Arbeitsgemeinschaft sozialdemokratischer Frauen (AsF), *siehe Sozialdemokratische Partei Deutschlands (SPD)*
Arbeitslosigkeit, *siehe Wirtschaft*
Arbeitszeitverkürzung   394, 403
Armut   458, 470
Asien   459
— Ostasien   459
— Vorderasien   487
Asylpolitik   379 f.
Atomkraft, *siehe Energiepolitik*
Aufklärung   440, 445
Aufrüstung, Wettrüsten, *siehe auch: Verteidigungspolitik*   48, 313, 319, 327, 349, 354, 362, 364, 369, 406–409, 413, 441, 518, 531, 542 f.
Augsburg   78, 277
Ausländerfeindlichkeit, Ausländerfrage, Ausländerpolitik   377, 379
Außenpolitik, *siehe auch: Ostpolitik*   16, 48, 87, 113, 129, 148, 151, 157, 184, 189, 200, 205 f., 235, 242, 318 f., 365, 410, 417, 424, 439, 491, 520
Außerparlamentarische Opposition (APO), *siehe auch: Generationskonflikt*   16, 31, 108, 117, 167 f., 214 f., 346, 415, 504
Australien   284, 479

Baader-Meinhof-Gruppe, *siehe auch: Terrorismus*   187
Bad Dürkheim   21
Bad Godesberg   51, 103, 238, 443, 537
Bad Münstereifel   44, 98, 116, 226, 515, 523
Bad Segeberg   109

617   Anhang: Sachregister

Baden 387
Baden-Württemberg 530
Bayern 59, 61, 211, 226, 270, 390, 517
Belgien 478
Belgrad 101, 524
Berlin, *siehe auch: Abkommen und Verträge*
 22, 45, 64 f., 67, 80, 83 f., 148, 210, 223, 257, 266, 313, 318, 321, 323 f., 337, 340, 347, 351, 356, 387, 422, 428, 448, 465, 467, 469, 473, 486, 489 f., 492, 496, 516, 523, 531–533, 535 f., 543 f., 548
— Regierender Bürgermeister 313
— Schöneberg 33, 493
— Westsektoren 336, 533
Berlin (Ost) 33, 39, 94, 382, 466, 468, 506, 538, 548
Bethel 176
Betriebsräte 215
Betriebsverfassungsgesetz 37, 155
Biesheim (Frankreich) 488
Bildungspolitik 87, 111, 118, 156, 222, 253, 296, 418, 452
— Berufliche Bildung 37, 87, 95, 156, 184, 222, 296, 313
— Chancengleichheit 296 f.
— Hochschulen 36, 222, 506
— Schule 117, 197, 222, 296 f.
Blockparteien (der DDR) 468 f.
Bodenrecht 37, 87, 111, 124, 184
Bolschewismus, *siehe auch: Kommunismus, Sowjetunion* 214, 258, 264, 275
Bonn 38–40, 51, 58 f., 70, 74, 81–83, 103, 133, 153, 220, 227, 244, 257, 270, 284, 293, 317, 351 f., 358, 383 f., 399, 408, 411, 442, 461, 493, 519, 521, 523, 529 f., 534, 546
Brandenburg 467
Breisach 489
Bremen 201, 296, 309 f., 465
Borken 144
Brokdorf 326 f., 526
Brüssel 292
Bulgarien 486

Bund der sozialdemokratischen Parteien in der Europäischen Gemeinschaft 288, 292
Bundesamt für Verfassungsschutz 48, 524, 530
Bundesanstalt für Arbeit 374
Bundesgrenzschutz 48
Bundeskanzler 44, 46, 188, 295, 318, 353, 374, 378, 389, 391, 504
— Rücktritt (Brandts) 26, 29, 41, 44, 46, 68, 116, 132–142, 145, 148, 515 f., 545
Bundeskanzleramt 46, 94, 232, 381, 506, 508, 513
Bundeskriminalamt 48
Bundesminister/ium für
— Auswärtiges 36, 41, 142, 227, 229, 308, 353, 526
— Besondere Aufgaben 506
— Bildung und Wissenschaft 229
— Ernährung, Landwirtschaft, Forsten 36
— Finanzen 36, 119, 382
— Gesamtdeutsche Fragen 142
— Inneres 36
— Verteidigung 381, 523
— Wirtschaft 36
Bundespräsident 34, 41, 135–137, 307, 515
Bundespresseamt 508
Bundesrat 36, 123
Bundesregierung 42, 89 f., 94, 111, 122 f., 182, 188 f., 202, 208, 238, 243 f., 251, 268, 270, 286, 293, 318 f., 321, 323, 333 f., 358, 366, 374, 376, 378, 391, 506, 512 f., 521, 524
Bundestag, *siehe Deutscher Bundestag*
Bundesverfassungsgericht 35, 43, 506, 512
Bundeswehr 370 f., 409
Bürgerbewegung (der DDR) 470
Bürgergesellschaft 343 f.
Bürgerinitiativbewegung 31, 343

CDU/CSU 18 f., 25, 32, 36, 43, 46, 55, 59, 66, 105, 117–120, 123, 127, 129, 150–154, 156, 158–169, 185, 187–189, 196,

207, 211, 215 f., 220 f., 223 f., 227, 236,
  242–244, 247, 254, 269, 283 f., 313, 336,
  340, 342 f., 378, 395, 397, 493, 496, 504,
  520, 522 f., 527, 529, 532, 534
— Bundestagsfraktion 46, 246, 529
Charta '77 246
Chile 319, 329
Christentum 437
Compassion 69, 429
Côte d'Azur 307

Demokratie 33, 103–112, 119, 159, 161,
  163 f., 168–173, 193, 254 f., 260–264,
  271, 277–283, 303, 417, 424, 455, 458,
  468, 475, 477, 483, 490, 494, 518
— innerparteiliche 24, 26, 130, 140, 152,
  155, 182, 202, 226, 241, 255–257, 272,
  387, 446, 448
— „Mehr Demokratie wagen" 17, 198,
  313, 421
Demokratischer Aufbruch 66
Deutsche Bundesbahn 87
Deutsche Bundesbank 95, 512
Deutsche Bundespost 87
Deutsche Demokratische Republik (DDR)
  64, 66, 94, 194, 235, 260, 371, 465–468,
  484, 547
Deutsche Kommunistische Partei (DKP)
  118
Deutsche Soziale Union (DSU) 66
Deutscher Bundestag 43, 67 f., 86, 89, 158–
  169, 178, 189, 246, 268, 287, 293, 307,
  313, 410, 456, 464, 509, 523
— Präsident 34
Deutsches Kaiserreich 364, 491
Deutsches Reich 301, 364, 455, 536
Deutschlandpolitik, *siehe auch: Abkommen
  und Verträge, Berlin, Sowjetunion, Wie-
  dervereinigung* 39, 64–66, 87, 462–
  464, 470, 473 f.
Dienstrechtsreform 92
Dietz-Verlag 51, 363, 502
Diffamierungskampagnen (gegen Brandt)
  23 f., 134, 139 f., 187

Dillkreis 96
Dortmund 131, 160, 296, 396, 518, 521 f.,
  541 f., 546
„Drittes Reich", *siehe Nationalsozialismus*
Dritte Welt, *siehe auch: Entwicklungspolitik,
  Nord-Süd-Beziehungen* 207, 218, 293 f.,
  313, 407, 433, 455, 459 f., 470
Dritte-Welt-Bewegung 31

Eigentum, *siehe Sozialisierung*
Einheit Deutschlands, *siehe auch: Deutsch-
  landpolitik* 33 f., 64, 246, 439, 462–464,
  470 f., 473 f., 485, 488, 547 f.
Eisenach 453, 527
El Salvador 542
Elsaß 492
Elsaß-Lothringen 453, 536
Emanzipation 461, 482
— der Frauen, *siehe Gleichberechtigung,
  Gleichstellung*
Emigration, *siehe Exil*
Energiepolitik, *siehe auch: Ölpreiskrise, Um-
  weltpolitik* 16, 61, 87, 119, 121–124,
  126, 129, 156, 236, 242, 251–253, 266,
  269, 289, 319, 324–327, 345, 362, 515,
  524–526, 531, 545
England, *siehe Großbritannien*
„Enkel" 59 f., 63, 420 f., 463, 511
Entspannungspolitik, *siehe Sicherheitspolitik*
Entwicklungspolitik, Entwicklungshilfe,
  *siehe auch: Dritte Welt, Nord-Süd-Bezie-
  hungen* 47, 293
Erlangen 516
Erster Weltkrieg 70, 365, 368, 388, 440 f.,
  454 f., 489
Essen 220, 420, 544
Estland 486
Europa (geograf.) 33, 64 f., 157, 212, 245,
  249, 262, 313, 327 f., 370–372, 398 f.,
  401 f., 404, 406 f., 424, 437–439, 442,
  452 f., 455, 457 f., 470 f., 473, 479, 481,
  487, 490 f., 495, 498, 518, 531, 536, 541
— Mitteleuropa 33, 65, 247, 457, 549

— Osteuropa   33, 38, 64 f., 246, 371, 457–459, 470, 475, 498, 549
— (romanisches)   478
— Westeuropa   261, 518, 527
— Zentaleuropa   470
Europa, europäische Frage, europäische Integration   47, 64 f., 210–212, 292, 400 f., 438 f., 442, 458, 470 f., 473, 479, 487, 490, 495, 498, 518
— Europäische Gemeinschaft (EG)   137, 222, 241, 254, 261, 288, 424, 547
— Europäisches Parlament   47
Europäische Verlags-Anstalt   290
Europapolitik   65, 87, 129, 148, 205, 207, 241, 261, 300
Exil   54, 486, 492
Extremistenbeschluss   48, 310, 530

„Fall Benneter"   25, 256 f.
„Fall Hansen"   25, 318, 320, 322, 530
Familienpolitik   184, 360, 434
Faschismus, *siehe Nationalsozialismus*
Fernsehen und Rundfunk   295
— Sender Freies Berlin (SFB)   505
— Südwestfunk (SWF)   45
— Zweites Deutsches Fernsehen (ZDF)   31, 505, 508, 512
Finanzpolitik, *siehe auch: Steuerpolitik, Währungspolitik*   324, 397, 506
— Bundeshaushalt   35, 49, 53, 86 f., 203, 361, 385, 535
„Flick-Spendenaffäre"   54
Flügelbildung, Flügelstreit, *siehe Sozialdemokratische Partei Deutschlands (SPD)*
Fluglotsen, *siehe auch: Streik*   35
Fortschritt   16, 32 f., 394, 418, 440 f., 443 f., 462 f.
Frankfurt am Main   225, 479, 544
Frankfurt an der Oder   466
Frankreich   260, 262 f., 367 f., 370, 404, 431, 454, 525 f., 536, 538
Frauenbewegung   31 f., 56, 400
Freiburg   382, 489

Freie Demokratische Partei (FDP)   17, 19, 29 f., 36 f., 47, 49, 53–55, 59, 86, 95, 111, 117, 119, 127, 137, 143, 150, 154, 158–169, 179, 187, 207, 213, 227, 233, 236, 239, 242, 269, 320, 379, 390, 395 f., 397, 506, 509, 523, 529, 532, 539
Freiheit, *siehe Grundwerte*
Friedensbewegung   31, 48, 51, 54, 56, 350, 354, 358, 363–372, 399, 406–409, 509, 534 f., 542
Friedensnobelpreis   431, 545
Friedenspolitik, *siehe Sicherheitspolitik*
Friedrich-Ebert-Stiftung   44, 103, 119, 291, 316, 489, 504, 515, 523, 529
— Politischer Club der   316, 504, 530
Fristenlösung, *siehe Abtreibung (§ 218 StGB)*
Fritz-Erler-Gesellschaft   25, 210, 213

G-7-Staaten   525 f.
Gastarbeiter   87
Gelsenkirchen   546
Generationenkonflikt, *siehe auch: Außerparlamentarische Opposition*   31, 312, 339, 386 f.
Genf   228, 309, 369, 401, 406 f., 537, 541 f.
Georgien   486
Gerechtigkeit, *siehe Grundwerte*
Gesellschaftspolitik   104 f., 175 f., 360
Gesundheitspolitik, *siehe auch: Sozialpolitik*   184, 222, 362, 379
Gewerkschaften   31 f., 35, 37, 42, 49, 51–53, 149, 202, 249, 253, 268, 270, 289 f., 294, 337, 348, 361, 372–375, 381, 384 f., 394, 396, 400, 459, 497, 510, 537–539
— Deutscher Gewerkschaftsbund (DGB)   52, 252, 268, 395
— Gewerkschaft Öffentliche Dienste, Transport und Verkehr (ÖTV)   505
— Industriegewerkschaft Druck und Papier (IG Druck und Papier)   277–283
— Industriegewerkschaft Metall (IG Metall)   510

Gleichberechtigung, Gleichstellung 32 f.,
  131, 178, 222 f., 255, 290 f., 295–301, 400,
  415, 424, 433, 447, 452, 472, 529, 545
Globalisierung, *siehe auch: Weltwirtschaft*
  458–462, 481
Godesberg, *siehe Bad Godesberg*
Gotha 272, 527
Griechenland 404
Großbritannien 367, 370, 479 f., 525 f., 547
Große Koalition 16, 18, 32, 151, 472 f., 540
Grundgesetz 131, 155, 159, 163 f., 166, 199,
  221, 271, 273, 291, 340, 370, 395, 470
Grundwerte, *siehe auch: Wertewandel, Zivilisationskritik* 34, 103–112, 121, 146,
  155, 157, 159, 161 f., 170–177, 182, 190–
  200, 206, 211, 221, 223, 248, 250, 254 f.,
  257, 262–265, 272, 278 f., 282, 304 f.,
  338, 345, 355, 374 f., 377, 418, 424, 436,
  443, 460, 470, 472, 479 f., 482 f., 488, 495
Grüne, grüne Listen, *siehe auch: Rot-grüne Koalition* 47, 52, 59 f., 69, 269 f., 289,
  336, 382, 399, 472, 545, 548
Guillaume-Affäre, *siehe auch: Ministerium für Staatssicherheit der DDR, Spionage* 29,
  44, 135, 143–145, 516
Gümse 420

Hagen 546
Hamar (Norwegen) 519
Hamburg 59 f., 79, 127, 238, 270, 292–297,
  308, 319, 390, 394, 410, 420, 465, 517,
  526–528, 532, 543
Hannover 131, 276, 313, 516, 521
Hansestädte *siehe Hamburg und Bremen*
Heidelberg 535
Helaba-Affäre 522
Helsinki 247, 293, 327, 524
Hessen 390, 465, 517, 523
Hochsauerlandkreis 510
Honduras 542

Iberische Halbinsel, *siehe: Spanien*
Idar-Oberstein 463

Imperialismus 170–173
Inflation, *siehe Währungspolitik, Wirtschaft*
Innenpolitik 47, 145, 242, 267
Innere Sicherheit 47 f., 87, 95, 157–169,
  254, 278, 283, 286, 291, 518, 527, 530
Intellektuelle 97, 255, 444
Irak 327
Iran 327
Irland 479
Israel 479
Istanbul 485 f.
Italien 260, 367, 487, 525 f.

Japan 260, 478, 487, 525 f.
Jemen 517
Johannesburg 421
Journalisten *siehe Medien*
Jugend, *siehe auch: Generationenkonflikt*
  310–314, 352 f., 357–361, 377, 386 f.,
  432, 473
Jugoslawien 486
Jungsozialisten (Jusos), *siehe Sozialdemokratische Partei Deutschlands (SPD)*

Kalter Krieg, *siehe Ostpolitik*
Kanada 525 f.
Kapitalismus 251, 258, 273, 459, 481, 522,
  547
Karlsruhe 47
Kasachstan 486
Kernenergie, *siehe Energiepolitik*
Kiel 55, 82
Kiew 40
Klassenkampf 104, 106–108, 110, 452
Kochel-See 419
Kohlepolitik, *siehe Energiepolitik*
Kollektivismus 459, 476
Köln 252, 530, 542, 547
Komitees zur Verteidigung der bürgerlichen Freiheit 48
Kommunalpolitik 184, 189

Kommunismus 33 f., 65, 214–216, 241, 258–260, 263, 275, 437 f., 441, 455, 457, 468, 474–477, 480, 484, 549
Kommunistische Partei der Sowjetunion (KPdSU) 485, 507
Kommunistische Partei Deutschlands (KPD), *siehe auch: Deutsche Kommunistische Partei* 131, 270, 467, 477, 494 f., 533
Kommunistisches Manifest 546
Konferenz über Sicherheit und Zusammenarbeit in Europa (KSZE) 293, 327, 524, 541
Konferenzen, *siehe Sozialdemokratische Partei Deutschlands (SPD)*
Konservatismus/Konservativismus 46, 104, 110, 117, 119, 126 f., 195–197, 218, 303, 341 f., 357, 402, 404, 545, 547
Konstruktives Misstrauensvotum, *siehe auch: Deutscher Bundestag* 55, 541
„Kontaktsperregesetz" 48
Koschnick-Börner-Papier 27
Kreisauer Kreis 492
Kriegsdienstverweigerung 36, 506
Kroatien 549
Kulturpolitik 434
Kurt-Schumacher-Gesellschaft 51

Labour Party 480, 532
„Lambsdorff-Papier" 54 f., 510
Landesverbände, Bezirke, *siehe Sozialdemokratische Partei Deutschlands (SPD)*
Leipzig 65, 466
Leninismus, *siehe Kommunismus*
Lettland 486
Liberalismus, Liberalität 184, 197, 199, 206, 254, 282, 291, 348, 398, 449, 547
Litauen 486
Ljubljana 486
London 181, 248, 265, 519, 526
Lübeck 402, 489, 492, 495
Lüchow-Dannenberg 543

Macht 429–431
Madrid 401, 541
Magdeburg 466, 549
Mallorca 515
Mannheim 519 f., 522
Mannheimer Abkommen, 1906 372 f.
Marburg 270, 526
Marktwirtschaft 459, 470, 481, 483
Marokko 365, 536
Marxismus 258, 437, 444
Mecklenburg-Vorpommern 402, 465, 467
Medien, Medienkampagnen *siehe auch: Fernsehen und Rundfunk, Zeitungen und Zeitschriften* 23 f., 92, 125 f., 129, 135, 139–141, 143, 146, 158, 170, 175, 180 f., 183, 210, 226, 229 f., 233, 239, 250, 271, 282, 291, 295
— Journalisten und Redakteure 183, 207, 421, 450
— Pressepolitik 92
Menschenrechte 236, 243–247, 427, 453, 479 f., 483
Menschewiki 485
Militärischer Abschirmdienst 528
Mitbestimmung 16 f., 37, 42, 87, 111, 155, 173, 184, 193, 251, 254, 279 f., 289, 313, 319, 325 f., 377, 403, 532
Mogadischu (Somalia) 527
Moskau 39–41, 406, 476, 485 f., 532, 540
München 45, 210, 216, 286, 290, 377 f., 383, 423, 521, 528, 537 f.
Münstereifel, *siehe Bad Münstereifel*

Namibia 364
Nashville/Tennessee 75, 169 f.
Nationalismus 187, 192, 470, 486, 545
Nationalsozialismus 112, 162, 191–193, 214, 223, 260, 303, 339, 365, 367, 373, 388, 398 f., 441, 468, 480, 488–498
Nationalstiftung 230, 523
„Neue Mitte" 29 f., 116–118, 131, 140, 165
Neue Ostpolitik, *siehe Ostpolitik*

Neue soziale Bewegungen 31–33, 47 f., 56, 69, 400
Neugliederung des Bundesgebietes 92
Neuseeland 479
Nicaragua 542
Niederlande 479
Niederrhein 25
Niedersachsen 59 f., 141, 227, 295, 376, 420, 516 f., 535, 543
Nord-Süd-Beziehungen, Nord-Süd-Konflikt, *siehe auch: Dritte Welt, Entwicklungspolitik* 33, 47, 237, 243, 264, 294, 307, 327, 425, 441, 461, 481 f., 524
Nord-Süd-Kommission, *siehe Nord-Süd-Beziehungen*
Norderstedt 63
Nordrhein-Westfalen (NRW) 59, 75, 150, 178 f., 296, 456, 510, 546
North Atlantic Treaty Organization (NATO), *siehe auch: Bundeswehr, Sicherheitspolitik* 32, 245, 328, 351, 371, 379, 394, 397, 417, 460, 531, 542
— Doppelbeschluss 48, 53 f., 319, 328, 353, 369 f., 406–409, 530, 532 f.
Norwegen 269, 479
Nürnberg 427 f., 453, 531, 536, 544, 546

Oberfranken 270
Oberpfalz 270
Öland (Schweden) 522
Ölpreiskrise, *siehe auch: Energiepolitik* 35, 325, 517
Opposition gegen den Nationalsozialismus, *siehe Widerstand gegen den Nationalsozialismus*
Organization for Economic Cooperation and Developement (OECD) 249
Oslo 249, 431, 496, 525
Österreich 478, 536
Ost-West-Konflikt, *siehe Ostpolitik*
Ostpolitik 16, 18, 30, 34, 39 f., 64, 117, 148, 173, 223, 235 f., 313, 321, 401, 425, 438, 470, 473, 493, 532, 536

Ostzone, *siehe auch: Deutsche Demokratische Republik (DDR)* 467, 470
Oxford 490
Ozeanien 487

Paris 86, 457, 511
Parlamentarismus, Parteiendemokratie 16, 51, 69, 103–112, 161 f., 164 f., 188, 274, 336–350, 399, 409, 497
Parteienkrise, Parteienkritik, *siehe Parlamentarismus*
Parteirat, *siehe Sozialdemokratische Partei Deutschlands (SPD)*
Parteitage, *siehe Sozialdemokratische Partei Deutschlands (SPD)*
Parteivorstand (PV), *siehe Sozialdemokratische Partei Deutschlands (SPD)*
Partito Socialista Italiano (PSI) 503
Petersburg (Sankt Petersburg) 485
Pfalz 76, 190
Polen 270, 319, 327, 368, 453, 486, 522, 531 f., 536
Polizei 291, 399
Polska Partia Socjalistyczna (PPS) 486
Potsdam 466
Prag 102
Präsidium, *siehe Sozialdemokratische Partei Deutschlands (SPD)*
Preußen 455, 494
Programme und Aufrufe, *siehe Sozialdemokratische Partei Deutschlands (SPD)*

Qualität des Lebens, Lebensqualität 16, 118, 155, 197, 218, 250, 313, 362, 399, 525

Radikalenerlass, *siehe Extremistenbeschluss*
Ramstein 535
Recklinghausen 75, 187, 517
Regierungsbildung, *siehe Sozial-liberale Koalition*
Regierungserklärung, *siehe Sozial-liberale Koalition*

Revolution
— 1848/49   260–263, 265, 436, 490
— 1918/19   491
— 1989/90   469, 484, 490
— Französische Revolution   262 f.
— Russische Revolution   263, 441, 525
Rezession, *siehe Wirtschaftkrise*
Rheinhessen   75, 142
Rheinland-Hessen-Nassau   75, 142
Rheinland-Pfalz   59, 451
Ring christlich-demokratischer Studenten (RCDS)   215
Rostock   465 f.
Rot-grüne Koalition, *siehe auch: Grüne*   32, 540
Rote Armee Fraktion (RAF), *siehe Terrorismus*
Rücktritt (Brandts vom Amt des Parteivorsitzenden)   26, 50, 61 f., 333–335, 446–451, 546
Ruhrgebiet   296
Rumänien   486
Rundfunk, *siehe Fernsehen und Rundfunk*
Russland, *siehe auch: Sowjetunion*   367 f., 403, 477, 485, 536

Saarbrücken   267, 317, 513, 526, 547
Saarland   59, 65, 227, 317, 510, 517, 548
Sachsen   467, 547
Sachsen-Anhalt   467
Saudi-Arabien   319, 539
Schichten, soziale   17, 104 f., 197, 224, 262, 346, 356 f., 362, 440, 481, 502
— Angestellte   17, 32
— Arbeiter   17, 296, 361, 402 f., 501
— Beamte   17
— Unternehmer   394
Schleswig-Holstein   59, 123, 319, 382, 465, 496, 526
Schweden   300, 404, 432, 521
Schwedische Sozialdemokratische Partei (Socialdemokratieska Arbetarepartiet)   519
Schweiz   301

Serbien   486
Sicherheitspolitik, *siehe auch: Bundeswehr, North Atlantic Treaty Organization (NATO)*   17, 25, 46, 48, 53, 89, 91, 129, 133 f., 148, 157, 173, 220, 223, 230, 235–237, 242–247, 254, 260 f., 281, 283, 292 f., 318 f., 329, 363–372, 399–401, 406–410, 416, 418, 524, 530 f., 536 f., 540, 542, 544
Siegen   75, 174, 518
Simmern   75, 142
Skandinavien   432, 457, 478, 487, 497
Slowenien   549
Solidarität, *siehe Grundwerte*
Solidarnosc   486, 531
Solingen   201, 521
„Sonthofener Rede"   397, 520, 541
Sowjetunion, *siehe auch: Russland*   19, 39 f., 235, 258 f., 327, 353, 370 f., 401, 438 f., 459, 475, 486, 523, 531, 542
Sozial-liberale Koalition   16 f., 19, 29 f., 35–39, 42, 45–55, 86–95, 113–115, 127, 131, 133, 137, 139, 143, 160, 181, 188 f., 207, 213, 236, 238 f., 241 f., 266, 269, 281, 286 f., 318, 320–323, 385, 392, 397, 507, 512, 520, 522, 528, 532, 535
— Regierungsbildung 1972   36 f., 41, 86–96
— Regierungsbildung 1980   286
— Regierungserklärung 1969   521
— Regierungserklärung 1973   41, 86, 124 f., 228, 264, 511, 545
— Regierungserklärung 1980   323 f.
— Regierungserklärung 1982   54, 379
Sozialarbeit   174–177
Sozialdemokratische Partei Deutschlands (SPD), *siehe auch: Arbeiterbewegung, Sozial-liberale Koalition, Sozialismus*   16–70, 131, 141, 182, 184, 190–200, 240, 243, 251, 256–265, 272–283, 304, 329 f., 336–350, 353–366, 372–375, 402–405, 435–445, 467–472, 475–487, 525, 527, 532–534, 536, 539, 542–546, 515

- Arbeitsgemeinschaft der Selbständigen in der SPD   289
- Arbeitsgemeinschaft für Arbeitnehmerfragen (AfA)   289, 518, 526
- Arbeitsgemeinschaft sozialdemokratischer Frauen (AsF)   290, 352
- Arbeitskreis Kommunalpolitik, Kommunalpolitische Arbeitsgemeinschaft, *siehe auch: Sozialdemokratische Gemeinschaft für Kommunalpolitik*   184, 291, 520
- Bundestagsfraktion   34 f., 37, 40 f., 43 f., 48–50, 56, 63, 121, 135–138, 142, 150, 181, 183–189, 202, 204, 208 f., 230–234, 267–269, 308, 314 f., 320 f., 325, 327, 331, 333, 335, 410, 446, 464, 503, 505, 509, 515, 523 f., 526
- der DDR   65, 463 f., 465–472
- Flügelbildung, Flügelstreit   17–19, 24 f., 33, 38 f., 42, 45 f., 56, 63, 68, 101, 210, 285, 320, 339, 387 f., 447 f., 506, 522 f., 527, 530, 533
- Gewerkschaftsrat   289
- Jungsozialisten (Jusos)   18, 45, 210, 214–216, 241, 256 f., 266, 270, 289, 332, 352, 515, 521 f., 525 f., 540
- Konferenzen
  Bundeskonferenz in Recklinghausen, 1975   151–157
  Organisationspolitische Tagung, 1981   51
  Sonderkonferenz in Kiel, 1982   55, 393–405
- Landesverbände, Bezirke   142–146, 178, 190, 225, 227, 238, 270, 284, 292, 333 f., 447, 465
  Baden-Württemberg   311
  Berlin   37, 323 f., 465, 467
  Brandenburg   467
  Bremen   285, 465
  Hamburg   465
  Hessen   465
  Mecklenburg-Vorpommern   465, 467
  Niederrhein   25

Nordrhein-Westfalen   27, 63, 178, 335, 456
Sachsen   467
Sachsen-Anhalt   467
Schleswig-Holstein   319, 465
Thüringen   465, 467
- Mitglieder   17, 53 f., 128, 131 f., 139–141, 143, 152, 218 f., 255, 273, 304, 515, 522, 526, 548
- Parteirat   40, 51, 98 f., 225, 229, 238 f., 266, 292, 524
- Parteireform   26 f., 45, 56, 69 f., 474, 510
- Parteischule   57
- Parteitag(e)   22, 320 f., 389, 392 f., 437
  1868 (Nürnberger Arbeitertag)   368
  1869 (Eisenach)   454, 527
  1870 (Stuttgart)   454
  1875 (Gotha)   527
  1891 (Erfurt)   527
  1929 (Magdeburg)   491
  1958   308
  1959 (a.o.)   537
  1968   18
  1970   513
  1972 (a.o.)   35, 515
  1973   39, 41, 43, 98–101, 108, 111, 200, 513–515, 521
  1975   39, 45, 149, 155, 179, 181–186, 188 f., 209 f., 217, 229, 519 f., 522
  1976 (a.o.)   201, 208, 210, 522
  1977   252 f., 266, 270 f., 326 f., 527 f., 532
  1978 (a.o.)   309, 521, 530
  1979   319, 326–328, 531 f.
  1982   53, 376–379, 383 f., 537 f.
  1983 (a.o. Dortmund)   396, 405, 541 f.
  1983 (a.o. Köln)   410, 542
  1984   420
  1986   60, 423, 427 f., 448, 531, 544, 546
  1987 (a.o.)   19, 63 f., 446 f., 455
  1989 (Programm-Parteitag)   64 f., 476 f., 544, 548
  1990 (SDP)   65
  1990 (Vereinigungsparteitag)   66, 467–472

— Parteivorstand (PV)   28, 40, 42 f., 50–53, 57, 59, 61–63, 66 f., 98, 101, 118, 128–132, 147, 183, 209, 220, 225, 229, 231, 252, 255 f., 266, 270, 285 f., 292, 317 f., 320–334, 348, 363, 376, 378 f., 389, 391, 396, 423, 446–450, 506, 508, 524 f., 528, 530, 532
— Präsidium   28, 54, 113, 133 f., 142, 137, 227, 229, 267 f., 284 f., 308, 321, 350–352, 422, 450, 503, 506, 526, 534 f.
— Programme und Aufrufe   229, 272 f., 520
  Berliner Programm, 1989   471, 479, 548
  Eisenacher Programm, 1869   272, 452
  Erfurter Programm, 1891   303, 412, 542
  „Fünf-Punkte-Erklärung" des Parteivorstandes vom 12. Februar 1981   49–51, 318, 322–332, 334
  Godesberger Programm, 1959   32, 99, 131, 140, 155, 179, 193, 208, 214, 255, 261, 265, 273, 276, 303 f., 348, 350, 353–356, 370, 373, 377, 411–419, 423, 424–427, 433, 436 f., 443, 537, 542, 544, 549
  Görlitzer Programm, 1921   412
  Gothaer Programm, 1875   272
  Heidelberger Programm, 1925   439, 453, 542
  Irseer Entwurf, 1986   33, 412, 423–427, 433–435, 449, 545
  Kieler Erklärung, 1982   393–395, 398
  Kommunalpolitisches Grundsatzprogramm, 1975   184, 189, 520
  Manifest zur Wiederherstellung der Einheit der SPD, 1990   34, 467–472
  Nürnberger Programm, 1868   453
  Orientierungsrahmen 1975–1985 (Langzeitprogramm)   27, 39, 45, 98–100, 118, 149, 155, 182, 184, 195, 210, 213, 217, 513, 517, 519–521.
  Recklinghäuser Erklärung   45, 151–157, 187, 517, 520
  Regierungsprogramme   86, 158–188, 210, 221–223, 230, 242

  Wahlplattform, Wahlprogramm 1976   200, 204, 210
  Zehn-Punkte-Erklärung des Parteivorstandes vom 2. April 1974 („April-Thesen")   43, 50, 140
— Spaltung   25 f., 49 f., 69, 317, 320 f., 330–335, 386–388
— Zwangsvereinigung   25, 337, 340, 467 f., 484
Sozialdemokratische Gemeinschaft für Kommunalpolitik (SGK), *siehe auch: Sozialdemokratische Partei Deutschlands (SPD) / Arbeitskreis Kommunalpolitik*   284
Sozialdemokratische Wählerinitiative (SWI)   97, 120–128, 212 f., 291, 421, 543
Sozialismus, soziale Demokratie   34, 65, 109, 118, 155, 190–200, 206, 210–214, 251 f., 257 f., 260, 264, 275 f., 279–281, 289 f., 303, 306, 345, 356–358, 417 f., 424, 437, 443, 457–462, 475–487, 539
Sozialistengesetze, 1878–1890   272, 289 f., 301–306, 373, 468, 529
Sozialistische Arbeiterpartei Deutschlands (SAP)   54
Sozialistische Einheitspartei Deutschlands (SED)   67, 467–469, 484 f.
Sozialistische Internationale   47, 193, 205, 228, 246, 288, 293, 305, 335, 433, 449, 457, 460, 478 f., 482 f., 485, 487, 519, 523, 528, 548
Sozialistische Partei Frankreichs (Parti Socialiste Français)   288
Sozialistisches Büro (SB)   522
Sozialpolitik   54, 126, 154–156, 174–177, 184, 199 f., 206, 218, 220 f., 224 f., 242, 248, 253, 286 f., 301, 324, 340, 344, 348, 360, 362, 377, 379, 381, 387, 395, 397, 403, 415, 432, 440, 443, 459, 471 f., 479, 483, 518, 524, 545
Sozialstaat, *siehe Sozialpolitik*
Spanien, *siehe auch: Iberische Halbinsel*   404

Spionage, *siehe auch: „Abhöraffäre", Guillaume-Affäre* 48
Stalinismus, *siehe Kommunismus*
Steuerpolitik, *siehe auch: Finanzpolitik* 156, 287, 481, 526
Stockholm 496 f., 519
Straßburg 350
Streik, *siehe auch: Gewerkschaften, Tarifautonomie* 35, 202, 514, 521
Studentenbewegung, *siehe Außerparlamentarische Opposition*
Südafrika 422, 543
Sydney 486

Tarifautonomie, Tarifpolitik, Tarifverhandlungen 32, 202, 394 f., 514, 521
Terrorismus, *siehe auch Baader-Meinhof-Gruppe* 48, 156–169, 201, 243, 278, 291, 350 f., 415, 518, 520 f., 527 f., 534 f.
— Rote Armee Fraktion (RAF) 36, 517, 524, 535
Thatcherismus 459, 547
Thüringen 465, 467, 547
Todesstrafe 160
Travemünde 384
Trier 78, 257, 260, 264
Tutzing 76, 190–199

Ukraine 486
Umweltbewegung 31, 51
Umweltkrise, Umweltschutz 16, 32, 142, 222, 251, 343, 357, 399, 412, 414 f., 417, 426, 441, 444, 458, 470, 481, 537
Umweltpolitik 47, 156, 218, 313, 362, 377, 380, 433, 460, 472
Ungarn 486
Union der sozialistischen Sowjetrepubliken (UdSSR), *siehe Sowjetunion*
Unkel 70

Vereinigte Staaten von Amerika (USA) 39, 170 f., 235 f., 269, 328, 351, 353, 370 f., 394, 401, 406–408, 439, 525 f., 536 f., 542
Vereinigte Staaten von Europa 439, 453
Vereinte Nationen (UNO) 39, 102, 166, 293, 415, 513, 529
Verfassungspolitik, *siehe Grundgesetz*
„Vergangenheitsbewältigung" 20, 398 f.
Verkehrspolitik 123, 515, 531
Vermögensbildung, *siehe auch: Sozialpolitik, Steuerpolitik* 37, 95, 111, 156, 377, 403
Verstaatlichung 340, 344
Verteidigungspolitik, *siehe Sicherheitspolitik*
Volksaufstand in der DDR („17. Juni 1953") 490
Volksfront 214

Waffenexport, *siehe Sicherheitspolitik*
Wahlen in Deutschland, *siehe auch: Wahlkämpfe* 116, 201–208, 210, 521
— Bundestag 17, 34, 45–47, 49, 56 f., 61, 66, 68 f., 210, 222, 253, 311–314, 347, 389, 394 f., 398, 423, 436, 448, 464 f., 472, 510, 513, 515, 522–524, 531, 546 f.
— Europäisches Parlament 300, 307, 400, 528
— Kommunalwahlen 456, 517, 521, 546
— Landtags- und Bürgerschaftswahlen 42, 68, 286, 289, 316, 449, 473
Bayern 59, 61, 390, 517, 539
Berlin 318, 321, 324, 351
Bremen 310
Hamburg 42, 59 f., 127, 295, 390, 517, 528, 539
Hessen 31, 238, 384 f., 390, 517, 524, 539
Niedersachsen 42, 59 f., 138, 141, 227, 295, 376, 516 f., 528, 535
Nordrhein-Westfalen 57, 59, 517
Rheinland-Pfalz 520
Saarland 56 f., 59, 227, 510, 538
Schleswig-Holstein 538
— Volkskammer 466
Wahlkämpfe 23, 26, 46 f., 59–61, 63, 66 f., 96 f., 117–121, 138, 143, 154, 179 f., 184,

188, 191 f., 194, 202–207, 210–227, 274, 294 f., 447, 472, 521 f., 527, 541, 544
Währungspolitik, *siehe auch: Finanzpolitik* 35, 250
Warschau 430
Warschauer Pakt 235
Wehrdienst, *siehe auch: Bundeswehr, Kriegsdienstverweigerung* 91, 512
Weimarer Republik 16, 25, 32, 162, 192, 199, 223, 339, 373, 387, 491, 496, 514, 534
Weinheim 351
Weltinnenpolitik 482
Weltwirtschaft, *siehe auch: Globalisierung* 482
Weltwirtschaftsgipfel, *siehe auch: G-7-Staaten, Globalisierung* 288
Wertewandel, *siehe auch: Grundwerte, Zivilisationskritik* 16, 344
Westintegration, *siehe Außenpolitik*
Wettrüsten, *siehe Aufrüstung*
Widerstand gegen den Nationalsozialismus 67, 192, 373, 398, 488–498, 549
Wiederaufbau 108
Wiedervereinigung, *siehe Einheit Deutschlands*
Wien 391, 401, 484, 541, 549
Wienand-Steiner-Affäre, *siehe auch: „Abhör-Affäre"* 145 f., 188, 242, 516
Wirtschaft, Wirtschaftsordnung, *siehe auch: Wirtschaftspolitik* 35, 87, 119, 123, 126, 206, 217 f., 221, 224, 234 f., 237, 243, 248–250, 253, 318, 324 f., 349, 374 f., 394 f., 412, 414, 425, 440, 459 f., 476, 480, 483 f., 521, 526
— Konjunktur, Wachstum 16, 33, 49, 121, 155, 249, 253, 319, 399, 426, 433, 461, 482

— Löhne, Einkommen und Preise 35, 149, 250, 319, 506
Wirtschaftspolitik, *siehe auch: Wirtschaft, Wirtschaftsordnung* 53, 87, 129, 137, 149, 178 f., 184, 189, 206, 210, 217 f., 220, 224, 234 f., 237, 240, 250 f., 266, 269, 282, 397, 414, 506, 525, 539
Wohlfahrtsstaat, *siehe Sozialpolitik*
Wohnungsbau 326, 360

Zagreb 486
Zeitungen, Zeitschriften 23, 42, 160, 308, 314, 352, 512
— Deutsche Zeitung 210–219
— Deutsches Allgemeines Sonntagsblatt 386–388, 391
— Frankfurter Allgemeine Zeitung 421
— Frankfurter Rundschau 421 f., 465–467, 543 f.
— Gewerkschaftspost 508
— Hamburger Morgenpost 349 f.
— konkret 525
— Lübecker Volksbote 495
— Die Neue Gesellschaft 52, 65, 233 f., 315
— Neue Osnabrücker Zeitung 508
— Der Spiegel 41, 145, 148, 391, 505, 507, 514, 516
— Süddeutsche Zeitung 183, 519
— Vorwärts 271–276, 421 f., 543 f.
— Die Zeit 60, 428, 511, 514, 544–546
Zivildienst 91
Zivilisationskritik, *siehe auch: Qualität des Lebens, Wertewandel* 31, 33, 121, 166 f., 240, 344, 358, 375, 414
Zweiter Weltkrieg 25, 440 f., 490

Bildnachweis

Seite 6 und Foto auf dem Umschlag: Willy Brandt im Dezember 1989. Foto: Fritz Reiss, Willy-Brandt-Archiv im Archiv der sozialen Demokratie der Friedrich-Ebert-Stiftung, Bonn.

Seite 18: Warten auf das Wahlergebnis: Am Abend des 19. November 1972 versammelt sich die Führungsspitze der SPD in der „Baracke" um einen Fernseher (v.l.n.r.: Alfred Nau, Annemarie Renger, Heinz Kühn, Egon Franke, Willy Brandt, Georg Leber, Herbert Wehner, Helmut Schmidt, Karl Wienand und Holger Börner). Foto: J.H. Darchinger IFJ.

Seite 21: Willy Brandt auf dem Pfalztreffen der SPD am 1. Juli 1978 auf der Limburg in Bad Dürkheim. Willy-Brandt-Archiv im Archiv der sozialen Demokratie der Friedrich-Ebert-Stiftung, Bonn.

Seite 58: Im „Kehraus": Fest der nordrhein-westfälischen Landesvertretung in Bonn. Willy Brandt und Johannes Rau am 3. Juli 1980. Foto: Landespresse- und Informationsamt NRW, Willy-Brandt-Archiv im Archiv der sozialen Demokratie der Friedrich-Ebert-Stiftung.

Seite 65: In der „Elefantenrunde": Die Parteivorsitzenden Brandt und Kohl nach den Wahlen in Berlin und im Saarland im Bonner ARD-Studio am 10. März 1985. Foto: J.H. Darchinger IFJ.

Seite 88: Die Wahlsieger vor den Mikrofonen: Der Vorsitzende der SPD, Willy Brandt, und der Vorsitzende der FDP, Walter Scheel, verkünden am Abend des 19. November 1972 die Fortsetzung der sozialliberalen Koalition (rechts im Bild: Egon Bahr). Foto: J.H. Darchinger IFJ.

Seite 97: Empfang des Parteivorstandes für Schriftsteller, die sich in den Wahlkämpfen zur SPD bekannt hatten, im Sommer 1974 (v.l.n.r.: Heinrich Böll, Herbert Wehner, Thaddäus Troll, Günter Grass, Willy Brandt). Foto: J.H. Darchinger IFJ.

Seite 114: Die Troika beim Fototermin: Herbert Wehner, Willy Brandt, Helmut Schmidt am 17. März 1973. Foto: J.H. Darchinger IFJ, Bildarchiv der Friedrich-Ebert-Stiftung, Bonn.

Seite 130: Der Parteivorsitzende und „sein" Bundesgeschäftsführer: Willy Brandt und Holger Börner in der Sitzung der SPD-Bundestagsfraktion am 13. März 1974. Foto: dpa, Bildarchiv der Friedrich-Ebert-Stiftung, Bonn.

Seite 144: Mit neuem Schwung für die Partei: Willy Brandt tritt ans Rednerpult der SPD-Gebietskonferenz am 15. Juni 1974 in Borken. Foto: J.H. Darchinger IFJ.

Seite 153: Die neue Parteizentrale in Bonn symbolisiert die Veränderung der SPD: Am 1. Oktober 1975 wird auf dem Erich-Ollenhauer-Haus ein orangefarbener, des Nachts angestrahlter Kubus installiert, um dem CDU-Hochhaus mit seiner roten Leuchtschrift Paroli zu bieten. Foto: J.H. Darchinger IFJ.

Seite 186: Willy Brandt auf dem SPD-Parteitag in Mannheim, 11. bis 15. November 1975. Foto: Bilderdienst Karlheinz Kaiser, Mannheim, Willy-Brandt-Archiv im Archiv der sozialen Demokratie der Friedrich-Ebert-Stiftung.

Seite 222: Willy Brandt auf der Kundgebung in der Essener Grugahalle im Bundestagswahlkampf 1976. Foto: J.H. Darchinger IFJ.

Seite 313: Willy Brandt spricht: Auf dem Juso-Bundeskongress in Hannover, 30. Mai bis 1. Juni 1980. Foto: J.H. Darchinger IFJ, Willy-Brandt-Archiv im Archiv der sozialen Demokratie der Friedrich-Ebert-Stiftung.

Seite 380: Das Ende der Koalition zeichnet sich ab: Die Troika während der Verhandlungen von SPD und FDP zum Entwurf des Bundeshaushalts 1983 am 16. Juni 1982. Foto: J.H. Darchinger IFJ.

Seite 408: Unter Demonstranten: Vor seiner Rede auf der Kundgebung der Friedensbewegung im Bonner Hofgarten am 22. Oktober 1983 spricht Willy Brandt mit Bürgern und Demonstrierenden. Foto: J.H. Darchinger IFJ.

Seite 419: Auf dem Kochel-See: Schifffahrt mit ehemaligen SPD-Geschäftsführern am 30. August 1985 (3. von rechts: SPD-Bundesgeschäftsführer Peter Glotz). Willy-Brandt-Archiv im Archiv der sozialen Demokratie der Friedrich-Ebert-Stiftung, Bonn.

Seite 420: Willy Brandt und Gerhard Schröder auf dem SPD-Bundesparteitag in Essen, 17. bis 21. Mai 1984 (im Hintergrund Herta Däubler-Gmelin). Foto: J.H. Darchinger IFJ.

Seite 425: Programmarbeit: Willy Brandt leitet die Irseer Klausurtagung der Programmkommission vom 4. bis 8. Mai 1986, die den Entwurf für das neue Grundsatzprogramm erstellt. Willy-Brandt-Archiv im Archiv der sozialen Demokratie der Friedrich-Ebert-Stiftung, Bonn.

Seite 442: Eine Ära geht zu Ende: Willy Brandt nach seiner Abschiedsrede auf dem SPD-Sonderparteitag am 14. Juni 1987 in Bonn – umrahmt von den beiden Stellvertretern Hans-Jochen Vogel und Johannes Rau (in Brandts Westentasche die Uhr von August Bebel; im Hintergrund: Hans Koschnick und Oskar Lafontaine). Foto: J.H. Darchinger IFJ.

Seite 451: Der Wahlredner: Willy Brandt auf der Abschlusskundgebung im rheinland-pfälzischen Landtagswahlkampf am 16. Mai 1987. Foto: Hartmut Frien, Willy-Brandt-Archiv im Archiv der sozialen Demokratie der Friedrich-Ebert-Stiftung, Bonn.

Seite 454: Der Ehrenvorsitzende im Gespräch: Willy Brandt im Jahr 1988. Foto: J.H. Darchinger IFJ.

Seite 461: Geburtstagsempfang des Bundespräsidenten in der Villa Hammerschmidt in Bonn am 20. Januar 1989: Der spätere Parteivorsitzende Björn Engholm gratuliert dem 75-jährigen Brandt (links im Bild der DGB-Vorsitzende Ernst Breit, im Hintergrund Walter Scheel und Oskar Lafontaine). Foto: Photo-Report Bonn, Willy-Brandt-Archiv im Archiv der sozialen Demokratie der Friedrich-Ebert-Stiftung, Bonn.

Seite 463: Der „Alte" und sein „Enkel": Willy Brandt mit Oskar Lafontaine auf einer Veranstaltung im Bundestagswahlkampf am 19. November 1986 in Idar-Oberstein. Foto: J.H. Darchinger IFJ.

Seite 469: Auf dem Vereinigungsparteitag von West-SPD und Ost-SPD am 27. September 1990 in Berlin: Hans Jochen Vogel, Willy Brandt, Wolfgang Thierse und Oskar Lafontaine mit der Vereinigungsurkunde (im Hintergrund: Herta Däubler-Gmelin und Harald Ringstorff). Foto: J.H. Darchinger IFJ.

Seite 499: Die Taschenuhr Bebels. Der Vorsitzende der SPD, Willy Brandt, in seinem Büro im Erich-Ollenhauer-Haus im August 1982. Foto: J.H. Darchinger IFJ.

Angaben zum Bearbeiter und zu den Herausgebern

Bearbeiter:

Karsten Rudolph, geb. 1962, Dr. phil. habil., ist Privatdozent für Neuere und Neueste Geschichte an der Ruhr-Universität Bochum und Leiter eines wissenschaftlichen Forschungsprojekts am Institut für soziale Bewegungen der Ruhr-Universität Bochum.

Herausgeber:

Prof. Dr. Helga Grebing, geb. 1930 in Berlin. Studium an der Humboldt- und der Freien Universität. 1952 Promotion im Fach Geschichte. Danach Tätigkeiten im Verlagswesen und in Institutionen der Politischen Bildung. Seit 1971 Professorin für Geschichte (Schwerpunkt Sozialgeschichte des 19. und 20. Jahrhunderts) an den Universitäten Frankfurt/Main, Göttingen und Bochum, hier 1988–1995 Leiterin des Zentral-Instituts zur Erforschung der europäischen Arbeiterbewegung. 1995 emeritiert und seither als Publizistin in Göttingen und München lebend. Viele Veröffentlichungen zur Geschichte der Arbeiterbewegung; Autorin u. a. der „Geschichte der deutschen Arbeiterbewegung".

Prof. Dr. Gregor Schöllgen, geb. 1952 in Düsseldorf. Studium der Geschichte, Philosophie und Sozialwissenschaften in Bochum, Berlin, Marburg und Frankfurt/Main. Dort 1977 Promotion im Fach Philosophie; 1982 Habilitation für Neuere Geschichte in Münster. Seit 1985 Professor für Neuere Geschichte an der Universität Erlangen. Gastprofessor in New York, Oxford und London. Mitglied des Vorstandes der Bundeskanzler-Willy-Brandt-Stiftung. Prof. Schöllgen ist Autor zahlreicher Bücher, darunter der „Geschichte der Weltpolitik von Hitler bis Gorbatschow 1941–1991", „Die Außenpolitik der Bundesrepublik Deutschland" und „Willy Brandt. Die Biographie".

Prof. Dr. Heinrich August Winkler, geb. 1938 in Königsberg. Studium in Münster, Heidelberg und Tübingen. Promotion zum Dr. phil. in Tübingen 1963. Professor an der Freien Universität Berlin und an der Universität Freiburg/Br., seit 1991 an der Humboldt-Universität zu Berlin. Wichtigste Veröffentlichungen: „Arbeiter und Arbeiterbewegung in der Weimarer Republik" (3 Bde.), „Weimar 1918–1933. Die Geschichte der ersten deutschen Demokratie", „Streitfragen der deutschen Geschichte" und „Der lange Weg nach Westen" (2 Bde.). Weitere Publikationen zur deutschen, europäischen und amerikanischen Geschichte.